大国通史丛书

总主编 钱乘旦

日本通史
A History of Japan

王新生 主编

【第五卷】
近代卷

宋成有 著

江苏人民出版社

图书在版编目(CIP)数据

日本通史. 第五卷, 近代卷/宋成有著. 一南京:
江苏人民出版社, 2023.5
 (大国通史丛书)
 ISBN 978-7-214-27605-6

Ⅰ.①日… Ⅱ.①宋… Ⅲ.①日本-历史 Ⅳ.
①K313.0

中国版本图书馆 CIP 数据核字(2022)第 192196 号

书　　　名	日本通史　第五卷　近代卷	
主　　　编	王新生	
著　　　者	宋成有	
策　　　划	王保顶	
责 任 编 辑	于　辉	
装 帧 设 计	刘葶葶	
责 任 监 制	王　娟	
出 版 发 行	江苏人民出版社	
地　　　址	南京市湖南路 1 号 A 楼,邮编:210009	
照　　　排	江苏凤凰制版有限公司	
印　　　刷	江苏凤凰新华印务集团有限公司	
开　　　本	652 毫米×960 毫米　1/16	
印　　　张	193　插页 24	
字　　　数	2 566 千字	
版　　　次	2023 年 5 月第 1 版	
印　　　次	2023 年 5 月第 1 次印刷	
标 准 书 号	ISBN 978-7-214-27605-6	
定　　　价	880.00 元(全 6 卷)	

(江苏人民出版社图书凡印装错误可向承印厂调换)

目　录

第一章　幕府崩溃

第一节　幕末开港

一、开港的外因:建构世界市场对东亚的冲击

1522 年,麦哲伦船队完成了历时 3 年的环球航行。至 17 世纪,连接欧洲、美洲、亚洲和非洲的航线开通后,以贩卖黑奴为中心的欧、非、美三大洲的"三角贸易"展现了世界市场的初期形态。自 18 世纪中期以后,源自英伦三岛的政治、产业和科技等三大革命浪潮席卷西欧,浸润北美。经过多方面的蜕变,欧美国家的综合国力、军事力量、科技水平全面增强,远超东亚国家。西方压倒东方,欧美列强在获取茶叶、生丝与工业纺织品乃至鸦片贸易丰厚利润的过程中,展开对东亚新一轮的冲击。将东亚国家纳入资本主义世界市场,完成其最终建构,成为此次冲击的最大目标和理由。基于各种历史机缘的巧合,后起的美国扮演了迫使日本开港的重要角色。

1784 年 2 月,美国贸易船"中国皇后号"驶离纽约港,横渡大西洋,绕过好望角,北上印度洋,首航至中国广州港,1785 年 5 月返回,开辟了中美海上航线。受到对华贸易的吸引,1789—1790 年,驶入广州港的美国

商船已达 14 艘之多。邻近中国的日本,也逐渐进入美国贸易商的视野。1791 年,满载海獭皮的美国贸易船"华盛顿夫人号"和"天恩号"首航日本,驶达纪州(今和歌山县)的樫之浦。闻讯赶来的藩吏固守锁国"祖法",婉言谢绝了美国人的贸易要求,两艘船无功而返。[①]

1789 年法国爆发大革命,引发欧洲的政治地震。1792 年英国组织反法联盟,进攻法国及其附庸荷兰。欧洲的乱局波及东亚,英国东印度舰队不断攻击占据爪哇的荷兰东印度公司及其船队,日荷贸易中断。中立国美国的贸易商意外获得向荷兰东印度公司出租商船的机会,开展对日的"包船贸易"。1797 年,荷兰包租的美国商船"艾黎萨号"抵达日本,大笔的利润令美国船长斯彻瓦尔特怦然心动。1800 年,斯彻瓦尔特指挥美国贸易船"日本天皇号"驶入长崎,试图打通美日直接贸易渠道,但在长崎荷兰商馆的阻挠下受挫。

1812 年美英战争期间,美国海军上校戴维·波特指挥快速帆船"埃塞克斯号"绕过合恩角,进入太平洋,捕捉英国的商船和捕鲸船,无意之间,为美国人抵达东亚探索了航路。1815 年,波特建议詹姆斯·麦迪逊总统向中国和日本派遣舰队,迫使其开放市场,但受限于美国的国力,该建议被束之高阁。1816 年,独控拉丁美洲、觊觎太平洋的新任总统门詹姆斯·门罗加快海军建设,准备派遣舰队前往东亚,保护美国的贸易利益。至 1820 年前后,美国对华贸易量已超过英国东印度公司。1821 年,美国财政部开始发表对华贸易的年度报告,提出开拓亚洲市场、与英国展开远东国际贸易的竞争等新目标。1834 年,美国特使罗伯茨携带安德鲁·杰克逊总统致幕府将军的书信,在远赴东南亚并与暹罗缔约后,准备赴日缔结通商条约,却因 1836 年客死澳门,此使命未完成。[②]

从 18 世纪前期开始,欧洲比美国更早地叩击日本国门,俄国进入堪察加半岛并控制了千岛群岛后,南下日本已成必然之势。1739 年,在幕

---

① 浜屋雅軌『日米関係の原点:ペリー来航に関する研究』、高文堂、1992 年、11 頁。
② 鹿島守之助『日米外交史』、鹿島研究所、1958 年、1—3 頁。

府发布最后一道禁教锁国令整整 100 年之后,俄国海军中校什潘别尔格为"发现从堪察加或鄂霍次克通往阿穆尔河地区或日本的航道",率领探险船队驶入太平洋一侧的陆奥国牝鹿郡(今宫城县境内)代岛石崎港停泊。当地居民驾船运来鲜鱼、大米、烟叶、腌黄瓜和杂货,与俄国船队交换亚麻布衣物、蓝玻璃珠。船队款待了闻讯而来的日本官吏,沿原路北归。① 从此,俄国人沿着从鄂霍次克海前往日本的航路不断南下,锁国体制面临越来越多的冲击。1777 年,雅库茨克商人列别杰夫在西伯利亚总督支持下,乘船抵达北海道的厚岸要求通商,遭到松前藩的拒绝。1792年,首访日本的拉克斯曼使节团来到北海道的根室,要求开港通商,同样被婉拒,仅得到前往长崎贸易的信牌。1804 年,沙皇的特命全权大使列扎诺夫来长崎闯关未遂,归途中下令袭击松前藩设立在北海道的哨位,导致两国关系紧张。1811 年,海军少校格罗夫宁率领"黛安娜号"军舰水兵在国后岛登陆,搜寻淡水和粮食,被松前藩守备兵拘押。副舰长里克尔德伺机扣留日本"观世丸"的船夫。1813 年,双方互换被拘人员,平息了事态。

正当日本幕藩领主穷于应付俄国之时,率先开展工业革命并登上"日不落帝国"宝座的英国重返日本。1795 年,布拉夫顿指挥的英国舰队来松前藩补充给养,用世界航海图换得日本北部地图。② 1808 年 8 月,悬挂荷兰国旗的英国东印度公司的护卫舰"斐顿号"驶近长崎出岛的荷兰商馆,扣押了前来探询的商馆人员。在得到补给后,释放了商馆人员并驶离。长崎奉行松平康英等引咎剖腹自杀。1818 年 5 月,英国商船"兄弟号"驶入浦贺,要求对日通商,幕府援引锁国"祖法"予以婉言拒绝。进入 19 世纪 20 年代,英国船舰来日本的次数日益增多。1822 年,英国捕鲸船"撒拉森号"驶入江户湾,要求补给。1824 年 5 月,英国捕鲸船的船员持枪械在水户藩多贺郡海岸登陆,向当地居民强索淡水、粮食和药

① 信夫清三郎:《日本政治史》第 1 卷,周启乾译,上海译文出版社,1988 年,第 67、68 页。
② 桑田優『近代における駐日英国外交官』、敏馬書房、2003 年、5—6 頁。

品,被藩兵扣押。幕府和水户藩采取息事宁人方针,捕鲸船得到给养补充后离开。8月,英国捕鲸船强行在萨摩藩的属岛登陆,射杀耕牛,与岛民发生激烈冲突。因英俄舰船水手索要必需品时经常发生抢劫、伤亡事件,令幕府不胜其烦。1825年(文政八年),幕府下达《异国船驱逐令》,重申严控天主教,禁止日本人或外国人自由出入国门等锁国"祖法";命令沿海诸藩可临机决断,只管开炮驱逐驶近海岸的欧美船舰,态度强硬。

进入19世纪三四十年代,美国后来居上,前来冲击日本国门。1837年,快速帆船"摩里逊号"以送还7名日本漂流民为名,驶入江户湾浦贺和九州鹿儿岛近海,要求开港贸易。当地守军执行《异国船驱逐令》,开炮驱赶,迫使其驶离日本,远赴澳门。1844年7月,美国总统专使顾盛(Caleb Cushing)与清朝两广总督耆英签订中美《望厦条约》,扩大了在美国在领事裁判权和关税协定权上的殖民权益。在中国与欧洲列强联合行动,对日本、朝鲜则采取单独的武力行动以迫使其开港,这些构成美国东亚新政策的两个侧面,也是美国扮演冲击日本国门角色的政策原因之一。

1845年2月,美国众议院海军委员会主席普拉特向国会提交了议案,建议与日本、朝鲜缔结通商条约,强调"一个新的时代已经到来",日本和朝鲜"港口和市场业已使合众国的商人与船员们激动万分"。① 日本由于地理位置独特,成为美国的首选目标。3月,载有22名日本海难漂流人员的美国捕鲸船"曼哈顿号"驶抵浦贺港,受到与"摩里逊号"完全不同的接待。浦贺奉行大久保忠丰接收了日本漂流人员,重申将军德川家庆"遵循祖宗之遗法""不许异国船停留"的训令,叮嘱漂流人员交由驻长崎的荷兰商馆代为转送;在补充了美国捕鲸船需要的煤炭、淡水和食物,且赠送瓷器后,礼送离境。② 与幕府息事宁人的愿望相反,美国船舰频繁冲击日本国门。1846年7月,美国东印度舰队司令宾德尔指挥两艘军

---

① 曹中屏:《朝鲜近代史(1863—1919)》,东方出版社,1993年,第21页。
② 鹿岛守之助『日米外交史』、3—4頁。

舰,驶抵江户湾浦贺港,送交了波尔克总统要求缔约通商的亲笔信,未果返航。①

1848年2月,美国结束与墨西哥的战争,获得了加利福尼亚、内华达等沿太平洋地带约230万平方千米的土地,成为横跨大西洋和太平洋的两洋国家。至1850年,美国从亚洲输入数额为200万美元的商品,相当于当年美国国家预算岁入的25%;输出额为300万美元,相当于当年美国国家预算岁出的7%。② 对亚洲的贸易在美国的国家经济生活中举足轻重,构成美国尽快西渡太平洋,进入东亚和中国市场的驱动力。

受制于当时的航海技术条件,远洋轮船尚不能从美国西海岸直航中国,需要中途停靠锚地,补充远航船队所必需的煤炭、淡水和新鲜食物。1853年3月号的杂志《普特南月刊》强调,在往返旧金山至上海的航线上,日本是美国贸易船最理想的煤炭、淡水和食品的补充基地,也是美国船员理想的休息地、避难所,是从事以中国商人为中介的棉织品贸易的对象国。③ 此外,日益繁荣的太平洋捕鲸业,需要在西北太平洋寻找日本的港口为美国捕鲸船提供躲避风暴的场所,补充给养。至1845年,美国在东北亚海域用于捕鲸业的资本已达1 700万美元,从业人员为1万人。④ 任何一个美国政党,都不能忽视捕鲸业的市场需求对竞选的影响,冲击日本的经济要求与政治发生了关联。

1849年4月,格林舰长指挥军舰"普莱布尔号"驶入长崎港,奉命接回一年前在虾夷地(今北海道)遭遇海难并被押解至长崎的美国捕鲸船海员。1851年1月,返回纽约的格林在写给政府的报告中,谈及海员在押期间受到强制性"踏绘",即践踏圣母玛利亚画像以甄别是否为天主教徒的粗暴对待,认为日本"门户开放的时机已经到来",采取"兵力威胁的

① 箭内健次编『鎖国日本と国際交流』、吉川弘文館、1988年、542頁。
② 浜屋雅軌『日米関係の原点:ペリー来航に関する研究』、15—16頁。
③ 浜屋雅軌『日米関係の原点:ペリー来航に関する研究』、40—41頁。
④ 鹿島守之助『日米外交史』、5頁。

手段是最恰当的。"①6 月,美国东印度舰队司令奥里克携带总统菲尔莫尔要求以人道主义对待落难美国海员的亲笔信,前往日本,美国舆论支持对采取日强硬立场。

1852 年 3 月,国家邮船总监、海军准将马修·卡尔布莱斯·培理(Matthew Calbraith Perry)被任命为东印度舰队司令,接替因与部下发生激烈冲突而被撤职的奥里克,继续远征日本。3 月 26 日,《纽约信使报》热议培理应采取两手政策:一是"完全和平的",二是必须拥有"使其服从正当要求的充分力量"。理由是:"占据世界海岸线一部分的国家绝对没有一再拒绝与其他国家通商的权利","对于这些国家的野蛮人,强制他们遵守普遍的国际法,进行一定的交流,是文明国、基督教国家的权利"。② 11 月,培理搭乘"密西西比号"战舰离开诺福克港,南渡大西洋,绕过好望角,北上香港,与舰队汇合。

1853 年 6 月,培理率领 4 艘军舰、500 名水兵闯进江户湾,抛锚浦贺海岸。彦根、川越、会津等诸藩官兵奉命赶来防卫,乱作一团。江户城的大街小巷里拥挤着逃难的人群,嘈杂不堪。迫于培理舰队的压力,浦贺奉行户田氏荣、井户弘道遵照幕府老中阿部正弘权宜变通的对应方针,允许培理率 300 名士兵在久里滨登陆,接受了用英语、古汉语和荷兰语写成的美国总统国书和培理本人的亲笔信,约定翌年培理再来日本交涉缔约开港问题。

在国书中,M. 菲尔莫尔(M. Fillmore)总统向"日本国大君主",即幕府将军解释派遣培理舰队是为了"两国建立友好关系,订立通商条约"。国书强调美国富足,船舰只需要 18 天的航程即可横穿太平洋抵达日本,跨洋贸易将给两国带来巨大的利益;从加利福尼亚前往中国的美国商船极多,捕鲸船需要避风港;日本盛产煤炭,食物丰富,可补充横渡太平洋前往中国的美国火轮船。基于上述理由,国书要求在日本的南境开放一

---

① 鹿島守之助『日米外交史』、5 頁。
② 歴史学研究会編『日本史史料』(4)近代、岩波書店、1997 年、11 頁。

个港口。① 培理的亲笔信称将军为"大皇帝陛下",表明此行的目的是递交总统书函,缔结两国友好条约。亲笔信对"摩里逊号"被炮火驱逐表示不满,希望海难船员"不要受到仇敌般的对待";劝告幕府"美日两国是近邻,往来容易。古今时势不同,好的政治当不以古代的定制为准",要求日本缔约开港,"避免引起两国的兵端"。亲笔信最后告知幕府,明年将亲率大军舰前来缔结条约。② 随后,培理舰队离开日本,前往上海。

屡遭婉拒的俄国闻讯后,迅速作出反应。7月,俄国海军中将普提雅廷率领4艘军舰抵达长崎,要求开港通商、划定俄日北方国界。幕府继续采用拖延策略,推托了事。因克里米亚战争爆发,为防备英国远东舰队来袭,11月,普提雅廷舰队匆匆驶往上海。

1854年1月,得知俄国有所动作的培理提前出动,率领由9艘大小舰船组成的舰队,自上海抵达江户湾神奈川河口的海面抛锚停靠,进行海岸测量并将炮口瞄准了江户城。在武力威胁下,2月,阿部正弘委派大学头林复斋、江户町奉行井户觉弘、目付鹅殿长锐、浦贺奉行伊泽政义等为全权代表"美利坚接应挂",在神奈川与培理举行缔约谈判。3月,双方订立了日本近代史上的第一个不平等条约,即《日美和亲条约》(亦称《神奈川条约》)。条约共12条,在"和亲"即友好的名义下,规定日本开放下田、箱馆两港;向美国船舰提供避风场所、粮食、淡水和煤炭;旅日美国人只服从"公正的法律";美国人享有给予其他外国人的优惠待遇等。③ 幕府当局将《日美和亲条约》理解为《薪水令》的条约化,对条约中所暗含的领事裁判权、片面的最惠国待遇等不平等条款茫然无知,糊里糊涂地全盘接受。签约后,培理将火车、轮船、机械等美国工业革命中的最新产品的模型赠送给幕府,展示国力。幕府回赠以相扑大力士的现场表演,双方的发展差距一目了然。4月,培理率舰队前往箱馆(今函馆)实地考察。

---

① 東京大学史料編纂所編纂『明治維新史料選集上 幕末編』、東京大学出版会、1970 年、2—5 頁。
② 東京大学史料編纂所編纂『明治維新史料選集上 幕末編』、6—8 頁。
③ 歴史学研究会編『日本史史料』(4)近代、18—19 頁。

5月,返回下田,与幕府签订作为《日美和亲条约》附录的《下田追加条约》。6月,培理舰队驶离日本。

在欧美列强冲击日本半个多世纪的过程中,由美国扮演撞开锁国大门的历史角色并非偶然。就内因而言,从大西洋西岸到太平洋东岸的本土西进再到跨洋西进、进入东亚,美国资本主义持续西进的发展特点以及相应的东亚政策,提供了强大的推动力与政策导向。就外因而言,19世纪50年代欧美列强陷入各种武力冲突之中,唯独美国置身其外,行动充分自由。幕府对外政策趋向开港,培理舰队的冲击恰逢其时,事半功倍。

美国人开路,英俄荷等国坐享其成。1854年9月,英国的舰队司令官斯特林为搜寻俄国舰队,率领4艘军舰驶入长崎。10月,长崎奉行奉命以《日美和亲条约》为蓝本,与本来无意缔约的斯特林签订了开放长崎和箱馆的《日英约定》。12月,幕臣筒井政宪、川路圣谟与普提雅廷在下田签订了《日俄和亲条约》,规定箱馆、下田、长崎开港,首次划分了日俄之间在千岛群岛得抚岛与择捉岛之间的国境线;库页岛(俄称萨哈林、日称桦太)维持现状。1855年12月,《日荷和亲条约》订立,荷兰人从此走出200余年间被封锁在出岛的狭小天地,自由出入开港地,片面的领事裁判权亦为其他列强分享。对欧美列强来说,日本的开放的程度很低,无法满足将日本纳入世界资本主义市场的要求。随着美国首任驻日总领事哈里斯的履新,与日本签订通商航海条约的议题提上日程。

二、开港的内因:日本幕府采取避战缔约策略

1853年6月,第一次叩关后培理舰队驶离日本后,首座老中阿部正弘向三奉行、大目付、海防挂等幕僚,[①]以及诸雄藩和京都朝廷征询应对之策。7月8日[②],主管海防事务的水户藩前藩主德川齐昭提出建议书

---

① 三奉行系指寺社、江户町、勘定奉行;海防挂的全称为海岸防御御用挂。
② 1872年12月9日,明治政府宣布停用太阴历,改用国际公历。为避免时间记述上的混乱,改历前的日本史计时法本书采用太阴历,此后则用国际公历。

《海防愚存》，坚持维护国体，敬奉祖宗神灵的立场，强调贸易有害"神国"。理由是接受美国的要求则英国、俄国将接踵而至，异国人居心叵测；开港贸易不过纸上空论，开港地警卫使诸国士民疲于奔命，奸民生异心；主张一统诸国武家，对欧美诸国"决不可和"。[①] 德川齐昭建议毁钟铸炮，武力击退外敌。8 月，幕府收到 54 家藩主的回复。其中，彦根藩主、谱代大名议政召集人井伊直弼主张开港，认为"时世有古今之差，互通有无乃古今之道"，可借助荷兰，开展对美、俄的贸易，制造大军舰和轮船，向海外展示勇威，保全皇国。[②] 老中松平乘全、松平忠固的看法与井伊相同，主张缔约开港。长州藩的藩主毛利敬亲强调攘夷论，认为"如果此次允许美国通商，其他诸夷也会提出同样要求，最终使日本的国力因通商而衰落。近年来清国已因通商而生事，以至于发生战争，人民受涂炭之苦"，要求像当年击败元军那样，"对外夷宣示武威"，坚决打击"夷贼"。[③] 上述大名的回复，提出了开港与攘夷等两种截然不同的主张。10 月 23 日，患有癫痫病的德川家定正式出任第 13 代将军，难堪重任，幕府面临着艰难的选择。

1853 年 11 月 27 日，孝明天皇统仁发布《安政改元诏》，鼓动攘夷。诏书称，"洋夷出没，腥膻熏腾，边海不靖，勤劳士夫。加之六月以来，坤德逆常，近畿地震，余动及京，于今未息"，宣布"改嘉永七年为安政元年"，[④]以求消灾免祸。同月，幕府采纳德川齐昭铸炮御敌的建议，发布《海防大号令》。12 月，京都朝廷的太政官发通告，提出应对美国（墨夷）和俄国（鲁夷）之策，即"顷年墨夷再入相模海岸，今秋鲁夷渡来畿内近海，国家急务只在海防，因欲以诸国寺院之梵钟铸造大炮小铳，置海防枢要之地备不虞，速令诸国寺院各存时势，本寺之外除古来名器及报时之

---

① 東京大学史料編纂所編纂『明治維新史料選集上　幕末編』，9—14 頁。
② 歴史科学協議会編『史料日本近現代史 I』，三省堂、1985 年、11—12 頁。
③ 歴史科学協議会編『史料日本近現代史 I』、10 頁。
④ 森末義彰、岡山泰四編『歴代詔勅集』、目黒書店、1938 年、726 頁。

钟,其他悉可铸换大炮,为护卫皇国之器。"①

尊王攘夷论一时占据了上风,缔约开港论者倒也有恃无恐。由于锁国,日本兵备松弛、海防落后,无力与欧美正面对抗。基于对鸦片战争的认知,即 1841 年首座老中水野忠邦认为英清交战,"虽为外国之事,但足为日本之戒",下令加强江户湾一带的防卫,"不得稍有松懈"②,启动了以富国强兵为中心的天保改革。幕府命令洋式炮术家高岛秋帆在武藏国德丸原(今东京都板桥区德丸町)演示欧式枪炮射击技术,派幕臣江川英龙等学习掌握洋式军事技术;委托荷兰商馆购置西洋枪炮、蒸汽船,训练洋式军队。急于求成的水野为募集国防军事所需要的大量资金,解散批发商行会"株仲间",造成流通领域的混乱;强迫流民归农,禁止市民娱乐,招惹一片怨声载道;强令大名交出江户、大坂(1868 年明治政府改称大阪)的飞地则引发了众怒。1843 年,水野被解除职务,改革以失败告终。

唯有天保改革期间发布的《薪水令》,仍为幕府保留。1842 年 7 月,幕府汲取清朝政府战败缔约、割地赔款的教训,为避免外衅,发布《停止驱逐异国船命令书》,即《薪水令》。此令称:"文政八年发布只管驱逐异国船的命令,当时诸事改动,未依据享保、宽政之政事,难施仁政。异国之人遭难漂流而来,乞求食物薪水却不分青红皂白,一律开炮加以驱逐,则并非对待万国应区之法",因此明令终止执行《异国船驱逐令》,允许"接待异国船,视其若缺乏食物煤炭淡水则难以返航的状况,给予所需之物品,致其离去。"③此道命令,虽然留下了不允许外国人登陆的尾巴,但基调是息事宁人,务求平安。《薪水令》为绕过锁国"祖法"的阻碍,推行避战、缔约、开港的外交新策略提供了法令依据。

避战与缔约是一个过程的两个方面,开港则是其结果。至幕府灭亡,避战、缔约、开港等三个基本点始终贯穿于对外交涉的过程之中。基于权

① 東京大学史料編纂所編纂『明治維新史料選集上 幕末編』、31 頁。
② 信夫清三郎:《日本政治史》第 1 卷,上海译文出版社,1988 年,第 166、169 頁。
③ 菊池駿助[ほか]校訂『德川禁令考』、吉川弘文館、1931—1932 年、611 頁。

衡利弊的谋国之道的考量，以老中阿部正弘、堀田正睦为核心，包括大目付筒井政宪；海防挂兼勘定奉行川路圣谟、水野忠德；目付岩濑忠震、大久保忠、堀利熙、永井尚志宽；外国奉行井上清直、竹内保德，以及强硬派大老井伊直弼等官僚集团，对内维护幕府权威，实施以确保德川氏家族利益为底线的改革；对外实施避战缔约的灵活应对策略，竭力避免外衅。

锁国攘夷论者信奉"国体论""神国论"，在喊响"尊王攘夷"的口号背后，图谋权力与地位。天皇朝廷利用防备外夷、增强海防之机，介入内政外交。德川齐昭等雄藩藩主力陈海防铸炮之议，既要巩固国家防务，更要重获建造大船、加强武备的权力，增强政治影响力。由于幕府老中官僚集团掌握着统治实权，朝廷和雄藩毕竟重新在政治舞台崭露头角，幕府避战缔约策略主导了日本外交的进程。

1853 年，面对培理舰队闯进江户湾的现实，幕府按照避战为先的既定方针，在调集军队守卫浦贺、江户的同时，采取息事宁人的和平方针应对以武力为后盾的美国舰队。1854 年，幕府经过和平谈判，签订了日本近代史上第一个不平等条约《日美和亲条约》。继而，又同英国、俄国、荷兰等国签订了类似的条约，国门渐次打开。

根据《日美和亲条约》的第 11 条规定，在缔约 18 个月后，美国派出领事驻扎下田。1856 年 8 月，曾在 1854 年任驻中国宁波领事的纽约商人汤森·哈里斯（Townsend Harris，中文名字虾厘士），在下田玉泉寺并开馆升旗，就任美国首任驻日总领事。

哈里斯来日不久，第二次鸦片战争爆发，幕府颇感压力。哈里斯借力发力，在与外国奉行岩濑忠震、下田奉行井上清直等幕府谈判代表的交谈过程中，危言耸听地预测英法两国在征服中国后，势必把矛头指向日本；宣称为国家安全考虑，日本应尽快与美国订立友好通商条约，以确保无虞。其实，英法联军并无进攻日本的计划，美国的保护也是口惠而实不至，但哈里斯的一番说辞还是对幕府的决策产生了影响。

1857 年 5 月，井上清直奉命与哈里斯订立了《下田条约》（亦称《日美约定》）。条约规定：长崎港对美国船只开放；美国人拥有在下田、箱馆两处开港地的长久居住权;两国通货同种同量交换;美国享有领事裁判权和总领事的自由旅行权;等等。① 日美《下田条约》承前启后,既载明了领事裁判权条款,又规定同种同量的货币交换,为《日美修好通商条约》的签订创造了条件。

1857年10月,正值英法联军向中国广东集结之际,哈里斯看到了机会,前往江户拜会第13代将军德川家定。在与首席老中崛田正睦等会面时,哈里斯作了两个多小时的长篇发言,强调"由于蒸汽轮船的使用,西洋各国决心把世界联为一体。因此,拒绝与外国通交之国即为世界一统的障碍,必须加以破除",日本缔结通商条约乃大势所趋。哈里斯威吓幕府说,英国正着手准备与日本的战争,美国则与欧洲各国不同,从不奢望、亦未曾以诉诸武力的方式攫取别国领土,为日本计,应该明智地与美国缔结条约。② 威吓产生效果,12月,井上清直、岩濑忠震与哈里斯开始缔结通商条约的谈判,反复交涉公使进驻江户、开放港口的数目、自由贸易原则等问题。哈里斯为了达到签订通商条约的目的,使用了各种手段,包括在谈判桌上失态地大声吼叫、向日方谈判代表投掷烟灰缸等。

哈里斯的软硬兼施终见成效。1858年1月,双方达成协议。6月,在抛锚江户湾小柴冲的美国军舰"波哈坦号"上签订了《日美修好通商条约》。条约共14条,除已开放的下田、箱馆两港外,增开神奈川、长崎、新潟、兵库四港及江户、大坂两市;相互派驻外交代表,在开放港口派驻领事;外国人在开港地区自由贸易,内外货币同种同量交换;开放港口设租界,外国人享有领事裁判权;缔约的外国享有片面的最惠国待遇;实行协定关税税率;等等。③ 7月至9月,荷兰、俄国、英国、法国等国,也与日本订立以美日条约为蓝本的《修好通商条约》。时值安政五年,上述条约史称"安政五国条约"。日本门户敞开,商贸网点遍布列岛,成为欧美国家商品在东亚的新市场。至此,幕府推行了200余年的禁教锁国体制彻底

---

① 信夫清三郎:《日本政治史》第1卷,第242、243页。
② 石井孝『日本開国史』、吉川弘文館、1972年、244—246頁。
③ 歴史学研究会編『日本史史料』(4)近代、27—29頁。

崩溃，面临内忧外困的艰难局面。

　　对于资本主义世界市场形成的全过程而言，第二次鸦片战争期间中国与英法签订的《天津条约》，以及日本与欧美列强签订的"安政五国条约"，开启了一个新阶段。关注东亚局势最新动向的马克思，在 1858 年致恩格斯的信中指出，"资产阶级社会的真实任务是建立世界市场（至少是一个轮廓）和以这种市场为基础的生产。因为地球是圆的，所以随着加利福尼亚和澳大利亚的殖民地化，随着中国和日本的门户开放，这个过程看来已完成了"①。

　　进入 19 世纪 60 年代，1861—1865 年发生的南北战争削弱了美国对日外交的力量。参加过两次鸦片战争，先后任英国驻厦门领事、广州代理领事、上海领事的巴夏礼（Sir Harry Smith Parkes），在 1865 年升任驻日公使，成为驻日外交使团的召集人。在日本未来主导力量的选择上，巴夏礼选择萨长（萨摩、长州）西南雄藩，与支持幕府的法国公使莱昂·罗修（Leon Roches）在合作中展开激烈竞争。

　　依据签订"安政五国条约"所规定的关税协议制，欧美列强急欲施加压力，将对日本输出的商品税率为 5%—35% 的关税一律修改为 5% 的从价税，以利于商品大批量地进入日本市场。同时，为了威慑排外的天皇朝廷，1865 年 11 月，英、美、法、荷四国组成联合舰队游弋兵库海面，炫耀武力。在舰炮的威胁下，1866 年 5 月，幕府外国事务老中水野忠精与英国公使巴夏礼、法国公使罗修、美国代理公使埃斯科韦尔、荷兰代表波尔斯布尔茨科等签署了由巴夏礼起草的《江户改税约书》。"约书"共 12 条，主要规定：日本与四国签订的所有条约中开列的贸易商品，一律按照 5% 的从价税征收关税；神奈川港自 1866 年 5 月 19 日，长崎、箱馆两港自 6 月 21 日开港。至 1872 年 7 月 1 日，茶、生丝在约书签字两年半之后，按照前三年贸易平均价格的 5% 的税率收取关税；废止印花税，用报酬代替行李运输税；重新商定外国货币与日本货币同种同量的使用问题；日

---

① 《马克思恩格斯全集》第 29 卷，人民出版社，1962 年，第 348 页。

本人购买船舰须经幕府允许；日本内地均可为国际贸易向各港运送物品。①

三、开港后的"多米诺骨牌"效应

开港前，将军至强与天皇至尊、幕府集权与诸藩分权的双重二元政治结构维系了政局的稳定。幕府将军的"至强"和"集权"，是维稳的关键所在。至幕末，幕府的统治能力逐渐衰微。开港后，民族矛盾刺激国内矛盾迅速激化。幕府、雄藩、朝廷、中下级武士、民众等多种势力竞相登台，统治集团内部矛盾突出，社会矛盾错综复杂。日本国内的矛盾斗争形成巨大的合力，将幕府推向不归路。

（一）统治阶级上层矛盾的激化

幕府与天皇朝廷、幕府与雄藩大名之间的博弈，构成统治阶级的上层矛盾。其中，孝明天皇统仁坚持攘夷立场引发的政治风波，激化了朝廷与幕府的矛盾。1853 年 6 月，培理舰队驶离后，幕府向京都朝廷征询应对之策。此举的重要性不在于天皇发布何种旨意，而在于幕府因此而自毁不允许天皇朝廷过问政治的"祖法"。朝廷顺势介入国家政治事务，打破朝廷与幕府的二元政治结构的均衡关系，与幕府、雄藩构成三足鼎立格局。"安政五国条约"的"敕许"问题，迅速扩大了朝幕关系的裂纹。

1858 年 2 月，幕府老中堀田正睦带领川路圣谟、岩濑忠震等来到京都，将《日美修好通商条约》的谈判文本送交天皇，等待"敕许"。其态度之傲慢，令天皇统仁"实感困惑"。② 3 月，亲幕府的关白九条尚忠等建议天皇"敕许"条约，但权大纳言中山忠能、权中纳言正亲町三条实爱、侍从岩仓具视等 88 名尊王攘夷派（简称"尊攘派"）公卿联名上奏反对。统仁借口幕府应征求各藩意见，婉拒"敕许"条约。梁川星岩、梅田云浜、赖三树三郎等尊攘派处士开展活动，制造反对缔约的舆论。幕府原本以为条

---

① 東京大学史料編纂所編纂『明治維新史料選集上　幕末編』、242—249 頁。
② 森末義彰、岡山泰四編『歴代詔勅集』、728—729 頁。

约"敕许"如囊中取物,没想到枝节横生,朝廷最终通告对条约不予"敕许"。4月,出任大老的强硬派井伊直弼,不以天皇是否"敕许"为意,径自在6月签订了《日美修好通商条约》。但井伊直弼亦无意与朝廷闹翻,向九条尚忠解释了"违敕"缔约的理由,面对俄美英法的军舰将大举前来、京都的警卫防备尚未就绪的危局,作为"危急之一计",只得"签署条约"。①

孝明天皇统仁拒绝"敕许"条约,忙着祈神攘夷。6月,统仁参拜伊势神宫、石清水八幡宫,发布"宸翰",指责幕府"允许贸易通交",即为"国家之侮辱,祸灾近在眼前"。② 统仁痛斥欧美"蛮夷等觊觎皇国之心不止","美国等要求和亲互市,处事骄傲,轻侮皇威欲夺取国家利泽,动辄派来军舰,故率土不稳,诚乃国家之大患也"。"宸翰"祈祷"天照大神""八幡大菩萨"能"大显神威",如同当年"神风"扫荡元军船队那样,"早攘灾孽于万里之外","使夷贼慑于神威,服从皇德"。③ 幕府要缔约开港,朝廷要攘夷,双方的矛盾逐步公开化。

7月,孝明天皇敕令攘夷,幕府不予理睬。于是,朝廷将目光转向雄藩。8月7日深夜,公卿、武家传奏万里小路正房奉朝廷之命,在自家宅邸,秘密会见水户藩留守京都的藩吏鹈饲幸吉,转交攘夷密诏。鹈饲幸吉旋即更名换装,潜行东海道,18日抵达水户藩,将密诏转呈藩主德川庆笃。密诏("戊午密敕")称幕府当局缔约违背将军的本心和天皇的旨意,为"轻率之举";表示朝廷希望与尾张藩、纪伊藩和水户藩等"御三家"及诸藩大名建立"永世安全的公武合体"体制,促进幕府与朝廷的合作,"以忠诚之心,安定国内",应对危局,"不受外夷之辱"。④ 天皇敢于直接向雄藩大名发布旨意,为前所未有的新事态,显示了天皇朝廷的地位已是今非昔比。萨摩、长州、越前等雄藩也伺机而动,介入中央政局。

---

① 東京大学史料編纂所編纂『明治維新史料選集上 幕末編』、72—73頁。
② 森末義彰、岡山泰四編『歴代詔勅集』、730頁。
③ 森末義彰、岡山泰四編『歴代詔勅集』、732—733頁。
④ 東京大学史料編纂所編纂『明治維新史料選集上 幕末編』、79—80頁。

与此同时,将军继嗣的论争也在激化统治集团内部矛盾。开港前后,在幕末改革的过程中,幕府与诸藩的力量对比发生逆转。特别是封地被配置在西南沿海偏远地区的长州藩(今山口县)、萨摩藩(今鹿儿岛县)、土佐藩(今高知县)、肥前藩(今佐贺县)等诸藩,在工业革命后,成为最先感受欧美列强冲击的前沿地带。外压变为诸藩改革的动力。由于举措得当,人才辈出,通过富国强兵的藩政改革,它们作为雄藩而崛起。水户藩藩主德川齐昭、越前藩(今福井县)藩主松平庆永、尾张藩(今爱知县境内)藩主德川庆胜、会津藩(今福岛县境内)藩主松平容保、萨摩藩藩主岛津齐彬、长州藩藩主毛利敬亲、宇和岛藩(今爱媛县境内)藩主伊达宗城和土佐藩藩主山内容堂等雄藩的藩主,在幕府与朝廷之间呼风唤雨,影响幕末政局的发展。

围绕第 14 代将军的人选问题,幕府当局与雄藩大名尖锐对立。大老井伊直弼强调血缘关系,执意拥立德川家定的表兄弟、出生于"御三家"之一的纪伊藩、年方 9 岁的德川庆福,形成强势的南纪派。德川齐昭、岛津齐彬、松平庆永、山内容堂等雄藩大名及幕僚岩濑忠震、川路圣谟、水野忠德等则强调年长、贤明和声望,拥立出生于"御三家"水户藩、10 岁时过继给"御三卿"的一桥家、年已 17 岁的德川庆喜(又名一桥庆喜),号称"一桥派"。两派展开激烈争斗并竞相拉拢朝廷,扩大其影响。南纪派得到朝廷关白九条尚忠、将军夫人的支持,逐渐占据了上风。于是,条约"敕许"与将军继嗣问题纠缠在一起,雄藩大名增强了政局发言权。无形之中,幕府集权与诸藩分权的政治结构走向瓦解,幕府的统治危机加剧。总之,自开港、开市以来,日本形成京都朝廷与江户幕府两个权力中心,双重二元政治结构的面貌今非昔比,显示了开港后在权力结构中出现的"多米诺骨牌"效应。

(二)中下级武士的思想裂变

开港后,在藩政改革和近代化探索的过程中,中下级武士的思想急剧裂变,孕育出近代新型知识分子集团,展现了"多米诺骨牌"效应,致使人才、政策因素补充了资本积累的先天不足。此一时期涌现的代表人物主要有：

经世家佐久间象山为松代藩（今长野市）藩士。他虽一生未迈出日本国门，但借助开港前后获得的海外新知识，实现了思想的飞跃。1833年，佐久间师从佐藤一斋学儒学，后研修兰学，师事江川龙英学西洋炮术。1839年，在江户神田玉池创办"象山书院"，讲授儒学。1842年，佐久间为时任幕府老中的藩主真田贯幸的海防顾问，进呈《海防八策》。1851年，在江户木挽町创立"五月塾"，教授兰学与西洋炮术、兵学。1853年，将《急务十策》上呈首座老中阿部正弘。1854年，受门徒吉田松阴偷渡美国事件的牵连，回松代藩"蛰居"，著《省警录》。其文以为君子有五乐，前三乐分别为"一门知礼义""廉洁自养""讲明圣学"，不出传统意识；第四乐"生乎西人启理窟之后，而知古圣贤所未尝识之理"则颇具新意；第五乐"东洋道德，西洋艺术，精粗不遗，表里兼该"，[①]提出日本近代化的基本方针。"东洋道德，西洋艺术"源自古代引进中国文化"和魂汉才"的传统观念，面对开港后的新局面，将东亚儒学的道德伦理与欧美的器物、特别是枪炮船舰的制作技术相结合，为明治维新期间"和魂洋才"、"士魂商才"方针的制定提供了思路。佐久间培养的胜海舟、坂本龙马、吉田松阴、桥本左内、加藤弘之、西村茂树、津田真道、真木和泉等人才，在历史转折关头发挥了重要作用。

吉田松阴为长州藩士。1850年，师事佐久间象山，眼界大开。1852年12月，冒脱藩之罪，游历关东、东北诸藩4个月，前往水户拜会鼓吹"尊王攘夷"论、《新论》的作者会泽正志斋等名士。开港成为其思想转折的拐点。1853年11月，吉田随佐久间欲搭乘俄国军舰出洋考察未果。12月，吉田因脱藩罪被开除士籍，沦为浪人。1854年3月，化名"瓜中万二"冒死登上停泊在下田的培理舰队军舰，欲前往美国，遭到培理的婉拒。偷渡事泄，被关进萩城野山监狱，监禁1年有余。1855年出狱，居家幽禁思过。1856年，吉田撰成《武教全书讲录》，在授业过程中，提出进攻

---

① 信濃教育会编『象山全集卷1』、信濃毎日新聞、1934年、5頁。

性的国防论,即"当今之时,筑炮台、铸炮门、海岸防御、准备异贼来犯等懦弱之举,不可保全神州也。早早去掉苟且偷安之习,确定出征四夷之策,乃是主客先后之义也"。①

长州藩中级武士高杉晋作入松下村塾,受到吉田松阴"尊王攘夷"思想的影响。1862 年 4 月至 7 月,高杉搭乘开港后幕府首次派出的贸易船"千岁丸"西渡中国上海,对列强蹂躏中国主权的惨状震惊不已。高杉拜会《地理全志》的作者慕维廉,求教求知;同避难上海的中国官绅人士多次笔谈,了解太平天国战争和太平军;购置手枪、望远镜、地图等军用物品,以及《联邦志略》《上海新报》《数学启蒙》等图书。短暂的上海之行,使高杉形成举全藩之力,实行富国强兵"大割据"的倒幕策略。7 月,回国后,高杉径自与荷兰商馆订立长州藩购买舰船的契约;再赴京都、江户,建议藩主停止与朝廷、大名徒劳无益的交往,返回长州割地自强。1863 年 6 月,法国、美国军舰攻击长州炮台,击败藩军。高杉基于上海之行的体验,打破身份门第的限制,招收武士和立志从军的农民、市民,创建草莽部队"奇兵队",自任总督。

开港后,借助幕府推行对外开放政策,日本士人得到直接感知或接触欧美文明的机会,开始向近代新型知识分子的转化,福泽谕吉堪称典范。福泽为丰前中津奥平藩(今大分县境内)藩士,在绪方洪庵的适适斋塾学兰学。1860 年,搭乘幕府首次横渡太平洋的军舰"咸临丸"赴美。从踏地毯、喝香槟酒、女士优先习俗、华盛顿遗族的平民化,到电报机、电镀法、机械制糖、船运图书保险制度,所见所闻令福泽感到新奇不已,他开始利用从美国带回日本的第一本英语词典,努力钻研洋学。② 1861—1862 年,福泽随幕府遣欧使节团访问英国、法国、俄国、荷兰、普鲁士等缔约国,实地考察欧洲议会选举、医院经营、邮政、征兵制度等陌生事物。在《西航记》中,福泽记载普鲁士议会"上院议事官 120 人,由官府任命,

---

① 山口県教育会編『吉田松陰全集 3』,岩波書店,1934—1935 年、133 頁。
② 福泽谕吉:《福泽谕吉自传》,马斌译,商务印书馆,1980 年,第 98—100 页。

下院议事官 352 人,由国民选举。两院议事官在职皆 3 年"①,首次向日本人介绍议会制度。以实地考察为基础,福泽谕吉在 19 世纪 60 年代撰写了《唐人往来》《西洋事情》《西洋旅行导游》《清英交际始末》等介绍欧美典章制度、社会文明、国际形势的著作,受到读者们的追捧。福泽也因此博得日本近代"思想文化启蒙第一人"的赞誉。

1862 年 9 月,幕府派遣榎本武扬、内田正雄、泽太郎左卫门、赤松则良、田口俊平、津田真道、西周等人赴荷兰留学。其中,津田真道、西周等留学莱顿大学,学习法学、经济学以及实证主义哲学。1865 年 12 月,津田、西周留学归来,受到幕府重用,担任洋学机构开成所的教授,破格晋升为可面见将军的"旗本"。随着对外开放的扩大,派遣留学生的对象国也不再限于荷兰。1865 年 7 月,幕府派遣首批赴俄留学的学生。1866 年 10 月,幕府派遣由中村正直、川路太郎领队,率外山正一、菊池大麓、林董等 12 名留学生前往英国留学。

开成所与医学校是国内培养洋学人才的主要机构。其中,开成所设置了欧美地理、物理、军事、历史等课程,将知识面扩大到人文学科。欧美社会学科图书大量流入,洋学兴旺发展,优化了成才环境。加藤弘之虽无出国经历,但师事佐久间象山、大木仲益学兰学之后,1860 年担任蕃书调所助教,苦学德语和欧洲政治学。依据在国内搜集的资料,1861 年撰成《邻草》,介绍欧洲的立宪思想。1864 年,升任"旗本",兼任开成所教授。通过在国内洋学机构学习和培养,加藤弘之也成为谙熟欧美法律学、宪政学、社会学的人才。

开港后,在诸藩持续展开的富国强兵改革中,一大批新型近代化人才脱颖而出。其中,萨长土肥(萨摩、长州、土佐、肥前)等西南雄藩形成的人才集团,诸如长州藩的木户孝允、高杉晋作、久坂玄瑞、伊藤博文、山县有朋,萨摩藩的大久保利通、西乡隆盛、小松带刀,土佐藩的坂本龙马、板垣退助、后藤象二郎,肥前藩的大隈重信、副岛种臣、江藤新平、大木乔

---

① 尾佐竹猛『日本憲政史大綱下』、日本評論社、1938—1939 年、31 頁。

任等中下级武士成为藩内的实力派,在行将展开的倒幕维新运动中发挥作用。

其他雄藩,也涌现了对近代化不懈探索的人物,如在越前藩(今福井县)的桥本左内、由利公正。1849 年,桥本入适适斋塾学兰学。1854 年赴江户,师事衫田成卿学习兰学和医学,入象山书院学兰学、兵学。1856年,主持藩校明道馆,注重实学,得到藩主松平庆永赏识和重用。桥本著《西洋事情书》,赞美欧洲的议会制度"上下一致,不失民情,不背公议,乃首要之法规"。因此,"官吏之选举首先根据国内之众议",凡改法令、动兵革、起工程等国家大事均"在众议一同之上施行",国王不能"擅决大事"。① 另外,桥本主张实行重商主义的国际贸易政策,交结俄国,伺机用兵中国和朝鲜。

由利公正为越前藩武士,经世家。1857 年,熊本藩(今熊本县)的横井小楠应聘来越前藩主持改革。由利拜横井为师,参与富国强兵的重商主义改革,增长了才干。1859 年,在藩内设立物产总会所,在长崎设立储运仓库"越前藏屋敷",介入生丝贸易,藩财政扭亏为盈,受到松平庆永的重用。1862 年,松平庆永任幕府政事总裁职时,由利升任松平庆永的侧用人。1867 年,与坂本龙马交往,在组建公议政体上达成共识。1868 年明治建政初期,由利草拟维新总纲领《五条誓文》的初稿,主持政府财政。

(三)下层民众的反抗加剧

开港后,随着民族矛盾的加剧,阶级矛盾日益激化。下层民众的反抗力度不断增强,展现了开港后的另一个"多米诺骨牌"效应。1859 年 5月,长崎、箱馆和神奈川(后改横滨)等三港先期开放,日本被推进资本主义世界市场,很快沦为欧美国家的原料产地和商品市场。在自由贸易的框架下,于欧美市场颇受欢迎的日本生丝和茶叶大量出口。1860 年,日本总出口额为 4 733 788 美元,其中经由横滨港出口的生丝占出口总额的 65.6%,茶为 7.8%。1861 年,日本出口总额为 3 786 652 美元,其中

---

① 佐藤昌介[ほか]校注『日本思想大系 55 渡邊崋山　橋本左内』、岩波書店、1971 年、591 頁。

经由横滨港出口的生丝占出口总额的 68.3%,茶为 16.7%。1862 年,日本出口总额为 7 918 196 美元,其中经由横滨港出口的生丝占出口总额的 86.0%,茶为 9.0%。至 1863 年,日本出口欧美总额达 12 208 228 美元,跨入千万美元的大关。1865 年,日本出口总额为 18 490 331 美元,其中,生丝占出口总额的 83.4%,茶为 10.2%。① 上述统计数据表明,横滨成为当时日本最大的贸易港口,生丝为日本最大宗的出口商品。

同期,欧美国家出口到日本的工业制成品也呈增长之势。1860 年,日本进口欧美国家的产品总额为 1 658 871 美元;其中,进口的棉织品占总进口额的 52.8%,毛织品为 39.5%。1861 年,进口总额为 2 364 616 美元;其中,经由横滨港进口棉织品占进口总额的 46.0%,毛织品为 26.7%。1862 年,适应幕府军事近代化的需要,欧美国家进口日本总额为 4 214 768 美元的物品中,经由横滨港的、含军工器材的金属制品占进口总额的 38.7%,棉织品为 19.4%。1865 年,日本进口欧美国家的产品总额首次超过千万美元,达 15 144 271 美元;其中,经由横滨港进口的毛织品占进口总额的 43.8%,棉织品为 35.8%。②

两相比较,在开港初期的 1860—1865 年之间,日本凭借生丝、茶叶物美价廉的出口优势,以及平均为 20% 的从价税的保护,连续 6 年处于出超的有利地位。在出口的有力拉动下,制丝、制茶业发展较快,但棉纺、棉织作坊却因欧美棉毛织品的大量进口而受到沉重打击。欧美国家决心动用武力来遏制日本在国际贸易中连续出超的势头,1865 年 11 月,英、美、法、荷四国组成联合舰队武装示威。果然,在欧美列强的武力威胁下,1866 年 5 月,幕府与欧美列强另定《江户改税约书》。"约书"规定:欧美国家出口日本的商品,一律按照 5% 的从价税征收关税,完全满足了五国提出的要求。

开港后,欧美贸易商利用日本与国际金银比价 3 倍的差价,大量套

---

① 滨野洁等:《日本经济史　1600—2000》,南京大学出版社,2014 年,第 81 页。
② 滨野洁等:《日本经济史　1600—2000》,第 81 页。

购日本的黄金,导致硬通货短缺。财政窘迫的幕府滥铸劣质货币,金币的含金量由 1601 年铸造的庆长小判的 15 克,到 1860 年铸造的万延小判锐减至 2 克。货币急剧贬值导致物价暴涨,1858—1867 年,米价上涨了 7.1 倍;菜籽油价格上涨了 4.6 倍;大豆价格上涨了 8.6 倍。① 稻农期待的米价上涨后的收益,也因年贡米租税率猛增为"八公二民"(即年收获量的 80%作为实物地租上缴领主,自留 20%)而落空。市民们更因米价、油价暴涨,生计无着而叫苦不迭。不满与怨恨充塞城乡,下层民众的反抗斗争日趋激烈。

据统计,1858 年"安政五国条约"订立的当年,农民暴动和市民、农民的骚动发生了 72 次。1866 年,农民暴动进入高潮,增加到 185 次。② 其中,仅在江户武藏国爆发的农民暴动,就有 10 万人参加。愤怒的农民高呼着"世直"(即匡正世道)的口号,手持草席旗和竹枪,袭击幕府的官衙、哨所,与前来镇压的士兵混战,史称"世直一揆"。农民暴动政治色彩鲜明,声势浩大,参加人数众多,沉重打击了幕府的统治。城市贫民发动的抢米暴动"米骚动"和捣毁幕府基层机构的"打毁"风潮,接连出现在江户、大坂等中心城市,产生震撼性的社会效果。

在席卷城乡的下层民众反抗运动中,1867 年群众性的狂歌乱舞"神宫参拜大出走",颇具特色。在德川幕府时代,1650、1705、1718、1723、1771、1830 年等 6 个年份,大约每隔 60 年爆发一次全国规模的"神宫参拜大出走",参加者少则两三百万,多则五六百万。届时,人们不分男女老少或做工务农,为祈福消灾,从各地赶往伊势神宫,参拜"天照大神",沿途食宿有布施保障。民众在途中会随心所欲地装扮起来,在边歌边舞中,宣泄情绪,造成了弥漫各地崇神尊皇的怪异气氛。

1867 年 8 月,名古屋最早出现群众性的狂歌乱舞。在上天飘落"皇

---

① 安藤良雄編『近代日本経済史要覧』、東京大学出版会、1979 年、37 頁。
② 青木虹二『百姓一揆総合年表』、三一書房、1971 年、32 頁。

御太神"(即"天照大神")的"神札",拾得者有福的流言蛊惑下,町街民众成群结队地涌向大街小巷,不分昼夜地唱歌跳舞。歌舞者男女反串,在大鼓、笛子和三弦琴的伴奏下,齐唱歌词粗俗诙谐、讥讽时政黑暗腐败的民谣俚曲。由于在每段歌词的最后,反复出现"这还不好吗"的词句,故称"这还不好吗"运动。参加者在歌舞过后,成群结队地吃大户。很快,"这还不好吗"运动波及东海、近畿、南关东、四国等地区,三都变成了乱哄哄的歌舞场,幕府的警务人员束手无策。

比起农民的"世直"暴动和市民的"米骚动",非暴力的"这还不好吗"运动兼有祈福心理与不满现状的情绪宣泄,属于低层次的群众运动。群体性的大规模狂欢模糊了本身的政治要求,但由于几十万乃至上百万的群众加入,影响范围广、持续时间长。其鼓动人心的效果,又为"世直"暴动和"米骚动"所不及。特别是由于运动集中爆发在幕府统治的心脏地带,又恰值倒幕派军队向京坂地区集结之际,对瘫痪幕府统治秩序和掩护倒幕派的军事行动发挥了独特的作用。

第二节 幕府统治的崩溃

一、尊王攘夷:幕府支配力的弱化

国门洞开之后,幕府选择了避免盲目攘夷的外交方针,但缔约开港导致国内形势急剧变化,幕府与朝廷、雄藩的力量对比逐渐逆转。尊王攘夷风潮应运而生,列岛陷入动乱的漩涡。从培理舰队来航到萨长结盟,尊王攘夷运动经历了以下发展阶段:

(一)1853年6月至1858年4月,尊王攘夷运动兴起

1853年6月,前来闯关的培理舰队刚刚离开日本,首座老中阿部正弘通报了美国总统的国书,破例征询朝廷和雄藩的应对之策。群言堂取代一言堂,朝廷、雄藩与幕府并列为影响局势的三种势力。诸藩的中下级武士活跃,出现"处士横议"的新景象。"处士",即有德才而未入仕者,

系指中下级武士;"横议"是指其不遵守身份等级的政治规则,激烈评论时政。此时的处士们尚难以突破藩界的束缚,缺乏横向联系,多半追随各自的藩主,奔波于雄藩与朝廷之间,注重游说公卿,坐而论道,体现了尊攘运动兴起时期的特点。

萨摩藩的西乡隆盛、大久保利通、小松带刀和长州藩的吉田松阴、桂小五郎等,皆为处士横议的活跃人物。受培理舰队来航的刺激,1853 年吉田松阴接连越级向藩主毛利敬亲进呈《将及私言》《急务策》《急务条议》等建议书。1854 年,吉田再进《海战策》,力主充实武备,锁国攘夷。吉田对幕府避战求和策略强烈不满,认为"天下乃天朝之天下,即天下之天下也,非幕府之私有",希望幕府率领天下诸侯雪耻、慰奉宸襟。①

在此期间,老中阿部正弘、堀田正睦等幕府当权派相对开明,注意协调与朝廷、雄藩之间的关系,对处士横议尚能给予一定程度的容忍,延缓了爆炸性局势的到来。幕府任命对外持强硬立场的水户藩前藩主德川齐昭出任主管国防的海防挂参与,给尊攘派带来施展抱负的希望。从总体上看,横议的处士们虽然活跃且言辞激烈,但不过是体制内的反对派。幕府与尊攘派尚能在维持现存的幕藩体制的框架内,彼此保持克制,局势相对稳定。

(二)1858 年 4 月至 1863 年 7 月,雄藩展开竞争,尊攘运动活跃发展

1858 年 4 月,彦根藩主井伊直弼就任德川幕府的最后一任大老,任内推行强化幕府权力的强硬政策。井伊不顾雄藩大名的反对,5 月,内定德川庆福为世子,6 月,予以宣布。井伊还无视天皇的意志,自行批准《日美修好通商条约》,罢免老中堀田正睦、松平忠固等,提拔太田资始、间部诠胜、松平乘全等亲信接任老中。7 月,德川庆福继任第 14 代将军,改名德川家茂。井伊以快刀斩乱麻的独断方式,迅速处理了条约"敕许"和将军继嗣等久议不决的难题,激起尊攘派公卿、中下级武士等体制内反对派的激烈反对,水户藩前藩主德川齐昭、越前藩主松平庆永、尾张藩主德

① 山口県教育会編『吉田松陰全集 1』、1934 年、298—299 頁。

川庆恕、一桥家家督德川庆喜等当面指责井伊对朝廷失礼。

刚愎自用的井伊早已对反对派感到不耐烦，决心动用铁腕手段予以回应。1858年10月至1859年11月，一系列镇压措施陆续出台。对尊融法亲王（久迩宫朝彦亲王，通称中川宫），前关白鹰司政通和16名朝臣，以及"一桥派"大名德川齐昭、德川庆喜、松平庆永、岛津齐彬、山内容堂等分别给予退隐、终身软禁、蛰居思过等处罚。川路圣谟、水野忠德、岩濑忠震、永井尚志等主管外交的十几名能吏受到谨慎、降职等处罚，老中久世广周、寺社奉行板仓胜静等被罢免。井伊还下令将京都、长州、越前、水户等处被捕的处士押解至江户审判，勒令水户藩家老安岛带刀切腹谢罪，处死吉田松阴、桥本左内、赖三树三郎、鹈饲幸吉等；梅田云浜在狱中被拷打致死，梁川星岩被掘墓斩尸；西乡隆盛、僧海月等被押回藩里严加处置。在此期间，受到处罚和被牵连的公卿、大名、幕吏、处士等多达百余人，吉田、桥本等8人被斩首，史称"安政大狱"。

面对井伊直弼的血腥镇压，一桥派的大名、公卿等上层人士沉默下来，尊攘派的中下级武士们却铤而走险，殊死抵抗。特别是在"安政大狱"镇压中备受打击的水户藩志士，率先以暴力回击镇压。1860年1月，大老井伊直弼勒令水户藩上缴诏书，此举不啻火上浇油。围绕着缴诏还是奉诏，水户藩武士分成对立的派别，展开激烈的党争。在幕府压力下，德川齐昭交出了诏书。水户藩的激进派决心刺杀大老井伊，以示决绝。

3月3日，水户藩的金子孙二郎、关铁之介等17名脱藩浪士与萨摩藩浪士有村次兼清实施刺杀行动。是日，风雪交加，井伊直弼在卫队的簇拥下，前往将军府邸祝贺节日。当井伊乘坐轿子将至樱田门外时，按照事前的密谋，森五六郎手持诉状拦住轿子喊冤，黑泽忠三郎乘机冲上来用手枪射击乘轿。以枪声为号，埋伏在樱田门外周边的志士们一拥而上，与猝不及防的井伊卫队殊死拼杀。萨摩藩浪士有村将井伊从轿内拖出，当场砍死。在这次史称"樱田门外之变"的刺杀行动中，参与的志士除增子金八、海后磋矶之介逃脱外，其余16人牺牲殆尽。位高权重的幕府大老在光天化日下横尸街头，为德川幕府建立以来所仅见，幕府的权威扫地。

中下级武士用以暴易暴的极端手段,震惊了日本。参与刺杀行动的志士们的《斩奸趣意书》痛斥井伊违敕缔约、厉行镇压,破坏了天皇"安定国内,公武合体以确立永久之基,不受外夷之侮辱"的诏敕,已经成为"天下巨贼";故实行"天诛",实现"以天皇的圣意为依据,使幕府政治回归正道,申明尊王攘夷之大义"。① 3月,磐城平藩(位于今福岛县)藩主、若年寄安藤信正出任首席老中,关宿藩(今千叶县境内)藩主、寺社奉行久世广周出任老中,形成"安藤—久世政权"。安藤和久世等温和派坚持对外开放方针,对内纠正井伊直弼的强硬立场,转而推行靠拢天皇朝廷、密切朝幕关系的"公武合体"政策,"公武合体派"应运而生。

4月,安藤—久世政权请求朝廷同意第14代将军德川家茂迎娶皇妹和宫,试图通过将军与皇室的政治联姻,压制躁动的尊攘派。孝明天皇对幕府的交换条件并不满意,遂以和宫已同炽仁亲王订婚为由,予以婉拒。6月,幕府处罚井伊派,解除对一桥派大名和公卿的处罚,释放政治和解的善意。同时,向朝廷表态将采取废约攘夷行动,满足了天皇的要求。10月,孝明天皇同意和宫解除婚约,下嫁德川家茂。安藤—久世政权实现了"和宫下嫁""公武合体"的目标,继而兑现"废约攘夷"的承诺。

1861年3月,幕府通告法国、荷兰、英国、美国和俄国,表示江户、大坂开市和兵库、新潟开港推迟7年。担任过英国驻上海领事,现任驻日公使阿礼国(Rutherford Alcock)对此表示理解,建议幕府派遣使节团前往欧洲向各缔约国作出说明。10月,在公卿中山忠能、岩仓具视等陪同下,和宫下嫁的行列向江户进发,40余个藩参与护送和沿途警卫。11月,和宫一行抵达江户。将军与皇妹的大婚在即,公武合体派一时占了上风。

雄藩闻风而动。1861年5月,长州藩直目付长井雅乐提出以"公武合体"为基调的"航海远略策"。长井认为"当今急务为上奉朝廷幕府,下

_____

① 東京大学史料編纂所編纂『明治維新史料選集上 幕末編』、103頁。

凝武士庶民的精神,寻求兴亡之策";为此,需要"朝廷和幕府冰释以往所有隔膜,迅速开展航海,振武威于海外。朝廷严敕命幕府尽征夷职责,幕府专心遵奉敕命,命令诸藩",即"朝廷提出国是远略,幕府遵奉执行,正君臣位次,海内易于和谐为一体;海内和谐,多造军舰,振奋士气,皇国压倒五大洲则易于反掌。"①长井雅乐的建议受到藩主毛利敬亲的赞赏,以此为长州藩的"藩论",命其游说朝廷和幕府。5月,长井前往京都活动,"航海远略策"强调的朝廷发布敕令,幕府遵奉执行的君臣名分论,令天皇朝廷颇为受用。长井又向幕府提交了建议书,"航海远略策"的公武合体与开港贸易等主张适合幕府的方针,首席老中安藤欣然接受。

尊攘派展开反击,力图夺回主导地位。1860年2月,接连发生英国公使馆资深译员日本人传吉遇刺、荷兰船长鲍斯在横滨遇害等事件。在荷兰领事抗议下,幕府首次对外赔偿。此后,法国公使馆的意大利籍雇员又被杀伤。幕府穷于应付,狼狈不堪。7月,在停泊于品川海面的长州藩洋式军舰"丙辰丸"上,桂小五郎与水户藩的西丸带刀订立的水户、长州"破成盟约"("丙辰丸盟约"),约定共同驱逐"夷狄"、扫除幕府"通敌"奸吏,尊攘派志士超越藩界、横向缔约联合。1861年1月,美国驻日公使馆翻译官修斯肯在返回使馆途中,被浪人所杀害。驻日英法公使和荷兰领事联合抗议,幕府再次予以赔偿。2月,俄国军舰"波萨得尼柯号"强行在对马岛芋崎浦停泊,水兵登陆,建造营房,准备永久占领。对马藩和幕府几经交涉,俄舰拒绝撤离并与岛民发生武力冲突。7月,两艘英国军舰驶入对马近海,迫使俄舰在8月撤离,史称"对马事件"。

受"对马事件"刺激,尊攘派加大袭击力度,乘机打击公武合体派。1861年5月,水户藩有贺半弥等14名尊攘派浪人冲进英国公使馆临时所在地东禅寺,袭击公使阿礼国,公使馆秘书和驻长崎领事负伤,阿礼国侥幸逃脱。尊攘派浪人多半非死即伤,震惊舆论,史称"第一次东禅寺事件"。幕府急忙向英国道歉,给予赔偿。12月,幕府派遣身兼勘定奉行和

---

① 東京大学史料編纂所編纂『明治維新史料選集上　幕末編』、113、115、116頁。

外国奉行的竹内保德为首的遣欧使节团,访问英国、法国、荷兰、普鲁士、葡萄牙、俄国等国,谈判推迟开港、开市日期,但进展迟缓。

1862 年旧历正月十五日上午 8 时,首席老中安藤信正在 50 名卫士护卫下,前往将军居城西丸祝贺上元佳节。行至坂下门时,一男子直奔乘轿而来,拔枪射击,从道路两旁又冲来 5 名刺客挥刀杀向乘轿。安藤信正的卫士死战不退,6 名刺客被卫士全部杀死。混战中,背部中刀的安藤赤足跳出乘轿,夺路而逃,史称"坂下门外之变"。刺客为水户藩浪人平山兵介等 6 人,他们臆断安藤促成和宫下嫁是将皇妹扣为人质,迫使天皇批准条约,若遭拒则废其帝位。安藤带伤逃离,被政敌指责为临阵畏缩,此外,他在女色、受贿等问题上又受到追究,4 月引咎辞职。5 月,久世广周亦被罢免,幕府威信扫地,极端被动。

"坂下门外之变"过后,举国汹汹,尊王攘夷的狂热持续升温。公武合体派也在加紧行动,1862 年 2 月,皇妹和宫与第 14 代将军德川家茂的大婚隆重举行。5 月,日英订立《伦敦备忘录》,以日本取消贸易限制、开放对马港并降低部分商品进口关税为交换条件,英国同意将江户、大坂开市和兵库、新潟开港推迟 5 年。同月,负责警卫英国使馆的松本藩武士伊藤军兵卫在袭击代理公使尼尔(Neale)、杀害 2 名英国卫兵后,在警卫室剖腹自杀,史称"第二次东禅寺事件"。幕府照例又是一通忙乱,赔礼道歉,协商赔偿。闰 8 月,参照《伦敦备忘录》的规定,日荷、日法、日俄之间也订立了类似的备忘录。

突发事件接踵而至,京都朝廷的姿态日益强硬,陷入困境的幕府被迫恭顺朝廷。1862 年 6 月,萨摩藩主监护人岛津久光率兵护送敕使大原重德东下江户,宣布了孝明天皇敦促幕政改革的诏书,要求将军德川家茂来京都,共议国事;幕府任命萨摩、长州、土佐、仙台、加贺等沿海五强藩的藩主为五大老,商议防御"夷狄"事宜;任命德川庆喜为"将军后见职",辅佐将军,松平庆永为政事总裁,行使幕府大老之权。岛津久光奉旨攘夷的江户之行影响广泛。长州藩的周布政之助、桂小五郎(木户孝允)、久坂玄瑞等尊攘派乘机弹劾长井雅乐,策划实施刺杀。同月,长州藩主毛利敬亲鉴于藩内政局不稳,尊攘派不断制造事端,以及同萨摩藩展开竞争等,下令长井回藩闭门思过。长州藩放弃"航海远略策",转而实行尊王攘夷方针。

8月,岛津久光的700多人大名行列回藩途中路过神奈川生麦村时,警卫与4名拒绝下马避让的英国人发生冲突,商人理查德森被砍死,同行的店员和朋友受伤。英国提出抗议并要求赔偿,幕府道歉,包括"第二次东禅寺事件"在内,共赔偿10万英镑。肇事的萨摩藩拒绝赔偿,英国公使伺机报复。此时,尊攘声浪愈加高涨,京都朝廷中热衷公武合体的下级公卿岩仓具视、千种有文和堀河纪子、金城重子等被指为"四奸二嫔",备受指责和攻击。孝明天皇命岩仓等辞官、剃发为僧,远离政治舞台。幕府面临来自各方压力,愈加降低了姿态。11月,敕使三条实美向将军德川家茂传达了天皇敦促实施攘夷、设置近卫兵的旨意;12月,朝廷设置"国事御用挂",翌年2月增设"国事参政"、"国事寄人"等官职,积极过问政治。朝廷在力主攘夷的过程中提升政治支配能力,幕府则日益处于下风。

1863年1月,长州藩尊攘派武士高杉晋作、久坂玄瑞、伊藤博文、井上馨等袭击并纵火焚烧正在品川御殿山施工中的英国驻日公使馆,再次给幕府制造麻烦。2月,将军德川家茂、将军监护德川庆喜和政事总裁松平庆永抵达京都,拜见孝明天皇。3月,德川家茂、德川庆喜等跟随参拜贺茂神社。4月21日,幕府违心地宣布以5月30日为期,实行全国大攘夷。其实,幕府对外开放的立场并无变化,也不打算出动幕府军去攘夷。为了减少负担和压力,5月,幕府允许英国、法国在横滨驻军,让攘夷派直接面对荷枪实弹的洋兵。

5月10日,长州藩率先实行攘夷,龟山炮台和藩属军舰"丙辰丸"、"庚申丸"竞相炮击路过下关海峡且毫无防备的美国商船,23日炮击法国军舰,26日炮击荷兰军舰。偷袭得手,举藩欢呼胜利。捷报传到京都,孝明天皇大加褒奖。与此同时,伊藤博文、井上馨、井上胜、山尾庸三、远藤谨助等5名藩士奉藩命,秘密前往英国伦敦大学留学。6月,美国、法国军舰前来报复,先后驶入下关海峡,炮击长州藩的海岸炮台。长州藩的炮台被美法舰队的猛烈炮火打哑,迅即被占领,军舰遭击毁。奉命防守下关的高杉晋作指挥奇兵队,展开抵抗。7月2日,英国为报复一年前"生麦事件"英商被杀伤,萨摩藩拒绝赔偿,派遣舰队前来鹿儿岛讨伐。萨摩藩奉旨攘夷,海岸炮兵在风雨交加中,不惧炮火猛烈,与英国舰队激战竟日(萨英战争)。炮战中,双方均有伤亡,萨摩的3艘军舰被击沉,调练场、御台场的炮台损毁,自筑地町至兴国寺一带鹿儿岛市街和洋式兵工厂集成馆等均遭战火焚毁。①

(三)1863年8月至1866年1月,尊攘派激烈分化,武力倒幕派形成

与水户藩浪人多采取个人恐怖行动不同,长州、萨摩两藩的尊王攘夷为举藩实行的武力对抗,效果亦往往始料未及。长州、萨摩藩的中下级武士对欧美列强舰炮的威力印象深刻,随后开始协调与英国的关系;英国为同支持幕府的法国展开竞争,转而关注长州、萨摩藩的外样大名。双方不打不相识又各有所需,相互悄然接近。

尊攘派浪人受到"全国大攘夷"的鼓舞,行动更加无序化,突破了天皇朝廷所能容忍的界限。1863年6月17日,孝明天皇在发给尾张藩主德川庆胜的"宸翰"中指责"表面忠诚、心存奸计的天下好乱之徒"从中作梗,发"伪敕"、施"奸策",离间朝廷和幕府,表示要"扫除此等奸人",确保公武"真实合体"。② 要求德川庆胜居中处理。8月13日,孝明天皇决定行幸大和,参拜神武天皇陵,发布攘夷亲征诏敕。土佐浪人吉村寅太郎等攘夷派结成天诛组,推举攘夷派公卿中山忠光为主将,挺进大和。17日,天诛组袭击大和国的五条代官所,宣布收归幕府的直辖领地为天朝直辖地,建立了临时性政权机构"御政府"或"总裁所",为天皇的大和行幸鸣锣开道。

尊攘派浪人的越界行动令孝明天皇恼怒。8月18日,在德川庆喜和会津、萨摩等佐幕诸藩的支持下,天皇发动政变,宣布取消大和行幸,自

① 東京大学史料編纂所編纂『明治維新史料選集上 幕末編』、160—161頁。
② 森末義彰、岡山泰四編『歴代詔勅集』、747—728頁。

谓此前的诏令多出于违心,真诏令自即日始。同时解除长州藩主毛利敬亲父子警卫京都的职权,勒令尊攘派立即离开京都。三条实美、东久世通禧、锦小路赖德、泽宣嘉等7名公卿连夜逃往长州。一夜之间,尊攘派沦为天皇朝廷与幕府联手排斥的政治牺牲品。9月,被朝廷斥为"逆贼"的天诛组在吉野山中被幕府军剿灭,吉村阵亡,中山逃匿长州。

在打压尊攘派的同时,天皇在公武合体框架内试行权力机构的调整。12月29日,幕府基于政治谋略考虑,派遣外国奉行池田长发率领使节团前往欧洲,交涉横滨闭港事宜。30日,朝廷准予德川庆喜、松平庆永、伊达宗城、山内容堂、岛津久光等出任朝政参予,以朝廷、幕府和雄藩三方联手的朝议参予会议为平台,稳定统治秩序。由于开港或锁港问题引发幕府与雄藩大名之间的意见对立。1864年2月20日,山内容堂不满幕府的骄横而辞职。至3月,其他参予也辞职而去,参予会议不欢而散。

同年3月,武田耕云斋、藤田小四郎等水户藩内激进的尊攘派"天狗党"为敦促幕府攘夷,挺进京都途中受挫,武田、藤田等被处斩。至此,多次以制造攘夷暴力事件的水户藩的影响力衰落,尊攘派将希望寄托于长州藩。6月,支持幕府的近藤勇指挥佐幕浪士别动队"新撰组"突袭京都客栈池田屋,将聚集在那里的长州、土佐、肥后诸藩志士几乎杀尽,仅木户孝允等幸免。

在一系列重大挫折中,以长州藩为中心的尊攘派迅速分化。久坂玄瑞等继续追随朝廷的老路线,主张重返京都,恢复长州藩对政局的主导权。7月,受池田屋事件的刺激,久坂与长州藩的家老福原越后、国司信浓等为给藩主父子申冤,率领藩兵东进京都,来岛又兵卫、真木保臣等尊攘派骨干踊跃随行。幕府调动萨摩、会津、彦根诸藩士兵在皇宫御所、京都近郊周边布防,以逸待劳。7月18日至19日,双方激烈交战,孤军深入的长州藩兵被迅速击败,久坂战死,真木等自裁,史称"禁门之变"。在蛤门附近激烈的战斗中,长州藩军的大炮指向了皇宫,枪弹击中御所大门,枪炮声中皇太子睦仁当场休克。朝廷宣布长州藩毛利敬亲父子为"朝廷之敌"、"国贼",长州藩被孤立起来。萨摩藩借此压制长州藩,其政治影响力一跃为诸雄藩之首。

桂小五郎、高山晋作等判明形势，放弃重返京都的老路线，转而立足本藩，实施割地自强的"大割据"新政策。同时，设法联络在长崎、横滨开设商店的苏格兰军火商格洛弗（Thomas Blake Glover），通过土佐藩坂本龙马的居中斡旋，长州藩开展对英贸易，并以萨摩藩名义购置大量英国的新式武器，奠定了实施"大割据"政策的军备基础。以此为标志，武力倒幕派初步形成。

7月22日，池田长发等回国，带来下关海峡通航、降低输入关税的"巴黎约定"，力陈锁港不可取。23日，幕府尽管感到恼火，却只对池田等给予降职处分。24日，幕府向英、法、美、荷公使宣布"巴黎约定"作废。同日，幕府利用朝廷宣布长州藩为"朝敌"之机，调集西日本21个藩的军队，发动对长州藩的第一次围剿。8月5日，英、法、美、荷四国舰队，猛烈炮击长州藩的海岸炮台。面对幕府和列强的联合进攻，出掌长州藩藩厅实权的保守派"俗论党"，借口保存毛利家族的身家性命，停止对抗幕府，转而"谢罪恭顺"。11月，处死率兵进京的福原越后、国司信浓等家老，暗杀避难长州的公卿中山忠光，软禁藩主毛利敬亲。高压之下，木户孝允、高衫晋作等无法在藩内立足，出走躲避。

12月，奇兵队总督高衫冒死从北九州潜回长州藩，在伊藤博文等支持下，率领草莽志士诸队在马关起义。激战经月，1865年1月，打垮了俗论党政府。自称正义派的木户、高衫等转化为武力倒幕派，掌握藩政实权，加速"大割据"的步伐。此前，萨摩藩因权力分配问题与幕府闹翻，岛津久光退出朝议参予会议。藩内的保守派失势，大久保利通、西乡隆盛、小松带刀等藩内的革新派掌握了藩厅的权力。萨摩藩与长州藩政权均为倒幕的中下级武士掌握，出现联合对敌的契机。经过坂本龙马等人的奔走，1866年1月，萨摩藩的西乡、大久保、小松与长州藩的木户等，在京都萨摩藩邸秘密订立《萨长盟约》。双方"以六条约定将来"，即萨摩藩出兵两千，扼守京坂要地，向朝廷为长州藩申冤；准备与佐幕的土佐、一桥、会津、桑名等藩"决战"；"长州的冤罪免除后，双方真诚联合"；自缔约之日起，"无论采取任何方式,双方都要为皇国、光耀并恢复皇威为目标,竭尽忠诚和努力。"①萨长联盟,武力倒幕派与幕府的力量对比发生了重大逆转。

二、雄藩竞争:幕府统治权的丧失

1866 年 6 月,幕府发动第二次征长之役。幕府军从大岛口、艺州口、石州口、九州口等四个方向围攻长州藩,史称"四境战争"。由于萨长两藩已结成攻守同盟,萨摩藩拒绝派兵参战,暗中援助长州藩,幕府军的攻击力大打折扣。经过实施一年有半的"大割据"政策,长州藩兵强马壮,士气高昂。在高杉晋作、大村益次郎、井上馨、山县有朋等指挥下,长州藩军民分路拒敌,取得大岛口初战胜利。长州军乘胜攻入艺州、滨田、小仓藩,挫败幕府军,战争进入胶着状态。5 月至 6 月间,在幕府统治地区兵库、江户、大坂发生庶民骚乱,袭击当铺、哄抢米店。幕府军的后勤供应困难重重,士气低落。7 月,德川家茂因"脚气冲心",病亡于大坂城。8 月,幕府以治丧为由,下令停战撤军,第二次征长之战以失败告终。

12 月 5 日,德川庆喜出任第 15 代将军,授以内大臣的官位。20 天之后,孝明天皇驾崩。关于统仁的死因历来有病亡说或毒杀说的分歧,但结果只有一个:消除了倒幕派在名分论上的障碍,幕府失去政治盟友。

1867 年 1 月 9 日,15 岁的皇太子睦仁即位,尚无理政能力,由关白二条齐敬摄政。25 日,在"禁门之变"后被孝明天皇下令闭门思过的炽仁亲王(有栖川宫)、公卿中山忠能等解除处分,重新参与朝政,尊攘派公卿正亲町公董获得赦免。3 月 29 日,豁免了尊攘派公卿三条实美等人,使其重获参政权。岩仓具视等重回京都并参与朝政。王政复古派的宫廷集团逐步扩大,与宫外武力倒幕派形成密切联系。武力倒幕派拥戴新天皇,视之为夺取权力的政治法宝——"玉"。

政权易手在即。无论是幕府还是萨长联盟,均无法直接采用武力消灭对方,需要某种权力过渡方式来打破僵局,公议政体思潮应运而生。

---

① 東京大学史料編纂所編纂『明治維新史料選集上 幕末編』、234 頁。

公议政体派继承了公武合体派的基本主张和立场,强调均衡朝廷、幕府和雄藩三者的关系,促成幕府政权和平易手。1867 年 5 月,土佐藩的板垣退助等与萨摩藩的小松带刀等在京都订立武力倒幕的盟约,但土佐藩的主流舆论即"藩论"却是公议政体论。6 月,坂本龙马与后藤象二郎乘坐藩船"夕颜丸"自长崎出发,前往兵库。途中,坂本龙马提出打破政治僵局,建立国家新体制的《新政府纲领八策》(《船中八策》)。其基本要点主要有两点,即:(1)"天下政权奉还朝廷,政令应出自朝廷";(2)"设上下议政局,置议员,参赞万机,万机应决于公议"。① 此外,还提出制定"无穷大典"(即宪法)、起用人才、修改条约、整备陆海军等具体要求。后藤在《船中八策》的基础上,提出了非暴力的"大政奉还论",禀报土佐藩主山内容堂。山内全盘接受了后藤的建议,将其确定为土佐藩的"藩论",据此参与全国的政治竞争。

1867 年 6 月,萨摩藩的西乡隆盛、大久保利通与土佐藩的后藤象二郎、坂本龙马订立促进大政奉还的《萨土盟约书》。"盟约书"充分体现了土佐藩的公议政体论诉求,强调"皇国第一要务在纠正国体制度",主张"议定天下之大政之全权在朝廷,我皇国之制度法则,一切之万机要出自京师之议事堂";设立分为上下两院的议事院,议事官从公卿至庶民选拔"纯纯正义者"担任;将军辞职,"归入诸侯之列,政权归于朝廷";与外国"订立道理明白的新约定,实行诚实的商法";制度法则"以人心一和为主"。② 9 月,西乡隆盛等拒绝后藤要求推迟武力倒幕,先试行建议大政奉还策略的要求,与长州藩藩士广泽真臣、品川弥二郎和安艺藩(今广岛县)藩士植田乙次郎等订立武力倒幕的《萨长艺盟约》。盟约规定三藩向大坂集结兵力,"断然为朝廷尽力";危机之际,为朝廷不惜毁藩纾难;决议确定后则不为异论所动。③ 萨摩藩通过与长州、土佐、安艺藩等签订盟约,掌控了政局演进的关键力量。

---

① 原口清『王政復古への道』、岩田書院、2007 年、314 頁。
② 東京大学史料編纂所編纂『明治維新史料選集上　幕末編』、283—285 頁。
③ 東京大学史料編纂所編纂『明治維新史料選集上　幕末編』、302 頁。

公议政体派也在加紧行动。10月3日，后藤象二郎向老中板仓胜静呈交了山内容堂致幕府的"建议书"，促请幕府将军德川庆喜以"大灵活"的姿态，作出"大英断，与天下万民同心协力，服从光明正大的道理"，"一变皇国数百年之国体，以至诚应对万国，建王政复古之业"。① 在"建议书"中，山内容堂将德川庆喜纳入新体制之内，借以封堵武力倒幕派的进路，继续维系三百诸侯的统治实权。6日，安艺藩主浅野茂长也向幕府呈交《大政奉还建议书》，对幕府加大了压力。同日，萨摩藩的大久保利通、长州藩的品川弥二郎与岩仓具视、中御门经之等公卿秘密会见，商讨设立太政官、派出征讨大将军、制作天皇锦旗、萨长艺三藩出兵等事宜，就武力实现王政复古达成共识。

公议政体派主张避免内战，用和平手段改变幕府统治形式，与武力倒幕派的主张针锋相对。然而，在幕府将军交权、拥立天皇为共主、用新的政权形式取代幕藩体制等方面，公议政体派又与武力倒幕派立场一致。实际上，公议政体派主张用软的一手改造幕藩体制，武力倒幕派坚持用硬的一手推翻幕府，两派虽然在改变权力结构的手段上不同，但均将幕府统治逼上绝路，使其举步维艰。萨摩藩之所以能同公议政体派、武力倒幕派左右逢源，其原因即在于此。

10月13日，德川庆喜迫于形势压力，接受了公议政体派的劝谏，在京都二条城向前来参拜的40余藩大名宣布向朝廷奉还大政的决定。同日，武力倒幕派大久保利通、岩仓具视、三条实美等以明治天皇的名义，向萨摩藩的岛津久光、岛津茂久以及公卿中山忠能、正亲町三条实爱、中御门经之下达了用古汉语写成的《讨幕诏书》。其诏称："源庆喜藉累世之威，恃阖族之强，妄戕害忠良，数弃绝王命，遂矫先帝之诏而不惧，挤万民于沟壑而不顾，罪恶所至，神州将倾覆焉。朕今为民之父母，是贼不讨，何以上谢先帝之灵，下报万民之深仇哉"。诏书要求"汝宜体朕之心，

① 東京大学史料編纂所編纂『明治維新史料選集上　幕末編』、297頁。

殄戮贼臣庆喜,以速奏回天之伟勋,而措生灵于山岳之安。"①同日,又以天皇的名义,下达赦免长州藩藩主父子"朝敌"的罪名,恢复官位的命令。14日,正亲町三条实爱向长州藩下达《讨幕诏书》。萨长两藩奉诏讨伐幕府,师出有名。

10月14日,德川庆喜向天皇朝廷呈交《大政奉还上奏文》。内称:"臣虽奉其职,至今日之形势,毕竟薄德之所致,惭惧不堪。何况当今外国之交际日盛,愈感朝权不出一途,则纲纪难立,故应改变从来之陋习,将政权奉归朝廷。广采天下公议,仰尊圣断,同心协力,共保皇国,必可与海外万国并立。"②德川庆喜以退为进,在上奏文中宣称交出兵马统率权,期待朝廷的重新加以委任。果然,失权数百年的京都朝廷对突然奉还的大政一时不知所措,21日,习惯于妥协的公卿中山忠能等密发"内敕",要求萨长两藩暂停实施《讨幕诏书》。一时之间,山内容堂、后藤象二郎等公议政体派因促成大政奉还而得意扬扬。24日,庆喜继续以攻为守,保留内大臣的官位,辞掉"征夷大将军"之职。朝廷并未立即接受德川庆喜的辞职请求,26日答复说:留待诸藩大名来京会议作出决定。

11月15日,京都见回组的武士突袭京都河原町的近江屋③,当场杀死提出"大政奉还"主张的坂本龙马,中冈慎太郎身负重伤,两天后不治身亡。11月24日,左大臣近卫秀房、右大臣一条实良动摇,提出辞呈。将军以退为进、朝廷态度暧昧、佐幕派嚣张行凶,事态发展的前景不甚明朗。陷入被动的武力倒幕派紧急行动,决心重新夺回主导权。11月25日,岩仓具视、大久保利通等与从萨摩藩赶来的岛津茂久、西乡隆盛等密谋克服危局的三种解决方案,即如果德川庆喜真心交权,则遵从"内敕",缓动刀兵;实行王政复古政变,公卿应予配合;设立议事院,选拔可供太政官采用的人才。④ 同日,奉诏讨幕的长州藩出兵,向京坂进发,萨长艺

---

① 森末義彰、岡山泰四編『歴代詔勅集』、755頁。
② 歴史学研究会編『日本史史料』(4)近代、78頁。
③ 京都见回组:幕臣武士维持治安、取缔反幕府势力的行动队。
④ 原口清『王政復古への道』、331—332頁。

三藩出动的兵马约为万人以上。武力倒幕派加紧争取公卿,增加在朝廷公议的发言权。

1867 年 12 月 9 日,明治政府成立。新政府发布《王政复古大号令》,批准德川庆喜奉还大政并辞去将军之职。在小御所举行的三职会议上,武力倒幕派岩仓具视、大久保利通等"参予",挫败了公议政体派山内容堂等"议定"邀请德川庆喜加入政府的图谋,勒令其"辞官纳地",听候处置。"辞官",即庆喜辞掉内大臣的官位;"纳地",即上缴幕府将军的全部领地。一心等待入阁的庆喜已滞留京坂数十日,但等来的是权产两空的"辞官纳地",从而彻底绝望。

此时,江户城里的佐幕派已在群起鼓噪战争。原来,在德川庆喜"大政奉还"前后,西乡隆盛就秘密派遣相乐总三等 500 余位草莽志士在江户城和关东号召勤王倒幕,攻击幕府的哨卡"阵屋",袭击富豪。江户城里的闲杂之徒也趁火打劫,社会秩序陷入混乱。幕府得知驻江户的萨摩藩邸是草莽志士指挥部,12 月 25 日,指令庄内藩等数藩出动 2 000 名士兵前来围攻。消息传到大坂,驻守在城内外的万余幕府军官兵情绪激动,要求与萨摩藩开战。实际上,小御所会议"辞官纳地"的决定将幕府逼到墙角,只能拼死一搏。在一片求战声中,1868 年 1 月 1 日,坐镇大坂的德川庆喜向朝廷提交《讨萨表》,在"清君侧"、讨伐萨长奸贼的名义下,指挥幕府军队前出京都,实施武力对抗。

三、戊辰战争:幕府灭亡

1868 年 1 月 2 日,老中格大河内正质、若年寄冢原义昌指挥由 5 000 名幕府兵、3 000 名会津藩兵、1 500 名桑名藩兵构成的主力,约 1.5 万人的幕府军自大坂城出动,进入京都西南郊的淀城布阵。2 日夜晚,幕府军舰"开阳丸"、"蟠龙丸"开炮轰击兵库近海的萨摩藩轮船"平运丸"。[1] 3 日,幕府军向 2 000 名萨摩藩兵驻守的鸟羽和 1 800 名长州藩兵、300 名

---

[1] 中村哲『明治維新』、集英社、1992 年、17 頁。

土佐藩兵驻守的伏见发起进攻,打响了戊辰战争。幕府军虽然在人数上占绝对优势,但内部编成庞杂,士气低落,武器装备相对落后。倒幕军虽人数较少,但装备了美国新研制的斯宾塞式步枪,火力优于幕府军,又拥有"官军"名号的正统性并得了当地居民的粮草水酒供应,士气高昂。据守伏见的长州军击败前来进攻的幕府军,随即侧击鸟羽,迫使其退往富森。双方激战到 5 日,仁和寺宫嘉彰亲王在马上手执天皇"锦旗",驰骋于阵前,萨长土三藩士兵紧随其后,攻击前进。幕府军唯恐向"锦旗"射击而沦为"朝敌",纷纷弃阵南逃淀城。慌乱中,淀藩倒戈,幕府军人心动摇。6 日,驻守山崎的津藩士兵临阵倒戈,幕府军全线崩溃。

1 月 3 日,在兵库海面的海战中,从荷兰留学归来的榎本武扬指挥排水量达 2 817 吨、配置 18 门加农炮的战舰"开阳丸"主动发起攻击,炮轰萨摩藩吨位为 1 269 吨的军舰"春日丸",迫使运输舰"翔凤丸"抢滩自焚。然而,幕府海军取得的胜利于大局无补。8 日夜,德川庆喜登上"开阳丸",观望数日后,12 日逃归江户。由萨长土等倒幕雄藩组成的官军取得了鸟羽、伏见之战的初战胜利。

1 月 7 日,明治政府发布《庆喜追讨令》,号令天下讨伐"大逆不道"的"朝敌"德川庆喜。10 日,明治政府以天皇的名义,告知各国驻日公使"向者将军德川庆喜请归政权,制允之,内外政事亲裁之。乃曰,从前条约用大君名称,自今而后,当换以天皇称,而各国交接之职,专命有司等。"[1]首次向国际社会宣示新政府的合法性和正统性,为东征预作外交准备。15 日,以天皇的名义发布《开国命令书》,强调"大大充实兵力,欲耀国威于海外万国,以面对祖宗先帝之神灵";同时宣布"迄今幕府缔结的条约内有弊害条款,利害得失在共议之后可予以修改。国际交际当以宇内公法来处理"[2]。首次表明了日本维新政府雄飞世界、修改不平等条约的诉求。1 月 25 日,英、美、法、意、荷、普等六国公使发表"局外中立"的声明,

---

[1] 森末義彰、岡山泰四編『歴代詔勅集』、757 頁。
[2] 森末義彰、岡山泰四編『歴代詔勅集』、757—758 頁。

但实际上仍以各种方式干涉日本内战。2月28日,明治天皇发布《亲征幕府诏书》,为"内以安抚列藩万姓,外以耀国威于海外","断然亲征",讨伐"图谋不轨",致使"万民陷入涂炭之苦"的德川庆喜,命令诸藩出兵勤王,奋发为国。① 明治政府任命公卿西园寺公望为镇抚总督,前往尚具民心基础的山阴道、四国、九州、中国等地,迅速平定了西南日本。

2月9日,炽仁亲王出任东征大总督,与参谋西乡隆盛、广泽真臣等指挥东征军,直趋江户城。在陆路,东征军以萨长土三雄藩的联军为主力,沿途诸藩陆续加入,总兵力约为12万人,沿东海、东山、北陆三道推进。在海路,嘉彰亲王为总督,大原俊实为参谋,指挥萨摩藩的"丰瑞丸"、佐贺藩的"孟春丸"和久留米藩的"雄飞丸"等3艘舰,运载着三藩的士兵从大坂出发,直指横滨。在陆路进军途中,东征军以相乐总三为首的"赤报队"等先遣部队到处张贴维新政府承诺"租税减半"的布告,受到各地农民、小商人的热烈欢迎,他们纷纷担当向导,提供情报和粮草,或组成农兵队随军作战。东征军三路兵马进展顺利,仅在东山道遭遇轻微抵抗,幕府军一触即溃。3月初,东征军合围江户城。随着东征军逼近江户,后方补给线越来越长,极易被拦腰切断,致使首尾不能相顾。法国公使罗修向将军庆喜建议出动军舰攻击东海道,切断东征军的粮草、弹药供应,挫败东征军。德川庆喜认为幕府依赖法国,萨、长诸雄藩势必投靠英国,双方凭借外国的支持而互动干戈,中国、印度的发生的惨剧将在日本重演;而且日本有自身的国情和尊王名分论,谢绝了罗修的建议。② 为防止列强干涉日本内政,德川庆喜遵从民族大义,彻底恭顺朝廷。

江户城被围后,东征军参谋西乡与幕府陆军总裁胜海舟围绕战和问题举行谈判。胜海舟基于排除外国介入的考虑,认为"目前对外关系日益复杂,为防止外国干涉,国内实现和平尤其重要",③遂接受了明治政府的条件,开城投降。3月14日,即东征军发起总攻击的前一天,双方达成

① 森末義彰、岡山泰四編『歴代詔勅集』、758頁。
② 維新史料編纂会編修『維新史 5』、吉川弘文館、1983年、181—182頁。
③ 維新史料編纂会編修『維新史 5』、206頁。

协议。在朝廷赦免德川庆喜的死罪、令其隐居江户、幕府缴械投降的条件下,东征军停止攻城。4 月 11 日,东征军进占江户城。至此,幕府灭亡,但其残部仍在顽抗。

东征开始后,欧美列强密切关注着局势的发展。东征期间,在神户、堺等地,接连发生备前藩与土佐藩士兵杀伤法国士兵的流血事件;在京都,发生了袭击英国驻日公使巴夏礼的恐怖事件。欧美列强反应强烈:英、法、美三国海军陆战队占领并接管了神户,实行交通管制;巴夏礼扬言,如果对神户事件得不到令人满意的解释,列强将对日本开战;横滨的《中外新闻》鼓吹实施“报复”的战争舆论,公开威胁说“如果日本人顽固不化,就把日本变成第二个印度”。[①] 4 月,在江户开城投降的谈判时,巴夏礼又以“人道主义”为理由,主张宽容德川家族,并向东征军的谈判代表西乡隆盛施加压力,干涉日本的内政。

5 月,东征军击溃盘踞在江户上野一带的幕府残余势力彰义队,恢复了城内秩序。7 月,天皇下诏,将江户改称为东京。东征军进击东北地区,与奥羽越列藩同盟 33 个藩的联军展开拉锯式的激战。在东北会战中,奥羽越列藩同盟拥立出家为僧的北白川宫能久亲王为“东武皇帝”,用来对抗京都朝廷,举起效忠新皇的名分论旗号,将军事行动正统化。5 月,长冈藩家老河井继之助指挥拥有 2 000 支法式新制步枪和 2 门大炮的藩军,与政府军激战,长冈城两度易手,双方伤亡惨重。此战结束后,官军阵亡者被隆重入殓,立碑祭祀;藩军的战死者却作为“贼军”,就地埋进乱葬岗子。可见,“人亡成神”的文化特色不过是个传说,关键还是如何选边站队。

至 7 月,政府军占领长冈藩,集中打击在佐幕最坚决的亲藩会津藩。藩主松平容保调集举藩之力,迎击以萨长土肥四雄藩为主力的政府军。为集结兵力,松平容保打破身份制和性别的限制,按照年龄将藩内所有能够投入战斗的男女老少编成“青龙”、“白虎”诸队,决心顽抗到底。8 月,政府

---

① 原口清『戊辰戦争』、塙書房、1963 年、89 頁。

军闪击若松城，重创会津藩的士气。9月，松平容保率军向政府军指挥官板垣退助投降，战败者受到严酷处分。与会津藩结盟的庄内、米泽、仙台等佐幕诸藩眼见大势已去，也先后投降。"东武皇帝"被俘，押解至京都软禁。官军付出重大伤亡的代价，取得东北会战的胜利，进占本州岛。在东北战争期间，英、法、普等国的领事前往新潟观察战况，英国公使馆的医生深入战区搜集情报，荷兰军火商乘机大发战争财。英国舆论已经在预测俄国如果同东北佐幕诸藩合作，欧洲其他国家就应该支持京都天皇政府，阻止俄国南下。东北会战结束后，列强重新对战争形势作出判断和选择。12月28日，六国公使宣布解除中立，承认即将统一日本的明治政府。

东北会战尚在激烈进行时，1868年8月19日，幕府海军副总裁榎本武扬在法国军事教官团的陪同下，指挥"开阳丸""回天丸""蟠龙丸""千代田形丸""咸临丸"等8艘军舰北上，在松岛湾与东北之战的幕府败将陆军奉行大鸟圭介、"新撰组"副队长土方岁三等会合，率部卒2 800人，携带从大坂取得的18万两白银，直奔幕府的直辖领地虾夷地，继续顽抗。

东北会战捷报频传，京都朝廷加紧张扬皇权。8月26日，太政官宣布将天皇的生日作为"天长节"，官民一体庆贺。27日，按照岩仓具视等"王政复古之际，重新采用与皇国相符的仪式"的构想，举行明治天皇的即位大典。当天，在紫宸殿南庭插上杆头悬挂镜、剑、玉等"三件神器"的"币旗"，天皇弃用唐制礼服，改穿黄栌染色的束带装，端坐于殿内的宝座之上，接受群臣的朝贺。在神祇官知事代天皇敬献奉币，向天地神祇禀告即位后，宣命使宣布天皇继承神武天皇创业，①大典礼成。随后，岩仓具视等谋划改元，采自《易经·说卦传》的"圣人南面而听天下，向明而治"句，定年号明治。②9月8日，天皇发布《改元诏书》，内称"欲与海内亿兆更始一新，其改庆应四年为明治元年。自今以后，革易旧制，一世一元，以为永式。"③

---

① 維新史料編纂会編修『維新史 5』、359—362 頁。
② 維新史料編纂会編修『維新史 5』、368—369 頁。
③ 森末義彰、岡山泰四編『歴代詔勅集』、767 頁。

　　10月，榎本军在虾夷地登陆，占领军事要塞五陵郭、箱馆，控制全岛。在攻打倒向政府的松前藩的战斗中，战舰"开阳丸"和军舰"神速丸"等被风暴损毁。12月，经士官投票选举，榎本武扬当选"虾夷地共和国"的"总裁"。在写给明治天皇的《请愿书》中，榎本将占地自立解释为守卫北方国土，给旧幕臣提供谋生之道，并非反叛朝廷。关注战局的列强虽宣布局外中立，英、法公使还代为榎本政权出面，与明治政府斡旋停战。榎本政权自行与普鲁士人戈尔特那尔订立《七重村开垦条约》，创办模范农场，屯兵备战，渐成割据之势。

　　1869年1月，明治政府终于从美国购得主炮口径25厘米、副炮口径16厘米、排水量1 358吨、1 200马力的冲角装甲舰"铁甲号"，[①]渡海作战的能力大为增强。3月，榎本武扬派出3艘军舰偷袭停泊在宫古湾的政府舰队，企图掳走"铁甲号"。结果，损失1艘军舰，政府军舰队掌握了制海权。5月，以"铁甲号"为旗舰的政府军6艘军舰在箱馆湾海战中，击沉榎本军"回天丸"等3艘军舰。政府军随即大举渡过津轻海峡，攻入北海道。当地的农民游击队趁风雨之夜，潜入五棱郭炮台，破坏大炮的炮栓。大势已去，困守箱馆五棱郭的榎本将从荷兰带回国的《海律全书》赠送政府军攻城总指挥黑田清隆，率残部800余人投降。8月，虾夷地改称北海道，设置了相当于省卿的开拓长官。

　　从鸟羽、伏见打响，至五棱郭开城投降，双方投入的总兵力约20万，8 200余人战死，5 200余人受伤。[②]幕府统治在这场日本近代史上规模最大的内战过程中彻底崩溃。因主要的战斗发生在农历戊辰年的1868年，史称"戊辰战争"。这场历时一年有半的内战是倒幕与维新两大运动交汇时期矛盾总爆发的产物，构成日本近代史的重大拐点。

---

① 野村實『日本海軍の歴史』、吉川弘文館、2002年、8頁。
② 原口清『戊辰戦争』、89頁。

第三节　幕末日本社会

一、幕政改革连续展开

（一）安政改革

1854 年,《日美和亲条约》和《下田条约》签订后,锁国体制动摇,幕府骤逢变局。在开明的首座老中阿部正弘主持下,启动改革幕政。阿部原是备后国(今广岛县东部)福山藩主。1843 年,出任老中。1845 年 2 月,出任首座老中。阿部基于前任水野忠邦被大名赶下台的前车之鉴,在其任内倚重雄藩大名的支持。1854—1857 年(安政元年至四年),推行幕政改革。其特点一是雄藩大名介入改革进程,二是荷兰因素的影响强烈。安政改革的主要举措是:

(1) 军制改革。1854 年 7 月,阿部正弘命水户藩前藩主德川齐昭调查国内军事状况,制定幕府军队近代化的改革举措。齐昭建议依托荷兰,引进洋式船舰、枪炮和军制,幕府予以采纳。1855 年 2 月,幕府下令幕吏、旗本、御家人及其家臣必须研修洋式炮术。1856 年 4 月,在筑地铁炮洲开设了讲武所,训练洋式战斗队形和使用洋枪洋炮,探索建设近代陆军。1855 年,在长崎开办海军传习所,聘请荷兰士官传授航海、造船和炮舰使用技术,培训近代海军人员。1857 年 4 月,又在筑地讲武所内增设军舰教授所,招募旗本、御家人和诸藩推举的人员加以培训。

与此同时,开始仿造洋式船舰、枪炮。1854 年 1 月,为培育海军人才,幕府在隅田川河口石川岛创办造船所一个月后,开工建造洋式木帆船"旭日丸"。3 月,交由幕府使用。5 月,幕府的浦贺造船所建成体长 40米、幅宽 9 米的洋式帆船"凤凰丸"。8 月,荷兰蒸汽军舰"森宾号"驶入长崎,训练幕府海军人员。1855 年 1 月,幕府命韭山代官江川英龙修建冶炼优质钢铁的高炉"反射炉",铸造洋式枪炮。6 月,汤岛铸炮厂生产出洋式手枪。8 月,幕府将荷兰赠送的"森宾号"改名"观光丸",用诸训练和仿造,是为日本的首艘蒸汽舰。1857 年 7 月,幕府在长崎开工建造洋式制铁所。

(2) 设置研修洋学机构,培养洋学人才。1855 年 8 月,幕府创办洋学所,以翻译欧美图书资料、了解欧美各国情况,培养翻译人员。1856 年 2 月,洋学所改称蕃书调所。1857 年 1 月,蕃书调所正式开学,在箕作阮甫等教师的指导下,招募百余名旗本子弟来此研修兰学学。此后,根据实际需要,又陆续增设了英语、法语、德语和数理化等新科目。

(3) 起用人才。在安政改革期间,阿部正弘破格提拔了川路圣谟、井上清直、岩濑忠震、永井尚志、筒井政宪等一批外交人才,以及胜海舟、大久保忠宽、高岛秋帆、江川英龙等海防人才。他们或者如川路等力所能及地维护主权,划定日俄两国的北方国界线;或者如胜海舟、高岛等在此后的陆海军改革中发挥积极作用,推进军制的近代化。

1855 年 10 月,安政大地震骤发并造成严重损失。阿部不得不调拨大笔费用赈灾,影响了改革计划目标的落实。1857 年 6 月,一场更大的政治灾难降临,阿部病故。总领事哈里斯颇为痛惜,在日记中称赞阿部是"富有远见卓识的人","充分了解合众国和其他西洋各国的实力;特别是他确信日本现今已经到了是选择必须抛弃锁国政策还是卷入悲惨战争旋涡的时刻。他的死,对日本的自由派来说是一种巨大的损失。"[1]阿部病故,安政改革人亡政息。1858 年 4 月,早已对阿部倚重雄藩方针表示不满的幕府强硬派首领井伊直弼出任大老,转而采取镇压政策,开始严厉打击反对派。

(二) 文久改革

1860 年 3 月,强硬派大老井伊直弼暴亡。继任的安藤信正和久世广周调整政策,弥合幕府与朝廷、雄藩的裂痕。1861 年 2 月 19 日,孝明天皇颁发了新年号"文久"。至 1864 年(文久四年)2 月 20 日,在安藤—久世政权的主持下,实施第二次改革。与安政改革相比较,朝廷势力介入政治

---

① 『ハリス日記』,岩波書店、1973 年、86 頁。

过程、经济和军事改革的力度明显增强,构成文久改革的几个特点是:

（1）调整幕府传统的强本弱末政策,缓和与雄藩大名的关系。1860年9月,幕府解除在"安政大狱"中受到处罚的大名,德川庆喜、松平庆永、山内容堂等重返政坛。1861年6月,宣布解除诸藩造大船或购置外国船的禁令,允许将其用诸国内贸易。1862年闰8月,幕府改革参觐交代制度,大名来江户城参拜将军的间隔时间,由1年延长为3年;允许大名的妻子儿女回藩,无须在江户城藩邸充当人质,实行两百余年的参觐交代制度至此瓦解;12月,幕府设立了陆军、海军总裁等新官职,对老中体制进行了初步调整。1863年12月,设置朝廷、幕府和雄藩的三方朝议参予会议,邀集德川庆喜、松平庆永、伊达宗城、山内丰信,以及岛津久光等共议国事。由于三方在权力配置上对立严重,1864年2月,参予山内容堂辞职,返回土佐藩。3月,其他各参予也纷纷辞职,幕府与朝廷、大名联合执政的尝试失败。

（2）强化对国内市场和对外贸易的掌控,聚敛财富。1860年3月,幕府下达《五品江户回送令》,控制杂谷、灯油、蜡、绸缎、生丝等5种商品在江户和横滨国际贸易市场的交易过程。4月,任命大目付久贝正典掌管决定物价、振兴输出、荒地开垦和救济武士的机构"国益主法挂",加强调控市场,增加税收。1861年12月,幕府下令敦促庶民使用新铸的精铁钱。1862年1月,下令兑换万延新铸的金币大判,禁止收藏旧币,利用货币改铸聚敛财富;4月,幕府派遣358吨的官船"千岁丸"前往上海,开启日中贸易渠道;10月,重申《江户五品回送令》,禁止商民直接与横滨外商交易;12月,严令禁止濑户内海诸港以高价截留运往大坂的商品等,用行政手段控制国内外市场及其流通。

（3）继续组建新式陆海军,创办近代兵工厂。1861年3月,在荷兰技师哈尔戴斯指导下,幕府建设了4年的长崎制铁所竣工。厂房为砖瓦建筑,配备了8马力的蒸汽机和15马力的蒸汽动力的工作机。[1] 5月,

---

[1] 岩波書店編集部編集『近代日本総合年表第2版』、岩波書店、1984年、18頁。

设置由 10 名幕僚负责制订和落实军制改革的"军制挂",制订了组建新式陆海军的计划。陆军设步骑炮兵等 3 个兵种的近卫常备军,兵员 1.3 万余人;海军组建江户、大坂港的警备舰队,计划拥有船舰 43 艘,海军兵员 4 900 余人;将全国沿海地区划分 6 个守备区,进而配备 6 支舰队,拥有各类舰船 370 艘,海军总兵员达到 6 万余人。[①] 1862 年 12 月,幕府发布《兵赋令》,命令不仅幕臣要提供士兵,领地内的农民也要服兵役。此举的着眼点在于扩充兵员,却使"兵农分离"传统统治原则变质。1863 年,幕府创建关口大炮制作所,开始试制近代欧式兵器,培养军火制造的技工。

（4）调整洋学机构,培养急需人才。1861 年 8 月,在长崎设立西式医院"养生所",在横滨创办英学所和汉学所修文馆;9 月,蕃书调所新设物产学科;12 月发行日本第一份报纸《官版巴达维亚新闻》。1862 年 5 月,蕃书调所改称洋书调所,招生授业。1863 年 2 月,任命本多正讷、林学斋为新设置的学问所奉行,制订包括创办小学校在内的学制改革计划。8 月,洋书调所改称开成所,办学宗旨强调"调查各国之强弱虚实、水陆军之状况和器械之利钝",研究"为海内万民有益之技艺"。[②] 洋学所和开成所的教师仍由日本人担任,学生则多从幕臣子弟中招收,十取其一,淘汰率高。9 月,幕府向荷兰派出第一批留学生,学习海军、法律,医学等。

朝幕联手、公武合体构成文久改革的总背景,但改革的政治环境极不稳定。幕府权威动摇,朝廷和雄藩与之分庭抗礼。特别是尊攘派在不断地制造杀伤外国人、火烧英国驻日公使馆等攘夷事件,引发外交纠纷,幕府处境被动,影响改革进程。

（三）庆应改革

1865 年 4 月 8 日,改元庆应。在第 15 代将军德川庆喜的亲自主持下,法国驻日公使罗修积极参与,幕府进行了亲法色彩鲜明的最后一次

---

① 芝原拓自『開国　日本歴史 23』、小学館、1975 年、135 頁。

② 東京大学百年史編集委員会編『東京大学百年史　通史 1』、東京大学出版会、1984 年、11—13 頁。

的改革,即庆应改革。主要措施包括:

（1）幕府官制实行重大调整,以总裁制取代老中制。1867 年 2 月,德川庆喜接受罗修关于改革官僚机构的建议。据此,幕府实行官制改革,取消老中月班合议制,新设国内、国外、陆军、海军、会计等 5 个事务局。老中稻叶正邦、小笠原长行、松平乘谟、稻叶正巳、松平康英分别任各事务局总裁,首席老中板仓静胜无任所,居中协调。5 个总裁分工明确,各司其职;对老中以下的官员实行等级工资制。传统的官僚体制在上述改革中,向近代官僚体制转变。庆应改革之所以广泛触及行政体制的全面调整,一是开港后欧美行政体制的长期影响,二是幕府适应形势变化而加以自我调整。

（2）推行殖产兴业方针,振兴对外贸易。1866 年 1 月,幕府发布《生丝蚕种改印令》,命令从事生丝贸易的江户问屋先到幕府控制的"元方改所"办理盖章手续,再至江户办理出关手续,借机征收两次税收。10 月,幕府允许运货马车在江户市内和五街道（五条干道）通行,提高运输效率。1867 年 4 月,幕府为降低米价,允许各村庄之间流通大米;7 月,幕府撤销品川、新宿、下板桥、千住、新井等 5 处关卡;9 月开通自大坂至江户的蒸汽船航路,恢复 1851 年 3 月取消的江户十组问屋制度,活跃商品流通;10 月,任命勘定奉行兼任金银座挂,主管铸造金银币;允许诸藩在兵库等开港地区设置贸易会社,营业自由;11 月,水户藩藩主之弟德川昭武奉命率团参加巴黎博览会,拓展国际贸易的门路。

1866 年 10 月,与法国合资,成立日本商业海运联合公司,法国夺得对英国竞争中的有利地位。1867 年 12 月,幕府同意美国商人修筑江户至横滨区间的铁路,却因政权易手无果而终。较之安政、文久改革,欧美因素,尤其是法国因素的影响明显增强。

（3）推行强兵方针,在法国军事教官团的具体指导下,加紧近代军制改革。1864 年 4 月,新任法国公使罗修到任,与勘定奉行小栗忠顺等关系密切,幕僚中形成亲法派。1865 年 1 月,幕府要求法国提供训练陆海军、设立横须贺制铁所等援助。法国答应给以援助,但交换条件是垄断生丝贸易。1866 年 5 月,石川岛造船所自行设计和建造的 138 吨、长不到 30 米的木制蒸汽军舰"千代田"下水。7 月,军舰操练所改称海军所。8 月,幕府与法国皇帝拿破仑三世的经济特使库莱订立 600 万洋元贷款协议,其中 500 万洋元为改良陆军装备、购置军舰和横须贺制铁所的追加款项。① 9 月,横须贺制铁所举行开工仪式,聘请法国技师威尔尼为总工程师,同时选拔技术传习生和职工学徒,学习建造洋式舰船的技术。10 月,幕府的横滨制铁所竣工,生产制造洋式枪炮、舰船所需要的钢材。11 月,讲武所改称陆军所。1867 年春,以加诺安为首的 18 名法国军事教官来到日本。6 月,幕府在陆军所中设置步骑炮士官学校,在法国教官指导下,培训中下级军官;海军所则聘请英国海军士官,培训海军技术、战斗人员。7 月,在江户泷野川动工兴建火药制作所。11 月,幕府将开成所划归外国总奉行管辖,侧重培养军事人才。至 12 月,已编成、训练步兵 17 队,骑兵 1 队和炮兵 4 队,总数达到一万几千人。②

　　(4) 继续对外开放。1865 年 7 月和 1866 年 10 月,幕府分别向俄国、英国派遣首批留学生。1867 年 2 月,德川庆喜在大坂城与法国公使罗修就改革的一揽子计划达成共识,随后前往京都劝说朝廷加大开放力度。5 月,孝明天皇敕许兵库开港。6 月,幕府宣布自 1868 年 1 月 1 日起,兵库开港、大坂和江户开市。1867 年 1 月,幕府在横滨开办语学所,讲授英国、法国语言学,允许武士家臣入所学习。

　　开港后,被卷入内忧外困漩涡中的幕府力图有所作为,展开近代化的探索。由于幕府始终不能摆脱德川氏家族利益的羁绊,无法驾驭改革开放释放出来的巨大能量,结果是改革的进程加速了幕府总崩溃的进程。与此同时,幕末改革的连续进行,无形中增强了日本对社会转型和利益调整的适应能力,也为明治维新提供了足资参照的思路。其中,庆应改革对明治政府的影响最直接。明治建政初期的总裁制,以及富国强兵、殖产兴业、对外开放等近代化基本国策无不与此次改革相关联。

---

① 家永三郎他编『近代日本の争点』、每日新聞社、1967 年、97 頁。
② 小西四郎『開国と攘夷　日本の歴史 19』、中央公論社、1966 年、444 頁。

二、民间新宗教与社会新思潮

（一）民间新宗教的兴起

幕府末期，身处社会底层的庶民群众对现状强烈不满，又不可能得到先进理论的引导，只能在传统神道的富士山信仰、伊势信仰中寻求精神慰藉，寄托对未来社会的期待。幕末新兴民间宗教应运而生，其中代表性的教派主要有：

黑住教。1814 年由备前国（今冈山县境内）御野郡神道家黑住宗忠创立，故名。黑柱宗忠自称在礼拜初升的太阳时，与"天照大神"发生了心灵感应，得到"神谕"的启示，受命立教传道。黑住教以《日日家内规则事》《御歌文集》为教典，宣传只要入信者礼敬朝阳，崇拜"天照大神"而实现神人合一，即可获救得福。黑住教在关西、九州一带广为流传。1862年，黑柱宗忠的门徒赤目在京都建立神社，成了尊王攘夷志士相互联络、开展反幕活动的据点。

天理教。1838 年，由大和国（今奈良县）山边郡农妇中山美伎开创。中山自称因大神附体而得到启示，自制"神谕"并利用祭神的乐舞聚众传教。中山预言，大神"天理王命"即将下凡救济穷苦百姓，保护妇女、儿童，鼓动民众信仰天理教。教义重视现实利益，主张人人平等、男女平等。天理教对京都周边的农民、手工业者颇有吸引力，信徒众多。1867年，天理教成为神道教的一个分支，用民间信仰的神对抗幕府倡导的佛，用人人平等对抗封建身份等级制，反映了下层民众的要求和愿望。

禊教。1840 年，由武藏国（今东京都埼玉县境内）足利郡梅田村的神社主持人井上正铁创立。井上多年学习占卜和医学，研修神道的禊祓，包括深呼吸的养生之法。在禊教经典《神道唯一问答书》中，井上告知信徒只管诚心崇信天照大神，歌颂其神德至声嘶力竭之时，呼吸会变得十分顺畅，身心进入极其愉悦境界。在尊奉朱子学为意识形态正统的幕末，寺社奉行视禊教为异端邪说，拘押井上并流放到三宅岛。但因禊教的教理与民间养生有关，信徒却有增无减。

金光教。1859年,由备中国(今冈山县境内)浅口郡农民川手文治郎创立。川手自称因金神作祟而患重病,愈后一心一意地崇拜金神,获得幸福。1868年,川手宣称自己就是"金光大神",四处传播金光教。教义宣称金神是天地的祖神、爱神;每个人都是天地金神的子民,相互平等,应当尊重妇女;指责佛教是迷信,佛教护身符的无用等。金光教批判封建压迫,强调保护农民的利益,因而信徒多为农民,在山阳道濑户内海沿岸地区流行。

此外,还有大社教、扶桑教、大成教、神习教、神理教、御越教等幕末民间新兴宗教,均为神道的分支宗教,多流传于西日本。民间新兴宗教对鼓动庶民群众树立敬神尊皇意识,摆脱乃至对抗幕府利用佛教进行的身心控制,发挥了作用。幕末西南诸藩的倒幕派最早在西日本得到民众的支持,与当地民间新兴宗教的活跃不无关系。

(二) 国学亦称"皇国学"

国学主张研读《万叶集》《古事记》《日本书纪》等日本和歌集或史籍,剔除儒学、佛教的影响,恢复并弘扬固有的"皇神之道",故有复古神道之称。其先驱、和歌学者、真言宗僧侣契冲认为日本"乃神国","上古之时,惟以神道治天下";《万叶集》等和歌"上可以通道,下可及世间人情";主张"以神道为本,兼取儒佛",又说神道"幽玄",难以预测。[①] 契冲等停留在对《万叶集》等诗歌集的文献研究上,提出了崇尚"神国"、神道,强调探寻"古人之心"等国学的研究方向。

契冲的弟子、神官荷田春满认为"《万叶集》国风纯粹,学则无面墙之讥;《古今集》者歌咏竞选,不知则有无言之戒";慨叹"今也,诛泗之学随处可见,瞿昙之教逐日而盛",痛惜"国家之学废堕","我道渐衰",对"今之谈神道者是皆阴阳五行家之谈","我皇神之教"的衰微强烈不满。为此,荷田上书幕府,要求振兴"皇神之教",焕发国乃"神国",道乃神道的

---

① 平重道[ほか]校注『日本思想大系39 近世神道論』,岩波书店、1972年、315、310、311頁。

精神，提出国学的基本观点。①

　　贺茂真渊出身神官，继承了其师荷田的衣钵，主张肃清追随儒释等"外国之道"的风气，发现并弘扬"日本之道"。贺茂对受到儒学尊崇的圣人大加贬斥，指责尧将天下禅让给历山的农夫舜并非至善，舜又将天下禅让给恶人之子禹，禅让不足为信；周文王夸口引来杀身之祸；周武王伐纣不被舆论认同；周公的平叛杀伐过滥，指责儒学的传入导致日本君臣分离和动乱。贺茂对"唐国"即中国刻意挖苦，称日本是"人心正直之国"；"唐国人心险恶"；日本的"复古之道"堪与天地无穷，"唐国之道"瞬间即逝。② 为摆脱儒释之学的影响，贺茂倡导"复古之道"，恢复太古"从天地之道，天皇为日月，臣子为星辰"的风习。③ 经贺茂之手，国学的基本立场更加完整化和系统化，突出了崇神尊皇、鼓吹日本之道、排佛斥儒等特点。

　　本居宣长为贺茂的弟子、问屋商人出身，为国学的集大成者。本居坚称《古事记》的神代记述为信史；批判儒学的易姓革命说，称日本乃"天照大御神御生之大御国"，日本皇统的"万世一系""胜于万国"。本居强调"皇国神道，乃皇祖神所赐之道"，"故曰神之道"。④ 本居将皇祖神"天照大神"视为国家、神道的源头，宣扬"神国论"、"皇国论"，夸耀日本优越。与此同时，抨击"汉国之天命说"不过是"其国古时圣人为逃避自身弑君夺国的罪恶，表面上作出的托辞"⑤本居探索了为岛国民族所独有的精神元素，即贯穿于《源氏物语》的"物哀"怜悯之心。

　　平田笃胤对本居执弟子礼，著书百余部。平田认为"天竺国之说"的佛教和"汉国之说"的儒学皆为"妄说"，崇信"蕃神佛菩萨"造成忽视古来的神事，儒学导致"古道衰废"、"廷臣僭上暴慢"、"武人跳梁跋扈"，⑥将矛

① 平重道［ほか］校注『日本思想大系 39 近世神道論』、335、336、333 頁。
② 賀茂眞淵［ほか］著『大日本思想全集 9 賀茂眞淵集』、大日本思想全集刊行会、1933 年、7—15、31 頁。
③ 賀茂眞淵［ほか］著『大日本思想全集 9 賀茂眞淵集』、34 頁。
④『本居宣長全集 9』、筑摩書房、1968 年、49、58、57 頁。
⑤『本居宣長全集 9』、54 頁。
⑥ 田原嗣郎［ほか］校注『日本思想大系 50 平田篤胤』、岩波書店、1973 年、15 頁。

头指向幕府的两大思想统治工具。平田宣扬"神国论",说日本"乃伊耶那歧、伊耶那美大神生成之国,天照大神庇护之国,皇御孙统治之天壤无穷之国";要求门徒"坚定大倭心"。① 平田将宇宙分成天、地、泉三种层次,唯独日本上有天照大神君临的天界,下有须佐之男命神主宰的泉界,居中有"皇大御国"日本"乃万国本御柱之御国","优越于万国,乃四海之宗国",宣扬"日本优越论"。尽管如此,平田也不得不承认"我皇神之道的宗旨是清净为本,避恶污秽,事君亲以忠孝,惠妻子,多生子孙,家族和睦、取信于朋友,怜惜奴婢,思考光耀门庭,乃诸神所传之真道"。② 实际上,其"皇神之道"还得用儒学伦理来说明,无法舍弃儒学。平田还攻击佛教是"神敌",指责释迦牟尼"抛君父"、"弃妻子",违反人性而不足为训。③

　　在幕末,国学排佛斥儒的立场具有削弱幕府思想控制,宣扬尊王攘夷意识的社会功能,具有一定的积极意义。同时,国学者们对现状不满,却看不到未来,只能在"皇国"、"皇神"等极端自我夸大和陶醉中,寄托虚幻的憧憬。国学的价值取向复杂,甚至相互矛盾,其消极作用与时代的进步对立。至于恣意宣扬日本文化的神秘性、极端的民族优越意识,鼓吹对外侵略扩张,则不足为训。

　　(三) 兰学,即日本锁国时期的西洋学

　　因其借助荷兰语来研修欧洲近代自然科学而得名。锁国后,幕府保留长崎出岛的荷兰商馆。作为交换,商馆的馆长必须定期前往江户拜见幕府将军,呈交国际消息汇编《荷兰风说书》。幕府指定少数专门人员从事整理和研究,禁止民间人士介入。

　　1709 年,以正德之治而闻名天下的侧近幕臣新井白石审讯冒险潜入日本的罗马传教士西多奇,写成《西洋纪闻》《采览异言》等著作,丰富了锁国时代日本人的国际知识。长崎町人西川如见著《华夷通商考》,介绍了有

---

① 平重道[ほか]校注『日本思想大系 39 近世神道論』、14 頁。
② 平重道[ほか]校注『日本思想大系 39 近世神道論』、202 頁。
③ 平重道[ほか]校注『日本思想大系 39 近世神道論』、191 頁。

关西洋、中国和东南亚的地理、物产、社会风俗。总的看来,这一期间日本人有关海外世界的认识相对零散,并不完整。至享保年间(1716—1736),第八代幕府将军德川吉宗主持改革,奖励"有用之学"。1720 年,实行"洋书解禁"政策,允许非宗教图书的汉译西洋书籍进入市场,为兰学的滥觞打开方便之门。吉宗还命汉医青木昆阳、野吕元丈等学习荷兰语,汉译西洋医学图书。1774 年,青木昆阳的弟子前野良泽、衫田玄白等耗时 4 年,终将荷兰文的《解剖学》汉译为 4 卷本的《解体新书》。以此为标志,官方的兰学正式形成,代有传人。衫田的朋友平贺源内在物理、化学、医学等方面均有造诣;前野和衫田的弟子大槻玄泽著书《兰学阶梯》,授徒凡百余人。

民间兰学多以兴办学塾的方式兴旺发展。至幕末,土生玄硕的迎翠堂、吉田长淑的兰馨堂、小石元瑞的究理堂、伊东玄朴的象先堂、佐藤泰然的顺天堂塾等 10 余个兰学塾开塾授徒。其中,绪方洪庵 1836 年在大坂创办的适适斋塾,门人多达两三千名。一批日本近代化不可或缺的人物,如大村益次郎、桥本左内、福泽谕吉、箕作秋坪、佐野常民、大鸟圭介、花房义质等,均出自绪方之门。民间兰学也形成授业梯队,大村益次郎创鸠居堂,福泽谕吉办庆应义塾,扩大兰学教育的的社会影响。

西欧学者的来访与讲学,为兰学的发展推波助澜。1775 年,瑞典著名学者森伯格(Thunberg)应荷兰商馆的邀请,来日本讲授医学、天文、物理和经济。1779 年学者蒂赛夫(Titsingh)任荷兰商馆馆长,旅居长崎多年,讲学并开展调查,回国后出版著作,向欧洲介绍日本。1823 年,荷兰商馆医生、德国学者西博尔德(Siebold)来日本。由于其医术高明、学问渊博,幕府特许其在长崎郊区开设泷鸣塾,招徒授业 5 年之久,慕名而来者不乏其人。1832 年,其弟子高野长英协助田原藩武士、海防挂官员渡边华山,建立兰学者沙龙团体"尚齿会"("蛮社"),幕臣江川英龙、川路圣谟、松平乘豪以及儒官古贺侗庵等参加活动。兰学人才辈出,语言学者宇田川玄随、天文学者志筑忠雄、历算学者高桥景保、物理学者青地林宗、化学者宇田川榕庵、电气研究者桥本宗吉等即为其佼佼者。

在城市兰学风气的浸润下,村镇的"在村兰学"也在悄悄地发展。传播者为进城入兰学塾求学而后返乡的西医"在村兰方医"。至 1868 年,在 21 所兰学塾学习的 59 名三河国(今爱知县境内)人中,来自农村者为 43 人,其中一半以上的人为町村医生子弟。① 经过了一番苦学,作为在乡的"兰方医",与中医"汉方医"展开竞争。随着"兰方医"的开业,海外的新鲜知识在乡村町镇传播开来,为明治初年的文明开化普及农村预做了准备。

1811 年,幕府新设"蕃书和解方",主管日译荷兰文图书,官方兰学者无意过问政治,埋头自然科学的钻研。开港前欧美舰船频繁逼近日本海岸,在外来冲击的刺激下,官方系统的兰学者开始关注现实问题。1838 年,"尚齿会"的高野长英深受"摩里逊号"事件的刺激,著《戊戌梦物语》,褒扬地理纬度、国土面积与日本相似的英国。高野认为英国"注重与各国开展贸易,远航各国,开发不毛之地,令人民殖民,教育土著";在美洲、印度、非洲、东南亚等地占据广阔的国外领地,拥有 25 860 艘舰船,军队 58 万余人,堪称五大洲的头等强国。高野称赞英国人"做事认真","勤于文学","研究工技","磨练武艺","以国富民强为要务",②对幕府锁国政策提出强烈质疑。渡边华山著《慎机论》,认为西洋各国"以法治一国,有君有师,君传子,师传贤",其"艺术精博"、"政教"等均为中国所不及。渡边不满在亚洲唯独日本"不与西洋人通信",要求日本与英国建立经贸关系,抨击幕臣目光短浅、无所作为,"束手而待寇来"。③

高野、渡边的言论,刺痛了幕府。林家朱子学的传人、目付鸟居耀藏出于对"尚齿会"和新兴兰学的忌恨,趁机诬告渡边等欲偷渡无人岛,图谋不轨。1839 年 5 月,幕府下令查禁"尚齿会",逮捕渡边、高山,迫使其先后自杀。经过这次史称"蛮社之狱"的镇压,官方系统的兰学者日趋消沉。民间系统的兰学者却继续发展,培养适应新时代需要的干才。

① 田崎哲郎『在村の蘭学』、名著出版、2002 年、7 頁。
② 渡邊華山〔ほか〕著『大日本思想全集 13 高野長英集』、大日本思想全集刊行会、1933 年、302—308、319、321 頁。
③ 渡邊華山〔ほか〕著『大日本思想全集 13 高野長英集』、332、333、340 頁。

（四）经世学派的未雨绸缪

自田沼时代（1767—1786）开始，日本商品经济活跃发展。研究海外新奇事物的兰学迅速传播，倡导"皇神之道"、尊王敬神的国学也进入兴旺发展时期。儒学、兰学和国学相互交融，广采诸说之长的经世学破土而出。代表人物主要有：

工藤平助，经世学派早期代表人物，出身仙台藩医世家。初学经史，后交结桂川甫舟、大槻玄泽等兰学者，见识广增。1783 年，工藤向幕府进呈《赤虾夷风说考》，评述俄国的远东政策和"赤虾夷"堪察加半岛的现状，建议同沿千岛群岛南下的俄国主动开展贸易，从中赢利并借以开发虾夷地（今北海道），防止俄国进占。工藤提倡扩大对外贸易，实际上提出了开港的主张。

林子平，自幼苦读儒学，与工藤切磋兰学，漫游长崎等地，了解海外情势。1785 年著《三国通览图说》，1786 年著《海国兵谈》，提出开港贸易论和海国防卫论。林子平认为："江户日本桥下之流水，经海路直通中国和荷兰"，日本是连通世界大洋的海国；南下的俄国对日本造成了最大的威胁；国防之要在强化海军军备，应参照欧洲的样式造船，演练水军。[①]其著述《三国通览图说》的目的，"在于明确日本之三邻国朝鲜、琉球、虾夷地之地图"，一旦时机到来，"日本英雄率兵进入此三国时，能暗记此图以应变"。[②] 顺便提及，在林子平绘制的东亚彩色地图上，中国版图中包括钓鱼岛。

本多利明，生于越后国的商贾之家。深受阳明学、徂徕学的影响，掌握欧洲天文、地理、数学、测量学的学理和技术，曾驾船前往虾夷地。1798 年著《经世秘策》《西域物语》，1801 年著《贸易论》《经济放言》，主张幕藩领主提倡研修天文、地理学和航海术，改设郡县制，不问出身门第，起用德才兼备的人才；开发国产品，拓展官营贸易，实现"万民增殖"。待

---

① 渡邊華山〔ほか〕著『大日本思想全集 13 高野長英集』，18、8、10、11 頁。
② 学蔵会編『林子平全集 2』，生活社、1942 年、388 頁。

国力富强,则开发虾夷地、殖民堪察加,"渐次兴业",使日本与英国并驾齐驱,成为世界第一的"大富国"和"大刚国"。[①] 本多颂扬丰臣秀吉是"顶天立地的大英雄",鼓吹"发动战争,谋取国家利益乃为君之道的秘密",断言"贸易之道"即"战争之道",鼓吹"进攻外国并占领之"。[②] 本多较早主张变革幕藩体制,对外扩张并建成世界强国,将经世学的阐述提升到新的高度。

海保青陵,出生于江户,家境富裕。学儒学、兰学,曾游历 30 余藩国,著述数十卷,倡导重商主义的富国之策。海保提出"买卖论",认为"买卖利息"即为"天地的道理原则","理即利";自古以来的君臣关系乃"市井之道",君卖臣以知行禄米而得其力,臣卖其力而得其米;年贡是领主把田地借贷给农民的利息。其结论是:轻视商业是愚蠢之举,武士应该把经商作为其副业,富国即赚取金钱。[③] 其"买卖论"把经世学的经济灵魂表述得淋漓尽致。

佐藤信渊,生于越后国富足的商贸之家,为经世学的集大成者。先后师事宇田川玄随、井上仲龙、平田笃胤、吉川源十郎等著名学者,与兰学团体"尚齿会"的渡边华山、高野长英也有交集。佐藤研修兰学、儒学、国学和复古神道,知识广博。一生著书 300 余部,凡 8 000 余卷。佐藤的学说庞杂,但经世学的思路清楚。对内,建议幕府实施全面的制度改革,包括把江户改称东京,并迁都于此地;废除邦国林立的幕藩体制,大名改任为国家官吏;建立中央集权的三台六府新体制,即在天皇之下,设立教化、神事、太政等三台,下辖农事、开物、制造、融通、陆军、水军等六府,形成皇权至上的中央集权体制。同时推行社会改革,包括撤销现存的士农工商等级身份制,改行诸业平等的八民制,即人分草民、树民、矿民、匠民、贾民、佣民、舟民、渔民等八民,皆可为国家官吏或国家劳动者,一民一业,不许兼业;废除租税,土地国有,禁止私营,诸业一律公营;确立国

---

① 塚谷晃弘ほか〕校注『日本思想大系 44 本多利明』、岩波書店、1970 年、42 頁。
② 塚谷晃弘ほか〕校注『日本思想大系 44 本多利明』、182 頁。
③ 塚谷晃弘ほか〕校注『日本思想大系 44 本多利明』、222—223 頁。

民教育制度,在各地设置小学校,普及教育;开办医疗、救济、慈善机构,保障民生。① 对外,佐藤呼吁航海通商,"紧急强化日本总国四海兵备",主张对外扩张。1823 年,其《宇内混同秘策》,提出日本外侵的理由、路线图与最终目标。佐藤宣称"皇大御国乃大地最早创建之国,为世界万国之根本",有权迫使各国向"皇国"日本称臣。佐藤提出的"皇国欲开拓他国"的路线图则是"必先从吞并中国开始",宣称"当今最易被皇国攻取之地,莫如中国的满洲";欲夺取满洲,则应先攻占黑龙江流域,再南下松花江、盛京(今中国沈阳),继而兵进山海关,占领江南。佐藤预测,一旦"将中国纳入日本版图,其他如西亚、暹罗、印度诸国"必"慕我之德,畏我之威,叩首匍匐而甘为臣仆。"②百余年后,"田中奏折"的侵略路径与文字表述,居然与佐藤的秘策如出一辙。

三、幕末朝野的中国观

(一)鸦片战争后的中国观

1840—1842 年英国对华发动的鸦片战争,一直为日本朝野所关注。战争结束后,一部汇集 1838 年以来中英两国有关鸦片问题的交涉以致开战等各种消息的《鸦片风说书》,在日本编辑成册,翻刻刊行。记录并谴责英军侵华暴行的《夷匪犯境录》《乍浦集咏》,也传入日本并被翻刻刊行。1847 年,汉学家盐谷宕阴依据《荷兰风说书》和《唐人风说书》提供的信息,编成《阿芙蓉汇闻》,点评鸦片战争的全过程。此外,还有《阿片风说书》写本、《阿片类集》、《清商风说书》、《西变纪闻》等大量有关鸦片战争起因、过程、结果的资料性图书刊行。这些图书之所以受到欢迎,是因为当时日本读者基于唇亡齿寒的连带意识、同情中国,对英国用武力维护鸦片贸易超额利润的国家贩毒行径表示愤慨。儒学者正木笃说,"俄国高唱正义,美国好称公允,其实它们皆是虎狼之辈。较之俄美两国,英

---

① 尾藤正英[ほか]校注『日本思想大系 45 安藤昌益』、岩波書店、1977 年、488—517 頁。
② 尾藤正英[ほか]校注『日本思想大系 45 安藤昌益』、426—428 頁。

国尤为强悍狡黠"，它"惯用和、战两手，或吮人膏血，或毙人魄肉，时而为柔羊，时而为猛虎，唯利是图"，此等"虎狼之辈，殊堪痛恨"。①

鸦片战争后，曾著《宇内混同秘策》，图谋征服中国的经世学家佐藤信渊的想法发生变化。1849 年，佐藤撰写《存华挫夷论》，希望中国"君臣苦心焦思，赈贫恤亡，上下同劳苦，调练兵将。数年后乃起复仇义兵，征伐英夷，将其彻底逐出东洋，使中国永为日本之西方屏障。"②欧美列强的压力促使佐藤放弃侵华主张，转而力倡"存中华，挫夷狄"，期待中国复兴，成为阻挡西力东渐的防波堤。

嘉永年间（1848—1854），《海外新话》（1849）、《清英战记》（1849）、《清英近世谈》（1850）、《海外余话》（1851）等有关鸦片战争的通俗军事小说"军谈"，形象生动地展示了对中国的友好之情，将鸦片战争描述成中国胜利的战争。《海外余话》说英军总大将、王妹阿黛与副将义律率船队攻打中国，结果阿黛等被两广总督林则徐生擒，又获道光皇帝恩赦，送归英国。英国人感激道光帝的不杀之恩，情愿作属国，岁岁纳贡。③ 实际上，"王妹阿黛"的故事，是 1840 年英国运输船"基特号"船长之妻诺布尔被当地乡勇俘获的讹传。其他几本"军谈"小说的情节也大抵是英军侵犯清朝，最终战败，称臣于中国。总之，"军谈"小说的作者秉承了江户时代戏作文学的传统，捕风捉影，情节离奇地表达作者对中国的同情之心。

1853 年，太平军攻入南京的消息在日本引起了巨大反响。《云南新话》《清明军谈》《外邦太平记》《新说明清合战记》《鞑靼胜败记》《小刀会故事·满清纪事》等一批有关太平天国的通俗小说流行。小说的作者以各种传闻为创造素材，设计人物、编造故事，将太平天国战争描写成反清复明的武力较量。有的说朱元晔在大元帅洪武龙、女将李伯玉的辅佐下，率后明军攻占南京，称天德帝，大明复国；也有的说朱彰率民起义，称云南王，大败清军，领有江南川黔半壁江山；还有的说郑成功的后代子孙

---

① 開国百年記念文化事業会編『鎖国時代日本人の海外知識』、原書房、1978 年、147—148 頁。
② 増田渉『西学東漸と中国事情』、岩波書店、1979 年、87 頁。
③ 沈仁安：《日本史研究序说》，香港社会科学出版社，2001 年，第 274、275 页。

郑天麟拥戴明福王后裔朱乌建都南昌,重兴大明国;等等。在作者笔下,"复明军"即太平军英勇善战,所向披靡,连前来援助清政府的英国军队也被击败,缴械投降。小说的作者们出于本国安危的现实考虑,希望中国出现一个强盛的新兴政权,抵御欧美列强对东亚的冲击。

开港后,中国在一段时间内充当日本了解欧美的桥梁,同样影响鸦片战争之后的中国观。当时,日本士人大多通晓儒学典籍,谙熟汉文写作。正如吉野作造所说,"对一般日本人来说,凭借中文书籍来学习西洋乃是最好的捷径",幕末"日本人所需要的知识,无论是哪一种都必须求之于中国","日本是依靠中国书籍来广泛学习西洋文物的。"①开港后,魏源的《海国图志》《圣武记》、陈逢衡的《英吉利纪略》、徐继畬的《瀛环志略》、汪文泰的《红毛英吉利考略》等著作先后在日本出版。此外,慕维廉的《地理全志》《英国志》、理哲的《地球说略》、裨治文的《联邦志略》、丁韪良的《万国公法》、理雅各的《智环启蒙》等旅华传教士的汉译著作,也同样受到日本学人的欢迎。正如土井赘方所说:"佛法入中国,中国人以其学施泽,然后我受读之,故不劳而获。今荷兰之学未有汉译,而我直以吾学译之,徒多其卷帙,而指受綮难,往往隔靴搔痒。在专门讲习者犹苦其难入,是无他,以无汉译故也。汉译之来,新论为始。"②这段话准确地反映了当时日本士人的真切感受。

此外,上海、宁波、香港等地出版的中文报纸杂志如《中外杂志》《中外新报》《上海新闻》《香港新闻》等,也先后被介绍到日本。在东传日本的汉文图书中,以魏源的《海国图志》流传最广、影响最大。1851 年 3 部《海国图志》舶来日本,因书中提及天主教,触犯了锁国令而被禁。1853 年培理叩关,外压陡增,《海国图志》舶来 15 部,幕府订购 7 部,其余 8 部允许投入市场。③ 由于幕府解禁,《海国图志》中的《筹海篇》《夷情备采》《阿墨利加州》《英吉利国》《俄罗斯国》《欧罗巴洲》被训点翻印,广泛流

① 『政治学研究:小野塚教授在職廿五年記念 1』、岩波書店、1927 年、48 頁。
② 沈仁安:《日本史研究序说》,第 280、281 页。
③ 『関西大学東西学術研究所研究叢刊 1』、1967 年、665、668、570、675 頁。

传。日译者们前序后跋，予以高度评价，认为"欲知洋国之概，足以取证"，而"近来我邦亦有海警"，故"此书于当今最为有用。"①《海国图志》在日本大量出版，仍供不应求。数年之间，书价倍增。

　　1854 年，佐久间象山在读过魏源的《圣武记》和《海国图志》后，感慨地说，"其所论亦屡有不约而同者"，"予与魏源虽各生异域，互不知姓名"，然"所见不谋而合，确可引为海外同志"。② 吉田松阴在阅读并抄录《海国图志》后，致书其兄说，"林则徐、魏源皆有志之士，尤其精通蟹行书（指横行排印的西文书），我以为无论如何也应当劝导我国有志之士阅读蟹行书，著述如此良著"。③ 魏源的《海国图志》等汉文著作堪称幕末日本士人的启蒙书，据此来了解世界，增长国际知识。

　　（二）第二次鸦片战争后的中国观

　　自 1842 年鸦片战争结束，至 1856 年"亚罗"号事件引爆第二次鸦片战争，14 年间，中日两国的内外形势均发生了巨大变化。幕府的避战缔约策略，导致锁国体制迅速瓦解。日本朝野对世界形势的了解、获得新知识的渠道等，均非锁国时代所能比拟。美国学、英国学、法国学、俄国学等洋学兴旺发展，中国汉译西方著作的桥梁作用犹在，继续发挥欧美文化的输导作用。

　　在国家形象上，由于清政府在第二次鸦片战争中表现拙劣，直接波及日本朝野的中国观。1856—1860 年，4 年之间，日本朝野目睹了清政府一败再败，接连订立《天津条约》《北京条约》等多个不平等条约，中国的国家形象一落千丈。日本人的中国观骤变，中国由良友转为不足为训的反面参照物。

　　其中，最早访沪的高杉晋作的中国观颇具特色。1862 年 4 月，高杉搭乘幕府首航上海的贸易官船"千岁丸"西渡中国。在吴淞口外，黄浦江畔，所见之处皆抛锚停泊着欧美各国的商船军舰，"樯花林森，欲埋津口"；江岸

---

① 『美理哥國総記和解』、正木篤「序」、杉本達「跋」。
② 佐藤昌介［ほか］校注『日本思想大系 55 渡邊崋山　橋本左内』、岩波書店、1971 年、251 頁。
③ 吉田常吉［ほか］校注『日本思想大系 54 吉田松陰』、岩波書店、1978 年、156 頁。

上,各国商馆"粉壁千尺,殆如城阁"。市街上,蓝眼高鼻的洋人趾高气扬,中国人却忍气吞声,"避傍让道"。目睹这些情景,高杉叹息说:"上海之地虽属中国,谓英法属地又可也。"高杉晋作旅沪期间,正值李秀成指挥太平军进攻上海期间。清政府借助洋人武力防守城池,英法军队接连在上海登陆。高杉看到孔庙成了英军的兵营,"兵卒枕铳炮卧,观之不堪慨叹也"。高作深受刺激,以为"此决非隔岸之火"。在高杉看来,中国之所以"衰微"的原因,"乃是由于清国不知防外夷于海外的方法,既不造能渡万里海涛的军舰和运输船,也不造防敌数十里外的大炮。徒唱固陋之说,因循苟且,空渡岁月,无断然革除太平观念而确立制造军舰大炮、御敌于敌地的大政策,故至如此衰微。"由此联想到日本的形势及幕府的避战缔约政策,高杉深感"我日本也已有重蹈覆辙之兆"。[①] 以中国为参照物,在总结中国沦落的基础上,高杉构思出自强自立的"大割据"策略。

19 世纪 60 年代,中日两国之间尚无冲突,日本士人关注中国的发展趋势。福泽谕吉在疾呼学习西方的同时,也将中国问题列为启蒙研究的切入点。自 1860 年福泽注释中国学者子卿编著的英汉词典《华英通语》,到 1869 年编译各国概况手册《世界国尽》,整个 60 年代,福泽在先后出版的《唐人往来》《西洋事情》《西洋旅行导游》《清英交际始末》之中,展示了与幕末日本人对华友善立场别无二致的中国观。在上述著作中,福泽对中国国号多沿用江户时代"清国""中国""唐""唐土"等习惯称谓,在出现"支那"的场合,也都以读作"kara"的假名读音标注,其读音和语义与"中国""唐"等称谓相同,完全不同于后来将"支那"的发音读作贬称"shina"。

对中国的风土人情和传统文化,福泽也还怀有友善、尊敬和钦佩之情。在《世界国尽》中,福泽评价中国是"亚洲一大国,人民众多,国土辽阔";"自远古陶(唐)虞时代以来,历经四千年,重仁义五常,人情风俗淳厚,闻名于世";称赞孔子"是著名学者,门徒辈出,所著之书传诸后世,不

---

① 高杉晋作『游清五录』、民友社、1916 年、76、78、79、81、85 頁。

尽在支那,而且在日本均称孔子为圣人,以示尊敬"。① 对鸦片战争起因的分析大体客观公正,认为鸦片"毒害人体,食用无益并徒费钱财,于国家不利。支那官员欲禁止鸦片买卖,但英国商人拒不听从",于是林则徐愤而销毁鸦片,英国"指责未经谈判、辨明是非就销毁英国商人的货物",出兵进攻中国。② 对清朝的战败原因分析,也不乏真知灼见:即政治原因是清政府"妄自尊大而不知天高地厚,暴君听任污吏恣意驱使下民,恶政难逃天惩";③思想原因是"清人耳目所及甚狭,辙迹所至之处甚少,不知英国之富强而妄自藐视之,未将其视为劲敌而自夸为华夏,称英国为夷狄,行动反复无常,轻启衅端却每战必败"。④

在福泽谕吉的言论中,"反复无常""轻启衅端""天惩"等看法,显然模糊了英国蓄意发动侵华战争的事实,但指出清政府以天朝自居、不思进取,国内吏治混乱、恶政丛生等,倒也看出了问题之所在。对衰落中的中国,福泽尚能流露出友善的对邻国唇亡齿寒的意识。福泽提醒日本人说:鸦片战争后的中国"兵益弱,国益贫,至今萎靡不振,实在令人哀伤";同时强调:鸦片战争"虽似乎与我国无关,但两国毕竟是唇齿相依的邻国,岂能不知晓其始末端详",告诫日本人"切勿掉以轻心"。⑤

适应幕政改革的需要,《地球说略》《智环启蒙》《英国志》《联邦志略》《瀛环志略》等中国学者和汉译西方著作,被集中训点翻印,大量刊行。这些著作介绍世界地理,详细记述了欧美议会制度,包括议会的组成、职权,以及议员的选举和任期等,对幕末制度调整,不无启迪作用。

在汉文所译西方著作中,《万国公法》的影响最为突出。1864 年,旅华美国传教士丁韪良(W. A. P. Martin)将美国学者惠顿著的《国际法要义》(Elements of International Law)译成中文,取名《万国公法》并呈交

---

① 『福沢全集 2』、国民図書、1925 年、3—4 頁。
② 『福沢全集 1』、時事新報社、1898 年、20—21 頁。
③ 『福沢全集 2』、5 頁。
④ 『福沢全集 2』、1 頁。
⑤ 『福沢全集 2』、1 頁。

清朝总理衙门,随即刊刻而成书,[1]同年传入日本。1865 年,幕府开成所训点翻印。《法窗夜话》载:"锁国独栖之我国人民,始知与各国交通也有条规。故识者争读此书。"[2]幕末日本人对《万国公法》的权威性深信不疑。坂本龙马以为"长刀不如短刀,短刀不如手枪,手枪不如《万国公法》"。[3] 坂本之所以有此见识,与"伊吕波丸"的诉讼案有关。1867 年 4 月,纪伊藩的"光明丸"依仗亲藩的威势,在濑户内海撞沉了土佐藩海援队租借的"伊吕波丸"。海援队长坂本龙马以《万国公法》为据,状告纪伊藩,最终获得赔偿。虽然当时的日本人对国内法和国际法的区别不甚明了,以国际法来处理国内纠纷,但亲藩大名被告却引起轰动,《万国公法》知名度随之大为提高。洋学者中村敬宇评价说:"万国公法者,以公是非正私是非之具也。一家之私是非者,为国法而屈焉。一国之私是非者,为天下之公是非而屈焉。于是乎强不得暴弱,众不得侮寡,大不得凌小",各国奉此法而"相安无事,公法之有裨于治化,岂不大乎哉。"[4]萨摩藩家老小松带刀写汉诗赞誉《万国公法》道:"高山连天海月圆,一条大路浩无边",慨叹"愿去私欲存公法,保护苍生万期年。"[5]

---

① 丁韪良:《花甲忆记》,广西师范大学出版社,2004 年,第 159 页。
② 尾佐竹猛『近世日本の国際観念の発達』、共立社、1932 年、34 頁。
③ 中央公論社『歴史と人物』、1982 年第 2 期、102 頁。
④ 尾佐竹猛『近世日本の国際観念の発達』、46 頁。
⑤ 尾佐竹猛『近世日本の国際観念の発達』、48 頁。

第二章 欧化导向的维新

第一节 制度建设

一、政府体制与基本国策

1867年12月9日,由总裁、议定、参与等三级官员组成的"三职制"明治政府成立。其建政公告《王政复古大号令》宣布"实行王政复古","挽回国威"。新政府废除摄关、幕府,"暂设总裁、议定、参与三职,处置万机";强调"圣意欲与天下休戚与共,故切望各自勉励,一扫旧来骄惰之陋习,以尽忠报国之诚意,努力奉公"。[①] 明治维新,自此启动。

明治建政伊始的三职制,反映其政府机构相对简单。天皇之下,有栖川宫炽仁亲王任总裁;10名议定由仁和寺宫嘉彰亲王、中山忠能等皇族、公卿和岛津忠义、德川庆胜、山内容堂等雄藩藩主组成;20名参与中有大原重德、岩仓具视、大久保利通、西乡隆盛、广泽真臣、后藤象二郎、由利公正等中下级公卿、藩士。三职制沿用庆应官制改革的总裁制,复活了传统的天皇制,在公卿、大名和藩士之间的首次权力分配中,"复古"

---

① 歴史学研究会編『日本史史料』(4)近代、岩波書店、2002 年、79 頁。

与"一新"两种思潮实现了互动。

1868 年 1 月 3 日,鸟羽、伏见之战打响。来自越前藩的参与由利公正受命制定"大义所在的方针",遂拟定《议事之体大意》五条:(1)"遂庶民之志,欲使人心不倦";(2)"士民一心,盛行经纶";(3)"求知识于世界,广振皇基";(4)"贡士限期,以让贤才";(5)"万机决于公论,勿论之以私"。① 由利深受横井小楠平民主义的立场影响,将"遂庶民之志"列为首条,主张限制诸藩代表"贡士"的发言权;对外强调"求知识于世界"。

随后,来自土佐藩的参与福冈孝弟按照公议政体派的需要,将由利初稿改称《会盟》,顺序调整为:(1)"兴列侯会议,万机决于公论";(2)"官武一途以至庶民,各遂其志,务使人心不倦":(3)"上下一心,盛行经纶";(4)"求知识于世界,大振皇基";(5)"征士限期,以让贤才"。② 为确保藩主的发言权,"兴列侯会议"位列首条;强调朝廷与诸藩联合执政的"官武一途",限制由朝廷选拔的"征士"。尽管由利、福冈两稿中的政治立场有异,但一致主张"求知识与世界",学习欧美先进制度和文化。保守派公卿对此十分敏感,攻击由利、福冈之两稿模仿外国体制而损害"神国之体",遂将其束之高阁。

1 月 5 日,官军在鸟羽、伏见首战告捷,明治政府的信心增强。10日,外国事务取调挂东久世通禧在兵库会见各国驻日公使,递交《通告各国国书》。其文称:"日本国天皇告各国帝王及其臣人,向者,德川庆喜请归政权,制允之。内外政事亲裁之,乃曰:从前条约虽用大君名称,自今而后当以天皇称。而各国交接之职,专命有司等。各国公使谅知斯旨。"③初登国际舞台的明治政权,强调自身为代表日本的正统政府。15日,政府发表《开国指示书》,内称"方今世态大变,势不可止";对幕府缔结的条约要在"公议利害得失之后,加以修改。与外国交际,须以宇内之

---

① 三冈丈夫编『由利公正伝』、光融館、1916 年、143 頁。
② 維新史料編纂会編修『維新史 5』、吉川弘文館、1983 年、386 頁。
③ 森末義彰、岡山泰四編修『歴代詔勅集』、目黒書店、1938 年、756—757 頁。

公法待之。"①借此表明维新政府继续对外开放的姿态。

1月17日，明治政府对官制进行第一次调整，新设神祇、内国、外国、陆海军、会计、刑法、制度等7个事务科，称"三职七科制"，初步划定了不同官署之间的职权范围。各科的长官称"总督"，由议定担任；副长官"事务挂"由参与担任。2月，三职制官制进行第二次调整，原先的"科"改称"局"，分置"督"、"辅"、"权辅"、"判事"、"权判事"等不同级别的官吏。因增设总裁局，七科变成了八局，称"三职八局制"。从七科到八局，政府部门的职权愈加明确，大名由主官降为副职，倒幕派藩士逐渐掌握枢要部门的权力，成为维新官僚。欧美国家的三权分立、代议制等新事物，进入制度建设的程序。

3月初，东征军包围江户城。为昭告天下、争取民心，副总裁三条实美、议定岩仓具视和大久保利通责成总裁局顾问木户孝允起草建政总方针。木户是个皇权主义者，热衷于建立天皇首位的"一君万民"体制。经其对福冈稿的删改，《会盟》改为天皇率群臣向神明盟誓的《誓文》，对外方针增补"破旧来之陋习，服从宇内之通义"一条。再经岩仓润色，将服从宇内之通义"改为"基于天地之公道"，最终形成维新总方针《五条誓文》。其内容为：(1)"广兴会议，万机决于公论"；(2)"上下一心，盛行经纶"；(3)"官武一途以至庶民，各遂其志，务使人心不倦"；(4)"破旧来之陋习，基于天地之公道"；(5)"求知识于世界，大振皇基"。② 誓文的前三条为建立"一君万民"体制的内政方针；后两条为对外方针，强调遵循"天地公道"即国际法、学习欧美先进文化。

3月14日，明治天皇睦仁率领群臣祭拜天地神祇、列祖列宗，公布了《五条誓文》。同日，睦仁又颁发了《宣扬国威宸翰》(《安抚亿兆宸翰》)，强调伴随"各国竞相雄飞四方"的"世界形势"，实施维新。宸翰追忆往昔历代天皇"亲理万机"，"征伐不臣"而"君臣相亲"而"耀国威于海外"，表

---

① 森末義彰、岡山泰四編修『歴代詔勅集』、757—758 頁。
② 歴史学研究会編『日本史史料』(4)近代、82 頁。

示天皇要"亲自经营四方,安抚汝亿兆,遂开拓万里波涛,宣布国威于四方,置天下于富岳之安稳";要求臣民"助朕之业,保全神州"。① 宸翰重申对外开放政策,宣示了安内竞外、雄飞海外的建政方针。

翌日,太政官公示以庶民和藩士为对象的政府告示牌《五榜揭示》。其中,三块长期公示的告示牌"定札"分别载明:第一札,"应正五伦之道"、"不得做杀人烧家盗财等坏事";第二札,严禁聚众滋事、强诉和逃散;第三札,禁止天主教和邪教。两块经常更新的告示牌"觉札"分别规定:第四札,"王政一新"之际,"全国人民应拥戴睿旨","以万国公法来履行条约",不得"恣意杀害外国人或胡作非为而违反朝命,酿成国难",违者"削除士籍,处以至当之刑罚";第五札,严禁士民脱离本藩本乡,否则惩罚其主家。② 在《五榜揭示》中,除遵法守约的开明性条款之外,余者重申了幕府时代统治庶民和禁教政策,显示了维新政府的保守性。

闰4月21日,担任参与之职的副岛种臣、福冈孝弟参照《联邦志略》《西洋事情》《令义解》《美国宪法》,编成《政体书》,27日予以公布。《政体书》强调"以实施《五条誓文》为目的,制订国策、建立规章制度",撤销三职制,改行太政官制,"天下之权力皆归太政官",对官制实施重大调整。中央政府由议政、行政、神祇、会计、军务、外国、刑法官等七官署与上下二局组成,史称"七官二局"制。

太政官制仿照欧美三权分立原则,将"太政官之权力分为立法、行政、司法三权",分设议政官、行政官和刑法官,立法官与行政官不得兼任;诸官任期4年,由"用公选投票"选出;设征士、贡士,"建立议事之制,为实行舆论公议"。还规定"为官者不得私自在家中与他人议论政事"等官场纪律,③迈出了制度建设的重要一步。由于维新官僚对欧美政治体制不甚明了,《政体书》对欧美三权分立、代议制的模仿不得要领。因议

---

① 歴史学研究会編『日本史史料』(4)近代、83—84頁。

② 東京大学史料編纂所編纂『明治維新史料選集下 明治編』、東京大学出版会、1972年、89—92頁。

③ 歴史学研究会編『日本史史料』(4)近代、84—85頁。

会、内阁、最高法院尚未建立,三权分立有理念而无载体;各官厅长官由选举产生,上下二局的下局议员却由地方推荐产生。

太政官体制建立后,大久保利通、木户孝允、西乡隆盛、板垣退助等藩士参与们同大名、公卿的议定们平起平坐,同为上局成员,参与国政。在议政官的 8 名议定中,仅保留公议政体派大名松平庆永 1 人;在 9 名参与中,大久保等藩士出身的维新功臣占 6 名。1869 年 3 月,设置公议所,遴选诸藩的执政、参政为公议人,权且充任议员。5 月,举行空前绝后的三等官互选。结果,在议政官上院 3 名议定的选举中,公议政体派大名全部落选;在 9 名参与的选举中,大久保、木户、板垣、副岛种臣等藩士当选,大久保和木户的所得票数遥遥领先。

在戊辰战争期间,政府在官军占领的大坂、江户、京都等大都市设府,在各占领地设县,开始建立中央集权体制的日程。1868 年 2 月,木户孝允率先建议版籍奉还,一扫藩国分立的“七百年的积弊”,诸侯将版图(领地)和户籍(领民)归还朝廷。萨长土肥四藩的维新功臣大久保利通、板垣退助、大隈重信等赞成木户的建议,分头游说各自的藩主。1869 年 1 月,萨长土肥四藩主联名向朝廷递交了《版籍奉还上表文》,内称“天祖肇临开国立基以来,皇统一系,万世无穷。普天率土,无不为其所有,无不为其臣子,此即大体。”①为此,他们愿将领有的版图户籍(即土地人口)奉还朝廷。一经萨长土肥四雄藩带头,其余 200 多家藩主也纷纷仿效,版籍奉还。至 6 月,版籍奉还的过程基本结束。262 个大名变成由明治政府任免的地方官“知藩事”,政权中央集权化迈出重要的一步。

1869 年 7 月 8 日,太政官制实施调整,改行“二官六省制”,复古思潮反弹。新颁布的《职员令》规定主管神道祭祀的神祇官居于主管国政的太政官之上;太政官设左大臣、右大臣、大纳言、参议四等官,下辖民部、大藏、兵部、刑部、宫内、外务省等六省,各省设卿、辅、大辅、少辅担任四

---

① 《明治维新基本文献史料选译》,聂长振、马斌译,周一良校,《世界历史》编辑部编:《明治维新的再探讨》,中国社会科学出版社,1981 年,第 172 页。

等官;还设置了监察机构弹正台和集议院。新设的省厅名称多取自1 200年前律令制时代官署称谓,突出神权,与《政体书》的三权分立原则渐行渐远。在维新官僚的努力下,1870年闰10月,新设主管近代产业开发的工部省。1871年7月,将刑部省与弹正台合并为司法省,增设文部省。

版籍奉还后,藩主与家臣分离,人心涣散,藩财政负债累累。至废藩前,诸藩负债总额达1.25亿元,负债额是诸藩平均岁入的3.6倍,[①]知藩事们狼狈不堪,急欲进京享受华族待遇。因此,早在1869年7月,丹波国的龙冈藩、上总国的菊间藩、河内国的狭山藩等小藩的知藩事已上书政府,请求废藩。12月,政府接受其请求,撤藩置县。

诸藩走向没落,中央政府的力量日益增强,介入藩政的力度随之加大。1870年3月,政府制定《常备队规则》,统一规定了诸藩士兵服役的年龄为18岁至37岁;兵额为每万石可养兵1小队等,剥夺诸藩的军队编制权。9月,政府发布《藩制改革令》,指令诸藩按照统一的官制任命官吏;规定诸藩岁入的1/10为知藩事的家禄,余额的1/2上缴政府;诸藩士族俸禄的增减,须经政府批准,知藩事不得自作主张,诸藩财政由政府控制。

明治政府之所以加强对诸藩的控制,在经济上是因为随着国家会计制度的建立,急需把地方的财政统一于中央财政。在政治上,戊辰战争结束后明治政府拥有完整的外交权,但内政权却不完整,不利于巩固政府统给。诸藩的农民暴动与士族的骚乱此起彼伏,也需用强制手段,结束混乱局面。1868年11月,兵库县知事伊藤博文提出了废藩置县的建议,强调"全国政治归一"是国家独立和文明开化的前提。[②] 1870年10月,大久保利通、岩仓具视在《建国体制原则》的14条改革方案中列入了废藩置县。至此,维新官僚就建立中央集权体制的问题达成共识。

1871年6月,太政官实行第二次调整,对中央各职能部门长官的人

[①] 中村哲『明治維新』、集英社、1992年、77頁。
[②]《明治维新基本文献史料选译》,《明治维新的再探讨》,第171页。

事安排加以变动。增补西乡隆盛为参议,其他所有参议除木户孝允留任以外,全部辞职并转任行政部门的长官:大久保利通取代宇和岛藩主伊达宗城,出任大藏卿,山县有朋由兵部少辅提升为大辅,岩仓具视出任外务卿3个月后、交由肥前藩的副岛种臣继任,大木乔任则由民部大辅提升为文部卿。通过这次调整,政府要害部门的实权由出身于萨长土肥四藩的维新功臣掌握,废藩的时机逐渐成熟。

7月14日,明治天皇颁布《废藩置县诏书》,宣布为"保安亿兆而与各国对峙",宜"名实相副,政令归一";强调"今日废藩为县,是务必除冗就简,去有名无实之弊,无政令多歧之忧。"①。府县藩三治制被撤销,在全国设东京、大阪、京都3府及302县;所有藩知事的家禄数额、华族身份不变,一律辞职、举家迁居东京;诸藩租税征收权和所有债务均由政府负担;所有府知事和县令均由中央政府派遣。通过废藩置县,彻底清算了幕藩体制,理顺了中央和地方的关系,形成政令归一的中央集权体制。

7月29日,太政官官制再次调整,采用由正院、左院和右院构成的三院制。正院为最高权力机构,置太政大臣1名、左大臣2名、右大臣1名、参议15名;下设神祇、外务、大藏、兵部、文部、工部、司法、宫内省等8省和北海道开拓使。左院为立法机构,但必须接受正院的指导,议长由参议兼任,议员由正院任命。右院为审议、咨询机构,成员为各省的长官、次官。此次官制调整,将神祇官降低为正院下辖的一个省,淡化复古色彩,但对欧美式的三权分立原则依然不得要领。三院制体制之下,行政权不受立法、司法权力的制约,行政机构大权在握,适应了推行激进改革的需要。

通过此次太政官体制调整,锐意改革的维新官僚控制了权力要枢。太政官三大臣中,三条实美继任太政大臣,岩仓具视为右大臣,有栖川宫炽仁亲王和岛津久光并列为左大臣;三名内阁顾问分别为岛津、木户孝允和黑田清隆,藩士出身者居多;12名参议中,除胜海舟为留用的旧幕

---

① 歷史学研究会編『日本史史料』(4)近代、90—91頁。

臣,其余 11 名参议中的为木户孝允、西乡隆盛、大久保利通、板垣退助、大隈重信、伊藤博文等人,均为倒幕维新功臣。宫内省之外的其余 7 省的主官,也由藩士出身的维新功臣担任。1872 年 2 月,太政官撤销兵部省,改设陆军省、海军省。山县有朋任陆军大辅,翌年 6 月升职陆军卿;胜海舟任海军大辅,翌年 10 月,升任海军卿。1873 年 11 月,增设内务省,大久保出任首届省卿。在维新官僚中,来自萨长土肥四雄藩的官僚控制了内政、外交、军事、司法、教育等部门的大权,形成藩阀势力。其中,萨长藩阀位高权重,构成明治初期政治文化的一大特色。

　　从明治建政之初的三职制,至废藩置县、建立中央集权体制,是创建推进近代化政策前提的"政令归一"过程。政府内部的革新与保守两派,既对立又合作。弹正尹久迩宫朝彦亲王、公卿外山光辅、左大臣岛津久光、近侍天皇的国学者玉松操、儒学者元田永孚等构成保守派,以神祇官和刑部的弹正台为据点,热衷于王政复古、政祭一致,重建古代律令制体制,举凡神佛分离、设立纪元节、突出神祇官的地位等复古举措,多出于此辈之手。下级公卿三条实美、岩仓具视和中下级武士大久保利通、木户孝允、西乡隆盛、伊藤博文、大隈重信、板垣退助等组成革新派,践行《五条誓文》的精神,实行全方位的改革,在政治斗争和权力分配中,逐渐占据了主流地位,成为推动日本近代化进程的主导力量。保守、革新两派虽有政见分歧,却并非势同水火。"复古"与"一新"并行不悖,日本文化的包容性、暧昧性被用诸国家政治的运营,致使日本近代化从起步开始,即身穿复古主义的外衣,独步全面革新之路,在东亚脱颖而出。面对发展资本主义和恢复国家主权的两大历史课题,维新官僚秉承开港后幕末改革的思路,提出了相应的近代化基本国策。概括起来,主要包括:

　　(1) 最高目标为"与万国对峙"。自幕末至明治初期,"与万国对峙"是政治领域中最常见的一个词语:1867 年 10 月,德川庆喜在《大政奉还上奏文》中,用"保护皇国,必可与万国并立"为交出兵马统帅权辩护;①12

---

① 歴史学研究会编『日本史史料』(4)近代、78 頁。

月,明治政府颁发《王政复古大号令》,宣布"实行王政复古,树立挽回国威之基"。① 1868年3月,公布《宣扬国威宸翰》,宣称要"开拓万里波涛,宣布国威于四方"②11月,伊藤博文在《废藩建议书》中,称废藩为"抵御外辱,伸张皇威于海外","与万国并立"、走向文明开化的条件。③ 12月,木户孝允提出振兴教育的建议,主张"内施人民平等之政,外与世界富强各国对峙"。④ 1869年1月,萨摩、长州、土佐、肥前四藩的藩主联名提交《版籍奉还上奏文》,内称只有奉还版籍,以"名实相得,始可与海外各国并立";⑤1871年7月的《废藩置县诏书》强调"政令归一","保安亿兆,得以与各国对峙"等。⑥

"对峙",具有"对抗"、"抗衡"、"并立"等多重含义。"与万国对峙"的国策目标之所以被频繁强调,导因于民族矛盾的客观存在、"国体论"观念的精神支撑和武士阶级对外扩张的狂热。此一国策目标具有两重性:一方面,以欧美强国为标杆,建立主权独立的富强国家,因而不乏正当性;另一方面,以日本为本位,光耀"皇威","威慑"万国,显示了对外扩张的强烈愿望。在日本武力崛起的过程中,"与万国对峙"的国策目标成为军国主义侵略战争和追求霸权的内驱力。

(2)以富国强兵为核心国策。在幕末改革中,幕藩领主竞相实行富国强兵政策。在明治初年,该政策无须作过多的强调,故出现频率不高。1870年12月,参议广泽真臣致信木户孝允建议废藩置县,由萨长诸藩带头,"建立真正划一的体制,奠定富国强兵的基础","与海外强大国家形成真正的对等"。⑦ 1874年5月,大久保利通在《殖产兴业建议书》中,把富民富国提高到基本国策的高度,认为"人民殷实富足,国家随之富强乃

---

① 歴史学研究会編『日本史史料』(4)近代、79頁。
② 歴史学研究会編『日本史史料』(4)近代、83頁。
③《明治维新基本文献史料选译》,《明治维新的再探讨》,第171页。
④ 山住正己校注『近代日本思想大系6教育の体系』、岩波書店、1990年、3頁。
⑤ 歴史学研究会編『日本史史料』(4)近代、86頁。
⑥ 歴史学研究会編『日本史史料』(4)近代、90頁。
⑦ 木户公传记编纂所『松菊木户公伝』、明治書院、1927年、1371頁。

必然之势"，如此则"与各强国并驾齐驱亦非难事"。① 与幕藩封建领主在
各自领地内开源节流、制造洋式武器、操练新式军队等自救性的富国强
兵不同，明治政府的富国强兵政策以国家为本位，瓦解封建经济体制、导
入资本主义的生产方式和运营制度，实施四民平等、举国皆兵的征兵制，
组建划一的近代化陆海军，力图成为"与万国对峙"的军事强国。

（3）殖产兴业。明治初年，百废待兴。当务之急是维持政权的稳定，
政府对如何发展经济并无定见。1874 年，访问欧美归来的内务卿大久保
利通提出《殖产兴业建议书》，首次完整地阐释了相应的政策方针，即"依
赖政府官员诱导奖励之力"，推行政府主导下的资本主义产业开发政策。
为此，要求政府官员要"深思熟虑"，"制订办法"；官员在工业物产、水陆
运输等人民参与的事业中，扮演"既已建成者保护之，尚未就绪者诱导
之"的角色。同时，主张以英国为榜样，"据岛屿之地，得港湾之便，并富
于场矿"等天然之利，"补充之，修建之，使臻于盛大，以此为最大之急
务"，实现"扩充财用，巩固国家之根抵"的最终目的。②

（4）文明开化。明治初年，"文明开化"为朝野所魂牵梦绕。1867 年
12 月，明治政府的《王政复古大号令》，宣布"一扫历来矫情之陋习"，咸与
维新；1868 年 3 月发布的《五条誓文》的第四条，即"破旧来之陋习，基于
天地之公道"。③ 12 月，参议木户孝允在《建议书》中强调"文明诸国奖励
并期待一般人民的知识进步，以文明开化为国家富强之途径"。④ 明治政
府的《国是纲目》号召"全国人民掌握世界万国学问，扩充天地之间的知
识"，"勿失如欧洲各国文明开化之千载良机"。⑤

总之，在 1871 年废藩置县前后，维新派官僚在推行"政令归一"的政
权建设过程中，制定了以"与万国对峙"为最高目标，以"富国强兵"为政

---

① 中村政則［ほか］校注『日本近代思想大系 8 経済構想』、岩波書店、1988 年、19 頁。
② 中村政則［ほか］校注『日本近代思想大系 8 経済構想』、16、18 頁。
③ 歴史学研究会編『日本史史料』（4）近代、82 頁。
④ 山住正己校注『日本近代思想大系 6 教育の体系』、3 頁。
⑤ 林屋辰三郎編『文明開化の研究』、岩波書店、1979 年、274 頁。

策主体,以"殖产兴业"、"文明开化"为辅翼的近代化基本国策,开始了急行军式的维新进程。

二、欧式军制及警察制度

1868 年 2 月,军防局要求诸藩按照每万石领地提供 10 名士兵的比例,派出警卫京畿的士兵,响应者寥寥。闰 4 月,议政官讨论兵制问题,代表诸藩利益的贡士们反对建立统一的政府军,继续保留诸藩的军队。1869 年 5 月,戊辰战争结束,明治政府解散了 2 000 余人的草莽诸队,倒幕雄藩的军队撤回本藩,政府已无可用之兵。7 月,新成立的集议院再次讨论陆军兵制问题,诸藩贡士依旧持反对立场,创建政府军的计划再次搁浅。围绕兵源问题,政府内部意见分歧。军务官副知事、兵部大辅大村益次郎主张从农民组成的草莽诸队中募兵,在大阪开设兵学寮,提高下级军官的军事素质。参议大久保利通无意招募农民入伍,主张以西南雄藩为主体,组建中央政府管辖的常备军。[①]

1869 年 9 月,大村益次郎在京都三条木屋町的旅馆突遭长州藩士团伸二郎等 8 名激烈反对军制改革的刺客袭击,伤重不治而亡。"大村事件"使维新官僚痛感解决家臣武士问题的紧迫。1870 年 1 月至 2 月,倒幕有功的长州藩奇兵队因待遇问题,掀起"脱队骚动",刺激政府加强建立政府军的决心。9 月,太政官发布通告,宣布农工商通称为平民,允许平民称姓,扩大了建军的兵源。10 月,维新政府决定海军军制模仿英国、陆军军制参照法国,组建欧式近代陆海军。11 月,太政官向各府藩县下达《征兵规则》,不问士族、平民,凡身体强壮者均可服兵役;诸藩按照每万石提供 5 名士兵的比例,穿戴政府统一发给的军服、军帽,携带步枪前往大阪兵部省出张所报到。由于政府与诸藩关系紧张,到翌年夏季仅召集到约 1 500 人。[②]

---

① 戸部良一『逆説の軍隊』、中央公論社、1998 年、29 頁。
② 戸部良一『逆説の軍隊』、31 頁。

　　1871 年 1 月,政府发布《散发脱刀令》,鼓励士族剪掉旧武士特有的发髻,摘下佩刀,与平民为伍,为征兵扫清了障碍。2 月,太政官指定萨长土三藩选送 8 000 名精兵,组成天皇近卫军"御亲兵"。4 月至 6 月,萨摩藩的 4 大队步兵、4 小队炮兵,长州藩的 3 大队步兵和土佐藩的 2 大队步兵、2 小队骑兵,陆续调往东京,组成首支近卫军。[①] 同时,在东山道、西海道设置两镇台,招收藩兵入伍。御亲兵和镇台兵完全由政府统辖,是真正意义上的政府军。8 月,解散所有旧藩的常备军,设置东京、大阪、镇西、东北四镇台,专司镇压农民暴动和士族叛乱,维护国内秩序。

　　12 月,兵部大辅山县有朋发布建军文告《读法》,以"发扬皇威"、"巩固国宪"和"保卫国家万民"为建军宗旨。规定士兵"以忠诚为本,爱惜士兵的荣誉";"礼敬长上,与同辈友善";"必须服从首长的命令","事无大小,违背首长命令则为犯罪";"严禁结党,犯之者重罚";严惩逃兵;处罚"强买强借以及参与借贷者";对打架斗殴、放荡酗酒、欺诈懈怠者予以处罚;"在战场上怯懦、害怕者即时严加惩处"等 8 项军人必须遵守的准则,[②]奠定了明治时代建军的精神基础。

　　1872 年 11 月,政府发布《征兵诏书》和太政官的《征兵告谕》,正式着手组建新式陆军。《征兵诏书》追溯兵农合一、组成军团的"古昔之制",说:"戊辰一新,实乃二千年来一大变革也。当此之际,海陆兵制亦须应时制宜。今基于本邦古昔之制,斟酌海外各国之式,设全国募兵之法,欲立保护国家之基。"[③]诏书突出天皇朝廷指挥军队的建军原则,宣示了组建欧式军队的意向。《征兵告谕》则夸耀古时举国皆兵,声称:"我朝上古之制,海内皆为兵员。有事之日,天子为元帅,募堪任丁壮兵役者以惩不逞。解甲归家则为农,为工,为贾"。告谕抨击自镰仓幕府建立武家政权以后,"国为封建之势,人有兵农之别";批判武士"佩双刀","抗颜坐食,甚至杀人官不问其罪",彻底否定武士阶级的特权地位。告谕强调自大

---

① 中村哲『明治維新』、88 頁。
② 東京大学史料編纂所編纂『明治維新史料選集下　明治編』、225—226 頁。
③ 歷史学研究会編『日本史史料』4 近代、99 頁。

政维新以后,"四民渐获自由之权","士已非从前之士,民亦非从前之民";宣布实施"举国皆兵"的征兵原则,即四民"均为皇国一般之子民,报国之道本应无别","斯乃上下平均,人权齐一之道,即兵农合一之基","尽其心力以报国"。①

1873年1月8日,明治天皇睦仁首次在日比谷陆军操练所检阅军队,观看3 678名近卫兵、2 910名东京镇台兵和陆军兵学寮的学生兵的分列式,展现"天子为元帅"的新姿态。9日,又前往设置在东京筑地的海军兵学寮,检阅海军舰船操练式。② 10日,明治政府颁发《征兵令》,公布征兵的目的、工作程序、应征者的条件、兵种配置、军队编制与征兵细则等。其中,陆军分为常备军、后备军、国民军3类;兵种分为炮兵、骑兵、步兵、工兵、辎重兵5种;凡年满20岁之国民,身体检查合格者可充任陆海军士兵。常备军由当年征兵之中签者编成,服役3年;后备军由复员兵编成,平时居家从事生产,战时应召出征;国民军为17岁至40岁的青壮男子编成,在发生大规模内战时,编入军队守卫管内。③《征兵令》发布后,撤销四镇台,改设东京、仙台、名古屋、大阪、广岛、熊本等六镇台,在全国3府70县分置第1至第6军营所,设常备步兵14个联队,兵员为26 880人;骑兵3个大队,360人;炮兵18个小队,2 600人;工兵10个小队,1 200人;辎重兵6个队,360人;海岸炮兵9个队,720人,总兵力为31 680人。战时,可增加为46 350人。④ 全国划一,服从政府军令的陆军常备军由此建立。

陆军的军政军令机构也在此期间逐渐完备。1868年1月,设置海陆军务科。2月,改称军防事务局。1869年7月,改称兵部省。1870年2月,兵部省设立陆军挂、海军挂,分掌陆海军事务。1871年7月,兵部省设陆军部。1872年撤销兵部省,改设陆军省,统掌军令。

① 歴史学研究会编『日本史史料』4 近代、99頁。
② 宫内厅编『明治天皇纪2(明治二年正月—明治五年十二月)』、吉川弘文館、1969年、7頁。
③《明治维新基本文献史料选译》,《明治维新的再探讨》,第179、180頁。
④ 宫内厅编『明治天皇纪2(明治二年正月—明治五年十二月)』、3、8頁。

同时,陆续建成陆军学校。1870 年 1 月,设大阪兵学寮。4 月,改称青年学舍。5 月,将归入大阪兵学寮的横滨语学所改称幼年学舍。培养下士的教导队也从京都迁入大阪。11 月,改设陆军兵学寮。1872 年 4 月,迁至东京。6 月,青年学舍改为陆军士官学校,分步兵、骑兵、炮兵、工兵 4 科进行培养;幼年学舍称陆军幼年学校,设置外语和普通学科;教导队升格为教导团。

海军建设也在同步进行。1868 年戊辰战争期间,海路总督仁和寺宫嘉彰亲王亲自坐镇,海军先锋参谋大原俊美指挥征集来的佐贺藩 117 吨的军舰"孟春丸"与萨摩藩的"丰瑞丸"、久留米藩"雄飞丸"等两艘运输船,向横滨进发。4 月,江户开城投降后,新政府接管了幕府的"富士山"、"朝阳"、"翔鹤"和"观光"等 4 艘舰,初建直属政府的舰队。1869 年 5 月,五棱郭战斗结束后,政府军又接收了一批幕府的舰船,政府舰队计有军舰 16 艘,运输船 27 只。9 月,设置海军训练所,按照英国的海军学校模式,培训修业生。

至 1871 年 7 月,政府拥有军舰 17 艘,总吨位 1.3 万吨,近代海军初具规模。1872 年 2 月设海军省,10 月发布《海军省职制》,实行军衔制。1875 年侵台之役后,明治政府从英国订购"扶桑"等 3 艘装甲舰。1876 年,横须贺造船所开始建造 897 吨的"清辉"和 936 吨的"天城"等两艘军舰。[1] 1876 年 9 月,在横滨设置东海镇守府,负责沿海警备。订购与自造双管齐下,至 1877 年,海军省拥有军舰 25 艘,总吨位 1.7 万吨。1878 年,从英国定制的排水量 3 777 吨的"扶桑"和均为 2 250 吨的"比叡"、"金刚"等 3 艘铁甲舰抵达横须贺,[2] 入列服役。

1872 年 2 月,太政官发布第 62 号公告,宣布废除兵部省,新设陆军、海军两省,海军省构成一个独立的军政单位。海军军务局负责制定海军的发展政策,以及海军建制、编制、军纪、演习、防卫等事宜。1878 年 12

---

[1] 維新史料編纂会編修『維新史 5』、814 頁。
[2] 野村實『日本海軍の歴史』、吉川弘文館、2002 年、17,18 頁。

月,新设参谋本部下属的海军部,辖负责舰队编制与作战计划的第一局、负责海外出兵和海岸防御的第二局、负责外国谍报的第三局。1888 年 5 月,随着中日对峙的加剧,海军部从参谋本部独立为海军参谋本部,以利强化战备。

海军士官生培养与陆军同步进行。1870 年 11 月,兵部省将幕府时代的海军操练所改称海军兵学寮,川村纯义出任校长"兵学头"。川村对在校生进行了整顿,通过筛选的学生一律改为官费生,原先由诸藩委托培养的学生转为国家的海军士官生。学生分为幼年、壮年和专业等 3 种类型,分别加以培养。1876 年 8 月,海军兵学寮改称海军兵学校,教学和人才培养正规化。

1878 年 8 月,在自由民权运动的影响下,驻扎在东京麴町竹桥的近卫炮兵第一大队的 260 余名士兵,因不满政府未能兑现西南战争论功行赏的诺言,反倒要削减兵饷,举行集体暴动。哗变的士兵杀死大队长,炮击大藏大臣官邸,冲击赤坂离宫,史称"竹桥暴动"。政府颇受震动。

同月,陆军卿山县有朋发布《军人训诫》,明确建军宗旨是"张扬皇军威武",使军队成为"国家之干城",首次称军队为"皇军"。"训诫"明令禁止军人介入政治,将《读法》《征兵告谕》中的"公权"、"平等"、"人权"等新观念一笔勾销,转而强调"忠实"、"勇敢"、"服从"等体现军人精神的"三大元素"。训诫宣称"自古以来的武士忠勇"乃"我等血脉中固有之遗物",为武士道正名。训诫特别强调"忠实",即"拥奉我大元帅皇上,报效国家","忠君爱国"成为明治新武士道的首要德目。此外,《军人训诫》还规定了以对天皇"始终恭敬尊崇"、对长官"充满敬意"、禁止褒贬朝政、协助警察、禁止打架斗殴、执行命令、面不露怒色、绝对服从等 17 条具体要求,以此为军人的行为准则。[①]《军人训诫》对"皇军"的定位,从建军宗旨上规定了近代军队的性质,使之成为对内镇压,对外侵略的"国家干城"。

1878 年 12 月,以德国总参谋部为范式,陆军颁发《参谋本部条例》,

[①] 德富猪一郎编『公爵山县有朋伝中』、山县有朋公記念事业会、1933 年、664—771 頁。

设立参谋本部。条例规定：参谋本部统辖各监军部、近卫各镇台的参谋部；本部长由天皇任命，参与策划帷幕之机务。在平时，本部长的职责是审理陆军的编制部署，掌管军中机务战略、军队出动等事关军令等项。经天皇亲裁后，立即下达给陆军卿施行。在战时，立即下达监军部长或特命司令将官执行。[①] 参谋本部长直属天皇，拥有"帷幄上奏权"，成为不受政府管辖的特殊军令机关。山县有朋出任首任参谋本部长。同月，还颁发了《监军本部条例》，规定由监军部掌管陆军的训练、军纪检查等。1879 年 10 月，太政官公布《陆军职制》，规定陆军直属天皇，中央机构由陆军省、参谋本部和监军本部构成，通称军部。

1883 年，陆军卿大山岩率桂太郎等赴德国考察。在德国总参谋长老毛奇的推荐下，1885 年 3 月，德国陆军大学教官麦凯尔（K. W. J. Meckel）赴日，担任参谋本部顾问和陆军大学教官，与陆军省第一次官兼军务局长桂太郎、参谋次长川上操六等推行军令、军政分离的德国式军制改革。

在组建近代军队的同时，欧美式的警察制度也在加紧组建。明治政府成立后，地方治安混乱，暂由府县兵、诸藩的藩兵维护秩序。废藩置县前，军务官、刑法官、刑部官、弹正台等官署先后接管警察事务。1869 年 11 月，大学南校的两名英籍教师遭袭，震惊维新政府。参议木户孝允提出"遵照欧洲各国之法，组建'波利斯'"的建议。[②] "波利斯"即 Police 的音译，意为警察。1871 年 10 月，兵部省调拨给东京府 3 000 名逻卒，创建了不佩刀剑，手握棍棒维持社会治安的"取缔组"，萨摩藩士川路利良担任逻卒总长。

1872 年 8 月，司法卿江藤新平在司法省设置警保寮，统一掌管全国的警察事务。警保寮的主官称警保寮头；府县设大警部，主官称大警视；区设小警部，主官称小警视，下辖逻卒；每个逻卒率领番人 10 名，监护分

---

① 歴史科学協議会編『史料日本近現代史 I』、三省堂、1985 年、150 頁。
② 由井正臣［ほか］校注『近代日本思想大系 3 官僚制　警察』、岩波書店、1990 年、221 頁。

管的居民。这样,形成司法卿之下,由警保寮头督导大警视,大警视指挥小警视,逻卒听命于小警视,指挥番人等组织严密、层层隶属的垂直型警察机构,并招收大批士族充任警员。

1873 年 9 月,大警视川路利良赴欧考察警察制度回国后,建议效仿西洋各国,建立警察制度。川路认为,警察为"保护良民"、"培养国家元气"所必需,如同法兰西第二帝国、普鲁士那样,"凡欲强其国",必先设置警察。川路提出设置警察制度的三项建议:(1) 以西洋各国为蓝本,建立中央集权的警察制度。直属内务省的安宁局,掌管全国警保事务;首都警务由警保寮掌管,府县警务由知事、县令掌管,具体执行的警官由府县提出、司法卿任命。(2) 警察事务的司法权与行政权分立。内务卿主管全国行政警察,各府县知事、县令监管警察职权,派令正、权警官具体执行;司法卿为全国司法警察之首长,各级法院的检查人员充任法警。(3) 警察军事化。派驻地方的陆军郡国分队具有司法警察之权,称宪兵;根据需要,巡警可配置武器成为兵员,"一旦有事,须用警察之权力予以镇压",避免直接动用军队。① 太政官接受了川路的建议,11 月增设内务省,大久保利通任内务卿,推进内务省高度集权的警察制度建设。

1874 年 1 月,警保寮转归内务省管辖,并设置东京警视厅,川路利良出任首届长官,在锻冶桥门内设置警视厅。东京警视厅各级警官分别为大警视、权大警视、少警视、权少警视、大警部、权大警部、中警部、权中警部、少警部、权少警部等 10 级,管理约 5 300 名警察"逻卒",负责东京府的地方治安。管辖区域分为 6 个大区,每一大区又分为 16 个小区。各大区设分驻机构警视出张所,由少警视负责区内的警察事务,下辖大警部、少警部若干名;各小区设逻卒屯所,派驻大小警部,指挥逻卒若干;逻卒屯所的下属单位称逻卒分配所,相当于派出所,驻逻卒 12 名。②

1875 年 5 月,对各派驻机构进行调整,将警视出张所改称警视分厅;

---

① 《明治维新基本文献史料选译》,《明治维新的再探讨》,第 180、181 页。
② 警视厅史编纂委员会『警视厅史　1 明治编』,警视厅史编纂委员会、1959 年、40 页。

逻卒屯所改称某分厅的某署,逻卒分配所改称分署,实施分区管理。10月,撤销番人,逻卒改称巡查。12月,东京警视厅接管了原来归内务省管理的惩役署和囚狱署。1876年2月,新设第六局,具体负责惩役署与囚狱署的警察事务,警视厅的警察职能日益完整。1877年1月,东京警视厅归口内务省警视局。1881年1月,设置全国性的警察机构警视厅,加上各府县设置警察部,形成中央集权的近代警察制度。

1877年2月,西南战争爆发。大警视川路利良领陆军少将衔,率领由万余名警察组成的别动第3旅团投入平息西乡隆盛叛乱的战斗。1879年12月,大山岩继任大警视。川路在任职期间,制定了《警察规则》,规定部长级的警官必须"暗记部员的勤怠品行才艺等,报告上官","下达命令,上报下情";署长有权决定"出勤时限早晚"等事务;巡查"以遵守上级命令,能任其劳、堪其任为目的",不得失态、渎职。①

三、欧式经济制度与产业

维新伊始,日本首先引进欧美金融制度。东征江户期间,军费开支猛增,三井组、小野组等大豪商的捐款杯水车薪,政府财政窘迫不堪。1868年1月,政府大量印制不兑换纸币太政官扎,并强制性地投入流通。由于缺乏信誉担保,太政官扎因流通困难而被迫贬值。在主管财政的由利公正的策划下,1869年政府邀集三井组、小岛组等富商出资,成立了汇兑会社和通商会社。会社为官办金融贸易机构,对出资者"社中"发行资金凭证"身元金手形",但对资金总额不作限制,"社中"可每月获1分利,但若会社解散,"社中"有义务支付巨额损失赔偿金。显然,这种运营方式不过是幕府时代利用御用豪商资金的延续,加之主管不得其人,汇兑、通商会社很快倒闭。

1870年10月,大藏省少辅伊藤博文就"调整理财会计"问题,向天皇提出建议。伊藤认为,金银比价的紊乱,8 000余万不兑换纸币充斥流通

---

① 警视厅史編纂委員会『警視庁史　1明治編』、56、58頁。

领域,"祸害波及全国,以至民不聊生",故铸造精良新币、遏止造假和整理纸币、提升币值已为"当今急务,实为事关国家安危隆替之事"。伊藤认为美国的国债偿还法及纸币条例"办法简便,事理适实,官民的权利均可得到保护,相得益彰",有必要实地考察,弄清楚有关理财的各种制度法则和处理办法,"推考参酌,建立确然稳定的财政制度"。① 太政官迅速采纳此一建议。

11 月 2 日,伊藤博文率领芳川显正、福地源一郎、吉田二郎等官员及京滨阪汇兑会社、海运会社的代表共 21 人的访问团,乘坐"美国号"轮船,启程前往旧金山。抵达后,伊藤一行参观了当地的银行、造币局、造船厂和炼钢厂。12 月初,前往华盛顿,拜会美国总统格兰特和财政部部长,并参观财政部,讨教有关金银币铸造、新纸币发行方法等问题。随后前往美国金融中心纽约,考察金银币铸造、纸币和公债发行方法,调查银行、公债、汇兑制度,并与美国金融学者展开讨论。

12 月 29 日,伊藤向大藏省提出报告。伊藤认为,建立金融货币制度有两个办法:其一,参酌美国,实行金本位制,采用贵金属的国际公秤计量方法,以适应国际贸易的发展趋势,为日元进入国际流通领域预作准备,提振社会对纸币的信心。其二,参照美国国立银行的做法,依据《纸币条例》发行纸币。具体做法是将公债证书抵押于大藏省;发行经过批准的票据。伊藤认为"可以采用这两种方法",参照纽约制币商会和美国财政部各负责美元正反两面的雕版制作以防止假币的方法,来制作日本的公债证书和新纸币。伊藤最后建议以美国财政体制为样板,先设立国立银行,发行可兑换公债,回笼不兑换纸币,寻机发行银行券,稳定流通领域。② 从英国留学归来的银行家吉田清成则主张应该学习英国的银行制度,首先设立类似英格兰银行的中央银行,以利金融体制的建设。双方展开争论,伊藤认为设立央行进行统一管理固然必要,但应该在银行

---

① 春畝公追颂会编『伊藤博文伝上』、原书房、1970 年、517—518 頁。
② 春畝公追颂会编『伊藤博文伝上』、521—528 頁。

建立并发展后再来考虑设立央行问题，当务之急是引进美国的银行制度。[1]

　　大藏省采纳了伊藤博文的建议，1871 年 10 月，责成涩泽荣一依据《美国国立银行法》并参考英国的银行制度，起草日本的《国立银行条例》。在条例公布之前，涩泽劝说三井组、小野组等富豪率先向大藏省纸币寮申请建立第一国立银行，探索民间集资建行之路。8 月，第一国立银行在东京日本桥开业，欧美式银行首次在日本落户。随即，开设了银行事务讲习所，聘请英国横滨东洋银行的职员山德讲解会计、账簿、记账方法等银行业务。

　　1872 年 11 月，政府公布《国立银行条例》，报纸刊登了三井组、小野组募集股东的广告。然而，社会反应冷淡，申请者不足 40 余人，金额不过 44.08 万元，合 4 800 股，申请者多为与三井组、小野组沾亲带故的人。[2] 其主要原因，在于政府信用不高，但条例却强调政府全面介入银行的所有业务活动。其中规定：银行采用股份制，股东必须在 5 人以上，每股为 100 元；创立银行的本金最少为 20 万元；银行在得到开业许可之前，必须向大藏省出纳寮上缴6/10 的本金，换取 6 分利的政府公债证书作为抵押，方可发行同等数量的银行券；银行必须持有相当于本金 4/10 的硬通货为银行券的兑换储备金，以兑换政府纸币。银行的货币汇兑、存款、贷款，以及借贷证书、其他各种证券、金银货币的交易等，均需得到大藏省纸币寮的批准并报备案，不得以其他方式从事纸币金券及通用票据的业务。[3] 然而，由于政府继续大量滥印不兑换纸币，加之对外贸易大量入超、国际银价暴跌导致日本黄金外流，银行难以承受汇兑的压力。因此，直到 1876 年才成立依据《国立银行条例》，冠以"国立"，实质是私立的 4 家银行，即东京第一国立银行、横滨第二国立银行、新潟第四国立银行、大阪第五国立银行。同年，私立银行三井银行创立，成为最早的民

---

[1] 渋沢栄一述、長幸男校注『雨夜譚』、岩波書店、1984 年、232—233 頁。
[2] 小貫修一郎筆記『渋沢栄一自叙伝』、渋沢翁頌徳会、1938 年、356 頁。
[3] 安藤良雄編『近代日本経済史要覧』、東京大学出版会、1978 年、52 頁。

间银行。

1876 年 8 月,政府修改《国立银行条例》,降低了持股、建行的门槛,以大力吸收社会资金。修改的内容包括:根据每家国立银行本金的多寡,灵活确定每股股金的货币量。本金为 10 万元以上的银行,其每股的股金为 100 元或 50 元;本金不足 10 万元的银行,每股的股金为 50 元或 25 元不等;8/10 的本金为付息率颇高的公债证书;2/10 的本金为兑换纸币的硬通货准备金,可参照纸币发行量 1/4 的比例,存放准备金;纸币印制费由纸币寮承担改为银行承担;发放贷款的利息每年不得超过1/10。① 通过修改条例,给社会游散资金提供了盈利机会。在秩禄处理期间,大量公债证书流入华族或部分士族手中,投资银行遂为有利可图的选择,创办银行的积极性高涨。至 1879 年,按照新修改的《国立银行条例》开设的银行增加到总店 151 家、支店 82 家,吸纳社会资金 4 061.6 万元,增加了 17 倍之多。② 至此,日本近代银行制度基本建立起来。

国立银行的组建形式参照了欧美股份公司,引入这种集资制度的人则是号称"日本资本主义最高指导者"的涩泽荣一。涩泽出身豪农豪商,凭借其才能受到将军德川庆喜的赏识,以家臣武士的身份参与庆应改革。1867 年 1 月,随庆喜之弟德川昭武率领的巴黎万国博览会参展团前往法国。博览会期间,拿破仑三世安排主管教育的官员、银行高管与德川昭武等会面,开展交流。涩泽"十分注意研究进步文化,特别侧重于政治、军事、经济、外交方面",法国经济组织的发达,令其"极为感动佩服"。③ 参展团听取了银行高管弗洛海拉尔德的建议,用现金购买了 2 万元铁路股票,后因闻知"大政奉还"的声浪而卖掉了股票,净赚了 500 元,④持股敛财令涩泽的头脑开窍。8 月至 11 月,涩泽跟随德川昭武游历西欧诸国,开阔眼界。1868 年 9 月,参展团踏上归程。一年有半之间,

---

① 安藤良雄編『近代日本経済史要覧』、52—53 頁。
② 安藤良雄編『近代日本経済史要覧』、53 頁。
③ 小貫修一郎筆記『渋沢栄一自叙伝』、172 頁。
④ 小貫修一郎筆記『渋沢栄一自叙伝』、175 頁。

涩泽详细考察了近代资本主义大生产的组织、技术和经营方式,尤其对股份有限公司制印象深刻。

1868 年 12 月,涩泽荣一回国时,江户已改名东京,德川庆喜正在骏河国静冈藩闭门思过。为报答庆喜的知遇之恩,涩泽前往静冈,"仿效欧洲事例,集小资本为大资本,用之于工商业",①以解庆喜的囊中羞涩之困。1869 年春,庆喜创办了日本第一家集资兴建的股份公司商法会所。公司的本金来自藩厅和民间,经营存款、抵押贷款和鱼肥、大米买卖等业务,兼有银行和商社的功能。商法会社经营顺利、获利颇丰,不仅令庆喜愁眉舒展,家臣武士摆脱衣食困难,也引起明治政府的重视。

1869 年 10 月,明治政府召请涩泽来东京任职理财。12 月,涩泽赴京出任大藏省租税正,参与有关度量衡、租税、货币、公债、邮递制度的改革,制定铁路修筑方案、《官厅事务章程》、《会计法》、《国立银行条例》等,展现了才干。涩泽与大久保利通、伊藤博文、井上馨等萨长藩阀官僚关系密切,历任大藏省权大丞、大藏大丞、大藏少辅等职。

1871 年 6 月,涩泽荣一著《立会略则》,详细介绍欧洲的股份公司制度,向社会普及有关通商、汇兑公司即会社的组织形式股份公司(株式会社)的知识。在《立会略则》前言里,涩泽说:"余官费游览欧洲时,耳闻目睹,辑成此书。东归后,世间渐唱通商之利者中,虽多有心立会结社,然皆管见臆测,不得其要领。"于是,他责无旁贷地著述有关股份公司的《立会略则》,解说其"大旨要领"。② 在略则中,涩泽还强调"财产私有权归个人所有,乃是天下通行的公理,他人不得侵犯";强调"通商之道不应受到政府威权的强制",认为"小至一村一郡,大至世界万国的互通有无,促进生产繁昌,以助国家之富足强盛乃通商的基本要义",政府官吏不应妨碍通商。为发展日本与各国的通商贸易,则应了解海外各国的通商规则和实际情况,"以谋取日本全国的公益"。③《立会略则》以近似直译的方式,

---

① 小贯修一郎笔记『渋沢栄一自叙伝』、175 頁。
② 渋沢栄一述『立会略则』、大藏省、1871 年、1—2 頁。
③ 渋沢栄一述『立会略则』、1—3、5 頁。

将欧美股份公司即株式会社制度引进日本,介绍通商公司设立宗旨、限制、方法、人员,以及汇兑公司的通例、流通、储备金、期票、公债等使用方法,首创欧美股份制导入亚洲的纪录。3个月后,大藏省的官版《立会略则》大量印制出版,发行各地府县。前述"国立"银行的设立,即参照了《立会略则》的股份公司的运营方式。

地税改革,是针对幕府时代的土地所有制、农业政策,作出的一系列变动与调整的重大改革。其间,官僚经济学家神田孝平发挥了关键作用。神田出身旗本(可面见将军的嫡系武士)的家臣家庭,从松崎谦堂等学汉学,又随杉田成卿、伊东玄朴等学兰学,对数学和经世学颇有兴趣和心得。1862年,神田出任幕府蕃书调所教授。1867年,神田出版欧洲经济普及读物《经济小学》,内容涉及欧洲文明习俗、国民道德、资本积累、地税、工资、分红、贸易、货币、汇兑、劝业、器械、民间收入、消费、拓土移民等。《经济小学》特别对欧洲的税制,包括租税、直接税、间接税、一般税收、个别税收等问题进行了详细介绍。1868年4月,江户开城后,神田出任明治政府的一等译官。1870年,神田参照欧洲土地制度,向政府提出地税改革和允许农民土地买卖的建议案,深受当局的重视。1871—1876年,神田出任兵库县令。

1871年9月,明治政府取消幕府对农作物种植的禁令,允许农民自由栽培商品作物。1872年2月,解除禁止土地世代买断的禁令,允许土地自由买卖,发给承认私有权的土地执照"地券"。1873年7月28日,天皇发上谕,要求按照有司群议、经地方官与内阁反复讨论的"公平划一"原则,"颁布地税改正法,庶几赋无厚薄之弊,民无劳逸之偏"。同日,太政官发布《地税改革布告》,宣布"悉数废除旧田畑纳贡之法",实施地税改革。① 大藏省事务总裁大隈重信颁发了《地税改正条例》《地税改革施行规则》和《地方官须知》,敦促府县知事必须亲力亲为,务求顺利推进改革。

---

① 東京大学史料編纂所編纂『明治維新史料選集下　明治編』、289 頁。

遵照上述政府文件,地税改革逐渐在全国展开。《地税改正条例》规定:各地的地税改革"不必图快求成,在详细周密整理数据、报告大藏省并得到批准后,方可废除旧税法,实施新税法",力求实施得有序化;"按土地之原价征收地税";在新税率改订之前,不论年成丰歉,税率不予增减;"废止田畑之称,一律称作耕地,其余称牧场、山林、原野地";"税率为地价的3％,在逐渐开征茶、烟草、木材等其他物品的新税,政府岁入增加为200万日元以上时,逐渐将完成地税改革的地税减少至地价的1％。"①表面上看,地税的税率不高,但政府所定的地价并非土地买卖的市场价格,而是确保政府岁入的官定价格,税额为地价3％的地税对农民已构成了沉重的负担。因此,在地税改革期间,名为"地税一揆"的农民暴动此起彼伏。1876年12月,内务卿大久保利通在建议书中承认农民问题未被重视,致使"贫民益贫,富民益顽,只管憎恨政府,以愁诉为事。至最近,则到处聚众造反,人心混乱几如麻团"。为稳定农村和农民,建议从1877年起,"将地税额度减至地价的百分之二"。② 天皇在1877年1月颁发减轻地税、节约岁出的诏书,太政官据此将地税的税率由3％降低为2.5％。

1868—1869年,明治政府接管了幕府营建的长崎、横须贺、横滨、石川岛造船所以及汤岛枪炮制作所、浦贺船舶修造所等兵工厂。1870年2月,兵部省在大阪新设造兵司。3月,接管东京关口制作所、泷野川反射炉,专司制造枪支火药。4月,对长崎制铁所等兵工厂的人员和设备重新加以调整,设立大阪炮兵工厂。1872年8月,在兵部大辅前原一诚的坚持下,继1871年调拨了石川岛造船所之后,又将横须贺造船所、横滨造船所转归兵部省所有,集中研制海军兵器,构成国有工厂的骨干产业。同时,兵部省陆军造兵司接受了萨摩藩、长州藩和纪州藩等三藩的兵工厂,扩大军火工业的国内布局。至1875年,制造了可装填154.5万发子

---

① 歴史学研究会編『日本史史料』(4)近代、103頁。
② 歴史学研究会編『日本史史料』(4)近代、121頁。

弹的火药,其中约 1/3 的子弹火药由鹿儿岛工厂制造。[①] 山口县的步枪制造所则分担了造兵司下达的生产任务。兵工厂的发展,多与富国强兵方针直接关联,而体现殖产兴业方针的近代产业则多半与民用企业相关。

1870 年 12 月,工部省设立,管辖原归民部省管理的矿山、制铁、铁道、灯塔、电信等部门,与内务省、大藏省合作,推行大规模殖产兴业。1873 年 9 月至 1874 年 9 月,工部省动工建造京都至大阪区间的铁路,开通了大阪至神户区间的铁路,铺设了函馆至札幌区间的公路;接管了三池、高岛煤矿,釜石矿山和深川水泥厂,创设赤羽制作所,兴办官营模范工厂。1872 年大藏省接受了堺纺织厂的债务抵押,放宽对生丝公司的限制以促进国际贸易,在美国机师指导下,研制印刷新币的颜料,并加强对新旧纸币兑换的管理。1872 年,内务省创办的富冈缫丝厂;1874 年 1 月,从大藏省接受了堺纺织厂;1876 年 2 月,设置千住制绒所等毛纺厂,并新设制茶科,负责生产各种新茶并向欧美国家销售。京都府开办导入法式机器的府营制丝工厂,并聘请从法国留学归来的西阵织传习生指导生产。

在上述过程中,"官营模范工厂"一词,出现在政府文件之中。1874 年 11 月,内务省为堺纺织厂制定了《事务条例》,认为建厂的意义在于"使人民看到实际成果,体验其便利,以顿开茅塞,各自开办盛大之业,进入富裕之域";强调"要规则严整,事业畅达,成为民业的模范"。[②] 所谓"民业的模范"即以官营工厂为民营企业的标杆,发挥示范作用。

与官营企业遍地开花相对应,民办企业也比较活跃。1872 年,原安艺藩主浅野家出资开办了首家生产洋纸的有恒社。同年,三井、小野、岛田三家族则在涩泽荣一的劝导下,建立后称王子制纸的公司。1873 年,后藤象二郎从大阪府贷款,开办造纸厂蓬莱社。1874 年,与外商合办的

---

① 明治維新史学会編『講座明治維新 8　明治維新の経済過程』、有志舎、2013 年、139 頁。
② 明治維新史学会編『講座明治維新 8　明治維新の経済過程』、153—154 頁。

三田制纸厂以大藏省纸币寮为后援,生产政府特需的纸张。纺织业、火柴制造业是民办企业竞相投资的另一个行业,普遍采用欧美机械。制糖、煤油等行业亦如此,赞歧支度制糖厂使用英国制糖机械,长野煤油公司采用美国制钢掘机,机器制丝厂六工社开业,捕鲸公司开洋社开始使用美国制投射抢,等等。①

在工业部门,由政府以重金聘请外籍雇员,担任顾问、教师或技师。据统计,1872年,来日外籍雇员为369人,1875年增长至524人。② 这些外国雇员主要在官营模范工厂任职,带来欧美工业革命的最新技术。至19世纪80年代初期,明治政府创办的官营近代企业形成系列:其一,与富国强兵基本国策中"强兵"密切相关的各种军事部门的企业,如东京、大阪炮兵工厂,兵库、横须贺、石川岛、鹿儿岛造船所,板桥、目黑、板鼻火药制造所等,分工负责,竭力实现军火产品的国产化。其二,与"富国"关联密切的各类民用产品企业,如广岛、爱知、五岛、下村、三重、市川、半井、远州、长崎、岛田、下野棉纺厂,富冈缫丝、新町绢织、千住制绒、赤羽工作分局等一批制丝、丝织、毛纺、机械制造工厂。

在农业部门,美国的大农具、农畜业新品种连同麦作大农场的粗放耕作管理方式,被明治政府奉为楷模并大力引进。欧美式农场、牧场和农业学校纷纷设立,外国雇员在现场或讲坛上介绍并推广农牧业技术。仅在东京一地,即创办三田育种场、内藤新宿试验农场、驹场农业学校等各类模范农场。在北海道札幌等地,创办美国式的农业技术学校。明治政府在短时期内创办模范工厂、农场的用意,在于以国营骨干企业来奠定富国强兵的物质基础,并为民间企业树立经营的样板,培训技术人员,全面推动产业的近代化。

四、欧式教育制度

幕府时代,幕府设最高学府昌平黉,主要用于培养嫡系家臣的子弟。

---

① 岩波書店編集部編集『近代日本総合年表第 2 版』、岩波書店、1984 年、56—60 頁。
② 井上清『明治維新 日本の歴史 20』、中央公論社、1966 年、271 頁。

诸藩设立藩校,招收藩吏、藩士及其子弟,入校学习。一般的庶民子弟,只能在寺子屋接受习字、读写和珠算等初级教育。在教育的层次和内容上,同样体现了士农工商等级之间的不平等。

1871年7月,文部省设立。12月,文部省成立了由7名洋学者、2名汉学者和3名官员组成的教育调研小组"学制取调挂",由文部少博士箕作麟祥主持调研工作,重点考察欧美国家的学校教育,为建立近代学校教育制度建设提供参照。1872年1月,文部卿大木乔任向太政官提交了关于教育改革的呈文,即"清除千古学弊,使人民皆可大定方向"的"学制大纲",①以及实施细目的附件。2月,原开成学校主攻法兰西学的洋学教授、文部省九等出仕佐泽太郎将法兰西第二帝国时期的教育资料译成日语,供制定法式学制参考。由于文部省的预算开支过大,大藏省并不买账,改革方案搁浅数月之久。

6月,太政官下达《关于学制实施细目的指令》,决定推行近代欧式教育。其要点包括:幼年学习为人生之基,以普及小学教育、"全力办好小学校"为"当今着手的第一要务"。为此,须"尽快兴办师范学校,培养小学教师",规范小学教学规则;贯彻男女教育平等原则,使女童就学;各大学区逐渐设立中学。先聘用西洋教师,兴办一两个中学,而后逐渐增加。另外,还要严格执行学生的升级考试制度,激励学生立志,兴办商法学校,修建高质量的校舍,注重外语教学等。②

8月,太政官发布214号布告,即《奖励学事命令书》,分为6编,共109章。布告激烈抨击幕府旧教育的三大弊病,即:(1)武士垄断教育。"自昔设立学校以来,历代虽久,或由于不得其道,误其方向,认为学问系士人以上之事,至于农工商以及妇女则置之度外,不知学问为何物。"(2)教育脱离实际。"士人以上之少数学者,动辄谓为国而学,不知其为立身之基。或者骛于辞章记诵之末节,陷入空理虚谈之歧途,其论虽似

---

① 山住正己校注『日本近代思想大系6 教育の体系』、27—28 頁。
② 山住正己校注『日本近代思想大系6 教育の体系』、29—30 頁。

高明,但身体力行者甚少。"(3)危害社会。"斯即沿袭之时弊,故文明不普及,才艺无增长,贫乏破产,丧家之徒之所以多也。"①布告否定旧教育体制,大力倡导欧美式个人本位的功利主义教育方针,强调"学问可称为立身之资本,凡为人者孰可不学";要求华族、士族、平民及妇女等"一般人民"的子弟"必须从事于学也";学童未入小学,"应视为父兄之过失",贯彻"国民皆学"方针。②

参照法国式学区制蓝本,太政官划定东京周边 13 县、爱知县等 7县、石川县等 6 县、大阪和京都二府及周边 11 县、广岛县等 9 县、长崎县等 11 县、新潟县等 7 县、青森县等 8 县为第 1 至第 8 大学区,每个学区分设 1 所大学,32 个中学区,每个中学区分设 210 个小学;共计设立 8 所大学,256 所中学,53 760 所小学。重新编组和改造幕府时代的各种教育设施。幕府创立的昌平黉、开成所、医学所等高级教育机构,几经改组、调整,在 1877 年 4 月合并为拥有法学、理学、文学、医学等 4 学部的东京大学,其他大学陆续设立。江户时代的 280 余所藩校被改设为中学,寺子屋或私塾被改造成小学。在推行学区制的过程中,形成由文部省卿——大学区督学局督学——"学区取缔"垂直型的集权管理体制。"学区取缔"由当地有名望者担任,负责督促幼童入学、小学校财务和 20—30 个小学区内的所有学务。

大体上,平均每 600 人的居民区设置一所小学,学生人数约百名,形成一个小学区。设置学校视人口稠疏而定,少则 300 名居民、多则1 000名居民区分设 1 所小学,构成一个小学区。③ 至 1875 年,日本全国创办小学校 20 692 所,其中新建校舍仅为 3 699 所,约为校舍总数的 18%,其余 82% 的校舍均利用了寺子屋的老学堂。④ 当时小学校的教师,也多由寺子屋的师匠担任。可以说,没有江户时代寺子屋教育的长期积累,就

---

① 明治文化研究会編『明治文化全集 8 風俗篇』、日本評論新社、1955 年、386 頁。
② 《明治维新基本文献史料选译》,《明治维新的再探讨》,第 181 页。
③ 山住正己校注『日本近代思想大系 6 教育の体系』、32—39 頁。
④ 海後宗臣『明治初年の教育:その制度と実体』、評論社、1973 年、170—171 頁。

没有明治初期近代初等教育的迅速发展。在以上各类学校中,四民子女无差别地成为同校、同班的同学,接受教材划一的新式教育。小学的课程计有作文、会话、修身、代数、物理、体育、绘画、地理、历史、阅读等。其中,地理为日本地理和世界地理,历史为日本历史和世界历史,物理课则讲授电机、汽车、气球、摄影等新知识。维新伊始,明治政府废除以儒学为中心的封建教育,建立西式学校,强制普及初等教育。此项改革是引进欧美资本主义文明的重要举措,也是明治维新的一大历史贡献。

第二节　观念更新

一、文明开化意识

1868 年 2 月,政府行政公报《太政官日志》出刊。9 月,大阪府杂志《官版明治月刊》发行。两份刊物的推出,表明维新官僚极其关注舆论导向。总裁局顾问木户孝允认为,开启政府主导下的文明开化运动,"必须开设一新闻局",报道海外消息,"使之成为诱导人民之一途径。"[①]《官版明治月刊》亦开宗明义,强调"泰西之学,自天文、穷理至机械、物产各科,其说愈出愈新";而"皇国之事在于扩展人的知识见闻",故广泛采集"新说异闻"供读者阅读,开启民智。[②] 其第 1 辑载文介绍美、英、法、俄、葡、普等欧美十余国的政体、陆海军、人口、属地,并逐一加以评论。月刊的《政体略论》一文解释"共和政治"、"议院"、"上下院"、"大统领"(总统)等新词汇的含义,普及三权分立、议会政治新观念。《英政略记》肯定英国的政治体制,称赞欧美国家"人人皆能自由发挥其才能",又能"安其业,备济生之道,无饥寒之状",不啻人间乐园。[③]《太政官日志》则及时公布维新的政令,包括文明开化政策,将社会公众的关注点纳入政府预设的轨道。

---

① 林屋辰三郎『文明開化の研究』、461 頁。
② 『官版明治月刊』第 1 号、序。
③ 『官版明治月刊』第 2 号、19、20 頁。

政府率先创办报刊,各大都市竞相仿效。1868 年 12 月,东京、大阪、京都等大城市创办报刊近 40 种,多数为官办。1872 年出现地方报纸杂志创办"热",从北方新潟县的《北凑新闻》,到南方九州的《佐贺新闻》,24 种新创办的报纸发行网络覆盖了日本列岛。① 这些报纸杂志遵奉政府的方针,制造舆论,在全国各地宣扬文明开化意识。

天皇出台示范,为明治初年宣扬文明开化意识的重要手段。1868 年 8 月,明治天皇睦仁的即位大典在京都御所紫宸殿举行。维新官僚特意在殿外南庭放置了直径为 3 尺 6 寸的硕大地球仪,营造新天皇登基"雄飞世界"的新景象。《新闻杂志》等官办出版物经常刊登睦仁学习德语、改穿洋服、剪分头、进食牛肉和面包等消息。通过天皇率先垂范,封堵保守派之口,渲染"文明开化"意识。实际上,1868 年的睦仁年方 16 岁,不过是维新官僚手中的政治工具。1871 年 7 月废藩置县后,维新官僚实行宫中改革,大量裁减宫中的旧公卿和女官,让天皇学文习武。为此,选派洋学者西村茂树给睦仁讲解法国典章制度,加藤弘之讲解德国的《国法泛论》并教授德语,福羽美静讲解《西国立志篇》,使睦仁了解欧美国家崛起的奥秘,坚定"文明开化"的信心。同时,由武士村田新八、米田虎雄、岛义勇、山冈铁舟等担任睦仁的侍从,传授马术、技击和武士道,培养尚武精神;鸿儒元田永孚为天皇的儒学侍读、侍讲,为天皇讲解《大学章句》,教天皇读山县祯的《国史纂论》,灌输君臣名分论;歌人三条西季、高崎正风为天皇讲授和歌。凡此种种,刻意将睦仁塑造成维新官僚所需要的君主。

1871 年 10 月,明治天皇发布诏书,要求华族带头赴欧美留学。诏书称:"宇内列国称开化富强者,皆由其国民勤勉之力。而国民能开智研才以致力勤勉者,固为尽其国民本分";强调"今我国更革旧制,欲与列国并驰,非国民一致,尽勤勉之力,又以何致之?"睦仁鼓励华族率先与妻女、

---

① 柳田国男『明治文化史 13』,洋々社、1954 年、190、191 頁。

姐妹同行，"进开化之域，奠定富强之基。"①在天皇的倡导下，官民留学遂成时尚。1869—1870 年在外留学生为 174 人，1873 年增加为 373 人。②

留学归来的年轻人抨击旧习气，组成宣传"文明开化"意识的活跃群体。村田文夫指责固守传统者"夜郎自大，蔽我短而弃彼长，斥彼是而夸我非"。古川正雄否定日本人"昼寝、长谈、吸烟而徒费时日"的懒散习气，赞扬欧美人"劳动时拼命工作，休息时尽情游玩，学习与娱乐两不误，活泼快乐"。古川还比较了日本与欧美建筑、制造用材的不同，即日本建造房屋、桥梁、车船多用木材，而欧美多用砖石、钢铁，可知欧美人有远见、不姑息，日本人则得过且过，一味姑息。③ 上述对日欧社会生活的简单比较，虽说难免偏颇，却从一个侧面反映了"文明开化"时期崇洋意识的流行。

1871 年 12 月，在旧金山格兰特宾馆举行的欢迎宴会上，岩仓使节团的副使伊藤博文向与会的美国高官、将军和市民等 300 余名美国人，发表题为《天皇陛下预期目标施行要点》的演说，按照西方的价值观来描绘明治维新。伊藤称维新是"破除封建旧事物，尊重人民权利，裁减武士世禄；废除旧习陋俗，实行公明政治，故举贤才而不论门第；振兴教育、扩充知识，创办学校，聘请外国教师；修筑铁路，以谋交通便利；开通电信，快速传送书信；设立船厂，修建船舶；振兴贸易，改铸货币；开设议院，采用公论；统一兵制，以巩固国防"等。演说特别强调："日本所要仿效的，就是目前欧美各国实行的制度"，并"皆已开始实行"。④

1873 年 9 月，岩仓具视率领使节团返回日本。历时近两年的欧美考察，愈加坚定了维新官僚仿效欧美文明的决心，将"文明开化"意识贯彻于治国理政的实践之中。岩仓具视对横贯美国东西的大铁路印象深刻，

① 森末義彰、岡山泰四編『歴代詔勅集』、790—791 頁。
② 井上清『明治維新　日本の歴史 20』、271 頁。
③ 明治文化研究会編『明治文化全集 7　外国文化篇』、日本評論新社、1955 年、192、400、401、402 頁。
④ 林屋辰三郎『文明開化の研究』、77 頁。

认为美国的富强多半来自铁路,对日本兴建铁路充满热情。副使大久保利通对工业强国英国烟囱林立、铁路四通八达、纺织机日夜轰鸣的物质文明景象赞不绝口。1874年5月,大久保提交《殖产兴业建议书》,专以英国的工业化为效仿对象。大久保说:"英国不过蕞尔小国,但据岛屿之地,得港湾之便,并富于厂矿,故彼国政府官员本此天然之利,补充之,修建之,使臻于盛大,以此为最大之义务。其君臣俱用意于此,欲据环球漕运之利,振国内之工业,奋然而制订古昔所无之航海法",结果"工业之程度愈益发展,国内之物产,供国内之民而有余。"大久保认为,"我国时值有为之秋,固宜以此为规范也"。此"规范"即"大凡国之强弱,取决于人民之贫富;人民之贫富则系于物产之多寡;而物产之多寡,又起因于是否鼓励人民之工业;故归根结底是依靠政府官吏诱导奖励之力"。① 由"文明开化"意识出发,明确提出政府主导下的近代化方针。

19世纪70年代,恰值欧美国家思想界激烈分化,各种新学说层出不穷之际。明治政府对外来思想潮流采取放任自流方针,英国古典自由主义、社会进化论、功利主义,法国的天赋人权论、无政府主义,德国的俾斯麦主义,美国的人权论等蜂拥而入。文明开化时期的日本人对欧美思潮趋之若鹜,最先接触欧美新学说的知识人在推进观念转换,扩展"文明开化"意识方面,发挥了巨大作用。

1873年11月,经大仓组商会副总裁横山孙一郎居中斡旋,由前任驻美代理公使森有礼与西村茂树牵头,联络在东京的津田真道、西周、加藤弘之、福泽谕吉、中村正直、箕作秋坪等开化派知识人,为支持政府的"文明开化"政策,遂在明治6年(1873年)组成启蒙团体"明六社",大力制造舆论。1874年2月,以"扩展知识,明白道理"为宗旨的《明六杂志》创刊。② 西周发表《以洋字书写国语论》一文,盛赞"维新以来,贤才辈出,百度更张,自官省寮司至六十余县,已非昔日之日本,其善政美举不胜列

---

① 《明治维新基本文献资料选译》,《明治维新的再探讨》,第186页。
② 『明六雑誌』(上)、岩波書店、1999年、26、442頁。

举";呼吁开展文字改革,以避免"猴子穿服装,爨妇披舞衣"的不协调,力倡废汉字,用罗马字来拼写日语。① 津田真道在《明六杂志》上连载《政论》,主张政治制度建设应"折中欧洲的选举法,适应我帝国人文发展程度",通过选举民选议院的议员,使人民参与国事,振兴国家元气。② 森有礼的《妻妾论》认为传统的夫尊妻卑和纳妾习俗是"丑行","侵害风俗,有碍开明",倡导夫妻之间的权利义务对等,挑战传统的男尊女卑观念。③ 此外,科技发明、自由贸易、财政改革、租税货币等社会关注的问题,均在《明六杂志》议论的范围内。明六社广泛聘请包括外国人在内的通讯社员、名誉社员和特别社员,影响不断扩大。

1875 年,福泽谕吉的《文明论概略》出版,在升华"文明开化"意识方面作用独特。其文明论主要包括:(1)提出"文明"一词的概念。福泽把英文的 civilization 译成"文明"或"开化",强调文明即西洋文明,即摆脱野蛮孤立的"人类智德的进步"。(2)文明的特点:一是"至大至重","包罗人间的一切事物,其范围之广是无边无际";二是"不断在向前发展着"。④ (3)日本应以"以欧洲文明为目标",因为"欧洲各国和美国为最文明的国家","半开化国"的日本须"先求其精神,排除障碍,为汲取外形文明开辟道路。"⑤(4)相对于"外形文明",福泽更强调"精神文明"或"文明的精神"。福泽认为,对外开放而在内心引起的"翻天覆地的大骚乱","是全国人民向文明进军的奋发精神"。⑥ (5)文明论的最终目标"就是为了保卫我国的独立。所以说,国家的独立就是目的,国民的文明就是达到这个目的的手段"。在福泽谕吉看来,"先进的就要压制落后的,落后的就要被先进的所压制";宣称"现今的世界,可以叫作贸易和战争的世界","战争是伸张国家独立的权利的手段,而贸易是发扬国家光辉的

---

① 『明六雑誌』(上)、27、28 頁。
② 『明六雑誌』(上)、395、397 頁。
③ 『明六雑誌』(上)、276、277、278 頁。
④ 福泽谕吉:《文明论概略》,商务印书馆,1982 年,第 30—33 页。
⑤ 福泽谕吉:《文明论概略》,第 9、12、13 页。
⑥ 福泽谕吉:《文明论概略》,序言,第 1、2 页。

表现".① 福泽谕吉鼓吹丛林法则框架内的文明论,为近代日本富国强兵的基本国策提供了理论依据。

为把"文明开化"意识推广到底层社会,明治政府动员神官、僧侣、艺人等充当教部省任命的"教导职",宣讲由政府统一编制的宣传材料《十一兼题》《十七兼题》,内有"万国交往"、"租税赋役"、"富国强兵"、"文明开化"、"权利义务"等政策内容,采用庶民喜闻乐见、通俗易懂的方式传播到穷乡僻壤。同时,还针对城乡的识字居民,出版《开化问答》等可读性很强的小册子,让代表文明开化的"开次郎"与代表守旧派"旧平",辩论传统文化与文明开化的优劣取舍问题,深入宣讲政府的"文明开化"政策。此外,政府还举办各类劝业博览会,以实物的展示教化民众,普及"文明开化"的新观念。

国际舆论对欧化导向的文明开化褒贬不一。法国人奇怪日本"毫不顾及发展所需要的时间和真正进步所必须经过的阶段",惊叹"孔子的弟子突然改信了卢梭","简直就像从路易十一时代直接跳进罗伯斯庇尔时代,从乡间小路突然进入铁路时代"。英国人对文明开化诸相颇感错愕,称日本是一个"不可思议的国家"正在书写"不可思议的历史"。伦敦舆论甚至担忧日本过度的平等化倾向或许会走上社会主义、共产主义的道路,建立类似第一国际的"东方国际"。② 德国人感叹,"现在的日本人不愿回想自己的过去,即使有教养的人也一脸羞愧地说'过去的东西太野蛮了'",因此"对这些新日本人来说,他们对本国古老文化真正合理的因素并不关心,他们一味求新,只要是新制度,不管多么不合理也要大加赞扬。"③

在日本的邻国,文明开化风潮引起中朝两国官僚们的冷嘲热讽。1876 年 1 月,直隶总督李鸿章会见驻华日本公使森有礼,在对明治维新表示"很为赞赏"之后,质疑森有礼说,"阁下对贵国舍旧服仿欧俗,抛弃

---

① 福泽谕吉:《文明论概略》,第 190、168、175 页。
② 林屋辰三郎『文明開化の研究』、218、168 页。
③ 柳田国男『明治文化史 13』、320 页。

独立精神而受欧洲支配,难道一点不感到羞耻吗?"江苏按察使应宝时则因愤于日本侵犯台湾、"构怨高丽",指责日本政府"昏不悟","使国中改西服,效西言,焚书变法。于是通国不便,人人思乱",主张兴兵讨伐之。①1881 年来华的朝鲜领选使金允植认为日本的文明开化无非"悦洋人之道,尽化其须发、衣冠、典章、法制,但恨不能目深目高鼻。且百年以来,颇尚文风,今则扫除文字,专习洋文,是秦政复起也"。② 来自国际社会的上述评论,未免将"文明开化"期间存在的某些问题极端化、扩大化,看不到正是"文明开化"为近代日本的脱颖而出提供了跳板。

二、四民平等观念

《五条誓文》的第 3 条"官武一途以至庶民,各遂其志"体现了"四民平等"观念,涉及明治建政后社会关系的重新定位,实现近代阶级关系的重组。此项改革涉及面广泛,受众群体人数众多,利益关系调整过程复杂。明治政府基于"四民平等"观念,自上而下,分期、分批次地逐步完成大规模的社会关系调整进程。

1869 年 6 月,在实现了版籍奉还之后,太政官发布第 542 号布告,宣布设置华族称号,首先从统治阶级上层启动改革。布告宣布:"根据公卿与武家同心、上下协同之精神,特指示今后应废除公卿、诸侯之称,改称华族。"③此项布告体现"官武一途"的精神,即通过处于社会统治阶级高层的朝廷公卿与拥护新政府的诸侯联手,实现统治阶级上层的"上下协同",俱为天皇之臣。据此,世代居住在京都的公卿或诸藩大名一律举家迁居东京,享有政府提供的优厚生活待遇。设置华族的意义在于切断大名主君与家臣武士的主从关系,为推行"四民平等"观念内的社会关系再定位创造了前提条件。

---

① 王晓秋:《近代中日启示录》,北京出版社,1987 年,第 73、75 页。
② 金允植:《阴晴史》上卷,探求堂,1971 年,高宗 19 年 2 月 21 日条。
③《明治维新基本文献史料选译》,《明治维新的再探讨》,第 173 页。

12 月,明治政府开始针对家臣武士阶级的社会身份的调整。太政官发布设置士族称号的第 1004 号布告,强调版籍奉还之后,"圣上切望府藩县政令归于一途,与天下共同更张纲纪";宣布"各藩亦应根据维新之政体,逐渐改革。废除中下大夫、士以下之称,皆称士族及卒。定禄制之后,皆隶籍于各地方官";要求家臣武士"务须尊奉上意,各自守分,以尽其职。但所领土地一律上交,皆赐以廪米。"①。此项改革举措简化了武士阶级内部的等级身份,直接影响 40 余万家臣武士的生计,其难度远大于处理三百诸侯。因此,需要抬出"圣上"即天皇来威慑并感召诸藩家老至足轻的各级家臣武士,令其安分守己,尽职尽责,不许犯上作乱。与此同时,也给家臣武士们以生路,宣布家臣武士可各自按照不同级别领取政府发放的家禄。"御恩"来自政府,士族和卒族自然"皆隶籍于各地方官",一律转为天皇的子民。

1870 年 9 月,社会关系的调整扩大到农工商阶级,太政官发布通告宣布农工商通称为平民,"自今允许平民可称姓氏"。② 此后,平民又获得与华族、士族通婚的自由,以及迁居与就业的自由。此项改革的受益面多达约 3 200 万人,但仅靠政府的一纸布告,即可相对顺利地完成。究其原因,与新政改革给幕府时代备受封建盘剥和压迫的农工商阶级带来了诸多希望和利益,使其得到称姓、婚姻以及居住和就业自由,因而受到绝大多数平民拥护不无关系。此外,平民内部包括的社会阶层相对复杂,难以像武士那样形成有组织、有领头人的大规模的社会反抗力量。即使出现骚乱、暴动,也往往是零散、短暂的群体行为,易于被政府各个击破。因此,令行禁止,易于实行。

1871 年 8 月,"四民平等"的改革涉及贱民阶层。太政官接连发布第448 号布告,宣布"兹废除'秽多'、'非人'等名称,故今后其身份、职业皆应与平民同等"。③ 然而,在现实的社会生活中,屠宰、制革、清扫等被视

---

① 《明治维新基本文献史料选译》,《明治维新的再探讨》,第 174 页。
② 東京大学史料編纂所『明治維新史料選集下 明治篇』、173 页。
③ 《明治维新基本文献史料选译》,《明治维新的再探讨》,第 174 页。

为"不洁"行业的工作，依然不被平民看好，还得由幕府时代传统的"秽多"或"非人"们去承担。考虑到这一点，在发布第448号布告的第二天，太政官又发布了第449号布告，重申"因废除'秽多'、'非人'等名称，故一般应列入民籍，其身份、职业皆与平民同等对待"。接着，作出了必要的说明，即"除地税外，仍有蠲免之惯例，应重新调查，呈报大藏省。"①布告中提到的"蠲免之惯例"，系指在旧幕府时代，"秽多"或"非人"因从事"不洁"行业的工作，可以获得免纳赋税的待遇。前"贱民"可入籍平民，对大约200万人的贱民来说，不啻人身解放。但在实际上，这些被列入民籍的"新平民"，依然在就业、居住、婚姻、求学等方面备受歧视，被称为"部落民"，继续被社会边缘化。

取消封建的士农工商旧等级，树立"四民平等"观念的关键，在武士阶级的改造与转化。因此，有关武士阶级的相应政令频发，表明了政府当局的良苦用心。1871年8月，太政官发布《散发脱刀令》，鼓励士族自行剪掉旧武士特有的发髻，摘下佩刀；同时，允许华族、士族和平民自由通婚。1872年1月，太政官发布第29号布告，规定世袭的卒族"可列为士族"，"其俸禄，可按惯例发给"；一代而终的卒族"复籍为平民，其俸禄则按以前之规定发给"，②简化了士族的构成层次。

在购置产业、征兵入伍、接受教育等方面，明治政府不断发布政令，贯彻"四民平等"的新观念。1872年2月，太政官发布第50号布告，宣布"地产不许买卖永远为业，系自来所禁止。今后许可四民买卖及占有。"③此项举措废弃了旧幕府时代禁止土地买断的法令，允许士农工商等四民自行购买并占有土地，其意义在于加强土地的流动性，客观上以利于资本的原始积累；在社会关系方面，则给以四民平等参与社会资源的分配与再分配的过程。

10月，太政官发布第295号布告，宣布人身买卖或定期雇佣"实属悖

① 《明治维新基本文献史料选译》，《明治维新的再探讨》，第174页。
② 《明治维新基本文献史料选译》，《明治维新的再探讨》，第174页。
③ 《明治维新基本文献史料选译》，《明治维新的再探讨》，第175页。

理,今后应予严禁"。对招收徒工、雇工也作出规定,即"为习农工商各业,虽许招收徒工,但期限不得超过七年。但如经双方协商,亦可延期";"一般雇用人应以一年为限。如继续雇佣,应另立字据",保护劳动者权益。对从事情色业的女性也作出相关规定,即"凡娼妓、艺妓等定期雇用人,应一律解放。其有关借贷诉讼,概不受理。"[1]娼妓和艺妓均获得人身自由,所欠债据、卖身契等一律宣布作废,故得名"娼妓解放令"。但由于政府并未对这些被解放女性的生计作出切实的安排,"解放"成了失业的代名词,重操旧业自然成为无奈选择。"四民平等"观念的理想化和宣传成分远大于实际践行的价值。

明治政府推行"四民平等"名义下的社会关系改革,具有观念更新的意义。归根结底,其活动并未脱离富国强兵主体国策的半径。1872 年 11 月,太政官发布基于"四民平等"观念的《征兵告谕》,宣布"人权齐一"、"举国皆兵"。告谕所说的"四民渐获自由之权"的"四民平等"观念,构成实施征兵制的前提,这也成为富国强兵的配套举措。

1873 年 8 月,太政官同样基于"四民平等"观念,在第 214 号布告中明确"国民皆学"的教育方针。政府"制定学制,逐步改进教法,并公布之,以期今后一般人民(华士族农工商以及妇女)务使邑无不学之户,家无不学之人。"[2]布告体现了教育领域的"四民平等"观念。值得注意的是,布告特意界定了"一般人民"的含义,即包括华族、士族、农工商和妇女在内的日本人。换言之,恰恰是在华族、士族和平民在基于"四民平等"观念的社会关系调整过程中,实现教育资源分配的重新定位。

三、国际观念多样化

日本开港后,有关欧美文明、国际社会、世界局势的信息量爆发式增加,东亚形势急剧变化。1862 年 8 月,《官版巴达维亚新闻》改刊为《官版

---

① 《明治维新基本文献史料选译》,《明治维新的再探讨》,第 174 页。
② 《明治维新基本文献史料选译》,《明治维新的再探讨》,第 181 页。

海外新闻》，及时报道世界的动态。随着洋学的兴起，洋学塾遍地开花。海外知识迅速普及，促使日本人的国际观不断转换。

明治始政，全面推行"求知识与世界"的方针，日本人的国际视野更加开阔，文明论框架下的各国国际定位奠定国际观的认知基础。1868年9月，大阪府刊物《官版明治月刊》第2辑载文《文明开化的高下》谈论世界文明类型，把各国分成文明国、开化国、半开化国、夷俗国、野蛮国等5类。其中，(1)英国、法国、普鲁士、荷兰和美国等国为"文明国"，标准是：讲究法治，"尊重自主之通义"；"人人随其所好，增长天赋的能力"，"不论贵贱，识文字、励技艺、用机械、省人力"；"务贸易、极富强、信国法，人人安其产业，备济生之道，无饥寒之患"。(2)俄国、意大利、葡萄牙、西班牙、南美诸国为"开化国"，表现为："通文学"、"技艺发达"、"著书讲道"、"男女相敬"；但"未扫除古来的陋习，教育不完备，下民愚昧，上下隔绝"。(3)汉土（中国）、印度、波斯、土耳其和北非诸国等为"半开化国"，表现为："致力于农业"，拥有技艺；"立明文法，有上下之别，重伦常"；但"不知通交万国，互通有无以谋富强之道，且技艺新发明稀少"。(4)西伯利亚游牧区、阿拉伯、西非诸国为"夷俗国"。(5)美洲、非洲、北亚和澳洲土著则为"野蛮国"。①

在上述文明类型的区分中，昔日的"夷狄"成了文明国或开化国，礼仪之邦中国降格为"半开化国"，颠覆了传统的国际观念。岩仓具视、大久保利通、木户孝允、伊藤博文等维新官僚早已抛弃了视西方人为野蛮夷狄的传统华夷观念，转而认为"欧美各国的政治制度、风俗、教育、经济、经营等皆在我东洋之上"，作为变落后为先进的现实途径，只能是"把开化之风移入日本，使国民迅速进入与欧美同等水平的开化之域。"②对欧美国家，特别是对"文明国"的赞美，既表明官方的文明观和国际观，也明确了维新的导向。

---

① 『官版明治月刊』第2号、17—20页。
② 春畝公追颂会『伊藤博文伝中』、原书房、1972年、352、361页。

1871 年 2 月，在美国考察金融制度的大藏少辅伊藤博文建议政府，利用"安政五国条约"将在 1872 年 7 月有效期届满之机，派遣使节团前往欧美，谈判修改条约。8 月，参议大隈重信也主张派出使节团，以《万国公法》为准则，与欧美国家讨论修改条约；消除与修改条约相抵触的因素，推动国内改革。① 10 月，明治政府任命太政官右大臣、外务卿岩仓具视为特命全权大使，大藏卿大久保利通、参议木户孝允、工部大辅伊藤博文、外务少辅山口尚芳为副使，组成赴欧美的使节团。

1871 年 11 月 4 日，在岩仓使节团出访前夕，天皇睦仁发布致欧美 12 国国书，要点有三。其一，特派出岩仓具视等"朕所信任之贵重大臣"，"修聘问之礼，欲益厚亲好情谊"。其二，"条约修改之期近在来岁，朕所期望预图之所，在与开明各国相比，使人民保有其公权与公利，欲厘正过去之条约"。其三，"我国尚未开化，因而政律亦不同"，"欲选择开明各国推行的诸方法，施用于我国。采取适宜妥当之处，渐次改革政俗"；向各国"咨询我国事情，得其考虑方案，以商量当今及将来的措施方略"。② 国书表明了示好欧美各缔约国、另订新约和考察并引进欧美先进文物制度等三层意思。国书中的国际观，与《官版明治月刊》对近代世界国家文明类型的划分一致，认为欧美诸国为"开化文明"之国，日本属于"尚未开化"的落后国家，决心"选择开明各国推行的诸方法，施用于我国"，推进政治改革。日本在欧美文明面前执弟子礼，正是此种国际观的必然选择。

1871 年 11 月 12 日，特命全权大使岩仓具视率大久保、木户、伊藤、山口等副使，以及外务、工部、陆军、文部、法务等部门主管户籍、租税、兵学、造船、矿山、铁路的理事官共 46 名官员组成的使节团，与 16 名文书、翻译等随行人员和 43 名留学生同乘"美国号"轮船自横滨启航，前往美欧国家访问。③ 12 月 6 日，使节团抵达旧金山，首访美国。22 日，在驻日

---

① 田中彰『岩倉使節団の歴史的研究』、岩波書店、2002 年、21 頁。
② 森末義彰、岡山泰四編『歴代詔勅集』、792 頁。
③ 田中彰『岩倉使節団の歴史的研究』、29 頁

公使 D. 隆（D. Long）的陪同下，乘坐横贯美国的大铁路前往华盛顿。1872 年 2 月 3 日，美日双方开始改约谈判。美国国务卿 H. 费士（H. Fish）要求使节团提供可供认证谈判资质的全权委任状，岩仓等慌了手脚，急忙派遣大久保利通和伊藤博文越洋返回日本，领取全权委任状。6 月 17 日，返回华盛顿。在此期间，日美双方举行 11 次谈判，在恢复日本关税自主权、取消领事裁判权或租借地等方面无法达成一致。驻日英国代理公使阿丹姆斯和德国公使布兰特在回国途中，托人提醒岩仓具视、木户孝允，依据片面的最惠国待遇条款，各国将分沾利益，日本会有新的权益损失。在这种情况下，岩仓、木户等深感改约谈判的前景渺茫，将考察欧美文物制度为出使的首选目标。

　　1872 年 7 月 3 日，岩仓使节团自美国波士顿出发，横渡大西洋，前往英国、法国、比利时、荷兰、德国、俄国、丹麦、瑞典、意大利、奥地利、西班牙等欧洲 11 国访问。在英国，双方举行 3 次改约谈判，暗中操纵谈判的前驻日公使巴夏礼打算将更加不平等的条约强加给日本，双方谈判搁浅。修改不平等条约的要求再次遭拒，然而却产生了始料未及的结果。使节团中止修改不平等条约的谈判，专注于实地考察欧美文明，寻找治国之道。在此过程中，其国际观发生了阶段性的转变。

　　在考察美英等国的过程中，首先，使节团对停留长达 7 个多月的美国印象深刻：其一，国土辽阔、物产丰富，巨商豪农拥有百万财富，每年约有 40 万的欧洲移民涌入，人口增长迅速。其二，美国人"热心宗教"，"兴办小学"和"实施普通教育"，"发展生产"，"国家兴旺"。反思东洋上等人热衷"高尚的空理"而不顾民生，中等人为"无立业之心"的守财奴，下等的贱民只知衣食，得过且过而不足为训。[①] 其次，对"日不落帝国"英国，使节团同样充满敬意。旅英前后共 4 个月，全面考察其工业化、全球贸易的规模与成因。

　　在访问法国、荷兰之后，1873 年 3 月 9 日，使节团抵达柏林。11 日，

[①] 久米邦武編『特命全権大使米欧回覧実記 1』、岩波書店、1985 年、161—163 頁。

谒见两年前在凡尔赛宫即帝位的德皇威廉一世。12 日,拜会"铁血宰相"俾斯麦。15 日,俾斯麦宴请岩仓使节团并发表了长篇演说。岩仓使节团对普鲁士的武力崛起尤其感兴趣,将其成功的经验归纳为"继承了弗里德里希二世的政略"、"任用明相俾斯麦和名将老毛奇"、"君臣协和"、"操练精兵并提供猛锐无比的器具",对克虏伯大炮的威力也赞不绝口。① 俾斯麦在宴会上关于世界各国"倚强凌弱"、"以大辱小","战争从来就是日耳曼的国权"等演说,②令使节团感佩不已。大久保利通回国后,以"东洋的俾斯麦"自居。在无形中,为此后制定"学德国"的国策未雨绸缪。

如何看待日本与欧美列强及中朝等邻国,是制约 19 世纪 70 年代中后期日本人国际观的基本要素,直接影响明治政府的对外方针。日本对欧美列强的观感可分为三种:(1)赞颂英美,特别是美国。日本舆论认为"在各国交往中,注重情谊,不弄强势、欺凌弱小,尊重他邦权利以富强其国者,唯见之于美利坚合众国而已",认为美国"外交的侧重点,仅在和平与友谊。不发动争夺土地的暴烈战争,不伤害他国的权利,为了贸易而同他国相友好"。③ (2)尊崇德国。1876 年 2 月 18 日,《朝野新闻》载文称赞俾斯麦是"英雄"、"非常之才",因为他"能使日耳曼诸邦威服于普鲁士政府的权威之下,在色当一战击败五十万法军,普军士兵焕发骑虎乘龙的勇气,遂蹂躏整个法国,得到数千万法郎的赔偿"。④ (3)畏惧俄国。1877 年 1 月 11 日《东京日日新闻》载文说,俄国"疆域横跨欧亚之间,早已包藏祸心,睥睨世界。一旦获得机会,雄鹫立即舞动双翼,直扑圣索菲亚尖塔,向厄斯普鲁斯海峡扩张",进而"从背后袭击英国的金库印度,遂席卷亚洲大陆,余焰所及实难预测"。⑤ 12 月 28 日,《朝野新闻》载文分析俄国的形势,在回顾了幕末俄国南进、1875 年日俄签订《库页岛千岛群

---

① 久米邦武編『特命全権大使米欧回覧実記 3』、296 頁。
② 久米邦武編『特命全権大使米欧回覧実記 3』、329—330 頁。
③ 芝原拓自［ほか］校注『近代日本思想大系 12 対外観』、岩波書店、1988 年、118 頁。
④ 芝原拓自［ほか］校注『近代日本思想大系 12 対外観』、99—100 頁。
⑤ 芝原拓自［ほか］校注『近代日本思想大系 12 対外観』、102 頁。

岛交换条约》的往事,强调"日本谈防守,必以为固守北门锁钥,盖也由恐惧俄国的吞噬所致";因为"俄国乃虎狼之凶恶国家,以吞噬蚕食为国是。由此观之,日本人忌畏俄国并非一朝一夕之事。"①基于上述分析,明治政府的应对方针是学习英美德,防范俄国南下。

　　明治初年,英法军队仍驻扎在横滨,外国舰队停泊的日本港湾,"几乎成为外国占领区,甚至禁止日本人通行","外国兵扣压日本的轮船",或者"私闯民家",滋扰闹事。② 外国驻日公使援引领事裁判权条款,偏袒本国的肇事者。福泽谕吉感慨说:"我日本国人因不被欧美诸国人平等对待而感到羞愧、恼怒和愤恨,而且,也因不能实现我们的(独立)愿望而痛苦之至。"③一方面,日本对欧美列强的压迫感到无力且无奈;另一方面,改革开放滋生的"优等生"意识,导致蔑视中朝邻国。1875 年 9 月 29日《朝野新闻》载文《论变革》,认为"今天,我日本帝国开化进步之度,已远超顽愚的支那,凌驾于固陋的朝鲜",强调"今日之日本之所以蔑视支那朝鲜两国,以东洋的巨擘而自负,原因何在? 我等必须将其功归之于明治初年的变革。"④敬畏欧美列强与蔑视中朝邻国的国际观,为转移民族压迫的以邻为壑外交方针,提供了选择取舍的路径。

　　与此同时,弱肉强食的丛林法则成为国际观念转换的最终标识。1878 年 2 月 16 日,《邮便报知新闻》载文说,"即使平稳无事的交往,各国也不会自行放弃相互吞并的念头;即使表面上出现缔盟通好的言论,但内心犹暗藏虎狼的野心",强调"蚕食侵吞他国疆土以致富强"是通则。⑤福泽谕吉在《通俗国权论》中说得更加直截了当,"各国交往之道只有两条:消灭别人或被别人消灭",因此"百卷万国公法不如数门大炮,几册友好条约不如一筐子弹。拥有大炮弹药并非为主张道理所准备,而是制造

---

① 芝原拓自[ほか]校注『近代日本思想大系 12 対外観』、127 頁。
② 春畝公追頌会『伊藤博文伝中』、352、361 頁。
③ 林屋辰三郎『文明開化の研究』、239 頁。
④ 芝原拓自[ほか]校注『近代日本思想大系 12 対外観』、95、96 頁。
⑤ 芝原拓自[ほか]校注『近代日本思想大系 12 対外観』、116、117 頁。

无道理的器械"。① 福泽给明治政府提出的建议是，"振奋一国民心，感动全体的方便之法，莫如对外战争"。② 首选目标在朝鲜半岛，理由是"一千七百年前神功皇后征伐三韩，丰太阁出师已经过去了三百年，人民对此尚不能忘怀。至今日，世上所有征韩论足以证明日本人民追念千百年之古代而不忘其荣辱"。③ 自 1870 年起，"征韩论"即在日本内部不胫而走。至1873 年，"征韩论"升级为日本政府东亚外交的基调，进而酿成政府危机。

第三节 政潮汹涌

一、政争与民权运动兴起

1871 年 10 月，右大臣岩仓具视等出访欧美前，与陆军大将、参议兼近卫都督的西乡隆盛等留守政府要员约定，每逢采取重大措施时须互通声气。出使后，明治官僚自然分为"留守派"和"外游派"。1873 年 8 月，"留守派"魁首西乡建议太政大臣三条实美征讨朝鲜，但政府内部意见并不统一，三条无法决断，只待岩仓具视等"外游派"回国后，再行定夺。

1873 年 9 月 13 日，岩仓具视等返回东京。10 月 15 日，经过两天的辩论，任命西乡为政府使节前往朝鲜并伺机挑动战争的意见占了上风。10 月 17 日，左大臣岩仓具视、参议大久保利通、参议木户孝允等"外游派"，连同参议大隈重信、大木乔任等提出辞呈，以阻止派遣西乡赴朝制造事端。18 日，软弱的三条因两派的争斗而一病不起。20 日，由岩仓代理太政大臣，游说宫内。24 日，天皇睦仁宣布无限期推迟遣使赴朝，"征韩论"受挫。恼羞成怒的西乡隆盛在同日请辞参议、陆军大将、近卫都督之职。25 日，外务省事务总裁副岛种臣、左院事务总裁后藤象二郎，以及板垣退助、江藤新平等"留守派"参议们一齐辞职。

---

① 『福沢全集 4』、時事新報社、1898 年、51—52 頁。
② 『福沢全集 4』、14 頁。
③ 『福沢全集 4』、18 頁。

　　从 10 月 24 日至 25 日，短短的两天之间，明治政府首次遭遇"留守派"高官集体辞职的政潮，史称"征韩论"政变。"留守派"之所以与"外游派"摆出对决姿态，主要是因为政府实权的争夺已趋白热化，彼此妥协的回旋余地荡然无存。尽管在岩仓使节团出国前两派达成互通信息的约定，但在"外游派"考察欧美诸国期间，"留守派"发布《地税改正条例》《地租改正实施规则》《征兵告谕》《征兵令》《学制》等政令，在经济、军事、教育领域展开多层面的改革并掌控政局。在这种情况下，"外游派"只能举起"内治优先"的旗号，对抗"外征优先"的"留守派"，利用皇权的支持，乘机夺回权柄。较量的结果，以内务卿大久保利通为首的"外游派"形成铁腕执政集团。西乡隆盛回到故乡鹿儿岛县创办军事学校，伺机武力发难。板垣等联络各种反政府势力，打出"自由"、"权利"等旗号，向大久保政府挑战。

　　1874 年 1 月 17 日，板垣退助、后藤象二郎、江藤新平、副岛种臣、由利公正、冈本健三郎等 6 名下野官员，与新近从英国归来的小室信夫、古泽滋联名，向太政官左院提出《设立民选议院建议书》。建议书猛烈攻击大久保体制实施"有司专制"，指责"方今政权之所归，上不在帝室，下不在人民，而独归有司"，致使"帝室渐失其尊荣"；以及"政令百端，朝令夕改""政刑成于私情，赏罚出于爱憎"，人民"困苦无告"等问题。若"因循不改，恐国家招致分崩之患"。其"拯救之道"只有一条，"唯在申张天下公议"，而"申张天下公议，唯在设立民选议院而已。然后有司之权如有所限，而上下始蒙其安全幸福"。建议书根据欧美国家纳税代议制的理念，强调"夫人民对政府有纳税之义务者，即有对政府之事与知可否之权。此乃天下之通论"。建议书强烈要求必须设立民选议院，伸张公论、民权，"以使上下亲近，君臣相爱，维护、振兴我帝国，保护其幸福安全也。"①翌日，报纸《日新真事志》全文发表了该建议书，轰动了日本。以此为标志，自由民权运动兴起。

　　1874 年 1 月，《设立民选议院建议书》主要起草者小室信夫、古泽滋、

①《明治维新基本文献史料选译》，《明治维新的再探讨》，第 187 页。

由利公正等在东京创立幸福安全社。随着福冈孝弟等多名人士的加入,升格为近代日本第一个政党,即爱国公党。其立党宗旨是"以爱君爱国的一片赤诚,保全天赋于人民的通义权理";"拥戴我天皇陛下所颁五条誓文之旨意","惟以公论公议"促进"君民融为一体","维护我日本帝国并使之昌盛"。① 4月,板垣退助为扩大民权运动的影响,返回故乡高知县,与片冈健吉、林有造等创建了立志社。该社的宗旨是:谋求"天皇陛下的尊荣"与"日本帝国的幸福";"伸张人民的权利""三千万人民尽享平等","以保障生命、保持自主,各有职业,增进幸福"。② 随后,在九州、四国等地也先后建立了相爱社、岳洋社、尚志社、南山社、合立社、公共社等民权派政治团体,但力量分散,影响有限。

1875年2月,在立志社的倡议下,各地民权派组织在大阪举行合并大会,成立了爱国社。其成立《协议书》从"爱国"、"忧国"的立场出发,认为爱国者必须先爱其身,需要相互交往,采取联合行动,"以伸张各自之自主权利,尽到人之本分义务";同时突出国权意识,强调结社的最终目的是"增进天皇陛下之尊荣幸福,使我帝国与欧美诸国对峙屹立"。③ 爱国社的总部设在东京,成员来自鹿儿岛、大分、熊本、福冈、广岛、石川、香川、爱媛、高知等西南日本10余个县,组织规模逐渐扩大。但是,由于活动经费严重不足,爱国社随即陷入瘫痪状态。在发动阶段,民权团体由清一色的士族构成,宣称其追求的民权"并非使人民普遍享有选择其代理人的权利,只是让士族和豪农豪商暂时独享这种权利而已。"④此种狭隘性和排他性,致使民权团体脱离了广大下层民众,活动范围局限在数十名士族狭隘的小圈子内,故有"士族民权"或"上流民权"之称。

在思想上,民权团体未能摆脱皇权论的羁绊,社团宗旨鲜明地表现出士族尊王论。从《设立民选议院建议书》,到爱国公党、立志社、爱国社

---

① 板垣退助監修『自由党史上』、岩波書店、1973、87—88頁。
② 板垣退助監修『自由党史上』、137—140頁。
③ 板垣退助監修『自由党史上』、158、159、160頁。
④ 板垣退助監修『自由党史上』、107頁。

等民权派社团的宗旨书,均将"尊崇帝室"、"君臣相爱"、"天皇陛下的尊荣"等"皇权论"的主张放在首位,而把民权置于君权之下。这种政治立场,使民权运动的领导阶层从一开始就患上了政治软骨病,随时准备投入天皇政府的怀抱,将运动变成个人升迁的跳板。与此同时,民权运动无法摆脱国权论的制约,极易偏离斗争的方向。

　　1874 年 4 月,大久保政府蓄意策划侵略中国台湾以转移国内视线,立志社居然予以响应。8 月 15 日,立志社总代表林有造上书力挺政府,宣称"我等虽不详其由,但此时岂可身为人民而坐视旁观之时!凡遇国难挺身而出乃人民之通义,更不待我等喋喋不休。故团结民社,组成志愿兵,欲以抵挡国家之外难,若蒙准许则为荣幸"。[1] 虽不明出兵台湾的缘由,仅凭臆造出来的"国难"临头的冲动,就以人民的名义,不问青红皂白地追随政府,丢弃民权,追求国权。事实表明:民权运动自身难以克服的"皇权论"和"国权论",是最终导致其自我毁灭的重要思想原因。

二、伴随运动的理论争鸣

　　1874 年 2 月 3 日,《日新真事志》发表了宫内省四等官加藤弘之的《设立民选议院质疑》,抛出"尚早论",挑起理论争鸣。加藤认为,民选议院只适用于开化之国,而日本"并未完全开化","让我国开化未全之人民共议天下之事,并欲采其公议制定制度宪法,无异缘木求鱼"。加藤举例说,德国的彼得尔曼就认为"欲创设制度宪法,必须依据时势民情,选择恰当适度者。盖仅以适用于文明开化之国的制度施用未开化之国,不但毫无功益,必反受其害"。[2] 加藤认为,日本尚不具备立即设立民选议院的条件,"大凡人民智识未开,就先已得到大量自由权利,其时尚不知施行权利之正道,反而因此而陷入自暴自弃之中,遂伤害国家之治安,岂可

---

① 板垣退助監修『自由党史上』、153 頁。
② 板垣退助監修『自由党史上』、98、99 頁。

不惧。"①言下之意，是说设立民选议院为时尚早，操之过急则有害无益。加藤强调当务之急是发展教育，培养人才。他以德国为例，说普鲁士之所以成为欧洲强国，"并非因设立议院所致，而是由于弗里德里希二世以来的政府一心尽力于人才教育的结果"。因此，日本也应该期待政府实施的开化教育发挥作用。② 加藤的结论是日本待到民智开化之后，再来设立议院、制定宪法也为时未晚。

针对加藤弘之的"尚早论"，民权派立即发起反击。1874 年 2 月 20 日，古泽滋等也在《日新真事志》上发表《答加藤君书》。这篇由副岛种臣、福冈孝弟润色的文章列举维新以来的政绩，强调正是依据群议和公议，才有所建树。废藩置县之后，大权集中于少数有司，造成弊端百出，要振兴日本，当务之急恰恰在于设立议院，伸张公议。文章引证穆勒的言论，说明人民参与设立民选议院等国家的公共政治事务活动，比关起门来接受学校教育更有实效。文章强调"使人民参与公共事务，可以弥补其不足"，"可以使人民成为有教育的人民"；"惟有将决定公共事务及天下之事的权利交给人民"，方可有所成就。③ 大井宪太郎用马城台次郎的笔名发表了多篇文章，反击加藤的"尚早论"。大井认为，从国内政局来看，借口等待人民开智而容忍有司专制，必加剧矛盾，导致国内动乱；从国情有异来看，日本不必照搬德国，应采公议，结合本国的实际制定议院制度和宪法；从形势发展来看，民心、时势不断变化，为政者应顺应世态和人情，否则英雄人物也会落伍。大井的结论是：在今天，日本人民皆有自由、自主之权，当政者自当听取人民的公议，立即设立民选议院。④

面对民权派的攻击，加藤接连著文回应。双方的论战愈演愈烈，明六社也卷入其中。森有礼、西周等支持加藤弘之的"尚早论"，津田真道等赞成设立民选议院，福泽谕吉冷眼旁观并加紧构思国权论来压制民权

---

① 板垣退助監修『自由党史上』、99 頁。
② 板垣退助監修『自由党史上』、101 頁。
③ 板垣退助監修『自由党史上』、103—110 頁。
④ 板垣退助監修『自由党史上』、111—116 頁。

论。《日新真事志》《报知新闻》等报纸成为"尚早论"和"即行论"展开交锋的论坛,发行量日增。

民权派的立党结社,报纸杂志鼓吹立即设立民选议院的舆论,对政府造成不小的政治压力。大久保政府采取两手政策应对,一方面,厉行言论钳制。1875 年 6 月 28 日,明治政府公布《谗谤律》,禁止发表触犯皇族、官吏的言论文章,否则以诽谤罪论处,对触犯者判刑或罚款;同时公布《新闻纸条例》,严令所有报纸杂志的发行必须经内务省批准,违者罚款或没收印刷机;所有刊物不得刊登散布"颠覆国家的言论",违者严惩不贷。① 根据上述法律,1875—1876 年,政府查禁《草莽杂志》、《评论新闻》等报纸杂志,逮捕成岛柳北、植木枝盛等民权运动政论家。另一方面,实施抚慰与拉拢。1875 年 2 月,大久保利通、伊藤博文邀请因反对"征台"而辞职的木户孝允以及鼓动民权运动的板垣退助在大阪举行会议。大久保以木户、板垣重返政府为交换条件,承诺设立元老院主管立法,最高法院大审院主管司法,召开类似议院的地方官会议以听取施政建议。板垣借力发力,要求大久保将有司专制体制变通为形式上的三权分立,变相实行民选议院政治。大久保拒不接受,木户也表示民选议院应当缓行,大阪会议不欢而散。

板垣继续借助民权运动,对抗大久保政府。大久保则利用天皇的权威,同民权派争夺群众。1875 年 4 月,天皇睦仁发布《渐次确立立宪政体诏书》,重提"以五事誓于神明,定国是而求保全万民之道";表示"朕扩大誓文之议,成立元老院以扩大立法之源,置大审院以固审判之权,又召集地方官员以通民情,谋公益,逐步树立国家立宪之政体,欲与汝众庶俱赖其庆。汝众庶切勿泥于旧习或轻举妄动,体会朕之旨意,予以翼赞。"② 诏书强调组建立宪政体须按部就班,警告民权派不得"轻举妄动"。

① 板垣退助監修『自由党史上』、179—181 頁。
② 歴史学研究会編『日本史史』(4)近代、110 頁。

三、民权运动的活跃发展

1877 年 6 月，立志社总代表片冈键吉向天皇睦仁递交了《立志社建议书》。建议书以天赋人权论为依据，强调"天生斯人，使之具手足，备头目，有精神而拥有自主自由之权"；政府要使国家安定，则必须"使人民权利畅达，进入幸福之境"。建议书痛斥大久保政府的诸多"失政"，即违背《五条誓文》"万机决于公论"的精神，实行有司专制；政令混乱，任人唯亲；政府过于中央集权，人民自治难成；征兵令无立宪政体保证，军制难以建立；政府财政无序，国家预算保密；民财被用来扶植某公司，国债累累；税法严苛，人民不堪忍受；世风日下，士族丧失高尚自主的情意，人民卑屈的陋习抬头；对外交涉失当，国家体面无存等。片冈强调，拨乱反正的根本方针在于立即设立民选议院，确立立宪政体，使人民实现其天赋的权利，方能"内以安士民"，"外以御国辱"。否则，必重蹈德川氏灭亡的覆辙，"如此，则陛下何以谢天地神祇？何以独善其后？大臣何以面对全国人民？"[①]

片冈的上述建议书虽残留着士族优越意识和国权论的影响，但不失为措辞尖锐、理论立场鲜明、政治要求具体的高水平的民权派战斗檄文。建议书比较完整地阐述了民权派的基本纲领，即开设国会、建立立宪政体、减轻地税和修改不平等条约，天赋人权论、人民主权论与具体的政治要求相结合，向最高当局发起挑战。以片冈提出建议书为标志，民权运动进入新阶段。

片冈的建议书被政府拒绝，愤怒的片冈立即将建议书大量印刷，散发全国。立志社的成员在各地频繁举行集会演说，宣讲片冈的建议书，猛烈攻击政府。听众情绪激动，高呼"击毙太政大臣三条实美！"立志社的林有造等秘密组织敢死队，派人到上海购买枪支，到鹿儿岛县联络西乡，准备联合行动，推翻政府。不久密谋败露，片冈健吉、林有造、陆奥宗

---

① 板垣退助监修『自由党史上』、196—211 頁。

光等数十人在同年 8 月被捕。经此打击,立志社与士族的武装暴动脱钩,更加注重政治斗争。

1878 年 4 月,立志社发起重振爱国社的活动。在政府的恫吓之下,京阪一带的书商停售立志社的刊物。政府的压制,引起激烈反弹。5 月,加入过爱国社的士族岛田一良等 6 人刺杀大久保利通,大久保遇刺身亡。伊藤博文转任内务卿,展开镇压。7 月,岛田等 6 人被斩首示众。8 月,判处林有造等 10 年以下有期徒刑。10 月,严惩参加竹桥暴动的近卫炮兵部队官兵。

政府的高压,推动了民权派的团结。1878 年 9 月,数十名民权派代表聚会大阪,重建全国性的团体爱国社,总部改设在大阪。1879 年 3 月,爱国社召开第二次代表大会,80 多名代表来自 18 个县、21 个社团。同年 11 月,爱国社举行第三次代表大会。会议否决了福冈县共爱社平冈浩太郎伸张国权的建议,将片冈建议书关于设立国会的要求确定为民权运动的纲领。

1880 年 3 月,爱国社举行第四次代表大会,与会代表 114 人,来自 2 府 22 县,代表 8.7 万余名社员。[①] 大会决定将"爱国社"更名为"国会期成同盟",并制定了《国会期成同盟规约》,强调设立国会是当务之急。为此,在向天皇递交请愿书的同时,派人前往 12 个宣传大区,发动民众。少数士族参加的"上流民权"运动,由此转而成为大批民众卷入其中的"下层民权"运动。论战和思想斗争伴随着提出具体要求的政治斗争,民权运动进入活跃时期。

4 月,片冈健吉、河野广中等 29 名代表向政府递交了《允许开设国会请愿书》。请愿书开宗明义,认为"夫天之生斯人也,赋之以自由之性,与之以硕大之能力,使其享有至高之福祉。"通过对《五条誓文》的逐条解释,引述天皇的《宣扬国威宸翰》,力陈"成立国会、确定宪法,乃安抚亿兆,使天下稳如富岳也"。请愿书还提及天皇睦仁"渐次建立国家立宪政

---

① 板垣退助监修『自由党史上』,196—272 頁。

体"的承诺,敦促"今应先成立国会","以安国家",①多角度地强调设立国会的必要性。太政官、元老院的官员借口"人民无请愿的权利",拒绝接受请愿书。片冈健吉、河野广中等立即将请愿被拒的经过写成《请愿始末书》,散发全国。

政府的傲慢激怒了民众,有人在太政官署和皇宫前愤而拔刀自杀,抗议政府堵塞言路,压制民权。消息传开,各地民权团体愈加亢奋,要求开设国会的请愿书多达 54 份,越来越多的人投身运动。11 月,国会期成同盟举行第二次代表大会,盟员增加到 13 余万人,请愿书征集到 24 余万人的签名。平民出身的河野出任议长,出席会议的平民总代表人数超过士族总代表。大会决定各加盟民权团体制定宪法草案,制定了《蒙难者援救办法》,筹款救济牺牲者家属。

民权运动的范围和规模之所以明显扩大,与富裕的上层自耕农,即以豪农为中心的平民阶层成为运动的主体力量有关。1876 年,政府迫于农民暴动的压力,将地税率从地价的 3‰降低到 2.5‰,豪农收入增加。1877 年西南战争后米价暴涨,豪农获益不少,从事商品生产的积极性大为提高,开阔眼界,增强了参加政治运动的兴趣。1878 年 7 月,明治政府实行《郡区町村编制法》《府县会规则》《地方税规则》等"三新法",豪农利用在町村的传统影响,能够当选为府县议会的议员或基层单位的户长,并把减税增收的希望寄托于开设国会,因而积极支持或投身民权运动。国会期成同盟能够在短时间内征集到 20 余万的签名,与豪农在基层召集村民,集体签名或盖章不无关系。

民权运动以全国规模迅猛展开,引起一系列的社会反响。一些对政府偏袒并扶植特权大政商感到强烈不满的城市中小商人、市民,反对官僚作威作福,支持民权运动。至于某些与政府当权派关系比较疏远的大企业主,也因分肥不均而暗中支持反政府的民权运动。城市的力量在行动,民权运动的社会基础迅速扩大。民权团体的组织日趋牢固,建立政

---

① 板垣退助监修『自由党史上』、282—289 頁。

党提上日程。1880 年 12 月,河野广中、沼间守二、植木枝盛等经过协商,形成《组建自由党盟约》,奠定了立党基础。

适应民权运动发展的需要,大量的欧美论著被译成日文。1875 年卢梭的学说由箕作麟祥译为《国政转变论》,其《民约论》则在 1877 年由服部德译成日文,后经中江兆民重新译成流利而优美的日文,1882 年出版发行,备受读者欢迎。随着自由民权运动的展开,提供人民革命权、抵抗权思想的卢梭人民主权论影响越来越大。在《草莽杂志》《中外评论》《评论新闻》《文明新志》《朝野新闻》等报刊中,不断出现诸如伊东孝二的《论专制政府必须推翻》(1876 年 1 月)、泽井尚次的《论专制政府必须打到》(1976 年 6 月)、守屋贯造的《论暴虐的官吏必须刺杀》(1876 年 6 月)、植木枝盛的《民权自由论》(1879 年 4 月)等公开鼓吹人民革命权和天赋人权论的激进文章。

1877 年,尾崎行雄将斯宾塞的《政府的适当权力范围》日译为《权利提纲》,1878 年由铃木义宗日译为《斯宾塞议会政体论》,1881 年由松岛刚日译为《社会平权论》。宫地茂平被《社会平权论》的《无视国家的权力》一章所感动,竟然为摆脱政府的管制,申请脱离日本国籍。中岛胜义的《俗梦惊谈》呼吁"一洗我蜻洲祖先传来的恶习,改革社会风气"为己任,将人民的幸福安宁和自由权利视为标准,认为无论什么人,只要是"侵犯良民的自由权利","即为国贼叛民"。宫地强调"如果政府暴虐,即对抗之。官吏残酷,即刺杀之。以正义议论扑灭其凶焰,保护社会安宁,维护世上幸福,杀身成仁,建立壮士国家,岂非国家将进入开明佳域之前兆"。①

国会期成同盟"二大"过后,各地民权派团体拟订了 20 余份宪法草案,形成"私拟宪法"的热潮。嘤鸣社(1873)和交询社(1880)等同情民权运动的社团,也草拟了宪法。归结起来看,制宪的模式主要有两类:其一,主张英国式的君主立宪制。嘤鸣社的沼间守一等在《嘤鸣杂志》发表的《宪法草案》,小幡笃次郎、矢野文雄、藤田矛吉等在《交询杂志》发表的

---

① 明治文化研究会編『明治文化全集 2』、日本評論新社、1897 年、140、141 頁。

《私拟宪法草案》,均主张采用英国式的两院制,建立政党内阁,天皇和国会共同拥有立法权,限制人权保障等。其二,坚持以法国卢梭天赋人权论为制宪原则。立志社的《日本国宪法希望草案》、植木枝盛的《东洋大日本国宪法草案》均采取人民主权立场。尤其是植木的宪法草案主张无条件地保障基本人权;采取一院制,议会拥有立法权、租税审议权、对政府的弹劾权;实行联邦制下的地方自治;规定了人民抵抗权、人民革命权等条款。民权派通过制定宪法,将民权运动推进到自主行动的新阶段。

第四节 明治初期的日本社会

一、"欧化"世态

1869年5月,出任民部省的"驿递头"的前岛密继又向太政官集议院提交《国文教育建议》,重申以平假名为"国字",要求停用汉字。6月,南部义筹发表《修国语论》,提倡采用拉丁文"罗马字",取代汉字和假名。1872年,前岛建议文部相大木乔任在实施《学制》时,先完成"国字"改造。福泽谕吉认为难以骤然取消汉字,主张逐渐淘汰。1873年,西周呼吁停用汉字,改用拉丁字。废除汉字的舆论不绝于耳,成为文明开化的一个重要选项。然而,作为日本语言文化载体的汉字,并非一纸建议所能轻易抹杀,明治政府未采纳废除汉字的建议。

顺应改革的需要,交通革命进展迅速。1869年2月,第一座砖造、燃油的洋式灯塔首现东京湾观音崎,随后,在野岛崎、樫野崎、潮岬、佐多岬、剑崎等处建成洋式灯塔,国际航运的基础设施大为改观。同年,和泉要助研制了人力车。翌年,出现在东京大街的人力车迅速增加为数万辆,与双层大型马车同为代步工具,显示身份地位特权的轿子销声匿迹。1869年12月,明治政府决定修筑经由中山道的东京至京都、东京至横滨、京都至神户、琵琶湖至敦贺区间的铁路。1870年4月,政府新设主管铁路建设的机构"铁道挂",开始测量东京至横滨的铁路线。6月,政府向英国东洋银行借贷30万英镑,用于购买铁路建设资材。① 8月,"铁道挂"着手大阪至神户区间的铁路线测量。1872年6月,品川至横滨铁路试运营。10月,横滨至东京新桥的铁路正式通车,客运和货运业务同时展开,双层大型马车逐渐退出运输行业。

通讯革命也在悄悄进行,1869年9月,在横滨架设了电线杆,有线电报的发送实验成功。电报极大提高了信息传播速度,受到用户欢迎的电信业发展迅速。1870年1月,东京至横滨之间的电信开通。随即设立了民部省和大藏省共管的传信局,制定通信规则和费用标准,开始受理公众的电报业务。1871年3月,在前岛密的运作之下,开通东京—大阪—京都等三都之间的邮政,设立邮政局并发售邮票。9月,横滨、神户、长崎、新潟、函馆等5个口岸设置邮政局。1872年5月,京都至大阪间电信开通。1873年2月,东京至长崎的远途电信开通。太政官发布的《邮便规则修改》统一规定国内2钱,市内1钱等收费标准。6月,政府下令取消数百年间充当民间邮件递送者的"飞脚"行当。8月,丹麦大北电报公司完成从长崎至上海的海底电缆敷设,民部省开始办理国外电信业务。1877年安装电话。新式通讯工具层出不穷。

在"文明开化"风气浸染之下,日常生活发生变化。1869年,牛肉烧烤店在盛产"和牛"的神户开业,迅速风靡其他都市。幕府时代禁食的牛肉被称为"开化的药铺"、"文明的药剂",市民皆以不食牛肉为不开化。1872年,牛肉摆上了天皇的餐桌。在政府的允许下,报纸大肆炒作牛肉火锅店挂牌营业的消息,牛肉烧烤店里挤满了前来品尝的顾客。富家子弟在店里大嚼牛肉、饮用葡萄酒,相互用蹩脚的英语谈论时事,一时成为时尚。1872年,太政官发布废止幕府时代服饰的布告,自天皇以下,达官贵人在正式场合改穿欧式大礼服,"洋服"受到青睐。

1872年4月3日,兵部省发生的火灾延烧开去,烧毁银座、京桥、筑

① 岩波書店編集部編『近代日本総合年表第2版』、44頁。

地等处 34 个町街近 3 000 户的木造家屋,旧江户城出现大片废墟。太政官和东京府以此为契机,下令建造易于防阻火灾延烧的砖瓦楼房。东京府知事由利公正与大藏大辅井上馨谋划官民合作筹集建筑资金,聘请英国建筑师沃道尔斯负责设计并指导施工,重建东京市街。至 1878 年,从京桥至新桥的银座八丁目大街的两侧,出现多座高 16 米,长 36 米的英国式二层砖砌楼房,租赁给出售洋货、绸缎、烧烤牛肉、荞麦面的商户,由东京府收取租金。石头铺成的法国式大街路面幅宽 12 米,中间跑马车,两侧为人行道。① 数十家新创办的报社、杂志社集中于此,出现银座新闻街,林荫道、瓦斯路灯与之配套。此外,在筑地也兴建了砖瓦楼房鳞次栉比的欧式街区。上野一带开发为博物、艺术馆街区,浅草一代开发为近代游乐设施展示区。

新建成的欧式街区引发议论。欣赏者夸赞这里"乔木花树成列,种植在大路两旁,车马之声昼夜轰鸣不止,其繁盛不亚于欧洲各国的都市";批评者认为"仅砖瓦楼房的建筑费高达 906 263 元,回收资金只有 359 422 元",造成巨大财政负担,"只论家屋,不论其人"等。② 实际上,直到 1920 年,东京的普通市民依然居住在拥挤的街区里,道路"下雨天,即使穿木屐,烂泥也会没到脚踝。到了晴天,烟尘蔽日。路面的电车慢慢吞吞,异常混杂。下水道积满臭水,成了病菌的制造厂。"③

1873 年 1 月,太政官发布命令,要求各府县设立公园,供市民游览休憩;5 月东京府制定了修建浅草寺、上野宽永寺等 5 处公园的计划。1874 年,宫内厨师村上光保以其妻的名义,在东京麴町开办洋式点心的专卖店"开新堂",西式糕点进入日本人的饮食生活。高腿桌椅、西式餐具进入富裕人家。"文明开化"期间,日常生活的衣食住行"欧化"现象显著。

"欧化"还向社会生活的其他方面扩展。1871 年 9 月,太政官颁发通告,允许武士自由散发、脱刀。1873 年 3 月,天皇睦仁率先剪掉发髻,改

---

① 児玉幸多、杉山博『東京都の歴史』、山川出版社、1974 年、292—293 頁。
② 林屋辰三郎『文明開化の研究』、311、306、307 頁。
③ 沢田謙『後藤新平伝』、講談社、1943 年、281 頁。

留分头；皇后停用染黑牙齿、额头画眉等传统化妆方式。在皇室剪发带动下，散发的士族、平民越来越多。当年，1/3 的东京男子散发，留起了分头。流行歌曲唱道："敲敲武士的月代头，因循守旧的声音就响起来；敲敲短发蓬松的分头，文明开化的声音就响起来了。"①

1871 年 9 月，东京旧本丸城开始在中午 12 时施放午炮，为取消昼夜十二时辰预作准备。1872 年（明治 5 年）12 月，太政官颁发天皇诏书，宣布废止自中国传入的传统太阴历，改行欧美通行的太阳历即国际公历。当年十二月初三改为 1873 年（明治 6 年）1 月 1 日，昼夜计时由十二时辰改为 24 小时。1873 年 1 月，太政官通告神武天皇即位日为纪元节、明治天皇诞辰日为天长节，均为国家节日；又设立元旦日，废弃除夕、上巳、端午、七夕、重阳等沿袭千百年之久的传统节庆。同年，学校开始放暑假。在社交礼仪中，鞠躬礼代替了昔日的跪拜礼。洋式黑布雨伞"蝙蝠伞"取代了武士腰间的双刀，成了年轻人游走大街小巷新的随身携带之物。在短时间内，"欧化"因素渗入日本人的生活方式和习俗之中。

"欧化"时尚之下，某些极端的言论和行为大行其道。有人建议天皇接受洗礼，信奉基督教；有人主张废止和服，代之以西服。庆应义塾的学生高桥义雄发表《日本人种改造论》，主张日本人与外国人通婚，以改良日本的人种。在追求时尚的年轻人当中，不乏"头戴普鲁士军帽，足登法国皮鞋，身穿英国海军上装和美国陆军礼服裤"，②全身洋货包装的时髦公子哥，富家小姐也对洋式束腰长裙趋之若鹜。家具店、饭馆为招揽顾客，在招牌上尽量写上英文单词以迎合崇洋的社会时尚；艺妓在传统的三弦琴伴奏下演唱时，也喜欢在唱词中加进几句洋话，炫耀时髦。

"欧化"时尚造成欧美舶来品"热"的持续升温。一些人"言必称欧美，如果不是欧美之物，就不屑一顾；日本的固有之物，无论优劣均被抛弃。"③尤其在上流社会，"一室的器具和一身的服饰皆为洋货，不管方便

①《明治维新基本文献史料选译》、《明治维新的再探讨》，第 183 页。
② 儿玉幸多、杉山博『東京都の歴史』、293 頁。
③ 辻善之助『日本文化史 6』、春秋社、1950 年、263 頁。

与否,只要是洋货就购用成风";在社交场合,谈话者"只管颂扬西洋事物,或钦佩羡慕,或沉醉其中,甚至有畏惧之心"。① 在欧美文明面前,自惭形秽的敬畏心理在滋长。正如福田德三所描述的那样:日本人"简直像乡下姑娘来到东京上野火车站,看到时髦的女郎,愈感到自己土里土气,恨不得钻进地洞里去"。② 柳田国男认为在欧美文明冲击下,日本传统风俗进入"休眠状态"。③

"文明开化"名义下的"欧化",受到固守传统的国学者、神官、僧侣等保守派的围攻。国学者宾田正作指责"文明就是肆无忌惮的骄奢淫逸"、"开化就是狂妄自大、不知廉耻",攻击开化派"奢谈文明以掩盖其浅薄并哗众取宠,宣扬开化是为了实现其野心"。神官渡边重石丸反对政府解禁洋教,抨击基督教"伤风败俗,其害甚于佛教几百万倍。"④在保守派看来,"日本位于万国之东,乃阳气发生的中正之地";"西洋则是蛭子之国","崇敬商人如神"的"西戎",并非模仿的榜样。他们认为:"日本自有日本的国体风俗,西洋有西洋的国体风俗。"因此,西洋有西洋的开化,日本亦有日本固有的开化,"野无遗贤,朝无弊政,人民淳良,上下一致即文明开化。"⑤自 1874 年起,僧侣佐田介石接连上书政府 30 余次,指责移植欧美文明的各项举措,认为:席地而坐则正心平稳,坐洋椅使正心浮动而易受伤害;剪发损伤了"毛发的天然状态";鞠躬礼与传统礼仪不符,无礼之至;号召国民皆学的《学制》让农工商不务正业;改用国际公历造成耽误农时的混乱。

"文明开化"遭遇阻遏的更深刻原因,在于国情状况与政府政策的对立。明治初年,日本依然是落后的农业国,农民占总人口的 80% 以上,30% 左右的人口是文盲。在幕府长期统治下,"国民久已习惯于专制余

---

① 慶応義塾編『福沢諭吉全集 5』,岩波書店、1959 年、10 頁。
② 田口文太[ほか]編集『鼎軒田口卯吉全集 2 文明史及社会論』、大島秀雄印刷発行、1927 年、10 頁。
③ 柳田国男『明治文化史 13』、4 頁。
④ 林屋辰三郎『文明開化の研究』、261、527 頁。
⑤ 林屋辰三郎『文明開化の研究』、260、249、533、534、535、232、261 頁。

习,孤陋寡闻而不以为然","进退仰俯唯政府之命是从","不知权利义务为何物"。① 与此同时,幕府崩溃、政权更替时期无序化的社会动荡,激发着多向选择的人生追求。1876 年,在文明开化策源地之一的东京,有业人口仅为 55 446 人,郊区农村的工业尚未开发。② 从产业结构、人口素质、观念意识、工业基础等基本国情要素,难以适应文明开化名义下的买来式的近代化要求。国家的财政状况同样难以令人乐观:1869—1871 年政府岁入约为 3 000 万元,1872—1875 年约为 7 000 万元。③ 财力有限,但百废待兴,财政支出的缺口很大。除了要兴办、扩建多家兵工厂和各种官营模范工厂外,还要接受并负责偿还诸藩高达 3 486 万元的旧债务,支付 1873 年总数为 3 462 万元秩禄处理费等,④政府财政已难以为继。大藏大辅井上馨估计,1873 年前后政府财政赤字每年至少在 1 000 万元以上,造成"法律愈精而民众愈贫,百度愈张而国力愈减,功未就而国家已陷入贫弱"的窘境。⑤ 井上也因此而引咎辞职。急于求成的"欧化"过程,令政府难堪重负。

二、武士的转化

如何转化封建武士阶级,使之成为社会转型的正能量,构成明治前 10 年"欧化"导向改革的中心环节。明治政府从挖根基和给出路两个方面入手,实施赎买政策,逐步完成了武士社会角色的转化。

1869—1871 年的版籍奉还、废藩置县,从身份归属上撤除了武士阶级的安身之基,否定了家臣武士对藩主的封建主从关系,武士一律转化为"皇国子民",获得国家士族的新身份。旧武士"御恩"的来源和"奉公"的效忠对象,也随之由藩主转变为天皇居上的中央政府。通过在"四民

① 明治财政史编纂会『明治财政史 1』、吉川弘文馆、1971 年、10 頁。
② 林屋辰三郎『文明開化の研究』、279—280 頁。
③ 慶応義塾経済史学会編『明治初期経済史研究 1』、岩松堂書店、1937 年、275—276 頁統計表。
④ 慶応義塾経済史学会編『明治初期経済史研究 1』、17、44 頁。
⑤ 明治財政史編纂会『明治財政史 1』、7、9 頁。

平等"名义下的改革,武士阶级失去"苗字带刀"、"切舍御免"以及垄断军事、教育等社会特权,纳入"一君万民"的新体制。"四民平等"的过程,实际上是近代社会阶级关系的重组,在人际关系上加快社会转型的步伐。

1871—1873 年接连展开的地税改革,否定了幕藩领主等级土地所有制,武士阶级丧失赖以寄生的经济基础,加快其社会角色的转化过程。1873—1876 年的秩禄处理,最终促成旧武士阶级的消亡。作为明治政府接管诸藩的代价,必须为 300 家华族与 40 余万家士族提供生活保障,向其发放秩禄,即家禄和对王政复古有功人员的赏典禄。其数量庞大,造成政府沉重的财政负担。1872 年政府的地税收入为 2 005 万元,支付华族、士族的秩禄就用掉 1 607 万元,占地税收入的 80%;1873 年政府财政收入大有好转,地税收入达 6 060 万元,但其总额的 29% 被用来支付华族、士族的秩禄,依然对政府财政造成巨大压力。① 1873 年 5 月,大藏大辅井上馨和大藏省三等出仕涩泽荣一对财政状况忧心忡忡,在写给正院的建议书中说:"维新以来因国用急务,每年所用超支 1 000 万元。其他官省旧藩之楮币及内外债务累计计算,几近 1.2 亿元之巨额。若加以概算,政府目前负债实际为 1.4 亿元,但尚未找到偿还的途径"。② 重压之下,井上与涩泽联名辞职。减轻沉重的秩禄负担,成为明治政府减轻财政压力的当务之急。此外,由于版籍奉还、废藩置县已取消了领主对领地的统治权,地税改革从土地所有制方面否定了武士阶级坐享其成的社会财富分配权,整个武士阶级丧失了领取秩禄的依据,陷入焦灼不安当中,形成日见增长的政府危机。进行秩禄处理,即以赎买方式解决秩禄负担的客观条件业已成熟,转移政治压力的必要性也愈加迫切。

1873 年 12 月,明治政府公布《秩禄奉还法》,鼓励拥有数额不足百石的士族上缴秩禄,领取政府发给世袭禄者 6 个年份、终身禄者 4 个年份的产业资金。资金一半为现金,一半为 8 分利息的秩禄公债,每年由地

---

① 井上清『明治維新 日本の歴史 20』、238、239 頁。
② 歴史学研究会編『日本史史料』(4)近代、102 頁。

方官厅发给。① 从 1874 年至 1876 年,约有 13.5 万士族奉还了秩禄,高达 111.5 万石;政府为此支付了 3 589 万元,约为国库收入的 1/2,②但仍有 30 余万的士族并未奉还秩禄。明治政府付出了很高的代价,但实施的效果不甚理想。在版籍奉还、废藩置县后,士族依旧领取家禄,颇受社会舆论的指责,对政府形成压力。无论是从财政负担考虑,还是从稳定统治秩序着想,明治政府不得不另寻他策。

　　1875 年 9 月,大藏卿大隈重信主张一次性解决问题,将家禄和赏典禄一律改为金禄公债,由政府全部承担下来。1876 年 3 月,大隈向太政大臣三条实美提出了《关于家禄赏典禄的处理建议》,认为家禄和赏典禄均为"因袭封建古态"。在实行征兵制后,"士族的常职已经取消,与农工商三民并无差异,然而其禄依旧,仰仗官廪",导致问题丛生。大隈认为,"一年收入的三分之一用于支付家禄、赏典禄",是"以有限的收入支付无穷的需要",必须尽快解决。大隈提出的具体做法是,"将华族、士族以及平民的家禄、赏典禄全部转为政府的债务,发行三十年间应予支付的金禄公债证书,永世禄、终身禄按年限支给另作规定,不予限制。下发金禄公债证书,按照其金禄的额度,利息分为五分、六分、七分不等予以支付。自支付之年为起点的六年间,由政府视情况,支付本金;其他未支付部分皆以已经施行的新旧公债证书发行条例为准,自明治十年份开始支付。"大隈强调此举将"变革数百年来的积习","克服以有用之财养无用之人的弊病","使无用之人就有益之业",从而"有益于国家"。③ 太政官接受了大隈的建议。8 月,政府颁发《金禄公债证书发行条例》,规定:所有华族和士族的家禄、赏典禄一律废止,改由政府发放的金禄公债证书;按照个人原有秩禄的种类、数额,一次性发给数量不等、利息额度有别的金禄公债证书;从 1882 年起,在 30 年内每年以抽签的方式,偿还本金和利

---

① 歴史科学協議会等編『史料日本近現代史 I』、86 頁。
② 大島清『殖産興業』、東京大学出版社、1983 年、19 頁。
③ 歴史科学協議会等編『史料日本近現代史 I』、87—88 頁。

息。[1] 条例既下,困扰明治政府的秩禄重负得以卸载,明治政府集中财力、物力于殖产兴业和富国强兵之中。

从武士转化的社会意义来看,首先,秩禄处理导致了武士阶级的最终消亡。随着秩禄的废止,华族、士族变成了单纯的一次性金禄公债证书,即有价证券的持有者,从此与土地所有关系彻底诀别,丧失了因占有生产资料带来的社会财富分配权。至此,武士作为一个阶级被彻底消灭。其次,华族、士族迅速分化,成为近代阶级的重要来源。476 家华族共获得面值 519 万日元的金禄公债证书,32 万士族共获得面值 1 248 万日元的金禄公债证书。[2] 获得数万乃至十几万日元金禄公债证书的华族和少数上层士族向工农业投资,转变为资本家或寄生地主。一般士族人均拥有的金禄公债不过 39 日元,难以维持生计,只得卖出金禄公债证书而身无分文,转变为出卖劳动力的雇佣工人、小学教师或城市贫民;少数擅长经营者则成为中小商人。武士阶级完成了近代阶级的分化过程。最后,扩大了资本主义原始积累的来源。赎买式的消解武士的过程,几乎是一场不流血的革命。在这个的过程中,大部分金禄公债转化为近代资本,扩大了资本原始积累的来源。换言之,随着以和平方式取消武士阶级特权的进展,士族逐步实现了社会角色的再定位,有助于日本资本主义的成长。

作为秩禄处理的后续政策,明治政府推行为士族改行、转业、创业提供资金的“士族授产”举措,其实质是用金钱收缴武士腰间的双刀,敷设改造封建武士通道。此后,政府拨出专款,推行大规模的扶植士族创业,维护改造和转化武士阶级的成果。这些专项资金分为两类:第一类为中央政府专项资金。大藏省从 1879 年开始,在 16 年内,拨出 206 万元起业资金,资助 7.6 万余名从事农田开垦、丝棉纺织、绵羊畜牧等行业的士族,耗资巨大但受益并不理想。从 1882 年起,政府调整政策,计划在 1882—1889 年,从普通会计预算中,拨出 400 万元的劝业资金,投入北海

---

① 内阁官报局『明治九年法令全書』、1890 年、147—151 页。
② 井上清『明治維新日本の歴史 20』、242 页。

道开发和猪苗代湖疏水工程,提供大量的就业岗位,吸纳士族加入。第二类为地方政府资金。在大藏省的统一规划下,道府县各级地方政府以幕府时代诸藩的储备为基础,设立劝业委托金,资助本地士族就业。按照中央政府的要求,从 1882 年起,地方政府投入 28.6 万元的劝业委托金,以加强中央政府的投资力度。劝业资金和劝业委托金投向 37 个道府县的 167 个士族授产业场,累计支付额为 4 562 340 元,授产资助户数为183 531户,约占士族总户数的 40%。① 士族授产的实施,使大批士族尽其所能,创办集团企业,既稳定了社会,又为经济发展补充新的力量。

明治维新的前期国内各项改革,围绕着改造、瓦解和转化武士阶级这一中心环节全方位地展开。由于在给出路的赎买政策指导下的各种举措大体得当,采用了分批、逐步实施的渐进方式,因而减缓了反改革、反改造的阻力,也最大可能地把改革带来的社会震荡控制在预期的范围内,完成了改造、转化武士阶级的历史任务。经过改造的武士构成明治政权的基础。据统计,1871 年中央官厅 87% 的官吏由士族担任,至 1880年,士族官吏仍占中央、地方官吏总数的 74%,②形成注重行政的高效率并相对廉洁的官场风气。改造武士阶级而收取化腐朽为神奇的功效,这是前期维新改革之所以成功的重要原因之一。

三、暴动与叛乱

明治建政前 10 年,日本国内的动荡和混乱持续不断。据青木虹二的统计,1868—1877 年的 10 年之间,农民骚动、暴动508 次,其中67.5%集中在前 5 年,高达 343 次,这里面,针对政府新政的就有 177 次,为总数的 51.6%。③ 在 1868—1872 年明治政府以建立中央集权体制为中心的改革时期,农民骚动、暴动平均每年为 94 次,每月平均近 8 次。农民骚

① 国史大辞典編集委員会編『国史大辞典 6』、吉川弘文館、1985 年、826 頁。
② 土屋喬雄『日本資本主義発達史概説』、有斐閣、1937 年、36 頁。
③ 青木虹二『明治農民騒擾の年次的研究』、新生社、1967 年、36 頁。

动、暴动频繁,目的却不尽相同。1869 年 1 月,越后国(今新潟县)1.5 万农民群起请愿,要求年贡减半;10 月,越中国(今富山县)2 万农民骚动,焚烧土地账簿、驱赶村吏并自行夺取地主的土地。1876 年 12 月,三重县饭野郡农民抗议政府的地租率过高,举行暴动。上述反抗行动具有反封建、反剥削的色彩,有其进步意义。

1871 年 8 月废藩置县后,广岛县旧藩主奉命入住东京,县民群起阻止,和平请愿迅速演变为长达一个半月的骚乱。10 月,播磨国(今兵库县)农民反对取消"秽多"的贱民身份而举行暴动,击杀县知事。1872 年 1 月,备中国(今冈山县境内)千余自称"旧民"的农民反对贱民列入平民籍,冲击中津井村阵屋,夺取大炮、弹药,炮击"新平民",并烧毁其住屋,四处放火。政府出动军队,予以镇压。[1] 政府采用国际公历、征兵制和小学校给农民造成的负担,以及农民对电线杆、电线的嗡嗡作响的不理解乃至产生恐怖感,往往酿成集体打砸事件。城里的市民也因币制改革、物价高涨和治安秩序不稳而怨声载道,张贴反政府的传单。上述针对新政改革的群体事件,反映了社会转型时期的底层民众不满现实,对未来充满不安和彷徨的心态。

较之缺乏组织和领导且分散的农民暴动,士族的暴动和叛乱,比农民的反抗更令政府头痛。40 万家臣武士被抛进维新改革的实验场,特权地位的丧失、对社会新角色的不适应以及心理失衡,每每滋生失落、痛苦和愤怒的情绪,积累着对新政的不满和仇恨。于是,在明治初期的日本社会出现危险的反政府群体,即"不平士族"。由于士族热衷政治斗争,掌握军事手段,集团行动的组织力、爆发力俱强,对政府的冲击力远远大于农民暴动或骚乱,构成新政权维稳的真正威胁。

不平士族的反政府行动,起初多采用个人恐怖手段。1869 年 1 月,担任政府参与之职的横井小楠被指"私通洋夷"、"散播洋教",遭暗杀。9 月,主张武士脱刀、实行征兵制的兵部大辅大村益次郎被暗杀。1871 年 1 月,支持"版籍奉还"的民部大辅、参议广泽真臣遇刺。维新政府的三位

---

[1] 安丸良夫[ほか]校注『日本近代思想大系 21 民衆運動』、岩波書店、1989 年、101—102 頁。

高官接连被刺杀,震惊了整个日本社会。在政府内部,守旧派官僚岛津久光等同情甚至包庇凶手,助长了不平士族的嚣张气焰。

1869年11月至1870年2月,在戊辰战争中立下战功的长州藩诸队千余名官兵举行暴动,反对散发脱刀、撤销藩兵,对新政展开集团性的武力对抗。1874年2月,在"征韩论"政争后黯然返乡的前参议、前司法卿江藤新平同当地的"征韩党"沆瀣一气,与前秋田县权令、"忧国党"首领岛义勇等合伙,利用米价暴涨、天花流行和福冈县出现骚乱的时机,发动佐贺叛乱。近1.2万士族卷入其中,叛军攻占县厅,宣称启动第二次维新。在"佐贺之乱"中,失意官僚与不平士族联合行动,震惊了明治政府。内务卿大久保利通坐镇福冈,调集熊本、广岛、大阪三镇台之兵,全力镇压。3月,政府军夺回佐贺城,叛军阵亡170余名。4月,江藤等13名为首者被斩杀,400余名叛乱士族被判刑。

1876年10月24日至28日,4天之内,九州、本州地区的士族叛乱此起彼伏。10月24日,前熊本藩百余名不平士族反对发布《废刀令》,要求攘夷、复古。在太田黑伴带领下,突袭熊本镇台,杀死司令官种田政明,引发"神风连之乱"。10月27日,宫崎车之助率领福冈县前秋月藩的不平士族群起响应"神风连之乱",发动"秋月之乱"。10月28日,前参议、兵部大辅前原一诚在山口县发动"萩之乱",予以策应。10月29日,本州岛青森县前斗南藩的不平士族在勇冈久茂的策划下,试图袭击千叶县县厅,以呼应前原在山口县发动的"萩之乱"。明治政府出动军队,将上述叛乱悉数加以镇压。

1877年,不平士族叛乱达到最高潮。2月,前参议、陆军大将西乡隆盛在鹿儿岛县发动了以"敬天爱民"、"新政厚德"为旗号的最大规模叛乱。各地不平士族或举行暴动予以呼应,或赶来投奔,叛军人数迅速增加为4万余人,兵围熊本城。明治政府尽全力应对西乡叛乱。天皇睦仁发布诏书下令讨逆,有栖川宫炽仁亲王出任征讨总督,内务卿大久保利通多方调度,紧急出动了80%以上的常备军,投入战斗。继戊辰战争之后,第二次最大规模的内战,即"西南战争"爆发。政府出动6万余陆军和 11 艘战舰,紧急调往九州战区,围攻西乡叛军。9 月,西乡隆盛兵败,逃回鹿尔岛,在城山的洞窟中自杀身亡。西南战争长达 7 个月,政府军阵亡 6 278 人,受伤 9 523 人;西乡军伤亡 2 万余人。[①] 西乡败亡后,不平士族彻底放弃了武力反抗。

在明治初年,流言或谣传引发动乱、暴动的情况也屡有发生。1868 年 3 月,明治政府陆续出台了诸如《神佛分离令》等政令,禁止僧侣从事神社事务,不许把佛像当成神体来礼敬,并拆除神社中的佛像、佛具,进而取消僧位僧官,命令僧侣还俗,鼓动废佛毁释。佛教、佛寺曾经是幕府实行思想统治和人身支配的工具,享有多种特权而招致不满和嫉恨。政府的废佛毁释举措被无限夸大和利用。藩主借打击佛教之机,夺占寺院的土地;神官要独尊神道;农民要摆脱佛寺的剥削。一经政府发动,在西南日本掀起废佛毁释狂潮。随着戊辰战争期间政府统治区的扩大,废佛毁释风潮席卷列岛,爆发了大规模的毁灭佛教文化的群体行动。

在萨摩藩、富山藩、松本藩、津和野藩等地,废佛毁释风潮最为激烈。骚动过后,佛寺荡然无存,僧尼流离失所。在京都、奈良、镰仓等佛教圣地,堪称国宝级的佛像、佛具、佛经被打砸或被付之一炬。全国约半数的佛教寺院惨遭毁坏,僧侣被迫还俗。直到 1871 年 7 月,明治政府担心彻底摧毁佛教会引起天主教的盛行,才逐渐放缓了对佛教几近毁灭性的打击。1872 年 4 月,太政官发布解禁令,允许僧侣蓄发、食肉、娶妻和穿用常服,促其平民化;通告保护佛教各宗派,信佛自由。废佛毁释风潮并非反政府运动,却加剧社会动荡不安的氛围。

1872 年 11 月,太政官发布《征兵告谕》,宣布"凡天地之间,一事一物,无不以纳税充实国内。凡为人者节不可不尽心竭力以求报国,西人称之为血税,谓其以鲜血报国也。"[②]告谕的本意是动员国民应征当兵,以生命和鲜血报效国家。但"血税"两字被讹传为政府要把应征的青年倒

① 井上清『明治維新　日本の歴史 20』、448 頁。
②《明治维新基本文献史料选译》,《明治维新的再探讨》,第 179 页。

悬起来,抽血供洋人饮用,还说横滨洋人的红葡萄酒、使用的红地毯、红色军服等都是日本男儿的鲜血染红的。谣言不胫而走,反征兵的"血税"暴动频频发生。

1873年6月,在香川县,征兵令发布后,农民对"血税"疑惧不安,议论纷纷。西郡村民与户长发生激烈争吵,对新政和村吏横行早已不满的农民集体行动,焚毁户长住宅。消息迅速传开,区内2 000余名农民一哄而起,放火焚烧正副户长家屋、村事务所、仓库和小学校,骚乱波及丰田、三野、多度、那珂、阿野、香川等7郡,万数农民卷入。至7月初,被焚毁的派出所、事务所、村吏住宅、小学校等共599处,波及130个村庄、34个区。政府急调军队和警察,赶来镇压,大批农民被捕,处死7人,判刑者49人,杖责者103人,鞭打者26人,被处罚款者16 416人。① 流言引发大规模群体事件的真正原因,在于明治维新涉及社会角色的再定位、社会利益的再调整和社会资源的再分配,不同社会阶级对维新举措的理解和感受并不相同。由于征发农民的次子、三子当兵,青壮劳动力被抽走,自然引起反感与焦灼,导致群起反征兵。但暴动与"血税"发生联系,则同社会传言、流言引起的恐慌、心理不无关系。

针对复杂局面,明治政府兼用两手政策,既借助武力镇压,也加强舆论导向和社会教化。1869年2月,明治政府发布《新闻印行条例》,禁止批评新政新法。同时,通过大力宣扬崇皇敬神、"万世一系"的国体意识,统一并稳定民众的思想。1870年1月,天皇睦仁发布《大教宣布诏》,内称:"朕恭惟,天神天祖立极垂统,列祖相承,继之述之。祭政一致,亿兆同心,治教明于上,风俗美于下。而中世以降,时有污隆,道有显晦矣。今也天运循环,百度维新。宜明治教,以宣扬惟神之道也,因新命宣教使布教天下。"②在"惟神大道"的名义,发起统一民众思想的尊皇敬神运动。

1871年7月,太政官发布《大教旨要》,强调"大教之旨要,在敬神明,

① 安良丸夫［ほか］校注『日本近代思想大系 21 民衆運動』、107—115頁。
② 森末義彰、岡山泰四編『歴代詔勅集』、783頁。

明人伦,使亿兆正其心,尽心尽职,以侍奉朝廷";若"其心不能正,政不能治,职不能尽责"。[1] 政府向各地派出宣教使,安排与庶民关系最密切的神官、僧侣、讲谈师、落语演员,在各处宣讲"大教"神道。1872 年 9 月,在东京设置大教院,府县设置中教院,各区设置小教院,设置正权大教、中教、少教、大讲、中讲、少讲、训导等 14 级宣教师,开展宣讲活动。1873 年 5 月,大教院发布《三章教宪》(亦称《三条教则》),统一规定宣教师必须恪守的三条教宪是:"必须体会敬神爱国的宗旨";"必须明确天地人道";"必须拥戴天皇,尊奉朝旨",[2]将尊皇敬神意识贯彻到市町村。除此之外,明治政府还以文明开化、破除迷信为理由,把来自中国,已沿袭千余年的上巳、端午、七夕、重阳等国家传统节庆日降格或取消,将明治天皇的诞辰、神武天皇的登基日,分别规定为天长节、纪元节等国家节庆日,把崇皇敬神的意识长时期地固定下来。

---

① 外史局編纂官版『明治辛未年布告全書七』、12—13 頁。
② 阪本健一編『明治以降神社関係法令史料』、神社本庁明治維新百年記念事業委員会、1968 年、74 頁。

第三章　方针政策的转换与调整

第一节　教育方针的转换

一、《学制》体制下的问题

　　1872 年，明治政府推行法国式的国民普通教育方针，发布《学制》，规划在全国设立 8 所大学、256 所中学、53 760 所小学，[1]一举建成近代教育体系。由于教育经费、师资力量、校舍建设均感不足，《学制》不乏理想主义色彩，且实施效果并不理想。至 1878 年，男女学龄儿童入学率为41％，不足幕府时代"寺子屋"就学率的一半，女生入学率更低于平均数。在校生当中，"士族、商人子女占有绝对优势，农民、工匠的子女几乎告无"。[2] 至 1879 年，大学和中学尚在调整、筹建中，小学建成 2.8 万余所，刚刚过半。[3] 可见，要实现《学制》提出的"邑无不学之户，家无不学之人"的"国民皆学"目标，仍有相当长的路要走。

---

① 歴史学研究会編『日本史史料』(4)近代、岩波書店、2002 年、98 頁。
② 楫西光速『日本資本主義の発展上』、東京大学出版社、1956 年、29 頁。
③ 田中彰『明治維新　日本歴史 24』、小学館、1976 年、308 頁。

1873 年,文部省少丞西潟讷考察了北陆地方第六大学区的新潟、柏崎、置赐、酒田、若松、长野、相川、新川等 8 县和东北地方第七大学区的宫城、磐前、福岛、山形、水泽、岩手、秋田、青森等 8 县的小学教育状况。1874 年 1 月 10 日,《文部省杂志》刊登了西潟的考察报告。报告认为小学教育普遍存在的问题,一是教材"文辞难读、含义难以读懂";二是小学教员水平参差不齐,影响教学效果;三是小学校的设置失衡,上报的学校数字弄虚作假。其中,某县官吏追求政绩虚名,谎报建立了 100 所小学,实际上连 50 所都不到;而且因"寺子屋"被关闭,大量学童无读书之所,小学校舍看似宏伟,颇费钱财,却不方便学童就近上学,小学生的入学率偏低。① 可见,推行《学制》并非那么简单易行,仍存在不少需要解决的问题。

1877 年 5 月至 7 月,文部省大书记官西村茂树巡视东海、北陆地方第二大学区所属的爱知、滨松、岐阜、三重、度会、筑摩、石川、敦贺、静冈等 9 县,重点调查了 200 余公私立小学校。在考察报告中,西村首先肯定实施《学制》以来小学教育取得的成绩,认为"如今小学的教学规则一改旧来之陋习,令天下面貌一新。其善美固然不可与往昔寺子屋汉学者教育同日而语"。同时,也认为"不能谈旧法则悉皆粗恶,说新法则悉皆善美",应防止"矫枉过正之弊。"②

西村认为在推行《学制》5 年以后,小学教育存在以下四个问题,即:(1)"存在只是注重表面上的修饰,而将教育的根本宗旨置后之弊"。(2)"教育过分耗费人民的金钱和时间"。西村说,"较之过去的寺子屋,如今的学校让人民付出十倍之多的学费"。过去读寺子屋,小学生能学会记账、写信;现在的小学校虽然漂亮,但小学生的日用能力却不及寺子。寺子屋每天上午 8 时至 12 时上课,《学制》规定上课时间为上午 9 时至下午 3 时,小学生无法像寺子那样做家务劳动,学费又高,令父母苦

---

① 山住正己校注『近代日本思想大系 6 教育の体系』,岩波书店、1990 年、40—42 頁。
② 山住正己校注『近代日本思想大系 6 教育の体系』、45、46 頁。

恼。(3)"教学规则与教课方法有迂阔固陋之处"。单词问答学习时间过长,用罗马数字来运算为"无益之劳";先学楷书,后学行书、草书的习字不实用;七色图用光学专业用语,学生听不明白;暗射地图过于细密,学生不易辨明方位;对小学生来说,几何、代数的教学内容过于深奥;作文课多浮华虚饰,使用高妙怪癖之语,却不会书写日常的信件;教育废弃孔孟之道,又未取耶稣教,任由浅学、年少且不懂道德之理的教师口授,邪论迭出,危害甚大。(4)"将统一规定的教学规则施行全国,存有弊病"。①

　　针对上述存在的问题,西村茂树提出多条修改建议,包括:(1)量民情、民力而行。大都名邑建立新学校,穷村僻壤可以自由开设私人学校,教给学童读书、习字、算数三科,仿效美国的做法,每年授课时间22周,让贫困之家的学童有时间参加家务劳动,减轻家长的负担。(2)调整教学内容,语音课不用五十音图,改学伊吕波歌;取消单词问答,通过板书让学生掌握字义;习字以掌握日常书面表述为主,先学行书、草书,后学楷书;罗马字掌握读法即可,不必学会书写;作文应让学生掌握日常的书牍、公用文。(3)在德育方针上,强调"修身之教第一在诚信","小学的修身课本当首选汉籍《四书》","修身依据孔孟之教,开智则采欧美诸贤之学"。② 东道西学,兼而有之。

　　10月,文部省大书记官九鬼隆一考察第三大学区大阪、京都二府和滋贺、堺、和歌山、兵库四县等关西地区的小学校教育状况。在提交给文部省的报告中,九鬼以所见所闻和咨询调查为据,认为《学制》实施以来,"值得祝贺的事情固然不少",但也有"令人叹息之处",表现为:(1)在教学方法上,"教育者仅只停留于照本宣科,很少讲授道理",教师的学力品位良莠不齐。(2)在师资培养上,存在"外观先于实际利益的风气",因此"以文雅、历史、政事论等高尚华丽的学问为先,而将与身体养生、产业经营、衣食住行相关的有用学问置后"。(3)在教学管理上,官员掌握教则、

---

① 山住正己校注『近代日本思想大系 6 教育の体系』、45—51、55 頁。
② 山住正己校注『近代日本思想大系 6 教育の体系』、47、51、52、53 頁。

校规乃至教课方法的制定之权,官员出身的学务委员"从不授课却掌握权力。在教学现场讲课的教员却被排斥在外,官员视教员为雇工,疏于道理服人"。(4)在教育模式上,"地无山间海滨之别,产无农商樵渔之差,家无贫富饶歉之异,一概模仿文部省直辖的三四个师范学校的附属小学,特别缺乏结合实际、斟酌适宜切实的好方法";学生家庭有贫富的差别,中等以上家庭的子弟适于《学制》规则,按部就班地接受教育;贫困家庭的子弟自六七岁起,就要参加劳动,小学校却未"恰当制定法宽事简的规则"。(5)在学费负担上,未能因地制宜,忽略了学童家庭收入的差异。农民"收入少得可怜","其三四成充作正税,一二成缴纳公费,又有二三成须交给地主,故年终收获的十石谷物,剩余的不过一二石。"下等农户的"衣食住每天的费用约合二三钱至四五钱",不堪学费负担等。①

为此,九鬼提出以下建议:(1)停止执行严苛、划一的学费征集法,参考美国、瑞士的做法,"依照各地从来的习惯",因地制宜;"学区学务委员不得以一己之见随意配置集资"。(2)新建的学校应讲究"简单整洁",停建"表面华丽的建筑";放宽学校门禁,方便学习者出入;开办夜校,让贫困生或留级生接受小学教育。(3)教则及教学方法等设立或修改之权,不再由地方官吏一手把持,将斟酌优劣之权委任给教师;不可频繁更换教员。(4)废除各府县统管下的划一的教则学规,根据各学区学童中贫富、丰歉、山海、都鄙、士农工商的千差万别,制定各自符合实际的教规学则。(5)少年男女学生在讲习期间,不应只专注于讨论,徒然沉湎于辩论,热衷语言措辞的华丽,却有损于记诵。②

由上述的考察报告可知,实施《学制》以来存在的问题并不仅限于东北地区至关西地区,具有普遍性。涉及教育的问题相当多,解决起来难度大,涉及各方的利益,在短时期内难以取得明显效果。可见,在明治维新过程中最为世人称道的教育改革,也并非仅靠太政官简单的一纸命

---

① 山住正己校注『近代日本思想大系 6 教育の体系』、56—59 頁。
② 山住正己校注『近代日本思想大系 6 教育の体系』、67—69 頁。

令,就能建成《学制》式的近代教育体系。在挫折中不断摸索前进,才是日本近代教育发展的真实过程。

二、天皇介入教育与重倡汉学

1878 年 5 月 14 日,内务卿大久保利通乘坐马车,前往赤坂出席陆海军军官授勋仪式。行至东京纪尾井町,被石川县士族岛田一郎、长连豪等 6 人乱刀砍杀,朝野为之震动。岛田等在举事前,向报社投送《斩奸书》,指责大久保断绝公议、抑制民权、滥兴土木、排斥慷慨忠节之士、酿成内乱,要求贯彻《五条誓文》的精神,纠正有司专制的弊害。[①] 15 日,伊藤博文转任内务卿,紧急善后。16 日,佐佐木高行、元田永孚等宫内侧近势力提出上奏文,要求天皇亲政。此时睦仁年近 26 岁,血气方刚,急欲过问国政。伊藤等萨长系官僚外有民权运动的挑战,内有大藏卿大隈重信的争权,也需要皇权的支持。双方一拍即合,即位以来置身帘后的睦仁走向前台,扮演完成维新、组建帝国的历史角色。

1878 年,睦仁巡行北陆、东海道,展示亲政后的天皇威仪。1880 年,巡行中央道。1881 年,巡行东北、北海道地区。每次出巡均要天皇旗引导,右大臣岩仓具视等重臣随行,加上警卫扈从,人数多达 700 余名,声势浩大。睦仁一行参拜伊势神宫和古代天皇陵,视察各地学校、兵工厂,出席军事演习和阅兵式,奖励节妇孝子、接见各地名门大户,赠赐礼物,炫耀皇权的恩威。沿途居民顶礼膜拜,竞相收藏天皇马车碾过的砂土,带回家中供奉以祈福,掀起崇皇热潮。天皇巡行的大队人马穿梭往返于民权运动活跃地区,道出了其政治目的所在。在巡行北陆、东海道期间,睦仁看到学校不重视德育,学生热衷"高尚的空论",喜欢说"洋语"却不能准确理解其含义,对"教学不得其道所造成的弊害"深感不满和忧虑。返回东京后,睦仁告诉岩仓,教育的当务之急是"涵养我国固有的道

---

① 長尾和郎『天皇と事件史』,経済往来社,1985 年,28—30 頁。

德"。① 相应的举措陆续出台。

1879 年 8 月,睦仁授意儒学侍讲元田永孚起草《教学大旨》并予以颁布,天皇首次介入教育。据元田回忆,1879 年夏秋之间,睦仁听取元田解说《论语》,发表感言说:"教学之要在明确本与末。本末明则民志定,民志定而天下安,为之莫先于幼学。汝与文学之臣,宜编一书以便幼学也。"元田原本就反感"文明开化",认为以欧美为师的"风移俗易",导致"民唯务于知识才艺,舍本逐末,遂将至不知仁义忠孝为何物"。在"诚恐奉敕",揣摩"圣意"之后,元田愈加将"本"与"末"之别用诸学童教育,认为"今幼稚之儿智慧未定,惯染犹浅。于斯时,先教以仁义忠孝之道"为教育之本。② 元田永孚的"本"即仁义忠孝,"末"即知识才艺,在起草《教学大旨》时,贯彻了"本末先后不可紊乱"的理念。

《教学大旨》首先强调"教学之要"即教育宗旨在于"明仁义忠孝,究知识才艺,以尽人道"。其次,反思欧式学制说,"近来专尚知识才艺,尾随文明开化之末,破坏品行、伤风败俗者比比皆是"。究其因,在于"维新之始,以破除陋习、广求知识于世界之卓见,一时取西洋之所长,奏日新之效。其流弊在于将仁义忠孝后置,徒以洋风是竞,招致不明君臣父子之大义之虞"。因此,强调德育方针必须转向,"自今以往,应基于祖宗训典,专一于阐明仁义忠孝,道德之学以孔子为主,人人崇尚诚实品行;各科之学随其才器日益长进。"作为结论,《教学大旨》强调德育首位的教育方针,即君臣父子大义乃"我国教学之本义",只有"道德才艺"齐备,推行"大中至正之教学","我国独立之精神方可比肩宇内。"③《教学大旨》彻底否认了《学制》提出的个人功利主义教育方针,转而强调"君臣父子大义";《学制》所否定的"为国而学"的旧式教育宗旨,披上国家"独立"、"比肩宇内"的外衣,堂而皇之地复活。

教育方针的大幅度倒退,引起开明官僚的不满和不安。1879 年 9

---

① 内田芳明編集解説『近代日本思想大系 6 内村鑑三集』、筑摩書房、1975 年、79 頁。
② 山住正己校注『近代日本思想大系 6 教育の体系』、163 頁。
③ 山住正己校注『近代日本思想大系 6 教育の体系』、78—79 頁。

月,内务卿兼法制局长官伊藤博文将井上毅起草的《教育议》上呈天皇,驳斥复旧论调。伊藤承认教育中存在着弊端,诸如"尚诈务利"、"伦理渐衰"的"实行之败",以及"动辄发表激昂之论,煽动人心、破坏国体,以酿成祸乱为快"的"言论之败"等。然而,造成上述弊端的原因复杂,包括维新"实行古今非常变革"、"风俗也随之而变"、"兵乱相继"、"迷失方向"不平士族作乱、"欧洲过激政党之论"的影响等,不能仅仅归结为"教育的过失"。作为解决问题的办法,一是今后"政府密切关注历史、文学、习惯、语言等组成国体的元素,宜加以爱护,不使其混乱或被破坏";二是"科学与政谈互为消长",即扩充工艺技术百科之学,让接受高等教育的学生学习科学,摆脱夸夸其谈、浮薄激昂之习气。伊藤反对开倒车,强调"如今急于纠正末弊,因而变更大政前辙,进而维护旧时的陋习,甚非宏远之大计。"①

元田永孚随即向睦仁呈交了《教育议附议》,对伊藤之说逐条加以批驳。元田认为,"西洋修身学淡薄君臣之义,将夫妻之伦置于父子之上,固有悖于我国之道"。只有谨遵《教学大旨》,"实施尚廉耻、重礼让、笃伦理的教育"与"扶植国体的教育",方可纠正出现的弊端。元田强调德育首位,即"学校的本旨"应使学生"才识德行俱佳,培养道德经论","绝非止于科学"。元田认为德育的核心是"国教",即"本朝自琼琼杵尊以降,至钦明天皇以前,诚心敬天祖,加以儒教,祭政教学一致,上下心存仁义忠孝",故"今日之国教非他,欲复其古而已"。② 在这里,"国体论"与儒学伦理并列为天皇制意识形态的教育方针。天皇支持皇权论者的元田,迫使本身也是皇权崇拜者和受益者的伊藤选择了沉默。

1881年6月,元田编成小学生修身教科书《幼学纲要》7卷,将孝行、忠节、和顺、信义、勤学、立志、诚实、礼让、俭素、忍耐、敏智、刚勇等12项儒学德目列入小学生德育之中,以"敬君爱国"为德育的核心。其中,对

① 歷史科学協議会等編『史料日本近現代史 I』、72—73頁。
② 歷史科学協議会等編『史料日本近現代史 I』、74—75頁。

"孝行"的解释是"天地之间,无人无父母",为人子者"能思其恩,慎其身,竭其力以事之,尽其爱敬乃为子之道,故以孝行为人伦最大之义"。对"忠节"的解释是"凡为人臣者,敬其君、爱其国、勤其职、尽其分,以报其恩义,此为常道";强调"故臣之忠节,与子之孝行并立,乃人伦之最大义。"①同月,文部卿福冈孝弟下达《小学校教员规则》,强调"教员者须特别致力于道德教育,使学生忠于皇室、热爱国家、孝顺父母、尊敬长上、信朋友、慈卑幼、重自己,通晓举凡人伦大道;时常以身作则,务求使学生受到道德的熏染、感化而行善"。②

1882 年 12 月,《幼学纲要》由地方官配发给各地小学校。天皇睦仁特意为此颁发了敕谕,内称:"彝伦道德乃教育之主本,我朝、支那皆专以崇尚。欧美各国虽亦有修身之学,然本朝采用之却不得要领。方今学科多端,误判本末者屡见不鲜。少年就学,须以忠孝为本,仁义为先。因命儒臣编纂此书,颁赐群下,使知明伦修德之要于兹之事。"③宫内卿德大寺实则奉旨通告地方官一律"奉体服膺"。

除元田永孚之外,西村茂树也是倡导传统道德的领军人物。1873 年,学贯东西的西村入仕文部省。1875 年,兼任天皇睦仁的洋书侍讲。1876年,任文部省大丞,创东京修身学社,呼吁纠正教育"只注重殖产兴业,丝毫未涉及忠孝仁义"的智育第一的方针,必须"端正心志",否则"如同在贼窟上建造圣殿。"④1877 年,西村升任文部省大书记官,在考察报告中呼吁复活传统道德教育。1979 年,入选东京学士会院院士,从《论语》《孟子》《朱子类语》《颜氏家训》等儒学经典和《泰西劝善训蒙》《西国立志篇》等欧美图书中,摘录语录、格言,编成《小学修身训》,以此为小学德育的"文本","开悟学生之心。"⑤1881 年,文部省在全国予以正式发行。

---

① 山住正己校注『近代日本思想大系 6 教育の体系』、170、171 页。
② 歴史科学協議会等編『史料日本近現代史 I』、146 页。
③ 森末義彰、岡山泰四編『歴代詔勅集』、目黒書店、1938 年、840 页。
④ 高橋昌郎『西村茂樹』、吉川弘文館、1987 年、92、94、95 页。
⑤ 『西村茂樹全集 2』、思文閣、2004 年、641 页。

1884 年,西村茂树将修身学社改为日本讲道会。1886 年,西村在东京帝国大学发表题为《日本道德论》的演讲,将官吏贪腐、贵族和富人奢侈、商贾欺诈、农民懈怠务农、工人制造伪劣产品、学生荒废学业、妇人淫奔、盗贼横行等问题,全都归结为"道德沦丧的社会现象",疾呼重建"日本国的道德"。经过"折中东西之学,思考古今异同"的运作,西村将勤勉、节俭、刚毅、忍耐、信义、进取、爱国之心、拥戴万世一系的天皇等 8 德目,确定为道德重建的准绳。① 1887 年,西村遵奉皇后的旨意,参照《闺媛典》,选择 86 名中日欧美诸国孝敬父母、相夫教子的典型女性,编成《妇女鉴》,天皇诏令各地小学校普遍采用。9 月,日本讲道会改名为日本弘道会,以"提高国人道德,讲究道德的真理"为宗旨。② 西村的道德观兼容古今东西,但始终以儒学的忠孝仁义为根本。

三、从《教育令》到《学校令》

1876—1877 年,曾跟随岩仓使节团访问欧美的文部大辅田中不二麿考察了美国各州的教育制度,回国后起草了报告书《美国教育法》。驻美代理公使森有礼聘请来日本担任文部省学监督的美国人穆尔莱(David Murray)也在 1877 年提出建议书《学监考案:日本教育法》,主张调整《学制》,改行美国式的自由主义教育。田中随即组成专门班子,参照穆尔莱的建议,制定《日本教育令》,对文部卿职权、学校分类、建校方式、课程、学制、学龄、学费、学龄、教师等项作出 78 条规定。③ 1878 年 11 月,文部省将《日本教育令》奏报天皇睦仁,获得批准。

1879 年 9 月,太政官公布了将《日本教育令》的条文简化为 47 条的《教育令》。与《学制》相比较,《教育令》取消全国划一的学区制,每个町村或数个町村可以因地制宜地创办公立小学,町村选举的学务委员府知

① 『西村茂樹全集 1』、109、103、160 頁。
② 『西村茂樹全集 1』、32 頁。
③ 山住正己校注『近代日本思想大系 6 教育の体系』、71—79 頁。

事、县令监督下，负责儿童就学、维护学校设施等事务。《教育令》规定小学学制一般为 8 年，也可根据当地情况，缩短为 4 年以上；6 岁至 14 岁为学龄，儿童须在学龄期间接受至少 16 个月的普通教育；中学讲授高等普通学科；大学讲授法学、理学、医学、文学等专门诸科；师范学校培养教员；专门学校讲授一门专科。《教育令》规定小学教师无男女区别，但须年满 18 周岁以上；公立小学教师应取得师范学校毕业证书，无此证书但具备相应学力者也可担任小学教师；中学以上不得男女同校，听课费的收取可自行决定，不得体罚学生等。[1] 由于《教育令》强调适当放权、因地制宜办教育，因此也被称为"自由教育令"。

1880 年 6 月，文部卿河野敏镰与文部大书记官岛田三郎前往京都府、山梨县、长野县、三重县、岐阜县和爱知县等地考察《教育令》实施效果。河野等发现"人民误解了教育令的宗旨"，"政府将学事放手交给人民，不加督促、干涉"，造成"轻视学事"、"随意变更教则"、学区委员空缺、压缩师范学校的经费等问题，[2]自由放任的乱象丛生。在长野县，北部地区的学校管理混乱，南部地区的学校则因地方官员"勤勉于学政"而秩序井然；三重县"学校萧条、教育慵懒、学生散乱、教则不整"，原因"全在地方官是否重视学事并加以督导鼓励而已"。河野等注意到小学教师收入微薄，社会地位在郡区村吏之下，不受当地居民的尊重；仍有仅具有初等小学教育学历的少年担任教师或助教，师资力量堪忧；修身课的设置和效果差强人意；文部省下发的年度小学补助金数量少，最低者不过 23 元；小学校舍往往借用旧寺庙或民居，教室狭窄、使用不便；等等。针对上述问题，河野等提出加强领导，增加对教育的投入、奖励学事，强调"教育的进路依然在于政府实施干涉主义"等应对之策。[3] 河野的考察报告引起政府的重视，8 月，设置了修改《教育令》的机构"临时学务取调挂"，着手调整。

---

[1] 奥田真丈『教科教育編年史資料篇』，建帛社，1985 年、43—44 頁。
[2] 山住正己校注『近代日本思想大系 6 教育の体系』，87 頁。
[3] 山住正己校注『近代日本思想大系 6 教育の体系』，88、93、95、97、96 頁。

　　1880 年 12 月 9 日,河野敏镰向天皇呈报《教育令改造案建议》,认为颁行《教育令》后,存在着"急于清除学制的庞杂和过度限制","将不可放任之处也加以放任"等问题,①要求政府加强对教育的管理。为此,河野等提出《改正教育令方案》,主张:(1) 统一规定读书、习字、算术、地理、历史、修身等 6 门课程为基础课程。(2) 在各自区域内设置的公立、私立小学,均须得到府知事或县令的批准;学区委员改称学务委员,人数多寡、薪金高低均由区町村评议决定,并最终须经府县报文部省批准;府县应就就学督责制定规则,但须经文部卿批准。(3) 统一规定小学的学制为3—8 年;每个学年的授课时间为 32 周以上,每日授课时间为 3—6 学时。(4) 对学龄儿童无法入学或无财力设置小学之处,派出教员巡回授课、普及教育。(5) 公立学校、幼儿园、图书馆的设置或撤销等事宜,均须经各级政府的批准,报文部卿认可;文部卿通过府知事、县令,向各地公立小学、师范学校发放补助金。②

　　1880 年 12 月 29 日,太政官正式公布经天皇和元老院批准的《改正教育令》。较之《教育令》,《改正教育令》的特点是:(1) 突出传统道德教育。规定小学初等学科的课程为,"修身、读书、习字、算数、地理、历史等",修身课排在各课之首;规定"品行不正者不得为教员",贯彻《教学大旨》关于"教学之要"在于"明仁义忠孝,究知识才艺,以尽人道"。(2) 恢复了学制式的政府对教育的管控。各町村设立小学校需要"根据府知事、县令的指示";学务委员由居民推荐,再由府知事、县令任命;监督就学的规则,以及各级公立与私立学校、幼儿园、图书馆的设置或撤销须经文部卿、府知事、县令的认可,文部卿的权限大为增强。(3) 统一规定学校的种类,计有小学、中学、大学、师范学校、专门学校、农业学校、商业学校、职工学校等;其中,农业学校设农耕专业、商学校设商买专业、职工学校讲授百工技艺等。③

---

① 山住正己校注『近代日本思想大系 6 教育の体系』、99 页。
② 山住正己校注『近代日本思想大系 6 教育の体系』、101、102、104、113、118 页。
③ 奥田真丈『教科教育编年史资料篇』、44 页。

1881 年 5 月,依据《改正教育令》,文部省颁发《小学校教则纲领》。其中规定,小学分为初等、中等、高等三级,修身、读书、习字及算术课程为必修课;小学学制统一规定为 8 年,初等和中等小学各为 3 年,高等小学 2 年;每天授课 5 小时;初等科的修身课要求讲授"简易的格言"和事实,中等科和高等科主要讲授"稍高尚的格言"和事实,以"涵养儿童的德性";中等科的历史课讲授神武天皇即位以来的"建国体制",直至复古维新的梗概,"务使学生了解沿革的原因结果,特别养成尊王爱国的志气";等等。①

1885 年 8 月,太政官公布了将条文进一步简化为 31 条的《再次改正教育令》,坚持政府干涉教育的方针。12 月,政府机构由太政官制改为内阁制,首任文部大臣森有礼着手推行国家主义的教育改革。很快,国家主义的教育方针得到最高领导人的认可。1886 年 3 月,天皇睦仁发布第 3 号敕令,公布了《帝国大学令》。4 月,睦仁发布了第 13—16 号敕令,公布了《师范学校令》《小学校令》《中学校令》和《诸学校通则》,以上学校的法规总称为《学校令》,贯彻国家主义的《学校令》体制出台。

《帝国大学令》的第 1 条规定"帝国大学以依据国家的需要,讲授学术、技艺以及钻研其底蕴为目的";在文部大臣的指导下,大学成为国家高级官僚的培养机构。② 据此,1886 年东京大学改称东京帝国大学,1897 年设立京都帝国大学,1907 年设立东北帝国大学,1911 年设立九州帝国大学,基本完成明治时代帝国大学的布局。《中学校令》规定中学分为普通(寻常)中学和高等中学,高中也为国家官吏的培养机构。据此,作为东京帝大预备学校第一高等中学校、大阪的第三高等中学校和东京高等师范学校并称为高中的名校。《小学校令》规定小学分为普通(寻常)小学和高等小学两类;赋予府知事、县令决定校址、就学规则、家长承担学费额度、捐赠支出的方法、教师薪俸数额、学校资产管理规则,以及

---

① 奥田真丈『教科教育编年史资料篇』、45—46 页。
② 奥田真丈『教科教育编年史资料篇』、138—139 页。

听取学校财务收支报告、批准私立学校从事普通教育等多种权力；规定
文部大臣掌握小学的学科设置、教科书的审定权。① 由此形成文部省审
定教科书的制度。5月，文部省发布《小学学科及其程度》，在全国范围内
统一小学课程和教学要求。1886年5月，文部省还发布《教科用图书检
定条例》。1887年5月，发布《教科用图书检定规则》，将教科书的国家审
定制度进一步条例化。《学校令》取代《教育令》，结束了自《学制》颁布以
来、从模仿欧美式教育体制到建立日本式教育体制的探索，确立天皇制
教育方针的时机已经成熟。

　　1890年2月，地方官会议就教育方针问题发声。会议指责"当今学
校教育偏重智育，弊病严重"，特别是"教师偏执于各自之私人学说，却不
懂道德之本源和忠孝之道"；强调"确立道德之大本以统一民心，乃当务
之急"。② 山县有朋内阁对此表示高度重视，立即责成文相芳川显正邀集
天皇的洋学侍讲、东京帝大教授、贵族院议员中村正直，与枢密顾问官元
田永孚、井上毅，着手拟定新的教育方针，并以敕语的方式发布。元田、
中村、井上儒学造诣深厚，与皇权关系密切，均为"忠君爱国"理念的倡导
者，中村和井上有过留洋经历。中村最先拟定了不乏神道色彩的功利主
义的敕语草案，山县看后并不满意，转送井上毅征询意见。井上认为教
育敕语与其他敕语有所不同，主张兼采"为之君、为之师"的"支那旧说"，
以及"遵照今日立宪政体的主义，君主不干涉臣民良心的自由"的新说，③
6月，重新加以起草。在此基础上，元田的儒学国教论与井上的立宪君主
论相互妥协，《教育敕语》定稿。

　　1890年10月30日，《教育敕语》隆重发布。其文曰："朕惟我皇祖皇
宗，肇国宏远，树德深厚。我臣民克忠克孝，亿兆一心，世济厥美。此乃
我国体之精华，而教育之渊源亦实在于此。我臣民孝于父母、友于兄弟，
夫妇相和、朋友相信，恭俭持己、博爱及众，修学习业以启发智能，成就德

① 奥田真丈『教科教育編年史資料篇』、51頁。
② 海後宗臣『教育敕語成立史研究』、東京大学出版社、1965年、138頁。
③ 歴史科学協議会等編『史料日本近現代史 I』、149頁。

器。进而扩大公益、开展世务,常重国宪、尊国法。一旦有缓急,则义勇奉公,以辅佐天壤无穷之皇运。如是,不仅为朕之忠良臣民,亦足以彰显尔先祖之遗风。斯道也,实为我皇祖皇宗之遗训,子孙臣民俱应遵守,通于古今而不谬,施于内外而不悖。朕希望与尔臣民俱拳拳服膺,庶几咸一其德。"[1]

《教育敕语》将"皇祖皇宗,肇国宏远"和"我臣民克忠克孝"说成是教育的源头,"国体论"构成教育方针的核心。传统的儒学五伦意识与近代的公益、宪法、法制观念相交织,并在臣民"辅佐天壤无穷之皇运"的终极点上实现了融合。《教育敕语》的颁布,标志着教育方针最终转向天皇制意识形态,形成国家主义的教育体制。此一方针的短期效果显著,培养了一代代"忠君爱国"的"忠良臣民"。从长期效果看,明治维新在器物和制度层次的近代化取得进展,但终究因意识形态出现重大偏差和倒退,埋下军国癫狂一朝败之的祸根。

第二节 经济政策的调整

一、政府决策班子的变更

1879年12月,明治政府为对付日益高涨的要求开设国会的请愿运动,秘密征询各参议的制宪意见,着手制宪调查,起草宪法。1880年4月,政府制定《集会条例》,规定集会、结社均需警察署的准许,禁止军人、教师和学生参加集会,禁止社团之间相互联络,授予临检警察以解散集会的权力,加紧镇压民权运动。

1881年1月,伊藤博文、大隈重信、井上馨、黑田清隆等政府参议聚会静冈县的热海温泉疗养地,讨论开设国会、制定宪法等问题。以内务卿伊藤为首的渐进派与以大藏卿大隈为首的急进派分歧严重。伊藤主张在巩固元老院等官僚机构,向府县议会派出检察官加强控制之后再开

---

[1] 歴史学研究会編『日本史史料』(4)近代、200頁。

设国会,强调制宪原则应为天皇总揽统治权、宪法钦定。大隈重信虽然赞同宪法钦定,却在3月向左大臣有栖川宫炽仁亲王提交的意见书中,主张采用英国式君主立宪政体,实行政党内阁制度,太政官三大臣与军部将领不得干预政治,建议1882年举行大选、1883年召开国会。6月,伊藤博文获悉上述意见后,致函三条实美、岩仓具视,指责大隈的主张"实为近乎荒唐之过激论调",[1]并以辞职相要挟,促使岩仓等下决心驱逐大隈。岩仓、伊藤等渐进派官僚和佐佐木高行、谷干城等元老院派拉帮结伙,大隈陷入政治孤立。

恰逢此时,北海道开拓长官黑田清隆徇私舞弊,擅自主张把经营10年、总资产价值1 400万元的北海道国有财产,以38万元的低廉价格和不计利息、分30年偿还的优厚条件,出售给同乡五代友厚等人经办的关西贸易商会。北海道国有财产的不当处理事件,为大隈提供了反击的机会。7月21日,黑田向三条提交出售的申请。大隈在阁议时指责黑田舞弊,但黑田的申请仍获批准。大隈遂将消息捅给报社,寻求舆论的支持。26日,《邮便报知新闻》率先发难。《东京横滨每日新闻》则以《关西贸易商社之近况》为题,发表社论予以曝光。30日,天皇批准阁议。8月1日,予以公布。政府的不妥协姿态刺激媒体掀起清除腐败、追究责任的风潮。

号称"海运之王"的三菱家族掌门人岩崎弥太郎曾与五代竞争购买北海道国有财产,不惜出钱资助媒体以加大炒作力度,还为福泽谕吉旗下的庆应义塾的学生提供经费,到北海道调查、揭露腐败事件。福泽对伊藤未兑现邀请其主办官方报刊的诺言早已不满,原本就与大隈关系密切,又都是岩崎家的座上客。在反伊藤的共同目标下,大隈、三菱、福泽等携手合作并策应民权派,围攻伊藤、黑田等萨长系官僚。

9月18日,长州系的参议山田显义前往京都密访岩仓具视,表示北

①《明治维新基本文献史料选译》、《明治维新的再探讨》,第192页。

海道国有财产处理事件是个"枝叶"问题,制定宪法和确定开设国会的日期才是"根本"问题;如果采纳大隈重信的立宪方案,会有大批高官辞职;如果采用伊藤博文的方案,大隈必须辞职。① 萨长系官僚与岩仓具视加紧谋划反击。9月28日,佐佐木高行、谷干城等元老院派主张停止出售北海道国有财产,减缓舆论压力,集中力量打击民权运动。10月初,岩仓返回东京。伊藤向岩仓递交了召开国会诏书和元老院、参事院章程的草案,强烈要求将大隈逐出政府。萨摩系参议西乡从道也提出类似的要求。10月2日,元老院派决定罢免大隈,岩仓、伊藤等渐进派官僚表示支持。10月8日,伊藤又向岩仓紧急建议:为了与民权派争夺群众,必须将召开国会的具体日期确定为1890年。当天,太政大臣三条实美召集在京参议在岩仓家密谋了政变的步骤。

10月11日,巡视北海道和东北地区的天皇车驾抵达东京千住火车站,三条、岩仓、伊藤、佐佐木等前去接驾并告御状。睦仁平素对大隈无甚好感,称之为"韩信、彭越之辈",御前会议立即作出决定:推行渐进式的立宪方针,停止出售北海道国有财产,罢免大隈的参议之职,史称"明治十四年政变"。

10月12日,天皇发布由伊藤博文代为起草的《召开国会诏敕》,明确了渐进论的立宪路线,强调天皇总揽统治权的原则,诏敕宣称:"朕继承祖宗二千五百余年之鸿业,大振中古以来解纽之乾纲,总揽统一之大权,并冀建立立宪政体,以树后世子孙可继之业";明确宪法钦定原则,即"我祖宗照临于上,而发扬余烈,大展宏谟,变通古今,断然行之,其责在朕躬。"最后,宣布了伊藤设计的立宪时间表:"兹以明治二十三年为期,集合议员,召开国会,以遂朕之初志。"同时警告说:"若仍有故求躁进、煽动事端、妨碍国家治安者,将处之以国法。"②

"明治十四年政变"是维新决策集团的再次淘汰过程。政变前,大隈

---

① 板垣退助監修『自由党史中卷』,岩波書店、1973年、70頁。
②《明治维新基本文献史料选译》,《明治维新的再探讨》,第193页。

与伊藤相互制衡,非萨长官僚在政府中尚有一定势力。政变后的第二天,10月13日,矢野文雄、犬养毅、尾崎行雄等因挽留大隈重信失败而集体辞职;一周后,农商务卿河野敏镰也提出辞呈,大隈派全部脱离政府。政府顺势调整人事,专任参议由8名缩减为3名,由伊藤、山县、黑田担任;9名省卿中,除工部卿、文部卿、司法卿分别由土佐藩出身的佐佐木高行、福冈孝弟和肥前藩出身的大木乔任担当外,其余6省卿均由萨长藩阀担任,长州藩的井上馨、山田显义分别担任外务卿和内务卿,萨摩藩的松方正义、大山岩、川村纯义、西乡从道分别担任大藏卿、海军卿、陆军卿、农商务卿。在12名政府要员中,萨长系藩阀居3/4。伊藤博文与山县有朋、松方正义等萨长官僚组成第二代决策集团核心,支配日本国家的命运。

从明治维新的全过程来看,"明治十四年政变"具有进入新阶段的意义。经过10余年欧化风潮的洗礼,特别是由此催生的自由民权运动规模大、持续时间长、政治冲击力度强,促使维新的第二代决策集团检点大政方针,反思并着手解决欧美模式与日本国情相结合的问题。井上毅的《进大臣》意见书应运而生,维新的指导方针发生重大转换与调整。

井上毅在1872—1873年赴法国和德国考察期间,对德国的宪法体制留下深刻印象。1874年随大久保利通去北京谈判,深得大久保、岩仓等赏识,成为决策集团的智囊人物。1875年翻译《王国建国法》,首次向日本人介绍普鲁士宪法。1877年出任太政官大书记官,1878年兼任地方官会议御用挂、内务省大书记官、参议院议官等职,参与起草多个政府文件。

1881年6月,针对大隈的立宪方案,井上提出仿效普鲁士、宪法钦定的制宪《大纲领》,颇得岩仓具视的赞许。11月,井上毅进呈《人心教导意见书》(亦名《进大臣》),认为政变之后"不平之气仍愈加激迫",局面不容乐观。井上强调,"为今日谋,不在政令,而在风向,即人心的导向"。为此,井上提出5项建议:(1)创办官报新闻、笼络半官方新闻以操纵新闻导向；(2) 加强与旧藩主的联系、把握地方士族的动向并给予必要资助；(3) 国库投入 50 万元以兴办中学及职业学校，防止士族子弟云聚东京议论政治；(4) 劝奖汉学、倡导忠爱恭顺之道；(5) 奖励发展与日本国情最接近的德国学。[①] 前三项建议主要为应付时局、与民权运动争夺群众而设，后两项的"兴汉学"和"学德国"，涉及转换维新决策方向的重大问题。

井上认为，"维新以来，流行英法之学，在日本开始萌生了革命精神。盖教人忠爱恭顺之道者，未尚不出自汉学。今日将已废者复兴之，亦可待相互平衡也"，故此疾呼"兴汉学"。同时，井上认为，"现今欧洲各国之建国，惟独德国与日本相近。例如，在英国，虽有政府，但王室不在其中；而在德国，政府即王室之政府。凡此类等，乃国家宪法之关键，却每每相异。欲使方今天下人心稍存保守之风气，须专心奖励德国之学。数年之后，使之在文坛制胜，以遏制英国学一往无前的势头"。[②] 井上意见书之所以能够成为转向的指路标，一是因其为核心智囊人物，二是因其表达了决策集团的共识。政府高度重视井上的建议，按照新阶段的改革突出日本国情、政情，强调学习欧美的选择性，重新布局。

二、产业、技术与金融政策的调整

明治前十年急行军式的改革取得诸多进展，但兴办各类模范工厂、农场并进行铁路、矿山建设，给原本就入不敷出的财政预算造成了巨大的亏空。政府举借外债、加重税收和滥发不兑换的纸币等 3 项应对措施，导致币值急剧下跌，物价飙升，社会动荡不安等一系列严重后果，因此，纠正大久保时代经济政策的偏差被提上日程。

(一) 产业政策的转换：由注重官营示范企业转变为扶植民间私营企业

自维新启动至 19 世纪 80 年代初期，明治政府创办的官营近代企业

---

① 井上毅伝記編纂委員会『井上毅伝』、国学院大学院図書館、1966 年、248—251 頁。
② 山住正己校注『教育の体系近代日本思想大系 6』、124、125 頁。

主要有两类：一类是与"强兵"国策密切相关的各种军事部门的企业。其中，东京、大阪炮兵工厂制造枪炮；兵库、横须贺、石川岛、鹿儿岛造船所建造舰船；板桥、目黑、板鼻火药制造所等生产弹药。另一类是与"富国"国策关联密切的各类民用企业，包括广岛、爱知、三重、市川、远州、长崎、下野等十余处棉纺厂，以及富冈缫丝、新町绢织、千住制绒、赤羽工作分局等一批制丝、丝织、毛纺、机械制造工厂。此外，还有模范农场，如东京的三田育种场、内藤新宿试验农场、驹场农业学校以及北海道农业学校等。

明治政府在短时期内创办模范工厂、农场的目的，在于发挥政府的诱导之力，以国营企业为骨干，为民营企业树立样板，培训技术人员，推动工农业的近代化。1870 年由内务省立案，1872 年开工，先后归民部、大藏、内务省管辖的群马县富冈缫丝厂堪称模范工厂的典型。1872 年10 月至 1875 年 6 月，政府共投入金扎 134 755 元、洋银 31 940 枚，引进法国的技工和设备，招募士族女儿为女工，进厂掌握机械缫丝技术。至1876 年 6 月，已分批培训了 2 000 余人。这些女工再转赴国内其他缫丝厂，推广机械缫丝技术，贯彻政府用先进技术"诱导人民"的意图。① 模范工厂和农场发挥示范作用，却付出了经营严重亏损、政府财政负担沉重的代价。据内务的报告，富冈缫丝厂开业 32 个月后，政府投入 134 755元 50 钱，产出收益仅 24 307 元 57 钱，出现 113 067 元 94 钱 5 厘，及全部洋银的巨大亏空。② 在这种情况下，亟须调整产业政策，除军工企业之外，对其他国营企业实行民营化。

1880 年 11 月，政府公布《工厂处理概则》，宣布将完成示范作用的模范工厂"交归人民经营"。③ 以此为标志，开始调整产业政策。出于减缓政府财政负担的考虑，处理概则的规定相对苛刻，如规定购买者必须一次性向政府缴足营业资金，或在 10 年内分期偿还政府的创业资金，政府

---

① 歷史科学協議会等編『史料日本近現代史Ⅰ』、94 頁。
② 歷史科学協議会等編『史料日本近現代史Ⅰ』、94 頁。
③ 歷史学研究会編『日本史史料』(4)近代、165 頁。

监督企业经营等。对此,民营企业反应谨慎,至 1882 年,仅处理了广岛纺织厂一家企业。

1884 年 10 月,明治政府撤销要价过高的处理概则,在出售价格、付款方式、经营自主性等方面放宽条件。从 1884 年至 1896 年,以相当政府创业投资额 1/3 至 1/5 的低廉价格,可在 22 年至 55 年内分批、无息偿还等优惠条件,将油户煤矿、深川水泥、小坂银矿、阿仁铜矿、品川玻璃、新町纺织、长崎造船所和三田农具制作所、佐渡金矿等 20 余家工厂处理给三井、古河、三菱、大仓等政商,大力扶植民营资本。

产业民营化政策的实施,收到多重效果。在政治上,获得巨大利益的政商迅速由商业资本转化为工商业资本,支持政府对内压制民权运动,对外向朝鲜半岛的扩张,加固政府统治的社会基础。在产业结构上,军火、电信、铁路等国营企业构成国民经济的骨干部门,与纺织、制糖、采矿、玻璃、水泥等工业部门的民营企业形成分工合作体制,国营军火生产厂为民营企业提供机器、器具等生产手段。其中,横须贺造船所为爱知纺织厂制造了水动涡轮机,大阪炮兵工厂为大阪纺织厂生产了车床、刨床和齿轮,移归海军省兵器局管辖的赤羽工作分局制造并修理蒸汽罐、蒸汽唧筒、蒸汽锤等多种动力机或生产机、器具,补充了民营企业机械设备的不足,支撑其成长。在军事上,政府集中财力、物力,大力发展国营军火工业,加速以中国为假想敌的扩军备战。陆军兵器逐渐国产化,1883 年大阪炮兵工厂仿制意大利式野炮、山炮、平射炮、曲射炮,1891 年开始生产钢炮、炮弹;1885 年东京炮兵工厂制成陆军少佐村田经芳设计的明治 18 式步枪,1889 年改进为增强杀伤力的连发式。海军兵器研制亦有进展,1884 年横须贺造船所以及吴、筑地、小野滨等海军兵器制造厂制造了"海门"、"天龙"、"八重山"、"大和"等 10 余艘军舰和装备舰艇的钢炮、鱼雷等兵器。[①] 以廉价购买的官营模范工厂为支点,民营企业,特别是纺织业进入繁荣发展时期。至 19 世纪 80 年代中期,以轻工业为中

---

① 楫西光速『日本資本主義成長論』、日本経済出版社、1979 年、236 頁。

心的产业革命涌动。政府企业民营化的产业调整政策初见成效。

（二）技术引进政策的转换：由全面照搬转变为有选择的引进

与大久保时代原封不动地引进欧美大工业的设备和技术有所不同，伊藤博文出任内务卿后，接受了劝业寮官员速水坚曹的建议，开始关注国营企业在技术和效益两方面发挥示范作用的问题。此后，内务省有意识地开展对本国工农业现状的调查研究，寻找国外先进技术与本国产业之间的结合点。

1881 年 4 月，新设立的农商务省集中各方面的人才，立足本国国情，从工农业的实际出发，研讨技术引进政策调整问题。大藏省、农商务省大书记前田正名先后追随大久保利通、大隈重信，活跃在殖产兴业的第一线，关注振兴农业和地方产业。1881 年 12 月，前田奉命前往欧洲考察各国产业状况。1883 年 1 月，前田回国后，向农商务卿西乡从道提交《欧洲产业经济事情报告》，鉴于"松方财政"改革一度导致经济萧条，前田开始思考振兴日本地方经济和产业等问题。根据赴欧调查的切实体会，前田主张应该在对日本产业现状开展详细调查、掌握实际情况的基础之上，制定殖产兴业技术政策。

1884 年 3 月，前田将农商务省各局减裁下来的数十名官员，编入新设置的第四课，主管全国老农传授生产经验，举行农谈会、劝业咨询会，到各地调查研究。心存感激的课员们全力以赴，天未亮就提灯离家来办公室，拼命工作直到深夜。① 经过 5 个月的努力，印制成 18 册《兴业意见》的未定稿，从国民生活、地方产业和农业的状况出发，分析问题产生的原因，提出相应的对策。后经修改，12 月，向太政官正式提出长达 30 卷的《兴业意见》，前 14 卷肯定政府殖产兴业方针实施中的成绩，研讨存在的问题；后 16 卷汇集各府道县产业状况的调查报告。《兴业意见》全面地比较欧美各国与日本在国力上的差别，找出日本近代产业与欧美的实际差距；详细记录日本各府道县的人口、物力资源的统计数字，以及各

① 大島清『殖産興業』、東京大学出版会、1983 年、292—293 頁。

地经济发展的状况;立足国情实际,分析发展近代产业的条件,提出发展
工业、农业、商业的方针政策及实施细则;建议设立兴业银行,向蚕丝、制
茶、砂糖等产业提供低息贷款,以激活地方产业。①

在政策调整的过程中,内务卿松方正义倚重城市里的上层政商,与
强调地方豪农作用的前田产生政见分歧,不利于《兴业意见》的全面落
实。尽管如此,注重对原有产业的细致实际调查,扶植制丝、酿酒、造纸、
制茶、制瓷、杂货等传统制造业而非一味地贪大求洋的新思路,却有助于
扭转脱离国情实际、不顾经济效益的技术引进政策。政府开始重视发展
民族传统产业,增强日本制造品的国际竞争力。稻米生产,是日本最大
的传统产业。1881 年 4 月,农商务省将大日本农会指定为省农务局的外
围团体,使其发挥指导作用。这个团体汇集了生产经验丰富的老农和农
业学校的优秀毕业生,由农商务省统一安排,定期在全国各地举行农业
恳谈会,宣讲政府的政策,推广生产经验和优良品种。在国外先进生产
技术与日本农业实际的结合中,推动稻米生产的进步。1885 年 4 月,农
商务省出面组织蚕茧、生丝、绢织品、漆器、陶瓷等 5 类商品的共进会,推
进相互交流与共同发展。此外,还连续在上野公园举行传统产品展览
会,会期长达近 3 个月,收到良好效果。

结合国情引进外国技术政策,促进技术人员队伍的本土化。在大力
破除外国万能主义的风潮之下,政府各部门的外国技师和专家的人数逐
年减少。1871—1879 年,应聘来日本工作的英、美、法、德等国的外国雇
员多达 1 003 人。1883—1889 年,外国雇员的人数为 661 人。进入 90 年
代,外国雇员继续减少。② 在这个过程中,本国的专门技术人才迅速成
长,有助于技术开发的因地制宜、健全发展。

(三) 财政政策的转换:将通货膨胀方针调整为财政紧缩方针

大久保时代贪大求洋的殖产兴业、赎买武士和 1877 年西南战争恶

---

① 大島清『殖産興業』、295—296 頁
② アーダス・バークス『近代化の推進者たち:留学生・お雇い外国人と明治』、思文閣、1990
　年、203 頁。

化了政府的财政,造成物价飞涨、货币发行量严重失控。至 1879 年,政府印发的纸币流通额高达 1.057 9 亿元;1880 年纸币流通额更跃上一个新台阶,达 1.394 1 亿余元。① 1880 年 5 月,备受舆论指责的大藏卿大隈重信提出《关于改正通货制度的建议》,以 1873 年从英国举借 240 万英镑外债解决秩禄处理为例,力主再从英国举借 5 000 万元的外债充做国库正货储备,回笼不兑换纸币。② 6 月,内务卿松方正义向太政大臣三条实美提交《财政管窥概略》,猛烈抨击大隈的举借外债的建议。明治天皇也表态反对举借外债,说"去年美国卸任总统格兰特说举借外债危及国家独立的一席话,至今言犹在耳",强调"惟有紧缩财政方为克服困难的途径"。③ 大隈转而建议将地方财政费用由中央转归地方负担,增加税收以充实中央财政;还与伊藤博文联名提出新建议,在国内募集 5 000 万元公债来创立中央银行,发行可兑换货币,使金融流通恢复正常。松方反对政府举借内债,但接受了增加税收、设立央行的主张。

　　1881 年 10 月,松方出任大藏卿,推行以整理不兑换纸币为中心的财政改革,史称"松方财政"。由此启动了 19 世纪 80 年代金融政策的方向调整。其金融政策改革的思路,主要反映在《财政管窥概略》和《财政议》之中。松方认为:财政困难导因于纸币急剧贬值。纸币之所以贬值,并非只是由于滥发纸币,更是由于国库缺乏硬通货的支持。硬通货匮乏的原因是贸易逆差致使黄金外流。贸易之所以产生逆差,是因为国内物产不旺,尚未具备"货币运行的机轴",资本流通受到阻滞。④ 基于上述分析,松方认为问题的关键在于未确立货币信用制度。由此,导致金融流通的梗塞,物产不旺,贸易逆差,硬通货流失,国库黄金贮备乏力,纸币贬值不过是表面现象而已。

　　针对民权派对政府纸币发行过多而导致货币贬值、物价狂涨的指

① 楫西光速『日本資本主義の発展上』、29 頁。
② 歴史学研究会編『日本史史料』(4)近代、160—161 頁。
③ 永井秀夫『自由民権　日本歴史第 25 巻』、小学館、1976 年、143 頁。
④ 家永三郎[ほか]編『近代日本の争点』、毎日新聞社、1967 年、297—280 頁。

责,松方宣称民权派"从根本上弄错了适应时势的逻辑"。① 作为解决财政问题的现实手段,松方认为:"如今的当务之急是确定货币运用的机轴,积蓄正货以充实回笼纸币的基础,实现振兴物产以控制输入的目的。"至于如何"确定货币运用的机轴",松方抛出的良方是:全力创建资金为1 000万元的国家中央银行,由官民合办但由大藏省管理,总行在东京,各地设分行,发行可兑换货币。与此同时,创立储蓄银行和劝业银行,防止币值骤跌,恢复贸易均衡。②

松方在天皇的支持下,将紧缩财政、遏制通货膨胀和回笼不兑换纸币,作为调整财政政策的抓手。1882 年 6 月,以建立近代货币信贷制度为目标,公布《日本银行条例》,创建国家央行即日本银行。其主要业务是发行可兑换纸币,处理国库基金,并向民间普通银行融资,充任"银行中的银行"。1883 年 5 月,修改 1872 年 11 月颁发的《国立银行条例》,对民间银行加以整顿,规定在营业届满 20 年之后,注销其银行券。1884 年 5 月,公布《可兑换银行券条例》,规定自 1885 年 5 月起,实施货币兑换制度,逐渐回笼不兑换纸币。

1881 年松方正义履新之初,不兑换政府纸币和民营性质的国立银行券流通总额为 1.533 亿元,银币与银行券的平均比值为 1∶1.696 元。至 1885 年,不兑换政府银行券和民营性质的国立银行券的流通总额为1.185 亿元,可兑换纸币日本银行券发行额为 365.3 万元,银币与一元纸币的平均比值为 1∶1.055,物价开始大幅度回落。至 1886 年,不兑换银行券流通额减少为 9 730 万元,可兑换银行券增加至 3 902.5 万元,银币与一元纸币的比价为 1∶1.000,并维持不变,市场对货币的信心逐渐恢复。至 1889 年,日本银行券的发行量为 7 429.7 万元,与不兑换纸币的发行量7 770.6万元基本持平,流通领域恢复正常。至 1890 年日本银行券的发行量达到 1.029 3 亿元,超过总额为 6 008.2 万元的不兑换纸币

---

① 家永三郎〔ほか〕編『近代日本の争点』、298 頁。
② 歴史学研究会編『日本史史料』(4)近代、161、162 頁。

流通量,流通领域的秩序前景被看好。① 从 1885 年起,不兑换纸币陆续退出流通领域,被回笼并被统一集中到大藏省销毁,政府财政收支进入良性循环状态。

"松方财政"改革的增税、紧缩方针,对政府财政状况的改善和政商大资本有利,对贫困群众和中小企业则意味着灾难。在松方财政紧缩方针之下,1884 年 2.3 万余家小公司破产,1885 年也有 1 万家,1886 年为9 000 余家,1887 年为 7 000 余家,破产者处境悲惨。1883—1890 年,因地租滞纳等原因而被处罚的农民为 36.7 万余人,被迫出卖的耕地为4.72 万公顷,大批的农民沦为佃农或赤贫化,寄生地主土地所有制急剧膨胀。② 以城乡广大中下层民众作出的重大牺牲为代价,日本资本主义发展步入正轨,进入产业兴旺发展时期。

(四)殖产兴业的指导部门由多元化转变为一元化

大久保利通当政时期,殖产兴业由内务省、工部省、大藏省分头掌管,三省的省卿大久保、伊藤博文、大隈重信组成三驾马车式的多元化领导机制。其中,内务省充当核心角色。由于大久保权倾一时,且威望过人,能在伊藤、大隈之间发挥协调作用,多元化的领导机制运转顺畅。1878 年大久保遇刺后,主管工部省的伊藤与主管大藏省的大隈互不服气,争权夺利,造成政府内部的不稳定。

1881 年 4 月,为协调并解决殖产兴业令出多门的问题,减轻政府包办模范工厂、农场的财政压力,新设农商务省,省卿为河野敏镰。"明治十四年政变"后,由西乡从道继任。农商务省接管了此前由内务省、工部省和大藏省多头分管的殖产兴业事务,统一主管农业、商业、工矿业、交通通信业务。预期效果显著:既有利于压缩因多元化而多开支的事务费用,节约了行政开支;也减缓了因多元化而易导致的官厅之间的掣肘与争斗。更重要的是,农商务省在设立之初公布了发展产业的新政策,强

---

① 歷史学研究会編『日本史史料』(4)近代、163 頁。
② 家永三郎[ほか]編『近代日本の争点』、299 頁。

调"使人民打消过分依赖政府的念头,政府也应公平合理地实施广泛的保护"。① 设省后,在修订《工厂处理概则》与《兴业意见》等方面发挥了作用。

1882 年 7 月,由大辅品川弥二郎出面,召集涩泽荣一、神田孝平等,策划成立了共同运输会社,打破三菱岩崎家族对海运业的垄断,将竞争机制引入海运业。1883 年 1 月,在上野公园举办第一届水产博览会。5 月,设置蚕丝咨询会,征询各方面的意见,繁荣生丝的出口生产。1884 年 2 月,在神户设立盐业咨询会。3 月,将三田育种场委托给大日本农会管理。5 月,听取东京商工会的汇报,修订《工厂雇主、被雇用者及徒弟管理法》,加快廉价处理国营模范工厂的步伐。1885 年 1 月,西乡从道协调解决邮便汽船三菱会社与共同运输会社的关系,防止外国轮船公司乘机渔利。3 月,创办《农商工公报》,及时通报殖产兴业的发展方针和信息。4 月,在上野公园举办蚕丝、漆器等传统生产行业的交流展览会,指令道府县调查佃耕状况,为制定《佃耕条例》预做准备。农商务省在制定政策、法规,协调公司之间和劳资之间的竞争、健全发展对外贸易产业等方面,作用突出。1881—1886 年日本产业的全面发展,与农商务省的一元化领导不无关联。

政策调整后,效果明显。日本经济进入快速发展时期,公司数和资本金的倍增,发展势头兴旺。据统计,从 1885 年至 1889 年,各产业部门取得的新进展如下表所示:

表 3-1 1885—1889 年公司数和资本金统计

单位:家 千元

年代	1885 年		1889 年	
部门	公司数	资本总额	公司数	资本总额
农业	78	1 450	430	8 119
工业	496	7 771	2 259	70 199

① 家永三郎[ほか]編『近代日本の争点』、304 頁。

续表

年代	1885 年		1889 年	
部门	公司数	资本总额	公司数	资本总额
棉纺	11	905	41	12 616
制丝	136	985	711	5 438
矿业·精炼	—	—	130	6 790
运输	80	25 585	299	69 859
铁路		6 838（缴纳金）	15	44 683
水运	—	14 593（1886 年）	139	17 553
商业	625	15 854	1 079	35 438
银行业	1103	86 613	1 049	94 075
合计	2 382	137 273	5 116	277 690

资料来源：高村直助『企業勃興：日本資本主義の形成』、ミネルヴァ書房、1992 年、9 頁。

　　由上表可知,农业公司数由 78 家增加为 430 家,增长了 4.5 倍;公司资本总额由 145 万元增加为 811.9 万元,增长了 4.6 倍。工业公司总数由 496 家增加为 2 259 家,增长了 3.5 倍;公司资本总额由 777.1 万元增加为 7 019.9 万元,增长了 8 倍。其中,棉纺织业公司数由 11 家增加为 41 家,增长了 2.7 倍;公司资本总额由 90.5 万元增加为 1 261.6 万元,增长了 12.9 倍。制丝业公司总数由 136 家增加为 711 家,增长了 4.2 倍;公司资本总额由 98.5 万元增加为 543.8 万元,增长了 4.5 倍。采矿和精练业公司总数,至 1889 年达到 130 家,公司资本总额为 679 万元。运输业公司数由 80 家增加为 299 家,增长了 2.7 倍;公司资本总额由 2 558.5 万元增加为 6 085.9 万元,增长了 1.4 倍。其中,铁路业公司数在 1889 年达到 15 家;公司缴纳资本总额由 1885 年的 683.8 万元增加为 1889 年的 4 468.3 万元,增长了 5.5 倍。水运业公司总数在 1889 年达到 139 家;从 1886—1889 年,公司资本总额由 1 459.3 万元增加为 1 755.3 万元,增长了 0.2 倍。商业公司总数由 625 家增加为 1 079 家,增长了 0.7 倍;公司资本总额由 1 585.4 万元由 3 543.8 万元,增长了 1.2 倍。银行业公司总数由 1 103 家减少为 1 049 家;公司资本总额由 8 661.3 万元增加为 9 407.5 万元,增长 0.08 倍。[①]

"松方财政"理顺了金融秩序,日本产业进入快速发展时期,尤其是纺织、铁路、矿山等三大工业部门成为经济增长的亮点,进展显著。其间,涩泽荣一对纺织业的发展贡献巨大。1880 年,涩泽邀集前田、蜂须贺、毛利等华族集资办厂,吸收政商资金,成立纺织组合。1882 年,正式成立大阪纺织会社,创业资金 25 万元。[②] 涩泽采用英国最先进的蒸汽机和拥有 15 000 锤的林格型纺织机,聘请留学英国的工程师山边丈夫担任总工程师,还让第一国立银行提供周转资金支持。1883 年,纺织厂正式开工,纺织女工来自大阪市的贫民和贫农家庭,棉花自中国、印度、美国进口。1886 年,纺织厂自行利用蒸汽发电机发电,为夜班劳作提供照明,提高了劳动效率。在政府免征棉花进口税和棉纱出口税的双重税收优惠政策支持下,纺织厂效益显著、利润和分红双双看好,大阪商人不请自来,成为主要的投资者。至 1887 年,公司资金总额增加近 4 倍,达 120 万元;不断购置英国纺织机,纺锤数量从 31 320 锤增加到此年的 61 000 余锤。[③] 在大阪纺织会社成功的刺激下,纺织"热"持续升温,三井家族相继建成了三重组织、钟渊纺织等各拥有棉纺机数百台、10 000 锤纺锤的大型纺织厂。1895 年,三井系的钟渊纺织来中国创办上海纺织会社,涩泽系的纺织组合创办东华纺织会社,就地购买物美价廉的中国棉纱,抢占棉布在中国市场的份额。

产业的快速发展带动了铁路的建设。川崎—横滨线、品川—横滨线、大阪—神户线、大阪—京都线,以及 1880 年修筑大津—京都线、手宫—札幌线等国营短程铁路陆续开通。1881 年 11 月,创立国营日本铁道会社,着手东京—京都区间的干线铁路建设。1883 年 12 月,为建设东北地方的干线建设,发布了《中山道铁道公债证书条例》。1887 年 5 月,

---

① 高村直助『企業勃興:日本資本主義の形成』、ミネルヴァ書房、1992 年、9 頁。
② 『青渊先生六十年史』、龍門社、1900 年、1071 頁。
③ 『青渊先生六十年史』、1073—1074 頁。

政府发布《私设铁路条例》，规范后来居上的私营铁路建设过程。至1890年，发展迅速的私营铁路在筑路里程数、运送旅客数和运输货物吨位等方面，均全面超过国营铁路，如下表所示：

表 3－2　铁路的发展（1972—1890）

单位：千米　千人　千吨

年度	营业里程（国铁）	旅客运送量（国铁）	货物运输量（国铁）	营业里程（私铁）	旅客运送量（私铁）	货物运输量（私铁）
1872	29.0	495	0.5			
1875	61.7	1 482	14			
1880	158.3	5 332	196	61.4		
1885	360.2	2 637	191	299.3		
1890	983.5	11 265	682	1 365.3	11 575	1 106

资料来源：《国史大辞典》第9卷，东京印书馆，1993年，第898页。1872年的统计数字为当年5月—12月；1875年为1月—6月；1880年为1880年7月—1881年6月；1885年为1885年7月—1886年3月。

与此同时，九州铁道会社（1888）、筑丰铁道会社（1889）、北海道煤矿铁道会社（1889）、京都铁道会社（1894）、两山铁道会社（1894）、磐城铁道会社（1895）、北越铁道会社（1895）、挂川铁道会社（1895）等大大小小的私营铁路公司在日本全国创设。在同一一年里多家铁路公司创办，铁路"热"与纺织"热"同时出现，表明政策调整后产业近代化的步伐加快。

采矿业也获得蓬勃发展。北海道的石狩、天盐、钏路煤矿等幕府时代已经开发的煤矿，在明治时期殖产兴业的过程中进一步开发。随着1868年幌内煤矿、1880年几春别煤矿、1886年知空煤矿、1892年夕张煤矿的先后开采，北海道成为重要的煤炭基地。佐渡岛的金矿、银矿以及岛根县的石见银矿、兵库县的生野银矿经多年开采，渐呈枯竭景象，新技术的使用延长了矿山的开采寿命。由于第三产业增长缓慢，银行业对农业、工矿业的资金供出乏力。在这种情况下，日本资本主义对战争掠夺的渴望越来越强烈。

三、政商蜕变为财阀

　　财阀是日本的富豪家族封闭统治下的垄断资本集团,其前身多半是政商,即殖产兴业时期在政府扶植下一夜暴富的商人。明治前期的一批暴发户,如三井、岩崎(三菱)、住友、安田、大仓、藤田、浅野、涩泽、古河、鸿池等家族无一不是政商。得益于明治政府廉价处理国营企业,政商迅速转变为财阀。

　　三井家族在江户时代即为幕府的御用大豪商,颇识钱权交易、聚敛财富的诀窍。明治政权成立后,三井高福在戊辰战争期间,向明治政府提供金融支持,承担明治政府的货币兑换业务,双方建立了密切关系。1872 年,三井出资创办了第一国立银行,奠定了首富地位。经大藏大辅井上馨的幕后运作,三井家获益丰厚,井上也因此成为三井家的最高顾问,人称"三井家的大掌柜"。1876 年,三井高福创办贸易公司三井物产会社和三井银行,自任第一届总长。三井家重用三野村利左卫门、益田孝、中上川彦次郎等外姓经营精英,但经营决策权始终由三井家族掌握。三井银行先后由三井高福、其堂弟三井高喜、其六子三井高保等三井家族成员出任社长,三井物产的社长则先后由益田孝、三井高宽,以及三井高福的五子三井高弘等人担任。

　　在对华贸易方面,三井物产会社起步最早。1877 年,三井在上海开办支店,出售产自三池煤矿的煤炭。1878 年,在天津开办事务所,从事面粉、大米和煤炭贸易,颇有赢利。1887 年,三池煤矿的煤炭远销中国香港和新加坡。1888 年,三井收购三池煤矿后,增加煤炭产量并购置货船,扩大在华南和东南亚各地的煤炭贸易。

　　三菱家族的发迹始自倒幕维新的激荡年代。1871 年,土佐人岩崎弥太郎借助后藤象二郎的提携,乘废藩置县之机,得到藩厅的 11 艘轮船。1872 年,建立三菱商事。1874 年日本侵台期间,三菱商事承包了海运军需物资业务,事后得到政府无偿赠送的 13 艘轮船和巨额补助金,实力大为增强。1875 年,成立三菱汽船会社。在政府的支持下,三菱会社开辟了从横滨至上海的海运线,与美国太平洋邮船公司和英国 P. & O. 轮船公司展开激烈竞争,力图垄断西太平洋的对华商贸黄金水道。

1876 年,在强迫朝鲜开港期间,岩崎将多艘轮船停泊于军队集结地下关,随时听从陆军卿山县有朋的调遣。1877 年西南战争期间,三菱为政府军提供海上运输服务,获得大笔酬谢金。战争结束后,三菱拥有 50 余艘轮船,总吨位达到 3 万余吨,成为"海运之王"。1878 年,创建东京海上火灾保险公司。1880 年,开办三菱汇兑店,涉足银行业。在明治政府廉价处理国营企业期间,1884 年购得油户矿山、中岛煤矿,1885 年购得大葛金矿,1887 年购得长崎造船所,膨胀为工商业资本集团。1885 年,在天皇授意下,三菱与共同运输会社合并为日本邮船株式会社。同年,岩崎弥太郎去世,由其弟岩崎弥之助统管三菱家族的产业。1886 年,日本邮船株式会社开辟长崎至芝罘、天津的海运线,向中国华北地区扩张势力。1893 年,弥之助与弥太郎的长子岩崎久弥创办持股公司三菱合资会社,将经营范围逐步扩大到金融、保险、工矿、建筑、造船、仓库、信托业等多种部门,成为总体实力仅次于三井的综合性财阀。

住友家族在 1691 年以承包开采别子铜矿起家,借助精炼法在炼铜和铜贸易中稳居御用大豪商的前列。明治维新后,住友家族一路暴发。1895 年,创办住友银行。1899 年开设住友仓库,收购了日本铸钢,创建住友铸钢,生产铁路、船舶配件。1901 年开办现代化的住友炼铜厂,兼营制丝、机械、化肥、电力、信托等行业。1921 年将个人经营的住友总本店改组为住友合资会社,在老财阀中位列第三。

1864 年,安田财阀的创始人安田善次郎在江户日本桥开办汇兑货款兼营干货的安田商店,又在明治初期倒卖太政官札成为暴发户。1876 年,安田与川崎八郎左卫门合伙创办第三国立银行。1877 年,创办第六、第二十二国立银行。1880 年,创办安田银行,在金融业独当一面。1887 年,成立保善社作为总部,继续拓展金融业务。

大仓财阀的创始人大仓喜八郎,出身越后国(今新潟县)新发田藩。1854 年只身来到江户闯江湖,贩卖鱼干聊求温饱。1865 年,大仓在神田河泉桥开办了大仓枪炮店,与横滨贩卖枪炮的外商建立了军火业务关系,通过与幕府和诸藩的枪炮买卖聚敛财富。戊辰战争期间,大仓为官军经办军火,与明治政府建立了密切的关系,财富倍增。1873 年,成立大仓组商会,从事对英国的羊毛贸易,作为财阀崛起。

藤田传三郎出身酿酒业豪商,1869 年在大阪靠制造军靴发家。1874 年,加入以井上馨为后台的先取会社,积累了实力。1876 年,与其兄鹿太郎、久原庄三郎等合伙创办藤田传三郎商社,成为陆军省军需品的定点生产厂家。1883 年,购得小坂矿山,转化为工商业资本集团。1885 年,出任商法会议所总裁,控制了大阪股票交易所。1887 年,在冈山县儿岛湾围海造田,创办藤田农场。藤田家经营门类日益扩展,实力剧增,升格为继五代友厚、中野梧一之后的关西财界掌门人。其后,又参与创办堂岛米商会社、大阪硫酸制造、大阪纺织、阪堺铁道、大阪商品交易所、宇治川电气等公司,成为称雄关西地区的综合性财阀。

浅野财阀的创始人为浅野总一郎。1871 年任从富山县来到东京开办煤炭厂,开始创业。在涩泽荣一的提携下,浅野家顺势而为。1884 年,购得制造水泥的深川工作分局,扩建为浅野水泥会社。此后的日本对外侵略战争为浅野家族的壮大提供了良机,军需品水泥供不应求,浅野家族迅速发迹,跻身财阀家族。

涩泽财阀的创始人,是染坊主出身的涩泽荣一。涩泽最先将西方的股份公司制度引入日本,1871 年任大藏省权大丞,翌年升任大丞。1873 年辞职,与三井、小野等商业资本合股创建第一国立银行并独资创设王子造纸公司。1882 年,主持创办大阪纺织厂,翌年参与创办共同运输会社。1896 年,成立东洋轮船公司。至 20 世纪初,涩泽创办公司 500 余家,涉及百余种行业。涩泽担任过商业会议所总裁、银行股东集合所会长,著《〈论语〉与算盘》,倡导"义利合一"、"士魂商才"等企业经营方针。提供方向性指导。因此,涩泽家族虽在实力上不能望三井、三菱和住友家族的项背,涩泽荣一却堪称指点经济发展方向的重要角色,号称"日本资本主义最高指导者"。

古河财阀的创始人古河市兵卫,出身京都的酿酒业者家庭,早年从事生丝买卖。1869 年,与冈田平藏等合伙经营院内、阿仁等东北地区的矿山,涉足采矿业。1875 年,开始独立经营草仓铜矿,与生丝贸易绝缘。1877 年,取得足尾铜矿的经营权,接受涩泽荣一的融资,扩大经营。古河家族拥有足尾、草仓、院内、阿仁、久根、永松等铜矿,产铜量一度占据了日本铜矿总产量的 30%—40%,[1]有"铜矿之王"之称。

鸿池家族的始祖为鸿池新六幸元(新右卫门),1600 年发迹于清酒酿造业。1656 年第一代传人善右卫门正成开始经营钱庄,至第三代传人右卫门宗利时专门经营汇兑业,坐上了大坂汇兑业的头把交椅。在江户时代,鸿池家族为家贺、安艺、阿波、冈山等 30 余藩的大名提供金融服务,享受武士待遇。幕府垮台后,鸿池家族投靠明治政府。1869 年,贡献 3 万两御用金,参与政府的通商、兑换管理,继续充当政商。1877 年,创办资本为 50 万元的第十三国立银行。1897 年改建鸿池银行,1899 年资本达 100 万元,确立了在金融业界的地位,跻身财阀行列。[2]

随着政商蜕变为财阀,日语汉字用语"财阀"一词应运而生。1886 年,垄断东京电灯业的小野金六等出身甲州(今山梨县)的实业家,被媒体称为"甲州阀"或"甲州财阀"。此后,出身近江国(今滋贺县)的大阪银行业者被称为"江州财阀",出身清州(今爱知县)的名古屋银行业者被称为"清州财阀","财阀"的称谓遂被社会所接受。

按实力排座次,三井、三菱、住友、安田等堪称大财阀或一流财阀,其他则只能称之为小财阀或二流财阀。以三井与鸿池为例,1897 年三井元方的财产总额为 9 345 633 元,三井银行为 3 030 663 元,三井矿山为 1 421 681元,三井物产为 600 083 元,三井吴服为 160 777 元,三井地产部为 3 933 468 元,三井工业部为 81 966 元,三井诸企业的财产总额为 18 576 274元,[3]高据财阀之首。同样由江户时代特权御用豪商起家的鸿

---

① 国史大辞典编集委员会编『国史大辞典 12』、吉川弘文馆、1991 年、358、359 页。
② 安冈重明『财阀形成史の研究』、ミネルヴァ書房、1998 年、15 页。
③ 安冈重明『财阀形成史の研究』、434 页。

池财阀只经营银行业,企业门类单一。1900 年,鸿池银行与河泉町银行合并之后,资本增加 1 倍,为 200 万元,只相当于 3 年前三井银行财产的 2/3。①

财阀的企业规模并不相同,却都与政府保持着极其密切的关系。日本银行创立后,安田、三井、涩泽、大仓家族纷纷投资,成为其股东。安田、三井家族企业的高级人员出任中高级官员,三菱家族企业的川田小一郎、岩崎弥之助、山本达雄等出任日本银行的总裁。井上馨担任过三井物产前身三井先收会社的社长,井上还推荐大藏省官僚早川千吉郎担任三井银行的专任董事"取缔役"。财阀通过接受政府的扶植和保护,支持政府的内外政策,参与金融部门的管理或接纳政府官僚加入财阀企业的高层运营,继续保留着浓厚的政商性。

第三节 近代天皇制的建立

一、学德国与制宪

在压制民权运动的同时,明治政府加快制宪过程。1880 年 7 月、9 月,元老会议两次提出《国宪草案》,均被强调"祭政一致"的复古论否决。12 月,参议伊藤博文提出《立宪政体意见书》,认为欧洲各国的立宪思想虽风靡日本,但鉴于国内开化进步的现状,应采取渐进主义方针。在确保国体不变的前提下,吸纳士族充当元老院议官以永远辅翼皇室,"通过天皇圣裁,明确天下之方向"。② 1881 年 7 月,右大臣岩仓具视提出由井上毅起草的制宪《大纲领》,主张以德意志宪法为蓝本,采取渐进方针、钦定宪法、天皇掌握大权、贵族院优先、抵制英国式的议院内阁制、加大内阁权力等多项制宪原则。③ 10 月,主张英国式立宪构想的大隈重信被逐

---

① 安冈重明『財閥形成史の研究』、172 頁。
② 春畝公追頌会『伊藤博文伝中』、192—201 頁。
③ 『岩倉公実記下巻』、原書房、1968 年、716—729 頁。

出政府,岩仓和伊藤的渐进主义方针主导制宪过程。11月,井上毅进呈《进大臣》,其"学德国"的主张为政府所接受,对制宪过程产生影响。

1882年3月,参议伊藤博文奉天皇睦仁之敕命,赴欧洲考察各国宪法。考察的要点包括:欧洲立宪君主国宪法的渊源、沿革以及实施现状的成败得失;皇室的特权地位及权利、皇室及其财产的设置;内阁组织法及立法、行政、司法、外交各职能部门的权限;内阁责任法、内阁大臣与上下两院的关系;上下两院的构成、权限及相互关系;贵族院的制度特权等19项内容。临行前,岩仓具视特别向伊藤面授机宜,强调制宪不得违背宪法钦定、确保天皇大权等两大方针。

1882年5月,伊藤博文率伊东巳代治、西园寺公望等抵达柏林。至1883年6月结束考察,在13个月内,伊藤等在德国停留半年,在奥地利停留两个半月,在英国考察两个月,其余时间前往俄国、比利时、法国、意大利、西班牙等国,做短期考察。伊藤发现,德国、奥地利的国情、政情与日本最接近,均为君权至上的后起之秀。特别是德奥两国不同于英法,立法机构国会的地位不高,行政机构内阁执掌实权,这些差别成为伊藤等考察的重点。1882年5月,伊藤在日本驻德公使青木周藏的陪同下,拜访了柏林大学教授、宪法学权威专家格耐斯特(Rudolf Von Gneist),商定由其助手、日本驻德公使馆法律顾问毛斯(Albort Mosse)每周为伊藤讲授3次德国宪法、行政法,由青木翻译,伊东笔录。半年之后,伊藤等访问维也纳大学,听取法学权威斯泰因教授讲解国家组织法以及英法德等国政体的沿革。

8月,伊藤致信岩仓,汇报了旅德研修的心得,宣称找到皇室"大权不致旁落的大诀窍"及克服民权派"误信美英法自由过激论"的"道理与手段"。其内容可概括为:(1)君权至上原则。在君主、国会和政府等三者关系中,"法律由两院即议会通过","命令由政府发布","立法、行政两权并立";"君主立于此两组织之上,即所谓国家之元首也,故不得以法律束缚之,不可以刑罚加之,拥有不可侵犯的地位并统辖国家,此即君主之位之职也"。(2)加强藩阀政府的权力,即"法律草案由政府即内阁行政拟定,即使立法议会通过违反政府意图之法律,政府如不同意,君主即不批准发布。君主如不批准发表,即不能构成法律"。(3)明确日本式君主立宪体制的要领:"君权完整,巩固立法行政两立并行之组织",其真髓即"君位驾于宪法之上",理由是"我皇室在二千五百年前国家体制尚未固定之时,已拥有君主的地位",无须宪法和国会"再来认定"。① 至此,形成天皇总揽统治权、宪法钦定、突出政府的行政权、架空议会等制宪方针。

1882 年 8 月 28 日,伊藤博文拜会德国皇帝威廉一世。德皇关于"若让权于国会,即埋下了内乱祸根"的叮嘱,进一步影响伊藤对国会的观感。9 月 6 日,伊藤致信松方,强调:"即使在明治 23 年制定宪法,召开国会,也决不能像自由民权论者所主张的那样,以国会议席的多寡来决定内阁的更替和首相人选。这种所谓议会主义不适用于日本,因为它并非确立君权的纯正政治。"②伊藤之所以竭力上尊皇权、下抑国会并突出政府的行政权力,是因为他已习惯于萨长藩阀政府令行禁止,对非萨长派政党入主众议院的国会心存疑虑。一年有余的赴欧宪法考察、主学德国制宪的经历,使伊藤为宪法钦定、天皇总揽统治权等出国前业已明确的制宪方针找到了依据,还增加了皇室事项不在宪法规定之内、国务大臣只对天皇负责、国会采用两院制、实行纳税人有权参加选举的有限制的选举制度、政府能够在国会否决预算而继续沿用上一个年度预算额度等新内容。伊藤回国后,相应的补充实施内容陆续出台。

1884 年 3 月,伊藤出任制度取调局局长,聘请德国法学家罗埃斯勒(Karl Friedrich Hermann Roesler)和毛斯为顾问,指导井上毅草拟《宪法》《皇室典范》,伊东巳代治草拟《议院法》,金子坚太郎草拟《众议院议员选举法》《贵族院令》。出于审议宪法和有利于天皇决策的考虑,4 月,设置枢密院。伊藤出任首届议长,枢密院顾问官由维新功臣担任。伊藤认为,设立枢密院方能"明察国家之形势、国民之感情","进善良劝告",

① 春畝公追頌会『伊藤博文伝中』,296—299 頁。
② 春畝公追頌会『伊藤博文伝中』,314、311 頁。

以确保"主权归于王室",在政府与议会发生争执、大臣辞职或议会解散时,"以至尊之裁决为最终决定。"①同月,天皇颁发《设立枢密院上谕》,强调:"朕体察选择元勋及达练之士以咨询国务,依其启沃之必要,设置枢密院为朕最高顾问之府。"《枢密院官制》明确其主要职掌为在解释或修改宪法及其附属法律、发布重要敕令、与外国订立条约及起草行政组织计划时,向天皇提供咨询;规定枢密院"乃天皇有关行政以及立法事项之最高顾问,但不得干预施政"。②

7月,颁发《华族令》,宣布设置公、侯、伯、子、男等5等爵位,由宫内卿奉旨授予;爵位由嫡长子顺序继承,女子不得受爵位。规定有爵者户主死亡且无男子继承者,丧失华族荣典;有爵者之妻享有与丈夫同等的礼遇和称谓;本人在世继承人不得承袭爵位。华族的户籍及身份由宫内卿掌握;华族的婚姻及收领养子需先经宫内卿批准;华族子弟必须接受相当的教育等。③《华族令》将华族事务制度化,出身萨长土肥四藩的维新官僚跻身华族,享有世袭特权和地位,增强皇权的稳固度。

1885年12月22日,废止太政官制,改行内阁制,强化藩阀的实权地位。内阁设总理大臣和内务、外务、大藏、陆军、海军、司法、农商务、文部、递信等9省厅大臣,全体阁僚只对天皇负责。三条实美在《太政大臣奏议》中强调,"以内阁为宰臣会议御前奏事之所,万机之政专以简捷灵活为主,诸宰臣入则参大政,出则就各部之职,皆陛下之手足耳目也";建议天皇"选其中一人专任中外职务,承旨奉宣,以保持全局之平衡而统一各部。"④奏议中的"专任中外职务",即遴选首任总理大臣。岩仓具视已在1883年7月病亡,三条实美因健康的原因请辞并推荐了伊藤博文。天皇睦仁经过一番斟酌,同意伊藤出任首任内阁总理大臣。同时颁布的《内阁职权》规定了首相首班制,即"内阁总理大臣为各大臣之首,奏宣机

---

① 《明治维新基本文献史料选译》,《明治维新的再探讨》,第197、198页。
② 《明治维新基本文献史料选译》,《明治维新的再探讨》,第197页。
③ 太政官文书局『官报』第306号、1884年7月7日、第2、3页。
④ 『法令全书』、明治18年12月『诏敕奏议』、1、2页。

务,承旨指示大政之方向,督统行政各省";拥有考察诸省政绩、发布命令、监督法律起草委员、副署法律命令等权力。《内阁职权》还规定"事关军机,应由参谋本部长直接上奏,陆军大臣亦须将其事件报告总理大臣。"①据此,军部进而稳固了直通天皇的渠道,对内阁仅负有事后报告的责任。

同日,为贯彻皇室与政府相区别的方针,设置不受内阁节制的内大臣。前太政大臣三条实美担任首任内大臣,负责掌管天皇和国家的印玺,直接与天皇联系并参与国政,扩充宫内省处理宫廷事务。其中,皇室会计局、皇室林野局、八寮(即宗秩寮、诸陵寮、图书寮、侍医寮等八寮)等机构专门负责管理皇室财产和皇族子弟教育,独立于内阁之外。此项改革可以使皇室超然于政争,维持尊贵的地位并保有最终决定权。

12月22日,首届内阁成立。伊藤博文任首相,井上馨、山县有朋、山田显义等长州阀分别任外务、内务、司法相;萨摩阀松方正义、大山岩、西乡从道、森有礼等分别任大藏、陆军、海军、文部相。余下的农商务、递信相等职位,分别由土佐阀的谷干城和幕臣榎本武扬担任。萨长阀平分秋色,执掌实权。26日,伊藤立即向各大臣发布处理各省事务的《五项纲领》,规定阁僚必须明确职守,量才授官,避免文牍,减少冗费,严明纪律。同时,陆续公布各省厅的官制规定,在内阁设置法制局,将政务、军务、事务纳入法治轨道。

1887年7月,停止实施明治建政以来的官吏自由推荐制,以敕令方式公布《文官考试试补及见习规则》,改行高等、初等文官考试录用制度。该规则规定:"依据《学位令》,获得法学博士、文学博士者,或法科大学、文科大学及旧东京大学文学部毕业者,或者通过高等考试者",均可补任高等判任文官。② 高学历和重点大学,特别是东京帝国大学的毕业生受到重视和优待。同时,颁布《官吏服务纪律改正》17条,要求官吏必须"对

①『法令全书』、明治18年12月『诏敕奏议』、5、6页。
②『法令全书』、1887年7月『敕令』第37号、124—129页。

天皇及天皇陛下的政府忠实、顺从和勤劳,服从法律命令,尽职尽责";"服从所属长官的命令,但可对其命令陈述意见";"重廉耻,禁止贪污";"保守秘密";"未经长官允许,不得担任营业公司的总经理或职员";"不得接受馈赠";"接受外国授予的勋章荣赐或馈赠,须经天皇批准";"官吏及其家属未经所属长官的允许,不得直接或间接经营商业";"不得担任股票公司职员";"接受本职之外的工资";不得接受免费车票和船票等。①此规则经长期推行,形成高官与高学历挂钩、阁僚多出自名牌大学的传统,训练出效忠天皇、相对廉洁、遵纪守法、讲究效率的官僚队伍。

1887 年 8 月,伊藤博文与井上毅、伊东巳代治、金子坚太郎等在神奈川县夏岛的别墅中,完成宪法及相关法律,即"夏岛草案"。10 月,在东京伊藤私邸中进行修改。1888 年 4 月,伊藤辞去首相职位,出任枢密院议长,又在枢密院中设立宪法制定会议,审议宪法及相关法律。6 月,明治天皇亲临并置卧榻于制宪会议,逐条审议并确定宪法条文的表述,落实"宪法钦定"的程序。1889 年 1 月,宪法及相关法律最终定稿。

二、民权运动的分化

《召开国会诏敕》的发布后,成分庞杂的国会期成同盟迅速解体,自由党、立宪改进党、九州改进党等民权派政党和政府的御用政党立宪帝政党一哄而起,竞相为争夺大选席位而预作准备。党派林立,但举足轻重的政党为自由党和立宪改进党。

1881 年 10 月,自由党率先成立。党纲为盟约 3 条,即:(1)"扩充自由,保全权利,增进幸福,图谋改良社会"。(2)"尽力于确立善美之立宪政体"。(3)"在日本国与吾党共主义、同目的者一致合作,以达吾党之目的"。② 自由党主张国约宪法,即由国民议会制定宪法,以主权在民为制宪原则,建立法国式的议会政治制度。自由党的总理为板垣退助,常务

---

① 『法令全书』、1887 年 7 月『敕令』第 39 号、132—134 页。
② 板垣退助监修『自由党史中卷』、79、80 页。

议员为后藤象二郎、马场辰猪等,中央本部设在东京,地方设地方部,机关报为《自由新闻》。主要理论家为号称"东洋的卢梭"中江兆民和鼓吹天赋人权论的植木枝盛、马场辰猪等。自由党以农民、小商品生产者和中小企业主为基本社会基础,党员喜穿破旧的和服,长发浓须、不修边幅,擅长演说和演歌且言辞激烈,号称"壮士党"。

1882年4月,立宪改进党成立。其立党宗旨反对扰乱社会秩序的"激烈变革",强调用"正当手段"和"切实之方法使国家进步。"党规为:(1)"维护皇室之尊荣,保证人民之幸福";(2)"以改良内政为主,使国权得以伸张";(3)"减少中央干涉之政策,建立地方自治之基础";(4)"依据社会进步之程度,适当扩大选举权";等等。① 改进党信奉穆勒功利主义,主张天皇与人民分享统治权的立宪原则,试图建立英国式的君主立宪体制。党的总理为大隈重信,副总理河野敏镰,掌事有小野梓等人。立宪改进党的党员多数来自失意官僚、政客、府县议会议员和学者,主要社会基础为城市大企业主与大地主,党员衣着考究、派头十足,言语温和,喜谈秩序和策略,号称"绅士党"。立宪改进党与自由党既有追求宪政的共同语言,也有矛盾分歧,形成既合作又竞争的复杂关系。

4月,板垣退助在岐阜县发表演说时被狂热的尊王论暴徒刺伤,虽血流如注,仍奋力高呼"板垣虽亡,自由不死!"②消息传开,举国震动。立宪政党总理中岛信行前来慰问,立宪改进党大隈也派来专使探望,名流医生后藤新平赶赴岐阜为板垣治伤。自由党,名声大振,板垣成为世人关注的政治明星,甚至天皇睦仁都打算派遣御医来探视,以减缓对政府的不利影响。自由党骨干齐聚岐阜,商量对策。普通党员群情激奋,赶制竹枪、旗帜,准备与军警战斗。右大臣岩仓具视惊呼:日本已处于法国大革命的前夜。

面对国内紧张形势,明治政府两手政策兼用,全力对付民权运动。6

① 板垣退助監修『自由党史中卷』,98、99頁。
② 板垣退助監修『自由党史中卷』,136頁。

月，一方面，政府修订《集会条例》，授予内务卿和地方长官禁止集会、结社和演说的权限，命令警察传讯自由党、立宪改进党干部，强硬应对民权运动。另一方面，伊藤博文、松方正义等策划由三井公司提供 2 万元经费，怂恿板垣退助、后藤象二郎出洋考察。此举在自由党内部引起混乱，马场辰猪等公开反对板垣出洋，自由党分裂。随后，板垣出国考察经费的来路成为舆论炒作的话题，其公众形象急转直下。9 月，马场与数十名地方干部联名抗议板垣，宣布脱党。11 月，板垣、后藤等出国考察。立宪改进党在"扑灭伪党"的旗号下，揪住板垣出洋经费问题，猛烈攻击自由党。自由党则利用政府有意透露出来的材料，讥讽立宪改进党是海运大王岩崎家族的"臣妾"，发起"讨伐海怪"的宣传战。两大民权派政党死命互掐，政府乐得坐山观虎斗。

1882 年 10 月，御用文人加藤弘之出版《人权新说》，再次挑起论战。加藤认为人类的遗传有优劣的区别，先天即有质的差异，因此，绝不可能生而自由平等，攻击天赋人权论"决非可以验证的真实存在，完全是学者妄想的产物"。加藤指责卢梭的"错误的妄想"，导致"恣意弑君，屠杀贵族、教徒"的法国大革命，造成"旷古未有的暴政"。加藤高度评价达尔文的进化论乃"世界万物的一大规律"，同样适用于人类社会，认为掌握了权力的统治者是社会的最大优胜者，因而新的人权只能在国家、政府的保护下，才会产生；每个人都不可能离开国家而具有任何权利。加藤强调应当按照日本进化的程度来谋求个人权利的增进，采用渐进的方式，把欧美人民用了上百年时间才取得的权利，逐步移植于日本；选举权只能以纳税的多少来确定，实行限制选举。最后，加藤打出皇权的旗号，强调只有"永远充当皇室的羽翼"，[①]才能真正成为社会的优胜者。

1882 年 12 月至 1883 年 1 月，立宪改进党政论家矢野文雄和自由党的植木枝盛、马场辰猪等在《报知新闻》《京滨每日新闻》《朝野新闻》《时事新报》上，发表《人权新说驳论》《天赋人权辩》《评人权新说》等文章，回

---

① 木村毅编『明治文化全集第 2 卷』、356—385 頁。

击加藤弘之。他们接过加藤的进化论,以其矛攻其盾。马场辰猪说,既然优胜劣败的进化论适用于社会,就应该实行普遍选举,展开自由的生存竞争,摒弃限制选举;自由党扩张人民权利即为自由竞争,即为进化。植木枝盛说,把进化论作为保守思想的理论依据,如同把枪口指向自己军队的士兵而去攻击敌军,绝无获胜的希望。

　　同时,矢野文雄指出加藤理论思维的错误,强调人不同于动植物,把观察动植物界的进化论机械地搬用于人类社会,不啻南辕北辙;认为加藤在空谈权利,但他连权利的法律属性和道德属性都搞不清楚。植木强调,人的权利与人的实力不同,他讽刺加藤说:优胜劣败若用诸人际关系,那么某人比加藤先生高明,就可以凭借实力剥夺加藤先生的生命,可怜的加藤先生岂不成了没有生存权的人。

　　加藤为哗众取宠,自称《人权新论》引用了穆勒、斯宾塞、达尔文、贝克尔等20余位欧洲著名学者的论著。马场等人查阅加藤引用过的原著,将其引文的语法错误公布于众,令其颜面扫地。[①] 民权派一个月的群起反击,将《人权新说》批驳得体无完肤,迫使加藤在10年内保持沉默。

　　论战期间,"松方财政"政策加剧了社会的两极分化,政商和地主得到了巨大的实际利益,转而支持政府。贫困农民和小商品生产者在"松方财政"改革中大量破产,沦为"困民党"、"借债党",怒火满腔。中小地主、豪农则随着贫苦农民反抗意识的急剧升温而趋于消极乃至退出运动。作为社会资源配置和力量对比发生明显变化的政治表现,板垣退助、后藤象二郎等自由党上层脱离运动的领导岗位,河野广中等中下层党员则与城乡劳苦群众结合,展开武力反抗。

　　1882年的"福岛事件",发出武力抵抗的第一声。时任福岛县令的萨摩阀三岛通庸敌视民权运动,为修筑从若松至越后、米泽的道路,强令15—60岁男女县民每月出一天夫役。5月,自由党骨干河野广中担任议长的福岛县议会否决了三岛的命令。三岛仅将夫役改成征收代工费,继

---

① 木村毅編『明治文化全集第 2 卷』、391—437 頁。

续筑路。7 月,自由党党员、豪农宇田诚一率领县民请愿,要求三岛收回成命但遭拒绝。8 月,福岛自由党人立《盟约》,决心不惜身家性命"颠覆压制政府,建立真正自由政体"。11 月,三岛下令逮捕宇田等自由党党员。数千农民闻讯后,包围了福岛县警察署,各处自由党人赶来声援。政府出动军警实施暴力镇压,逮捕了两千余农民,将河野广中等自由党干部定为"国事犯",关进了监狱。[①]

1883 年 3 月,新潟县中颈城郡高田发生自由党人密谋起义的"高田事件"。新潟地区历来为自由党所重视,1881 年 8 月至 10 月,板垣退助、马场辰猪、中岛信行等自由党著名人物来此开展活动。激进的民权团体颈城自由党和北辰自由党成立后,得到当地群众的支持。1882 年自由党报纸在新潟县的发行量多达 125 万份。政府派遣间谍混入组织,刺探情报。1883 年 3 月,政府根据密报,搜捕颈城、北辰自由党党员,逮捕 37 人,举义失败。[②]

1884 年,反政府事件进入密集爆发时期。5 月,群马县自由党人日比逊被推举为总长,率领党员和贫困农民,宣布实行天下革命,袭击甘乐郡生产会社、松井田警察分署,冲击高崎兵营,遭政府镇压,称"群马事件"。[③] 9 月,茨城县自由党人占据加波山,散发号召"颠覆自由公敌的专制政府,建立完全自由立宪政体"的檄文,竖起"自由之魁政体"旗帜,袭击警察署,失败后 7 人被判处死刑、7 人无期徒刑,此即"加波山事件"。[④] 10 月,名古屋自由党人率众袭击富豪、村公所,在平田桥与警察剧烈冲突,3 人被判处死刑、20 余人被判有期徒刑,此为"名古屋事件"。11 月初,埼玉县秩父郡自称"困民党"或"延期党"的万余农民不堪忍受高利贷的盘剥之苦,在自由党人田代荣助等指挥下,占领郡厅,破坏小鹿野警察分署和地方法院,袭击多家高利贷债主,焚烧借据、地契并与东京镇台两

---

① 安良丸夫[ほか]校注『日本近代思想大系 21 民衆運動』,岩波书店、1989 年、300 頁。
② 井上鋭夫『新潟県の歴史』、山川出版社、1974 年、219、220、221 頁。
③ 山田武麿『群馬県の歴史』、山川出版社、1978 年、239 頁。
④ 瀬谷義彦『茨城県の歴史』、山川出版社、1974 年、243、244 頁。

个大队的正规军激战数日,史称"秩父事件"。起义失败后,自首或被捕者高达 3 133 人,死刑 4 人、无期徒刑 4 人、有期徒刑 63 人。① 12 月,豪农森多平创建的民权团体爱国正理社,与名古屋爱国公道协会密谋策动名古屋镇台兵哗变,同时在饭田发动起义,袭击检察署,实行自由革命以减轻地税、修改征兵制度和救济贫民。由于计划被警察坐探获悉,骤遭镇压。在 27 名被捕者中,以阴谋内乱罪判处 6 人 1 年至 7 年的有期徒刑,②史称"饭田事件"。

在"福岛事件"爆发的同时,中日关系因朝鲜半岛的"壬午兵变"而日趋紧张,民权运动的上层领导人纷纷转向,抛弃民权,标榜国权。1882 年 9 月,《自由新闻》发表社论《大陆关系》,鼓吹将朝鲜"让于其他强国,对日本决非有利",主张加紧与中国对抗。③ 1883 年 6 月,板垣回国后,立即指示党员拥护政府的对外强硬方针,把迫使中朝等邻国与日本"订立城下之盟"说成是自由党的当务之急。8 月,《自由新闻》一改反政府的调门,宣称自由党与政府只不过在改革方法上略有不同而已,公开鼓吹"官民调和论"。

1884 年 7 月,中法战争爆发。板垣退助、后藤象二郎拜访驻日法国公使维茨基,策划向"自由的祖国"法国借款 100 万元,介入朝鲜事务,对抗中国。④ 12 月,日本驻朝鲜公使竹添进一郎策动亲日开化派的"甲申政变"失败后,《自由新闻》发表社论,要求政府"速派大兵占领朝鲜京城",鼓吹"若战机一旦成熟,即以我精锐勇敢之兵驱逐驻韩的中国兵,进而横渡鸭绿江,长驱直入,攻进北京"。⑤ 同月,《自由新闻》的社论《应向世界展示日本兵的武力》号召"苟为日本男儿,就磨快你的刀剑,备足你的食囊,届时切勿怠误向世界显示我等赫赫的武力!"⑥《自由新闻》完全

---

① 小野文雄『埼玉県の歴史』、山川出版社、1974 年、200—203 頁。
② 冢田正朋『長野県の歴史』、山川出版社、1977 年、236、237 頁。
③ 芝原拓自［ほか］校注『日本近代思想大系 12 対外観』、岩波書店、1988 年、367 頁。
④ 板垣退助監修『自由党史下巻』、岩波書店、1976 年、126—127 頁。
⑤ 芝原拓自［ほか］『日本近代思想大系 12 対外観』、372、374 頁。
⑥ 芝原拓自［ほか］『日本近代思想大系 12 対外観』、388 頁。

沦为政府好战政策的喉舌。曾经为"福岛事件"出庭抗辩，抨击政府镇压行为的大井宪太郎准备组织壮士团去朝鲜，甘当政府的侵略尖兵。在外来危机的刺激下，民权派政治主张中的国权论上升为主流论调，压倒民权论。10月，板垣退助宣布解散自由党。大隈重信的解散主张受到党员抵制，遂自行脱党。至12月，自由党不复存在，立宪改进党名存实亡，一度活跃的自由民权运动骤然沉寂下来。

1886年10月，英国货船"诺尔曼顿号"在纪州大岛海域触礁沉没。英国船长和水手只顾逃命，导致23名日本乘客全部溺水身亡。事后，英方援用领事裁判权，仅对失职的船长作出禁锢3个月的轻微处分，敷衍了事。日本舆论激烈抨击事件的处理结果，愈加要求废除不平等条约。首相伊藤博文等达官贵人对媒体的要求虚与委蛇，继续在鹿鸣馆与欧美驻日使节举行通宵达旦的交谊舞会，展示文明形象，推进改约谈判进程。

1887年4月22日，在第26次改约谈判会议上，外相井上馨以英、德两国提议为基础，与各国达成2年内对外国人开放内地、按照欧美法规制定日本法律、任用外国法官和检察官等协议，换取取消领事裁判权。上述协议内容引起激烈的社会反弹。7月，井上馨宣布改约谈判中止，改约进程搁浅。政府的奢侈欧化与取媚欧美等举动，一再成为媒体攻击的对象。10月，民权派代表片冈健吉提出《三大事件建议书》，痛斥高官骄奢淫逸，要求政府减轻租税负担；指责政府厉行镇压，要求言论集会自由；纠正政府的外交失策，要求废除不平等条约。① 自由党元老后藤象二郎遂以片冈的上述要求为共同纲领，发起大同团结运动，民权运动的余波再兴。12月，伊藤内阁发布《保安条例》，拘捕在东京聚会，要求元老院接受减轻地租、言论集会自由和纠正外交失策的民权派代表，将片冈健吉、中江兆民、星亨等骨干逐出东京。1889年3月，首相黑田清隆将后藤拉入内阁任递信相，失去领导人的大同团结运动至此瓦解。

---

① 板垣退助监修『自由党史下卷』、290—313頁。

三、近代天皇制的建立

1889 年 2 月 11 日，在"纪元节"的当天，明治君臣举行了盛大的宪法颁布仪式。在达官贵人、外国使节的环列之下，枢密院议长伊藤博文将宪法递交给内大臣三条实美，由三条转呈天皇睦仁。睦仁在宣读《发布宪法敕语》后，将宪法下赐给首相黑田清隆。此时，乐队演奏《君之代》，宫外礼炮声轰鸣。睦仁退场，颁布宪法的仪式结束。直到此时，仪式参加者才拿到用日文或英文版的《大日本帝国宪法》《皇室典范》《议院法》《贵族院令》《众议院议员选举法》《会计法》等法律文件。其中，宪法最令人关注。

《大日本帝国宪法》共 7 章 76 条。[1] 第一章《天皇》规定"大日本帝国"由"万世一系"的天皇统治（第 1 条）；天皇神圣不可侵犯（3 条）；天皇乃国家元首，总揽统治权，并依据宪法条规行使之（第 4 条）。这些统治权包括：帝国议会协赞下的立法权，法律批准权、召集或解散议会权、紧急敕令发布权、必要命令及命令政府发布政令之权、官制和官吏薪俸的任命权及决定权，陆海军统帅权，常备军编制权，宣战及媾和缔约权、戒严宣布权、封爵授勋权，实行大赦、特赦及减刑、复权的命令权等十几种大权，将天皇总揽统治权的制宪原则法制化。

第二章《臣民权利与义务》的相关规定，赋予被称为"亿兆""赤子""庶民""国民"的普通日本人以"臣民"的名分。其中，规定臣民均可任用为文武官吏或担任其他公职条；负有服兵役、纳税的义务；在法律允许的范围内，享有居住及迁移的自由，言论、著作、出版、集会及结社的自由和信仰宗教的自由；非依据法律，不得予以逮捕、监禁、审问及处罚，不得剥夺其受法律所规定的审判官审判之权，不得侵入及搜查其住宅，不得侵犯其通信之秘密，不得侵犯其所有权，因公益而有必要处罚时，应按法律规定进行等。各项权利规定以不得妨碍天皇施行大权为前提。

---

① 末川博編『岩波基本六法』、岩波書店、1981 年、102—103 頁。

　　第三章《帝国议会》规定：议会由贵族院和众议院组成；贵族院依照《贵族院令》之规定，由皇族、华族及敕任议员组成；众议院由按照《选举法》之规定，公选的议员组成。凡立法须经帝国议会协赞；两议院议决政府提出的法案并得以分别提出法案；在两议院其中之一者否定之法案或虽经政府提出但被议会否决之法案，不得在同届国会会期内重新提出。帝国议会每年举行为期 3 个月的会议，在临时紧急场合下，召集临时会议；两议院出席议员未超过 1/3 时，不得议事并作出决议，两议院议事须各获半数方为通过；两议院会议公开，但可依据政府的要求或议院的决定，举行秘密会议；两议院可分别向天皇上奏，可接受臣民的请愿书，可依据宪法及《议会法》并根据需要确定各种规则；议员对在议会发表意见及表决，不负院外之责，但自行以演说、刊行笔记及其他方法公布其言论者须受处罚等；除现行犯罪或涉及内乱外患之外，议会举行会议期间未经议院同意，不得逮捕议员。国务大臣或政府委员可随时出席议院的会议并发表言论。

　　第四章为《国务大臣及枢密顾问》规定：各国务大臣辅弼天皇，履行其职责；枢密顾问依据枢密院官制的规定，并应天皇的咨询，审议重要国务。第五章为《司法》规定：司法权由法院以天皇的名义，并按照法律行使之；法官由具备法律规定资格者担任；审判公开进行，但案件涉及秩序稳定或有伤风化时，可依据法律及法院决议而不予公开进行；属于特别法院管辖的事务，由另外的法律决定；属于行政法院审判的案件，不在司法法院管辖的权限内。

　　第六章为《会计》规定：新设租税及税率的变更，由法律决定；现行租税在只要未经法律更改，依旧征收；国家的岁出岁入，每年预算须经帝国议会协赞；国家预算应先向众议院提出；皇室经费依照现在的定额，每年由国库支付，除将来需要增加数额时的场合，需要帝国议会予以协助；基于宪法大权既定的岁出及依据法律结果和法律上属于政府义务的岁出，不经政府同意，帝国议会不得对之废除或削减等。第七章为《补则》规定：将来需要修改宪法款项时，据敕令、提交帝国议会讨论；修改《皇室典范》，须经帝国议会讨论；宪法及《皇室典范》在设置摄政期间不得变更；法律、规则、命令等不局限用何种名称，未与宪法相抵触的现行法律，均有一体遵行之效力。①

宪法突出天皇总揽统治权原则，将护卫天皇制的各种官僚机构法律化，标志着君主立宪的近代天皇制在日本的最终建立。其历史局限性表现为：（1）源自"神国"观念与皇权意识的"国体论"入宪。宪法开宗明义，宣称日本由"万世一系"的天皇统治之，"国体论"由此升格为国家大法的首条规定。于是，以"尊皇敬神""忠君爱国"为基本信条的国家神道堂而皇之地构成帝国的核心意识形态，成为社会洗脑的工具。（2）天皇主权的立宪原则。宪法明文规定了天皇自身拥有的十几种大权，并通过赋予贵族院、枢密院等特权机构来保障天皇主权，并将议会、内阁、法院等机构均变成天皇大权之下的附属性机构，三权分立的原则畸形化；对臣民的权利则多加限制，致使君主立宪制的资产阶级议会民主既不正常，也不完整。（3）统帅权独立养虎遗患。宪法规定天皇统帅陆海军，有权决定军队的编制于兵额而不受国会、政府的限制，体现了统帅权独立原则。由此，衍生了军部独享的帷幄上奏权，为军部颠覆政府，随时发动侵略战争，提供了法律依据与便利条件。

与此同时，这部宪法也具有相对的历史进步意义。其一，帝国宪法是近代亚洲的第一部宪法，规定了臣民的权利和义务，大体上采用了三权分立的形式和近代君主立宪制度，较之幕府时代的封建制度，是历史的进步。宪法将明治维新的政治成果法制化，其颁布意味着明治维新的终结。其二，开始了实现议会民主的历史过渡。从日本议会民主发展的全过程来看，帝国宪法的颁布建立了君主立宪体制，为大正民主运动的兴起，留下了一个透气孔。大正民主运动催生的政党政治，又为战后议会民主的实现，预作铺垫。历史发展进程的各阶段环环相扣，颁布帝国宪法即为日本议会民主化进程中的一个重要环节。

---

① 末川博編『岩波基本六法』、102—103 頁。

为期 21 年的维新，最终选择了近代天皇制亦非偶然。一是历史的机缘发挥作用。在德川时代双重二元政治构造中，天皇制潜在的政权更替机能，逐渐被尊王攘夷、武力倒幕运动和王政复古激活，构成组建近代天皇制的历史机缘。二是高层权力运作的结果。在维新过程中，天皇的表态为政争一锤定音。维新官僚与天皇结成牢固的政治联盟和利益共同体，近代天皇制遂为明治君臣政治力学互动的直接结果。三是民族文化心理深层因素发挥作用。天皇是"天"与"王"的结合，神权与政权拟人化的叠加，拥有延绵千余年的传统、超越社会层次和政治派别差异的感召力。通过神道、国学、儒学相互交汇，形成合力，借助民间的伊势神宫参拜冲动，天皇信仰内化成民族文化心理的深层因素，近代天皇制成为受众居多的政治制度。四是有选择性采用欧美模式与日本文化传统、国情实际相结合的产物。自 19 世纪 80 年代以来，明治政府提出"学德国"的方针，在政治上摧垮崇尚英法政体的民权运动，建立了披上立宪外衣的近代天皇制。以此为标志，注重练内功的明治维新终结，日本进入侵略战争频繁的武力崛起与帝国扩张时期。

第四节　新学俱兴与社会思潮

一、新学俱兴

（一）文学

明治维新期间，文学创作活跃。1870 年，假名垣鲁文的《万国航海西洋道中膝栗毛》第一编开始出版，1871 年出版《牛肉店杂谈　安愚乐锅》、1872 年出版《拿破仑一世记》。作者将福泽谕吉《西洋事情》《世界国尽》的海外知识戏作化，通过弥次郎兵卫、北利喜多八与横滨富豪广藏前往伦敦参观博览会，目睹沿途的异国风光，对不同文化现象展开比较，反映日本人对社会变革的不同理解。作品辛辣、诙谐但市井气过浓，缺乏深刻性和艺术性。1872 年，假名垣鲁文的新作《大洋新话　蛸入道鱼说教》宣扬《三条教宪》过"敬神爱国为本",表明戏作小说的作者开始反省玩世不恭、游戏人生的态度。

由于建政伊始的明治政府采取宽松的出版政策,报纸杂志的创办"热"持续升温。1869 年,《远近新闻》、杂志《新塾月志》等创刊。1871 年,《横滨每日新闻》《开化新闻》《太平海新报》《京都新报》《日要新闻》《京都新闻》《万国新闻》《名古屋新闻》《大阪新闻》《爱知新闻》《神户港新闻》及官方杂志《新闻杂志》等多家报纸杂志创刊。1872 年,《日新真事志》《东京日日新闻》《邮便报知新闻》,及首份宗教杂志《教义新闻》等问世。1873 年,《东京假名书新闻》《海外新闻》,以及埼玉、长崎、静冈、长野、高知县的地方报纸和《评论新闻》创刊。1874—1875 年,《朝野新闻》《读卖新闻》《教会新闻》《白川新闻》《东京曙新闻》《信夫新闻》《采风新闻》及《评论新闻》《开农杂志》、佛教的《明教新志》、汉诗杂志《新文诗》、华族的《会馆杂志》、中小学生的《学之晓》等近 20 家报纸杂志创刊。大量报纸杂志在短时间内一哄而上,竞争激烈。为了吸引读者,报纸杂志竞相连载各种奇闻怪谈、野史逸闻和情趣小说,为文学的发展提供了发表作品的平台。

明治初年,大量欧洲文学作品被译成日文出版。1870 年,中村正直将 S. 斯迈尔斯的《自助论》译成《西国立志篇》出版,宣扬"自助者天助"的自强精神。① 1872 年,斋藤了庵将英国作家笛福的《鲁滨逊漂流记》译成日文,受到读者欢迎。1873 年渡边温将《伊索寓言》、1875 年永峰秀树将《一千零一夜》译成日文出版。1878 年,丹羽纯一郎将英国浪漫主义小说《厄内斯特·马尔特拉沃尔斯》日译为《欧洲奇事·花柳春话》;川岛忠之助将法国科幻小说作家儒勒·凡尔纳的《八十日环游世界》日译为《八十日间世界一周》等。上述译作满足了读者对大洋彼岸陌生世界的好奇心,将欧美世界的价值观、思维方式介绍到日本,在开阔眼界的同时,启发读者自省自励。

---

① 小林修［ほか］『争点　近代日本文学史』、双文社、1995 年、19 頁。

进入 19 世纪 80 年代,自由民权运动如火如荼,政治小说畅销风行。1880 年,户田钦堂推出首部政治小说的《情海波澜》。套用通俗小说才子佳人悲欢离合的路数,户田设计了艺伎"魁屋阿权"、"国屋民次"、"比久津屋奴"和富豪"国府正文"等 4 个人物,分别指代民权、抗争国民、奴性国民和政府。小说的梗概是民次(国民),爱上阿权(民权),却又难以割舍旧情人比久津屋奴(奴性)。钟情魁屋的富豪正文(政府)曝光民次与奴的旧恋情,以图离间。但阿权不为所动,民次也与奴彻底了断,有情人终成眷属。正文赶来祝贺,结局皆大欢喜。小说通过两对青年男女间的复杂互动关系,启发国民去掉惧怕政府的奴性,投身民权运动,最终实现官民调和,开设了国会。

《情海波澜》一炮打响,纷纷登台的政治小说热度不减,作品多达 250 余篇。其中,1882 年出版的樱田百卫的《西洋血潮风暴》、宫崎梦柳的《自由凯歌》等,讴歌法国大革命。1883—1884 年,矢野文雄的《经国美谈》出版,描绘了古希腊城邦国家底比斯爱国志士凭借武力和雄辩,在富国强兵中崛起。1885 年,柴四郎出版的《佳人之奇遇》,通过日本人东海散士与西班牙独立人士幽兰、爱尔兰独立人士红莲、明朝亡国之士、波兰女革命家等交往的曲折情节,以及游走世界各地的经历,表达日本雄飞海外的愿望。1886、1887 年,末广铁肠出版了《雪中梅》和《花间莺》。前者通过青年政治家国野基与阿春的曲折恋情,反映了官民之间的对立;后者借小说男女主角的联姻,寓意官民调和,举国一致。[①] 1887 年,小宫山即真的《联岛大王》描述日本的奇男子用拳头打败白人,致富于海外贸易,开拓无人岛,扩展日本的领土。同年,中江兆民出版《三醉人经纶问答》,设定民主主义者"洋学绅士"、侵略主义者"东洋豪杰"和自由主义者"南海先生"等 3 个人物,通过其把酒纵论国内外时局、激辩日本国家体制和对外方针,表明了中江追求民主、和平的治国理想。

政治小说风行,文学理论受到重视。1885 年,创作《细君》等作品的

---

① 『日本現代文学全集 3』、講談社、1980 年、407 頁。

小说家坪内逍遥出版《小说神髓》两卷。上卷为小说总论,下卷纵论小说法则总论、文体论、小说角色的法则、时代小说的角色、主人公的设置、叙事法等问题。坪内认为,"作为我国古代的习惯,将小说看成实施教育的一种便利手段,没完没了地提倡劝善惩恶的主题";存在着"回避人情,歪曲世态,构思无理角色"等问题。① 为克服传统小说的"拙劣趣向",坪内主张写实主义的创作原则,即"小说的目的在于描写人情世态,深入其真髓"。坪内也讲究情节构思的章法,不可"前后颠倒,事序混乱,条理不清,亦无缓急"。② 1886 年,小说家二叶亭四迷在《中央学术杂志》上发表《小说总论》,认为宣扬劝善惩恶的传统小说是"说教"而非"真正的小说"。支持坪内的写实主义创作原则。二叶亭深受俄国文学理论家别林斯基的写实主义影响,其文学理论思维高于坪内,认为"有形则有意,意依形而现,形依意而存";强调写实小说的目的是"在偶然的'形'中,清楚、自然地写出'意'。"同时,他热烈呼吁小说创作中力求"言文一致"。③

　　文学理论的接连推出,促进了明治新文学的发展,形成各领风骚的流派。1885 年,大学预科第一高等学校的学生尾崎红叶、山田美妙、石桥思案等创办了近代日本第一个文学团体砚友社,印发首部文学杂志《我多乐文库》。尾崎红叶的《二个比丘尼的色忏悔》、山田的《武藏野》和《蝴蝶》等作品,熔雅俗于一炉,形成写实主义风格,完成了从戏作文学到写实文学的真正过渡。此外,从德国留学归来的森鸥外,以名篇《舞姬》展示浪漫主义的风采;幸田露伴的《风流佛》体现东亚的浪漫主义特色。森鸥外持浪漫主义立场,宣扬并追求理想;而坚持写实主义的坪内则排斥理想。双方围绕理想的认知展开论争,激活了文学界。1888 年,夏目漱石考入东京第一高等中学,首次以"漱石"的笔名,创作了汉诗体游记《木屑集》而崭露头角。

　　新体诗的出现,给明治文学添加了异彩。1882 年,外山正一、矢田部

---

① 『日本現代文学全集 4』、講談社、1980 年、176 頁。
② 『日本現代文学全集 4』、176 頁。
③ 『日本現代文学全集 4』、416—418 頁。

良吉、井上哲次郎等东京大学教授认为传统的和歌、俳句和汉诗等诗歌形式,已经不能适应急剧变化的社会,从而出版《新体诗抄》。其中既有日译的英国文学家丁尼生、金斯莱、莎士比亚的 15 首诗歌,也有自创的 5 首诗歌。《新体诗抄》的序言说,"生活在新时代巨大潮流中的日本国民,要抒发其情感,就必须采取以当代日语写作的欧化外型"。井上强调,"明治之诗歌应该是明治之诗歌,不应该是古歌;日本之诗歌应该是日本之诗歌,不应该是汉诗。此为创作新体诗之缘由。"①在外山等提倡下,模仿欧洲长诗的新体诗逐步推广开来。

90 年代初,热衷于宣扬海外扩张的国权小说受到热捧。1890 年,矢野文雄在《邮便报知新闻》上连载小说《浮城物语》,描述一群乘坐新型军舰"海王丸"的日本人来到东南亚的"浮城"冒险,攻击荷兰、英国人,协助当地人独立,成就了一番事业,将"南进"的冲动表现得淋漓尽致。1891 年,末广铁肠出版《南洋之大波乱》,书中主人公多加山峻多年从事菲律宾独立运动,后来在 300 多名日本壮士的援助下,赶走西班牙殖民统治者,当上菲律宾的终身总督,得到日本天皇的保护。此一时期推出的江见水荫的《海盗之子》、小栗风叶的《美丈夫》、稻冈奴之助的《海盗大王》等国权小说,均将"开拓万里波涛"的国家目标文艺化。

（二）史学与史观

明治政府建政之初,即高度重视修史。贯穿明治维新全过程的"王政复古"和"百事一新"等两种思潮,对明治前期史学的发展,产生了深刻的影响,官方的实证史学和民间的文明史学应运而生。

1869 年 3 月 20 日,明治政府设立国史校正局。4 月 4 日,太政官右大臣三条实美任史局总裁,天皇睦仁特对其颁布《修史敕书》,将修史与"王政复古"联系起来。诏书曰:"修史乃万世不朽之大典,祖宗之盛举,然自《三代实录》以后,断而未续,岂非一大缺憾? 今已革除镰仓以来武

---

① 王健宜等:《日本近现代文学史》,杨栋梁主编《日本现代化历程研究丛书》,世界知识出版社,2010 年,第 29、30 页。

门专权之弊，振兴政务，故开史局，欲以继承祖宗之芳躅，广施文教于天下。任总裁之职，须速正君臣名分之义，明华夷内外之辨，以扶植天下之纲常。"①10 月，在汤岛大学校（东大前身）内设立国史编纂局。1872 年10 月，升格为太政官直辖的历史科。1875 年 4 月，改称太政官修史局，设置专门的职制。修史局着手搜集史料，编辑《复古记》《明治史要》《先朝纪略》等记录明治维新的史著和《皇亲谱》，调查搜集诸藩的史料。1877 年 1 月，因政府财政困难，撤销修史局，改设直属太政官的修史馆，为编纂《大日本编年史》征集史料。

从国史校正局到太政官修史馆，官方史学同样受到文明开化浪潮的冲击，研究人员出现分化。修史馆副长官、编修重野安绎认为"研究历史的人必须具有大公无私的精神"，提倡治学的独立立场；曾随岩仓使节团考察欧美的修史馆编修久米邦武主张"革除劝善惩恶的陋习，正视历史"，呼吁"忠实记录当代发生的事实，才是良史"。② 重野等在搜集和整理史料的过程中，发现并欲纠正传统史著中的若干记述错误，引起固守尊皇传统的国学者们的不满。1883 年，国学者成立史学协会，以《史学协会杂志》为平台，鼓吹"明辨尊皇爱国之大义，乃为历史学之要义"。③ 修史馆不顾国学者的阻挠，1885 年以《史料稿本》为基础，开始在全国搜集史料，续编自宇多天皇开篇的《大日本史料》。1886 年，内阁设置临时修史局，重野出任编纂委员长。

1887 年 2 月，德国人利斯（L. Riess）来日本，担任东京帝大文科大学教师，讲授其师兰克（L. Ranke）倡导的实证主义史学，即治史应排除研究者个人的主观成分，基于原始史料的搜集和考据分析，作出客观的判断。利斯在东京帝大执教 30 余年，还在庆应大学任教，与重野安绎、三上参次等合作，创立史学会，出版《史学会杂志》，培养了白鸟库吉、内

① 森末義彰、岡山泰四編『歴代詔勅集』、773 頁。
② 远山茂树、佐藤进一编：《日本史研究入门》，生活·新知·读书三联书店，1959 年，第 14、15 頁。
③ 芳賀登『批判近代日本史学思想史』、柏書房、1974 年、86 頁。

田银藏、幸田成友、喜田贞吉、黑板胜美等史学人才。1888 年 10 月，修史馆移交东京帝国大学，改称史料编纂所。1889 年，东大文科大学新设史学科，标志着实证史学派正式形成。随后，实证史学推出的《大日本古文书》《国史大系》《续国史大系》等多卷本的史料集先后出版，提供了日本古代史研究的基础史料。

明治初年，适应人们迫切需要了解欧美文明的由来和必要性，文明史学破土而生。1875—1879 年，英国史学家巴克尔的《英国文明史》、法国基佐的《欧洲文明史》等欧洲文明史学的代表作被译成日语，多次出版，备受关注和好评。

1875 年福泽谕吉的理论著作《文明论之概略》出版，1877 年田口卯吉《日本开化小史》付梓。两部著作均以文明开化为题，畅述文明论或文明史，受到读者的欢迎。此后，北川藤吉的《日本文明史》、渡边修次郎的《明治开化史》、室田充美的《大日本文明史》、藤田茂吉的《文明东渐史》、福田久松的《大日本文明略史》、物集高见的《日本文明史略》等冠以"文明"或"开化"字样的史著接连出版，显示了文明史学的蓬勃活力。

文明史学从不同角度论证文明的概念、路径和目标，具有强烈的应时性和政论性。福泽认为，"文明就是指人的安乐和精神的进步"，归根结底，"是人类智德的进步。"[1]福泽提倡日本文明应该"以欧洲文明为目标"，主张"先求其精神，排除障碍，为汲取外形文明开辟道路。"[2]渡边修次郎抨击锁国导致"日本国孤立于亚洲东隅，人民亦长期卑屈于专制之下，不知权利、自由为何物。国家之文明进步及幸福之追求，几乎置之度外而不顾"。[3]

文明史学依据文明论研究历史，与述而不论的传统史学区别明显。田口卯吉认为编年体的史书是大事年表而非历史，因为"人类社会中有

① 福泽谕吉：《文明论概略》，商务印书馆，1982 年，第 33 页。
② 福泽谕吉：《文明论概略》，第 12、13 页。
③ 沈仁安：《日本史研究序说》，香港社会科学出版社，2001 年，第 328 页。

大道理",主张"古史家之辛苦,不在于搜集历代许多之状态,而在于究尽其状态之本".[1] 福泽谕吉对中日传统编年体史学流水账式的记述方法颇不以为意,质疑道:"古来以此为历史学而重视者,其理由果何如哉?此吾人所百思不得其解者也."[2]

对历史发展的原动力,文明史学提出不同的解释。北川藤吉强调应基于自然科学的原理来探求历史发展的规律,认为文明进步来源于水、火等两个因素。[3] 田口卯吉强调自由贸易和个人的自由发展带来历史的进步,认为"财货之状况进步时,人心内部亦同时进步";强调"盖使智力发达者为财货",[4]推动历史发展。田口从经济发展入手,论及各时代的政治、文化、宗教的演进过程,著成颇具启发意义的《日本开化小史》。实证史学家黑板胜美称赞此著作为"明治时代史学界之晓钟与开拓者","开创了日本学者没有一个人能梦想的新机轴。"[5]文明史学在史观上与传统史学划清界限,撰述体例多采用史论结合,乃至以论带史的论述方式,突出了文明论但缺乏丰富的史料支撑。由于文明史学存在此一致命弱点,随着欧化"热"的降温,逐渐走向沉寂。

(三)其他诸学

在幕末传入的基础上,明治初年,欧美的哲学、经济学、法学、天文学、数学、农学、工学等文理诸学大举西来,推出新学勃兴的盛大场面。正是通过欧美新学的传入,明治维新全面展开,推动近代化的社会转型进程。

1. 哲学

1862年11月,幕府派遣首批留学生前往西欧。其中,西周、津田真道等赴荷兰莱顿大学研读孔德、穆勒、边沁等欧洲哲学家的著作。1865

---

① 田口文太[ほか]編集『鼎軒田口卯吉全集 2 文明史及社会論』、大岛秀雄印刷发行、1927年、291頁。
② 沈仁安:《日本史研究序说》,第329页。
③ 大久保利謙『日本近代史学史』、白揚社、1940年、231頁。
④ 田口文太[ほか]編集『鼎軒田口卯吉全集 2 文明史及社会論』、83頁。
⑤ 田口文太[ほか]編集『鼎軒田口卯吉全集 2 文明史及社会論』、26—27頁。

年,西周回国担任开成所教授,深受德川庆喜的信任,参与庆应改革。
1870 年,在东京开办私塾"育英舍",讲授《百学连环》,普及西欧哲学知
识。西周最早将"Philosophy"译成日语汉字"哲学",其他如"主观"、"客
观"、"理性"、"悟性"、"现象"、"归纳"、"演绎"等日语汉字的专门用语,也
最早出自其笔下。西周认为"哲学是科学的科学","诸学皆须统辖归于
哲学"。[①] 通过著述《西洋哲学史讲义片断》《灵魂一元论》《百一新论》《致
知启蒙》《知说》《论理新说》等多部著作,将西欧形式逻辑学等介绍到日
本,明确哲学的研究范围为论理学、伦理学、心理学、美学和宗教学等。

1871 年,中江兆民随岩仓具视使节团赴法国留学,研修哲学、法律
学、历史和文学,结识自由派贵族西园寺公望。1874 年,回国并在东京开
设法兰西学舍,招徒授业,门生传有两千人。1881 年,创办《东洋自由新
闻》,西园寺任社长,中江任主编。1882 年,中江出版《政理丛谈》,宣称人
民主权、社会契约论,为民权运动提供理论支持。1886 年,出版《理学沿
革史》《理学钩玄》,介绍欧洲的哲学思想,从唯心主义转向唯物主义
立场。

明治前期,大量欧洲哲学家的名著日译出版,丰富了日本人的哲学
思维。1871 年,中村正直将约翰・斯图亚特・穆勒的《论自由》日译为
《自由论》出版,引入自由主义、功利主义、渐进的改良主义和进化论等哲
学理论。1882 年,中江兆民将让・雅克・卢梭的《社会契约论》日译为
《民约译解》,受到读者的欢迎。此外,赫伯特・斯宾塞的权利意识、自由
主义观,以及"恶的存在"的国家观、鼓吹优胜劣败的社会达尔文主义,也
被介绍到日本。

2. 经济学

明治初年,日本连年入超,硬通货大量外流,贸易保护论者不乏其
人。随着欧美自由贸易论或贸易保护论的论著引入,日本近代经济学论
坛上,也分成两种学派,展开论争。1869 年,加藤弘之著《交易问答》,率

---

① 朱谦之:《日本哲学史》,人民出版社,2002 年,第 174 页。

先普及国际贸易知识。1871 年,若山仪一发表《保护税说》,认为日本国力贫弱,自由贸易的弊大于利。1873 年,福泽谕吉翻译出版《帐合之法》,首次推介会计簿记学。1874 年,杉亨二发表《贸易改正论》,主张政府采取贸易保护措施。1878 年,田口卯吉出版专著《自由贸易日本经济论》,批驳贸易保护论。1880 年,田口组建自由主义经济学者团体经济恳话会,宣传其主张。同年,犬养毅创刊《东海经济新报》,提倡贸易保护主义,与主张自由贸易的田口展开论战。

学术与经济政策论争,促进了近代日本经济学的发展。为正本清源,继 1877 年西周将穆勒的《政治经济学原理》日译为《利学》之后,1884 年,西方经济学经典著作亚当·斯密的《国富论》也被日译出版。1886 年,东京大学政治理财科毕业的天野为之出版了《经济原理》《经济策略》等论著,系统阐述奉亚当·斯密的学说,主张产业资本自主发展。天野论著的问世,标志着近代日本经济学走过启蒙和转述欧美经济学的初期阶段,开始形成独立的人文学科。

3. 法律学

1869 年,福地樱痴日译的《外国交际公法》出版。1870 年,太政官制度局设立民法编纂委员会,委托箕作麟祥翻译法国的《宪法》《刑法》《民法》等法典,以资制度建设。1871 年,箕作日译法国伦理道德教科书《泰西劝善训蒙》,神田孝平日译法国自然法著作《性法略》。1872 年,加藤弘之日译的《国法泛论》,由文部省发行。1873 年,法国盖尔诺布尔大学和巴黎大学助教授波索那德(G. E. Boissonade)应聘来日本,在司法省明法寮、东京法学校讲授强调社会正义的法国自然法学说,作为政府顾问参与制定《民法》《刑法》。1874 年,政府顾问乔治·布斯凯(G. Bousquet)来日本讲授法国《商法》,法国的法理学占尽风光。1880 年,大岛义贞将强调政府权威的英国法理学权威奥斯丁(J. Austin)的著作《法理学的范围》日译为《豪氏法学讲义节约》出版。1881 年,在政府的外国顾问、德国人罗埃斯勒的主持下,开始制定《商法》。1884 年,完成编纂。《商法》既采用法国商法的通则,也掺杂了德国普通商法的私法原则。

1887 年，英国的《合同法》《诉讼法》日译出版。1888 年，条文多达千余条的《商法》提交元老院讨论。1890 年，予以公布。同年，波索那德主持编纂的《民法》亦告完成。以东京帝国大学法科教授穗积八束为中心的保守派挑起《民法》论争，政府和商家也介入其中。最终，以延期实施的方式结束论争，重新修订新的《民法》。这个过程中，法国法理学的影响消退，德国法理学逐渐占据优势。

4. 理科诸学

1869 年，大阪舍密局开始讲授欧美近代理科课程《理化新说》；本山渐吉训点丁韪良编译的数理化入门著作《格物入门》。冢本明毅著《算学训蒙》，介绍近代数学。1871 年，工部省设置工学寮。翌年设立工学寮工学学校，内设土木、机械、建筑、电信、化学、冶金、矿山等 7 个学科，学习时间为 6 年。同年，田中芳男日译《植物自然分科表》。1873 年，工学学校升格为大学。1874 年 1 月，开成学校开设天文学课程，主讲教师为莱比谢尔教授；11 月，田中芳男编译《动物学》。1875 年 6 月，东京气象台挂牌开业，每天 3 次预报天气。1876 年，札幌农业学校开学，聘请美国马萨诸塞农业大学校长克拉克担任教师，讲授欧美农业学。同年，美国人韦德在京都府开办的农牧学校授课。

1877 年，欧美式的理工科教育在日本进入兴旺发展时期。3 月，东京府在 5 个小学中设置了商业夜校；4 月，东京开成学校与东京医学校合并，成为设置了法学、理学、文学、医学等 4 个学部的东京大学，加藤弘之为首任校长。东京大学的文学部设包括史学、哲学、政治、汉文等学科；理学部设化学、数学、物理、天文、生物、地质、采矿、工科等学科，聘请美国人保尔、门戴豪尔以及德国人毛斯、英国人尤因格等外国教授任职，讲授天文学、物理学、生物学、机械工学。1878 年，文部省授予东京大学的学位授予权。1880 年，东大设置研究生院学士研究科，确立日本一流大学的领先地位。同年，工学大学改称工部大学。1881 年，文部省设立东京职工学校，培育中级技术人才。1886 年，按照《帝国大学令》的要求，工部大学与东京大学工艺部合并为东京帝国大学工科学院，培育高精尖的技术人才。同年,建立帝国大学农学院,含农学、林学、兽医、农艺化学、水产等5个学科。

相应的学会陆续建立。1878年,化学会在东京成立。1879年,东京学士会院成立,福泽谕吉任会长,西周、加藤弘之、神田孝平、津田真道、中村正直、箕作秋平等一流学者为会员。新学俱兴,使日本在较短时间内先于中朝等邻国引进欧美文史理工诸学,成为东亚近代人文科学和自然科学的荟萃之地。

二、明治前期的社会思潮

进入19世纪80年代,"欧化"的热度急剧减退。在民族主义、国家主义思潮的推动下,自尊意识抬头,进而发展为唯我独尊、唯我独美的国粹主义、皇权主义,构成自"王政复古"至1889年颁布帝国宪法的明治前期社会思潮纷繁活跃的景象。

(一)自尊意识

1879年1月,热推文明史学的经济学家、大藏省官员田口卯吉主持的《东京经济杂志》问世,其创办动机来自尊意识。田口回忆说,"我曾经与英国的一位银行家香德亲密交往。有一天,看到桌子上放着本杂志《经济家新闻》,对香德说,日本还没有这样的杂志。香德笑道,恐怕日本还没富裕到能发行经济杂志的程度吧?"一句笑谈,令田口"感觉恰如钢针刺胸。于是,我与香德约好,一定要在日本创办一种杂志让他瞧瞧。"[1] 田口的想法得到大藏省银行课长岩崎小二郎、日本第一国立银行总裁涩泽荣一的支持,遂参照英国的《经济家新闻》,将大藏省1877年创办的《银行杂志》与1878年涩泽创办的《银行集会理财新报》合并为综合性的大型杂志《东京经济杂志》。田口力求使该杂志印刷精美,并拿给香德看,令其惊叹不已。不久,田口从大藏省辞职,专心运营《东京经济杂志》,还首次在日本创办周刊,宣扬自由贸易和经济开放的主张。

---

① 石橋湛山『湛山回想』、岩波書店、1986年、222頁。

其实,自尊意识抬头出现在明治时代的第二个 10 年并非孤立现象。1888 年 4 月,田口卯吉著文《西洋与日本》,在评述 80 年代社会风气转向时,敏锐地发现:"近来,社会风气在不知不觉之间转换了方向。一种过分夸耀西洋了无兴趣,不能总是说日本的事物一无是处,应该发挥日本之长,增进日本文明的议论得以鹊起。稳重的人说,学习外国技艺必须以我为主;激烈的人则说,日本男儿岂能事事屈居于外国人之下! 倡导日本魂式的精神。"田口认为,这是对鹿鸣里馆贵族式西洋开化持续升温的强烈反弹,激发了自主、自尊意识。① 自尊意识人皆有之,国皆有之,无可厚非。在明治时代的第二个 10 年,正是在自尊意识普遍增强的基础上,国粹主义和皇权至上观念等两大社会思潮交集,构成社会思潮的主流。

（二）宣扬日本独特性的国粹主义思潮

1880 年,为向欧美国家展示日本经过维新已成长为文明国家,以利于修改不平等条约,明治政府不惜投入巨资,在东京千代田区内幸町开工建设由英国建筑师康德尔设计的欧式国宾馆。1883 年 11 月建成,取《诗经·小雅》"鹿鸣"篇句,命名为鹿鸣馆。政府高官经常在这里与各国驻日使节和眷属举行盛大交谊舞会,为修改条约联络感情。官僚上层的畸形欧化、改约外交的屈辱失败和民权运动的余波再兴等多种因素综合作用,刺激固守文化传统的民族主义者群起攻击欧化主义和自由主义,宣扬日本文化独特性的国粹主义思潮兴起。

1888 年 4 月,三宅雪岭、志贺重昂、陆羯南、井上圆了、岛地默雷、杉浦重刚、菊池熊太郎、宫崎道正等成立政教社,创刊杂志《日本人》为舆论阵地。志贺重昂在《日本人》第 2 期上发表《〈日本人〉所持旨义之告白》,疾呼保存国粹。"国粹主义"一词遂不胫而走,其基本思想包括:

（1）立足国粹主义,探讨日本文化的独特性。1888 年 4 月,志贺在《日本人》的创刊词中,强调"目前最为紧迫和重要的问题,莫过于选择恰

① 田口文太[ほか]編集『鼎軒田口卯吉全集 2 文明史及社会論』、520—521 頁。

好顺应日本人民想法和日本国土的各种外国事物,建立宗教、美术、教育、政治、生产等各项制度,以决定日本人民现在和未来之向背哉! 吁嗟,值此千载一遇的时机,白眼冷视世上,岂非日本男儿之本色也。"①国粹主义成为日本人"白眼冷视"的瞭望镜。菊池把"国粹"解释为"无形的元气"即"国民之心"和他国无法模仿的"一国特有之物",诸如日本的"国体"、"国民对帝室的感情"等。②

（2）以我为主,有所选择地吸收外来文明,反对一味追随欧美。志贺重昂在《〈日本人〉所持旨义之告白》中,提出了"日本开化"的新概念,即"我日本应以我'国粹'为精神和骨髓,使之成为大和民族现在及未来变化、改良之标准和基础,而后摄取外来文明之长处和妙处,从而形成所谓'日本开化'"。③ 在《日本人》第 7 期上,志贺的《大和民族之潜在势力》再次阐释了"保存国粹"的本意,"即使输入西洋文明于日本,也不能使之掌握大权,而是以日本开化为主,西洋开化为辅。换言之,即输入西洋之开化,也要将其同化于日本。"④志贺反对民友社德富苏峰的平民欧化主义,更对伊藤博文贵族式的文明开化展开强烈抨击。国粹主义者认为伊藤内阁"新建以虚饰为目的的宏大华丽的建筑物"鹿鸣馆,"修缮无用之道路,学习跳舞,举办化装舞会"等"涂脂抹粉主义",指责这种"轻视本国的思想","逐渐孕育了事大主义"。⑤

（3）强调自尊自立精神,维护"国体",伸张国权。政教社提倡"保存国粹"的口号,受到舆论的猜疑和批判。志贺在《吾辈同志所奉行之主义》重申国粹主义,强调"一个国家处于各国之间,要维持其国体、伸张其国权","需要信奉一定的主义为其行动方针","保持自尊自重的风气。因此,作为政治家也应该执行一定的方针政策,使一国不失自尊自重之

①《日本人》创刊号,1888 年 4 月 3 日。
②《日本人》第 16 期,1888 年 11 月 10 日。
③《日本人》第 2 期,1888 年 4 月 18 日。
④《日本人》第 7 期,1888 年 7 月 3 日。
⑤《日本人》第 2 期,1888 年 4 月 18 日;《日本人》第 5 期,1888 年 6 月 3 日。

气象,根据本国的实力来应对各国"。志贺重昂说:"一个国家如果缺乏自主自立精神,就难免受到他国的轻侮,不能维持其国体",强调"作为一个国家,如欲永远保持其品性,就必须扶植其特有之长处,维护其独立","不以模仿他人、拾人牙慧为满足"。①

（三）皇权至上观念

明治建政之初,皇权至上的观念并未占据社会思潮的主流地位。在多年宣扬国家神道、推行崇拜皇室、建立天皇制道德规范、贯彻"忠君爱国"建军方针的过程中,情况逐渐发生变化。在天皇本人、侧近侍臣、维新官僚等权力圈内的势力自不待说,在民间同样存在着皇权至上的各种势力,包括反政府的民权派、追随政府的右翼浪人、思想启蒙家乃至国粹主义者、神官僧侣等。

自由民权运动期间,民权派人士无论观点如何,均采取反政府但从未否定皇权的立场。自由党相对激进,主张建立君民共治的"立宪政体",为天皇保留了政治地位。立宪政党突出皇权至上理念,立党宗旨强调"弘扬天皇宸旨,以增进皇室的尊容光辉、推进国人的权利幸福为志向",主张"维护王室的尊荣与保全人民的幸福"。② 政府的御用政党立宪帝政党的党纲强调"内以维护万世不易之国体、巩固公众之康福权利,外以扩展国权、在各国面前保有国家之光荣";立宪原则是"宪法由圣天子亲裁","皇国之主权由圣天子独揽",③。虽然各派政党在强调皇权至上的程度上有所不同,但都将天皇与立宪政体联系在一起。皇权与民权并行不悖,这是民权运动从人权自由起步但屈服于皇权至上,在客观上成为近代天皇制催产婆的重要原因之一。

与此同时,右翼浪人组成皇权至上的民间团体。19 世纪 80 年代以来,开拓国外市场的经济要求和提高政府威信的政治需要,强化了对外扩张的势头。随着中日两国日趋对立,与欧美列强改约谈判进展缓慢,

---

① 《日本人》第 11 期,1888 年 9 月 3 日。
② 板垣退助監修『自由党史中卷』、80、88、99 頁。
③ 板垣退助監修『自由党史中卷』、102 頁。

焦躁的日本社会中下层攻击政府外交软弱,国权意识抬头。若干民权派团体抛弃民权论,转向鼓吹对外强硬的国权论,脱离民权运动并投降政府怀抱。其中,玄洋社堪称典型团体。1878 年,福冈县民权派团体向阳社建立,向政府争权利。1881 年 2 月,向阳社改名为玄洋社,平冈浩太郎任社长,关山满、内田良五郎等为骨干。玄洋社的"玄洋"两字,取自九州北海岸的玄洋滩,含意是不忘越过玄洋滩、冲向亚洲大陆。玄洋社以"拥戴皇室"、"钟爱日本"、"维护人民权利"为 3 项宗旨,[1]民权派的要求排列在第三位,第一、第二位分别倾向于皇权主义和国权主义。

　　位居社会上层,并不乏知识头脑和眼光的启蒙派官僚,例如西村茂树等人,善于利用欧洲合理主义、近代性来装扮皇权至上理念。1886 年,西村出版《日本道德论》,主张以孔德的实证主义和功利主义哲学来改造儒学的传统伦理,以仁智勇来重塑国民的品德,同时注入忠于皇室的德育核心内容,奠定日本人的道德基础。西村特别强调"忠孝之教",称其为"维护万世一系的天位,端正君臣的地位,美化国民的风俗"的万应灵药,而非其他说教所能企及。西村的《日本道德论》对新政有所抨击,故受到首相伊藤博文的指责。文部相森有礼却因其有利于强化皇权而大加赞赏,认为"经过文部省审定后,可以作为中等以上学校的教科书"。[2]这样,经过思想启蒙家修饰过的道德论,成为鼓吹效忠皇室、皇权至上主义的另一个来源。

　　国粹主义者也是鼓吹崇拜天皇的"国体论"的热心倡导者。1888 年11 月,政教社成员菊池熊太郎在杂志《日本人》第 16 期上,发表了题为《国粹主义的依据》的文章,强调国民对皇室的感情才是真正的国粹。菊池说,日本的陶器、漆器、和歌、丝绸和奈良的大佛等,都称不上是日本的国粹。因为"除了国民对帝室的感情之外,即无其他国粹可言",强调"这种国粹,始于二千五百四十八年前神武天皇即位之日,至今日越来越坚

---

① 木下半治『日本右翼研究』、現代評論社、1977 年、53 頁。
② 近代日本思想史研究会編『近代日本思想史 1』、青木書店、1956 年、132、128 頁。

固,将来也会越来越发展"。理由是:"在日本人所具有的各种特性之中,唯此感情最悠久,势力最强大,且令外国人难以模仿。"①菊池把日本的国民性归结为"国体论",凸现了国粹主义者宣扬皇权至上的立场。

佛教和神道僧侣神官,是直接影响下层国民的宗教势力。神道自不待说,佛教各宗也成为宣扬皇权至上主义的活跃力量。总之,通过上述各种力量所形成的合力,终明治一代乃至二战战败,崇敬、效忠天皇的皇权至上主义迅速压倒了民权、人权和自由主义,成为社会思潮的主流之一。

三、明治前期的中国观

1871年,中日缔结《中日修好条规》,载明两国"彼此相助,以敦友谊",合作友好。② 然而,日本随即挑起出兵中国台湾、侵犯朝鲜和吞并琉球国等一系列事件,造成两国摩擦不断。日本社会盛行的"脱亚论"或"兴亚论",对70年代日本人的中国观产生双重影响。

1875年,福泽谕吉推出《文明论概略》,提出二元论的中国观。一方面,福泽正面评价古代中国和洋务运动,认为"古代中国,确有礼义君子而且有不少事情是值得称赞的,就是今日,仍然有不少这种人物";洋务运动表明"中国也毅然要改革兵制,效法西洋建造巨舰,购买大炮","近来也派遣了西洋留学生,其忧国之情由此可见"。另一方面,福泽又从文明论出发,将中国定位为"半开化国家",内部问题积重难返。例如,"文学虽盛而研究实用之学的人却很少;在人与人的交往中,猜疑嫉妒之心甚深,但在讨论事物的道理上,却没有质疑问难的勇气;模仿性工艺虽巧,但缺乏革新创造之精神;只知墨守成规不知改进"。③ 在福泽看来,中国"杀人盗窃案件层出不穷,刑法虽极严厉,但犯罪人数并未减少。其人

---

① 《日本人》第16期,1888年11月18日。
② 外务省编『日本外交年表並主要文书上卷』,原书房、1972年、45页。
③ 福泽谕吉:《文明论概略》,第9、12、43页。

情风俗的卑鄙低贱,可以说彻底暴露了亚洲国家的原形。所以,中国不能叫作礼仪之邦,而只能说是礼义人士居住的国家"。①

福泽谕吉足于文明论立场,将世界五大洲的国家群纳入不同文明发展阶段,在疾呼日本向西洋文明进军的同时,也就与中国渐行渐远。福泽在否定中国为"礼仪之邦"之后,意味深长地说:"人的思想动态,可以说是千变万化,朝夕不一,昼夜不同。今日的君子可以变为明日的小人,今年的敌人,也可以变为明年的朋友。变化愈出愈奇,如幻如魔,既不可思议,也无法揣摩。"②福泽的敌友转换论,预示了中日关系的不祥前景。

80 年代,中日两国的摩擦加剧,发生小规模的武力冲突,福泽谕吉的中国观也随之发生敌对性的变化。尤其以 1884 年朝鲜"甲申政变"和中法战争爆发为分界线,福泽的中国观急转直下。

1884 年之前,福泽视中国为值得日本重视和交往的强大竞争对手,敬畏心和蔑视感兼而有之。其原因,一个是大国与小国对比悬殊。福泽说,若在世界地图前比较中日两国,日本"乃区区蜻蜓一岛国",中国"则是堂堂亚洲大陆一大国"。③ 另一个原因是洋务运动使中国"成为演习西洋利器的强大实验场",欧美日益看重中国,"足以使日本人灰心失望"。④1882 年,清军迅速平息朝鲜发生的"壬午兵变",令福泽感叹"支那虽然古老,也是世界一大国,至少不可辱。世界出现对其表示尊重敬服的令人奇怪情况,遂使我日本人也在不知不觉中,在内心出现敬畏支那的倾向"。⑤ 同时,福泽又认为中国"自负其国土广大而蔑视他国,数千年来迷信阴阳五行之妄说,放弃寻求事物真理原则","稍微企划的进步,诚不过是千万中的一小部分而已,不足以顺畅地将其力推向全国"。⑥ 较之日本

---

① 福泽谕吉:《文明论概略》,第 43 页。
② 福泽谕吉:《文明论概略》,第 43 页。
③ 慶応義塾編纂『福沢諭吉全集 9』,岩波書店、1960 年、414 頁。
④ 慶応義塾編纂『福沢諭吉全集 9』、413、415 頁。
⑤ 慶応義塾編纂『福沢諭吉全集 10』,岩波書店、1960 年、158、159 頁。
⑥ 慶応義塾編纂『福沢諭吉全集 4』,岩波書店、1959 年、131、132 頁。

改革的清新活泼,中国的落后使之"内心暗自轻蔑,发出悯笑"。① 敬畏心与轻蔑感并存的中国观,表现在对中国的称谓上,福泽撰文忽而使用"大清"、"中国",忽而使用"支那"。此时的"支那"读作"shina",是个充满贬义的称谓,后来成为福泽称呼中国的唯一用语。

在敬畏心与轻蔑感同时支配下的福泽谕吉,对中日关系的定位充满矛盾。一方面,福泽在思考"中国盟友论",认为"西洋诸国以威势压迫东洋,其势如大火蔓延","当此之时,亚洲各国应同心协力,以防西洋人的侵凌",设想与中国等邻国结盟以对抗西方。1883 年福泽著文,称"支那与日本是缔约的朋友国",表示希望中日友谊"地久天长";②强调"堪任盟主以阻挡西洋诸国者,舍日本国民又其谁也!"③另一方面,福泽又抛出"中国威胁论",认为"不能轻轻忽略者,支那政府也",说清军在越南击败法军,"国民杀气高涨,又保有兵力",日本人"必须想想支那人使用此有余兵力会在何方",甚至勾画出中国"军舰径直游弋琉球海的奇观",视中国为假想敌国。④

1884 年 8 月,中法战争爆发。清政府腐败无能、虽胜亦败的结局,使福泽终于可以宣布"我日本人在今天对支那已不再有危惧之心",指责认为"日支关系形同虞虢两国,唇亡齿寒、相互依存"的想法不过是"空想",主张远离"与之为敌则不足惧,与之为友则精神上无益"的中国,理由是"所畏惧者惟西洋诸国,应交际者也只有西洋诸国而已"⑤在这里,"脱亚入欧论"初现原形。1884 年 10 月,福泽发表《东洋之波兰》一文,居然替法国总理兼外长制定《支那帝国分割方案》,将台湾和半个福建划归日本,并为"日本旗在其旧识之地飞扬"而感到由衷的满意。⑥

1884 年 12 月,日本公使竹添进一郎策动的朝鲜亲日开化派的政治

---

① 慶応義塾編纂『福沢諭吉全集 9』、132 頁。
② 慶応義塾編纂『福沢諭吉全集 9』、20 頁。
③ 慶応義塾編纂『福沢諭吉全集 8』、岩波書店、1960 年、127、131、132 頁。
④ 慶応義塾編纂『福沢諭吉全集 9』、19、20 頁。
⑤ 慶応義塾編纂『福沢諭吉全集 10』、32—33 頁。
⑥ 慶応義塾編編纂『福沢諭吉全集 10』、51 頁。

冒险"甲申政变"失败。福泽闻讯后，暴跳如雷。其原因正如参与政变的福泽门徒井上角五郎所说，福泽是政变"剧本的作者，而且亲自挑选演员、导演，提供道具，指挥一切"。① 因此，政变失败后，福泽彻底转向敌视、仇视中国，接连在《时事新报》上发表《朝鲜事变》《御亲征准备如何》等公开鼓动侵华战争的文章。福泽希望日军出动，"蹂躏支那四百余州"；鼓噪天皇御驾亲征，建议日本与法国联手夹击中国，要求日本人"或不惜性命、参军战死于北京，或不惜钱财、捐款充作军费"，与中国决一死战。②

1885 年 3 月 16 日，福泽谕吉在《时事新报》发表《脱亚论》，竖起"脱亚入欧"的指路标。福泽宣称，日本"国民精神却已经脱离了亚洲的陋习，转入西洋文明之中"，中朝等两个邻国却对西洋文明"耳目闻见而不足动心，眷恋古风旧惯之情无异千百年之古"，"傲然缺乏自省"。福泽提出以邻为壑的应对之策：(1) 中朝两国无前途，"在如今文明东渐之际，决无维持其独立之道"。(2) 谢绝中朝两个"恶友"，认为"今天的支那朝鲜对我日本国毫无帮助"，反而被"西洋文明人"看低，"间接构成我国外交上的许多障碍"，是日本的"一大不幸"。(3) 侵略中朝，跻身欧美列强，即"为今日之谋，我国不可等待邻国开明而期盼振兴亚洲，宁愿脱其伍，与西洋文明国家共进退"，"只能按照西洋人对待两国的方法处理之"。③《脱亚论》的论题虽未出现"入欧"的字样，但"脱亚"即意味着"入欧"。所谓"只能按照西洋人对待两国的方法处理之"，即发动殖民征服战争，迫其订立不平等条约，割地赔款。以此为标志，在福泽的中国观中，敌视、蔑视、侵略中国，成为伴随其终生的基调。

几乎与福泽发表"脱亚论"的同时，木材商出身的大陆浪人樽井藤吉倡导日朝"合邦"、中日"合纵"的"兴亚论"。1881 年樽井在长崎参加民权自由运动，被捕入狱。1883 年获释。1884 年，中法战争爆发。樽井藤吉

① 遠山茂樹『福沢諭吉—思想と政治の関連』、東京大学出版会、1970 年、248 頁。
② 慶応義塾編纂『福沢諭吉全集 10』、178 頁。
③ 慶応義塾編纂『福沢諭吉全集 10』、239—240 頁。

认为此战"事关东洋诸国之安危,不止清国之忧也。直航清国,将解救之"。① 1885 年,樽井为使朝鲜人也能看得懂,用汉语写成《大东合邦论》。在这本著作中,樽井基于游历中国北京、牛庄、岫岩和勘察朝鲜西境的感受,从黄白人种竞争的种族论的立场,评析世界形势、世态变迁、各国状况、日朝"合邦"的利弊与方法,以及与中国"合纵"等问题。《大东合邦论》,强调"今日急务,莫如合我与朝鲜为一大联邦",形成一个日本保护下的"大东国"。樽井认为中国"土宇广远,政令难普。窃划一策,谓:宜分阖国为四、五个国家,大东国"欲其合纵联盟,交相扶持,以保内治,御外辱";与"合邦之意,互为表里者也"。②

《大东合邦论》中的《汉土情况》一章,集中展现了樽井与福泽类似的二元论的中国观。一方面,樽井对古代中国犹存敬意:"汉土,东亚之古国也。文物制度之盛盖先于四邻,我国亦尝模之以補俾政教,宜相亲睦而共图富强开明。汉土盛则我国受利,衰则受害。其盛衰兴亡影响于我,不可不察哉。"③另一方面,将东亚陷入民族危机的罪责一概归结于中国,诸如"我国开港之初,未习外交。一信汉土,袭其例缔约,悟为其所侮辱也";日本欲修改不平等条约,"顾清廷漠然不介意,使彼白人益恣其跋扈强梁";清廷与英国战,"割香港与之,是以英国得东洋侵略之根据";英法联军"尝侵清国","俄国乘机求黑龙江南之地,清廷畏而从之",连累日本与俄国平分桦太岛,朝鲜遂有北境之忧;"安南请之藩属也,今委其土于封豕长蛇之法国。他日东亚诸国与法国有事,则必将使安南人敌同种之国";"清廷不怀柔之固之圉,遂纵英国吞噬"缅甸;"清廷兵备不整,屡为白人所破,或偿军费或割土地","其间接之害延及同种之邻国"。④

在内政方面,樽井认为中国问题积重难返,即"道德拂地,风纪坏乱。街衢污秽,道路不修","国中多乞丐,到处成群,遇凶荒则人相食";"先圣

---

① 樽井藤吉『大東合邦論』、大東塾出版部、1963 年、5—6 頁。
② 樽井藤吉『大東合邦論』、2、5、6 頁。
③ 樽井藤吉『大東合邦論』、66 頁。
④ 樽井藤吉『大東合邦論』、67—70 頁。

所谓仁义者,今则为诈骗,为盗贼","礼为虚仪虚饰";"男好嗜鸦片"、"女务缩小其足形";"支那人自称中华圣人之裔,傲慢不逊。其待外邦,殊无怀柔之意";"国人仇视政府,莫甚于支那";"取人之法唯以文章一科,故国人徒拘泥章句,不及其他。是以物理不究,技艺不进";"牧伯厚贿乱民","听讼断狱唯以贿赂之多寡判定曲直";"官民昏迷,上下畏惧"等。[①]在樽井看来,晚清中国一无是处。

贬斥中国是为了褒扬日本,强调日本主导东亚。樽井说,日本气候温和、物产丰富,为"世界乐土",且"奉万世一系之天皇之其政俗,自有完全无缺者";"国民脑力敏捷,尝学于汉土而呈出蓝之美,今仿欧美,亦焉知不出其右哉";连日本人身材矮小都成了优势,"躯干矮小者不适劳筋力之业,而适文物精巧之事",故日本工艺"冠于万国"。[②]因此,只有日本才有资格主导"大东合邦"的进程。在此前提下,樽井认为汉土与日本"亦同文同种之国。自古不乏贤明之君、豪杰之士,一旦幡然而悟,且改其弊,则实宇内强国也。我国尝仿其制度,而今文化大进,汉土亦应有仿我以进开化之日",作为日本的"合纵"对象,主张"自今已往,宜为盟邦,宜厚交谊,同图富强开明也。"[③]

樽井认为朝鲜"惰弱顽钝",在外交上,自顾不暇的"汉土"中国不可恃,英国也不可恃,依靠俄国则难免成为"东洋的波兰"。回顾古代的日韩交涉之历史,樽井认为两国语言"缀词之法全相同"、"人种相同";对近代日本侵略朝鲜,解释成"夫战争者,有亲密之关系而后生者也",如同一个家庭内部夫妇、父子、兄弟之间相争;"国政之本实在保护生存之必需","凡诸政体中,立宪合邦之制最为善美",弱国"宜先大国力,以图安全也"[④]这个"大国"即日本。朝鲜的出路在"与日本合,以养其力,则其气

① 樽井藤吉『大東合邦論』、70—74 頁。
② 樽井藤吉『大東合邦論』、92、66、93 頁。
③ 樽井藤吉『大東合邦論』、74、75 頁。
④ 樽井藤吉『大東合邦論』、137、81、101、112、114、115 頁。

宇自然活达,是变补足恃者为足恃者。"①

　　樽井在《大东合邦论》的终章《论清国宜与东国合纵》中说:"观竞争之世界大势,则宜合亚细亚同种之友国,与异种人相竞争也。"为此,鉴于日本与中国"未可与谋合邦","故我日韩宜先合,而与清国合纵,以御异种人之侮"。令樽井失望的是"我国望清国之富强开明,而清国不望之于我东方以相亲"。为说服中国,樽井断言"大东合邦之事,清国有益而无害",理由是"若使日韩致盛大,则是为清国之强援也。况于东国与清国合纵,而彼封蛇之念愈不伸乎? 清廷宜察焉。"樽井还刻意抹杀国家、民族的区别,说"今日以世界为天下,今日同种国犹昔日之一国,又何有齐楚之别哉。"②

　　樽井从人种竞争出发,在"兴亚论"的旗号掩护下,强调日本主导东亚、倡导吞并朝鲜的"大东合邦论",祸心深藏。表面上看,樽井称邻国为"友国"的"兴亚论",与福泽谕吉视邻国为"恶友"的"脱亚论"多有不同。实际上,两者的民族利己主义的立场和组建大帝国的野心并无本质区别,不足为训。

---

① 樽井藤吉『大東合邦論』、137、138 頁。
② 樽井藤吉『大東合邦論』、132、133、137、138 頁。

第四章 武力崛起

第一节 初试锋芒

一、缔约与侵台

1870年8月,按照此前外务省既定的策略,图谋与中国对等的对朝"上国"地位,外务权大丞柳原前光等一行5人来到中国天津,为缔结通商条约探路。柳原带来外务卿泽宣嘉致清朝总理衙门的书函,其文称:"方今文明之化大开,交际之道日盛","我邦近岁与泰西诸国互定盟约,共通有无;况邻近如贵国,宜最先通情好,结和亲。"①长期游离于东亚传统宗藩关系体制之外的日本,经过欧风美雨的洗礼,从官方交往之初,即按照近代条约模式来构建中日关系框架。

柳原坐等了一个月后,得到总理衙门答复:"中国与贵国久通和好,交际往来,已非一日。缘贵国系邻近之邦,自必愈加亲厚。贵国既常来上海通商,嗣后仍即照前办理,彼此相信,似不必另立条约,古所谓大信

---

① 《筹办夷务始末(同治朝)》第8册,中华书局,2008年,第3132页。

不约也。"①囿于传统的总理衙门对日本的缔约要求不以为意,"大信不约"成了一推了之的挡箭牌。柳原转而游说直隶总督李鸿章,声称日本欲与中国同心合力对抗欧美列强。李鸿章以为柳原送来了"以夷制夷"的机会,敦促总理衙门接受了日本的缔约要求,约定来年举行缔约谈判。

1871 年 6 月,明治政府派遣的正使大藏卿伊达宗城、副使柳原前光等使节团一行 10 余人抵达天津,与李鸿章等谈判缔约。日方以《日美修好通商条约》为蓝本,提出列入领事裁判权、协定关税、片面最惠国待遇等条款的条约新草案。中方的条约草案删除最惠国待遇条款,并解释说此乃出于"优待邻邦之隆情","专欲特异于西例,以示两国别开生面之义"。② 但日方却并不领中方"优待邻邦"的"隆情",也无意与中国"别开生面"。柳原援引近代国际政治的主权、条约概念,复函强调"夫修好通商之款,虽由两国主权订立,其休戚必与别国相关",理由是"天下之人,聚此一国,必明条约,以敦交际,则此条规即天下之大道,一人得而行者,千万人亦得而行。凡西人所望于我,我之所拒于彼,必援别国条例为辞"。柳原讥讽中方:"故交际之道只可画一,不可特异开例,自破条规,以招彼之觊觎也。"③

参加谈判的浙江按察使应宝时等回函柳原,反驳说"以条规须照西约,不欲别开生面恐启西国猜疑",则日使"不来中国,痕迹全无,更可周旋西人,岂非上策?"提醒日方"夫中国非有所希冀欲与贵国立约也",点明是日方跑上门来乞求立约。回函说,日方的新草案"荟萃西约,取益各款,而择其尤",讥笑"果尔则是同文之国,亦须抄袭俚俗字面,乃为有益耶?"认为日方草案"亦系美约所载,非创见也"。④ 透过上述说辞,双方对近代邦交关系的理解可谓南辕北辙。毕竟双方各有所需,经过谈判,在中方草案的基础上达成共识。

---

① 《筹办夷务始末(同治朝)》第 8 册,第 3132、3133 页。
② 《筹办夷务始末(同治朝)》第 9 册,第 3285 页。
③ 《筹办夷务始末(同治朝)》第 9 册,第 3285、3286 页。
④ 《筹办夷务始末(同治朝)》第 9 册,第 3286、3287 页。

7月29日,李鸿章与伊达宗城在天津签署了《中日修好条规》《中日通商章程》和《海关税则》,相互承认领事裁判权和关税协议制,建立形式上对等的近代外交关系。关注事态进展的欧美国家提出质疑,认为条规第2条的规定,缔约国"若遇他国偶有不公及轻藐之事,一经知照,必须彼此相助,或从中善为调处,以敦友谊",①似乎意味着中日建立了攻守同盟。明治政府备感压力,遂生改约之意。1872年4月,柳原前光来华要求取消第2条规定并给予日本最惠国待遇。李鸿章认为既已缔约、信守为要,予以驳回。其实,明治政府并无与中国信守的诚意,而是另有他图。

1873年3月,出于内政外交需要的多种考虑,太政官派遣外务卿副岛种臣来华交换《中日修好条规》批准书。副岛此行一个重要目的,是试图染指台湾。1871年12月,台湾南部牡丹社山民误杀漂流到当地的琉球国宫古岛民54人,余下12人被救助,经台南府城,转往福州乘船归国。1872年7月,消息传到日本,"征台论"鹊起。鹿儿岛县令伊知地贞、熊本镇台的少佐桦山资纪等前往东京,游说政府动武。外务卿副岛种臣力主借口保护琉球人,乘机占领台湾。1873年2月,副岛对参议大隈重信夸下海口,声称"凭我舌上功夫,可随意取得半个台湾岛"。② 4月,副岛率柳原和外务顾问、美国人李仙德(Charles William Le Gendre)一行16人抵达天津,同李鸿章交换《中日修好条规》批准书,并举行会谈。时值同治皇帝载淳的亲政大典,双方在觐见礼节上颇费口舌,至于牡丹社事件,副岛绝口未提。

6月21日,柳原前光在同清朝军机大臣官毛昶熙等会谈时,声称"贵国仅统治台湾岛的半边,未施政于其东部土蕃之地,蕃人自身独立",为台湾归属设下陷阱。柳原又说"生蕃"在蕃域劫杀"我国人民","我国政府将出使问其罪",为不伤和气,预先告知。毛昶熙等回应说,"只闻生蕃掠杀琉球国民,并不知系贵国人事",强调"琉球国是我藩属",已将生还

---

① 王芸生编著:《六十年来中国与日本》第1卷,生活·读书·新知三联书店,1979年,第45页。
②《大隈重信关系文书》2,日本史籍协会,1933年版,第32页。

的琉球民送回国。为息事宁人,毛昶熙等指"生蕃"为"化外之民",称"蕃域"为"我政令不逮之地"。① 无意之间,中了柳原前光的圈套。10月"征韩论"政变后,标榜"内治优先"的大久保政府面临的国内压力越来越强。为挑起对外冲突以转移国内视线,大久保决心利用牡丹社事件,挑起争端。

1874年1月,大久保利通和参议大隈重信联名提出《台湾番地处分要略》,将毛昶熙等所谓"蕃域"为"我政令不逮之地",刻意歪曲成"无主之地",图谋发难台湾、攫取琉球。② 3月,大久保政府镇压江藤新平发动的不平士族"佐贺之乱",4月,任命陆军中将西乡从道为"台湾番地事务都督",陆军少将谷干城、海军少将赤松则良为参军,大隈重信为"台湾番地事务局"局长,准备采取行动。参议兼文部卿的木户孝允不满大久保等萨摩藩阀的冒险外征,愤而辞职。美国驻日公使平安(John. A. Bingham)宣布美国保持中立,禁止美国人卷入侵台。在这种情况下,大久保政府暂停出兵。5月,大久保、大隈来到长崎,支持鼓噪出兵的西乡从道。西乡从道与谷干城等率兵3 600人南犯台湾,在社寮港登陆,分兵攻击竹社、风口、石门等处,屠杀牡丹社山民,在龟山修筑营房、医院、道路,准备长期占据。

总理衙门闻讯,立即照会日本外务省询问兵犯台湾事。清廷发布上谕,任命福建船政大臣沈葆桢为钦差办理台湾等处海防兼处理各国事务大臣,命福建布政使潘霨帮办台湾事宜。沈葆桢提出"理喻"、"设防"、"开禁"等三策,率潘霨等乘坐"安澜"、"伏波"轮船,自马尾港出发,前往台湾。沈葆桢记录了日军在台湾的烧杀情形,并慰问了山胞,还当面质问西乡从道,促其撤军。③ 7月,淮军精锐13营6 500人入台,驻扎凤山,与日军形成对峙;又在澎湖修筑炮台并配置20门火炮,加大军事压力。恰逢此时,台南地区恶性疟疾流行,大批日军官兵染病身亡,士气极为低

---

① 外務省編『日本外交年表並主要文書上卷』,原書房、1972 年、52—53 頁。

② 外務省編『日本外交年表並主要文書上卷』,54 頁。

③《筹办夷务始末(同治朝)》第 10 册卷 94,中华书局,2008 年,第 3773—3775 页。

落,日本武力犯台已成骑虎之势。

大久保政府进退维谷,只得另寻外交解决的途径。6月,首任驻华公使柳原前光前往上海,拜会潘霨,为日方出兵"惩凶"、屠戮山民辩解,要求中方保证不再发生类似事件,并给予赔偿。7月,柳原赴天津拜会李鸿章,为政府谈判投石探路。李鸿章责备日本"口说和好之话,不做和好之事";手书"此事如《春秋》所谓侵之袭之者是也,非和好换约之国所应为,及早挽回尚可全交"等语给柳原看。针对柳原声称"台湾生番如无主之人一样,不与中国相关",李鸿章驳斥说,山民"在我台湾一岛,怎不是我地方",直言"生番所杀是琉球人,不是日本人,何须日本多事?"①柳原转而赴北京,向总理衙门提出日本撤军的条件,即以军费的名义给予补偿。

8月,全权办理大臣、参议兼内务卿大久保利通率领诸省官员和美国、法国顾问,自长崎抵达上海。9月10日,经天津进入北京。9月14日,大久保利通与恭亲王奕䜣等开始首轮谈判。在此后一个半月的8轮谈判中,围绕着日本撤军的条件,双方展开反复交涉。李鸿章致函总理衙门,认为只要不是作为军费,则可给予补偿,促使其"踊跃回国",则可"内不失圣朝包荒之度,外以示羁縻勿绝之心"。②。

在谈判中,赔偿数额和名义为交涉的焦点。大久保提出索洋银500万元,至少亦须银二百万两的无理要求,中方予以驳斥。10月25日,大久保以回国相威胁,对奕䜣施加压力。同日,英国驻华公使威妥玛来总理衙门拜访奕䜣,"初示关切,继为恫吓之词",说"日本所欲二百万两,数并不多,非此不能了局。"奕䜣为避免日本铤而走险,且令威妥玛"无颜而回,转足坚彼之援,益我之敌",更苦于"我武备未有把握,随在堪虞",表示"中国不乘人之急",拟予日本"总共不得逾五十万两"的补偿。总理衙门的让步,令大久保喜出望外。再经威妥玛斡旋,双方互换凭单:中方先支付抚恤金10万两,等日军撤离后,再付建房费用40万两,③与军费无涉。

①《李鸿章全集》第6册《译署函稿》卷2,海南出版社,1997年,第2958、2959页。
②《李鸿章全书》第6册《译署函稿》卷2,第2961页。
③《筹办夷务始末(同治朝)》第10册卷98,第3946、3947页。

10 月 31 日，双方签订《中日北京专约》。这个专约将缔约的事由说成是"台湾生番曾将日本国属民等妄为加害"，日本"遂遣兵往彼，问该生番等诘责"。专约共 3 条，第 1 条中方承认日本出兵"原为保民义举"；第 2 条规定中国对遇害难民之家给予抚恤，购买日军所建道路房屋；第 3 条规定中国约束台湾山民，永保航客不再受凶害。[①] 一次偶发的不幸事件，经大久保利通等别有用心的运作，其结果是琉球民成了"日本国属民"，侵略台湾成了"保民义举"，制造了吞并琉球的话柄。

11 月 3 日，大久保在回国途中，路经天津时走访了北洋大臣衙门。李鸿章对大久保畅谈了一番中日"唇齿相依、不可分离"的道理，期待"今后应增加互信，敦睦友谊"。不虚此行的大久保乐得搪塞，说"过去的事情不必再提，希望今后两国进一步加深信任。"[②]在"友谊"和"信任"的背后，大久保看透了清政府"息事宁人"方针的软弱可欺，继续在中国周边国家实施扩张，掏空宗藩关系体系的根基。

二、吞并琉球国

琉球国与中国的官方交往，始自明初洪武五年（1372 年），累经诸朝交往，双方建立了密切的关系。琉球国作为明朝宗藩关系体制中活跃的一员，依托明琉关系平台，文化昌盛，制度建设和对外贸易全面展开，有"以舟楫为万国之津梁"的赞誉。

明琉关系顺畅发展 200 余年之后，日本武士闯进琉球国。1609 年 3 月，萨摩藩主岛津家久奉江户幕府之命，出兵占领吐噶喇列岛、奄美大岛、喜界岛、德之岛和琉球本岛，强迫琉球君臣承认"琉球自古为岛津氏之附庸"，遵守"法章十五条"，宣誓效忠萨摩藩主。[③] 慑于明朝的威力，每逢明使赴琉，萨摩人往往藏匿起来，生怕露出马脚。1644 年，明清更替。

① 《筹办夷务始末（同治朝）》第 10 册卷 98，第 17 页。
② 日本史籍协会编『大久保利通日记』下、北泉社、1997 年、342 页。
③ 外务省编『日本外交文书 11』、日本国際連合協会、1963 年、184 页。

1647 年,琉球国王尚质遣使北京进贡请封。1654 年,"再遣贡使,兼缴前朝敕印,请封,允之。"[1]琉球国在清琉交流中获益匪浅;对日交往则不乏屈辱和压榨,但仍享有外交自主权。19 世纪 50 年代,琉球作为主权国家,先后与美、法、荷等国签定多个条约。

1868 年 3 月,明治政府公布《宣扬国威宸翰》,标榜安内竞外。1871 年 7 月,萨摩藩向外务省提出《琉球国事由取调书》,要求接收琉球。1872 年 5 月,大藏大辅井上馨建议将琉球国划归日本。政府态度如此,琉球国"单属"日本的舆论应声而起。鹿儿岛县参事大山纲良奉命赴琉球国首里城,通告王政一新,命琉球国王尚泰派员祝贺。9 月,天皇睦仁向琉球贺使王子尚健等颁发诏书,内称:"今琉球近在南服,气类相同而言文无殊,世世为萨摩附庸。尔尚泰能致勤诚,宜予显爵,升琉球藩王,序列华族。"[2]睦仁的一纸诏书,琉球由国变"藩",国王降为"藩王",将"单属论"付诸行动。为防备清政府诘难,由外务省在那霸设置办事机构"出张所",全权处理琉球事务。1874 年 10 月,《中日北京专约》签订,清政府的大员糊里糊涂地承认遇害的琉球难民为"日本国属民"。日本驻那霸的办事机构随即由外务省改为内务省派出,琉球国的归属进而发生质变。

1875 年 1 月,内务大丞松田道之告知琉球官员,将用清朝的抚恤金购买抚恤米和蒸汽船发放给琉球;作为交换,提出琉球藩王尚泰前来东京致谢、藩制改革、废除与清朝的册贡关系、在那霸设置镇台分营等条件。琉球官员接受抚恤米和蒸汽船,对所提条件则以需待王命批准而未加认可。此后,琉球国君臣迟迟不作答复,而是忙于派出使节祝贺清朝光绪皇帝即位大典。5 月,内务卿大久保利通焦灼不安,提出确保日本在琉球"国权"的 5 项意见:(1)废除琉球每隔一年向清朝遣使的惯例;(2)撤销驻福州的琉球馆,贸易业务由日本驻厦门领事馆接管;(3)废除

---

[1]《清史稿》卷 313《属国》—《琉球》。
[2] 宫内厅『明治天皇纪 2』、吉川弘文馆、1969 年、756 頁。

藩王更替时接受清朝官船册封使的惯例;(4)"藩王"来东京谢恩,改革藩制;(5)外务省接管琉球与清朝的交涉。[①] 太政官据此发布多项指令,吞并琉球进入全面实施阶段。

7月,松田道之来到那霸贯彻太政官的指令,切断琉球与中国的所有传统联系渠道,强令琉球国使用日本年号、实施日本的刑法。琉球官厅不愿中断与中国的来往关系,多次遣使陈情,消极抵制日本指令。同时,也在寻求驻东京欧美外交官的同情和支持,但得不到应有的回应。

1876 年 5 月,大久保利通命内务少丞木梨精一郎率领警部、巡查若干人进驻琉球,实行"海外旅行券"制度,限制琉球人前往中国。清廷对琉球国停派贡船大惑不解。1877 年 4 月,琉球王尚泰密遣紫巾官向德宏携带咨文来福州,向闽浙总督何璟、福建巡抚丁日昌陈告日本阻止朝贡等事,方得知原委。清政府为息事宁人,未作出强有力的反应。6 月,清廷发上谕,对日本阻贡的缘由表示不解,责成即将赴日的首任公使何如璋相机办理。

1877 年 11 月,何如璋抵达东京履新。琉球官员前来会晤,要求中国阻止日本的吞并行为。1878 年 5 月,何如璋致函李鸿章,认为"日人无情无理",日本"必灭琉球;琉球既灭,行及朝鲜"并危及台湾的安全,中国"不得不争"。[②] 为此,向总理衙门提出应对三策,上策为"先遣兵船,责问琉球,征其入贡,示日本以必争";中策为"据理与言明,约琉球令其夹攻,示日本以必救";下策为日本"若不听命,或援万国公法以相纠责;或约各国使臣与之评理,要与必从而止。"[③] 李鸿章同意何如璋对日本扩张的分析,但指斥上、中两策"似皆小题大做,转涉张皇",认为下策"实为今日一定办法"。[④] 总理衙门也认为前两策"过于张皇,非不动声色办法",支持

---

① 歴史科学協議会等編『史料日本近現代史 I』、三省堂、1985 年、61—62 頁。

②《李鸿章全集》第 6 册《译署函稿》卷 8,第 23097、3098 页。

③《光绪朝中日交涉史料》卷 1,故宫博物院文献馆编印,1932 年,第 24、25 页。

④《李鸿章全集》卷 32《信函》4,安徽教育出版社,2008 年,第 320、321 页。

"据理诘问"。① 实际上,"不动声色办法"不过是不作为的另一种说法。

1878 年 9 月,何如璋拜会外务卿寺岛宗则,抗议日本阻贡。寺岛狡辩琉球数百年来为"日本领土",拒绝接受抗议。10 月,何如璋提交了措辞强硬的照会,重申琉球"从古至今,自成一国",自明朝洪武年间"臣朝中国,封王进贡,列为藩属;惟国中政令,许其自治,至今不改";琉球国与美、法、荷缔约皆用中国年号历朔,"欧美各国无不知之"。照会谴责日本阻贡为"不信不义无情无理之事",违反了《中日修好条规》里不可侵越"所属邦土"的规定,要求日本"待琉球以礼,俾琉球国政体一切率循旧章,并不准阻我贡事",以"全友谊,固邦交"。② 11 月,寺岛照会何如璋,宣称数百年来琉球为"日本领土";指何如璋谴责日本"不信不义无情无理"为"暴言",要求"道歉"。③ 何如璋继续与内务卿伊藤博文、外务卿寺岛宗则等交涉,均不得要领,对话陷入僵局,日本加紧吞并行动。

1879 年 1 月,松田道之再来首里,传达太政大臣三条实美的督责书和指令,要求琉球必须在 2 月 3 日之前作出答复。琉球王尚泰称病不起,琉球官厅要求延期执行三条实美的指令。3 月 8 日,天皇睦仁下诏,指责尚泰"恃恩挟嫌,不恭使命",宣布"兹废琉球藩,尚泰移居东京府下,赐以府宅"。④ 11 日,三条签发命令,强令琉球王迁居东京,移交版籍连同官方文簿,所有财产一律充公;若拒绝听从,则出动警察、军队,强制执行,琉球居民若骚乱、反抗,则出动军警镇压。⑤ 31 日,琉球"处分官"、内务省大书记官松田道之与警视补园田安贤、大尉益满邦介率领的 160 名警察和 400 名士兵接管了首里城。松田宣读三条签发的命令,宣布"废琉球藩,设冲绳县"。至此,国祚长达 500 余年的琉球国被日本吞并。4 月 4 日,明治政府发表文告,宣布琉球废藩置县,任命锅岛直彬为前任县

①《光绪朝中日交涉史料》卷 1,第 25 页。
② 外務省編『日本外交文書 11』、271 頁。
③ 外務省編『日本外交文書 11』、272 頁。
④ 森末義彰、岡山泰四編『歴代詔勅集』、目黒書店、1938 年、821 頁。
⑤ 歴史科学協議会等編『史料日本近現代史 I』、62—63 頁。

令。5月10日,清朝总理衙门就日本"无端灭人之国,绝人之祀"而"蔑视中国"提出抗议,要求日本"将废球为县一事速行停止,则两国和好之谊由此益敦"。① 但明治政府继续虚于应付,抗议遂归无效。

琉球王尚泰父子仍托病以拖延前往东京的时间,琉球诸臣不服日本的占领和强制改革,用琉球语咒骂执棒巡街的日本警察为"恶贼",斥责执行三条命令的代理藩王尚弼为"国贼"。仪保村、当藏村的居民群起抗议,久米村三十六姓闽人的后代,表示"纵令死也不遵奉倭命"。② 5月27日,琉球王尚泰登船北上之际,码头上冷冷清清,琉球人以沉默抗议日本的无理吞并。

3月,日本新任驻华公使宍户玑来北京履新,为防止清政府武力介入琉球,与总理衙门展开周旋。5月,美国离任总统格兰特访华,先后在天津、北京会晤李鸿章和恭亲王奕䜣。李鸿章和奕䜣苦于尚无远洋海军,中俄伊犁交涉步履维艰,难下决心与日本对决。6月,前往日本的格兰特途经天津期间,与李鸿章再次谈及琉球争端。格兰特说,"琉球自为一国,日本乃欲吞灭以自广,中国所争者土地,不专为朝贡,此甚有理。"李鸿章答称:"贵总统所见极大,拜托拜托!"③其实,寄希望于美国的调停,无疑作茧自缚。

7月,格兰特抵达日本。内务卿伊藤博文、陆军卿西乡从道等出面接待,强调琉球数百年来为日本"属国",援引《中日北京专约》为据。伊藤等还要求中方撤销何如璋谴责日本的照会,方可恢复协商。在伊藤等面前,格兰特不提"琉球自为一国"等语,建议日本与中国"另立章程,保住中国要路门户"。④ 伊藤等心领神会,图谋瓜分琉球群岛并修改《中日修好条规》,分岛改约。同月,琉球紫巾官向德宏受琉球王尚泰委派,抵天津向李鸿章求援,急盼中国兴问罪之师,协助琉球复国。清政府面临"复

---

① 外務省編『日本外交文書 12』、日本国際連合協会、1949 年、179 页。
② 歴史科学協議会等編『史料日本近現代史 I』、63—64 页。
③《李鸿章全集》第 6 卷《译署函稿》卷 8,第 3117 页。
④《李鸿章全集》卷 32《信函》4,第 466 页。

国"与"分岛"的选择。

8月,格兰特自日本致函李鸿章,建议撤销何如璋照会,"日人悦服,情愿特派大员与中国特派大员妥商办法",从而"商定万全之策,俾两国永远和睦"。格兰特强调中方不必寻求他国调停,只与美国协商即可。[①]总理衙门接受了格兰特的建议,照会日本外务省,将何如璋照会予以撤销,满足了日方要求。寺岛宗则复照深表"欣慰",但总理衙门却在外交上再失一局。10月,曾任琉球进贡正使、耳目官毛精长与通事官蔡大鼎等剃发改装,密访北京,至礼部呼救。但求助专以息事宁人的清政府,无疑缘木求鱼。

12月,受外务省委托的汉学家竹添进一郎来天津拜会李鸿章,为改约交涉投石问路。在笔谈中,竹添以1611年岛津氏强迫琉球君臣宣誓效忠的"掟十五条"为据,强调琉球单属日本,而非中日两属。李鸿章予以反驳,指出"当时系强逼拟稿照写",以此为属日本之证,则"惑世诬民甚矣!"[②]同时,表态无意抛弃对日"和好之道"。竹添返回东京向内阁汇报,日本政府敲定"改约分岛"的交涉方案。

1880年3月,竹添再来天津拜访李鸿章,提出日方交涉方案。方案奢谈中日两国"同文同种"、"永以为好",要求修改《中日修好条规》,使日本"商民入中国内地,懋迁有无,一如西人",自由通商;嗣后凡中国与欧美各国改订条约、税则,日本可一体均沾其利益,享受最惠国待遇。作为交换,日本"以琉球之宫古岛、八重山定为中国所辖,以划两国疆域"。方案谎称此二岛"度其员幅,殆琉球全部之半,实为东洋门户"。[③] 日方南北二分琉球的方案的目的有两点:一是确保对琉球本岛和北部诸岛的实际占领;二是解决《中日修好条规》的悬案,获取片面的最惠国待遇,真可谓一箭双雕。

对日方要求改约的真实意图,清廷并非一无觉察。但由于中俄伊犁

---

①《李鸿章全集》卷32《信函》4,第474、475页。

②《李鸿章全集》卷32《信函》4,第499页。

③《李鸿章全集》卷32《信函》4,第524页。

交涉正进入胶着状态,为避免在俄国之外再树一敌,7月,总理衙门与宍户玑展开交涉。中方提出三分琉球方案,即琉球北部各岛归日本、琉球本岛及中部各岛由琉球复国、南部各岛归中国,日方依旧坚持其既定的二分琉球并改约的方针。在反复交涉中,"息事宁人"的方针发酵,总理衙门准备在日方所谓占"琉球全部之半"的两岛恢复琉球国。为此,中方提出:(1)"冲绳本岛以北属大日本国管","宫古、八重山两岛属大清国管辖,以清两国疆界,各听自治,彼此永远不相干预";(2)对《中日修好条规》的条款,新增"嗣后两国与各国加有别项利益之处,两国人民亦均沾其惠"一款,相互给予最惠国待遇;(3)以上条款获得御批后,在3个月内在北京互换新约的草案。① 以此为基础,10月,双方草签了分岛改约协议。

中日琉球问题交涉期间,明治政府正在发起新一轮的改约谈判。1878年2月,因西南战争政府财政吃紧,外务卿寺岛宗则要求修改条约,提高关税率,遭到列强拒绝。1879年3月,英国主张在伦敦举行改约谈判,以便施压日本。后经日本政府请求,谈判仍在东京举行。7月,在讨论日本提高海关税率时,英国公使巴夏礼拒绝修改有关海关税率的条款,会议中断。不久,发生英国货船偷运鸦片事件。巴夏礼动用领事裁判权,包庇肇事英国船长。日本舆论沸腾,强烈要求废除领事裁判权。9月,新任外相井上馨要求提高税率,部分取消领事裁判权,双方开始交涉,但障碍重重。10月,对清欺骗外交奏效,中日草签了分岛改约协议。11月,井上馨向太政大臣三条实美报告的外务省酝酿的4种方案,将宍户、竹添的底牌和盘托出:(甲)宫古、八重山二岛归属中国,划清两国边界,另定增加新条款的专约;(乙)将最惠国待遇的新条款载入新增条款;(丙)利用日本与欧美各国举行改约谈判的机会,要求清政府修改日清条约;(丁)交割二岛时,约定日清改约的期限和手续。② 正当井上得意之

① 《清光绪朝中日交涉史料》卷2,第8—10页。
② 外务省编『日本外交年表並主要文書上卷』、81頁。

时,事态突然发生变化。

原来误信竹添所谓南二岛幅员"殆琉球全部之半"的李鸿章,经询问来津求救的琉球紫巾官向德宏,方知"中岛物产较多,南岛贫瘠僻隘,不能自立",草签分岛改约协议是中了宍户们的圈套。11 月,李鸿章上奏光绪帝,引用"明代倭寇之兴"的往事,认为日本人"贪利无耻"、"性又贪狡",琉球王与世子被扣留住东京,宫古、八重山二岛窄小,无法安置琉球王以复国;一体均沾必导致日人"纷至沓来,与吾民争利"。鉴于日方"多所要求,允之则大受其损,拒之则多树一敌,惟有用延宕一法最为相宜"。① 清政府中止签署正式协议。

但日本却无意"延宕"。1881 年 1 月,宍户玑在离任回国前通告中方,日本将"自由处置"琉球。1882 年 3 月,竹添进一郎出任日本驻天津领事。为重开交涉,获取片面的最惠国待遇,竹添拜会李鸿章,声称宫古、八重山"二岛归于中国,自中国册封琉王,以全中国体面;敝国则得均沾之约,以全体面耳。"李鸿章指出,"南二岛封琉王实不足以自存",且"宗庙社稷均在首里都城","中国以存琉祀为重"的目标落空,"体面仍不能全";结果"中国得复琉虚名,而贵国得均沾实惠,似欠平允"。李鸿章提出反建议,在南二岛封琉球王,并附以王城首里,使其可归故宫、祀宗社,日本占据之地任由其为政,但须坚明约束,日后不得再占一步。② 竹添表示拒绝,双方无法达成共识。利用清廷不作为的"延宕",日本吞并整个琉球。

三、蚕食朝鲜主权

1870 年 2 月,外务权大录佐田白茅赴朝要求互派使节再遭拒绝后,向外务省提出报告,认为"四年前,法国攻朝鲜",近来"俄国窃窥其动静,美国亦有攻伐之志。皇国若失斯好机会,而与之于外国,则实失我唇,而

---

① 《清光绪朝中日交涉史料》卷 2,第 14—17 页。
② 《李鸿章全集》卷 33《信函》5,安徽教育出版社,2008 年,第 524 页。

我齿必寒",强调朝鲜"不可不伐"。① 4月,外务省提出3种解决方案:
(1)"中止对朝外交";(2)派遣木户孝允为正使,乘坐军舰前往朝鲜,以
"军舰兵威"迫使其开港贸易;(3)"先向支那派遣使节",缔约建交,取得
与中国"同等地位"从而以凌驾于朝鲜之上,牵制中国且便于对朝交涉。②
几经斟酌,明治政府决定采用第三种处理方案。1871年9月,签订《中日
修好条规》,开始将方案付诸实践。

　　1873年12月,朝鲜发生"癸酉政变",摄政长达10年的大院君李昰
应被迫退隐,国王高宗李熙亲政,王妃闵紫英乘机建立闵氏家族的势道
政治。朝廷罢免大院君心腹、对日强硬派东莱府使郑显德,逮捕负责对
日交涉的训导安东晙,任命开化派宗师朴珪寿为右议政。朝鲜政情发生
变化,大幅度调整对日政策。1874年12月,外务省官员森山茂访朝。在
釜山,森山与新任训导玄昔运会见,商定重新递送建交书契。1875年2
月,升任外务少丞的森山携带外务省书契来到釜山。书契依旧写进"大
日本"、"皇上"、"天子"等字样,蓄意制造事端。果然,朝鲜再次拒绝受
理。4月,森山报告政府,要求动用武力手段。

　　1875年5月,日本军舰"云扬号",6月"第二丁卯号"等多艘军舰驶
入釜山港,游弋朝鲜海域,伺机挑衅。9月,海军少佐井上良馨指挥的"云
扬号"擅自在江华岛附近水域测量朝鲜海岸,以索要薪水为名,命令划艇
进入汉江入海口。江华岛炮台开炮驱逐,击伤两名日本水兵。"云扬号"
开炮击毁江华岛第一、第二炮台,水兵登陆虏获大炮38门,攻陷永宗城。
日军战死1人,朝鲜守军30余人阵亡。③

　　"云扬号事件"过后,明治政府对中朝两国采取行动。1876年1月
10日,新任驻华公使森有礼到达北京。在致总理衙门的函件中,森谎称
朝鲜拒收国书,无故炮击日本火轮船,"今派全权办理大臣,往问朝鲜政

① 王芸生编著:《六十年来中国与日本》第1卷,第117页。
② 外務省編『日本外交文書』第3卷、日本外交文書頒布会、1955年、144、145頁。
③ 松下芳男『近代戦争1』、人物往来社、1967年、39頁。

府心意所在,为两国得保亲好于永远之地也。"①总理衙门回复说:"朝鲜自有国以来,斤斤自守,我中国任其自理";"中国之于朝鲜,固不强预其政事,不能不切望其安全。"②森有礼以"中国任其自理"、"不强预其政事"为据,称朝鲜为可与日本缔约的"独立国家"。

与森有礼的北京履新相呼应,1月25日,参议、陆军中将兼交涉全权大使黑田清隆率领5艘军舰、800名水兵,抵达江华府。陆军卿山县有朋屯兵山口县,随时准备出动。武力威胁奏效,闵氏集团接受了日本的缔约要求。2月26日,双方订立《日朝修好条规》(亦称《江华岛条约》)。条规的第1条称:"朝鲜国自主之邦,保有于日本国平等之权";嗣后两国"须以彼此同等之礼相待","务开扩宽裕弘通之法,以期永远相安"。其余各条规定,自定立条规的15个月内互派使臣进驻对方首都,"驻留久暂,共任时宜";"准听日本国航海者随时测量海岸,审其位置深浅,编制图志";规定日本在朝鲜国各口岸设置拥有领事裁判权;规定"彼此人民各自任意贸易",两国官吏不得干预或限制禁阻。③在"自主"、"平等"等外交辞令的掩护下,日本将近代第一个不平等条约强加给朝鲜,对中国展开争夺。

8月,日本又迫使朝鲜签订了几个新的不平等条约。其中,《日朝修好条规附录》规定日本人可在釜山港方圆10里和东莱府管辖区内自由通行并进行商贸活动,在各通商口岸可雇佣朝鲜人,使用并将朝鲜铜币运送回国,但朝鲜人却不能享有同等权利。《日朝通商章程》规定日本人可将粮米及杂谷运回日本,这样加剧朝鲜粮食困难;驶入朝鲜港口的每艘日本商船缴纳2元至1元50钱的低额入港税,"属日本国政府诸船舶不纳港税"。④掌握近代条约为己谋利诀窍的日本,开始蚕食朝鲜司法、海关、国防等主权。

---

① 王芸生编著:《六十年来中国与日本》第1卷,第122页。
② 王芸生编著:《六十年来中国与日本》第1卷,第123页。
③ 歴史科学協議会等編『史料日本近現代史 I』、59—60頁。
④ 外務省編『日本外交年表並主要文書上巻』、67—69頁。

　　朝鲜开港后,明治政府利用朝鲜修信使或绅士游览团赴日的机会,朝野竞相出面款待,展示明治维新的成果,多方诱导和拉拢,培养青年官僚金玉均、徐光范等亲日的激进开化派。与此同时,日本多家银行在汉城、釜山、元山、仁川等地开设分行,控制了朝鲜的金融。日本商社利用片面的最惠国待遇,将朝鲜变为欧美棉织品的转口贸易市场和输入米谷、豆类、水产品、金银铜原料的供应地。陆军工兵中尉堀本礼造等奉命来朝鲜,担任别技军的教官,培训亲日的武装力量。

第二节　武力崛起的第一步:甲午中日战争

一、"大陆政策"构思

　　"大陆政策"形成于明治时代,其思想源流来自幕末经世学的东亚经营论,如1798年本多利明的《经世秘策》《西域物语》和1823年佐藤信渊的《宇内混同秘策》等。日本开港后,民族危机骤然加剧,吉田松阴以邻为壑,热衷于大陆扩张以转嫁民族压迫。1854年,著《幽囚录》,鼓吹进攻型的自我防卫论,即"今急修武备,舰略具,炮略足,则宜开垦虾夷,封建诸侯,乘间夺取加模察加(堪察加)、隩都加(鄂霍次克);谕琉球朝觐,比内诸侯会同;责朝鲜,纳质奉贡如古之盛时;北割满洲之地,南收台湾、吕宋诸岛,渐示进取之势。"[1]1856年,吉田的《外征论》称颂传说中的神功皇后"服新罗","高丽、百济望风而降,得矣","置府任那以驱使三韩,最得矣"。[2] 吉田的武力崛起的侵略思想,对松下村塾门生,如木户孝允、高山晋作、久坂玄瑞、伊藤博文、山县有朋等影响深刻,师徒彼此应和。吉田构思了"大陆政策"基本框架,即"为今之计,不若谨疆域,严条约,以羁縻二房,乘间垦虾夷,收琉球,取朝鲜,拉满洲,压支那,临印度。"[3]吉田主

---

① 山口県教育会編『吉田松陰全集 1』、岩波書店、1986 年復刊、596 頁。
② 山口県教育会編『吉田松陰全集 3』、64 頁。
③ 山口県教育会編『吉田松陰全集 3』、38—39 頁。

张恪守条约、协调与美俄"二虏"的关系,"北进"与"南进"并行不殆,组建大帝国。1859 年,吉田松阴死于"安政大狱",门生们继承了其"遗志"。山县有朋完成了"大陆政策"的理论化,伊藤博文割取了台澎,加速吞并朝鲜的步伐。

明治建政后,维新官僚遵循欧美强权政治通则,逐步形成具有近代殖民侵略特点的外侵总政策,即"大陆政策"。1868 年 3 月公布的《宣扬国威宸翰》,标榜"海外雄飞",确定了"大陆政策"的基本方向。1870 年 8 月,外务权大丞柳原前光提出《朝鲜论稿》,认为"朝鲜国北连满洲,西与清国之地相接。使之屈服,实为保全皇国之基础,将来亦为经略万国、进取之本","若宽猛恩威并用,可无须大战使之服从"。① 1874 年 6 月,山县有朋向明治天皇呈交了外交解决、武力侵华和增兵台湾的《外征三策》,请命亲率"三万余兵蹂躏江苏,乘机北上直隶","直捣天津,以订城下之盟。"②至此,将朝鲜半岛和中国确定为实施"大陆政策"的攻击目标。

山县有朋之所以夸下如此海口,是因为手握最新的中国情报。自1872 年 8 月以来,在西乡隆盛和山县有朋的策划下,陆军少佐池上四郎等谍报人员已进入中国华北等地区,进行秘密侦察活动。1873 年 1 月,海军少佐桦山资纪、海军秘书儿玉利国和陆军少佐福岛九成等被派往华南地区,搜集情报。福岛冒充南宗画家安田老山的弟子,并在安田的协助下潜入台湾,绘制地图。11 月,陆军中尉美代清元等 8 名军官又以留学为掩护,来华刺探情报。西乡下野后,这些情报源源不断地报告给陆军卿山县。1879—1880 年,参谋本部长山县先后两次派遣以陆军中佐桂太郎、参谋本部第二局要员小川又次为首的 20 余名军官,以友好访问或研修中文为由,侦察中国的兵制、军备、部署和地形等军事情报。回国后,在谍报军官福岛安正的主持下,编成长达 16 卷的《邻邦兵备略》,并在 1880 年 11 月由山县呈交天皇"御览"。《邻邦兵备略》的出笼,标志着

---

① 外务省编『日本外交文書 3』、日本外交文書颁布会、1955 年、149 页。
② 德富猪一郎编『公爵山县有朋伝中』、358 页。

"大陆政策"的情报准备阶段已经完成。

1882年"壬午兵变"之后,中日在朝鲜半岛的竞争加剧。8月,山县与大藏卿松方正义共谋增加烟草税以扩充军备经费,强调"恢复我邦尚武之遗风,扩张陆海军,将我帝国比作一大铁舰,以刚毅勇敢之精神展显实力于四方。"①天皇睦仁表示支持,自1883起,实施海军8年造舰计划和陆军兵员的倍增计划,准备在8年内投入2 640万元,增加大型军舰5艘、中型军舰8艘、小型军舰7艘、水雷炮艇12艘,与中国展开海军军备竞赛。② 1884年朝鲜亲日开化派发动的"甲申政变"失败后,日本更加紧了以中国为假想敌国的扩军备战步伐。1889年7月,天皇睦仁公开表示:"扩充陆海军乃国家之当务之急,服兵役乃国民的重大义务",③为扩军备战的狂潮推波助澜。准备进兵朝鲜半岛和中国大陆的军事力量急剧增强。所欠缺的,只是注入理论的灵魂,最终形成"大陆政策"。

1889年12月,现役陆军中将山县有朋组阁。1890年3月,山县在内阁会议上发表《外交政略论》,强调"我国利益之焦点实为朝鲜"。山县认为,"西伯利亚铁路完成之日,即朝鲜多事之时。朝鲜多事之时,即是东洋发生重大变动之机"。为对应时局,山县提出"主权线"和"利益线"论说,完成了对"大陆政策"的理论表述。概言之,即"盖国家独立自卫之道有二:一曰捍卫主权线,不容他人侵犯;二曰防护利益线,勿失于己有利的地域。所谓主权线,乃国家之疆域,所谓利益线,即与我主权线之安危密切相关之邻近区域。"山县强调:"目前,仅仅防卫主权线已不足以维护国家之独立,必须进而保卫利益线,以长远立足于优越地位。如果他人侵入利益线,则务必以强力排除之,若不能并无利益线,则无望成为完全独立之国家。"④12月,在众议院发表的首相施政演说中,山县公开了"大陆政策"。山县说,"今日令吾等果欲守护主权线,亦保护利益线以完

---

① 德富猪一郎編『公爵山県有朋伝中』、816頁。

② 森喜一『日本工業構成史』、伊藤書店、1943年、105頁。

③ 森喜一『日本工業構成史』、105頁。

④ 大山梓『山県有朋意見書』、原書房、1966年、196—200頁。

全达成国家之独立,固非一朝空言之所能。必须在国家财力允许的范围内,积寸累尺,以进入显现成绩之境地。因此,必须划拨巨额资金用于陆海军开支之需要。"①

1890年9月,内阁采纳了海相桦山资纪落实8年造舰规划、将海军舰船吨位从5万吨增加到12万吨的扩建目标。众议院就此激烈争论,形成内阁与国会之间的对立。1891年12月,气急败坏的桦山发表"蛮勇演说",激烈指责民权诸党,宣称要抛开国会,直接求助于萨长藩阀政府。1892年5月,众议院通过削减造舰经费案,6月被贵族院否决,两院又围绕这一问题争论不休。在天皇睦仁的过问下,两院通过了贵族院的修正案,加紧造舰、购舰。

二、战前的较量

进入19世纪80年代,中日两国在朝鲜半岛的竞争日趋激烈,朝鲜闵氏家族媚日贪腐。1882年7月19日,汉城的武卫营军人在等待11个月后,领到了掺杂大量米糠和砂石而无法食用的饷米,终于怒不可遏,群起哗变。23日,哗变士兵袭击了兵部判审闵谦镐的住宅、捕盗厅、京畿监营、下都监和日本公使馆,处决了日本军事教官堀本礼造及其以下等7人,日本公使花房义质逃回长崎。24日,壮御营、"别技军"的士兵和大批民众也加入兵变的行列。数千人冲击昌德宫,闵妃化妆成宫女,出逃忠州长湖院;闵谦镐、闵升镐、领议政李最应等高官在混乱中被杀,汉城秩序大乱,史称"壬午兵变"。大院君乘机复出,守旧派乱中夺权,假戏真唱地为闵妃举行"国葬",图谋将其彻底逐出权力圈。

1882年8月20日,清廷应朝鲜请求,出动庆军6营乘6艘军舰抵达仁川平乱。日本则抢先一步,13日出动舰船8艘、陆军2个中队,护送花房返回汉城。20日,花房要求高宗李熙"谢罪"、"赔偿"、"惩凶",乘机要求割取济巨岛或郁陵岛、开放咸兴等多处口岸。26日,清军诱捕大院君

---

① 德富猪一郎編『公爵山県有朋伝中』、5頁。

并辗转软禁于保定。29 日,清军应国王之命,将 10 余名带头起事的士兵斩首。兵变平息,闵妃还宫。30 日,日本迫使朝鲜订立《济物浦条约》,勒索 55 万日元的赔偿,取得公使馆驻兵权和公使、领事在朝鲜国内的旅行权,增开新口岸杨花浦。9 月,右大臣岩仓具视建议紧急扩充海军,加紧对清军备。此议得到高度重视和实施。12 月,日本政府决定自翌年起,陆军军费每年增加 150 万元,海军增加 300 万元。①

相对于日本的求实利和讲实效,清政府过于注重表面文章。1882 年 5 月,李鸿章促成《朝美修好通商条约》的签订,但美国拒绝在条约中注明中朝宗藩关系,"以夷制夷"的策略受挫。10 月,李鸿章索性在天津订立《中朝商民水陆贸易章程》,用近代条约形式来维护宗藩关系体制,遏制日本的扩张。章程强调"朝鲜久列藩封","惟现在各国既由水陆通商","亦因时量为变通",订立章程;但中朝缔约系"中国优待属邦之意,不在各与国一体均沾之列"。② 章程规定的朝鲜国王与北洋大臣同级、领事裁判权等条款确有不平等性质,但又规定两国商民彼此均可深入内地采办土货、两国渔船自行捕鱼、听任两国边民随时交易等平等互利的条款,规定中国军舰驶泊朝鲜各处港口以资捍卫。此后,清政府又在朝鲜组建亲军营和镇抚营,扩大军事影响。驻朝大臣袁世凯作威作福,朝鲜君臣日益离心离德。

日本加紧扶助亲日激进开化派,力图掌握主动权。1883 年,清政府拒绝朝鲜以海兰江划界的无理要求,引起国王李熙不满,转而接近亲日的激进开化派。1884 年 8 月,中法战争爆发,3 个营的驻朝清军撤离。传言日法将联手夹击中国,令金玉均、洪英植等激进开化派兴奋异常。12 月 4 日,按照事先与驻朝日本公使竹添进一郎的策划,金玉均等利用汉城邮政局落成庆祝宴会之机,发动政变,杀害禁卫大将闵泳翊以及闵泰镐、闵泳穆、韩圭稷、尹泰骏等保守派高官。5 日,激进开化派在日军护

---

① 岩波書店編集部編集『近代日本総合年表第 2 版』、92 頁。
② 王铁崖编:《中外旧约章汇编》第 1 册,生活·读书·新知三联书店,1982 年,第 404 页。

卫下,宣布成立新政府,发表《政令》14 条。主要内容包括:取消中朝宗藩关系,要求大院君回国;废除门阀制度,给人民平等之权;改革地租收取办法,减轻百姓负担;调整官制,减裁冗员;设置近卫军、巡查,维持治安等。① 6 日,袁世凯应邀率军前往救援,击退占据王宫的日军,迎接李熙回宫。新政府仅维持 3 天即告垮台,洪英植被杀,金玉均、朴泳孝等流亡日本,竹添逃往仁川。朝鲜民众捣毁并焚烧日本公使馆,陆军大尉矶林真三被杀,日侨的商店、住宅遭到袭击,史称"甲申政变"。

"甲申政变"是日本对中国竞争的严重挫败,狂热鼓吹战争的舆论喧嚣不已。《时事新报》主张"急进出兵论",要求立即出兵朝鲜,武力推翻保守派政府,扶植亲日的开化派,为此不惜与中国开战。《东京横滨每日新闻》主张"缓进出兵论",认为应当区别对待朝鲜内乱与日本公使馆遭袭事件,要求朝鲜妥善处理,若拒绝则出兵惩罚。② 明治政府认为时机尚未成熟,暂且解决善后问题。12 月 24 日,全权大使、外务卿井上馨率 2 个大队的兵力前往汉城,要求道歉、索赔。1885 年 1 月 9 日,左议政金宏集与井上订立《汉城条约》,规定:朝鲜国王亲笔修书向日本天皇"谢罪"并致"谢礼";惩办杀死矶林真三的凶手,赔偿受损日侨 10 万元;支付公使馆修缮费 2 万元;在公使馆附近修筑日本兵营,取得驻军权。③

1885 年 3 月,明治政府派遣参议兼宫内卿伊藤博文访华。4 月,伊藤在天津与李鸿章举行谈判。伊藤提出中国撤军、处分统军将领、赔偿日侨等 3 项要求。④ 李鸿章点明肇事者是日本公使竹添进一郎,予以驳斥,但同意讨论撤军问题。由于中法战争削弱了清政府的外交立场,日本也未做好对华战争准备,4 月 18 日,双方签订在朝鲜维持均势的中日《天津条约》。其中规定:自条约签字之日算起,双方在 4 个月内自朝鲜撤军;在朝鲜维护治安的军队训练完毕后,"中日两国均勿派员在朝鲜教

---

① 金玉均:《甲申日录》,亚细亚文化社,1979 年,12 月 5 日条。
② 歴史学研究会編『日本史史料』(4)近代、185 頁。
③ 板垣退助監修『自由党史下巻』、130—131 頁。
④ 外務省編『日本外交文書 18』、日本国際連合協会、1950 年、232—233 頁。

练";"将来朝鲜国若有重大事件,中日两国或一国要派兵,应先行文知照,及其事定乃即撤回,不再留防。"①缔约后,日本得与中国同等的朝鲜半岛出兵权,遂以中国为假想敌,加紧实施海军8年造舰计划。明治政府准备投入2 640万元,增加大型军舰5艘、中型军舰8艘、小型军舰7艘、水雷炮艇12艘,增强与中国争夺制海权的实力。②

1886年8月,丁汝昌奉李鸿章之命,率"定远"、"镇远"、"济远"、"威远"等4艘主力舰巡弋朝鲜,访问海参崴后,抵达长崎。在中日围绕朝鲜半岛冲突不断,日本国内厌华仇华声浪甚嚣尘上的背景下,日本警民与登陆中国水兵殴斗、伤亡数十人的"长崎事件"骤发。日本媒体大肆炒作,为政府加紧以中国为假想敌的扩军备战制造舆论。对清开战论深入民间,"击沉定远"居然成了幼儿园的儿童游戏。

1893年1月12日,众议院通过当年预算案,削减造舰经费、政府行政费和官吏薪俸共计871万元。17日,伊藤内阁表态反对,双方争论不休,闹得不可开交。2月7日,众议院将弹劾内阁的决议呈报天皇。10日,天皇睦仁颁布《兹告在廷之臣僚及帝国议会之各员》。在这份通称为"造舰诏书"中,宣称"至国防一事,苟缓一日,或遗百年之悔。兹朕省内廷之费,六年间每岁给付三十万元";要求文武百官在此期间内"纳其俸给十分之一,以充补制舰费之不足";要求议员"其名慎权限,由和衷之道。以辅翼大事,成有终美。"③天皇既已表态,22日,众议院通过造舰费不变,削减经费262万元的预算修改案。④ 26日,贵族院亦予通过。随即,举国掀起捐款造舰"热",在2个月内筹集203.85万日元,约为海军军费的1/2。⑤ 至甲午海战之前,"松岛"、"严岛"、"桥立"、"吉野"等4 000吨以上的新锐战舰,与"秋津洲"、"千代田"、"扶桑"、"浪速"、"高千穗"等

---

① 外務省編『日本外交文書18』、323頁。
② 森喜一『日本工業構成史』、10頁。
③ 森末義彰、岡山泰四編『歴代詔勅集』、目黒書店、1938年、879頁。
④ 岩波書店編集部編集『近代日本総合年表第2版』、134頁。
⑤ 森喜一『日本工業構成史』、105頁。

2 000—4 000 吨的战舰构成日本联合舰队的 13 艘主力舰;加上小吨位的炮艇、鱼雷艇,联合舰队的大小舰艇总计 52 艘,总吨位59 106吨。与北洋舰队比较,在舰队总吨位上,日本联合舰队稍逊,在军舰马力、航速、侧舷火炮配置上,超过北洋海军。① 一旦交手,日本联合舰队占尽机动性强、火力猛烈的优势。

与此同时,加强战争指导部门建设。1893 年 5 月 20 日,天皇以敕令方式颁布《海军省官制改正》和《海军军令部条例》,废止海军参谋部,设立海军军令部;海军大臣仅管军政,军令移交直属天皇的海军军令部长掌管。22 日,颁布《战事大本营条例》,设置战时最高统帅部大本营,统一指挥陆海军。

三、战争进程

1894 年 2 月,朝鲜东学道农民起义在全罗道爆发,连败官军,声威大震。忠清道、京畿道、江原道和黄海道等地的农民纷纷响应,顿成燎原之势。日本密切关注局势的发展。6 月 1 日,农民军攻占全州。2 日,伊藤博文内阁接到驻朝代理公使杉村睿密报,得知朝鲜国王李熙已吁请清政府出兵平乱,立即决定出兵朝鲜。第 5 师团的大岛义昌混成旅团待机出动,军令部紧急收拢分散在各处的军舰,组成舰队。4 日,直隶提督叶志超、太原镇总兵聂士成率 2 500 名清军士兵入朝。7 日,进驻南忠清道牙山,威慑全州。同日,驻华代理公使小村寿太郎照会总理衙门,称日本"要向朝鲜派出若干军队"。② 6 月 9 日,休假回国的驻朝公使大鸟圭介乘坐军舰"八重山"抵达仁川,率 300 余名海军陆战队士兵赶往领事馆。10 日,农民军与地方政府达成《全州协约》,翌日,农民军撤出全州,局势趋于平稳。11 日,驻朝大臣袁世凯与杉村达成双方同时撤军的约定。12 日,在舰队掩护下,大岛混成旅先头部队在仁川登陆,集结于汉城与仁川

---

① 宗泽亚:《清日战争　1894—1895》,世界图书出版公司,2012 年,第 26—28 页。
② 陆奥宗光:《蹇蹇录》,伊舍石译,商务印书馆,1963 年,第 16 页。

之间的日军已达 7 000 余人,①兵力占优势。

6 月 12 日,朝鲜政府军进驻全州,交涉通商事务督办赵秉稷多次照会大鸟圭介,要求日本海军陆战队撤出汉城。大鸟接连电告陆奥宗光,认为"鉴于汉城目前的形势,不存在大量士兵开进的正当理由",建议除"必要的士兵外,其余士兵应退往对马岛,相机待命。"②15 日,拒不撤军的伊藤内阁提出设置日中常设委员会,共同"改良朝鲜内政"的新借口。陆奥认为,"改革朝鲜内政"是个"好题目",若双方"终于不能协调,索性促其彻底决裂"。③ 17 日,小村寿太郎将伊藤内阁共同"改革朝鲜内政"的建议送交总理衙门。21 日,清朝政府予以拒绝,要求日本遵守《天津条约》,事态平息则立即撤军。

6 月 22 日,陆奥宗光密电大鸟圭介,内称"日清两国之冲突,终于达到不可避免之时刻",命令大鸟率兵从仁川进入汉城。④ 23 日,伊藤内阁向清政府送交了第一次《绝交书》,执意单独进行"朝鲜内政改革"。27 日,大鸟奉命要求李熙"务举富强实政",以全日朝"休戚之谊"。⑤ 28 日,政务局长栗野慎一郎携带朝鲜改革方案前往汉城。7 月 3 日,大鸟将自行拟定的一揽子改革方案塞给朝鲜。⑥ 伊藤博文一心求战,李鸿章却在"息事宁人",寄希望于欧美列强的调停,坐失调兵时机。12 日,陆奥电令小村向总理衙门递交第二次《绝交书》,指责"清国政府只要求日本军队撤退而不容任何协商",威胁说"将来发生不测,日本政府不负责任"。⑦同时,电令大鸟:"不妨利用任何借口,立即开始实际行动"。⑧ 16 日,新

① 松下芳男『近代戦争 1』、131 页。
② 松下芳男『近代戦争 1』、135 页。
③ 陆奥宗光:《蹇蹇录》,第 29 页。
④ 戚其章主编:《中日近代史资料丛刊续编·中日战争》第 9 册,中华书局,1994 年,第 37、38 页。
⑤ 亚洲问题研究所等编:《旧韩国外交文书》第 2 卷,《日案》2,高丽大学出版部,1967 年,第 2877 号文件。
⑥ 亚洲问题研究所等编:《旧韩国外交文书》第 2 卷,《日案》2,第 2906 号文件。
⑦ 松下芳男『近代戦争 1』、145 页。
⑧ 陆奥宗光:《蹇蹇录》,第 34 页。

的《日英通商航海条约》及附属议定书、附属税目签订。英国为利用日本
阻止俄国南下,承诺撤销领事裁判权并恢复日本部分关税自主权,为日
本开战火上浇油。日本通过与世界头号强国订立新约,完成了开战前的
外交准备。

7 月 19 日,小村寿太郎奉命向总理衙门递交最后通牒,限不晚于 24
日就共同"改革朝鲜内政"的建议作出答复。大鸟圭介向朝鲜政府发出
限不晚于 22 日答复的最后通牒,要求驻扎在牙山的清军撤退;废除中朝
之间的所有条约。① 同日,警备舰队改称西海舰队,与常备舰队组成联合
舰队,海军中将伊东佑亨任司令官。22 日,赵秉稷作出答复,提醒大鸟,
朝鲜"为自主之邦,保有与贵国平等之权",认为清军"实因我国请援而
来。南匪稍平之后,已屡请其撤回而未即退,亦如贵兵之尚留驻也。"②婉
拒日本的最后通牒。

7 月 23 日凌晨 3 点,大岛混成旅两个大队日军自龙山出动,占领朝
鲜王宫,让再次复出的大院君在大鸟指导下主持政务。同日,依据日谍
提供的情报,"松岛"、"吉野"等 12 艘军舰和 6 艘鱼雷艇组成联合舰队,
自佐世保出发驶入黄海。③ 25 日,联合舰队在牙山外海丰岛袭击护送运
兵的"济远"、"广乙"等北洋海军的军舰,击沉途径战场的运兵轮船"高升
号",千余名清军士兵大部分溺亡,俘获护送舰"操江"。同日,大岛混成
旅攻击牙山,聂士成部移阵成欢,甲午中日战争爆发。27 日,朝鲜成立军
国机务处,按照日本的"劝告",启动"甲午更张",宣布废清朝年号,改用
李氏朝鲜开国纪年,取消中朝宗藩关系,推行官制、财政和社会改革。29
日,大岛混成旅进攻成欢聂士成部。经激战,聂部弃守成欢,与在公州策
应的叶志超部会合,退往平壤。

8 月 1 日,中日相互宣战。国际舆论表示关注,预测清军获胜者不在
少数。但实际情况是:北京忙着花钱筹备慈禧太后六十寿辰,东京却在

---

① 松下芳男『近代戦争 1』、146 页。
② 亚洲研究所等编:《旧韩国外交文书》第 2 卷,《日案》2,第 2947 号文件。
③ 海军军令部编『二十七八年海戦史上』、春阳堂、1905 年、81 页。

加紧筹集军费。15 日,天皇睦仁发布第 144 号敕令,计划总共筹集 5 000 万元军事公债充作战费,年利息 6％,每年偿还两次,10 年内还清。[1] 18 日,藏相渡边国武遵旨公布官报号外,提出当年筹集 1 500 万的指标。日军初战胜利,日本社会的战争情绪狂热升温。至 9 月 18 日一个月内,军事公债的认购额已达到 7 600 余万元,[2]超出预定认购额的 4 倍有余。

对日宣战后,大同镇总兵卫汝贵、高州镇总兵左宝贵、毅军总兵马玉昆、侍卫丰升阿等奉命率 29 营共计 1.4 万陆军,陆续赶赴平壤,与升任驻平壤诸军总统的叶志超汇合。总兵力近 2 万人的清军消极防御,坐待被日军三面包围。8 月 26 日,大鸟与朝鲜外务大臣金允植订立《日朝两国盟约》,内称两国“对清攻守相助”,“巩固朝鲜国的独立自主”;日本“负责针对清国的攻守战争”,朝鲜提供后勤保障。[3]

9 月 15 日,日军第 5 师团出动 1.6 万人,发起多路攻击。大岛混成旅进攻大同江南岸船桥里,马玉坤部顽强抵抗,日军损失惨重,被迫停止攻击。日军主力猛攻左宝贵部据守牡丹台、玄武门等高地,经激战予以攻占。卫汝贵部在平壤西南阻击日军,战斗进入胶着状态。平壤攻防战进入关键时刻,主帅叶志超率先出逃,致使清军全线崩溃,竞相夺路北撤。16 日,日军占领平壤。

9 月 17 日 11 时 30 分,伊东佑亨指挥的联合舰队和西海舰队在大东沟近海与北洋舰队遭遇。旗舰“定远”舰 30 厘米口径的巨炮率先开炮,震塌舰桥,水师提督丁汝昌摔伤。“镇远”舰挂旗代为指挥,各舰各自为战。日本舰队发挥航速快、侧舷速射炮多的优势,绕过北洋海军的主力舰,先攻弱舰。战至下午 2 时 30 分前后,“超勇”、“扬威”两舰被击沉。随即,“致远”、“经远”等主力舰被击沉,“广甲”触礁沉没;“济远”、“来远”、“靖远”、“平远”、“广丙”等受伤军舰退出战斗,驶往旅顺;“定远”、“镇远”两舰犹苦战不退。激战中,日舰“赤城”、“西京丸”、“比叡”等被击

---

[1] 明治新聞編纂委員会編『明治新聞事典 5』、每日通信、1985 年、601 頁。
[2] 明治新聞編纂委員会編『明治新聞事典 5』、602 頁。
[3] 外務省編『日本外交年表並主要文書上卷』、157 頁。

伤、退出战斗,旗舰"松岛"弹痕累累,司令官的将旗移至"桥立"舰。至下午 5 时 40 分,日本舰队驶离,海战结束。20 日,天皇睦仁发布敕语,对海战获胜,"制敌于敌海",大肆夸赞。① 黄海海战成为战争的转折点,掌握制海权的日军转入全面进攻。

9 月 15 日,大本营从东京转移至广岛。25 日,陆军大将山县有朋率第 1 军司令部进驻平壤,指挥第 3、第 5 师团追击清军。10 月 23 日,日军渡过鸭绿江,26 日攻占九连城,27 日攻陷大东沟,29 日进占凤凰城。16 日,陆军大将大山岩率领由第 1、第 2 师团和第 6 师团第 12 旅团组成的第 2 军主力离开广岛,直扑辽东半岛南部。大本营决定"执行作战甲方案",命令第 1、2 军与联合舰队协同作战,攻占辽东半岛。② 军事公债的筹集随着战争升级而升级。10 月 19 日,伊藤内阁向众议院提出募集 1 亿日元的提案,建议设立专门的临时军费会计。③ 21 日,众议院一致通过《临时军费特别会计法》。23 日,伊藤内阁公布临时军费预算,认购军事公债再掀热潮。

10 月 24 日,第 2 军第 1 师团未遇任何抵抗,在辽东花园口轻松登陆。11 月 6 日,攻占金州城。21 日,日军仅用一天的时间,以伤亡 280 余名的轻微代价,攻占了李鸿章经营 10 余年、号称"东洋第一要塞"的旅顺,包括虏获 120 门大炮;清军阵亡 4 500 余名,被俘 600 余名。④ 第 1 旅团长乃木希典率军闯进旅顺城,制造了杀害居民达 3 万余人的旅顺大屠杀。随军采访的欧美记者报道了此一暴行,日本受到国际舆论的指责。

12 月 15 日,陆奥宗光惊呼"事先所担心者,其结果已逐渐表现出来",要求制定应对事态的"妙计"。大本营经过紧急磋商,由伊藤博文命陆奥"采取辩护手段"。⑤ 28 日,陆奥向日本驻英、美、俄、法、德、意的外

---

① 森末義彰、岡山泰四編『歴代詔勅集』、884 頁。
② 松下芳男『近代戦争 1』、238、239 頁。
③ 明治新聞編纂委員会編『明治新聞事典 5』、603 頁。
④ 松下芳男『近代戦争 1』、245 頁。
⑤ 戚其章主编:《中日近代史资料丛刊续编·中日战争》第 9 册,第 533 页。

交官发出统一口径的《辩解书》，展开驻在国的宣传。《辩解书》承认"在旅顺口流血多于其他地方"，将被屠杀的中国居民说成是"伪装的士兵"，还反咬一口，说"日军看到他们的同伴被残酷肢解的尸体的景象而受到极大刺激"，①把暴行的罪责归结于中国人。《辩解书》颠倒事实，首开日本政府歪曲历史、逃避罪责的不光彩记录。

旅顺既陷，日军北上攻击辽东半岛的战略要地海城。黑龙江将军依克唐阿部、吉林将军英顺部、四川提督宋庆部等8万余清军，分驻海城周边地区迎敌。12月12日，日军第1军第1师团在桂太郎指挥下发起进攻，13日，攻占海城。清军反攻未果，被迫向牛庄方向退却，日军掌握对辽东半岛战场的控制权。时值天寒地冻时节，日军的人员、马匹因冻死冻伤而大量减员，大本营调整部署，第1军巩固辽东阵地，第2军南侵山东半岛。

12月14日，大本营命令伊东佑亨和大山岩协同作战，出动2.5万日军进攻威海卫。1895年1月25日，日军攻占成山头炮台、荣城县。丁汝昌拒绝了英国舰队司令弗里曼德转交的大山劝降信，作最后一战。26日，日军以死伤300余人为代价，占领凤林集和虎山。2月2日，日军逼近威海卫。3日，联合舰队攻击刘公岛炮台，鱼雷艇夜袭港内的北洋海军舰船。7日，联合舰队攻击刘公岛和日岛炮台，日岛火药库爆炸。9日，"定远"舰等主力舰自沉。11日，提督丁汝昌与总兵刘步蟾、护军张文宣等自杀殉国。14日，"广丙"舰管带程璧光等登上"松岛"舰，在降约上签字，北洋海军覆灭。联合舰队接管总吨位计1.53万余吨的"镇远"、"济远"等10艘北洋降舰炮艇，②膨胀为横行东亚海域的最大舰队。

2月28日，日军第1军第1师团攻击牛庄，第5师团予以策应。3月4日，日军围攻牛庄，清军与日军展开巷战。5日，牛庄失守。7日，日军占领营口。9日，日军第1、3、5师团分三路合击田台庄，宋庆指挥2万清

---

① 戚其章主编：《中日近代史资料丛刊续编·中日战争》第9册，第535、536页。
② 海军军令部编『二十七八年海戦史下』，春阳堂、1905年、256頁。

军与日军展开激烈炮战,田台庄沦陷,日军控制辽东半岛。甲午中日战争期间,日本以战死 1 417 人,病亡 11 894 人的代价,战胜清军。[1]

四、结局

开战以来,日军屡屡得手,清廷手足无措,急欲停战。1894 年 11 月 19 日,李鸿章电告伊藤博文,拟派天津海关税务司洋员德璀琳(Ferdinand Detring)以一品顶戴头衔,赴日联络停战事宜。德璀琳抵达神户后,伊藤拒见,无功而返。22 日,在美国政府的授权下,驻华公使田贝(Charles Denby)致电驻日公使谭恩(Edwin Dun),告知清政府委托其斡旋中日媾和谈判,中方的"条件为承认朝鲜独立及赔偿军费两项"。[2]伊藤还拒绝了李鸿章提出尽快在上海或烟台议和停战的建议,强调只有两国全权代表在广岛议和,才能谈及停战条件。

1895 年 1 月,陆奥宗光向大本营御前会议提出缔约的 3 个要点,即(1)"中国承认构成此次战争起因的朝鲜独立";(2)"中国割让领土和赔款";(3)"今后我国和中国的关系应与欧美各国和中国的关系均等";增开口岸、扩大内河航行权,"使我国永远有在中国通商航行等权利"。伊藤开列了 10 项条款,重点为"朝鲜独立"、"割让土地"、"赔偿军费"、"在中国通商航海之利益"等条,[3]大本营御前会议予以通过。利用清政府的狼狈周章,1 月 14 日,伊藤内阁密令冲绳县知事在钓鱼岛建立"国标",擅自将其划入日本版图。

同月,清廷派领尚书衔户部左侍郎张荫桓、一品顶戴署湖南巡抚邵友濂前往广岛议和。2 月 2 日,伊藤借口全权授权不充分,拒绝交涉停战并将张、邵等清政府的议和代表逐回。19 日,清政府通过田贝—谭恩渠道,通告李鸿章将赴日展开交涉。伊藤放言,恭亲王奕訢或直隶总督兼

① 参谋本部编『明治二十七八年日清戦史 8』、東京印刷株式会社、1907 年、210 頁。
② 王芸生编著:《六十年来中国与日本》第 2 卷,第 196 页。
③ 陆奥宗光:《蹇蹇录》,第 118、119 页。

北洋大臣李鸿章必须"携有正式全权委任状之全权委员"前来日本,才能"重开谈判"。[1] 3月16日,天皇睦仁下发诏书,任命陆军大将小松宫彰仁亲王为征清大总督,实施即将开始的第二期作战。所谓"第二期作战",系指以直隶平原为主战场的更大规模的武力入侵,投入的兵力除第1、第2军的5个师团外,加上作为预备队的近卫师团和陆军第4师团,共20余万。

在武力威胁下,3月14日,"头等全权大臣"李鸿章携带写有"便宜行事,豫定和约条款,予以署名画押之全权"的敕书,[2]离津前往马关,与日本全权代表伊藤博文在春帆楼举行谈判。3月20日至24日,李鸿章与伊藤进行了3次停战谈判,3月21日,伊藤在第二次谈判时,开列了停战的3个条件:日军"占守大沽、天津、山海关的所有城池堡垒",当地清军向日军缴械;"天津山海关区间铁路当由日本国军务官管理";"停战限期之内军需军费应由清国支付"。[3] 伊藤的停战条件居然包括未被日军占领的枢要之地,李鸿章痛感"要挟过甚,碍难允行",急电总理衙门请示,建议"密饬各军严备"榆关、津沽防卫。[4] 清廷复电,接受第3条,拒绝第1、2条。由于中方电文密码已被日本破译,掌握中方底牌的伊藤在谈判桌上得以恣意讹诈。24日,李鸿章在结束第三次谈判返回住所途中,遇日本暴徒袭击身受重伤,国际舆论为之哗然。压力之下,天皇睦仁急派医生前来疗伤,慰问之客络绎不绝。3月30日,伊藤与李鸿章缔结《停战条约》,约定无条件停战21天,双方开始议和。

4月1日,日方提出和约草案,共计11项条款,基本内容包括朝鲜独立、割让辽东台澎、赔款库平银3亿两。[5] 李鸿章当日电告总理衙门,认为日本的赔款要求"过奢",强调"中国万不能从";日本索赔若不能"大加

---

① 陆奥宗光:《蹇蹇录》,第127页。
②《清光绪朝中日交涉史料》卷33,第51页。
③ 外务省编『日本外交文书28』(第2册)、日本国际连合协会、1953年、289—290页。
④ 吴汝纶编:《李文忠公全书·电稿》卷20,第24页。
⑤ 王芸生编著:《六十年来中国与日本》第2卷,第251、252页。

删减"或放弃对辽东半岛的领土要求,则"两国惟有苦战到底"。① 5 日,李鸿章作出回复。针对日案的第 1 条,强调"中国已于数月之前声明,欲认保朝鲜为完全无缺之独立自主局外之国,此次立约自应载入,惟日方亦须照认,日本所拟约文自应酌改。"②针对日案第 2、第 3 条割地赔款条款,提出大幅度修改的要求。

9 日,李鸿章经过请示清廷之后,提出中方的条约修正案,对"朝鲜自主"条款,修订为"中日两国公同认明朝鲜为自主,并公同保其作为局外之国,约明或干预朝鲜内务于其自主有碍,或令修贡献典礼于其特立有碍者,嗣后概行停止";赔款限库平银 2 亿两;割地限奉天省安东、宽甸、凤凰厅、岫岩州和台湾澎湖。③ 李鸿章希求中日两国在条约中共同承诺"朝鲜自主"的努力,不过是一厢情愿。至 4 月 15 日,双方进行了 5 轮谈判,争论主要集中在割地与赔款两项。4 月 17 日,李鸿章与伊藤博文订立《马关条约》。中国割地辽东、台澎,赔款 2 亿两库平银,国家领土主权沦丧之惨堪称空前。条约第 1 条完全照抄日本草案的表述,即"中国认明朝鲜国确为完全无缺之独立自主国。故凡有亏损其独立自主体制,即如该国向中国所修贡献典礼等,嗣后全行废绝。"④单方面地规定中国承认朝鲜自主独立,日本则无须作出任何承诺,预留了在朝鲜半岛继续扩张的空间。

《马关条约》的签订,在欧美列强中引起强烈的反应。对中国东北、蒙古觊觎既久,渴望在远东寻找不冻港的俄国备受刺激,带头发动干涉。法国、德国出于各自的利益考虑,与俄国联合行动。4 月 23 日,俄法德三国驻日公使向日本政府发出内容一致的"劝告",强调"日本领有辽东半岛,不仅危及中国之首都,也使朝鲜国之独立有名无实,将永久妨碍远东之和平",

---

① 吴汝纶编:《李文忠公全书·电稿》卷 20,第 8、30 页。
② 王芸生编著:《六十年来中国与日本》第 2 卷,第 257 页。
③ 王芸生编著:《六十年来中国与日本》第 2 卷,第 274、275 页页。
④ 褚德新等主编:《中外约章汇要(1689—1949)》,黑龙江人民出版社,1991 年,第 267 页。

为了"诚挚的友谊",劝告日本"放弃领有辽东半岛"。[①]　三国要日本限期答复,并出动海军舰队展示武力。29 日,驻英公使加藤高明自伦敦报告外相陆奥宗光,战前曾表示友好的英国"基于本国利益的考虑",表示中立并建议日本作出让步。[②]　美国同样表示中立,日本陷入前所未有的国际孤立。5 月 5 日,日本向俄法德三国表示"永久放弃占领辽东半岛",但保有"向中国要求报偿的权利。"[③]经过日本与三国的一番讨价还价,确定在清政府交出 3 000 万两库平银的"赎辽费"之后,日军撤出辽东。11 月 8 日,李鸿章与日本驻华公使林董签署《辽东半岛收还条约》,日本再次勒索大笔赔款。

《马关条约》及《辽东半岛收还条约》的签订,产生了一系列的后果。中国赔付总额度相当于 3 年财政收入的 2.3 亿两库平银,被迫靠举借外债支付;台澎的割取引发列强的割地狂潮,中国的民族危机更加深重。与此同时,战败缔约促成中国新的民族觉醒。被日本打痛的刺激尤其强烈,康有为、梁启超等有识之士开始探索制度层面的变革,中国进入以日本为师的戊戌维新时期。

以《马关条约》的签订为标志,长达近两千年的东亚传统国际秩序彻底崩溃。在重建国际新秩序的过程中,中俄日朝等国互有所需,出现俄国一时掌控局面的"密约时期"。围绕朝鲜半岛支配权,日俄激烈角逐,成为地区性的主要矛盾。

对日本而言,劫自中国的战争赔款急剧扩大了国家财政规模,工业革命和新一轮扩军备战同时上马。2.3 亿两库平银约合 3.6 亿日元,相当于 1891—1895 年间一般会计收入 1.529 亿日元的 2.34 倍。1897—1901 年,年均 3 426 万元的赔款投入预算,相当于同期政府财政收入的 13.5%。[④]　以战争赔款和国债为基础,政府的财政预算突然变得阔绰起来,在战后经营的规划中,财政总支出高达 5 亿日元,相当 1893 年预算总

---

① 外務省編『日本外交年表並主要文書上卷』、169、170 頁。
② 外務省編『日本外交年表並主要文書上卷』、171 頁。
③ 外務省編『日本外交年表並主要文書上卷』、170、171 頁。
④ 山本義彦『近代日本経済史』、ミネルヴァ書房、1992 年、39 頁。

额 8 350 万日元的 5.99 倍。其中的 20%,即约 1 亿日元用于陆军由 6 个师团增加至 12 个师团的扩军规划,相当于 1892 年陆军军备费 300 万日元的 33.3 倍;其中的 42%,即 2.1 亿日元用于海军军舰总吨位从 5 万吨增加到 25 万吨的军备扩张,相当于 1892 年造舰费 275 万日元的 76.4 倍。[①] 皇室和文武官僚也因此无须为拼凑造舰费而苦兮兮地掏腰包了。

战争赔款的相当部分被迅速转变为资本,以兴办八幡制铁所为标志的新一轮工业革命掀起。纺织工厂增设、铁道延伸、港口修筑、银行创办、北海道开发等项目纷纷上马,为日本资本主义的大发展注入了巨大动力,如下表所示[②]:

表 4-1 按产业部门分类的公司缴纳资本金比率

单位:%

产业分类	公司缴纳资本金	
	1890 年	1899 年
制丝	4.7	1.3
棉纺	9.3	8.7
纺织品	3.4	2.6
饮食品	3.4	6.7
机械器具	—	2.6
(船舶)	(0.5)	(1.4)
化学	—	5.7
电气	1.5	2.3
瓦斯	—	—
运输	53.3	56.9
矿山	7.2	7.8
其他	14.2	5.4

[①] 山本義彦『近代日本経済史』、38—39 頁。
[②] 山本義彦『近代日本経済史』、44 頁,表 1、2。

其中,纺织业、铁路和海运等运输业、煤炭和采铜等矿山业依然保持着领先的地位,化学、机械、电气等新兴产业呈现蓬勃的发展势头。运输业之所以在甲午中日战争后成为重中之重,是由于1894—1898年间轮船的造船量为4.6138亿吨,自给率仅为18%,为改变这种海运落后而影响对外出兵和贸易的被动局面,政府采取了积极措施。1896年3月,国会通过《航海奖励法》和《造船奖励法》,对建造大型钢铁轮船的公司给予巨额资金补助,1897—1912年,依据上述法律,政府向财阀企业共发放了900余万日元补助金,三菱造船所得到其中的66%,川崎造船所得到了26%。[①] 凭借政府的大量补贴,日本的造船业发展迅速,加快研制、建造海军新型舰船。

甲午中日战争还对日本的政局产生深刻影响。1895年12月,自由党等政党在第9届通常国会上,提出弹劾伊藤内阁上奏案,追究退出辽东、残杀闵妃造成的恶劣国际影响,以及扩军备战导致增税和加大发行公债的责任。为求减缓压力,伊藤博文破例会见自由党干部。求权若渴的自由党随即发表声明,表示愿与政府共同落实战后经营规划。藩阀与政党联手,近代日本的政治生态发生变化。

1896年2月,在俄国公使策动下,朝鲜王室躲进俄国公使馆寻求保护,日本的国际形象再受重创。立宪改进党与1892年成立的国民协会趁机攻击政府。伊藤内阁与自由党合作,躲过被弹劾的政府危机,并顺利通过了政府预算案。3月,立宪改进党与对外强硬派议员联合,组成进步党,继续施压。与政府合作的自由党得到伊藤的回报,4月,党首板垣退助入阁,出任内相。尝到与政党合作甜头的伊藤如法炮制,将进步党的党首大隈重信也拉进内阁,担任外相,进步党随即表态支持政府。

1896年8月,伊藤内阁总辞职。9月,松方正义第二次组阁,阁僚多为萨摩藩阀,外相大隈重信留任。在政党合作之下,12月举行的第10届国会通过了第二次扩军备战预算和实施金本位制的议案。作为犒赏,国

---

① 山本義彦『近代日本経済史』、44、45頁。

会闭幕后,大隈又兼任农商务相,乘机在外务省、农商务省安插亲信。不久,围绕1897年度预算的增收地租法案问题,松方与进步党闹翻,图谋与自由党、国民协会联手,另组新党。11月,进步党予以反制,声明停止与政府的合作,所有党员官僚一律辞职,内阁摇摇欲坠。12月,众议院解散,松方内阁总辞职。松方内阁倒台,显示了政党势力的崛起。获得政党的支持,成为维持政府的必要条件。

1898年1月,伊藤博文第三次组阁,由于缺乏自由党与进步党的合作,无法通过提高地价以大幅度增收地税的方案。6月,在平冈浩太郎的斡旋下,自由党与进步党合并为宪政党,在众议院席位过半。缺乏自信的伊藤权衡利弊,建议由大隈重信与板垣退助组阁,获得天皇的批准。6月30日,"隈板内阁"成立。大隈任首相兼外相,除陆相桂太郎、海相西乡从道等现役将官留任之外,其余6名阁僚名额由两党均分,自由党系的板垣任内相,松田正久任藏相,林有造任递信相;进步党系的大东义彻任法相,大石正巳任农商务相,尾崎行雄任文相。"隈板内阁"中政党阁僚居多,体现了政党内阁特点;但新内阁并非始自众议院大选,而是由元老院内定和天皇批准,组阁程序与藩阀内阁并无差别,体现了从藩阀内阁到政党内阁的过渡性。

8月,文相尾崎行雄在帝国教育会举行的茶话会上,抨击拜金主义,说日本若建立共和政治,三井、三菱会成为总统候选人。藩阀官僚、枢密院、贵族院等不满政党的势力,抓住所谓的"共和演说事件"大做文章。10月24日,尾崎被迫辞职。围绕继任文相的人选问题,自由、进步两党陷入内斗。26日,大隈决定启用本派的犬养毅出任文相。29日,板垣等自由党系阁僚辞职,宣布解散宪政党,另建新党。31日,大隈与大石、犬养等进步党系的阁僚辞职,"隈板内阁"崩溃。11月3日,进步党系自建新党宪政本党。5日,元老院不待正在中国访问的伊藤博文回国,指定由山县有朋组阁。8日,新内阁成立,山县表态愿同宪政党"提携",显示了政党势力的分量。

冷眼旁观"隈板内阁"沉浮的伊藤博文,从1899年4月至10月,在本州岛各地游说,强调组建举国一致的政党,以应对远东急剧变化的形势。在老搭档井上馨、伊东巳代治的协助和宪政党星亨的合作下,1900 年 7 月,伊藤提议建立新党立宪政友会,为方便官员或实业家加入,采用俱乐部式的组织方式。① 8 月 25 日,新党创设委员会发表《立宪政友会宗旨》,宣称"举凡政党,对国家必须举其全力、一意奉公","欲使政党指导国民,首先须自我戒饬,明其纪律,整顿其秩序,专以奉公之诚"开展党务。② 建党宗旨强调"以忠诚拥奉皇室,对国家尽臣民的义务","恪守宪法"、"遵奉维新中兴的宏谟"、"重视外交"、"充实国防"、"维护国权国利"、"振兴教育"、"奖励农商百工"、"扩展航海贸易"、"地方自治"、"重视政党对国家的责任",③凸显了立宪政友会(简称政友会)效忠皇权、国家首位的基本立场。

9 月 15 日,政友会的成立大会在东京帝国饭店举行,首相山县以及阁僚、枢密顾问官、国会议员、财界和新闻界的头面人物达千余人前来捧场。按照事先安排,伊藤博文就任政友会总裁,副总裁为渡边国武。政友会随即开始对宪政党和宪政本党的打压,垄断了众议院过半的席位,在全国拥有百万会员。10 月,伊藤第四次组阁,政友会成为执政党,顺利通过增加非直接税的政府预算案。

第三节　武力崛起的第二步:日俄战争

一、日俄在朝鲜半岛的争夺

"三国干涉还辽"后,俄国在东亚的国际影响持续增强。朝鲜闵妃集团依托俄国,抵制日本。1895 年 7 月,闵妃集团排挤亲日势力,另立亲俄派政府。1895 年 8 月,预备役陆军中将三浦梧楼出任驻朝公使。10 月,

---

① 歴史科学協議会等編『史料日本近現代史 I』、193 頁。
② 歴史科学協議会等編『史料日本近現代史 I』、193、194 頁。
③ 歴史科学協議会等編『史料日本近現代史 I』、194 頁。

在三浦策划下,日本守备队、右翼浪人和朝鲜训练队等闯入景福宫,残忍杀害闵妃,制造了备受国际舆论指责、血腥的"乙未事件"。迫于压力,日本政府在重建以金弘集为首的亲日派政府的同时,导演了拘押、审判三浦等肇事者,随即又借口证据不足,予以释放的闹剧。

　　1896年2月,高宗李熙携王族成员躲进俄国公使馆,接受保护,史称"俄馆播迁"。惊魂稍安的李熙立即为闵妃申冤,宣布缉拿金弘集等亲日的"五贼臣"。日本再次陷入外交被动之中。驻朝公使小村寿太郎鉴于"目前日俄关系相当紧张",建议与俄国"共同保证朝鲜独立与共同监督朝鲜内政"。① 为挽回外交颓势,伊藤内阁采用日俄协商的方针。俄国反应积极。驻日公使希特罗渥表示:"日俄之间订立临时协定以维持朝鲜的现状,是目前的最佳选择。"②伊藤内阁以退为进,重开交涉。5月至6月间,日俄之间达成了两个重要的协议。

　　5月14日,日本驻朝公使小村寿太郎与俄国驻朝公使韦贝在汉城签署《关于朝鲜问题的日俄备忘录》(《小村—韦贝备忘录》)。主要规定:(1)日俄双方在国王人身安全得到保证的情况下,有义务劝告国王回宫;日本保证采取严密措施,管理日本浪人。(2)双方应劝告国王任命温和的人物入阁,以宽仁对待其臣民。(3)为保护在朝日侨,日军可在汉城驻扎2个中队,在釜山、元山各驻扎1个中队的士兵;俄国为保护公使馆及领事馆,也可在各地驻军,其兵员数额不得超过日军;待各地恢复平静时,日俄即行撤军。③ 表面上,俄国略占优势,迫使日本大幅度削减驻朝鲜的军队,承认俄国在朝的驻军权。实际上,由于俄国答应劝告国王还宫,调整清一色的亲俄派内阁,日本得以摆脱外交困境。

　　6月9日,利用沙皇尼古拉二世举行加冕礼之机,日本特使山县有朋与俄国外交大臣罗拔诺夫在莫斯科签订《日俄关于朝鲜问题的议定书》(《山县—罗拔诺夫协定》)。其公开条款主要包括:(1)为解决朝鲜财政

---

① 外务省编『日本外交文书29』、日本国际连合协会、1954年、728—729页。
② 外务省编『日本外交文书29』、754页。
③ 外务省编『日本外交年表並主要文书上卷』、174、175页。

困难,日俄两国应劝告朝鲜政府节约开支,保证财政均衡;若需举借外债,由日俄协商援助。(2)日俄同意朝鲜拥有维护国内秩序的军队与警察。(3)日本保有现已与朝鲜联络的电讯线;俄国亦有权架设从汉城至本国国境的电讯线;在朝鲜政府有能力时可予购回。秘密条款包括:(1)日俄两国在朝鲜的安宁秩序出现危机时,除现有的驻军以外,经协商,可以另派军队以援助朝鲜政府;为防止两国军队发生冲突,应确定脱离接触的非军事区和用兵区域。(2)在朝鲜国组建本国军队之前,依据《小村—韦贝备忘录》,日俄两国均拥有在朝鲜驻扎数量相同军队的权利;在朝鲜国王卫队组建之前,继续维持现状。[①]

5月19日,山县与驻俄公使西德二郎、宫内省图书头都筑馨六等讨论对俄谈判的草案,设想"按照北纬三十八度线来瓜分朝鲜,其中,包括京城在内的南半部划归日本,而北半部则划归俄国"。[②] 6月9日,外相西园寺公望电告山县:"万一俄国同意这一划分,会使我方在将来不得不承担重大责任。如果俄国对此提议表示踌躇,我方则不必坚持此一主张。"[③]俄国对三八线划界不感兴趣,因为日本得到朝鲜半岛南部,俄国将"永久地放弃了朝鲜在战略上和陆海军意义上最重要的部分",限制了"今后的行动自由。"[④]日俄政府均欲独霸朝鲜,山县的三八线划界构想流产。

1897年2月20日,高宗李熙离开俄国公使馆,移驾庆运宫。朝鲜国王还宫后,日本政府随即展开以攻为守的外交新策略。3月2日,驻韩办理公使加藤增雄根据外相大隈重信的训令,抢先公布了《小村—韦贝备忘录》和《山县—罗拔诺夫协定》公开部分的条款,并照会朝鲜外部大臣李完用。俄国对日本的行动颇感恼火,3月14日,韦贝照会李完用,称来

---

① 外务省编『日本外交年表並主要文書上卷』、175、176 页。

② 鲍里斯·罗曼诺夫:《俄国在满洲 1892—1906》,陶文钊等译,商务印书馆,1980 年,第128 页。

③ 外务省编『日本外交文書 29』、815 页。

④ 鲍里斯·罗曼诺夫:《俄国在满洲 1892—1906》,第 128、129 页。

自日本的消息"颇有误谬",把《山县—罗拔诺夫协定》的法文原本与英文的副本交出,以示"善意"。① 作为回报,提出对咸镜北道茂山、平安北道鸭绿江段和江原道郁陵岛的森林开采权。

10月12日,高宗在庆运宫圜丘坛祭告天地,将国号改称"大韩帝国",自称光武皇帝,在日俄竞争中启动了"光武改革"。11月,日本政府出资170万日元,从美国人莫尔斯的手中购得京仁铁路(汉城至仁川)的筑路权。② 1898年4月25日,在大韩帝国成立半年之后,日本外相西德二郎和俄国驻日公使巴兰·罗森在东京签订《西—罗森协定》。其主要内容包括:(1)日俄两国政府确认大韩为独立自主之国,自今以后,大韩内外政治上永为不得干涉。(2)至于度支部顾问、军部教官等事,两国相确后可行,不可独便。(3)大韩内地日本商民开市等事,俄国不为干涉。③ 协定条文简短,却是日俄争夺过程中的一个重要拐点。俄国因1898年3月强租旅大并取得"南满"铁路的筑路权,倾全力于扩张中国东北,无意在朝鲜与日本展开过度竞争。在《西—罗森协定》中,俄国对日本作出了较大的让步,听任日本在朝鲜的经济扩张。以此为标志,日本转而实行以攻为守的新策略。

9月,韩国光武政权同意将京釜铁路(汉城至釜山)筑路权给予日本。为铺设此条战略铁路,日本政府从民间集资500万日元,向英美等国筹借贷款2 000万日元。同时,日本将铁路株式会社的大量股份用于为笼络韩国皇室,光武帝李熙拥有2 000股,皇太子拥有1 000股,英亲王拥有500股,坐等分红获利。④ 皇室拥有股份,筑路得以开展,日本政府乘机获取韩国铁路的控制权。

1900年3月,无意示弱的俄国派舰队驶入仁川港,与韩国订立《马山

---

① 高丽大学亚洲问题研究所编:《旧韩国外交文书》第17卷《俄案》1,高丽大学出版部,1969年版,第812号文件。
② 曹中屏:《朝鲜近代史(1863—1919)》,第211页。
③ 高丽大学亚洲问题研究所编:《旧韩国外交文书》第17卷《俄案》1,高丽大学出版部,1969年版,第1070号文件。
④ 姜万吉:《韩国近代史》,东方出版社,1993年,第268页。

浦协议》,取得马山浦方圆 10 里的租借权,为太平洋舰队设立加煤站和海军医院。[①] 7 月,俄国借口镇压义和团,出兵占领中国东北。日俄矛盾急剧升温,处于两强对撞危机之下的韩国试图中立自保。9 月 14 日,日本驻韩公使林权助密报外相青木周藏:韩国官员透露,"为在列强保护下成为中立国,准备与帝国政府开始交涉"。日本政府无意韩国"中立",青木立即电训林权助,对此密切关注。[②] 俄国认为韩国中立化利于巩固对中国东北地区的占领,主动向日本提议讨论韩国中立化问题。日本看透俄国的企图,转而求助英德等国。

1901 年 1 月 14 日,日本驻英公使林董向新任外相加藤高明报告英国外交部官员巴奇的答复:"英国与其让俄国进入朝鲜,还不如让日本占据朝鲜更加感到愉快。如果朝鲜善于维持独立,而不被其他国家管辖,英国将感到愉快之至。"[③]来自柏林的报告表明,德国认为"在朝鲜并无政治上的利益",对日本的求助不感兴趣。[④] 日本得到英国支持,全力展开对俄交涉,底牌是"日本将韩国、俄国将满洲划分为各自的势力范围。"[⑤]为了迫使俄国在朝鲜半岛让步,日本坚持俄国履行其撤离中国东北的承诺。

1 月 17 日,驻俄公使珍田舍巳报告加藤高明,俄国建议"各国共同保证韩国中立"。加藤认为俄国退出满洲后,"再讨论韩国中立也为时未晚",予以拒绝。[⑥] 22 日,俄国外交大臣拉姆斯道夫会见珍田,重申愿意就各国共同保障韩国中立化问题,与日本开展"能使双方均感到满意"的"友好协商"。[⑦] 加藤再次拒绝,日俄交涉搁浅。9 月 18 日,曾饱尝"三国

----

① 高丽大学亚洲问题研究所编:《旧韩国外交文书》第 18 卷《俄案》2,高丽大学出版部,1969 年版,第 1546 号文件。
② 外務省編『日本外交文書 34』、日本国際連合協会、1956 年、522 頁。
③ 外務省編『日本外交文書 34』、525 頁。
④ 外務省編『日本外交文書 34』、539 頁。
⑤ 外務省編『日本外交文書 34』、524 頁。
⑥ 外務省編『日本外交文書 34』、528 頁。
⑦ 外務省編『日本外交文書 34』、533 頁。

干涉还辽"苦头、对俄国心有余悸的伊藤博文,为重开"日俄协商",乘船离开横滨,前往欧美,访问俄国是此行的重头戏。10 月 16 日,驻英公使林董奉命与英国外交大臣兰斯多恩侯爵开始交涉日英同盟问题。11 月 6 日,英国提出同盟条约草案。12 月 6 日,伊藤将有关朝鲜半岛的日俄协定的草案,交给了拉姆斯道夫,要求新任首相桂太郎放缓日英同盟谈判的节奏。桂太郎看好日英同盟,未采纳伊藤的建议。10 日,元老会议通过了日英同盟条约修改草案。12 日,林董转送兰斯多恩。23 日,伊藤只得停止对俄交涉,"日俄协商论"搁浅。

1902 年 1 月 30 日,两国在伦敦订立《日英同盟条约》。条约第一条重申"两缔约国相互承认中国与朝鲜的独立,宣告没有任何侵略中朝两国的意图";规定缔约双方的"特殊利益",即日本承认"英国之利益以关于中国者为主",英国承认"日本利益除在中国者外,尚有在朝鲜之政治上、商务上以及工业上之利益";规定"如果他国的侵略行为或中国和朝鲜内部的骚乱,使其特殊利益受到威胁",则"采取必要的行动以维护本国的特殊利益。"[1]条约首次将承认中韩两国的独立载入国际条约,将矛头指向俄国。通过与英国订立攻守同盟,日本再次背靠世界强国,完成了开战前的外交准备。

俄国随即展开反制。1902 年 2 月,驻韩公使巴甫洛夫建议韩国政府由俄国人坎特博格承包京义线(汉城至义州)的筑路工程。日本闻讯后,要求韩国政府"判断时势","断然拒绝",[2]俄国的筑路计划落空。3 月,俄国与法国发表联合声明,认同《日英同盟条约》有关维护中韩独立的表述,但强调俄法两国的在华利益受到"威胁"时,将就采取的相应手段"进行磋商",[3]向日本施加压力。

1903 年 4 月,首相桂太郎、外相小村寿太郎、元老伊藤博文和山县有

---

[1] 外务省编『日本外交年表並主要文書上卷』、203 页。
[2] 高丽大学亚洲问题研究所编:《旧韩国外交文书》第 4 卷《日案》4,高丽大学出版部,1969 年版,第 7260 号文件。
[3] A. J. P. 泰勒:《争夺欧洲霸权的斗争》,沈苏儒译,商务印书馆,1987 年,第 451 页。

朋举行四巨头会议,决定对"满"采取守势,承认俄国对"满洲"的优势;作为交换,日本对"韩"采取攻势,俄国应承认日本对朝鲜的支配权的所谓"满韩交换论"策略。6月,御前会议采纳了四巨头会议的基本方针,决定围绕"满韩"问题,开始对俄交涉。8月,在得到英国的谅解后,日本驻俄公使栗野慎一郎与拉姆斯道夫开始谈判。10月,外相小村与俄国驻日公使罗森在东京继续谈判。俄国坚持独霸中国东北、限制日本在朝鲜半岛扩张,与日本的图谋针锋相对。在两个多月的谈判中,双方在"满韩交换"上无法取得共识,战争就成为解决问题的唯一选择。

在谈判桌外,日本加紧排挤俄国在朝鲜半岛的势力。从1902年起,日本第一银行釜山分行开始发行面额分别为1元、5元、10元的银行券,至1904年,发行量已由约60万元猛增到约377万元,[1]控制韩国的金融。在筑路、电信等方面,日本在竞争中渐据优势。闵泳焕、李址镕等亲日派得势,竭力迎奉。

二、日俄战争与蚕食韩国主权

俄国在竞争中渐趋弱势,日本决心挑起战争。1903年12月30日,参谋本部与海军军令部制定了联合作战计划。同日,内阁议决必须使中国保持中立,日本支配韩国的方针。1904年1月20日,林权助与李址镕订立《日韩密约》,规定日韩两国"以真诚的友谊,相互提携";具体的细目,由双方临机协商确定。[2]密约既定,朝鲜半岛沦为日军的作战供应基地。2月8日,日本军舰袭击中国旅顺港内俄国军舰,重创2艘战列舰和1艘巡洋舰。同日,联合舰队袭击了停泊在韩国仁川港的俄国巡洋舰"瓦良格号"和炮舰"高丽人号",迫其在港内自沉。日军木越旅团2 000余名士兵在仁川登陆。10日,日俄相互宣战,日俄战争爆发。

战场较量与蚕食韩国主权,构成日俄战争一个进程的两个侧面。1904

---

① 姜万吉:《韩国近代史》,第263页。
② 国史编纂委员会编:《高宗时代史》第6卷,探求堂,1972年,第8页。

年 2 月 23 日,在日军沉船封锁旅顺港的前夜,林权助与李址镕订立了《日韩议定书》。议定书规定:韩国政府接受日本政府的忠告,实行内政外交的改良;日本政府保证韩国皇室的安全康宁、韩国的独立与领土完整;在受到第三国侵害或发生内乱,以及韩国皇室的安宁或领土完整面临威胁时,可迅速采取必要的军事措施;韩国政府为日本政府提供充分的便利;两国政府均不得与第三国订立违反本协约宗旨的协定等。[1] 据此议定书,日本在保护韩国皇室和领土"独立"、"完整"的名义下,对韩国实施军事占领。

1904 年 3 月,为确保日军北进中国东北,京义线筑路工程紧急开工。1 年后竣工通车,日本掌握了从釜山到义州,贯通朝鲜半岛南北的铁路线。5 月 18 日,高宗发布《敕宣书》,取消韩俄之间以往订立的所有条约和协定,承认了日本单独支配韩国的现实。[2] 5 月 20 日,林权助又与韩国外部大臣李夏荣商定"韩国经营计划"细目 18 项条款,内容包括:日本士官训练韩国陆军和海军;韩国政府的财政顾问从日本聘请,并由其全面负责;设立日韩农业银行,重要职员由日本籍人员担任;航运、铁路、电信等部门由两国共同经营;矿山开采权特许给日本资本;海关、内河开放等须与日本协商;日本人员担任中央政府最高顾问,指导地方行政改良;日本人担任警察学校、中央和地方各级学校的教师等。[3] 据此计划,日本开始全面接管韩国的军事、警察、财政、金融、产业、海关、教育等部门的权力。6 月,林权助提出外交公函和一份事先拟定的合同书,要求韩国政府将全国未开垦的原野山林地,全部交由日本人长森藤吉郎承包开发。[4] 7 月,日韩的《借款合同》规定:借贷总额 1 000 万元的金币为银行资金;年息为 5 分利息,分 30 年还清;以韩国的税收为抵押;聘请高木文平为银行顾问,协赞财政事务。[5] 韩国的金融落入日本之手。

---

[1] 国史编纂委员会编:《高宗时代史》第 6 卷,第 16 页。
[2] 国史编纂委员会编:《高宗时代史》第 6 卷,第 58 页。
[3] 国史编纂委员会编:《高宗时代史》第 6 卷,第 60—64 页。
[4] 高丽大学亚洲问题研究所编:《旧韩国外交文书》第 7 卷《日案》7,高丽大学出版部,1969 年版,第 8107 号文件。
[5] 国史编纂委员会编:《高宗时代史》第 6 卷,第 92、93 页。

在中国东北,日俄战争的规模越打越大。8月,"满洲"军总司令大山岩指挥第1、第2、第4军的13.5万人投入辽阳会战;第3军司令官乃木希典采用"肉弹"战术第一次围攻旅顺;联合舰队在黄海击溃俄国舰队,日本第2舰队在蔚山海域击败俄国海参崴舰队。在此形势下,林权助与韩国外部大臣署理尹致昊订立第一次《日韩协约》(《雇聘外国人协定》)。协约规定:韩国财政和外交事务,均须按照日本政府推荐的日本籍财政顾问和其他外国人担任的外交顾问的意见办理;此后韩国政府与外国订约或让权时,必须与日本政府事前协商。[①] 据此协约,日籍顾问掌控了韩国的财政和外交权。

1905年1月13日,日军占领中国旅顺。大山岩调集25万军队陆续北上奉天(今沈阳),寻机与30余万俄军决战。28日,桂太郎内阁擅自决定将独岛划入日本版图,命名"竹岛",归岛根县隐岐岛司管辖。2月22日,奉天会战打响,俄军指挥失误,被动挨打。同日,岛根县发表第40号告示,声称"竹岛"(独岛)为"日本领土"。3月1日,日军发动总攻,以伤亡7万余人的代价击溃俄军。10日,占领奉天。俄军伤亡6万余人,全线北撤,实际上输掉了战争。

5月27日至28日,东乡平八郎指挥的联合舰队在日本海大海战中歼灭俄国波罗的海舰队,日本最终战胜俄国。挟战胜的余威,11月17日,订立第二次《日韩协约》(《乙巳保护条约》)。协约规定:日本政府授权外务省全面监理韩国外交,驻外的日本外交代表和领事应保护旅居国外的韩国臣民;未经日本政府的仲介,韩国政府不得订立任何国际条约;日本政府派统监进驻京城,在必要的地点设置理事官,在统监的指挥下,执掌为彻底贯彻本协定所需要的一切事务。[②] 据此协约,日本完全剥夺了韩国作为主权国家的外交权,使之沦为保护国。除了李完用、宋秉畯之类的日本政府鹰犬之外,韩国君臣无不痛心疾首,各地出现罢课、罢

---

① 外務省編『日本外交年表並主要文書上卷』,231頁。
② 高丽大学亚洲问题研究所编:《旧韩国外交文书》第7卷,《日案》7,高丽大学出版部,1969年版,第9021号文件。

业、罢市等抗议行动,爱国高官自杀成风,义兵掀起武力抵抗日本殖民侵略的新高潮。

1905 年 11 月 25 日,天皇发布第 240 号敕令,宣布撤销日本驻韩公使馆、领事馆,改由统监府、理事厅来处理相关事务。11 月 28 日,美国最早撤出公使馆,改设总领事馆。11 月 30 日,前韩国总税务司布拉温将税关移交给财政顾问目贺田种太郎。12 月,英国、德国、俄国、法国也先后撤出公使馆,另设总领事馆。1906 年 1 月,中国撤馆。2 月 6 日,清政府任命驻日使馆的马廷亮为驻韩总领事。①

1906 年 2 月 1 日,统监府和理事厅挂牌运营。3 月 2 日,首任统监伊藤博文到任,推行以宪兵军警暴力统治为特征的"统监政治"。4 月,统监府公布了《保安规则》,强化治安镇压。6 月,日本政府公布《关于韩国审判事务的法律》,授予理事厅以一审、统监府法务院终审的权力。8 月,天皇发布敕令,公布了《驻韩日军司令部条例》,规定司令官由陆军大将或中将担任,直属天皇,可据统监的命令动用兵力。

在加强政治、军事镇压的同时,在经济上兴办各种名义上日韩合办、实际上日资操纵一切的企业。6 月,韩国政府同意涩泽荣一等经办汉城和平壤的水力发电业务。7 月,日韩两国合办的殖产奖励会社成立,总裁为英亲王,总务长为李载元。10 月,统监伊藤与韩国政府订立《森林经营协同约款》,规定鸭绿江、图们江沿岸的森林由日韩两国政府经营。② 韩国朝野对日本无所不在的管控强烈不满,官民掀起偿还 1 300 万日本借款的运动,希图还清债务,赎回国家的主权。1907 年 6 月,第二次世界和平会议在荷兰海牙召开,韩国高宗派出密使李相卨、李儁等前往海牙,控诉日本吞噬韩国主权的横暴,期待国际社会主持公道,恢复国家主权。

7 月 24 日,在借口海牙遣使,继而逼迫高宗李熙退位后的 5 天,伊藤与韩国外部大臣李完用在统监府订立了第三次《日韩协约》(《丁未七款

---

① 外务省编『日本外交文书 39』第 2 册、日本国际连合协会、1959 年、78 页。
② 岩波书店编集部『近代日本综合年表第 2 版』、186—190 页;国史编纂委员会编:《高宗时代史》第 6 卷,第 478、492 页。

条约》)和秘密备忘录。协约规定:韩国政府必须在统监的指导下,实施政务;制订法律和重要的行政活动,必须经过统监的认可;任命高官,必须经过统监的批准;韩国政府必须任用统监推荐的日籍官吏;不经统监的同意,韩国政府不得雇用外国人;司法与行政分离等。秘密备忘录规定:最高法院大审院院长、大审院检查总长、中央与地方官署各部次长等,均由日本人担任;除王宫卫队外,其余的韩国军队一律解散。[1] 至此,日本攫取了韩国行政、司法、国防等作为国家的基本权力,大韩帝国已经空壳化,难逃被吞并的悲惨命运。

三、吞并韩国与觊觎中国东北

日俄战争期间,美国为抗衡俄国独霸中国东北,向日本提供了 2 亿美元的军事贷款,约为总战费的 1/5,[2]美国舆论普遍偏袒日本。然而,日本的快速扩张,还是引起美国的忧虑。1905 年 7 月,美国总统西奥多·罗斯福(老罗斯福)在命令菲律宾驻军司令伍德对日实施军事警戒后,派遣陆军部长塔夫脱访问东京,会晤日本首相桂太郎。7 月 29 日,双方签订了秘密备忘录《塔夫脱—桂太郎协定》,约定如下:共同维护远东的和平,日本无意染指并承认美国在菲律宾的特殊地位;美国则承认日本拥有决定朝鲜半岛前途的支配权。[3] 在相互确认各自的势力范围后,美日关系重归顺畅。

1905 年 8 月 10 日,在老罗斯福的斡旋下,日本外相小村寿太郎与俄国前财政大臣谢尔盖·维特在朴茨茅斯海军基地举行媾和谈判。小村一开始将媾和的价码定为俄国割让库页岛、赔款 12 亿日元。维特断然拒绝,谈判前景黯淡。几经斟酌利弊,小村接受了老罗斯福的劝告,降低了价码,谈判重新展开。9 月 5 日,订立《日俄媾和条约》(《朴茨茅斯和

① 統監府編集『韓国条約類纂』、1908 年、25—28 頁。
② 刘世龙:《美日关系 1791—2001》,世界知识出版社,2003 年,第 276 页。
③ 外務省編『日本外交年表並主要文書上卷』、240 頁。

约》)。其中规定：(1)俄国"承认日本在韩国拥有政治、军事及经济上的卓越利益，不妨碍或干涉日本帝国政府对韩国加以必要的指导、保护和监理所采取的措施"，听任日本宰割韩国。(2)俄国将"旅顺口、大连及其附近的领土及领水的租借权"，"长春(宽城子)至旅顺间的铁路及其一切支线并该地所属的一切权利、特权及财产，和该地方属于该铁路或为其利益而经营的一切煤矿"全部转让给日本。(3)俄国政府"将萨哈林岛(库页岛)南部及其附近的一切岛屿及该地的一切公共营造物、财产和权利完整且永久地转让给日本帝国政府"。① 据此，日本独霸朝鲜半岛，接管俄国在辽东半岛的殖民权益，割取北纬 50 度线以南的半个库页岛，作为新兴的帝国主义国家而崛起。

为回报美国的贷款支持，1905 年 10 月 12 日，桂太郎与承诺提供资金援助的美国铁路大王哈里曼达成《关于满洲铁路的预备协定备忘录》(《桂—哈里曼备忘录》)，同意由哈里曼"收购日本政府获得的满洲铁路及附属财产"，组建一个康采恩公司，"当事双方对其取得的财产应拥有共同且均等的所有权"；在日本政府的监督下，联合经营满洲铁路。② 井上馨、涩泽荣一等政界和财界巨头对此持积极态度，然而从朴茨茅斯归来的小村寿太郎却极力反对，并得到元老们的支持，备忘录遂作罢论。

日本为独霸韩国，任意践踏中国的领土主权的完整。1907 年 6 月，与法国订立《日法协约》，分别确认了两国在亚洲的势力范围。7 月，第一次《日俄协约》签订，划定"北满洲"与"南满洲"的分界线。协约规定日本对分界线以北的俄国"特殊利益地区"不提出修筑铁路、架设电线的要求，不妨碍俄国"在同地区扶植权利的请求"，承认俄国在外蒙古的"特殊利益"且"不作任何干涉"；在韩国给予俄国最惠国待遇。俄国则对分界线以南地区的日本"特殊利益"作出同样承诺；承认日本基于各种现行的

---

① 外务省编『日本外交年表並主要文書上卷』、245—246 页。
② 外务省编『日本外交年表並主要文書上卷』、249 页。

日韩条约及协定,以及在朝鲜半岛形成的"利害共通关系"。①

1908 年 11 月 30 日,驻美大使高平小五郎与美国国务卿伊莱休·鲁特互换了《日美关于在太平洋方面的交换公文》(《高平—鲁特协定》)。主要规定:(1)"鼓励两国在太平洋商业的自由平稳的发展";(2)"维持太平洋的现状,拥护在中国的工商业机会均等主义";(3)"加强相互尊重对方在太平洋地区已有的利益";(4)"运用其权能范围内的一切和平手段,保全中国的独立及领土,支持各国在华工商业机会均等主义,决心保护各国在华的共同利益";(5)"在发生侵害上述维持现状或机会均等主义的事件时,两国政府应相互交换意见,协商所采取的有益措施"。② 日本支持美国的门户开放政策,借以强化对韩外交立场。

在完成上述外交准备后,1909 年 3 月 30 日,外相小村寿太郎向首相桂太郎提出《合并韩国案》,主张"断然合并韩国"。小村强调"合并韩国并使之成为帝国版图的一部分,是在半岛确立我国实力最切实之方法","帝国之百年大计"。为此,提出驻扎军队和宪兵警察、把握有关日韩合并的外交事务、日本帝国铁道院管辖韩国铁路、向韩国大量移民、扩大驻韩日籍官吏的权限以统一施政等 5 条方针。③ 4 月 10 日,伊藤、桂和小村在东京秘密商定有关吞并韩国的方针。7 月 6 日,桂内阁通过了小村的建议。10 月 26 日,韩国义兵参谋中将安重根将伊藤博文击毙于哈尔滨火车站。在国葬伊藤之后,桂内阁继续吞并韩国的既定安排。在统监府的授意和右翼团体黑龙会把持下,12 月 4 日,韩奸团体"一进会"发表要求日韩合并的《请愿书》和《合并宣言书》,鼓噪"自愿"合并、成为"一等国国民"的舆论。

1910 年 6 月 3 日,桂内阁通过《对韩国之施政方针》,确定日韩合并

---

① 外务省编『日本外交年表並主要文書上卷』,280、281 页。根据"追加条款","南北满"的分界线是:自俄韩边境西北端经珲春、毕尔腾湖(镜泊湖)之北端,至秀水站画一直线;再由此沿松花江至嫩江河口,再沿嫩江水路上溯至洮儿河口,再由此点起沿洮儿河水路至格林尼治东经 122 度止。

② 外务省编『日本外交年表並主要文書上卷』,312 页。

③ 外务省编『日本外交年表並主要文書上卷』,315、316 页。

后不实行宪法,权归总督。其中规定,朝鲜总督"直属天皇,拥有统辖朝鲜一切政务之权限",拥有"发布有关法律事项命令之权限";"总督府的会计为特别会计","政费以朝鲜的岁入承担";"铁道和通讯的预算归总督府管理";"关税收入属于总督府之特别会计"等。① 吞并韩国,已是箭在弦上。

7月4日,驻俄大使本野一郎与俄国外交大臣伊兹沃尔斯基在圣彼得堡签订第二次《日俄协约》,再次确认两国在"在满洲的特殊利益区域";相互承认"自行采取的一切必要措施的权利";"不以任何方式阻碍对方在其限定的区域内确保将来日益增进其特殊利益";"不在对方特殊利益区域内从事任何政治活动";若"特殊利益"受到侵害,两国将"采取共同行动或给以相互援助"。② 此次密约订立进一步稳定了双边关系。7月14日,英国外交大臣格雷表态支持日本吞并韩国。7月15日,外相小村寿太郎向美国、法国、德国、奥地利、意大利、西班牙、荷兰等国驻日使节通报日韩合并的进展,取得各国的谅解。

7月23日,即将赴任首届朝鲜总督的统监寺内正毅来汉城,下令查封爱国报刊和学校,改组韩国政府,指定李完用为内阁总理大臣。8月22日,寺内和李完用在日方拟定的《日韩合并条约》上签字盖章。条约将吞并的目的美化为"增进相互间的幸福,确保东洋和平"。其前3条分别规定韩皇"将韩国的全部统治权完整并永久地让与"日皇;天皇接受"让与","将韩国合并于日本帝国",保证优遇韩皇及皇室成员,给予"尊称、威严及名誉"和"充足的岁费"。其余5条,分别承诺优待韩国皇族及其后裔;对合并有功的卖国官僚授勋并予奖励;保护服从日本统治的韩人或任命为官吏;经日本天皇批准之日起实施条约等。③ 29日,天皇连续发布诏书,废止大韩帝国国号、改称朝鲜,将韩皇李熙册封为"昌德宫李王",还下达设置朝鲜总督府的敕令。通过强行吞并韩国,明治政府实现

---

① 外務省編『日本外交年表並主要文書上卷』、336 頁。
② 外務省編『日本外交年表並主要文書上卷』、336 頁。
③ 外務省編『日本外交年表並主要文書上卷』、340 頁。

了"大陆政策"重要国策目标。当鸭绿江和图们江居然成为中日的"国境线"之后,东北亚注定进入多事之秋。

根据《朴茨茅斯和约》,日本获得"南满"铁路线和面积为 234 平方千米、强租的旅大地区原俄国"关东州"。1905 年 10 月,关东总督府在辽阳设立,陆军大将大岛昌义任首届总督,辖 2 个陆军师团约 4 万人驻扎关东州及"南满"铁路附属地。1906 年 9 月,撤销军政,总督府改称关东都督府,治所转往旅顺。都督府设关东州陆军部、高等法院、民政部,下辖大连、金州、旅顺 3 个民政署。1919 年 4 月,关东都督府改称关东厅,职权限于民政。陆军部所辖的 1 个陆军师团、6 个独立守备营、旅顺重炮营和宪兵队等合称关东军,直接隶属于天皇。驻朝鲜宪兵司令、第 19 师团长立花小一郎为首任司令官,司令部设在旅顺。

1906 年 11 月,根据天皇睦仁的命令,"南满洲铁道株式会社"(简称"满铁")在东京成立。睦仁任命台湾"总督府"前民政长官后藤新平为首届总裁,"满铁"注册资本 2 亿元,政府和皇室、华族、官僚的投资各占其半。作为侵华的国策会社,"满铁"除经营"南满"铁路外,还开发关东州之外的"南满"铁路附属地的煤矿、移民及发展畜牧业等,与关东军、关东厅并称为日本在东北殖民统治的三大机构。1907 年 4 月,"满铁"机构基本配齐,总部下设总务部、运输部、矿业部、地方部和调查部等 5 个部。其中,直属总裁的调查部业务范围包括搜集中国东北、蒙古和西伯利亚等地有关农业、商业、财政、铁路、水运、交通和地理等情报,汇编成《调查报告书》《交涉资料》《满蒙全书》等图书资料。① 1907 年,"满铁"总部迁入大连。1910 年,成立"满铁"中央实验所,开展科技殖民活动。

与此同时,日本加紧入侵中国吉林省东北部的吉东地区。1907 年 8 月,统监府以"保护朝鲜人"为名,派中佐斋藤季治郎率 61 名日本军警进入延吉,在龙井村设立"临时间岛派出所",宣称"间岛"为韩国领土;不承认清国官宪所发布之法令;韩人不可服从清国之裁判;不承认清国官宪

---

① 小林英夫『近代日本と満鉄』、吉川弘文館、2000 年、14—15 頁。

所征一切租税。① 中国外务部提出抗议,要求日本军警撤出。吉林边务帮办、陆军协都统吴禄祯奉命率兵前往延边地区加强防务。吴禄祯经过实地调查,绘制《延吉边务专图》,并提交《延吉边务报告》,确证所谓"间岛"实为中国领土。旅日的宋教仁参考朝鲜的《大东舆地图》《李氏皇帝族谱》等资料,撰成实证延边地区为中国领土的力作《间岛问题》,转呈清政府备用。9月,受参谋本部、外务省之托的内藤湖南和统监府指派的中井喜太郎经过文献研究或实地调查,均认为"土门江"、"豆满江"实为一条江的两个名称,"间岛"应为中国领土,这对日本政府制定政策不无影响。

1908年9月25日,桂太郎内阁通过新的对外方针,强调"日英同盟乃帝国外交的根基",此"既定国是不可动摇",对德方针应与英国保持一致;对俄应恪守1907年第一次《日俄协约》的规定,"两国在满洲相互妥协,维护共同利益之策";对华则强调"在任何情况下,帝国均需保持优势地位","使列国承认日本在满洲的特殊地位";对美洲要求,密切日美关系。② 同日,桂内阁还通过《关于满洲对清诸问题解决方针》,认为韩国主张的"两江说"、"间岛说"的根据"甚为薄弱",承认自清朝康熙定界以来,"中国已先于韩国施政于该地的事实"。阁议确认"豆满江为清韩两国国境",其上游地区划界由日清两国的共同调查委员调查解决。同时,要求与中国一揽子解决新民屯至法库门铁路、大石桥至营口铁路、安奉铁路、抚顺及烟台煤矿、安奉线及其他铁路沿线矿山等问题,③扩张的胃口越来越大。

1909年8月19日,驻奉天总领事小池张造与清朝东三省总督锡良、奉天巡抚程德全签署了《关于安奉铁路的备忘录》,商定开始筑路的勘察、购置土地等事务。④ 9月4日,驻华公使伊集院彦吉与清朝外务部尚书会办大臣梁敦彦在北京签署了《图们江中韩界务条款》(《间岛日清协

---

① "中研院"近代史所编:《清季中日韩关系史料》,精华印书馆,1972年,第6603页。

② 外务省编『日本外交年表並主要文書上卷』、305、306、307頁。

③ 外务省编『日本外交年表並主要文書上卷』、309、310、311頁。

④ 外务省编『日本外交年表並主要文書上卷』、324頁。

约》)。协约前 2 个条款规定两国政府声明"以图们江为中韩两国国界，其江源地方自定界碑起至石乙水为界"；中国开放龙井村、局子街、头道沟、百草沟，准各国人居住及贸易，日本政府可于各埠设立领事馆或分馆。后 5 个条款分别规定"中国政府仍准韩民在图们江北垦地居住"；图们江北地方杂居区域内之垦地居住之韩民，服从中国法权，归中国地方官管辖裁判，中国官吏当将该韩民与中国民一律相待；有关韩民的诉讼案件，应由中国官员按照中国法律秉公审判，日本国领事官或由领事官委派官吏可任便到堂听审；如人命重案不按法律判断，可请中国另派员复审；日本统监府派出所及文武人员在两个月内撤退，届时设立日本领事馆①。据此，日本势力进入延边地区。

　　1912 年 2 月，清帝逊位，中国进入动荡的民国时期。日俄乘机扩大殖民权益。7 月 8 日，第三次《日俄协约》在圣彼得堡签订，划分日俄在中国内蒙古和东三省西部的势力范围。密约规定：其分界线自洮儿河与东经 122 度向西延伸，至归流河与哈尔达台河分水岭，再沿黑龙江省与内蒙古边界至内外蒙古界线的终端；以格林尼治东经 116 度 27 分为分界线，将内蒙古分为东西两部分；日本承认俄国在内蒙古西部的"特殊利益"，俄国承认日本在内蒙古东部的"特殊利益"；双方对此条约"严格保密"。②

　　1901 年 3 月，小村寿太郎向国会提出移民"满洲"的政策建议。1906 年 11 月，出任"满铁"初代总裁的后藤新平，竭力鼓吹以移民中国东北为当务之急的"满洲经营论"。1912 年 4 月，出任第二任关东都督的福岛安正着手勘察移民地点，土地肥沃、地势开阔的金州大魏家屯成为首选移民地。1915 年 3 月，在关东都督府的全力支持下，19 户日本农民在辽宁金州大魏家屯北部建立了第一个移民点"爱川村"，从此开始了"开拓团"入殖中国东北的运作。

---

① 外务省编『日本外交年表並主要文書上卷』、324—325 頁。
② 外务省编『日本外交年表並主要文書上卷』、369 頁。

第四节　武力崛起与日本社会

一、明治后期的社会思潮和团体

(一)社会主义思潮

早在明治初年文明开化时期,"社会主义"一词已传入日本。1898 年 10 月,第一个学术沙龙社会主义研究会建立。村井知至任会长,注重在学理上探讨论社会主义原理及其是否适用日本,不涉及政治立场。从 1899 年 1 月起,采用轮流讲座方式,由岸本能武太介绍圣西门、河上清解说傅立叶、丰崎善之助谈论路易·布朗、片山潜宣讲拉萨尔、村井知至评述马克思等各派社会主义学说。其中,村井、片山、岸本等人在当时均入信基督教,并有留学美国的经历,深受美国基督教社会主义的影响。村井知至认为社会主义与其说是经济问题,不如说是个人的伦理修养问题,是"活生生的时代宗教"。[1] 片山潜在 1897 年撰写《工人的良友拉萨尔传》,强调渐进改良,反对马克思的阶级斗争学说;在主编《劳动世界》期间,片山称"社会主义是拯救 20 世纪人类社会的新福音",[2]用宗教概念来解说其主张。真正对社会主义有所了解的是安部矶雄。1882 年,安部入基督教学校同志社学习,接受洗礼。毕业后前往柏林大学和美国哈特佛德神学校留学,接触过德国社会民主党党纲。1895 年回国,在冈山教会任牧师。1899 年在东京专门学校任教授,宣扬基督教社会主义,认为社会主义通向共产主义,并非"借助社会权力来增进人类幸福的政策"。[3]

1900 年 1 月,社会主义研究会改称社会主义协会,会长为安部矶雄,片山潜任干事。随着《万朝报》记者幸德秋水、《每日新闻》记者木下尚江、《劳动世界》记者西川光二郎等一批新人的加入,协会充满活力。

---

① 隅谷三喜男『大日本帝国の試練　日本の歴史 22』、中央公論社、1966 年、1977 年、177 頁。
② 隅谷三喜男『大日本帝国の試練　日本の歴史 22』、179 頁。
③ 隅谷三喜男『大日本帝国の試練　日本の歴史 22』、178 頁。

1901 年 4 月，劳动期成会在东京向岛成功地组织了数千名工人参加的劳动者恳亲大会。受此鼓舞，安部、片山与幸德、木下等讨论建立政党。参照德国社会民主党的纲领，安部起草了建党宣言，提出撤销人种差别、举行为了世界和平裁军会议、废除阶级制度、土地资本公有、交通机构公有、公平分配财产、人民平等参加政治、国家承担教育费用等 8 项基本纲领；还提出铁路国有、电车电气瓦斯归市政府所有、8 小时工作制、工会合法、普通选举、废除贵族院、撤销《治安警察法》等 28 条行动纲领。[①]

5 月 18 日，安部矶雄、片山潜、幸德秋水和木下尚江等 6 人建立社会民主党。19 日，向神田警察署递交了请求准予建党的申请书。5 月 20 日，安部等人在《万朝报》《每日新闻》《报知新闻》上发表《社会民主党宣言》，宣布"我党鉴于世界之大势，洞察经济发展的趋势，依据纯粹的社会主义和民主主义，欲打破贫富悬殊，得到全世界和平之胜利。"[②]同日，社会民主党遭警察查禁。6 月 3 日，又以社会平民党的名义申请准予结社，再次被当日查禁。日本社会主义运动在挫折中迈开探索的步伐。

1903 年 7 月，幸德秋水的《社会主义神髓》、片山潜的《我的社会主义》接连出版。1907 年 11 月，森近运平与堺利彦合著的《社会主义纲要》问世，明治时代三大社会主义名著出齐。幸德的《社会主义神髓》认为人类社会所经历的由原始社会、奴隶社会，封建社会到资本主义社会的发展过程皆有规律可循，说明"社会的状态经常代谢不已，犹如生物的组织进化不已"。幸德强调，随着工人与资本家阶级矛盾对立的激化，必然导致社会的"一大转变"和社会革命，称赞"社会历史乃革命记录也，人类进步乃革命功果也"；社会主义新时代的诞生是"从必然王国向自由王国的跃进"。幸德高度评价社会主义，认为"社会主义不承认现在的国家权力，更排斥军备和战争"，意味着"民主"、"伟大的世界和平主义"；社会主义社会"乃平等社会"、"博爱之社会"；"人的品格提高、道德的振兴、学艺

---

① 隅谷三喜男『大日本帝国の試練　日本の歴史 22』、183、184 頁。
② 歴史学研究会編『日本史史料』(4)近代、248 頁。

的发达和社会的进步,将比今日成多少倍的发展"。① 在勾勒社会主义美好景象的同时,也流露出无政府主义的取向。

片山潜的《我的社会主义》将社会主义概括为"建立不劳动者不得食的社会制度",运用经济政治学、社会进化论等理论和比较研究方法,论述其社会主义观。片山认为,资本主义制度必将崩溃,曾经在历史上发挥进步作用的资本家"如今已成为毒害社会进步和多数人幸福的势力",阻碍历史发展的"死物"。片山认为,在"扑灭资本家"的"革命"过后,人类"将进入社会主义社会"。在这个新世界,政治和法律以人民的一般公益为准则;排除自由竞争,改变竞争无序造成的经营浪费;出现真正的道德行动和文化的繁荣。片山强调,赢得总选举的胜利,是实现社会主义的政治前提;反对暴力行动,主张工人团结一致,实行同盟罢工,在宪法的框架内,取得议会的多数席位,实现社会主义的大改良,无偿地没收资本家的生产手段,推行国有化方针等。②

森近运平和堺利彦的《社会主义纲要》,运用马克思政治经济学和阶级斗争的理论,通过对原始共产制度、奴隶制度、封建制度、资本主义制度生产方式演进历程的分析,论证人类必将走向社会主义社会。他们还探讨社会主义与农业、妇女、富豪、国际战争的关联,以及世界社会主义运动的历史和现状。森近和堺将社会主义归纳为以下 4 点,即"生产机关社会所有(即社会全体成员共有)";"全社会共同经营生产";"生产不以赢利为目的而是以消费为目的";"部分产品分配给社会各成员,其余为公有财产"等。③ 显然,其理论深度超过幸德和片山。《社会主义纲要》在出版之初,即被政府禁止发行,社会影响力有限。

1903 年 2 月,幸德秋水和堺利彦退出热炒民族主义的《万朝报》。11月,创建平民社,发行周刊《平民新闻》,以平民主义、社会主义、和平主义为办刊宗旨,提出自由、平等、博爱三大口号,不畏战争狂热的叫嚣,保持

---

① 飛鳥井雅道編輯解説『近代日本思想大系 13 幸徳秋水集』、筑摩書房、1975 年、165—167 頁。
② 『片山潜　田添鉄二集』、青木書店、1955 年、22、63、67、85、112、120、121 頁。
③ 『森近運平　堺利彦集』、青木書店、1955 年、58 頁。

着反战立场的光荣孤立。1904 年 3 月,《平民新闻》发表幸德的《致俄国社会党书》,呼吁两国社会主义者联手反战。片山潜将社会主义协会的总部迁到平民社,使之成为社会主义运动的活动中心。11 月,幸德秋水与堺利彦合译《共产党宣言》的部分章节,刊登在《平民新闻》发刊 1 周年的纪念号上,随即遭到政府的查禁和罚款。1905 年 1 月,《平民新闻》被迫停刊。2 月,加藤时次郎等人创建杂志《直言》,继续由平民社发行,遭政府的再次查禁。10 月,平民社因内部意见分歧而自行解散。

　　1906 年 2 月,日本社会党举行第一次代表大会。片山潜、西川光二郎、堺利彦等 13 人当选评议员,党的纲领规定在合法范围内实现社会主义。3 月,社会党领导了东京市民反对市内电车票涨价的斗争。愤怒的抗议人群袭击电车公司和市政府的办公机构,与赶来镇压的警察展开搏斗,迫使公司当局取消了车票涨价的计划。这次斗争提高了社会党的威信,但党内却围绕斗争策略问题造成对立和分裂。以片山潜为首的一派被称为议会政策派,主张首先开展争取普选权的斗争,为社会党成员当选为国会议员创造条件;在此基础上,通过议会斗争,合法地实现社会主义。以幸德秋水为首的另一派被称为直接行动派,主张采取个人恐怖手段,刺杀天皇以推翻天皇制;或者举行同盟总罢工,造成社会生产和交通的瘫痪,一举实现社会主义革命。两派针锋相对,分歧严重。1907 年 2 月,两派在社会党举行第二次代表大会上展开激烈论战,导致公开分裂。2 月 22 日,政府查禁社会党,开展合法斗争的可能性丧失殆尽。

　　1915 年 9 月,堺利彦将文艺杂志《丝瓜花》改名为《新社会》,继续社会主义的思想启蒙。1916 年 1 月,著名的社会主义者山川均加入笔阵,增强了社会主义思想的宣传力度。自此,日本的社会主义运动走上正轨,并为创建新的革命党预作思想、组织准备。

　　(二) 无政府主义思潮

　　无政府主义在日本兴起之初,与社会主义关联密切。如幸德秋水,既是社会主义者,也是无政府主义者。1907 年 2 月 5 日,幸德在日刊《平民新闻》上发表《余之思想变化》,系统地阐述了无政府工团主义的观点。1908 年 6 月,幸德影响下的直接行动派在欢迎党员山口孤剑出狱的集会上,高唱革命歌曲,打出了写有"无政府共产"字样的红旗,向议会政策派示威并同警察发生激烈冲突,史称"赤旗事件"。政府乘机加以镇压,逮捕了堺利彦、山川均等 14 人,对社会主义运动再次造成沉重打击。

1909 年 2 月,爱知县工人宫下太吉等人为打破国民对天皇的迷信,实现社会主义,准备用炸弹袭击明治天皇,幸德对此未置可否。1910 年 5 月,警察当局侦知宫下的图谋,将其逮捕。6 月,举行全国大镇压,逮捕被指为"主谋"幸德等人。1911 年 1 月,以谋杀天皇的"大逆罪",判处幸德秋水等 12 人死刑,其余 12 人判无期徒刑、2 人判有期徒刑。政府还乘机取缔了所有社会主义组织和刊物,凡出现"社会"字样的图书一律禁止发行。经此"大逆事件"的沉重打击,社会主义运动进入"冬眠时期"。无政府主义铤而走险的直接行动,给政府制造了镇压的口实,对先天不足、后天生长环境恶劣的日本社会主义运动造成严重伤害。

无政府主义思潮的另一位代表人物是大杉荣。1885 年,大杉生于军人之家,家庭教育严酷,扭曲了幼小心灵。1899 年 4 月,大杉入名古屋陆军幼年学校就读,常因口吃备受教官的捉弄和虐待,心理逆反加剧。1901 年 11 月,因参加斗殴被学校开除,一度入信基督教。1903 年 9 月,入东京外国语学校法语系学习。在读两年期间,阅读《平民新闻》并访问平民社,深受幸德的无政府主义思想影响。1906 年 2 月,大杉加入日本社会党,为直接行动派的干将。3 月,在反对东京电车票涨价的斗争中被警察当局指为"暴徒",被捕入狱。保释后,大杉翻译克鲁泡特金的《告新兵诸君》,将无政府主义视为个人解放和解决社会问题的灵药。1907 年 5 月,因发表克鲁泡特金的《敬告青年》,再次被捕入狱,拘押半年。1908 年 6 月,因参与"赤旗事件"被捕,判处有期徒刑 2 年 6 个月。1910 年 11 月出狱后,加入堺利彦创办的文笔团体卖文社。1912 年 10 月,与荒畑寒村创办《近代思想》,并以此为舆论阵地,宣传无政府主义。1913 年,创建工团主义研究会,成为继幸德之后影响最大的日本无政府主义者。

大杉荣的无政府主义从"自由思考"和"自由行动"的"自我"出发，[①]
倡导"社会的个人主义"，即强调"每个人的个性自由发展是社会组织的
首要条件，也是社会进化的首要因素"。[②] 他疾呼以"超人"的姿态，做一
个永远不服从的叛逆者，向现存的制度挑战。大杉高度评价无政府工团
主义，赞扬"工团主义者们如同信徒般的行动，如同怀疑论者般的思
考"，[③]孕育了新社会的萌芽。大杉坦言，"我的政治理想，就是自治的联
合制度。在这个制度中，每个人的意见并非对立，而是意见一致。"他认
为，"这才是真实的生活。"[④]大杉荣的无政府主义对第一次世界大战之后
的日本工人运动影响较大，通过论战，与日本共产党争夺工人群众。

（三）国家主义思潮

与社会主义思潮和无政府主义思潮持反体制立场不同，国家主义思
潮狂热鼓吹侵略，是维护现存体制的御用思潮。其鼓吹者，以初倡平民
主义而后热衷于国家主义宣传的德富苏峰最为典型。

德富苏峰出身肥后藩（今熊本县）的武士家庭。1876 年，就读东京英
语学校，入信基督教。1882 年，与其父开办大江义塾，招徒授业，宫崎滔
天为其弟子。同年，德富苏峰加入九州地区的民权派团体相爱社，去东
京参加民权运动。1884 年，对板垣退助出洋考察深感失望，回大江义塾
讲授吉田松阴的《幽室文稿》《史记》《战国策》《英国宪政史》，撰写《论明
治二十三年之后的政治家资格》《自由、道德及儒教主义》等时论性文章，
介入现实政治。1885 年，发表《19 世纪的日本青年及其教育》（后改名为
《新日本之青年》）、《官民调和论》等文章，强调"明治的世界是批评的世
界、怀疑的世界和无信仰的世界"，[⑤]呼吁青年人承担时代重任，关注个人
发展；鼓吹国权主义、社会达尔文主义和国家主义。

---

① 『近代日本思想大系 20』、筑摩書房、1974 年、85 頁。
② 大杉栄撰/大沢正道編『無政府主義の哲学 2』、現代思潮社、1976 年、3 頁。
③ 『大杉栄全集 1』、世界文庫、1975 年、396 頁。
④ 『大杉栄全集 1』、366 頁。
⑤ 『近代日本思想大系 8 德富蘇峰集』、筑摩書房、1987 年、6 頁。

　　1887 年，德富苏峰在东京创办杂志《国民之友》，抨击修改不平等条约的媚欧外交，阐述平民主义和平民社会的理想，受到读者的热烈欢迎，该杂志第一期的发行量高达数万册之多。《国民之友》一炮打响，平民主义政论家德富苏峰随之名声大噪。1890 年，创办日报《国民新闻》。1891年出版《国民丛书》、1892 年办《家庭杂志》、1896 年创办英文杂志《远东》，拥有影响舆论的多个平台和报业巨头的名号。以此为背景，德富卷入藩阀的政争，在报刊上支持农商务相陆奥宗光，抨击内相品川弥二郎，为跻身政界投石问路。与此过程中，德富的平民主义立场悄悄地发生变化，1889 年出版《日本国防论》、1893 年出版《吉田松阴》、1894 年出版《大日本膨胀论》等论著，鼓吹国家主义。

　　1894 年 7 月，甲午中日战争爆发，德富苏峰狂热地支持政府侵略政策。他派出 30 名记者随军采访，在《国民日报》上连篇累牍地刊载宣扬日军"赫赫战果"的文章和报道，煽动民族沙文主义。在《征伐清国之真实意义》《大日本膨胀论》等文章中，以日本"膨胀"的"命运"、"大势"和"前途"为 3 个论题，强调"讨论征清问题，在于论述大日本的膨胀问题。有征清未必有膨胀，有膨胀才有征清"；理由是"日清战争实乃我国运消长的大机会"，朝鲜的改革、北京的城下之盟、数亿的赔偿和确定日本在世界上的地位等，"皆在此一举"。[1] 战争期间，德富苏峰前往广岛大本营出谋献策，还来到中国辽南地区活动。1895 年 4 月"三国干涉还辽"期间，德富苏峰进入中国辽南地区，从旅顺郊外用手绢包走砂砾带回日本，保存在家中，以"纪念"中国辽东一度"纳入"日本版图。[2]

　　为报复俄国，德富苏峰大造"十年磨一剑"、必报"还辽之仇"的舆论，支持政府针对俄国的扩军备战计划。德富的卖力投靠，得到政府的赏识。1897 年，当上了内务省参事官。舆论指责德富为投降藩阀政府的"变节汉"，其声望急转直下。读者厌弃《国民新闻》，发行量由 2 万份锐

---

[1] 植手通有编『明治文学全集 34』，筑摩书房、1974 年、245、253 页。
[2] 德富苏峰：《中国漫游记七十八日游记》，刘红译，中华书局，2008 年，第 383 页。

减为五六千份。1898 年,德富苏峰停办《国民之友》、《家庭杂志》、英文版《远东》等杂志,裁员 1/3,维持《国民新闻》的运营。时运不济,德富愈加投靠伊藤博文、山县有朋、松方正义、桂太郎等政界寡头,以身为其"亲密的政友"而自居。

日俄战争爆发后,德富提出"国家第一,新闻第二"的办报方针,《国民新闻》成为鼓吹国家主义、军国主义的"帝国喉舌"。德富随之被加官晋爵,1910 年当上朝鲜总督府御用报纸《京城日报》的总监,1911 年敕选为贵族院议员。1912 年,桂太郎筹办立宪同志会,《国民新闻》报社成了建党的联络总部。德富苏峰和《国民新闻》的御用化,招致民众强烈不满,1905 年 9 月日比谷公园烧打事件和 1913 年 2 月"大正政变"骚乱期间,《国民新闻》报社均为示威民众的袭击对象,被捣毁过两次,对德富造成沉重的精神打击。

1895 年 1 月,高山樗牛、坪谷善四郎、浮田和民等日本主义者创办月刊杂志《太阳》,大肆宣扬帝国主义侵略思想。在创刊号上,刊登了帝国大学日文教授上田万年的文章《国语与国家》,认为"我陆海军在开辟以来不曾有的支那征伐中连战连胜,所到之处,御旗稜威所向披靡。然而,我国国语界依然屈从于支那风之下,情何以堪!"①甲午中日战争刺激了日本的民族主义狂热,大学教授同样被感染。

1899 年 3 月,高山樗牛在《太阳》第 2 期上著文《帝国主义与殖民》,强烈主张实行盎格鲁-撒克逊式的帝国主义和殖民主义。高山宣称"扩张殖民事业乃国民性情的正当发展",强调"凡是未将其领土及殖民地的膨胀未与厉行帝国主义的国家,必然衰亡";鼓吹"我日本民族对获取的新领土台湾","必须遵奉盎格鲁-撒克逊的帝国主义"。② 高山将甲午中日战争后日本国家的出路,全部归结为帝国主义的殖民扩张。

国家主义狂潮之下,独醒者寥寥。1911 年,河上肇在 3 月号的《中央

---

① 原田敬一『日清　日露戦争』,岩波書店、2007 年、113 頁。
② 高山林次郎著『樗牛全集 4』,博文館、1904 年、513、514、521 頁。

公论》发表文章《日本独特的国家主义》，对日本人转向国家主义的现象展开评析。河上认为，日俄战争后，日本人自视甚高，即"战胜清国之时，看成是西洋文明所赐；既而战胜俄国后，认为我等日本人必定拥有为其他东洋国家所无，也为西洋诸国所无，具有无比伟大特征的特异思想"。河上指出，"现代日本的最大特征就在于国家主义"。其表现为"日本乃神国，国家即神成了一般人的信仰"；表现为"皇位即神位，天皇即神人"；表现为"国家与天皇合为一体而不可分离"，所以"爱国为最高道德，与忠君同义"。因此，"日本民族的特征并非忠孝一体，而在爱国与忠君一体。"河上强调，"世人或以祖先崇拜、民族同祖，来说明日本人以天皇为神之代表的信仰。在我看来，这是很大的误解，而且是非常危险的误解"。① 在当时的日本，如同河上那样，看穿国家主义的危险性，持有客观而冷静态度的日本人确属极少数。

（四）国粹主义凸显侵华立场

1894 年 10 月，志贺重昂的代表性著作《日本风景论》出版，标志着国粹主义转向对外扩张的方向。在甲午中日战争的背景下，志贺通过颂扬日本风景具有"潇洒"、"优美"和"跌宕"等独特之美以及国民性的无比优越，得出"日本是亚洲的前辈国，开发亚洲人文乃是日本人天职之所在"等文化扩张的结论。② 在甲午中日战争后，志贺在《日本风景论》第三版修订中，宣称"如今我皇国之版图已经扩张到台湾岛，热带圈的景象也因此被纳入日本风景中。在不久的将来，山东半岛也将被纳入我皇国之版图中。山东是中国人古往今来所仰望的'岱岳'泰山的所在地。我们由此将可以描绘新山河的烟云水光，以丰富《日本风景论》的材料"。志贺不无得意地将台湾的最高峰玉山改名为"台湾富士"，将山东的泰山改称为"山东富士"。③ 国粹主义由夸耀本国自然风光的优美而导致民族优越论和殖民扩张论的蜕变，并非孤立现象，前述《国民之友》《国民新闻》《太

---

① 歴史学研究会編『日本史史料』(4)近代、291、292 頁。
② 志賀重昂『日本風景論』、岩波書店、1995 年、326 頁。
③ 志賀重昂『日本風景論』、319—320 頁。

阳》等国家主义报纸杂志,已经将民族优越论同侵略扩张挂钩,形成有力的舆论导向,志贺也难脱窠臼。

当然,也有研究者从学术立场出发,埋头整理国粹旧物。1899年,平出铿二郎的三卷本《东京风俗志》出版,分别记述东京的自然环境、市政建设、人情道德、宗教迷信、年中行事、家居杂具、婚丧嫁娶、歌舞音乐、游戏赏玩等内容,并配以插图,文图并茂地记述民间尚保留的国故风俗。编著的目的,则如作者自述:"风俗乃社会人心的表征",由于甲午中日战争后,日本"社会变迁日新,人情风俗月异",故"自去年春天以来,偷闲整理资料,去粗取精,分门别类加以综述,编成东京风俗志",使之得以传诸后世。①

（五）军国主义团体

随着大国意识的急剧膨胀和军国主义思潮的泛滥,鼓吹侵略中国的民族沙文主义甚嚣尘上。1889年,玄洋社成员来岛恒喜对外力主强硬立场,攻击政府的欧化政策,反对修改条约作出妥协。在维护"国体"的名义下,来岛刺杀外相大隈重信,将其右腿炸残,引起媒体的竞相报道。甲午中日战争前夕,玄洋社组织"天佑侠团",卷入朝鲜的上层争斗,为挑起战争制造口实。其成员山崎羔三郎来华长时期滞留,充当刺探清军情报的间谍。1894年甲午中日战争爆发前夕,山崎潜入牙山、平壤、花园口等清军阵地搜集情报。被捕杀后,日本报刊借机炒作,煽动战争狂热。玄洋社随之名声大噪,混迹于民间的大陆浪人们竞相投奔。在军部的扶植和九州煤矿业资本家的资金援助下,玄洋社发展为民间军国主义团体最大母体和首个右翼团体。

1901年2月,平冈浩太郎的侄子内田良平聘请头山满为顾问,建立了"以黑龙江为中心的大陆经营大业"的黑龙会。其建会宗旨声称:"兼顾东亚大局和帝国天职,为挫败西力东渐之势,实行振兴东亚之经纶,当务之急是首先与俄国交战,将其从东邦击退;而后奠定将满洲、蒙古、西

---

① 明治文化資料叢書刊行会『明治文化資料叢書11』、風間書房、1972年、16頁。

伯利亚合为一体的大陆经营之基础。"①民间右翼的头面人物头山满出任顾问。黑龙会的纲领共5条，即：(1)"立志弘扬肇国之宏略，阐明东方文化之大道，以期亲和东西文明，使我国成为亚洲民族振兴之领导者"。(2)纠正"无视宪政本意等百般弊端，以期发扬天皇主义之妙缔"。(3)"振兴外交，以图向海外发展"，"改革内政，增进国民福利，确立社会政策，解决就业问题"，"以期巩固皇国之根基"。(4)"遵奉《军人敕谕》之精神，振兴尚武风气，实行举国皆兵，充实国防机构"。(5)"彻底改变模仿欧美之现代教育，建立基于国体渊源的国民教育基础"等，②突出了皇权至上的天皇中心主义。右翼浪人出身社会中下层，以"国士"自居但文化素养有限，皇权主义成为其招摇过市的精神支柱，狂热鼓吹对外扩张，借以显示其存在感。起初，明治政府因黑龙会的好战言论不利于对俄外交，经常禁止发行会刊《黑龙》，但其他报刊却竞相报道或转载，在舆论界为其保留一席之地。随着明治政府完成对俄战争的准备，转而采取纵容方针，黑龙会的好战侵略言论升格为"国论"。玄洋社因黑龙会的成立而扩大了大陆浪人的社会影响，黑龙会因玄洋社的支撑而异常活跃，两大右翼大陆浪人团体构成军部推行"大陆政策"的民间别动队。

在乡军人会的设置，实现了军国主义团体的官办化和普及化。1906年9月，山县有朋的副官儿岛总次郎中佐奉命考察德国的复员军人组织，向陆军省提交了考察报告。儿岛在报告中评述了德国的战友会发挥了复员军人互助的机能，建议在日本组建复员兵组织——在乡军人会。考察和建议均出自山县的授意，陆军省立即命令军务局步兵课加以研究。10月，形成草案，随即下发联队区司令部及其所在地方机构町村役所征求意见。

在各地尚武会和军人共励会的基础上，1910年11月，正式成立了帝国在乡军人会(简称"在乡军人会")。内务省发布文件《改正理由书》，强

① 黒龍会『東亜先覚志士伝』、原書房、1977年、678頁。
② 木下半治『日本右翼の研究』、現代評論社、1977年、57頁。

调精神教育与军纪风纪,规定在乡军人会成员"不管在兵营期间,还是回乡后,不忘军人的本分,作忠良淳朴之民。一旦有缓急,与现役士兵同样或更多地奉公,必为第二天性。"①在乡军人会的建会宗旨强调"良兵良民",即入伍作良兵,退伍作良民,协同政府压制工人罢工、职工暴动和社会主义运动。其总裁由陆军大将、伏见宫贞爱亲王担任,陆相寺内正毅陆军大将兼任会长,山县有朋、大山岩两个元帅担任顾问,陆军省军务局长冈市之助少将任高级理事。在乡军人会中央部门的人事安排控制在陆军的手中,完全军事官僚化。其地方分会的分会长表面上由选举产生,实际上取决于原军职、资产和声望。因此,在乡军人会在平时兼有不穿警服的警察机能,在战时立即成为人数庞大的兵员后备力量。

二、明治后期的史学与史观

明治后期,日本工业化快速发展,各近代阶级之间彼此展开争斗,藩阀政治日趋没落。德富苏峰以民友社和《国民之友》杂志为平台,招聘山路爱山、竹越与三郎等担任记者,组成平民时论史学的"三剑客"。

山路爱山在 1888 年入信基督教,1891 年参与创刊宗教杂志《护教》。1892 年,加入民友社,担任《国民新闻》记者。1910 年,任《国民杂志》主编。竹越与三郎在 1883 年入庆应义塾和《时事新报》社,因政见不同而退社。1890 年入民友社,协助德富苏峰创办《国民新闻》,主笔政治评论。爱山与竹越均加入过民友社,做过《国民新闻》的记者,担任过杂志主编,关注时局世事,是媒体人但不是书斋里的研究者。他们往往持在野立场,对热点问题展开历史探源,体现了"平民"与"时论"等双重特色,故得名平民时论史学。在学说继承上,平民时论史学受明治初期文明史学的影响,与官方学院派的实证史学保持着距离。其观点主要包括:

(1)承认历史发展进程存在规律性,反对支离破碎的考证。山路批评竹越的《二千五百年史》在"事实的考证上,当然不免疏漏",但高度评

---

① 藤井忠俊『在郷軍人会』、岩波書店、2009 年、29、30 頁。

价竹越"抓住了历史中存在的大法则，能适用于其搜集到的事实"，认为这是其著作深受欢迎的重要原因。山路说，"史学乃科学也。故没有前提和结论，不说明一个法则、一个原则者并非史学。今人徒以考证为史学，堆积断简零墨而自夸博学，终究不具备论人事、议国政的资格，无非是衰翁和学究的谈柄。史学若停留于此，不过故纸堆而已。"①

（2）关注研究方法、理论和现实问题。山路爱山认为，"考证学乃举证之学，是史学家欲准确把握事实而用心辨析之学。只是准确把握事实，还不能称为之为史学家。史学应该是以事实为基础，更应研究国家发达的法则。故考证学是准备，史学是结论。"山路主张，"从事实中归纳法则是一个理论方法，从法则演绎事实则是其他理论方法。总之，均归因于人心，预定原则而成也。在同样的事情、同样的癖好之下，人会作出同样的动作。原则必须先置于史学家之心。"②竹越认为历史研究应把握四要素，即其一"人物"，强调"离开人物社会来议论思想、法制，只是一种空论"；其二"心理"，即"人常有两面性，特别是左右一代思想的人物心理复杂，需要采用一定的规则加以研究"；其三"气质"，重视国民"气质对社会事件产生的效果"；其四"时代"，即"历史如同地层，并非一时形成"，需要把握不同时代的特点，"所谓时代，即人的思想变化的一个段落。"③德富苏峰擅长利用读者猎奇心理进行炒作，善于用时髦的语言包装老话题来吸引读者。其奥妙，就在于从现实出发，把历史当成解释现实问题的注脚。

（3）关注国民的历史及其历史作用的研究。德富苏峰认为，"维持一国的生活"为当务之急，"天下的大局在于平民主义"；断言"我国应成为生产国家，循生产机构发展的必然原理和自然规律，应组建平民社会。"④竹越认为，"国民如何生活，有哪些思想，展示了何种本性，如何摆脱桎

① 山路愛山『愛山文集』、民友社、1917 年、442 頁。
② 山路愛山『愛山文集』、441 頁。
③ 竹越与三郎『新日本史下』、岩波書店、2005 年、14—16 頁。
④ 隅谷三喜男責任編集『日本の名著 40 德富蘇峰　山路愛山』、中央公論社、1971 年、180 頁。

梏、奔向理想,此乃历史学家作为最大的目的而应加以论述。"①竹越与三郎自称"余独力网罗古今,论述二千五百年间国民的生活思想",并"融和泰西名流的方式",②记述自远古至幕府大政奉还的 2500 年间日本国民的历史。山路爱山反感藩阀政治,肯定民众的"犯上抗官",认为"议会是由人民的党组成犯上抗官的机构",认为"恶政过甚难免被颠覆,故政治常新,国运也日益进步。"③同时,对民众运动的非理性持批评态度。山路爱山参加过 1906 年反对东京市电车涨价的示威游行,感到"民众的狂热如同蒿中之火。舆论如同旋风",民众"随风乱动"。山路爱山慨叹"在很多场合下,人民敌视忠实的预言者,讴歌狡猾的煽动家",反对"迎合如此无定见的民众"。④

（4）宣扬皇权意识和变相的"皇国史观"。竹越与三郎在《二千五百年史》开列的"天皇御略系"中,将皇族神"天照大神"位列榜首,认同日本人是"天孙民族",天皇统治"万世一系"等"皇国史观"的基本观点。同时,竹越又将国民与天皇挂钩,认为"真正的国民历史始于神武天皇"。⑤山路赞成"忠君爱国",认为"日本万世一系的天皇自开国之始即君临其上",无一人"觊觎天子之位";强调"拥戴万世一系的皇室为君,乃日本国优越于万国之国体",即是国内纷争,但"对万世一系的至尊不忘忠义"。⑥德富苏峰则强调,"我们不必学习英国的个人主义,也不必学习德国的军国主义,我日本帝国自有顶天立地的皇室中心主义。"⑦山路、竹越和德富赞美"一君万民"体制,注目国民的"赤子"情结,说"人民乃天皇之人民,天皇视亿兆为赤子而养育,即日本之国体也。"⑧上述观点,实际上是从

① 竹越与三郎『二千五百年史』、二酉社、1923 年、1 頁。
② 竹越与三郎『二千五百年史』、2、3 頁。
③ 山路愛山『基督教評論・日本人民史』、岩波書店、1966 年、201 頁。
④ 坂本多加雄『山路愛山』、吉川弘文館、1988 年、221 頁。
⑤ 竹越与三郎『二千五百年史』、6 頁。
⑥ 山路愛山『基督教評論・日本人民史』、196、207、197 頁。
⑦ 『近代日本思想大系 8 德富蘇峰集』、筑摩書房、1987 年、578 頁。
⑧ 山路愛山『基督教評論・日本人民史』、202 頁。

"平民"的视角来宣扬"皇国史观"。

（5）鼓吹对外扩张。竹越与三郎在《二千五百年史》的开篇处,强调"日本文明史首先开始于海岸人民的记事",认为"太古日本沿岸人种竞争的结果是支那人种失败,经由南洋的人种获胜",[①]作为海洋民族的日本人拥有对外自由扩张的权力。1910 年,竹越出版《南国纪》,说明此行的目的在于"唤起我国人关注南洋"。[②] 竹越认为日本人不能只去游历欧美,或者耳目眩惑于中国,而应该"向南"进发,因为东南亚是大宝库,一旦打开"即能完成大国民的宏业"。其结论是:"我国之将来不在北而在南,不在大陆而在海洋,日本人民应该关注将太平洋变成我国内湖的大业",完成"日本国民的伟大命运"。[③] 德富苏峰则主张大力培育国力,实现"发展民族、扩张领土和伸展国运的目的"。[④]

1906 年,德富苏峰进入中国东北、京津、华中和华东地区,为期 78天,后编成《七十八日游记》出版。书中鼓吹"日本优越论",主张将一个中国分裂为几个中国,为日本侵华张目。1909 年,竹越与三郎前往南洋考察长达数月,行程一万余里。沿途详细考察了中国上海租界、香港与广东,以及东南亚各地和印度的人文地理、政治组织,最后进入中国云南,结束考察,撰成《南国纪》。其行程路线与将太平洋变为日本"内湖"的目标,31 年后日本南进的路线图不谋而合。个中默契,令人玩味。

三、明治后期的中国观

以甲午中日战争、日俄战争的两次武力跨越为拐点,明治后期的中国观变化剧烈。帝国主义对外扩张的内在冲动与来自欧美列强,特别是来自俄国的外部竞争,构成制约此时日本人中国观的基本要素。

1894 年 7 月,甲午中日战争爆发,激活了福泽谕吉渴望帝国主义对

① 竹越与三郎『二千五百年史』、1、5 頁。
② 竹越与三郎『南国記』、拓殖公論社、1933 年、2 頁。
③ 竹越与三郎『南国記』、2、11、12 頁。
④ 『徳富蘇峰集』、改造社、1930 年、173 頁。

外扩张的内心冲动。他组织报国会,在华族中开展募捐活动,带头捐献 1
万日元充作军费;到处发表讲演,鼓动庆应义塾的学生游行支持政府,
"其狂热劲头,连庆应义塾的同僚都倍感惊讶。"①福泽不顾年事已高,在
《时事新报》上发表大量文章,鼓动日本人"要有战斗到男女老少全部玉
碎乃至人种灭绝的决心",与中国血战到底,发扬"报国之大义",追随政
府,"以获胜为唯一目的";鼓动日军攻入中国境内,"直捣北京"。②

　　战争期间,福泽谕吉用"文明论"定调变态的中国观。在《日清战争
乃文明与野蛮的战争》一文中,福泽抹杀是非曲直,将侵略战争美化为
"谋求文明开化的进步势力和妨碍进步的守旧势力之间的斗争,决非两
国间的战争。"发动战争的明治政府是"文明的政府",日军的屠杀是"为
人类幸福文明的进步而履行正当的天职"。③ 其《可以直冲北京》宣称侵
华战争是"文明与野蛮、光明与黑暗之间的战争",是"为世界文明而战",
能够"使四亿支那人民仰视日本新文明的余光";期待日军"冲进北京",
卡住中国的"喉咙","断然使其降服于文明"。④ 其《希望义捐军费》用"文
明论"来自我陶醉,说"我日本人作为东洋的先驱,要使亚洲文明光辉照
耀到衰落腐朽的支那"。在"文明"的名义下,福泽建议军部"果敢进攻要
害地区,蹂躏四百余州,加速其亡国";否认日军在旅顺的屠城暴行,称欧
美记者对大屠杀的揭露是"不了解当时情况的外国人妄加评论"、"捕风
捉影的误报","实在令人可笑"。⑤ 福泽的"文明论"成了侵略暴行的遮
羞布。

　　甲午中日战争之后,支配和宰割中国成为福泽中国观的基调。福泽
谕吉主张日本以中国"内地主人"的新身份,利用"地理接近、语言风俗类
似等得天独厚的便利",使中国"四百余州的国土和四亿人民皆为西临日

---

① 安川寿之辅:《福泽谕吉的亚洲观——重新认识日本近代史》,香港社会科学出版社,2004 年,
　　第 108 页。
② 慶応義塾編『福沢諭吉全集 14』、岩波書店、1961 年、545、467 頁。
③ 慶応義塾編『福沢諭吉全集 14』、491 頁。
④ 慶応義塾編『福沢諭吉全集 14』、500 頁。
⑤ 慶応義塾編『福沢諭吉全集 14』、524、676 頁。

本的新市场、新顾客，谋取日本工商业的繁荣发展"；主张对台澎"断然使之日本化的方针"，并首倡"皇民化"。福泽说，当地居民"若抵抗日本兵，则不管是兵是民，全部杀光，以奏彻底扫荡之效"；对反抗日本殖民统治的中国人，一概"按军法处置，且不许任何人有何异议！"①上述言论，活画出日本资本主义特有的贪婪，也曝光了福泽内心深处武士阶级嗜杀的残忍本性。

不止如此，福泽谕吉还从根本上否认他曾经赞扬过的中国文明史，说"自尧舜以来四千年间，上下皆习惯于专制独裁的恶劣风气，陶醉于阴阳五行的空论，几亿人置身文明之外，玷污了大半个亚洲"；贬斥儒学"算不上是学问"，要"以学问消灭学问"。②此外，福泽还用"乌合草贼"、"半死的病人"、"狂暴的土匪"、"脓包"、"豚尾奴"、"猪狗"等恶毒语言恣意漫骂中国人，③建议把想象中的被俘中国的老将军"送到浅草公园收费展览，给这些老将军吸上一口鸦片，他们会立刻精神起来，笑逐颜开。"④一代文明论宗师的用语竟然与街头撒泼的混混相似，可谓可悲可叹。

同为文明史学翘楚的田口卯吉的中国观却并无福泽式的谩骂，而是心平气静地加以评论。1893 年 12 月，田口在《东京经济杂志》上发表论文《王阳明》。一方面，田口对"王阳明是个伟人并无异议，对其精力绝伦、其功业拔群亦无异议"；另一方面，田口认为"王阳明本身并不使我感佩，我对知行合一勉强认知，对良知良能，尚知评论其谬误"。⑤即使在甲午中日战争爆发前夕中日关系紧张的情况下，田口依然保持了冷静评析的立场。

1896—1897 年，德国与俄国强占胶州湾和旅大，引发了列强划分在华势力范围的狂潮。日本朝野备受刺激，口蜜腹剑的"保全中国"论、"日清提携论"应声而起，一时成为中国观的基调。1898 年 1 月，公爵、国会

① 慶応義塾編『福沢諭吉全集 15』、岩波書店、1961 年、245、289、266、270 頁。
② 慶応義塾編『福沢諭吉全集 14』、452 頁；慶応義塾編『福沢諭吉全集 15』、79—80 頁。
③ 安川寿之辅：《福泽谕吉的亚洲观——重新认识日本近代史》，第 114、115 页。
④ 慶応義塾編『福沢諭吉全集 14』、570 頁。
⑤ 『明治文学全集 14 田口鼎軒集』、筑摩書房、1983 年、407 頁。

贵族院议长近卫笃麿在杂志《太阳》上载文,认为列强宰割中国,东亚"难免成为人种竞争之舞台";在此种竞争中,"支那人和日本人共同处于以白种人为仇敌的位置";强调"支那人民的存亡,与其他国家休戚相关,也关乎日本自身之命运";呼吁"保全"中国,日中合作并共同商讨"人种保护政策"。①

6月,进步党元老铃木重远发表文章,也提出"日清提携"、"保全中国"的主张。铃木说,"眼下清国内部纲纪败坏,对外不能维护国权,恐怕难免被欧洲列强吞噬,故应给之以一大刺激,开导之、诱掖之,巩固其独立,以互为辅车、唇齿相依,维护东洋和平,实乃我帝国之责任。"②

1898年11月,东亚会和同文会合并为东亚同文会,公推近卫笃麿为会长。其立会宗旨沿用了年初近卫笃麿东标榜的"保全中国"、"日清提携"等主张。从表面上看,"日清提携"、"保全中国"的论调,与福泽式恣意宰割的中国观区别明显。但在实际上,"提携"与"保全"均以日本国家利益为活动半径,以日本主导为前提。因此,这一区别并非对华政策的改弦更张,而是面对欧美列强,特别是针对俄国的外部竞争而采取的谋略手段。

1900年6月,庚子之变骤发。8月,八国联军占领中国北京及周边地区,俄军占领东北。1901年9月,清政府签订丧权辱国《辛丑条约》。中国沦丧空前,日本人的中国观随之出现新一轮的大滑坡。吉野作造评析说,"日清战争的胜利,使我国大多数的人对支那不以为意地心怀轻蔑之感,一部分有识之士痛感准备支那在他日复仇乃是当务之急。"但在"北清事变"即义和团事件期间,日本人看到的是义和团"相信神灵附体、刀枪不入,赤手空拳也能陷阵杀人",中央政权掌握在"反动政治家"手中,北京被攻占,"联军占领华北,西太后及光绪皇帝以下百官有司蒙尘陕西省的西安"。于是,少数有识之士"十二分地看透了支那的真面

———————
① 杨栋梁:《近代以来日本的中国观》第1卷,江苏人民出版社,2012年,第107页。
② 杨栋梁:《近代以来日本的中国观》第1卷,第109页。

目",①认为虽有地广、人众和资源丰富的潜力,却不足为惧。中国沦落至此,"日清提携论"如弃敝屣,日本人转而游移于"中国瓜分论"与"中国保全论"之间。在这一过程中,俄国因素对日本朝野的中国观产生了制约作用,植入日益增多的国际因素。

1901年4月,山县有朋基于八国联军之役后中国行将崩溃的判断,向首相伊藤博文提出建议书《东洋同盟论》。山县的"东洋同盟"并非与中韩同盟,而是与列强合伙宰割中国,即日本或者与英国、德国建立三国联盟,或者与俄国交涉,共同瓜分奄奄待毙的中国。山县说,"清国纲纪已灭,国本已坏,仅在苟延残喘而已。即使出于列强之间的均势需求而暂得保全,但外有俄国的侵逼,内有乱民续起,毕竟难以保全其残骸。清国之瓜分是命运气数使然,终非人力所能控制。"②可见,作为其中国观基调的"中国保全论",其本意是防止俄国过度分割,确保日本在中国的殖民权益份额不受损害,进而在"保全"的名义下,伺机独占中国。

享有"近代日本美术史先驱"之誉的冈仓天心,出于对古代中国美术、文明的喜爱,形成赞赏古代中国文化,对近代中国失落的中国观,提出在日本主导下"兴亚"的主张。1890年,冈仓在东京美术学校首次开讲《日本美术史》,著文《支那的美术》。冈仓承认日本美术的渊源在中国,即"欲探讨本邦美术的源泉,必远溯汉魏六朝"。③文章列举了轩辕氏之时"史皇始造画"、"舜制五色之服",认为中国美术发祥久远。又列举魏晋南北朝时期130多位书画家的名字,如数家珍。1893年,冈仓来华旅游,考察汉唐明清美术遗存丰富的北京、西安、成都、洛阳等地,深入思考中国美术的发展踪迹。1894年,冈仓在东邦协会发表的演讲《支那的美术》中,以漫谈见闻的方式,表述了其中国观。整体印象:"盖支那者,意味着广袤的版图和久远的时代";盛唐推出了古代中国美术史的最高峰,"其神理与体格配合极佳,得其适宜者既非秦汉,亦非宋元,雄大与巧妙

① 三谷太一郎責任編集『日本の名著48 吉野作造』、中央公論社、1972年、269、287、288頁。
② 大山梓編『山県有朋意見書』、原書房、1966年、265頁。
③ 『明治文学全集38 岡倉天心集』、筑摩書房、1968年、306頁。

兼具，劲拔亦含温雅"。但对中日两国美术的"源"与"流"的看法，发生变化，认为"日本的美术本来就并非支那美术的一个支脉、一个分派，准确地说，虽然日本美术从来就受到支那的滋养"，但"不容置疑，回顾日本美术发展的历程，美术作品清楚地表明，则支那自是支那，日本自是特别独立的日本"。①

1903 年，冈仓天心在伦敦发表《东洋的理想》概述了东洋思想的沿革，强调日本美术继承并代表了东洋思想。1906 年，在纽约发表《茶之书》，基于旅居美国的浓烈乡愁，通过对茶道的浮想联翩，表达了"大和心"的与众不同，强调日本主导亚洲的理念。冈仓天心认为，"亚洲是一个整体。喜马拉雅山将其分割为持有孔子的共同社会主义的中国文明与持有佛陀个人主义的印度文明"，两者可以通过"爱"合而为一。实现亚洲的统一是"日本的伟大特权"，理由主要有日本人汲取了亚洲印度人和鞑靼人血的源泉；拥有"万世一系"的天皇；从未被征服；固守祖先传下来以牺牲获得膨胀发展等因素，"使日本成为亚洲思想和文化的真正储藏库。"②冈仓的"兴亚论"，最终导致强调日本主导亚洲，沦为变相的文化侵略理论。

---

① 『明治文学全集 38 冈仓天心集』、368、377、378、379 頁。
② 『明治文学全集 38 冈仓天心集』、6—7 頁。

第五章　跃居世界大国

第一节　成为世界级政治军事大国

一、大正初期的政局与参加一战

1912 年 7 月 30 日,明治天皇睦仁因尿毒症病亡。33 岁的皇太子嘉仁践祚,取《易经·临卦》的"大亨以正,天之道也"句,改元"大正"。嘉仁幼时患过脑膜炎,40 岁又患上脑血栓,体弱多病。后因无力视事,不得不由皇太子裕仁摄政。从强悍的睦仁到病弱的嘉仁,大正时代的到来,意味着日本走到了一个前景捉摸不定的拐点。

嘉仁在即位后的第二天,向陆海军发布《敕谕》,要求其忠诚贯彻"军人的五点精神",作为"朕之股肱,以辅翼皇谟"。1912 年 8 月 13 日,向山县有朋、大山岩等元老和首相西园寺公望下达《敕语》,要求军政首脑和谐,"辅弼朕之事业"以"膺辅国之任"。[①] 然而,大正初年的政局已不同于明治时代,军部与政府的摩擦呈现加剧态势。陆相上原勇作借口朝鲜半岛局势不稳定、中国发生辛亥革命和俄国将建成西伯利亚铁路复线等,

---

① 森末義彰、岡山泰四編『歴代詔勅集』、目黑書店、1938 年、936—938 頁。

重提增设陆军师团的要求。颇感为难的西园寺三次请求陆军元老山县有朋出面斡旋，山县虚以应付。

1912 年 11 月 22 日，上原勇作在内阁会议上要求在朝鲜半岛增设 2 个师团。30 日，西园寺与内相原敬、法相松田正久协商后，拒绝了上原的要求。12 月 2 日，上原直接上奏大正天皇嘉仁，指责首相"无视国防"，提出辞呈，向内阁施加压力。① 3 日，山县伺机而动，劝说西园寺接受军部的要求。5 日，西园寺内阁总辞职。6 日，元老会议决定内阁留任，西园寺表示拒绝。元老会议又举荐松方正义、海军大将山本权兵卫、内相平田东助等人为继任首相，但三人均知难而退，首相人选成了难题。军部本想以拒绝派出陆相来迫使内阁就范，未曾想造成如此复杂的尴尬局面。

消息传开，激起起社会公愤。12 月 13 日，东京的记者、律师组成宪政振兴会。14 日，代表实业家利益的交询社组成宪政拥护会，政友会的尾崎行雄和国民党的犬养毅等政党活动家与会，一致通过拥护宪政的决议。17 日，在元老的幕后运作下，宫内相桂太郎受命组阁。19 日，宪政拥护会在东京的歌舞伎座举行第一次宪政拥护大会，3 000 余名政党人士、实业家、大学生、市民出席会议。大会通过的决议强调"当今阀族的横暴跋扈已登峰造极，宪政的危机千钧一发"，呼吁"杜绝阀族政治，以期拥护宪政。"②第一次护宪运动由此启动，基本口号为"打破阀族"、"拥护宪政"。

1912 年 12 月 21 日，第三届桂太郎内阁成立。1913 年 1 月 19 日，国民党举行大会，议决弹劾桂内阁。24 日，护宪派在东京新富座再次举行护宪大会。2 月 1 日，护宪派又在大阪举行拥护宪政大会，与会听众多达 3 万余人，影响明显扩大。2 月 5 日，第 30 届通常国会复会，数万东京市民聚集在国会议事堂周围，为进入会场的胸戴白玫瑰的护宪派议员助

① 今井清一『大正デモクラシー　日本の歴史 23』、中央公論社、1966 年、11 頁。
② 今井清一『大正デモクラシー　日本の歴史 23』、15 頁。

威。政友会和国民党议员在会上对桂内阁提出的不信任案,得到超议会半数席位的 234 名议员的签名,桂内阁陷入危机,无力招架。天皇嘉仁出面干预,命令议会休会 5 天,为桂内阁解围。7 日,在山县的支持下,桂太郎成立御用政党立宪同志会,亲任委员长,政界反应极为冷淡。9 日,在政友会总裁西园寺拒绝桂太郎要求撤回对内阁的不信任案之后,天皇嘉仁再次出面,召见西园寺并令其设法解决纠纷,桂太郎乘机要求西园寺辞职。

　　1913 年 2 月 10 日,西园寺公望辞去总裁之职,政友会群情激昂,总会决议拒绝撤回内阁不信任案。同日,国会复会。政府出动数千名巡警和骑警,组成多道警戒圈,将国会议事堂层层保护起来。数万人群众离开上野公园和神田锦辉馆集会会场,直奔国会议事堂。情绪激动的东京市民簇拥着 250 名胸佩白玫瑰徽章的护宪派议员,冲破 4 000 余名警察的警戒圈,进入会场。[①] 由于护宪派议员拒不撤回不信任案,迫使桂太郎决定内阁总辞职,但根据程序,国会需休会 3 天。会场外静候消息的数万市民在听到"休会"的消息,立即怒不可遏,随即冲向国会议事堂,与警察扭打成一团,此外,还将《首都新闻》《国民新闻》等御用报社悉数加以捣毁打砸。入夜,银座、京桥、日本桥、上野、下谷、神田、本乡等处的 86 个警察派出所,以及立宪同志会骨干的宅邸被袭击或烧毁,110 名警察受伤,东京市内气氛紧张。政府出动军队镇压,宣布京桥、下谷和浅草 3 个区戒严,253 名示威者被捕。[②] 东京的骚乱,随即扩展到关西地区,大阪、神户、京都、广岛等地群情汹汹,政府手忙脚乱。2 月 11 日,桂内阁宣布总辞职,史称"大正政变"。桂内阁倒台,创下 1885 年实行内阁制以来群众倒阁的首次记录。第一次护宪运动取得重要的成果,桂太郎为首的长州阀和军部被搞得灰头土脸。

　　1913 年 2 月 20 日,萨摩阀、海军大将山本权兵卫组阁,颇欲有所作

---

① 升味準之輔『日本政治史 2』、東京大学出版会、1988 年、245 頁。
② 升味準之輔『日本政治史 2』、246 頁。

为,以挽回军部的颜面。6月,山本内阁调整陆海军官制,取消军部大臣、次官现役资格的限制。8月,公布《文官任用令修改》,放宽敕任文官的条件,力求扩大内阁的支持面。然而,一场突如其来的腐败案件使山本内阁陷入危机。

1914年1月21日,伦敦电讯报道了德国西门子公司贿赂日本海军高官的丑闻。23日,立宪同志会议员岛田三郎在预算委员会上严究此事。在政党与媒体"肃正海军"的激烈指责声中,28日,内部责成海军大将、军事参议官出羽重远负责展开调查。2月7日,舰政本部第四部部长藤井光五郎少将、大佐泽崎宽猛被逮捕,送交海军军法会议审查。10日,弹劾内阁大会在日比谷公园举行,激愤的国民包围国会,与军警冲突。随着调查的深入,3月12日,在订购"金刚号"战列巡洋舰过程中,英国维克斯公司与三井物产合谋,贿赂舰政本部部长、原海军吴镇守府司令官松本和中将,使其收受回扣40万日元的腐败案件浮出水面。海军的形象备受重创。国会削减海军预算7 000万日元,山本内阁以增税来扩张海军的预算案被否决。24日,陷入困境的山本内阁只得宣布总辞职。

4月16日,宪政党总裁大隈重信再次组阁,惩处海军贪污高官的力度有增无减。5月11日,山本权兵卫与前海相斋藤实被编入预备役。29日,海军军法会议判处松本和有期徒刑3年,罚没全部赃款49.98万日元;判处泽崎宽猛有期徒刑1年,追缴罚款1.15万日元。[①] 7月18日,东京地方法院判处三井物产的山本条太郎等有罪。对藤井光五郎的严惩,也只是个时间问题。

恰逢此时,国际局势的突然变化却给日本政局走出困境提供了难得的机遇。6月28日,奥匈帝国皇储斐迪南大公在萨拉热窝遇刺,英法俄等国组成协约国集团与德奥为首的同盟国集团刀兵相见,第一次世界大战在欧洲全面爆发。

1914年8月7日,英国为歼灭在中国沿海的德国舰船,要求日本参

---

① 国史大辞典編集委員会編『国史大辞典 6』、吉川弘文館、1995 年、636—637 頁。

战。首相大隈重信在当天召集阁僚会商，一致同意外相加藤高明力主参战的意见。8月8日，井上馨致信元老山县有朋和首相大隈重信，强调"欧洲的大乱巨祸对发展日本国运来说，是大正新时代的天佑"，主张与协约国"团结一致，确立日本对东洋的权力"。为此，必须选用外交干才开展对英俄和中国的外交，使英国重新燃起对日英同盟的热情，使纸面上的日俄协约具有实质内容，派出能使袁世凯感到心服的特派员来华开展活动，"寻求明治维新大业之宏谟于世界"。井上认为，大正新政的外交目标是"与欧美强国并行合作，奠定处理世界性问题不能将日本置之度外的基础。"①当日，元老大臣会议决定对德宣战，乘机扩大殖民权益，提升国际地位。

8月9日，外相加藤向英国驻日大使格林递交了日本承诺参战的备忘录，内称："为了实现两国同盟的共同目的"，日本将"采取所有的手段消灭在东亚损害日英利益的德国势力"，"出动舰队，搜索并击沉德国在支那海伪装的巡洋舰"。② 日本政府的备忘录令英国心生疑惧，美国和澳大利亚也表示反对日本参战，10日，英国撤销了对日本的参战要求。日本政府决心不错过"天佑"良机，坚持夺取德国在山东胶州湾租借地的既定目标，英国亦无意阻拦。8月15日，日本政府发表《对德最后通牒》，要求德国必须在8月23日12时之前，撤走远东舰队，将打算归还中国的胶州湾租借地和山东的权益无条件转让于日本。德国不予理睬，据守青岛的德奥军加紧备战。23日，天皇嘉仁发布诏书，正式对德宣战。

宣战当天，日本第一舰队驶向黄海、东海北部海域警戒待机，搜索德国舰船；第二舰队驶向胶州湾，英国派出战列舰、驱逐舰各1艘配合行动，8月27日，对胶州湾实施封锁；第三舰队在东海南部游弋，警戒菲律宾海域。9月2日，陆军第18师团主力部队第24旅团在中国山东省龙口登陆，遭遇百年未遇的大洪水，向莱州、平度、即墨的行军进展迟缓。9

① 歴史科学協議会等編『史料日本近現代史Ⅱ』、三省堂、1985年、15頁。
② 歴史科学協議会等編『史料日本近現代史Ⅱ』、16頁。

月 6 日,第 23 旅团在崂山登陆,向白沙河方向攻击前进。23 日,瓦纳吉斯顿少将率领自天津来援的英军在崂山登陆,配合日军向青岛方面运动。25 日,第 24 旅团的步兵队占领潍县火车站,10 月 7 日,不顾中国政府的抗议,占领济南火车站,控制胶济线。此后,3.1 万名日英联军集中兵力逼近德国总督府所在地青岛,双方展开激烈的攻防战。13 日,3 架日军飞机首次升空与德军空战。

10 月 31 日,日英联军对青岛发动总攻击。在激烈的战斗中,3 600 余名德奥联军击退日英部队,并放火烧毁了油库,奥地利战舰"凯瑟琳·伊丽莎白皇后号"在猛烈轰击日军右翼阵地后,凿舰自沉。11 月 6 日拂晓,日军发动全线进攻。德军凭借多年前修筑的坚固堡垒的掩护,使用火炮、机关枪,拼命抵抗。激战一天,德军的中央堡垒、炮台被日军接连占领。11 月 7 日,德国总督瓦尔戴克投降,整个山东落入日本之手。在围攻青岛期间,日本第一舰队的南遣舰队与英国舰队在南太平洋海域,与德国东亚舰队交战。至 12 月 8 日,德国舰队全军覆没,德属马绍尔、马里亚纳、所罗门群岛等南洋诸岛转归日本占领。

11 月 18 日,中国政府再次要求日本撤军,日本政府置若罔闻。25 日,袁世凯召集特别会议,议决中日共管青岛海关税收、收回胶济铁路管理权、要求日英从山东撤军、保护山东省内采矿权等事项。1915 年 1 月 7 日,中国政府正式照会英日两国政府,强调山东战事已经结束,敦促日本撤军,遭到日本政府的拒绝。

早在 1913 年 1 月,日本驻英公使加藤高明即告知英国外交大臣格雷,"日本具有决心永远占据旅顺大连及包含其背后地之关东州",将选择合适的时机和名义,与中国政府开展交涉,使之承认日本的占领。[①] 格雷对此表示谅解。1914 年 8 月,元老山县有朋要求内阁在"日中协调"的旗号下,通过经济援助,扩大日本在华权益。日军攻占青岛后,陆相冈市

---

① 黄纪莲编:《中日"二十一条"交涉史料全编(1915—1923)》,安徽大学出版社,2001 年,第 1 页。

之助提出《日华交涉事项备忘录》,建议对袁世凯政府实行强硬手段,迫使其照单接受日本的要求。元老们主张承认北京政府,与欧洲列强协调,重点解决"满洲问题"。日本国内朝野要求对华扩张权益成了时尚,驻外使节也加入其中。12 月 3 日,驻华公使日置益向外相加藤高明提出《关于对中国提出要求之拙见》,认为欧洲国家无暇东顾,"正值对中国提出要求之良机",主张对袁世凯政府兼用"威压"与"引诱"的两手政策,交涉山东、"满蒙"、华南以及一般性问题。[①] 加藤在当天回电,强调"实现各项要求是绝对必要的","帝国政府将用尽所有的手段",与袁世凯政府展开交涉。[②]

1915 年 1 月 18 日,日置益向袁世凯政府提出 1 号至 5 号共 21 条款要求及相关附件,通称"二十一条"要求。"二十一条"第 1 号要求计 4 款:中国政府允诺,日德间有关山东省的一切权利、利益让与等项处分"概行承认";山东省内,并其沿海一带土地及各岛屿"概不让与或租与他国";建造由烟台或龙口接连胶济线的铁路;山东省内各主要城市开辟为商埠等。第 2 号要求计 7 款:将旅大及南满、安奉铁路的租借期限延长至 99 年;日本臣民享有在南满和东蒙建造厂房、耕作所需土地的租借权或所有权,以及各矿的开采权;凡涉及南满或东蒙地区的借款,聘用政治、军事、财政各顾问、教习等,必须先向日本政府协商等。第 3 号要求计 2 款:中日合办汉冶萍公司;不经日本政府同意,中国政府不得自行处理该公司的一切权利产业,属于该公司各矿的附近矿山一概不准该公司以外之人开采。第 4 号要求计 1 款:所有中国沿岸、港湾及岛屿,概不让与或租与他国。第 5 号要求计 7 款:中国中央政府必须聘用日本人为政治、财政、军事等各顾问;给所有在中国内地设立的日本医院、寺院、学校以土地所有权;中日合办地方警察机关或在地方警察署聘用日本人;从日本采办中国政府所需半数以上的军械,或在中国开办中日合办的军械

---

① 黄纪莲编:《中日"二十一条"交涉史料全编(1915—1923)》,第 12、13 页。
② 歴史科学協議会等編『史料日本近現代史Ⅱ』、17—18 頁。

厂,聘用日本技师,采买日本材料;将武汉至南昌、九江以及南昌至杭州、潮州的铁路建造权许与日本;凡福建省内筹办铁路矿山及整修港口船厂需要外国资本时,先与日本协商;允许日本人在中国传教。[①] 同时,还送交了解释日本要求的附件等,将中国保护国化的野心昭然若揭。

1915 年 2 月 2 日,中国政府外交总长陆征祥与日置益举行首轮谈判。在谈判期间,日本政府以换防为名,向中国增兵,施加军事压力。中国诸多社会团体、社会名流和旅居北美、东南亚的爱国华侨获悉内情后,纷纷致电外交部,要求中国政府予以抵制。袁世凯借用民意和舆论的支持,不断提出修改方案;同时,将日本的要求在媒体上曝光,以图引起欧美列强的干预,向日本施加压力。2 月 9 日,中方提出对"二十一条"的第一次修正案。其中,对第 1 号要求各条款的修改是:以中国政府承认德日授受山东利权为交换,日本将胶澳(青岛)交还中国,并中国有权参加日德协商会议;由烟台或龙口接连胶济线的铁路,如须借用外款可尽先利用日资;山东开埠章程中国自定。对第 2 号要求各条款的修改是:旅大租借期顺延 25 年,"南满"铁路租借期顺延 50 年;安奉铁路期满时,可商议展限办法;日资在"南满"享有的采矿特权限期 1 年,其余各矿由中国自行处置;嗣后"南满"修建铁路,由中国自行筹款,但可优先与日资商借;除盐税外,不许以其他税课为抵押;嗣后在"南满"聘用外国顾问时,可尽先聘用日本人等。对第 3、第 4、第 5 号要求"均置不议",拒绝接受。日方对此修正案不满,要求中国政府"改变宗旨,再行开议"。[②] 此后,在日方压力下,中方先后提出 4 次修正案,在力求守护领土主权的退让过程中,委曲求全。

在欧美列强中,英国对日本的"二十一条"要求作壁上观,俄国心存疑虑,美国赞否兼有。3 月 13 日,美国国务卿布赖恩照会日本驻美大使珍田舍巳,重申美国首倡的"门户开放"、"权利均等"的传统对华政策,表

---

① 复旦大学历史系编:《中国近代对外关系史资料选辑》上卷,第 2 分册,第 364、365、366 页。
② 黄纪莲编:《中日"二十一条"交涉史料全编(1915—1923)》,第 23、24 页。

示"美国有理由反对日本有关山东、'南满'、蒙古东部的'要求'",但基于日本与这些地区的"特殊关系",对日本的第 1、第 2 号要求,"美国不加反对"。但第 5 号要求"明显地损害了中国的政治独立与行政完整",强调"美国对一个外国在政治上、军事上或经济上对中国行使支配权力,不能漠不关心",因为美国的政策"是要维护中国的独立、完整和商业自由,并保持美国人在中国的合法权利和利益"。布赖恩在最后特别强调"美国一向用友好和尊敬的眼光来看日本在远东的愿望"。[①] 美国照会的措辞温和,日本姑妄听之而已。

4 月 26 日,日本政府提出最终修正案:前 4 号的要求内容不变,对中国政府反应强烈的第 5 号要求做了大幅度修改,原 7 项条款的内容调整为:聘请日本顾问条款,加上了"嗣后中国政府认为必要时"的前提条件;取消了中日合办地方警察或聘用日本警察的条款;采办日本军械或合办军械厂条款,加上"中国政府日后在适当时机",派遣武官与日本军事当局"协商"的条件;日本人在中国布教条款"再行协议";其余有关福建沿海地方造船厂,武昌至九江、南昌及南昌至杭州铁路条款保留。[②] 5 月 1 日,中国政府提出最后修改案,第 1、第 2、第 3 号内容基本上满足了日本的要求,但删除了第 4 号、第 5 号要求。

5 月 7 日,在经过多次谈判仍未使日本政府满足之后,日置益奉命将日本政府的最后通牒送交给袁世凯政府。其文称:除第 5 号要求的其他五项"可承认与此次交涉脱离,日后另行商议"之外,中国政府必须将第 1 至第 4 号各项要求及第 5 号要求有关福建省公文互换之文件,按照日本政府 4 月 26 日修正案的载文,"不加以何等之更改,速行应诺",并在 5 月 9 日午后 6 时作出令人满意的答复,否则"帝国政府将执认为必要之手段"。[③] 同时送达的,还有附件《备忘录解释》,其中特别强调第 5 号要求的"所谓五项",包括聘用顾问、学校和医院用地、南方诸铁路、兵器及兵

① 黄纪莲编:《中日"二十一条"交涉史料全编(1915—1923)》,第 386、388、390、391 页。
② 黄纪莲编:《中日"二十一条"交涉史料全编(1915—1923)》,第 31—34 页。
③ 复旦大学历史系编:《中国近代对外关系史资料选辑》上卷,第 2 分册,第 367—369 页。

器厂以及布教权等。① 此一解释表明日本无意放弃将中国保护国化的图谋,只是留待"日后另行商议"。

5月8日,袁世凯召集军政要员举行会议,讨论日本政府的最后通牒。由于英国与日本达成谅解,英国驻华公使朱尔典(John Newel Jordan)劝告外交总长陆征祥"忍耐",说:"各国不暇东顾,若与日本开衅,即将自陷于万劫不复之地位。各国即同情,亦无能为力。为目前计,只有忍辱负重之一法,接受日本要求,以避危机。"②袁世凯手足无措,被迫按照日本规定的时间答复。5月9日,陆征祥复文称:"对日本政府4月26日提出之修正案,除第5号中5项容日后协商外,其第1号、第2号、第3号、第4号之中各项,及第5号中关于福建问题以公文互换之件,照4月26日提出之修正案所记载者,并照日本政府所交最后通牒附加七条之解释,即行应诺。"③5月25日,在北京签署《关于山东省之条约》《关于南满洲及东部内蒙古之条约》以及13件所附换文,总称"民四条约",将日本的第1、2号要求条约化。

抓住第一次世界大战的"天佑"良机,日本政府以最小的代价,从中国劫掠了巨大的殖民权益,欧美列强的在华权益也受到损害。5月11日,美国政府发出声明,拒不承认任何损害其在华利益、中国领土完整或违反"门户开放主义"的协定。日本拉上俄国,以巩固殖民权益。1916年7月3日,日本与俄国订立第4次密约。条约共6条,规定双方"关注密切的利益,认为不使对日本或俄国抱有敌意的第三国在政治上控制支那极为重要,根据需要,随时坦率且诚实地交换意见,不使上述事态发生";缔约国"一方同第三国宣战,缔约的另一方基于请求,给以同盟国援助";"缔约国无论何方,不经一方同意,不应媾和";缔约双方"有义务对另一方提供军事援助";条约有效期至1921年7月14日为止。④

---

① 黄纪莲编:《中日"二十一条"交涉史料全编(1915—1923)》,第143页。
② 复旦大学历史系编:《中国近代对外关系史资料选辑》上卷,第2分册,第371页。
③ 复旦大学历史系编:《中国近代对外关系史资料选辑》上卷,第2分册,第370页。
④ 外务省编『日本外交年表並主要文書上卷』、420页。

1917 年 2 月,苦于德国展开无限制潜艇战的英国,催促日本出动海军前往地中海协助英军作战。佐藤皋藏少将率领 9 艘舰船,赶赴欧洲战场。作为回报,英国外交大臣格雷通知日本驻英大使珍田舍巳,在战后的和平会议上,英国将支持日本接管德国在山东权益和赤道以北原德占岛屿的要求。3 月 1 日、3 月 5 日,法国和俄国也分别作出了同样的表态。在这种情况下,美国在宣布与德国断交并参战的同时,也调整了对日政策。11 月 2 日,美国国务卿蓝辛与日本政府特使石井菊次郎签订了《石井—蓝辛协定》,美国承认日本在中国,特别是在中国与日本属地接壤的地区有特殊利益;日本则永远遵守美国政府的"门户开放"和在华工商业机会均等的原则;日美并保证中国的领土主权不受损害等。①

凭借列强的支持与战时积累的过剩资本,日本政府对华采取新的扩张行动。1916 年 12 月,军阀寺内正毅组阁 2 个月后,派其心腹西原龟三来华活动,扶植北洋政府。此时,段祺瑞急需日本的资金与军备支持,双方一拍即合。1917 年 1 月,西原与曹汝霖、陆宗舆等段祺瑞政府的要员办理第 1 批 500 万日元的借款;至 1918 年 9 月的第 8 批借款,总额高达 1.45 亿日元,史称"西原借款"。通过向交通银行融资,修建洮热线、长洮线、开吉线、洮热线上某一点至海港等东北的 4 条铁路并开发黑龙江、吉林两省的金矿和森林,以及修筑济顺线、高徐线等山东的 2 条铁路线,向段祺瑞政府提供参战借款等项目的实施,日本加紧向中国财政、军事渗透。1918 年 5 月 16 日、19 日,日本借口干涉苏俄革命,先后与段祺瑞政府订立《中日陆军共同防敌军事协定》《中日海军共同防敌军事协定》。9 月 24 日,外相后藤新平照会中国驻日公使章宗祥,就山东问题达成换文,规定日军继续驻守济南和青岛,胶济铁路由中国巡警队警备,待所属权明确后,由中日合资经营。② 在中日"经济提携"的名义下,"西原借款"导致中国的主权受到严重损害,日本则乘机扩大并巩固了在华殖民权益。

---

① 复旦大学历史系编:《中国近代对外关系史资料选辑》上卷,第 2 分册,第 386 页。
② 复旦大学历史系编:《中国近代对外关系史资料选辑》上卷,第 2 分册,第 399、400 页。

二、巴黎和会与日本成为世界政治大国

1918 年 11 月 11 日,协约国与德国签订停战协定,第一次世界大战结束。世界进入建立战后国际秩序的新时期。早在德国投降之前,英国、美国、法国、日本和意大利等五大国已经开始了关于战后世界安排的讨论。1918 年 1 月 5 日,英国首相劳合·乔治在英国职工大会上论述英国参战的目的时,提出了关于战后新秩序的构想。8 日,美国总统威尔逊在国会演说中,提出以取消秘密外交、保障航海贸易自由、民族自决、裁减军备、缔结保证各国政治独立和领土完整的特别盟约、设立国际联合机构等"十四点"和平纲领,表达了美国关于战后国际新秩序的理解,其影响力远超劳合·乔治的构想。12 日,英国、美国、法国、日本、意大利等五大国组成筹办和平会议委员会,确定以威尔逊的"十四点"和平纲领为巴黎和平会议的宗旨。日本加入五大国委员会,首次与欧美强国平起平坐,讨论世界事务。

反观中国,却是另外一种景象。1914 年 8 月,袁世凯政府宣布中立,德国表示愿在得到补偿的条件下,将胶州湾租借地交还中国。10 月,德国又表示愿有偿地将胶济铁路全部还给中国。两次收回山东权益的机会,均因日本的反对而流失。1917 年 8 月,段祺瑞政府对德奥宣战,英国和法国招募的 14.5 万的华工远赴欧洲,提供战地后勤服务或在工厂劳动。中国用"以工代兵"方式参与协约国阵营后,得到的补偿是宣布废除与德奥签订的不平等条约,取消庚子赔款,收回德奥租界;协约国同意中国庚子赔款暂缓 5 年偿还,进口关税增加 5％等承诺。1918 年 4 月至 11 月,中国"参战军"追随协约国干涉军,进入苏俄的符拉迪沃斯托克(海参崴)。

1919 年 1 月 18 日,巴黎和会在凡尔赛宫召开,协约国阵营的 38 个战胜国出席会议。日本政府派遣前首相、元老西园寺公望和内大臣牧野伸显为全权委员,率日本代表团出席会议。法国为巴黎和会的主席国,首席代表为总理克里孟梭;副主席国为英国,首席代表为首相劳合·乔

治；美国的首席代表为国务卿蓝辛，实权由总统威尔逊掌握；意大利首席代表为总理欧兰多。比利时、巴西、加拿大等国要求有权出席所有的会议。大会主席克里孟梭却强词夺理，声称只有能够引导战争走向结束的五大国，才有资格指导大会，遂拒绝了比利时、巴西等国的合理要求。

英、美、法、日、意五大国随即各派出2名代表，组成拥有最终决定权的10人委员会。巴黎和会分成全体大会、最高会议和专门委员会会议三种会议形式。在全体大会上，日本与英国、美国、法国、意大利均享有五大强国的特殊权益，各拥有5票表决权，其他国家仅有2票至3票的表决权；在最高会议上，日本代表西园寺、牧野参加10人委员会，参与讨论重大问题；日本虽不能出席专门委员会会议，但凡属重要决定其他大国均须同其协商。日本在巴黎和会的上述三种会议上取得的特殊地位，表明它已跻身于世界政治大国俱乐部。巴黎和会规定英美法日意五国每次会议均可出席5人。相形之下，巴黎和会指定中国代表为2人，除团长外交总长陆征祥之外，其余4位中国代表团成员要轮流出席，而且只是在讨论中国和德国的相关问题时，才准许中国代表参加。

日本取得世界政治大国资格，意味着中国的权益必定受到损害。1月18日，就在巴黎和会开幕的当天，原敬内阁通过的《对媾和大使的训令案》中，关于单独与日本具有利害关系的媾和条件规定，将德国在南太平洋诸岛，特别是在中国山东省有关租借领土、领水、铁路、矿山及其他所有权利，公共营造物及官公有财产，德国营建的胶济铁路及其支线和矿山，德国敷设的青岛至上海和芝罘的海底电缆等全部转让于日本。[1]此一内阁决议，成为参加巴黎和会的日本代表团的交涉底线。

27日，10人委员会在当天上午开会讨论德属殖民地，特别是山东问题。中国代表王正廷、顾维钧在当天下午列席会议。日本代表牧野声称"日本尊重日中之间的成约"，"山东问题应在日中两国之间，以双方所商

---

[1] 外務省編『日本外交年表並主要文書上卷』、478頁。

定之条约、协议为基础来解决。"①言下之意,是按照"民四条约"中《关于山东省之条约》的规定,将德国在山东的全部殖民权益无条件地转让给日本。中国代表对此表示强烈抗议,但无权当场陈述,只能留待第二天会议上发言。在翌日举行的 10 人委员会的会议上,顾维钧针对牧野的发言,阐述中国代表团的立场。他从历史承传与巴黎和会所标榜的民族领土完整原则出发,驳斥牧野,要求日本将德国在山东窃取的权益直接归还同样是战胜国的中国。虽然顾维钧的演说受到赞誉,但道义上的胜利丝毫无助于现实问题的解决。

2 月 15 日,中国代表向大会提交了有关山东问题的议案,英法等国却借口战争期间已对日本作出承诺,对中国的要求不予理会。由于会议预定向德国代表团递交媾和条件的时日已临近,山东问题才被五大国提上日程。4 月 22 日,威尔逊邀请英法日代表举行最高会议讨论山东问题。在中国代表被排除在会场之外的情况下,日本代表牧野遵照外相内田康哉"不允许有任何变更帝国政府最终决定"的指令,作了长篇发言。牧野在发言中,以轻松的口吻谈及中国已经在"二十一条"要求与"民四条约"的谈判过程中,同意"将德国在支那的一切权利利益让与"日本,"承认日德之间达成的所有事项",然而却对日本采取包括最后通牒在内的强制手段,逼迫袁世凯政府屈服的事实则避而不谈。牧野特别强调,"鉴于日本尽力将德国逐出山东的功绩",不能承认中国"不正当、不公平"的要求,将接管德国在山东的权益视为日本参战应得的回报;声称"支那对德宣战与在宣战两年前日支缔结之条约及附属协定的效力无关,不能因宣战改变上述条约及协定缔结"。牧野重申日本的基本要求,即依据"民四条约"和"西原借款"的相关条款,"得到德国在山东省的权利、特权即让与";确信"基于日本付出的牺牲、过去的功绩及目前占领的事实,对日本事关国民荣誉的要求给予充分的满足"。② 美英法等国认同

①《顾维钧回忆录》,中华书局,1982 年,第 186 页。
② 外務省編『日本外交年表並主要文書上卷』,480、481、482 頁。

日本代表的说辞,任由日本接管德国在山东的所有殖民权益。会后,威尔逊与劳合·乔治、克里孟梭约见中国代表团,表示山东问题"是一个最困难的问题",最高会议希望中国"接受"日本的要求。[①]

4月26日,牧野与珍田等两位日本代表加紧展开幕后活动。28日,牧野在全体大会上发表《废除人种差别待遇》的演说,重申日本要求将有资格加入国际联盟的成员国的"国家人民无论人种或国籍如何,给予均等公平的待遇"写进国联章程,对专门委员会未予采纳表示不满。[②] 牧野的演说表明日本力图成为世界规则制定者的政治大国新姿态,通过强调黄白人种的均等公平,表明对美英法等欧美大国主宰国际政治表示不满,却无视中国的要求,执意接管德国在山东的殖民权益,暴露了日本式"均等公平待遇"的双重标准。

4月29日,在威尔逊下榻的房间里,再次举行美英法代表与日本代表的协商会谈。威尔逊对日本驻军青岛、济南和强制要求中国警察聘用日本顾问等问题提出强烈质疑,认为这些损害了中国的主权。牧野、珍田等竭力加以辩解。劳合·乔治居中调停,建议胶济铁路使用由公司总经理掌管的铁路警察,中国警察可加入,则日本得其所欲,中国保住了面子,[③]从而缓和了日美对立。30日,美英法日四国会议同意将德国在山东的殖民权益转归日本。消息传回中国,五四爱国运动在大江南北轰轰烈烈地展开,中国的民族觉醒达到空前程度。

6月28日,《凡尔赛和约》签署,公然将德国在山东的殖民权益转归日本的内容写入和约第156—158条款之中。在国内民众和旅法华侨激烈抗议下,中国代表拒绝在和约上签字,后与德国单独签订和约。围绕山东问题的讨论和最终处理结果,日本极其短视地显示了"帝国"的傲慢,将中日关系推向决裂的边缘。

1920年1月10日,根据《凡尔赛和约》的规定,成立以维护世界和平

---

① 《顾维钧回忆录》,第196、197页。
② 外务省编『日本外交年表並主要文書上卷』、482、484頁。
③ 外务省编『日本外交年表並主要文書上卷』、484、485、486頁。

与安全为宗旨的国际联盟。日本与英国、法国、意大利同为国际联盟的常任理事国。至此,日本最终成为世界级政治大国。不仅如此,第一次世界大战还给日本带来巨大的经济利益,国库硬通货储备暴涨。1914 年日本政府和日本央行的所有硬通货储备仅为 3.4 亿日元,但至 1919 年12 月,硬通货储备却超过了 20 亿日元。[1] 无论在何种意义上,一战后的日本均堪称政治上和经济上的暴发户。

三、华盛顿会议与日本成为军事大国

第一次世界大战结束后,日本在西太平洋的崛起,与大洋彼岸的美国形成强劲的竞争关系。拆散日英同盟并遏制日本,成为美国东亚政策的要点。英国失去头号强国地位,需要重新调整对外战略。1920 年 10月至 1921 年 1 月,英国外交部召集前驻华公使朱尔典、前驻日大使格林等资深外交官组成专门委员会,讨论战后的东亚政策。鉴于俄德两大竞争对手的消失、美国实力强大和日本的"二十一条"要求损害了英国在华利益等新动向,与会者倾向于取消日英同盟。1921 年 6 月至 8 月,英帝国会议经过两个月的讨论,就如何处理日英同盟、在美日之间选择战略伙伴等问题展开讨论,得出了强化美英关系比维系日英同盟更重要的结论。相反,背靠大国、依赖日英同盟提升国际地位的日本,则将维系日英同盟、开展日美协商作为并行不悖的外交方针。首相原敬在中国问题上"不知道使用何种手段能使日英关系圆满",看到"日英同盟在国际联盟成立后效力在持续降低",不得不承认现实,即"若为继续日英同盟,更需采用某种方法开展日美协商。"[2]

然而,日本的如意算盘被美国打乱。就在第三次日英同盟行将期满的前 3 天,1921 年 7 月 10 日,美国向有关国家发出在华盛顿举行太平洋会议的邀请。日本政府在收到邀请后,决定派遣海相加藤友三郎、贵族

---

① 石橋湛山『湛山回想』、214 頁。
② 『原敬日記』1919 年 6 月 10 日条、乾元社、1950 年、241 頁。

院议长德川家达、驻美大使币原喜重郎率领日本政府代表团出席华盛顿会议,讨论裁军问题并力求继续维系日英同盟关系。10 月 3 日,日本政府在发给全权代表的训令中,强调"应尽力倡导确立太平洋及远东地区永久和平的日、英、美协商关系,以期形成对我有利之形势。但在考虑军备限制协定和日、英、美三国协商等与日英同盟存废相关的问题时,日本政府并不主张日英同盟必须按照上述协定或协商而加以变动,也不认为同盟的存续有何妨碍"。①

1921 年 11 月 12 日,在华盛顿会议召开的当天,美国国务卿休斯与来访的英国代表贝尔福取得一致意见,用一项新的协定取代包括《日英同盟条约》在内的所有美、英、日之间在一战前或战时订立的条约和协定。11 月 24 日、26 日,币原喜重郎的亲信、日本驻美大使馆参事官佐分利贞男向贝尔福和休斯提出名曰"币原草案"的建议,无可奈何地同意用美、英、日的新约代替《日英同盟条约》。休斯进一步提出要求,将美、英、日三国条约扩大为美、英、日、法等四国条约。12 月 6 日,加藤友三郎对休斯表示,日本政府对法国的加入不持异议。12 月 13 日,美、英、日、法四国签订《关于太平洋区域岛屿属地和领地的条约》(《四国条约》)。条约规定:缔约国相互尊重各自在太平洋岛屿的权利,如发生纠纷则举行缔约国全体集会协商解决;上述岛屿若遭到第三国攻击,也采取同样之行动;条约有效期为 10 年;待条约完成批准手续生效时,1911 年 7 月签订的第三次《日英同盟条约》即告废止。②

11 月 12 日,美国为遏制日本扩张海军的势头,在举行的有关限制海军军备的第一次会议上国提出四项原则,即放弃主力舰造舰计划、废弃部分老舰、维持现有海军力量和以吨位为主力舰及辅助舰的衡量标准等。作为具体提案,美国主张本国停止建造中的总吨位为 62 万吨的 15 艘主力舰,废弃总吨位为 23 万吨的 15 艘老舰;英国停止建造中的总吨

---

① 鹿島守之助『日本外交史』、鹿島研究所出版会、1965 年、1084 頁。
② 鹿島守之助『日本外交史』、1092 頁。

位为 17 万吨的 4 艘主力舰,废弃总吨位为 41 万吨的老舰 19 艘;日本停止建造中的总吨位为 29 万吨的主力舰 7 艘,废弃总吨位为 16 万吨的老舰 10 艘。在 10 年之内,3 国保有的主力舰分别是:美国 18 艘,约 50 万吨;英国 22 艘,约 60 万吨;日本 10 艘,约 30 万吨。美英日三国海军军舰的总吨位比例是 5:5:3。[1] 美国竭力维护本国优势地位的提议,得到英国的支持,却受到日本的质疑。

在 11 月 15 日举行的第二次会议上,日本以国家安全问题为理由,提出有利于己的反建议,日美军舰吨位比例应该为 10:7,航空母舰的吨位数与他国持平,"陆奥"、"安艺"两舰继续保留。[2] 此后,三国围绕着总吨位比例的问题展开多次激烈的讨价还价。在美英联手施加压力之下,1922 年 2 月 6 日,签订了《美英法意日五国关于限制海军军备条约》(《五国海军条约》)。条约共 6 条,主要为:"缔约国按照本条约规定,约定限制各自的海军军备";美、英、日、法、意五国海军拥有的主力舰总吨位比例为 5:5:3:1.75:1.75,航空母舰的总吨位比例为 13.5:13.5:8.1:6:6,美国和英国各自保有 52.5 万吨,日本保有 31.5 万吨,法国和意大利各自保有17.5 万吨。[3] 这部条约实现了美国的意愿,显示了其在亚太地区和对日争夺中的突出地位。但与此同时,也表明了日本已成为仅次于美英的世界第三大军事强国。

美国在承认日本为太平洋地区军事大国的同时,为遏制其过快膨胀,加强对日本的限制。在签订《五国海军条约》的同一天,出席华盛顿会议的中国、美国、英国、日本、法国、意大利、比利时、荷兰、葡萄牙等国,还签订了《九国关于中国事件应适用各原则及政策之条约》(《九国公约》)。公约第 1 条体现了美国的对华政策的要点,即除中国之外的缔约八国应当"尊重中国之主权独立及领土的与行政的完整";给中国完全无碍的发展机会,"维持一有力巩固之政府";"切实设立并维持各国在中国

---

① 外務省調査部編『日英外交史』、クレス出版、1998 年、736、737、738 頁。
② 外務省調査部編『日英外交史』、749 頁。
③ 歴史学研究会編『日本史史料』(4)、340 頁。

全境之商务、实业机会均等之原则"。为保证贯彻门户开放、机会均等的原则,公约第 3 条特别强调不得"为自己利益起见,欲在中国任何指定区域内,获取关于商务或经济发展一般优越权利"。第 4 条规定:"缔约各国协定,对于各该国彼此人民间之任何协定,意在中国指定区域内设立势力范围,或设有相互独占之机会者,均不予以赞助"。[①] 上述规定,显然是针对提出过"二十一条"要求,动辄强调在"满蒙"拥有"特殊利益"、在华享有"优越地位"的日本而设定。其目的一是对日本在华过快膨胀加以限制,二是通过条约规定,重申美国的自由贸易原则,抵消日本独霸中国的图谋。《四国条约》《五国海军条约》和《九国公约》构成列强共同支配亚太地区的华盛顿体系。

1922 年 2 月,在美国的斡旋下,中日双方通过会外交涉,订立《中日解决山东悬案条约及附约》。日本许诺在得到 534 万金马克的铁路偿还费后,将胶州湾及胶济铁路移交中国。[②] 币原喜重郎发表声明,放弃日本在"二十一条"要求中对南满和东蒙铁路借款及关税担保的优先权、在南满聘用日籍顾问的优先权,撤回对第 5 号要求的保留权。[③] 随着山东问题的缓解,中日两国关系有所改善。

总之,在第一次世界大战后的巴黎和会上,日本成为新崛起的政治大国;在华盛顿会议上,通过限制海军军备的《五国海军条约》的确定,日本取得位居世界第三的军事大国的地位。这样,在甲午中日战争迈出走向大国的第一步,日俄战争迈出第二步,在参加第一次世界大战之后,日本最终成为世界级大国。这个新兴的帝国主义国家是凡尔赛体系的受益者,同时受到华盛顿体系的制约。在美日争夺东亚霸权的过程中,美国采用承认与遏制并行的两手政策,对日本加以管控,使之备感二流世界大国的压抑与烦恼。美日矛盾逐渐加剧。1923 年 2 月 28 日,经天皇嘉仁批准的《帝国国防方针》并非偶然地将战前的假想敌国顺序俄国、美

---

① 褚德新等编:《中外章约汇要 1868—1949》,黑龙江人民出版社,1991 年,第 506、507 页。
② 王铁崖:《中外旧约章汇编》第 3 册,生活·读书·新知三联书店,1982 年,第 208—210 页。
③ 于能模等编:《中外条约汇编》,商务印书馆,1935 年,第 285—287 页。

国、法国、德国，修改为美国、苏联、中国。美国成为日本的头号假想
敌国。

第二节　东亚的经济大国

一、一战前的经济发展

在扩军备战的刺激下，政府财政预算大幅度攀升。在日俄战争爆发前，1896—1903 年的一般会计支出年均为 24 565 万日元，其中年均 41.4％用于陆海军军费的开支；在日俄战争结束之后，1906—1910 年的一般会计支出年均为 56 102 万日元，是前者的 2.3 倍，其中约 31.1％为陆海军军费开支。[1]

1907 年 4 月，天皇批准了元帅府呈报的《帝国国防方针》《国防所需兵力》和《帝国军队用兵纲领》，确定了新一轮扩军备战计划。（1）国防目标：陆军的第一假想敌国为俄国，海军的第一假想敌国为美国；德国和法国也被设定为假想敌国；国防所需要的战备标准应针对俄国和美国的兵力，确保能在东亚采取攻势的兵员。（2）军备力量：在 1907 年陆军拥有 19 个师团的基础上，再增设 6 个师团，保持 25 个野战师团的编制；海军组建精锐的新式"八八舰队"，即建造 2 万吨级的战舰 8 艘、1.8 万吨级的铁甲巡洋舰 8 艘，以此为主干，配备其他巡洋舰、驱逐舰等若干艘；总吨位由 26 万吨至 1908 年增加到 51 万吨。[2] 完成如此庞大的扩军备战计划，对财政预算造成巨大压力。西园寺内阁倾向于优先发展海军，陆军对此表示强烈不满。1912 年秋，陆军首脑部门制订《增设 2 个师团的备忘录》，质问"日本帝国是民主国还是君主国"，试图援用"帷幄上奏权"，迫使内阁总辞职。[3] 陆军的横暴为国内政争点燃了导火线，以扩军备战

---

[1] 山本義彦『近代日本経済史』、ミネルヴァ書房、1992 年、42 頁。
[2] 歴史学研究会編『日本史史料』(4)近代、274—275 頁；山本義彦『近代日本経済史』、42 頁。
[3] 歴史学研究会編『日本史史料』(4)近代、300—301 頁。

拉动重工业化,已成为工业化发展的新常态。

　　增设陆军 6 个师团和建设海军新式"八八"舰队,使日本的军事力量规模空前,但庞大的军费开支又为国力难以承受。在这种情况下,征收苛捐杂税和举借国内外公债就成了应付财政困局的基本手段。从 1903 年到 1905 年,军事预算的总额高达 198 470 万元,其中 11% 来自税收的增加,78% 来自国内外借款和公债,总数为 155 587 万元,其中国内公债高达 6.8 亿日元,外债 8 亿日元。[①] 换言之,日本在战争中战胜俄国,不仅要依靠主要来自英国的舰船、武器装备和军事技术,也需要从英国贷来的巨额外债。英国出钱出舰,日本出兵出将,组成日英同盟战胜俄国的基本路数。数额巨大的债务对政府的财政预算形成巨大的压力,只能继续增加税收和举借国债。于是,尽管日俄战争已经结束,但在战胜俄国名义下征收的非常特别税在继续征收,为偿还外债又在举借新的外债,政府财政陷入拆了东墙补西墙的恶性循环之中而难以自拔。不过,虽然日俄战争后经济发展遇到了前所未有的挑战,但日本经济的发展业绩也是前所未有。

　　强化军事力量、扩军备战的基本物质基础,意味着要扩建并充实国营和民营并举的军火工厂。明治政府在接管、合并、改建幕府时代军火工厂的基础上,组成在动力、机械、人力、技术等方面均占优势的军火工业系列;与此同时,扶植并扩展财阀企业,使之成为国营军火工厂的重要补充,从而形成以军火工业为龙头的重工业基础产业。据统计,1906 年国营陆海军兵工厂拥有职工 93 704 人,机械马力数为 93 704 马力;民营重工业工厂拥有职工 55 829 人,机械马力数为 15 464 马力。至 1912 年,国营陆海军兵工厂职工人数为 76 526 人,机械马力数为 76 526 马力;民营重工业的职工人数为 69 810 人,机械马力数为 53 515 马力。[②] 两相比较,国营与民营重工业企业在职工人数和机械化程度上的差距在逐年缩

---

① 山本義彦『近代日本経済史』,42 頁。
② 刘天纯:《日本产业革命史》,吉林人民出版社,1984 年,第 112 页。

小,民企日益成为包括军火部门在内的重工业企业的主角。

扩军备战带来的大批军火产品的订单,给财阀带来了丰厚的利润,激发了他们改进技术和吸引投资的热情。各类作战飞机、军舰、坦克等新式兵器被不断地开发出来,武器的国产率显著提高。1906—1915 年,海军舰船国产率已达到 80.8%,外国制造的舰船下降到 19.2%。[①] 通过军火生产,财阀进一步与军阀密切了相互关系,成为对外侵略扩张的坚定的支持者,投资军火工业也成为股民风险最小、获利最牢靠的选择。利益再分配成为日本社会支持政府扩军备战、对外强硬立场的诱发剂,也是军国主义战争机器疯狂运转的润滑剂。近代日本战争周期频繁,但反战运动难成气候的深层经济原因即在于此。

从产业结构来看,至 1910 年,在纺织业、食品工业等轻工业发展的带动下,工业在工农业中的比重逐渐上升,具体情况见下表:[②]

表 5 - 1   1910 年农业和工业在工农业总产值中所占的比重

年份	工农业总产值（百万日元）	农业产值（百万日元）	农业所占比重（%）	工业产值（百万日元）	工业所占比重（%）
1910	2 247	1 119	49.8	1 128	50.2

按照工业化进程的一般衡量指标来看,1910 年堪称日本资本主义发展史上的一个标志性年份,工业产值首次超过农业,日本成为初步工业化国家。

然而,与欧美国家相比较,属于后发国家的日本工业化质量并不高。原因是:第一产业农业在国民经济中的地位依然居高不下,高科技密集的重工业尚处于起步阶段,从而在整体上制约了日本工业化水准。这种状况既阻滞了日本迅速构筑军事大国物质基础的步伐,也不利于其继续在"与万国对峙"中推行对外扩张的"大陆政策"。据统计,1896—1905 年

---

① 山本義彦『近代日本経済史』、45 页。
② 万峰:《日本资本主义史研究》,湖南人民出版社,1984 年,第 223 页。

海军舰船吨位,国产舰船仅为 11.4%,外国制造的舰船高达 88.6%。[1]在外国控制海军建造舰船规模的情况下,日本扩军的自主性难免被打了折扣。作为解决问题的基本方法,日本政府和军部通过提高军工产业的国产化率来拉动重工业化的发展速度。

　　钢铁、造船、军火、化学、石油工业是实现重工业化的基础产业。由于原料匮乏、技术落后和资金周转期漫长,日本的重工业发展迟缓。利用巨额甲午中日战争赔款,1897 年 2 月农商务省决定在福冈县八幡村创办国营八幡制铁所。同年 6 月开工建设,引进了德国的冶炼钢铁技术,原料来自中国湖北的大冶铁矿。1901 年 2 月和 1904 年 4 月,一号高炉两次点火均因高炉设计和焦炭质量不高而告失败,直到 1904 年 7 月,才顺利生产出铁锭,八幡制铁所才成为国产生铁的主要厂家。至 1910 年,日本的国产生铁为 18.8 万吨,进口生铁 10.6 万吨,约占生铁总量的 36.1%;国产粗钢为 25.2 万吨,进口粗钢 22.6 万吨,约占粗钢总量的 47.3%。[2] 一战前开始起步的水力发电和输电工程,同样面临着国产化程度不高的困境。1911 年动工修建的猪苗代水力发电厂至 1915 年竣工后,除了输电线为日本生产之外,水车来自德国,发电机为英国制造,变压器和电磁瓶则是美国产品,致使这个自猪苗代湖至东京,全长 220 千米的输电网成了外国产品的拼盘。[3]

二、一战期间经济的发展

　　第一次世界大战堪称日本资本主义快速发展新的里程碑。利用战争期间前所未有的机遇,日本工业生产总值连续翻番。1914 年工业生产总值为 13.72 亿日元,至 1919 年达到 68.89 亿日元,[4]足足增长了 4 倍有余。其中,纤维产业、采矿业和重化工业取得明显的进展。由于陷入

---

① 山本義彦『近代日本経済史』、45 頁。
② 矢野恒太記念会編『日本 100 年』、时事出版社、1984 年、228 頁表。
③ 山崎俊雄『技術史』、東洋経済新報社、1961 年、95 頁。
④ 山本義彦『近代日本経済史』、65 頁。

战争,英国的纤维业处于难以为继的困境。这样,国际市场上纺织品的价格因英国制品的断档而暴涨,原来由英国控制的从中国到东南亚和非洲的庞大市场份额突然出现空白,客观上为日本纤维业制品的进入提供了广阔的发展空间。工业的兴旺发展,加剧了对燃料和原料的需求,煤炭、铜矿业在强有力的需求拉动和价格骤涨的刺激下,进入高速增长时期。随之而来的是,金属、机械和化学工业等重化工业的勃兴和发展,使得日本的工业结构发生了质量上的变化。下表各项数字具体反映了一战期间日本工业的新进展:[①]

表 5-2　第一次世界大战期间日本工业的发展

制品\年度	棉织品（百万码）	铣铁（万吨）	船舶（千吨）	纺织机（万元）	工作母机（万元）	染料（吨）
1914	455	30	59	88	—	—
1915	502	32	79	—	148	363
1916	560	39	138		830	1 206
1917	595	45	227		1 200	3 412
1918	657	58	599	1 330	1 800	5 065
1919	739	60	636	2 191	1 450	7 500

　　经过第一次世界大战期间的大发展,日本工业化的程度进一步提高。1915—1920 年,工业产值在工农业总产值中所占的比重,在 55.1% 与 56.4% 之间;同期,农业产值在工农业总产值中所占的比重,在43.6% 与 44.9% 之间。[②] 两相比较,工业总产值超过农业 10 个百分点的优势已成定局。随着经济的进一步发展,在实现机械化的纺织业带动下,这种比重的消长也在进一步扩大。1907 年纺织业企业占全国工厂数的 56.66%,职工人数占全国的 61.45%,生产总额占全国的 50.2%;至 1919 年,上述 3 种比例分别为 54.67%、64.72% 和 46.8%。即使在第一

---

① 山本義彦『近代日本経済史』,66 頁。
② 万峰:《日本资本主义史研究》,第 223 页。

次世界大战之后的 1919 年,纺织业仍拥有第一大产业的数量优势,分别占据全国工厂总数的 40.91%,职工人数的 55.83% 和生产总额的 50.4%。[1] 日本成为以轻工业为主体的工业化国家,在钢铁、造船、机械制造和化学工业等重化工业快速发展,加速向重工业化过渡的步伐。

产业电气化,推动了重工业化的进程。1915 年竣工,发电总量为 3.75 万千瓦的猪苗代水力发电厂奠定了规模巨大的输电网运营基础。[2] 由于第一次世界大战的爆发,产业进入繁荣发展时期。电力过剩的困境很快转为电力不足,建设发电厂和架设远距离超高压输电线的工程一片繁忙。1914—1919 年染织部门的电气化率由 22.4% 增加到 55.6%;同期,化学工业的电气化率由 28.2% 提高至 57.2%;整个工业的电气化率由 30.1% 扩展为 58.1%。[3]

三、四大工业地带的形成

在工业化过程中,逐步形成京滨、阪神、中京、北九州等四大工业地带。它们起步于《马关条约》的战争赔款后借助第一次世界大战期间经济繁荣的推动,持续快速发展。其中,京滨工业地带自幕末和明治初期殖产兴业以来,始终是手工工场和官营工厂的集中地区,拥有良好的发展基础和优势。明治政府廉价出售官营模范工厂后,浅野财阀以深川水泥厂为据点,从 1913 年开始动工修建鹤见、川崎地区的多摩川三角洲水泥工厂。乘着一战期间工业飞跃发展的势头,并抓住因电力供应不足而兴建水力发电厂导致水泥需求量猛增的有利时机,采用新技术的浅野川崎水泥厂施工进度急速加快,从 1917 年起大量生产和销售抢手货水泥。在赚取的巨额利润的同时,也为京滨工业地带的形成奠定了基础。1918 年,今泉嘉一郎在川崎制铁所建设小型高炉,引进德国技术生产无缝钢

① 刘天纯:《日本产业革命史》,第 90 页。
② 山崎俊雄『技術史』、95 頁。
③ 山崎俊雄『技術史』、100 頁。

管、条钢和厚钢板。利润暴涨，厂区面积比创建初期增加了 5 倍，达到 15 万坪。[①] 此外，1916 年浅野财阀创立鹤见制铁造船所，形成综合性大企业，与川崎重工业、三菱造船所并列为三大造船企业；继 1920 年德山海军燃料厂创建和 1921 年日本石油在鹤见创办石油提炼厂之后，小仓石油和三菱石油也看好京滨地带的商机，先后在横滨、川崎开设制油所。石油提炼技术研究，成为农商务省燃料研究所和东京大学、早稻田大学工学部的教学科研的攻关课题。

在阪神工业地带，瀬户内海及沿岸的海上和陆上交通、传统的商贸中心、直接面对朝鲜半岛后中国大陆市场等便利条件，为工业的持续发展提供了各种条件。住友制钢所、住友伸铜所等成为推动重工业化的龙头企业，橡胶、药品、染料、涂料等重化工业门类竞相发展。

在中京工业地带，在原有纺织、制瓷等传统工业的基础上，1916 年创建并在 1922 年合并了名古屋制铁所的大同制钢所，在特殊钢研制和批量生产方面进展显著，带动了机械、车辆、飞机等产业的发展。东海电极（1918 年建厂）在 1925 年成功研制人造石墨电极。1923 年，日本电磁瓶公司（1919 年脱离日本陶器）烧制出高压电输电网电磁瓶。一战期间，丰田式纺织机的着手研制和 1920 年梳棉机等机械的研发投产，很大程度上改变了纺织业制造设备由外国进口机器杂组的状况，国产化率大为提升。

在北九州工业地带，以国营八幡制铁所为代表的重工业企业在一战期间急遽发展。从 1916 年开始，政府投入巨资，推进八幡制铁所第三期扩建工程，改进技术设备，引进美国的锻压技术，采用 1918 年黑田泰造发明的炼焦炉再生燃烧装置，生产优质钢所需要的焦炭，逐步将此前依赖进口的白皮铁、薄材钢等国产化。为适应钢铁生产科技进步的需要，1919 年八幡制铁所研究课升格为研究所，由热工学专家田所芳秋、海野三朗牵头，集中科研人员研制耐火材料的热传导技术和合金钢、特殊钢

----

① 山崎俊雄『技術史』、102 頁。

生产技术,提高了炼钢流程系列技术水平,并增加了军需钢材的品种,为研制新式武器装备创造了必要的条件。旭硝子玻璃公司引进美国拉巴斯式机械圆筒制作法,自1914年开始推广玻璃的机械生产技术。与此同时,旭硝子的牧山工厂生产的氨、苏打等化工产品的技术和质量也在战争期间取得长足的进步。

经过第一次世界大战期间的发展,京滨、阪神、中京、北九州等四大工业地带跃上了新的发展台阶。1925年,四大工业地带的生产量占到日本工业生产总量的65.5%,[①]堪称整个工业体系中的重中之重。

除去以上四大工业地带之外,大牟田、新居滨、濑户内海西部、北陆地带也在一战景气环境的刺激下,发展为以先进技术为支撑的化学工业区,综合性的工业联合企业竞相发展。三井、住友等财阀纷纷注入巨资,开发煤炭、非铁金属、染料、化肥、电力新技术,本州地区的工业生产能力和技术水平迅速提高,从整体上拉动了工业体系从轻工业向重工业转型的进程。

经过第一次世界大战期间的发展,至1920年,日本进口生铁量为38.9万吨,国产生铁产量为52.1万吨,国产占生铁总量的57.2%;进口粗钢量为131.6万吨,国产粗钢产量为81.1万吨,国产占粗钢总量的38.1%。[②]10年之间,国产生铁、粗钢产量分别增长了1.77倍和2.25倍,但进口生铁、粗钢也分别增长了2.67倍和4.82倍。生铁和粗钢拥有量的急剧增长,为战后的经济发展,特别是对军需工业的发展提高了坚实的物质基础。据此,1920年军部提出了庞大的海军扩军计划——"八八舰队"扩建方案。

与欧美先进国家相比,日本的重化工业实力仍处于二流地位。1910年,美国、英国的生铁产量分别是日本国产生铁产量的78.69倍和54.11倍,粗钢产量分别是日本国产粗钢产量的85.57倍和25.69倍;至1920

---

① 山崎俊雄『技術史』、100—109頁。
② 矢野恒太記念会編『日本100年』、228頁。

年,生铁产量分别为日本的 71.70 倍和 15.67 倍,粗钢产量分别为日本的52.78倍和 11.36 倍。[①] 两相比较,日本的国产生铁、粗钢产量虽然在增加,但与美英的差距是显而易见的。这种悬殊差距的影响,一方面,因日本外交缺乏钢铁的支撑,不得不在华盛顿会议上对美英作出低姿态,并在币原喜重郎担任外相期间,推行针对美英的"协调外交";另一方面,资源的缺乏和改变军火工业的滞后,又为军部提供了夺取原料、推进扩军备战的借口。

投机的战争景气,随着战争的结束而急剧消退。曾经在战争期间一度膨胀的钢铁企业因为需求的迅速萎缩,备受价格暴跌的沉重打击。据统计,1918 年 6 月—1919 年 6 月,生铁由 403 日元跌至 123 日元,钢材由 670 日元跌至 290 日元;至 1923 年 6 月,又分别降到 68 日元和 120 日元。[②] 钢铁价格的暴跌致使东京钢材、富士制钢、日本制钢、日本钢管等大企业巨额亏损,减产、裁员成了应付危机的惯用手段,民营企业东洋制铁甚至将工厂和职工无偿地委托给国营制铁所经营。对于陷入苦境中的日本经济来说,同年 9 月关东大地震无疑是雪上加霜。以钢铁业为例,至 1923 年 12 月,生产生铁的 12 家公司、制钢业的 4 家公司和钢材业的 6 家公司宣布破产。[③] 大批工人失业,被抛向社会,成为衣食无着的闲杂人员。在经济危机的打击下,日本社会弥漫着不安和绝望的气氛。

第三节　社会阶层的成长与互动

一、垄断资本

由于日本后发型经济的整体水平不高,特别是政府高官与政商的相互勾结,难以形成公平的市场竞争环境,从殖产兴业一开始,资产和资本

[①] 据矢野恒太纪念会编《日本 100 年》,第 235、236 页的统计表计算。
[②] 森喜一『日本工業構成史』、伊藤書店、1943 年、338 頁。
[③] 森喜一『日本工業構成史』、340 頁

就集中在少数政商的手中。因此,各家财阀在政商时代的经营已形成一定的规模,垄断了某种行业。其中,三井为"金融大王"、"煤炭大王"和"纺织大王",三菱为"海运之王",住友为"军需之王",古河为"铜矿王",浅野为"水泥王",等等。这种行业的垄断性并非自由竞争导致生产的集中,进而瓜分市场,垄断价格,最终形成垄断的结果,而是迅速独占某种行业,具备垄断性。这样,当政商的产业资本一旦与金融资本相结合,立即转化为资本垄断集团,即财阀。日本资本主义之所以在 19、20 世纪之交的十余年间,跨过自由竞争时期而进入垄断资本主义阶段,其基本原因就在于此。

老财阀是伴随着日本对外侵略战争成为世界大国的最大受益者之一。其中,三井的业务范围逐年扩大,中国东北是其首选目标。1893—1895 年,在牛庄开办事务所,从事大豆、豆饼的进口,以及棉纱、棉布的出口贸易。日俄战争后,三井以大连为据点,在加强对中国东北地区贸易中注入国策因素,在奉天、长春、哈尔滨等地开办事务所,并在天津、上海、青岛、汉口等地开办分店,此后,在芝罘、厦门、广州开办事务所,将商贸触角扩展到中国沿海各大城市,对华投资达到 2 290 万元。①

1894 年 7 月,甲午中日战争爆发后,三菱入股的日本邮船株式会社为日军提供了 57 艘大吨位的轮船,向朝鲜半岛运送军队和军需物资,继而获得飞跃发展的时机。1895 年 4 月,《马关条约》签订后,日本攫取了台湾,取得长江航行权。日本邮船株式会社收购了英国太古洋行和道格拉斯轮船公司所经营的神户至基隆海运航线,以及上海至汉口等多条水运航线,三菱家族乘机扩大了对华航运业务。1902 年 5 月,涩泽、安田、三井等财阀集资成立湖南汽船株式会社,开辟汉口至湘潭航线,深入中国内地。1904 年 2 月,日俄战争爆发后,庞大的军事运输为财阀海运业的发展,再次提供了有利的时机。据统计,1893 年,日本拥有 618 艘轮船,总吨位不过 20 万吨;至 1896 年,拥有轮船 735 艘,总吨位增至 39 万

---

① 東亜同文会『対支回顧録上』、原書房、1981 年、635、636、637 頁。

吨；至 1905 年，拥有轮船 1 492 艘，总吨位猛增到 103.5 万吨。[①] 对外侵略战争为财阀带来了天文数字般的巨额利润，因此，新老财阀无一不充当日本政府殖民扩张的坚定支持者。

安田家族 1893 年创办帝国海上火灾保险公司，1896 年在东京创办明治商业银行，1900 年创办群马商业银行，1901 年在熊本创办第 9 银行，1904 年在大阪创立第 130 银行，成为银行业的二流财阀。安田财阀曾经在纺织、制钉、仓库业开拓业务，但并不如意，转而埋头金融业，通过向产业界融资和出资获利。[②]

甲午中日战争、日俄战争期间，大仓家族一手包办了向日军供应武器和粮食的业务，既获得巨额利润，也得到向中国东北、湖北等地拓展殖民事业的机会。1911 年，号称"制造死亡巨商"的大仓喜八郎成立了资本额高达 1 000 万元的株式会社大仓组，加入财阀俱乐部。虽然大仓家族也兼营啤酒、制革、饭店等业务，开设了帝国饭店、帝国剧场，但从总体上看，军火业始终是大仓财阀的主要业务部门。[③] 之后，大仓财阀将经营网络扩展到中国其他地区，1912 年向汉阳铁厂投资 25 万元，1916 年在天津合作开办裕元纺织公司，在上海码头开办仓库，在南京投资凤凰山铁矿，在湖南投资铅矿，在山东、江西、内蒙古、山西等地参与多种事业的创办，涉及采矿、皮革、冷藏、禽蛋、土地开垦等门类[④]。上述财阀将企业的兴衰寄托于对华贸易的发展，这是它们支持政府对华政策的重要经济原因。由此，不难想见其他财阀的基本立场。

1918 年，浅野同族会社成立，资本总额高达 5 亿元，跻身财阀行列。浅野财阀的经营业务以水泥、钢管、海运、造船业为主，在金融上依赖安田财阀的银行资金支持。[⑤]

---

① 東亜同文会『対支回顧録上』、625 頁。
② 国史大辞典編集委員会編『国史大辞典 14』、吉川弘文館、1994 年、56 頁。
③ 国史大辞典編集委員会編『国史大辞典 2』、吉川弘文館、1995 年、553—554 頁。
④ 東亜同文会『対支回顧録上』、638、639 頁。
⑤ 高柳光寿、竹内理三編『角川日本史辞典』、角川書店、1995 年、14 頁。

至 20 世纪初,涩泽家族已将经营范围扩大到保险、矿山、钢铁、电器、铁路、印刷、化肥、制油、酿酒、水产、林业、旅馆、服装等近百种行业,成为经营种类繁多的综合性财阀。此外,涩泽荣一还参与了 500 余家企业公司的创办,兼任商业会议所的总裁、银行股东集合所会长,因而,涩泽家族赢得"企业之王"的桂冠。①

1905 年,古河矿业会社成立,1911 年,古河矿业会社进行改组,经营铜矿、煤矿和对华贸易。继而,古河家族的经营向铜加工业、化肥生产等行业扩展。1917 年创立东京古河银行,古河家族经营品类日益多元化。20 世纪 20 年代后,古河家族拥有合名、矿业、商事、银行四大直系公司和富士电机制造、横滨护谟(后来的横滨橡胶)等 11 家大公司,成为位列三井、三菱、住友之后的财阀。

第一次世界大战期间投机性的经济增长,扩充了日本垄断资本的实力。较之老财阀,大战期间新崛起的久原、铃木、岩井、野村、川崎以及安川、贝岛、中野、片仓、伊藤等地方财阀,可以称之为新兴财阀。九一八事变后的侵华战争期间的暴发户,如中岛(中岛飞行机株式会社)、森、"日曹"、野口("日窒")、大河内("理研")等则是最新的一批财阀。

1913—1920 年,日本的军费支出由 1.92 亿日元增加到 6.5 亿日元,②承接军需物资订单的财阀乘机大发战争财,以财阀为中心的垄断资产阶级经历了前所未有的膨胀过程。一流老财阀的资产大幅度增长。至 1918 年一战结束,三井合名资金增加到 3 亿日元,1919 年 7 月,三井银行资金增加到 1 亿日元,稳居产业、金融龙头老大的地位。三菱财阀所属的各类企业也成长为在造船、采矿、炼钢、贸易等部门独当一面的新兴企业,至 1919 年 8 月,三菱银行的资金增加到 0.5 亿日元,仅次于三井财阀,位居第二。以铜矿业起家的住友财阀,转而大炼钢铁,赢利丰厚,至 1917 年,住友银行的资金增加到 0.3 亿日元,与三井、三菱财阀鼎足

---

① 伊文成、汤重南等主编:《日本历史人物传》(近现代篇),黑龙江人民出版社,1987 年,第 193 页。
② 山本義彦『近代日本経済史』,11 頁。

而立。① 二流老财阀也在一次大战期间获得了重整实力的宝贵机会,其中鸿池财阀快速暴发。1920 年 9 月,鸿池银行扩大为资本达 700 万元的株式会社鸿池银行,至同年 12 月,与合名会社鸿池银行合并,资本额猛增为 1 000 万元。1921 年 4 月创立了资本额为 1 700 万元的鸿池合名会社,1926 年创办资本额为 2 000 万元的鸿池信托,1926 年创办经营不动产、资本额为 200 万元的鸿池大厦,②资产迅速扩大。追随政府战争政策而大获其利的垄断资产阶级,随着在帝国议会发言权的增强,日益成为扩军备战方针的支持者。与此同时,由于在技术、资金和市场等方面,财阀与欧美关系密切,对过快或过激地激化与欧美的矛盾,持保留态度。

　　在与垄断资本同属一个阶级范畴的自由资产阶级,由于较多接受了欧美自由主义思想的影响,因此,在代表资本共同利益的同时,对待内政外交的具体政策和规划,与垄断资本存在某些分歧。西园寺公望是自由资产阶级的政治总代表,其理论喉舌则有吉野作造、美浓部达吉等。西园寺出身贵族清华家族,在戊辰战争期间出任山阴道镇抚总督、东山道第二军总督等职,立有军功。1870—1880 年留学法国 10 年,其间,就读巴黎大学,结交了许多自由主义派人士,并深受其影响。1881 年,曾与自由民权运动理论家中江兆民等创办《东洋自由新闻》,出任社长。后因明治天皇干涉,退出报社,但并未放弃开明的自由主义立场。1894 年,出任第二届伊藤博文内阁文相,倡导发展科学教育,普及英语教育和女子教育。1900 年,参与伊藤的政友会创建,历任枢密院议长、临时代理首相等职,并继伊藤之后担任政友会总裁。1906 年,出任第一届西园寺内阁首相,与军阀山县有朋关系紧张,次年内阁总辞职。1911 年,第二次组阁,又因反对增设两个陆军师团问题与军部发生摩擦,次年内阁再度总辞职。西园寺内阁的内政外交方针代表了无意过度穷兵黩武、主张和平贸易等自由资产阶级的基本利益和要求。活跃于大正民主运动时期的理

---

① 万峰:《日本近代史》,中国社会科学出版社,1978 年,第 377、378 页。
② 安冈重明『財閥形成史の研究』,15、166、172、173 頁。

论喉舌吉野作造和美浓部达吉,均为东京帝国大学的教授,涌动于其心中的自由主义精神,是他们阐发"民本主义"或"天皇机关说"理论的内驱力。

二、产业工人

与政商—财阀等垄断资本相对立的日本产业工人,是工业革命的社会产物,大致形成于 19 世纪八九十年代。据统计,1886 年工人人数为138 793 人,1900 年为 746 636 人,1909 年增加为 1 411 709 人,产业工人的队伍基本成形。[①] 其特点主要有:

(1)深受剥削与压迫。日本工人劳动强度过大和劳动条件的恶劣,置日本工人于特别悲惨的境地。在劳动时间上,国营工厂的工人为 9—10 小时;私人采矿业一般昼夜两班制,矿工每天工作 10—12 小时;纺织业中棉纺工人劳动时间为 11—12 小时,毛纺和麻纺工人为 12 小时。[②]工资收入总体低廉,国营企业、私营企业的工人平均日工资,1906 年男工为 56 钱、女工为 23 钱,1914 年男工为 64 钱、女工为 28 钱,至 1920 年男工为 1 元 59 钱、女工为 83 钱;厂内实行学徒制度,学徒工学徒期间的工资为 20—60 钱,出师后增至 90 钱—1 元 45 钱,收入远远低于师傅。私有纺织业工人工资低廉,女工拿不到现金,还要受到厂内小卖店高价日用品乃至罚款的额外盘剥;私营矿山矿工的工资计日发放,还要克扣宿舍、电灯、洗浴、卫生等费用。[③] 劳动条件恶劣,煤矿工人缺少必要的安全设备,饮水不卫生;纺织厂车间劳动保护严重不足,照明昏暗、通风不良,事故频发,造成大量伤残。生活待遇恶劣,纺织女工受到非人的待遇,其宿舍拥挤狭窄,人均床位面积为一叠,仅容存身;夜间实行严格的灯火管制,宿舍区四周围墙高筑,出入皆须搜身。

[①] 山本義彦『近代日本経済史』、52 頁。
[②] 歴史科学協議会『歴史科学大系 25 労働運動史』、校倉書房、1981 年、59、62、67、68 頁。
[③] 歴史科学協議会『歴史科学大系 25 労働運動史』、57、60 頁。

直到 1918 年,采矿等不少行业依然实行前近代式的劳动雇佣和生产管理制度,即关东地区的"饭场制度"与关西地区的"纳屋头制度"。这种制度早在幕府末期已经在采矿场实行,即由工头包揽从招募工人,分配活计,到监督劳动,工资发放生活管理等所有事项。三井、安川、贝岛系统的矿山,实行"直辖制度",即从募集矿工到生活管理,均由公司掌握,实行资本主义式的剥削。三菱系统的矿山,实行"世话人制度"。"世话人"意为发起人、斡旋人,这种制度介于前两种制度的中间状态,"世话人"掌握募集工人、监督劳动、生活管领,工资的发放则由公司掌握。多数工人身受厂方和工头的双重压迫与剥削,苦不堪言。因此,因伤病丧失劳动力的工人大量减员。矿工连续出勤为一年半者平均为 45%,不足 3 年者平均为 30%。寄住在宿舍的纺织女工在入厂一年半后,还继续在岗者仅有 6%,3 年后,只剩下 2%。[①] 这种状况在造成工人流动性强,组织工会困难的同时,也造就了工人强烈的抗争精神。

(2) 与农村的关系密切。在工业化的进程中,最易受到冲击的农民是雇佣工人的最大社会来源。在日本,由于寄生地主土地所有制的沉重剥削、土地经营规模的零散化、地税的货币化和父家长制度传统等因素的综合作用,使得农民的二、三男和女儿经常离家进城务工,成为工人阶层的基本社会来源。此外,兼业农户,即在农闲时进厂打工以补贴家用的农户也在增加,举家背井离乡、进城自谋生路的农户也不在少数。这样,就使得日本工人阶层从产生之日起,就与农村和农民保持着密切的联系。这种联系一方面有利于工农联合,但另一方面小生产者固有的散漫性、保守性等因素也对日本产业工人产生了消极影响。

(3) 纺织工人,尤其是女工构成了民营企业工人的主体。轻工业,特别是纺织业投入相对少,收益相对快而高,因此,往往在各国资本主义工业化初期阶段扮演着龙头产业的历史角色。日本也不例外,纺织业率先在产业部门中发展起来。据统计,1900 年在民营工厂当中,女工的比例

---

① 歴史科学協議会『歴史科学大系 25 労働運動史』、68、64 頁。

相当高,制丝业 94% 的工人、纺织业 78% 的工人和纺织品业 86% 的工人,均为女工,占民营工厂工人总数的 62%。① 至第一次世界大战前夕,女工仍占民营工厂工人总数的 50% 左右。纺织女工身受多重压迫和剥削,因而最早开展抗争。1886 年 6 月 12 日,山梨县雨宫制丝厂的女工为抗议侮辱人格的虐待、剋扣工资而举行了日本工人运动史上的首次同盟罢工。至 6 月 16 日迫使工厂主让步,罢工取得胜利。在民营机械、造船、军工企业和国营工厂,男工占绝对优势,他们主要来自分化中的士族、工匠和城市杂业阶层,构成距国家和政府国策最接近、也最易受到控制的一个群体。日本产业工人的上述特点,对近代工人运动产生了多方面的影响。

19 世纪 90 年代,日本工人运动进入到组建工会、开展运动时期。1896 年,旅美回国的记者高野房太郎热心介绍美国的工人运动。1897 年 4 月,高野仿效美国工会"劳联"的组织方式,与鞋匠城常太郎等组织了日本近代工会运动的启蒙团体职工义友会。在《告职工诸君》的成立宗旨书中,高野等号召工人加入工会,开展互助,保卫会员的日常权利。成立之初的职工义友会成员仅 70 余人,随着片山潜、岛田三郎等人的加入,增强其活力。同年 7 月,职工义友会改组为劳动组合期成会,推选高野为干事长,片山为干事。劳动组合期成会的宗旨是"寻求资本与劳动并进,相互调和,振兴产业";"为立国之大业,工人用心革除其旧弊,鼓舞进取气象";为使"工人忠于企业","须唤起工人自主风气,知晓其地位的贵重";"缓急相助,长短相补","养成美风,革除旧弊。"②劳动组合期成会随后在各地举行演讲会,号召工人加入工会。12 月,期成会成立以东京炮兵工厂 180 名工人为主体的铁工组合,发行劳动期成会机关刊物《劳动世界》,响亮地提出"劳工神圣"、"团结就是力量"等口号,③影响迅速扩大。在其指导下,日本铁道矫正会、活版工同志恳和会先后成立。入会

---

① 山本義彦『近代日本経済史』,52—53 頁。
② 歴史学研究会編『日本史史料』(4)近代,244—245 頁。
③ 隅谷三喜男『大日本帝国の試練　日本の歴史 22』、中央公論社、1966 年、114 頁。

人数稳步增加,1897 年吸收会员 1 200 余人,1899 年增至 5 000 余人。尽管劳动组会期成会采取了鼓吹劳资协调和工人自身的德行修养等改良主义立场,仍不为政府所认可。

1900 年 3 月,第二届山县内阁为压制工农运动和社会主义运动,制定《治安警察法》。该法严格约束建立社会团体,控制团体过问政治,以维持安宁秩序为理由,赋予警察以审批、监视、解散和禁止集会的权力。针对方兴未艾的工会运动,《治安警察法》的第 17 条特作出如下规定:不得诱惑或煽动"为涉及劳动条件或报酬而采取协同行动的团结",公开禁止加入工会。① 在政府的打压下,1901 年劳动组合期成会瓦解,进入工会运动一片肃杀的"严冬时代"。但孤立的抗争也时有发生,1905 年日俄战争结束后,吴海军工厂、大阪炮兵工厂、三菱长崎造船所自发的劳动争议以及夕张煤矿、别子铜矿的暴动相继发生。其中,以 1907 年 2 月古河财阀所属的栃木县足尾铜矿矿工暴动最为典型。2 月 4 日,劳动至诚会足尾支部(1906 年 12 月成立)代表工人向资方提出增加工资、加强劳动保护、提高福利待遇等 24 项要求,遭到拒绝。在"饭场制度"下备受剥削的 3 000 名矿工行动起来,切断电话线,破坏坑道,捣毁办公室、炼铜设备、仓库和职员住宅,殴伤管理人员。7 日,驻扎在高崎的步兵第 15 联队出动 3 个中队前来镇压,逮捕了 300 名工人,起诉 38 人,劳动至诚会受到毁灭性打击。

第一次世界大战前后日本经济的曲折发展过程,产生了多方面的影响,近代新兴阶级的进一步成熟并介入社会生活。1912 年 8 月 1 日,社会活动家铃木文治创办了共济性团体友爱会,以"开阔见识"、"涵养德行"、"技术进步"、"相爱互助"、"改善工人的地位"为宗旨。11 月,发行友爱会机关报《友爱新报》,逐渐扩大了影响。初建时仅有 15 人加入友爱会,年末增加为 260 人。至 1915 年 8 月,会员增加到 1 326 名。② 东京帝

---

① 歴史学研究会編『日本史史料』(4)近代、246 頁。
② 歴史科学協議会学編『史料日本近現代史Ⅱ』、76 頁。

国大学(简称东京帝大)教授桑田熊藏受聘担任顾问,东京帝大教授高野岩三郎、子爵五岛盛光为评议员。1913 年 7 月,东京帝大教授吉野作造也被聘为评议员,增强了论说力量。1914 年 11 月,《友爱新报》改称《劳动及产业》,发行量增加。友爱会虽然带有浓厚的改良主义色彩,但在"严冬时代"表明了工会运动一息尚存。直至第一次世界大战结束后,工会运动才重新活跃起来。

三、城市中间阶层与农民阶级

与产业工人的发展壮大可堪比拟的是城市中间阶层的兴起。这个阶层的主体,即市民阶层伴随着工业化、城市化的进程而出现在社会生活之中,主要由公司职员,下层官吏,中小企业主,中、初级知识分子等不同社会层次的人群组成,人数迅速增加,成分日益复杂。其中,教师、大学生、律师、医生、记者、学者、文学艺术界人士等社会精英掌握文化,影响传媒,生活在政治、经济中心地带,构成城市生活中号称"有识无产"的知识人群体,是形形色色社会思潮最活跃的弄潮人。

随着经济状况和阶级关系的剧烈变动,游移于其间的中间阶层日益感到彷徨不安,朝不保夕,处境艰难。他们掌握文化知识,直接影响舆论,既对特权阶层横行霸道的现状不满,又傲视城乡下层劳动者,构成数量庞大、动摇不定的"中间力量"。由何种理念支撑其行动,接受何种势力的引导以及这种引导是否得当,是中间阶层在日本历史舞台上发挥积极或消极作用的关键所在。

第一次世界大战前后日本以轻工业为中心的工业化,立足于小农经济的基础之上。在此期间,农业的基本状况是:从 1910 年至 1920 年,耕地面积由 560.6 万公顷增加到 603.4 万公顷,增长了 7.6%。同期,农户数量也在缓慢增加,由 541.7 万户增加到 548.5 万户。据 1920 年的统计,当年耕地经营面积不足 0.5 公顷的农户为总农户数的 35.3%;耕地经营面积在 0.5—1 公顷的农户为总农户数的 33.3%;耕地经营面积在 1—2 公顷的农户为总农户数的 20.7%;耕地经营面积为 2—3 公顷的农户为总农户数的 6.2％；耕地经营面积在 3 公顷以上的农户为总农户数的 3.9％。1910 年，自耕农为 177.7 万户，占总农户数的 32.8％，佃耕农为 150.1 万户，占总农户数的 27.7％。1920 年，自耕农为 168.3 万户，占总农户数的 30.1％，减少了 2.7％；佃耕农为 155.5 万户，占总农户数的 28.4％，增加了 0.7％。稻类总产量由 699.5 万吨增加到 948.1 万吨，每 10 公亩水稻的产量，由 242 千克增加到 311 千克；同期，麦类总产量由 257.2 万吨增加到 285.9 万吨。[①]

从以上几组统计数字来看，10 年之间，以小农零散经营为基本形态的农业有所发展，但进展速度缓慢。造成这种状况的主要原因是：寄生地主土地所有制造成了农村佃农化程度不断加深，过高的地租剥削压抑了农民的生产积极性；另外，过于零散的家族经营状态和农民的贫困化，也限制了生产技术手段的现代化。农业深陷于各种矛盾之中，对此后的日本历史进程，产生了广泛的影响。

概括起来看，上述矛盾主要包括：（1）佃农、自耕农与寄生地主之间的矛盾；（2）投机性快速发展的工业与发展滞后的农业之间的矛盾；（3）生活水平总体上升的城市与日趋贫困化的农村之间的矛盾。在第一次世界大战前后，受到此三种矛盾的制约，农民、农业、农村问题日益突出，并以佃农争议加剧和米价波动而引发的社会问题浮现出来。据统计，1917 年佃农争议的件数仅为 85 件，至 1920 年增加至 408 件，至 1921 年猛增为 1 680 件。[②] 值得注意的是，佃农争议具有明显的地区性。历来属于农业生产先进地带的近畿、东海地带，受到工业化、城市化的冲击最大，佃农争议也多集中在这些地区。相对落后的东北地区，则仅有零散的佃农争议发生。地区的差异，反映了产生农村问题矛盾的多样性。

农村问题在日俄战争之后日益尖锐，并一度以反城市化的方式表现

---

① 矢野恒太記念会編『日本 100 年』、第 150、144、147、157、161 頁。
② 山本義彦『近代日本経済史』、92 頁。

出来。1908 年 10 月,明治天皇发布《戊申诏书》,强调"上下一心,忠实服业,勤俭治产,惟信惟义,醇成厚俗,去奢就实,相诫荒怠,自强不息"。[①]此举的目的,在于以农业社会的传统道德,来净化工业社会的各种精神侵染,借以安抚农民,稳定农村。诏书既下,内务省闻风而动,制订《町村规划》。在发动全国农村现状调查、研讨和制订发展规划的同时,动员在乡军人会、青年团、报德会等基层组织,以及中小学教师、僧侣、神官和牧师等政府控制下的人员,在农村大力推行地方改良运动。这个运动的主要目的,在于彻底扫除农村传统共同体的影响,使农村、农民和农业适应城市近代化带来的变化。遵照《戊申诏书》的精神,在提倡勤俭和刷新风俗的口号下,地方改良运动在各地展开。各村纷纷制订发展规划,合并部落所有的林野,设立神社,加强村意识,推广选种、田间管理、施肥、耕作等各环节的农业技术。各县表彰模范村,编纂县史、郡志和村志,竭力减缓三农问题带来的压力,防止激进思想影响农民和农村。上述举措在实施的具体过程中,难以顺利贯彻。例如,在长野县埴科郡五加村,一村一社的神社合并非但未产生村意识,反倒因取消其他传统共同体的神社而加剧了部落之间的对立。统一管理部落所有的林野,也遇到重重阻碍,不易实行。[②]

第一次世界大战结束后,前述矛盾在广大农村继续存在,并转化为严重的社会问题。1918 年 7 月至 9 月席卷全国的"米骚动",迫使军阀寺内正毅内阁总辞职。1920 年 11 月,原敬内阁设立了农商务省管辖下的佃租制度调查委员会,以解决维护自耕农、确保租佃权、承认佃农组合等问题为中心,制定《自耕农创设法》《租佃法》《租佃调停法》等相关法律,对寄生地主土地所有制进行适度调整,稳定农村,保障粮食生产和米价的稳定。上述法案遭到委员会中地主委员的激烈反对,长期议而不决。1922 年 9 月,委员会全体会议决定停止租佃立法,仅通过了缺乏强制执

① 森末義彰、岡山泰四編『歴代詔勅集』,929 頁。
② 歴史学研究会[ほか]編『日本史講座 8 近代の成立』,東京大学出版社、2005 年、325—326 頁。

行力的《租佃调停法》，无助于局面的改观。1924 年 10 月，帝国农会第 15 次全体会议发出哀叹："我国稻米生产收支失衡，价格变动剧烈，继续危及农家经济。最近在各地爆发的佃农争议，不仅造成农业衰落，而且必将危及我国整个国民经济的基础"。①

第四节　大正时期的社会心态

一、大国主义论调

大正时期，日本由一个地区性的强国逐渐膨胀为世界级的大国，在政治、经济、军事、思想文化等方面，同国际社会的联系都达到了空前密切的程度。与取得大国地位相适应，宣扬"大日本主义"的大国意识占据思想界主流地位，发挥了支配作用。

德富苏峰在 1913 年出版《时务一家言》等论著中，奢谈"中枢民族帝国论"。其基本观点包括：

（1）立足强权政治立场，崇拜"力的福音"，力主"攻势防御"。德富苏峰认为"人类的进化以竞争为原则，以和平为变则"；"弱者的道理不敌强者的无理，如欲实行道理，就必须拥有实行的实力。道理不会自动实行，必须借助他力才会发挥其魅力。因此，我皈依力的福音。"②德富苏峰强调"培养国力最为重要"，为海外扩张领土做好充分准备，并将其称之为"自卫之道，自保之术也"，"此即所谓攻势防御也"。③

（2）日本应成为"中枢民族"，建立世界大帝国。德富苏峰认为，世界人种、民族繁多，在生存竞争中只有处于核心地位的中枢民族才能建立帝国，因为"世界的大帝国与中枢民族并非互不相容，实际上乃因中枢民族才能建成世界大帝国"；大和民族理应成为中枢民族，但"以大和民族

①　山本義彦『近代日本経済史』、109—110 頁。
②　『德富蘇峰集』、筑摩書房、1974 年、292、277 頁。
③　『德富蘇峰集』、173 頁。

为中心，并不意味着排斥其他民族"，"关键是我同化彼，还是彼同化我，欲以我大和民族为中枢民族，就必须由大和民族来同化其他民族。"①

（3）以"皇室中心主义"为核心价值观，鼓吹"忠君爱国"。德富苏峰认为《教育敕语》强调臣民"克忠克孝"，是"忠君爱国"的源头。"忠君爱国"是真正的日本魂，其核心为皇室中心主义。据此，"足以统一并振兴大和民族，在平时和非常时期鼓舞国民的斗志，在世界竞技场上来发扬日本帝国的国威。"②德富呼吁大正时代的青年应自觉奉行"积极的忠君爱国"、"膨胀的忠君爱国"和"进取的忠君爱国"；强调"忠君的第一要义在于将皇威布于四海，将皇泽波及八荒；爱国的第一要义在于将大日本帝国建成世界第一等强国。"③

（4）鼓吹以"经营满蒙"为先期目标的侵华方针。德富苏峰力主夺取并经营"满蒙"，因为"日本的防御在朝鲜，朝鲜的防御在南满洲，南满洲的防御在内蒙古。此实为攻势防御之重点，仅就此而言，满蒙经营不可等闲视之"。德富认为，"经营满蒙"是为了将"海洋帝国"发展为"大陆帝国"，夺取"满蒙"550万町步耕地，主导中国政局和激发国民"雄豪气象"，乃"当今之急务，百年大计"。因此，抨击"北守南进论"将导致放弃朝鲜、"满蒙"，是"恐俄症"引发的"愚论妄说"和"国贼之论"。德富主张应根据形势的发展，推行"北进"或"南进"的方针。④ 其"经营满蒙论"影响深远，愈加催化了日本朝野的"满蒙情结"。20年后，一些被德富寄予厚望的"大正青年"，怀着"经营满蒙"的野心，策划阴谋，制造九一八事变，开始了侵华战争。

1916年，众议院议员小寺谦吉的《大亚细亚主义论》从人种论的角度出发，鼓吹日本主导的"大亚洲主义"，变相宣扬"大日本主义"。这本长达1272页的大部头著作的切入点是白黄两色人种的对抗，其主要观点

---

① 『德富蘇峰集』、335頁。
② 神島二郎編集解説『近代日本思想大系 8 德富蘇峰集』、筑摩書房、1987年、578頁。
③ 神島二郎編集解説『近代日本思想大系 8 德富蘇峰集』、284頁。
④ 『德富蘇峰集』、175—179頁。

包括：

（1）强调"大亚细亚主义"的必要性。小寺谦吉认为，日俄战争后日本的崛起，引发了新一轮的"黄祸论"。1908年，意大利史学家弗埃尔莱罗认为《朴茨茅斯条约》订立以来，欧洲不断为恐日病所困扰。欧洲人相信，日本既破俄国，必然接着征服支那，侵略法属印度支那，横夺印度，吞并菲律宾，进而窥测澳洲"；认为日本与英国同盟，对欧洲作出友善姿态，不过是"转移各国注意的假面具"。[①]　小寺针锋相对，提出"白祸论"，呼唤"大亚细亚主义"，即"亚细亚是亚细亚人的亚细亚"，抨击"欧美人托词黄祸，组织了白色人种的大联盟，意在永久压迫有色人种"。黄色人种应"渐次实现亚细亚的大联盟，只以抵挡西洋势力为极终目的"，且"不容他人说三道四"。[②]

（2）多角度地评介"大亚细亚主义"。在概念上，小寺谦吉将"大亚细亚主义"定义为"以亚细亚的势力对抗欧罗巴势力"。在性质上，小寺强调"大亚细亚主义"的和平性，称其"永远防止了同一人种之间发生战争，通过建立人种与人种之间的均势，阻止不同人种之间发生战争，不失为和平的一大福音"，因为"大亚细亚主义并非攻势理论，而是防御的理论"。小寺批评说，认为"大亚细亚主义"是外交策论上的"异端"，"挑起对白种人的反感，助长了排外倾向"的看法是"荒谬"的。在步骤上，小寺提供的践行路线图是"以日本为蒙古人种（即黄色人种）的盟主"，"第一期奠定日本国粹的基础，第二期将被异民族压迫下的全体蒙古人种解救出来，第三期全体蒙古人种统一于大亚细亚主义，第四期使全体蒙古人种置于日本国粹的保护之下"。[③]

（3）中国问题是推行"大亚洲主义"的关键。小寺谦吉对"四期形成论"还有另外一种解释，即"第一期，黄色人种即蒙古人种中最强的国家日本与最大的国家中国支那统一于此一主义之下；第二期，同族中的独

[①] 小寺謙吉『大亜細亜主義論』、東京宝文館、1916年、462、463頁。

[②] 小寺謙吉『大亜細亜主義論』、464頁。

[③] 小寺謙吉『大亜細亜主義論』、258—261、270頁。

立国民全都包容其中;第三期,统合处于其他人种征服下的同一人种于此一主义之下;至第四期,逐渐普及于整个亚洲的各民族。当务之急,只是第一期的事业,至于第二期的事业更需等待时机的成熟。"①中国和日本能否实现"统一",是推进"大亚细亚主义"关键的第一步。实际上,小寺在《大亚细亚主义论》的序言中,已经开宗明义,强调"日支提携,开发丰裕的富源,引导众多人民,则支那的改造复兴可期,确实增进东亚和平、远东繁荣";小寺认为"调和东西方文明,融化黄白思想,乃亚细亚旧文明的渊丛之地支那与新文明的先觉者日本的协同事业也"。② 在《大亚洲主义论》一书的章节编排上,也反映了中国问题的举足轻重。全书共5章,用3章的篇幅论述各国对华政策、中国现状、"大亚细亚主义"与中国保全等问题,其余谈论欧洲大战的教训、"大亚细亚主义"的基础等两章,也多有涉及中国的内容。在某种意义上,可以说这本书是小寺的《大亚细亚主义论》几乎相同的一部"中国论"。

(4)宣扬"日主华从论"。小寺谦吉谈论中国,是为了突出日本的主导作用。小寺强调,"日本拥有指导支那的权利,支那有信赖日本指导的义务",因为"日本是亚细亚唯一的先觉者"。中国"尊重日本先觉的地位,尽快信任日本的优越势力,以虚心坦率接受日本的指导,是在旧世界建立新支那的唯一途径,舍此再无他术。"小寺的"日主华从论"对中日关系进行了多方位的阐述,"日本供给支那智慧,支那供给日本物资;日本给支那以军事保护,支那给日本经济利益";主张"支那为农业国,日本为工业国;支那置身大陆,日本置身海洋和大陆","支那遵照日本的指导,成为大陆军国、亚细亚的陆上守护使;日本作为海上军国,保持其权威,成为太平洋的发号施令国家。若此,方能实现黄白人种的并立、人类的平等与世界和平。亚细亚文明调和并融化欧罗巴文明,诞生伟大的新生命,其光辉放射,普照世界各方面,所谓大亚细亚主义的使命即在于此也。"③

---

① 小寺謙吉『大亜細亜主義論』、270 頁。
② 小寺謙吉『大亜細亜主義論』、3、4 頁。
③ 小寺謙吉『大亜細亜主義論』、469—471、475、4 頁。

法西斯理论家大川周明以"亚洲复兴论"为旗号,宣扬"大日本主义"。其代表作《复兴亚细亚诸问题》研讨了英法俄在中国西藏和暹罗以及阿富汗的争夺、印度国民运动、波斯的复兴、土耳其的基马尔革命、埃及独立运动、欧洲与英国在中东的殖民统治、巴格达铁路政策等多个问题,提出"亚洲民族第一必须获得自由"、"必须统一为坚固的整体"等主旨论点。大川认为,日俄战争"开辟了世界历史的新局面",敲响了"亚细亚觉醒的警钟",日本理所当然地成为"亚洲复兴的指导者"。展望亚洲的未来,大川说:"假如亚细亚有意在灵魂的底处寻求自由与统一,可以概括为一句话'亚细亚人的亚细亚'。"①实际上,大川的所谓"亚细亚人的亚细亚",无非是"日本人的亚细亚",宣扬日本版的门罗主义而已。

大川的"亚洲复兴论"强调"精神的亚洲",认为日本是亚洲精神的代表。大川认为,亚洲与欧洲最大的不同,在于"亚洲就全体而言,实乃人类灵魂的道场,欧洲是人类知识创造和学习的课堂。亚洲的历史从根本上说是精神的,其革新或者发展均为内在进行。"较之欧洲,亚洲"政治乃至经济的变化不明显"。大川将"精神的亚洲"解释为"护持祖先精神、祖先的信仰、祖先的遗风,并将其传诸后世,是最神圣的义务",认为"万事不易是亚细亚最有力的生活理想。"在亚洲,"唯独日本明白'易乃不易之变易'的真理,不懈努力地在现实生活中实现理法",因此,"亚洲各国真正应该学习日本的历史。"②

大川讴歌日本武力崛起的三大战,将"亚洲复兴论"引向战争论。大川认为,"日清战争是日本对欧罗巴侵略东亚的反击",随后在俄法德的压力下,退出辽东半岛。"日俄战争是日本对欧罗巴侵略东亚的第二次反击","动摇了欧洲昔日对称霸世界的自信"。第一次世界大战日本出动陆海军,清除了德国在东亚的势力,军舰开进地中海,但巴黎和会建立

① 大川周明『復興亜細亜の諸問題』、明治書房、1936 年、2、3、5 頁。
② 大川周明『大東亜秩序建設』、第一書房、1943 年、206、207、210 頁。

的"盎格鲁·撒克逊称霸世界的机构国际联盟",除了惩罚德国,"压制日本为第二个重大目的";华盛顿会议"成功地按照英美的希望,限制日本在东亚的地位",日本被英美"清算"了两次。其结论是:"代表亚细亚的强国"日本与"代表欧罗巴的强国"美国,必然发生"东西方的最强国家之间的冲突争斗。"[1]大川周明故弄玄虚地说,"不知是天意还是偶然,一个以太阳,一个以群星分别为国家的象征,其对立如同白昼与黑夜","必有命运中的一战",日本必因此作出"世界历史上未曾有过的积极贡献"。[2]大川断言,日本人将成为"复兴亚洲的战士"。[3]

二、"小日本主义"

在大正时代,也有逆"大日本主义"和"大亚细亚主义"潮流而动的良知人士,例如石桥湛山。1884 年,石桥生于东京,幼名省三。其父杉田湛誓为日莲宗的僧侣、昌福寺主持,后为日莲宗总本山久远寺的第 81 代法主。石桥遂取母亲的姓氏。1907 年,石桥湛山毕业于早稻田大学文学部哲学科,深受师承美国实用主义哲学家约翰·杜威理论的田中王堂教授的启发,崇尚自由主义、和平主义、平等意识。1908 年,入《东京每日新闻》社任记者。1909 年,因不满社内的纷争而退出。随后,入伍驻麻布第 3 联队当了一年志愿兵。军旅生涯虽然短暂,却从"实弹演习的现场感受"中,萌发了反战意识。[4]

1911 年,石桥担任《东洋时论》的编辑记者、评论员。1912 年,在《东洋经济新报》社当记者,撰写了《问题的社会化》《国家、宗教和文艺》《应建设哲学的日本》《盲目的举国一致》《愚蠢的神宫建设之议》《维新后对妇人观念的变迁》等多篇有影响的文章。1924 年,任《东洋经济新报》主管。在此期间,石桥研修政治经济学,撰写了大量宣扬自由主义、和平主

---

① 大川周明『大東亜秩序建設』、23、26、37、41、206 頁。
② 大川周明『大東亜秩序建設』、211、212 頁。
③ 松本健一『大川周明』、岩波書店、2004 年、59 頁。
④ 石橋湛山『湛山回想』、134 頁。

义的文章和评论,抨击宣扬帝国主义侵略的扩张理论"大日本主义",针锋相对地提出一系列"小日本主义"的观点。

1912 年,石桥湛山在《东洋时论》10 月号发表评论《大日本主义》。文章从英国主张"小英国主义"的自由党与坚持"大英国主义"的保守党的"主义"之争说起,赞赏时任英国自由党首相赫伯特·阿斯奎斯限制军备扩张的"小英国主义",认为"英国自由党的实际施政,也依据时势而尽力于军备,但作为主义,完全是军备非扩张,是小英国主义、非帝国主义。"在日本,"即使没有必要,也不惜随意地制造军舰和大炮";"没有一个政党标榜小日本主义。在这一点上,日本的确举国一致,举国一致地信奉帝国主义。武断政治家的势力集合于此,没有势力的政党也在这里。但是,我希望在日本出现持相反主义政纲的政党。"①这里的"相反主义",即与"大日本主义"反其道而行之的"小日本主义"。其含义则是效仿阿斯奎斯的"小英国主义",主张"军备非扩张","非帝国主义"。

1910 年 7 月,日俄两国为对抗美国介入中国东北,签订了第二次《日俄协约》。末广重雄在《东洋时论》9 月号上著文《关于日俄新协约》。末广认为,日俄战争结束后,日本对俄国的政策有三种选择,或者"敌视俄国,寻机再战,以驱逐俄国在北满以及在远东的势力";或者"日俄接近,相互承认在满洲的地位,进而合作共同抵御第三国";或者"先在经济而后在政治上将南满洲国际化,与各国合作遏制某国的野心,以此确保我国的安全与远东和平",末广认为第三策为"最上策"。②

石桥在《东洋时论》10 月号上发表《满洲放弃论》,赞赏末广的观点,认为"此议论弥足珍贵",为在日本出现这种议论而"深感喜悦"。石桥强调,"日本独占南满不仅很不得当,而且颇为危险",应该"放弃满洲"。③在此后发表的文章中,石桥对日本据为殖民地的中国台湾、朝鲜、桦太(库页岛)发表了类似的观点,即认为"得不偿失","经济上的损失巨大",

---

① 『石橋湛山全集 1』、東洋経済新聞社、1987 年、243、244 頁。
② 『石橋湛山全集 1』、244、245 頁。
③ 『石橋湛山全集 1』、245、244 頁。

主张或者"断然将其放弃"或者"进行充分的巨大改革",必须二择其一。①
石桥的上述看法,轰动了日本社会舆论。

1914 年 8 月,日本乘第一次世界大战爆发的"天佑"良机,出兵攻占
青岛,好战的媒体对此大声喝彩。石桥连续在《东洋经济新报》上发表
《断不可占领青岛》《再论不可占领青岛》《疯狂的欧洲出兵论》等文章,亮
明了源自"小日本论"的反占领立场。石桥说,"不应该在亚细亚大陆扩
张领土,至于满洲也宜尽早放弃,这是我等的一贯主张。若又在支那山
东省的一角获得领土,是祸上加祸,险中加险,不得不断然反对。"②石桥
认为,占领青岛,必引起"支那人烈火般的反感与列强的嫉妒厌恶",结果
"导致我国的国际关系恶化,作为必要的回应,我国必然军备扩张接着扩
张,我等恐怕我国民在得到割取青岛的经济利益之前,先受困于军备负
担的增加",故占领青岛"断不可行"。③ 1915 年 5 月,大隈内阁迫使袁世
凯签订严重损害中国领土主权的"民四条约",石桥在《小评论》上发表文
章《好干涉的国民》,指出"没有哪个国家的国民像日本国民那样喜欢干
涉","把手伸到国外",④反对日本政府的损人利己。

1919 年巴黎和会上日本成了世界级政治大国后,"大日本论"充斥日
本媒体,如同石桥那样的头脑冷静者,可谓凤毛麟角。8 月 15 日,石桥在
《东洋经济新报》的社论《围殴的日本》中,对日本的大国化问题发表了与
众不同的评论。石桥认为,"我国凭借战争成为战胜国。而且,进入所谓
五大国行列,只是在名义上,或其他什么的,与英美法意并肩而立,占有
号令世界的地位。"但是,此一"大国地位"充满虚幻,"从条约上看我国确
实正确的主张,在支那引起骚乱,在美国议会受到莫大的侮辱"。欧战
后,"有两个国家受到围殴,一个是德国,另一个就是日本。"⑤究其原因,

① 井出孙六『石橋湛山と小国主義』、岩波書店、2000 年、33 頁。
② 『石橋湛山全集 1』、375 頁。
③ 『石橋湛山全集 1』、381 頁。
④ 『石橋湛山全集 2』、東洋経済新報社、1994 年、328 頁。
⑤ 『石橋湛山全集 3』、東洋経済新報社、1994 年、86—87 頁。

在于日本是个"缺乏光明正大之气或自由平等精神的国家",是个"官僚的、军阀的、不民主的国家","较之美英法意诸国,至少在这一点上,我国是个非常低的下等国。"石桥进而指出,"实际上,是元老、军阀、官僚、财阀等特权阶级导致日本的国格如此低下",认为"如果日本的政治真的交到国民手中,日本的国格无疑会高尚数倍、数十倍"。石桥呼吁:"必须一扫元老、军阀、官僚以及其他的特权阶级,建立新的民主国家。"[①]

1919 年 5 月 4 日,石桥湛山在《东洋经济新报》上发表社论《迅速从西伯利亚撤军》,反对日本政府出兵干涉苏俄革命。石桥认为,出兵是对"西伯利亚俄国国民政治运动的武力干涉"。因此,"西伯利亚出兵拖得时间越久,就越会将整个俄国变成日本的敌人";"出兵以来的战死毫无价值,战费完全是浪费,谬误造成的损害实在太大"。基于此种考虑,石桥认为唯有尽快撤军,"不仅可以绝对避免此种毫无意义的牺牲,而且将消除俄国人对我国的敌意。"[②]

1919 年 3 月至 6 月,朝鲜半岛爆发反抗日本殖民统治的"三一"独立运动。朝鲜总督府派出军队、警察和宪兵野蛮镇压。日本舆论一边倒地追随政府,指责韩国民众。5 月 15 日,《东洋经济新报》发表石桥撰写的社论《对朝鲜人暴动的理解》,指出"这次朝鲜人的暴动完全出于独立自治的要求,直接对日本人横暴加以报复的情感,当然也多半与被统治有关",强调"三一"独立运动事出有因。石桥认为,"自古以来,几乎看不到哪个民族会愉快地成为其他民族的属国",强调"朝鲜人也是一个民族。他们有他们特殊的语言,多年来他们拥有独立的历史,恐怕没有一个朝鲜人内心充满喜悦地成为日本的属国。因此,在朝鲜人最终恢复其独立之前,当然会继续反抗日本的统治,而且,按照朝鲜人增长知识,增强觉悟的程度,其反抗必将愈加强烈。"石桥指出,自日韩"合并以来未过几年的今天,朝鲜的财富已经被日本人垄断,所谓有利可图的事业全都掌握

---

① 『石橋湛山全集 3』、88、89 頁。
② 『石橋湛山全集 3』、76、77 頁。

在日本人的手中"，是"征服民族对被征服民族的掠夺"。①　石桥的上述观点，确属不同凡响。

1921 年 11 月，列强举行华盛顿会议，重新安排亚太地区的势力范围。日本国内争论激烈，坚持侵略立场，支持扩军备战，维持霸权和殖民权益的"大日本主义论"充斥媒体。有鉴于此，7 月 23 日，石桥湛山为《东洋经济新报》撰写社论《放弃一切的觉悟——我对太平洋会议的态度》，30 日再发表社论《大日本主义的幻想》，重申和平主义的"小日本主义论"。石桥运用佛教的"功德性"和"具足相"等理念，认为"如同屡屡提及的那样，我国总的祸根是囿于小欲望，心志太小"，希望像大思想家所教导的那样，"关注大欲望，为了满足大欲望，舍弃小欲望"。石桥认为，"此非佛教的'空'或'无'，而是指圆满无量功德性的具足之相。但我国民无其大欲望，朝鲜、台湾、支那、满洲或者西伯利亚、桦太等些许的土地被视为财产，仅汲汲于保护或获取，从而无余裕积极的面向世界的大策动。"石桥感慨鼓吹"大日本主义"的日本舆论"何其低劣"，②认为"资本的增值之道，只能依据和平主义，倾注国民的全部力量于学问技术的研究和产业的进步。建学校以取代兵营，设工程以取代军舰。假如将 8 亿元的陆海军经费的一半投入每年的和平事业，不用多少年，日本的产业将完全面目一变。"③

石桥湛山的国家理想是日本成为"自由解放的世界盟主"。他认为，"放弃大日本主义，不会对我国造成任何不利。否，不只是不会造成不利，反倒会予我极大的利益。放弃如朝鲜、台湾、桦太、满洲等些许土地，辽阔的支那全部土地会因此而成为我们的朋友，进而整个东洋，不，全世界的弱小国家都将成为我道德的支持者，这是多么不可估计的利益"。石桥说，"如果在那个时候，美国还在横暴，英国还在傲慢，还在肆虐东洋诸民族乃至世界的弱小国民，我国宜成为被虐待者的盟主，膺惩英美"，

①『石橋湛山全集 3』、78、79、80 頁。
②『東洋経済新報』、1911 年 7 月 23 日。
③ 佐高信『湛山除名』、岩波書店、2004 年、140 頁。

最终成为"自由解放的世界盟主"。① 石桥的"小日本主义"有其过人之处，但其国家理想也并未与"大日本主义"完全绝缘。

三、中国观的变迁

日本在武力崛起、成为世界级大国之后，如何看待中国，如何处理两国关系依旧是日本外交的最大问题。日本舆论对辛亥革命、"二十一条"要求、五四爱国运动、《九国公约》等重大事件的反应，集中反映了一战前后日本人的中国观。

1911 年 10 月 10 日，武昌首义，成立中华民国湖北军政府。1912 年元旦，中华民国临时政府在南京成立，南北议和、清帝逊位、袁世凯在北京继任临时大总统等事态令人目不暇接。对此，日本朝野的反应极为复杂，但对华认知的基调，仍是将中国视为可供任意宰割的猎物。武昌首义时期，日本政府最初支持清政府，伺机趁火打劫。1911 年 10 月 16 日，西园寺公望内阁的外相内田康哉奉命电令驻华公使伊集院彦吉，允许日商向清政府提供"讨伐"革命军的枪炮子弹，"表示特别的好意"，"努力使两国相互信赖，共同维持东亚大局"。② 23 日，日商泰平组合订立了向清军提供 2 733 640 日元军火的合同。③ 24 日，鉴于革命军与清军形成在武汉对峙之势，西园寺内阁通过决议，维持"满洲"现状，扶持中国关内势力，态度骑墙。日本随即与盟国英国展开协商。围绕派兵保护京奉铁路和在中国建立君主立宪制等问题，两国各有利益诉求，难以联合行动。至 12 月 17 日，日英两国呼吁中国南北和平，采取静观的立场。

在日本国内，媒体舆论喧嚣不已。11 月 12 日，《国民日报》发表了德富苏峰的一篇文章。其文对中国走向共和充满惊恐和仇恨，称"黑死病是有形之病，共和制乃无形之病"，预言中国"建立共和体制，势必与日本

---

① 佐高信『湛山除名』、140—141 頁。
② 外務省編『日本外交年表並主要文書上卷』、353 頁。
③ 岩波書店編集部編『近代日本総合年表第 2 版』、208 頁。

帝国之国发生冲突"，呼吁政府出兵干涉。① 12 月，头山满、河野广中、杉田定一、小川平吉等组成"善邻同志会"，通过《宣言》和《决议》，声援武昌首义。《宣言》强调"吾人从公正的角度出发"，"期待革命军迅速实现其目的，以光明正大的新政振奋人心"，两国"相互提携，确保东洋和平"。《决议》主张不干涉中国内政，日本政府"切勿采取干涉政体之谬举。"②

　　更多的大陆浪人主张利用中国政局不稳之机，实现日本导演的"满蒙"独立。1912 年 1 月，川岛浪速撺掇其结拜兄弟肃亲王善耆组织"君主立宪维持会"（"宗社党"），并将善耆等护送到旅顺，策划分裂中国的"满蒙独立运动"。热衷爱新觉罗王朝复辟的善耆甘做日本的鹰犬，川岛则将善耆之女金璧辉培养成效力"满蒙"独立和侵华战争的间谍川岛芳子。1913 年 10 月，日本政府承认"支那共和国"即中华民国，川岛第一次"满蒙"独立的图谋流产。3 年后，川岛谋划的第二次"满蒙"独立又以失败告终。尽管如此，大陆浪人从未放弃对"满蒙"的觊觎。1913 年 7 月，武力讨袁的二次革命骤发，黑龙会创始人内田良平向山本权兵卫内阁提出建议，主张肢解中国，推进"满蒙"独立。内田在其有关"加固帝国北方经营基础"的策划中，主张"默认宗社党在满蒙建立一个地区的独立王国；我皇室保全对爱新觉罗氏的情谊，加固我帝国权利之域的辽满经营与国防上的设施；同时，在南支那诸方面控制列强之经济、军事两方面的形势，可威压躁动的支那共和国之狂妄。"③

　　内田良平之所以急欲南北分割中国，与其充斥蔑视感的中国观密切相关。1913 年，内田出版了小册子《支那观》，妄论所谓三种类型的中国人社会。其中，第一种类型的中国的"政治社会"凶险，"妒贤嫉能，排斥异己，除了谋求权势福利之外，不求国家之存亡、国民之休憩"，说"金钱万能主义是支那国民性的痼疾，政治家冠冕堂皇但言清行浊"；辛亥革命后，依然是"内招土匪连绵，外致外藩抗命与列强逼压。这些皆因彼等不

① 『国民日報』、1911 年 11 月 12 日。
② 歴史学研究会編『日本史史料』（4）近代、298 頁。
③ 歴史学研究会編『日本史史料』（4）近代、299 頁。

知耻,源于国民性的恶根"。由农工商组成的第二种类型的中国"普通社会",是"只追逐个人利益生活。彼等是彻底的个人本位主义者,只要个人生命财产与安全有保障,则拥戴君主也行,不拥戴君主也可,对于其国土归属何国是不会刨根问底的"。由"马贼"和"土匪"组成的第三种类型的中国"游民社会",更是"打家劫舍、挖坟盗墓、悠哉赌博,眼中无政府、无祖国、无仁义、无道德,其理想唯以自己快活为满足,秤分金银,绸棉加身,成瓮喝酒,大块吃肉,除此之外,再无理想",代表了"支那国民性的残酷狠毒"。内田宣称,"世界国民中像支那国民性情恶劣者稀少。彼等若非以自家为中心而逞其政权欲的凶汉,便是为自家私利私福而不辞忍受任何羞耻的险民。彼等既无政治机能,亦无国民精神,无敌忾自强的志气。在彼等面前,主义、人道、名分已失去本来意义",断言辛亥革命后"所谓共和政治的社会性创造,简直是缘木求鱼。"①

内田对中国的观察,的确看出了中国社会存在的弊病,例如官场的腐败、普通国民对政治的冷漠、拜金主义风行、国家民族意识淡薄、价值观缺失等问题,但立足点却是以偏概全的"中国崩溃论"。其思维方式主观、片面,档次很低,只看到并夸大中国社会的黑暗面和消极面,看不到任何积极面和光明面,语言恶毒,纯属咒骂。其"世界国民中像支那国民性情恶劣者稀少"的结论,暴露了内田傲慢的种族主义立场。内田式的"中国崩溃论",在日本社会具有相当的普遍性。

1913年9月,二次革命失败后,右翼团体"对支联合同志会"利用日本人被拘留并遭杀伤的事件,提出《满蒙问题理由书》,主张对华强硬立场,一举解决"满蒙"问题。其立论基础依然是"中国崩溃论"。理由书预测中国"内部动乱继续发生,日益难以统治","难免最终瓦解"。继而,重弹"支那保全论"的老调,称"俄国在外蒙北满、英国在西藏的侵略行动,着着损害支那的领土保全,破坏了势力均衡,我国必须加以防范和反制。"为此,日本"必须确定对支政策方针,确立大陆的势力圈,完备政治

---

① 杨栋梁主编:《近代以来日本的中国观》第1卷,第145、146页。

实力,取得指导支那之实",手段是"勇敢果决,从根本上解决满蒙问题",以"恢弘皇祖皇宗之宏谟,成就明治天皇之伟业"。①

　　1915 年 1 月,大隈重信内阁乘欧美列强无暇东顾之机,向袁世凯政府提出 5 号共"二十一条"要求,试图一举将中国变成"保护国"。最终,迫使袁世凯政府在 5 月 9 日接受了日本的前四号要求。消息传来,中国舆论沸腾,掀起抗议风潮。在日本,即使是同情中国的知华派吉野作造,在承认"二十一条"要求"损害了支那的主权,或令支那很没体面"的同时,从"与列国的竞争"、"帝国在支那的势力"和"帝国的利权"等三要素的分析出发,认为"若以为今日列国在支那的竞争是大势,则与支那关系最深、最接近的我日本,当然不会独自袖手旁观",问题只是"帝国在支那扩张或确定利权之际,我等应该采取的态度和使用何种手段"。吉野主张"在适当的时机,把握适当的场合,提出适当的要求,以逐步增进我国的势力、利权"。从"帝国的立场"来看,"二十一条"要求不过是"最低限度的要求,为日本生存所必需。因此,删除第 5 号要求实在令人遗憾"。②

　　1919 年 5 月 4 日,为抗议日本在巴黎和会上接管德国在山东权益,霸占青岛和胶济线,北京的高校学生举行示威游行,高呼"外争国权"、"内惩国贼"、"还我青岛"等口号,火烧交通总长曹汝霖的住宅赵家楼,殴伤驻日公使章宗祥,五四爱国运动爆发。全国各大城市的学生市民、工人、商人群起罢课、罢工、罢市,抵制日货。日本朝野高度关注在中国爆发的抗议运动。5 月 4 日午后 8 时 10 分,《东京朝日新闻》刊载驻北京特派员发回的当天中午北京大学生游行示威的第一次报道;85 分钟后,发回第二次报道,介绍学生火烧赵家楼、围攻曹、章、陆的消息,称"学生举着的旗帜上还写有驱逐倭奴或其他异常侮辱日本的言辞"。③《东京朝日新闻》在"排日暴动"的标题下报道北京学生的示威游行,给日本读者留下中国大学生偏激、鲁莽的错误印象。

---

① 歴史学研究会編『日本史史料』(4)近代、298、299 頁。
② 吉野作造『中国朝鮮論』、平凡社、1978 年、23、24、26、28 頁。
③ 歴史科学協議会等編『史料日本近現代史Ⅱ』、34—35 頁。

同日,《东京朝日新闻》的评述文章,将 1919 年 2 月熊希龄、梁启超、蔡元培、王宠惠等社会名流成立的国民外交协会在中央公园举行集会要求解决山东问题、中国人对日本非常反感、旅华英美人士鼓吹排日思想误导中国学生等因素,说成是导致"排日暴动"的起因。① 如此解释"真相",显然歪曲了事实。该文闭口不谈中国人何以反感日本的原因,其目的无非是抹黑中国学生,误导日本国内舆论。5 月 17 日,外相内田康哉发表声明,作出了有关"真相"的官方解释。内田说,"最近,伴随着世界局势的变化,各种重要的国际问题层出不穷",山东问题即为其中之一。声明攻击中国民众的抗议"不是根据事实,而是徒然抱有怀疑与偏见,或者急于考虑自己,不顾他国利益";指责驻华外国记者造谣惑众,日本国民也有人模仿其腔调而随声附和,招致国际不信任和孤立。②

当时,确有极少数有良知的日本人对中国五四爱国运动表示理解,给予积极评价。吉野作造即为其中一人。1919 年 6 月,《中央公论》刊登吉野撰写的社论《请勿谩骂北京学生们的行动》,提出与主流舆论不同的看法。吉野不赞成"我国报刊对学生诸君行动的谩骂",也不支持北京学生焚烧曹宅、致伤章宗祥的"暴举"。吉野认为,日本人对学生们行动的评判存在两点失误,"一是将曹章一派的青年政客视为亲日派;二是认为由学生代表的中华民众排日,对日本国民有根深蒂固的反感"。吉野强调,曹章等"是我国官僚军阀以及财阀的好朋友","普通中华民众的排日,不过是对官僚军阀乃至财阀所代表的日本的不满而已"。吉野认为,中国民众"并不知道在我国存在'侵略的日本'与'和平的日本'",吉野呼吁"我等应抵制军阀财阀的对支政策,使邻邦的友人明白日本国民真正的和平要求。"③

《东方时论》7 月号刊登吉野的文章《支那排日骚扰与根本的解决办法》,进一步分析"侵略的日本"。吉野认为,"在支那发生的排斥日本,实

---

① 歴史科学協議会等編『史料日本近現代史Ⅱ』、35 頁。
② 外務省編『日本外交年表並主要文書上卷』、490 頁。
③ 吉野作造『中国 朝鮮論』、206、207 頁。

际上是排斥侵略的日本";"侵略的日本向来执掌权柄","经常回避光明正大的外交",利用"几个亲日派,助长其势力,又恣意驱使之,以图自身的利益。支那的民众称之为罪恶",反感"侵略的日本",发生排日风潮。针对日本国内的各种激烈反弹言论,吉野表示,"一部分人谈论开战,必须彻底惩罚支那,这是我等绝对不能赞成的"。吉野主张,"当此之时,切忌轻举妄动。另一方面,我们希望在两国的民众之间,逐渐出现以和平主义、自由主义、人道主义为基础的共同的社会改造运动","当务之急是如何在两国民众之间,创造协调提携的机会。"①

　　吉野作造之所以在一片反华的喧嚣声中能够仗义执言,一是基于民本主义、自由主义立场;二是因为相对理解中国。1904 年,吉野毕业于东京帝大的政治科。1906 年,应聘来北京任袁世凯的家庭教师。旅华 3 年期间,曾去中国东北、华北等地考察旅行,目睹清末中国积贫与官场腐败,对中底层社会产生深厚的同情心,关注中国青年问题。1918 年 12 月,陈独秀、李大钊在北京大学创刊《每周评论》后,与吉野作造的黎明会互通声气。1919 年 6 月号的《新人》杂志刊登吉野的文章《关于北京大学学生骚扰事件》,对新文化运动在北大的兴起,给予积极评价,文章认为"最近两三年来,北京大学新思想的勃兴实在显著。在校长蔡元培的运营下,欧美的新空气极为浓厚。最近,发行了《新潮》《新青年》等杂志,大力鼓吹新思想、新文学,此即文学革命。站在新运动阵前的威风凛凛的斗将中,有陈独秀、胡适之、钱玄同、傅斯年诸君。"②预言"如此有为青年觉醒的结果",中国"将由此迅速开辟新生面。"吉野再次提醒日本社会,"如同此次骚扰事件,形式上极为任性狂暴,在精神上,无非是政治的开发运动",勿因过分同情两三个受害者,"掩盖了这个新运动的真正价值。"吉野作造呼吁"官僚军阀们的亲善,只是似是而非的亲善。真正的国民亲善,今后将成为与我等邻邦开明的诸君必须解决的课题。"③1919

---

① 吉野作造『中国 朝鮮論』、226、228、229 頁。
② 吉野作造『中国 朝鮮論』、211、210 頁。
③ 吉野作造『中国 朝鮮論』、210、212、215 頁。

年 6 月,吉野作造提议邀请北京的教授和学生访日。在李大钊的促进下,1920 年 5 月,北京大学教授高一涵率学生黄日葵等 5 名学生来到东京,与东京大学新人会、早稻田大学建设者同盟开展交流活动,取得良好效果。

第六章　躁动与抉择

第一节　取向各异的社会思潮

一、宪政主义思潮

随着经济的快速发展、阶级关系的变动和社会生活环境的进步,大正时代的日本再次进入社会思潮活跃发展时期。东京大学教授美浓部达吉的"天皇机关说"和吉野作造的"民本主义",为宪政思潮推波助澜,提供了理论支持。

美浓部达吉生于兵库县的一个医生家庭。1897 年毕业于东京帝大法科大学政治学,后在内务省供职。1899 年辞职,赴德、英、法等国留学 5 年,回国后被东京帝大法科大学聘为比较法制史的副教授、教授。1907 年,在东京帝大主讲行政法学。1911 年受文部省的委托,为中学教师讲习班举办宪法讲座。1912 年 3 月,将讲稿《宪法讲话》整理出版,引起论争。6 月,东京帝大教授穗积八束、上杉慎吉在杂志《太阳》上发表文章,宣扬绝对君权论,指责美浓部制造"异端邪说",挑起了争论。

1912 年 7 月,美浓部也在《太阳》上发表了论文,将"天皇机关说"的要点概括为:(1)"国家乃一个在法律上具有人格的团体"。(2)"统治权是属于这一团体人格国家的权利"。(3)"国家乃团体人格者(法人),故与所有的团体相同,常借助机关开展活动,国家的活动即国家机关的活动"。(4)"国家机关的组织因国家不同而多有异同,依据其异同而形成政体的区别"。(5)"国家机关中必有一最高机关,若正确表述,通常所说的主权者意即最高机关,依据此一最高机关如何组织,形成君主国与共和国的区别"。(6)"在君主国,君主拥有的统治权并非自身的权利,君主是作为最高的国家机关而总揽国家的统治权,实现并行使统治权的最高权力固然属于君主,但君主不可将这一权力视为自身的权利而享有之,权利的主体不在君主而在国家。"[1]在不触犯天皇主权的前提下,美浓部对帝国宪法进行了最大限度的宪政主义诠释。

1927年12月,美浓部达吉的《宪法逐条精义》出版,再次强调"统治权是属于国家的权利","君主作为国家机关乃统治的最高渊源";自西欧传入的立宪主义,可以与"以日本固有历史为基础的君主主义并立不悖"。该著作对立宪政治进行了三点论述:其一,"立宪政治是依靠国民翼赞的政治。统治权的行使,不独为君主所专有,必须得到国民的同意,这是立宪君主政治与专制君主政治最显著的区别。立宪政治的根本主义就在于民众政治,即以国民的公论来决定万机";强调"君主以民心为心,据此实施统治",但贵族院和枢密院等机构使得"民众的政治精神受到不少限制"。其二,"立宪政治是责任政治"。其要点是"政治遵从国民的意向并得到国民的谅解","国务大臣对国家政治担负责任,就意味着作为国民特别是作为其代表的议会有评论政治、询问大臣的责任"。其三,"立宪政治是法制政治",即"国民个人的权利和义务悉由法律规定,行政权和司法权也依据法律行使"。因此,"行政官僚不得以专断的权力,要求全体国民尽义务,剥夺已经给予的权利"。[2]

美浓部的"天皇机关说"剥除天皇源自国家神道的神圣光圈,主张实

---

① 歴史学研究会編『日本史史料』(4)近代、岩波書店、2002 年、94 頁。
② 歴史科学協議会等編『史料日本近現代史Ⅱ』、三省堂、1985 年、12—13 頁。

施近代天皇制体制内的改革和调整,通过落实强调责任和法制,焕发国民的政治主动精神。此一学说对抵制枢密院、元老、军部等特权机构的专横,提供了有益的思想启发,具有进步意义。而可与"天皇机关说"相媲美的宪政主义论说,是吉野作造的"民本主义"。

1909 年,吉野作造任东京帝大主讲政治史的副教授。1910—1913 年赴欧美留学,系统研究了西方的宪政史、法律学、政治学,重点考察了英国的君主立宪议会制度。旅欧期间,吉野目睹奥地利工人党领导反对物价上涨的示威活动、比利时工人同盟总罢工,感受到民众的力量可用诸实现普选和两党制,逐渐转变为宪政主义者。

1913 年回国后,吉野被东京帝大聘任为教授,讲授法律学、政治学和近代日本宪政史,经常发表抨击军阀内阁的文章,为舆论界所注目。1914 年 4 月,吉野就日比谷公园的暴力示威事件,在《中央公论》上发表评论文章《论民众的示威运动》,反驳舆论对民众示威运动的指责,认为"所谓民众的示威运动,是政界弊风严重,用正常手段难以解决故不得不举行的示威",结果"使民众对政治日益感兴趣,对宪政的发达有某种贡献",值得庆贺。[1] 1915 年 6 月,吉野在《国民论坛》上发表时论《欧美宪政的发展及其现状》,首次使用了"民本主义"的概念。

1916 年 1 月,吉野开始在《中央公论》发表题为《论宪政之本义及其完成至善至美之途径》的连载文章,阐释宪政的途径和民本主义。吉野解释说,"宪政即立宪政治或宪法政治",宪法即"国家统治的根本法则",应包括保障人民权利、三权分立主义、民选议院制度等三项内容。宪政的本义在于实行民本主义,即"不问法律理论上的主权在何处,在行使主权时,主权者采取重视一般民众的权利幸福和意向"。为畅达民意,则应赋予民众参政权,选举众议院议员,由议会监督政府,"彻底贯彻责任内阁制度"。吉野强调:"宪政的本义在于民本主义,彻底实现民本主义,以

---

[1] 松尾尊兊［ほか］編集『吉野作造選集 3』、岩波書店、1995 年、20 頁。

前述各种改革为前提,最终使众议院成为政治的中心"。①

在日本,吉野作造并非"民本主义"概念的首倡者。吉野就读东京帝大政治科期间,小野冢喜平次教授在讲授《政治学大纲》时,倡导"众民主义",即决定政策最终是为民众福利着想,应尊重民意,这对吉野不无启发。1912 年 5 月,《万朝报》的记者茅原华山为批判军阀政府的"军本主义",针锋相对地提出了"民本主义"。茅原和吉野均使用了"民本主义"一词,但对概念的理解却并不相同,社会影响也不可同日而语。

吉野追求英国式的贵族政治模式,反对法国大革命式的"暴虐"。在吉野看来,实现完美的宪政,需要两个基本条件,一是"制度的建立及其运行问题";二是"一般国民的智德问题","如果国民智德的发展程度低下,则只能依靠少数贤人即英雄实行专制政治或贵族政治"。因此,"民本主义同时也是贵族主义,平民政治同时也是英雄政治。"②吉野特别声明,之所以把 Democracy 称为民本主义而不译为民主主义,是因为"民本主义这个词在日语中是个极为新鲜的用语",为了防止"与社会民主党强调'国家的主权在人民'的危险学说发生混淆",避免引起"平民与贵族之间的对立,并被误解为站在平民的一方"而触及国体问题。③

如同美浓部达吉的"天皇机关说"一样,吉野倡导"民本主义",也是在不触犯天皇主权的前提下,对国家的政治生活实行调整,尽可能地发挥宪政的机能。这些都反映了宪政主义思潮的复杂心理,既要利用民众的力量削弱军阀、元老等特权势力,为政党政治开辟道路,又要将民众运动限制在宪政主义的合法范围内。尽管如此,在军阀、官僚飞扬跋扈的时代,立宪主义者提出"天皇机关说"和"民本主义",已经对军阀政府构成了有力的挑战,毋庸置疑,提出学说的本身,就需要足够的勇气。特别是在"大逆事件"后一片肃杀的思想界,"天皇机关说"和"民本主义"带来了清新的空气,影响广泛而积极。

---

① 松尾尊兊[ほか]編集『吉野作造選集 2』、岩波書店、1996 年、11、14、30、82、91、98 頁。
② 松尾尊兊[ほか]編集『吉野作造選集 2』、5、52 頁。
③ 松尾尊兊[ほか]編集『吉野作造選集 2』、23 頁。

二、女权主义思潮

1886 年 12 月,第一个妇女团体东京妇人矫风会建立。有"肥后国猛妇"之称,即出身熊本县的妇女教育家、活动家矢岛楫子出任会长,矫风会设禁酒、教育、贞洁、卫生、慈善、风俗等 6 个部门,开展禁酒、废娼运动,提倡一夫一妻制。1891 年,第一届世界妇女矫风大会在美国波士顿举行,提出矫风运动的三大目标,即和平(Peace)、纯洁(Purrity)、禁酒(Prohibition)等"三 P"主张。受此感召,1893 年 4 月,东京妇人矫风会扩大为全国性组织日本基督教妇人矫风会,矢岛继续担任会长,以矫正不良风气、修养道德、禁酒禁烟和提高妇女品位为运动宗旨。9 月,日本基督教妇人矫风会副会长樱井近子出席在美国芝加哥举行的世界禁酒大会并发言,扩大了社会影响力。1910 年,矫风会发起颇有声势的废娼运动,开展禁止饮酒吸烟、慰问孤老病残、救济贫民等公益性和慈善性活动。

1907 年 2 月,争取妇女参选权运动兴起,要求妇女选举权、结社权和公民权将妇女运动引向政治领域。福田英子、今井歌子等平民社成员发起签名运动,要求以废除禁止妇女参加政治结社的《治安警察法》第 5 条。她们将数百人签名的请愿书送交众议院,被贵族院否决。以此为标志,争取妇女参政权运动起步。

1911 年 6 月,新成立的妇女团体青踏社掀起妇女精神解放的风潮。主要发起人是 1906 年毕业于东京日本女子大学的平冢雷鸟及其同窗中野初子、木内锭子、物集和子等,主张弘扬日本女性文学的传统,激发女性的天赋,选就女性的天才。"青踏"意为蓝色的袜子,是 19 世纪末期至 20 世纪初期的英国女权主义者标志性的用品。平冢等以此为社名,表达了争取妇女权利的顽强意志。

"大逆事件"过后,进入钳制言论的"严冬时代",思想界沉闷冷寂。平冢等妇女运动活动家只能以文学研究为掩护,在合法的范围内开展政治活动。1911 年 9 月,青踏社的机关杂志《青踏》问世,至 1916 年 2 月停刊,共出版了 6 卷 52 期。平冢在创刊号之前言的发刊词《女性原本是太阳——写在〈青踏〉发刊之际》中慷慨陈词,"本来,女性实际是太阳,是真正的人。如今,女性只是月亮,依靠他人而生,依靠他人的光芒而发光,只是一副病人苍白容颜的月亮";疾呼"被遮蔽了的我们必须夺回太阳!"平冢倡导"女性的自由解放",要求摆脱外界压迫、接受高等教育、广泛就业、获得参政权、走出家庭的小天地而能独立生活,期待女性"让潜在的天才、伟大的潜在能力十二分地得到发挥",成为"天才的所有者和天才的载体"。①

《青踏》第 1 期的发行引起强烈反响。此后,随着平冢的诗歌《新女性》在杂志《中央公论》上发表,"新女性"一词不胫而走。社会舆论视青踏社为新女性集合的团体,既表示关注,也加以讥讽。一批文笔犀利、我行我素的新成员陆续加入青踏社,热议新女性。伊藤野枝的《新女性之路》、加藤绿的《关于新女性》、长曾我部菊的《解说新女性》等文章,畅述女性关心的各种社会问题,疾呼妇女解放。平冢在后来回忆说:"运动一开始是作为抒发自己内心世界而启动的,是迄今为止一直被窒息、被压抑的女性自我爆发,并凭借《青踏》杂志这一出口而喷涌出来的精神上的妇女运动。在依旧被封建思想、氛围和传统束缚的时代,女性发出了觉醒的呐喊,运动由此展开,具有十二分的意义。"②

1918 年 3 月,与谢野晶子在杂志《太阳》上发表文章,呼吁女性抛弃在经济上依赖男性以及被保护的意识,强调只有经济解放才能保障妇女的真正解放。在同年 3 月、4 月号的《妇女公论》上,与谢野认为所谓"母性保护"不过是依赖主义的主张,"妇女依附于男子是一种奴隶道德";强调"妇女必须停止对国家的依赖","无论何时都应该拒绝依赖主义"。③

平冢雷鸟针锋相对,在 5 月号的《妇女公论》上发表《母性保护主义的主张是依赖主义吗》一文,答复与谢野说,"在欧洲的妇女问题中,最重

① 歴史学研究会編『日本史史料』(4)近代、295 頁。
② 芳賀登『近代日本女性』、弘文館、1986 年、71 頁。
③ 『婦人公論』、1918 年第 3 卷第 3 号。

要的核心问题是婚姻制度的改革问题",私生子的大量存在就是一个明证。由于私生子的生父在现行的法律中不承担任何责任,只有生母不堪重负,陷入极度的困难。因此,国家有义务从国库拨出专款,保护私生子母子,对于婚后成为母亲的妇女,国家也应该对因贫困而无法尽到母亲职责的妇女给予补助。平冢强调:"母亲原本是生命的源泉,妇女成为母亲后,就脱离了个人的存在,成为社会、国家的存在。因此,保护母亲,不仅为妇女个人所必须,而且通过其子女,也为全社会的幸福和全人类的未来所必须。"①争论持续进行到 1919 年,双方的观点各有长短。与谢野指出妇女解放的大方向,但不够具体;平冢提出解决问题的具体方案,但缺乏全局性的思考。但是,论争倒也引起社会舆论对妇女问题的关注,进一步深化了妇女解放的认识。

1921 年 4 月,山川菊荣、伊藤野枝、堺真柄、九津见房子等社会主义者创建妇女团体赤澜会。其纲领宣布"坚决向造成兄弟姐妹贫穷、愚昧和依附的一切压制宣战",将矛头指向资本主义制度。赤澜会成员高举"妇女觉醒"的大旗,参加了第二次"五一"游行。途中,还散发了山川书写的传单,遭到警察的拘留。12 月,赤澜会解散。翌年,改称八日会,继续开展活动。其成员不过 42 人,但对妇女问题的认知和践行上,超出了青踏社和新女性的坐而论道。

三、社会革命思潮

1918 年 3 月,苏维埃俄国与德国签订《布列斯特—立托夫斯克和约》退出帝国主义战争,协约国立即出兵干涉苏俄革命。4 月,军阀寺内正毅内阁和军部借口西伯利亚地区发生杀伤日本人事件,率先派遣海军陆战队进占符拉迪沃斯托克(海参崴)。7 月,美英日法四国以援救滞留在西西伯利亚的捷克军团为由,签订了出兵苏俄的协定,准备出动 2.8 万人的联军,侵入苏俄境内。8 月 2 日,日本政府发布出兵告示,1.2 万日军

---

① 歴史学研究会編『日本史史料』(4)近代、365—366 頁。

出动。至 10 月底,进占西伯利亚的日军多达 7.2 万余人,控制了符拉迪沃斯托克(海参崴)、哈巴罗夫斯克(伯力)、尼古拉耶夫斯克(庙街)等地,史称"西伯利亚出兵"。

1914—1918 年,日本市场米价上涨了 2.5 倍以上。由于政府为西伯利亚出兵筹集军粮,刺激米价一路飙升。1917 年 1 月,大阪堂岛大米市场 1 石糙米的价格为 15 日元,至 1918 年 7 月,涨至 30 日元。[①] 当时,小学正教员的月薪为 18—25 日元之间,富山县渔民的月收入约为 15 日元。[②] 米价的暴涨直接威胁到普通民众的生活,加上普选权要求得不到满足,提高工资杳无希望,警察蛮横、米商囤积居奇等各种因素综合作用,普通民众抗议风潮迅速逼近大爆发的临界点。

1918 年 7 月 23 日,富山县下新川郡鱼津町的渔家主妇为抗议米价上涨举行了集会,被警察驱散,此举激怒当地居民。8 月 3 日,中新川郡西水桥町的近 200 名渔家主妇聚集在米店前要求降低米价,米店老板态度蛮横,主妇们群情激奋。4 日,《高冈新报》以《女军近逼米店》为题,报道了下述新闻,主妇们每五六十人为一队,分头向当地有影响的人士和米商陈情诉苦,要求降低米价,否则将"烧毁米店,杀光米商全家",直到夜晚 10 时,才被警察再次驱散。[③] 5 日,《大阪朝日新闻》刊登发自高冈的题为《主妇造反》的电讯,报道了中新川郡西水桥町 300 余名主妇高呼过激口号、袭击米店的消息。[④] 6 日,东西水桥和滑川町的千余名居民采取集体行动,阻止大米外运并迫使町所降低米价 5 钱。7 日,《高冈新报》又以《越中女一揆》为题,报道富山县(古称越中国)民众,包括主妇群起抗议的消息,认为"东西水桥和滑川町的穷人一揆,点燃了令人恐怖的社会狼烟,虽然动用警力可以轻易加以镇压,但是,与他们的怒吼发生共鸣

---

① 今井清一『大正デモクラシー　日本の歴史 23』、中央公論社、1966 年、171 頁。
② 今井清一『大正デモクラシー　日本の歴史 23』、174 頁。
③ 歴史学研究会編『日本史史料』(4)近代、350—351 頁。
④ 歴史科学協議会等編『史料日本近現代史Ⅱ』、40 頁。

的思想如何能够镇压？"①

　　媒体对富山县"米骚动"消息的报道，产生轰动效果。各大中城市纷纷响应。8月10日，京都和名古屋市民采取行动，袭击米店、警察派出所。11日，大阪、神户以及东海、近畿、中国、四国地区也开始了群众性的哄抢米店的骚动。13日夜晚，大阪数十万群众涌上街头，形成最大规模的"米骚动"，政府出动20个中队的兵力，予以镇压。②13—14日，以东京的日比谷公园群众集会为起点，关东地区的"米骚动"迅速波及开来。15—17日，本州岛的东北和西南地区卷入"米骚动"狂潮，九州北部的群众随即响应。17日以后，骚动从城市向町村扩展，矿工加入骚动。山口县冲山煤矿、福冈县峰地煤矿的矿工捣毁矿主住宅、米店和酒屋，用炸药激烈抵抗军队的镇压，造成较大伤亡。至9月12日三池煤矿工人被镇压，长达50余日的"米骚动"方告平息。据统计，骚动波及1道3府27县，参加者总人数超过百万；政府动用军队地点涉及3府23县的百余个场所，整个骚动期间出动镇压民众的兵力在5.7万人以上，③为明治维新以来所仅见。9月21日，军阀寺内内阁总辞职。9月29日，政友会总裁原敬受命组阁。

　　在"米骚动"的刺激下，先进的知识分子选择了激进的社会革命理论。1922年7月15日，水曜会、晓民会和建设者同盟等马克思主义团体，在东京涩谷秘密举行日本共产党建党会议，通过临时党章，选出中央执行委员会，堺利彦当选为委员长，决议加入共产国际。11月，共产国际第四次代表大会承认日本共产党为其下属支部。

　　12月，在片山潜等人的参与下，共产国际执行委员会日本小委员会制订了日本共产党的《纲领草案》。"草案"强调日本社会存在前近代封建关系残余，表现为"大部分的土地掌握在半封建的大地主手中，最大的地主就是日本政府的元首天皇"；"国家机关掌握在一部分资产阶级和大

①　今井清一『大正デモクラシー　日本の歴史 23』、173 頁。
②　今井清一『大正デモクラシー　日本の歴史 23』、177 頁。
③　今井清一『大正デモクラシー　日本の歴史 23』、179—180 頁。

地主的集团手中";"国家权力的半封建特性,明显表现在元老在宪法中占据重要地位且具指导性的作用上"。在上述条件下,"反对现存国家权力的力量"包括工人阶级、农民、小资产阶级和自由主义资产阶级。①

　　基于上述分析,"草案"认为日本革命的性质是"资产阶级革命",待其完成,"将成为资产阶级统治及以实现无产阶级专政为目标的无产阶级革命的直接序曲"。日本共产党"以无产阶级革命为目的",革命分两阶段完成,第一阶段党的任务是"颠覆天皇政府及废除君主制","在共产党的旗帜下,最大限度地集中力量,掌握这种力量的领导权。必须为日本无产阶级苏维埃政权,开辟未来的斗争道路";"在反对现存政府的斗争过程中,获得最重要的地位,是日本共产党面临的第一任务。"第二阶段的任务是"造成无产阶级和农民的阶级组织,全力以赴地加以统一和扩大,强化革命,必须努力建立工农政权。"②

　　"草案"还提出:(1)"废除君主制","废除贵族院","18 岁以上所有男女的普通选举权","工人团结的完全自由","示威运动自由","废除现有的军队、警察、宪兵、秘密警察","武装工人"等 10 项政治要求。(2)实现"工人的 8 小时工作制","失业保险和其他劳动保险","设立最低工资","由工厂管理委员会管理生产","雇主及国家承认工会"等 5 项经济要求。(3)"无偿没收天皇、大地主和寺社的土地并实行国有","所有土地归农民所有","累进所得税"等 4 项土地要求。(4)"停止一切干涉","从朝鲜、中国大陆、中国台湾及库页岛撤军","承认苏维埃俄国"等 3 项外交要求。③《纲领草案》对日本社会状况和革命性质的理论分析超过同期其他政党或社团,对日本未来的目标选择也表述得最为明确。但是,由于纲领的制订者身在莫斯科,并以俄国的十月革命道路为唯一模式,因此在革命阶段的表述、革命任务的规定和具体要求的提出等方面,脱离了日本社会的实际,陷入纸上谈兵的教条主义误区。

---

① 村田阳一编訳『コミンテルンと日本』、大月書店、1986 年、141—142 頁。
② 村田阳一编訳『コミンテルンと日本』、143 頁。
③ 村田阳一编訳『コミンテルンと日本』、144 頁。

1922年8月,山川均在《前卫》7、8月份的合刊号上,发表了论文《无产阶级运动的方向转换》,认为日本无产阶级运动在第一阶段,有少数先锋分子脱离群众而彻底地思想纯化之后,应该在第二阶段即大众化阶段转变方向,回到群众当中,重视实现无产大众现实利益的政治运动。[①] 山川均的"方向转换论"亦称山川主义,是用右倾取消主义否认日共的先锋队作用。尽管存在各种问题,新兴的革命党日本共产党充满活力。1922年6月,组织不干涉俄国同志会,反对出兵西伯利亚;7月,山川菊荣等发起建立救济俄国饥荒妇人有志会,举行义卖义演,募集善款,援助俄国人民。9月,日共发行秘密刊物《农民运动》,10月发行《劳动新闻》。1923年4月,将《前卫》《社会主义研究》《无产阶级》合刊为理论机关杂志《赤旗》(后改名《阶级战》);创立日本共产青年同盟,日共党员川合义虎任委员长。[②]

日共从成立之日起,就屡遭政府的镇压。华盛顿会议后,军部将减裁下来的武器和军官配置给各所大学,最先在早稻田大学实施军训。1923年5月,陆军次官白川义则出席早稻田大学军事研究团的成立大会,进步学生群起抗议。在此后数日内,受到早稻田大学文化联盟和建设者同盟影响的雄辩会与右翼学生团体纵横俱乐部激烈争辩,双方拳脚相加,发生殴斗。因警察介入,军事研究团解散。纵横俱乐部勾结警视厅,诬指早大文化同盟为赤色团体,要求大山郁夫、北泽新次郎、佐野学、猪俣津南雄等四位教授辞职,迫使文化同盟解散。生性懦弱的佐野学惊惶失措,误将日共的秘密文件交给警视厅的坐探保管,招致军警对日共实施第一次镇压。6月,堺利彦、市川正一、德田球一、山本悬藏、渡边政之辅等日共领导人和普通党员约80人被捕,29人被起诉,其他中央委员被迫出国躲避。[③] 日共遭受沉重打击,中央部门瘫痪。9月,关东大地震猝发,军警乘机捕杀日共党员,川合义虎等在龟户警察署遇害。严酷的

---

① 『山川均全集8』、勁草書房、1979年、2頁。
② 日本共産党中央委員会著『日本共産党の七十年』、新日本出版社、1994年、43頁。
③ 日共中央委员会编:《日本共产党的六十年》上册,人民出版社,1986年,第21页。

形势下,赤松克麿、山川均等人发生动摇,认定"在日本建立共产党的本身就是一个错误",主张解散组织。① 1924 年 2 月,日共解散。3 月,野坂参三等创建产业劳动调查所,全面调查研究各种社会问题和阶级状况,为日共的重建作准备。5 月,《马克思主义》杂志秘密创刊,构筑了组织重建的理论阵地。

四、法西斯思潮

日本法西斯主义理论的始作俑者之一是北一辉,本名北辉次郎,生于佐渡岛。1893 年就读加茂高等小学,课余苦学中文。1901 年,开始在《佐渡新闻》上发表政论文章。1904 年 4 月,来东京谋生,在早稻田大学旁听课程,查找研究资料。1905 年 9 月,发表《社会主义之启蒙运动》一文,论述对"纯正社会主义"的理解。1906 年 5 月,自费出版《国体论及纯正社会主义》,7 月、10 月又出版了《纯正社会主义哲学》《纯正社会主义经济学》,但均被查禁。其间,北一辉曾接触过幸德秋水等社会主义者。1906 年 11 月,参加宫崎滔天、平山周等创建的大陆浪人团体"革命评论社"的活动,加入中国革命同盟会,与旅居日本的革命党人接触密切,往返京阪之间,为革命党人筹集武器军资。1911 年 10 月,辛亥革命爆发。应宋教仁的邀请,北一辉以黑龙会派遣人员资格前往中国活动。1913 年 3 月,袁世凯派人刺杀宋教仁,北一辉却诬指乃孙中山所为,策划复仇。4 月,日本驻上海总领事因其过于嚣张,责令离开中国。回国后,北一辉以"中国通"和"中国革命顾问"自居,使用中国式的三字姓名北一辉,经常身着长衫马褂,招摇于公众场合。1915 年 11 月,北一辉向政府提交政略建议《支那革命党及革命之支那》,后于 1921 年改题名为《支那革命外史》并正式出版,主张与英、俄展开竞争,以支援中国革命为名,扩充日本的在华势力。

1916 年 6 月,北一辉再度来华,旅居上海。面对上海民众抗议"二十

---

① 日本共産党中央委員会著『日本共産党の七十年』、44 頁。

一条"要求的反日风潮,北一辉深感失望。1918 年 7 月爆发的"米骚动",也使其惊恐不安。1919 年五四爱国运动期间,上海工人和市民的反日示威游行,更令其如坐针毡。多重刺激之下,自 1919 年 8 月开始,北一辉在上海的病房里写成《国家改造案原理大纲》(1923 年 5 月发行时改名《日本改造法案大纲》),谋划新的发展方向。1919 年 8 月,满川龟太郎、大川周明等建立了日本第一个法西斯团体"犹存社",社名取自唐朝魏征的诗句"纵横计不就,慷慨志犹存"。① 其成立《宣言》宣称"实行国家的根本改造和革新国民精神","以解放人类为使命"。② 1920 年 7 月,犹存社创刊团体杂志《雄叫》,叫嚣进行"人类解放战争",立场好斗而极端。大川还专程来上海,促请北一辉入社。

犹存社以北一辉的《日本改造法案大纲》为行动纲领,秘密誊写数百部,暗中散发。这个时称"日本法西斯圣典"的小册子,其中绪言部分故作惊人之语,说"大日本帝国内忧外患,面临史无前例的国难"。在国内,"大多数国民陷入生活的不安","把握政权、军权和财权者惶惶然却欲维持其不义"。在国外,"英、美、德、俄无不践踏信义,连借助日俄战争得以保全的邻邦支那也回报以排斥和侮辱,真可谓东海粟岛,孑然孤立。若一步失误,将使祖宗所建之国覆亡"。③ 其应急之策包括:在国内,"必须确立改造大日本帝国的大本,确定举国一致的国论,以全体日本国民的大同团结,最终奏请天皇大权之发动,拥戴天皇而迅速奠定国家改造的基础"。④ 对外,实行大规模的扩张,武力征服世界。北一辉认为,"我日本在 50 年间人口将增加两倍,因此不能不需要百年后应养活至少一亿五千万人的巨大领土",因此,"在国家改造结束的同时,高举亚细亚联盟之义旗,执真正到来的世界联邦之牛耳,向四海同胞宣布佛子之天道,以

① 国史大辞典编集委员会编『国史大辞典 14』、吉川弘文館、1994 年、281 頁。
② 今井清一[ほか]編集解説『現代史資料 4 国家主義運動 1』、みすず書房、1963 年、24 頁。
③ 高橋正衛編集解説『現代史資料 5 国家主義運動 2』、みすず書房、1964 年、10 頁。
④ 高橋正衛編集解説『現代史資料 5 国家主義運動 2』、10 頁。

垂范于东西。"①

"发动天皇大权"以推行国家改造,是北一辉法西斯政治学说的基本主张。北一辉把天皇定位为"国民的天皇"、"国民的总代表"和"国家的根本支柱";鼓吹"天皇与国民共同奠定国家改造的根基,通过发动天皇大权,在三年间停止实行宪法,在全国发布戒严令",在异常情况下,实行国家改造。其内容包括:"废止华族制度";"废止贵族院,设置审议院,使之审议众议院的决议";"恢复国民的自由",废止《文官任用令》《治安警察法》《新闻纸条例》《出版法》等有损国民自由的和宪法精神的法律;设立由几名无任所大臣组成的"国家改造内阁"和讨论国家改造根本方针的"国家改造议会"。基于"国民的天皇"的论断,皇室每年3 000万元的费用应由国家负担,天皇将皇室持有的土地、山林和股票交给国家。②

依靠皇权实行打破常规的国家改造,是北一辉实现法西斯化的政治前提和精神依托,为其他法西斯分子普遍接受,对日本法西斯化的进程产生深远的影响。匍匐在皇权之下的所谓"昭和维新"和天皇制法西斯体制的建立,均割不断与皇权的干系。

第一次世界大战后,各国普遍存在经济衰退、局势动荡和下层民众强烈不满等问题。出于争取群众、攫取权力的考量,东西方法西斯主义对内均强调限制大私有制、保护小私有制,鼓吹社会公平乃至扯起"社会主义"的旗号;对外叫嚣建立总体战机制,鼓噪对外侵略战争。1919年6月,墨索里尼的"战斗的意大利法西斯"的纲领,主张"对资本课以累进性特别重税","没收其部分财富";"实行8小时工作制"、"确保最低工资标准";"所有军火工厂都收归国有";"强迫地主耕种土地",等等。③ 1920年2月,希特勒为德意志工人党(纳粹党前身)草拟的《二十五点纲领》,要求"对所有(到目前为止)已经联合起来的企业(托拉斯)实行国有化","立即将大百货公司充公,廉价租赁给小工商业者","在国家和各邦区收

① 高橋正衛編集解説『現代史資料5 国家主義運動2』、10頁。
② 高橋正衛編集解説『現代史資料5 国家主義運動2』、10—14頁。
③ 朱庭光主编:《法西斯新论》,重庆出版社,1991年版,第15、16页。

购货物时特别照顾一切小工商者";"无代价地没收土地","废除地租;
"建立帝国强大的中央集权,中央政治国会及其一切机构拥有绝对权
威"等。[1]

北一辉的《日本改造法案大纲》同样主张限制私有财产,宣称"日本
国民一家所有财产的限度为100万日元";日本国民一家拥有的私有土
地的限度为时价10万日元,超额部分由国家收购;私人生产企业的限度
为资本1 000万日元,超额部分实行国有化。同时要求建立银行省、航海
省、矿业省、农业省、工业省、商业省、铁道省等中央集权的国家生产组
织,增加国库收入;鼓吹"保护所有劳动者的权利"、实行8小时工作制、
保护租耕地主土地的农业者、保护国民的生活权利。对外则鼓吹国家拥
有"在国际间生存及发展的权利",拥有为受到"不义强力"压迫的国家和
民族,以及对"无视人类共存天道"的国家开战的权利。[2]

第二节 护宪运动与政党内阁的建立

一、第二次护宪运动

1913—1921年,在两次护宪运动之间,海军大将山本权兵卫、宪政党
总裁大隈重信、陆军大将寺内正毅、政友会总裁原敬先后组阁,军阀与政
党的总裁轮流坐庄。其间,日本经历了第一次世界大战时期投机性的繁
荣与战后萧条,感受着跃升为世界大国后的迷茫和"米骚动"等标志性社
会动荡的冲击,跌跌撞撞地进入20世纪的20年代。

原敬内阁的成立,曾经给日本政局带来某种新景象。原敬生于盛冈
藩(今岩手县与青森县之间)的藩士之家。原敬既非出身西南雄藩的藩
阀,亦非贵族,未被授予爵位,故有"平民宰相"之称。9名阁僚中,除陆相
田中义一、海相加藤友三郎和职业外交官外相内田康哉之外,内务、大

---

[1] 朱庭光主编:《法西斯新论》,第111、109页。
[2] 高桥正卫编集解说『现代史资料5 国家主義運動2』、14—34页。

藏、文部、农商务、递信、司法诸相均为政友会成员，颇具"政党内阁"的意味。然而，由于组阁程序依旧是沿用老办法而未经民选，实际上仅为走向政党政治的过渡形式。

为巩固新获得的政治大国地位，原敬内阁对英美奉行协调外交方针，趁机接管德国在山东的全部殖民权益。在内政方面，提出改善教育、振兴产业和贸易、整备交通通讯、充实国防等四大执政方针。1919 年 3 月，通过修改《众议院议员选举法》，将选举人纳税资格从 10 日元减至 3 日元，实行小选区制，使有选举权的人数增加到 330 万人。[1] 原敬内阁拒绝宪政会、立宪国民党等在野党实行普选的要求，解散众议院。1920 年 5 月，原敬为首的政友会虽赢得大选，却因傲慢而民望骤减，"平民宰相"的亲民色彩剥落。随着多起腐败事件的曝光，以及 10 月至 12 月原敬卷入皇太子裕仁与良子女王的婚约纠纷，原敬内阁不断被诟病。

1921 年 11 月 4 日，前去京都出席政友会大会的首相原敬，在东京火车站被右翼暴徒中冈艮一刺杀身亡。外相内田康哉兼任临时首相，5 日内阁总辞职。在元老西园寺公望的推荐下，13 日，政友会总裁高桥是清奉命组阁，原敬内阁全体阁僚留任，继续推行原敬的内外方针，强化对反体制势力的镇压。1922 年 2 月 19 日，高桥内阁制订《过激社会运动取缔法案》，其第一条规定对"宣传或试图宣传无政府主义、共产主义，紊乱朝宪者，处以七年以下徒刑或监禁"。[2] 法案将《治安警察法》尚未明文规定的无政府主义、共产主义者纳入法律镇压的范围之内，由于在野党和群众团体的反对，该法案被暂时搁置起来。6 月 6 日，因改组内阁的行动受阻，高桥内阁总辞职。元老会议推荐海相加藤友三郎出任首相，12 日，加藤内阁成立。1923 年 8 月 24 日，加藤病故。翌日，外相内田康哉再次出任临时首相。8 月 28 日，海军大将山本权兵卫第二次受命组阁。在不到 2 年的时间内，四届短期内阁轮流登台，日本政局再次进入不稳定的

---

[1] 国史大辞典編集委員会編『国史大辞典 11』、吉川弘文館、1995 年、707 頁。
[2] 歴史科学協議会等編『史料日本近現代史Ⅱ』、67 頁。

时期。

　　天灾，往往伴随着人祸。1923 年 9 月 1 日中午 11 时 58 分，7.9 级的关东大地震猝发。特别是东京、横滨一带，大火连续延烧了 3 天，将近一半的东京市街化为灰烬，交通、通讯中断，全城陷入混乱。日比谷公园、上野公园、宫城、东京火车站广场挤满了逃难的人群，饥困交加，惊惶失措。"朝鲜人、社会主义者'投毒'、'放火'"等谣言不胫而走。2 日傍晚，山本内阁下达戒严令，军队、警察和宪兵一齐出动，青年团、在乡军人会、消防组成员组成的自警团，配合军警展开镇压。3 日夜，南葛劳动会干部、共产青年同盟委员长川合义虎等 10 名工会领导人被龟户警察署逮捕，惨遭杀害，史称"龟户事件"。5 日，社会主义者近藤宪二、浅沼稻次郎、北原龙雄等被捕。16 日，在东京宪兵队涩谷分队长甘粕正彦大尉的指挥下，社会活动家大杉荣夫妇被逮捕和残杀，此即血腥命案"甘粕事件"。赈灾期间，中国官民慷慨解囊赈灾，却有数以千百计的无辜旅日朝侨和华工，包括华工领袖王希天被日本军警和右翼暴徒杀害。

　　在关东大地震中，灾民高达 340 万人，死亡 91 344 人，失踪 13 275 人，受伤 52 074 人，烧毁住宅 447 128 户，损坏、半损坏住宅 24 万户；据日本银行估计，除人畜伤亡、救灾费用、文物图书等损失之外，财产损失约为 45.7 亿日元，总额相当于 1922 年一般会计预算的 3 倍余[①]，日本经济备受打击。"龟户事件"、"甘粕事件"以及虐杀朝鲜人事件陆续曝光，山本内阁狼狈不堪。为稳固局势，1923 年 10 月，山本内阁五大臣会议确定了《普选法案要纲》，并随后得到内阁会议的认可。法制审议会随即予以通过，但依旧否决了妇女参政权。11 月，对成年男性普选权的纳税限制被取消，仅占全国人口 22% 的半数成年男性日本国民获得了普选权。

　　12 月 27 日，无政府主义者难波大助为替大杉荣复仇，在虎之门外枪击出席第 48 届通常国会开幕式的摄政裕仁的车队，卫队长受重伤。山本内阁因"虎之门事件"引咎辞职。1924 年 1 月 1 日，枢密院议长清浦奎

---

① 今井清一『大正デモクラシー　日本の歴史 23』，403—405 頁。

吾奉命组阁。舆论对此反映强烈,1 月 7 日,《大阪朝日新闻》发表社论,抨击清浦内阁是"性质最为恶劣的内阁";11 日进而指出此内阁是"贵族专制政治"的时代错误。[1] 10 日,政友会、宪政会和革新俱乐部等护宪三派聚会研讨局势,一致认为特权内阁不得民心,加剧国内阶级对抗从而导致形势恶化,决定发起倒阁运动。以此为标志,第二次护宪运动兴起。

　　与第一次护宪运动不同,在第二次护宪运动中,政党成为主导力量。在合法的范围内,政党内部的分裂、政党与政府的交易成了新常态。1924 年 1 月 15 日,政友会总裁高桥是清在党的干部会上发表批判清浦内阁的声明。16 日,指责高桥违反政友会"稳健务实"传统的山本达雄、床次竹二郎、中桥德五郎等退党,政友会分裂。22 日,山本等另组拥护清浦内阁的新政俱乐部。29 日,改称政友本党。政友会的分裂加剧了政党势力的危机感,政友会、宪政会、革新俱乐部等三派在确立政党内阁的共同目标之下,决定联合行动。30 日,三派的党首高桥是清、加藤高明、犬养毅等出席在大阪中央公会堂举行的拥护宪政关西大会,号召民众投入护宪运动。会场气氛热烈,与会者情绪激动。会后,高桥等人乘坐的火车在归途中发生了未遂的列车颠覆事件,舆论为之哗然。31 日,众议院就此事件对内阁进行紧急质询,3 名暴徒闯进会场,占领主席台,会场陷入混乱,质询被迫中止。消息传开,更激发了护宪派的昂扬斗志。2 月 17 日,护宪三派在东京组织了大规模的游行示威,将第二次护宪运动的造势活动推向高潮。护宪三派更加鲜明地唱响实现普选、减税和建立政党内阁等竞选口号,在各地举行造势集会。

二、政党内阁的建立

　　1924 年 5 月 10 日,第 15 届众议院总选举的结果揭晓,护宪三派在 464 个议席中取得 284 席,大获全胜。其中,宪政会激增 50 个议席,成为拥有 150 个议席的第一大党。6 月 7 日,在元老西园寺公望的举荐下,宪

---

[1] 鹿野政直『大正デモクラシー　日本の歴史 27』,小学館、1976 年、356 頁。

政会总裁加藤高明受命组阁。[①] 加藤高明内阁为护宪三派的联合内阁，宪政会的若槻礼次郎任内相、滨口雄幸任藏相；政友会的高桥是清任农商务相；革新俱乐部的犬养毅任商工相兼递信相。此外，外相由币原喜重郎担任，陆相由宇垣一成、海相由财部彪担任。此后，直至1932年"五一五事件"政党内阁被逐出政治舞台，史称政党政治时期。

所谓政党政治，即内阁的更替不再由藩阀、元老幕后操纵，而是取决于政党在竞选中获得众议院席位的多寡，竞选纲领举足轻重。其主要特点是：参与普选和争取选票是政党必须关注的要素；竞选中多数党的党首自然成为首相人选，成为"宪政常道"的通行惯例。在内阁构成中，除陆海军省大臣由军部派出外，其他阁僚主要由政党成员担任。在1924—1932年的8年期间，内阁首相由政党党首轮流担任。其中，宪政会3次组阁，民政党和政友会各2次组阁。政党政治期间，日本国内不同政治力量的竞争和对抗加剧，来自民众的压力日益增强；在国外，资本主义世界的经济恐慌，以及中国的觉醒和走向统一，对日本的外部环境提出新的挑战。

1924年6月，加藤内阁登台，力图重建被经济危机和关东大地震沉重打击的财政。藏相滨口主张对像无底洞般吞噬国家财政的扩军备战和军部特权加以限制，为此提出修改陆海军大臣由现役武官担任的制度、废止在朝鲜和"关东州"的宪兵制、撤销6个陆军师团、服役时间缩短为1年零4个月，借此将1924年度的16亿日元财政预算压缩到13个亿。其他政党阁僚主张将财政的投放重点，转向水利、公路和铁路等基础设施建设。陆相宇垣一成主张取消4个陆军师团，将节省下来的军费开支用于筹建装甲、航空等新兵种。最终达成共识，撤销4个陆军师团，将1925年度的财政预算总额限定在15亿日元以内。[②] 此外，对临时军费特别会计和大藏省预金部实施改革，力求财政合理化，但在竞选中关

---

① 今井清一『大正デモクラシー　日本の歴史 23』、430 頁。
② 今井清一『大正デモクラシー　日本の歴史 23』、433、434 頁。

于减税的承诺却未付诸行动。

1925 年 8 月,内务省社会局发表了《劳动组合法案》(《工会法案》),列入承认工人的团结权、禁止雇主以加入工会为理由解雇工人、罢业合法等条款。对此,财界表示激烈反对。政府的行政调查会接受了财界的意见,对法案进行了大幅度的修改。工会起而抗议,政府虚以应付。1926 年 1 月,政府将法案提交给第 51 届通常国会,然而却以"审议未了"的方式不了了之。政党内阁将财阀利益置于政治运作的首位,并非偶然。第一次世界大战后,新老财阀垄断资本已成为支配国家命运的利益集团。在竞选中需要财界政治资金支持的政党,自然成为其政治代表,组阁执政。至于首相加藤高明和外相币原喜原郎皆为老财阀岩崎家的女婿,不过是政党内阁与财阀建立人脉渠道的便利条件,具有一定的偶然性。执政党充当财阀的政治代表,财阀的意向即政府制定政策的坐标,是政党政治的本质所在。

《普通选举法》和《治安维持法》的制定,体现了政党政治的两重性。1924 年 9 月,执政三党组成的普选联合协议会确定了普选法案大纲。12 月,内阁将几经协商制订的普选法草案呈交枢密院。在此后 50 余天的审议中,枢密院对内阁草案进行了多处修改。其中,内阁草案赋予 25 岁以上男子以选举权和被选举权的规定,被修改为 30 岁以上的男子具有被选举权;"生活上接受公费救助者"不具备选举权和被选举权的规定,枢密院将"接受公费救助者"修改为"接受公私费救助者",从而剥夺了由家庭负担学费的大学生们和无收入青年男子的选举权和被选举权。在此后的国会审议过程中,贵族院支持枢密院的修改意见,将"因贫困和生活上接受公私救助或接受扶助者"排除在选举之外。[1] 在同枢密院、贵族院等特权机构的协商中,政党内阁以退让而达成妥协。

1925 年 3 月 29 日,经过第 50 届通常国会三次延长会期,国会通过了《普通选举法》。由于纳税的限制被取消,日本国内拥有选举权的人数

---

① 歴史科学協議会等編『史料日本近現代史Ⅱ』、65—66 頁。

由 330 万人,增加到 1 250 万人。较此之前的限制选举,"普选法"的颁布尚称历史的进步。与此同时,女性仍被排除在普选之外,在读男性大学生和无业男青年也与普选无缘。因此,这种进步又是畸形而不完整的,反映了政党政治的局限性。继而,在政党内阁执政期间,日本妇女争取普选权的运动始终没有停止。

1925 年 2 月 19 日,政党内阁向国会提交了治安维持法案。其中,第一条即规定"以变更国体或政体并否认私有财产制度为目的之组织结社,以及知情并加入其中者,处以十年以下的徒刑或监禁";第二、第三条规定:对为上述目的进行协议者或煽动者处以七年以下的徒刑或监禁等。① 法案的第一条在国会讨论中引起争论,执政三党经协商后,删除了"或政体"的字句,3 月 19 日,国会审议结束。4 月 22 日,此法案予以公布。5 月 12 日,开始实施。政党内阁之所以在颁布《普通选举法》之后,立即制定和实施《治安维持法》,是对国内反体制力量利用普选法开展反政府活动,以及在 1925 年 1 月与苏联建交后被"赤化"的恐惧。在内阁向第 50 届通常国会提交治安维持法案的当天,内相若槻礼次郎在发言中直言不讳地表白说:"此项法律是取缔无政府主义和共产主义的法律","对工人进行的工会运动并无任何约束"。②

1926 年 12 月 25 日,体弱多病的大正天皇嘉仁去世,25 岁的摄政裕仁亲王继位。年号取中国《尚书·尧典》的"百姓昭明,协和万邦",改元昭和。此时,日本国内政潮起伏,各种政治力量展开竞争。1927 年 4 月,昭和金融危机不期而至;1928 年 6 月,"皇姑屯事件"骤发,日本进入内外动荡不安的昭和初期。为拧紧对内镇压的螺丝帽,《治安维持法》针对反体制力量的惩处力度不断强化。

1928 年 6 月 29 日,政友会总裁田中义一所组内阁据天皇裕仁颁发的第 129 号敕令,对《治安维持法》加以修改,加强对"变更国体"者的镇

① 歴史科学協議会等編『史料日本近現代史Ⅱ』、68 頁。
② 歴史科学協議会等編『史料日本近現代史Ⅱ』、69—70 頁。

压力度。其中规定："以变更国体为目的的结社组织者或担任结社负责人并执行其领导人任务者,处于死刑、无期徒刑、五年以上的徒刑或监禁";对"否认私有财产制度"而结社并采取行动者的处罚,沿用原量刑规定。① 用《治安维持法》来对付日共等反体制力量,压制工农运动;用《普通选举法》来适度限制特权机构,维持"宪政常道"构成政党政治运营的两手政策。

三、政党内阁的外交取向

政党执政期间,日本外交必须面对来自欧美的裁军压力和中国局势的新变化。1924 年,出席华盛顿会议的日本首席全权代表币原喜重郎任第一届加藤高明内阁外相,后历任第二届加藤高明内阁,第一、二届若槻礼次郎内阁和滨口雄幸内阁的外相,先后主持日本外交事务计有 5 年,推行以"协调"为基调的"币原外交"("协调外交")。在维护日本既得利益的基础上,着重处理日本与美英等国之间相互关系之问题,强调不干涉中国内政。换言之,对欧美外交低姿态与对华外交高姿态构成"协调外交"的两个侧面。

1927 年 12 月,法国外交部长白里安与美国国务卿凯洛格联名邀请各国代表出席在巴黎举行的国际会议,订立和平条约,日本前外相内田康哉作为全权代表前往。1928 年 8 月,美、法、英、日、德、意、比、捷克、波兰等 15 国在巴黎签订了《非战公约》(也称《白里安—凯洛格公约》或《巴黎公约》)。《非战公约》的各缔约国以"人民的名义",庄严宣布:"为解决国际纠纷而付诸战争是错误的,且在处理相互关系中,放弃作为国家政策手段的战争";规定:"缔约国之间无论发生任何纠纷和争议,无论其性质和起因如何,均以和平手段处理或解决之"。② 《非战公约》宣扬和平,措辞漂亮,却对签约国并无任何实际的制约作用。即使如此,在日本国

---

① 歴史科学協議会等編『史料日本近現代史Ⅱ』、69 頁。
② 外務省編『日本外交年表並主要文書下卷』、原書房、1973 年、121 頁。

会审议批准条约时,其中"以人民的名义"字句受到民政党国会议员的激烈指责,攻击此语背离了天皇主权原则,"违反了大日本帝国宪法"①。在野的民政党基于党争和倒阁的狭隘立场,竟然出此愚劣之论,道出了政党政治自身难以克服的局限性。

1929 年 10 月,英国邀请《五国海军条约》的缔约国代表来伦敦,继续讨论 1927 年 8 月美英日三国日内瓦海军裁军会议未解决的裁减辅助舰问题。所谓辅助舰,系指巡洋舰、驱逐舰和潜水艇等火力强大的舰艇,其多寡直接决定了海军军备力量的强弱。与田中义一内阁对海军裁军的消极态度不同,滨口雄幸内阁反应积极,指定前首相若槻礼次郎为首席全权代表,率领海相财部彪、驻英大使松平恒雄、驻比利时大使永井松三出席会议。

1930 年 1 月 18 日,美英日法意五国海军裁军会议在伦敦举行。围绕着各国拥有军舰吨位的数量,展开了激烈的讨价还价。争论的焦点在于日本要求拥有相当于美国辅助舰 70% 的吨位量,而美英两国只同意给日本稍多于 60% 吨位量。几经交涉,3 月 14 日日本谈判代表团将日美相互妥协的方案密报内阁,即日本辅助舰总吨位为美国同类舰艇拥有量的 69.75%、大型巡洋舰为 60.23%、潜水艇为 100%、轻巡洋舰和驱逐舰为 70.15% 等,请示进一步的谈判训令。② 海军军令部部长加藤宽治、次长末次信正等舰队派坚持认为:对美辅助舰拥有的吨位数低于 70%,就无力对抗假想敌国美国,坚决反对这份妥协方案。3 月 17 日,末次信正单独会见记者,散发《海军当局的声明》,表示"海军对此方案绝对不能承认。"③军令部长加藤说动海军元老东乡平八郎、伏见宫贞爱亲王和军事参议官们出面,向内阁施加压力。但是,首相滨口雄幸的态度十分坚决,表示"即使自己丢失了政权,丢失了民政党,甚至丢失了自己的生命",也要达成妥协,防止伦敦海军

---

① 猪木正道『軍国日本の興亡』、中央公論社、1995 年、152 頁。

② 猪木正道『軍国日本の興亡』、155 頁。

③ 猪木正道『軍国日本の興亡』、157 頁。

裁军会议破裂。① 滨口的立场,得到了元老西园寺公望、内相牧野伸显、宫内大臣一木喜德郎、宫内侍从长铃木贯太郎等天皇侧近势力,以及海军元老、大将山本权兵卫、斋藤实、冈田启介和海军省的支持,海军军令部不得不承认内阁在兵力数量上的决定权,内阁则承诺发展海军航空兵,争论暂告一段落。4 月 1 日,内阁决定接受妥协方案并电告若槻礼次郎。2 日,美英日之间达成妥协。22 日,与会五国签署了《伦敦海军裁军条约》。

滨口雄幸内阁之所以果断坚持与美英妥协,是由于当时日本在经济、技术和国际融资方面严重依赖欧美。1929 年 10 月 24 日,纽约股市暴跌引发了资本主义世界大恐慌,银价连续贬值,美国对日本生丝的需求锐减、日本在中国市场的占有率急剧萎缩、印度大幅度提高棉布关税等,对日本的出口造成沉重打击。1930 年 1 月 11 日,滨口内阁的大藏相井上准之助宣布黄金输出解禁,试图借助恢复金本位制,实现均衡贸易,解决一战后泡沫经济的老大难问题,闯过"昭和恐慌"的难关。现实的财政困难,迫使滨口内阁对美英作出让步。从更久远的经济联系来看,密切与欧美国家的经济关系,是财界的传统政策,代表财阀利益的政党内阁无一不以此为准。政党内阁在与欧美国家,尤其是在与美英的协调外交中,培养了诸如币原、吉田茂等一批"亲欧美"的外交官。

应对中国局势急剧变化的方针政策,构成协调外交的重要内容。1926 年 7 月,广州国民政府出动 10 万北伐军兵分三路,向盘踞在湖南、湖北的直系军阀吴佩孚部和占据江西、浙江、福建的直系军阀孙传芳部发起进攻。9 月,北伐军攻克武汉。11 月,攻克南昌,兵锋直指上海和长江以北广大地区,中国统一在望。

1927 年 1 月,外相币原喜重郎在第 52 届通常国会的外交演说中,公开了"对华政策四原则",即:(1)"尊重中国的主权和领土完整,对其内争严守绝对的不干涉主义";(2)"期待增进两国共存共荣及经济上的提

---

① 猪木正道『軍国日本の興亡』、156—157 頁。

携";(3)"以同情与善意对待中国国民的正当愿望,不遗余力地协助实现之";(4)"对中国现时局势抱耐心与宽容之态度,同时尽量采用合理之手段,竭力保护日本之正当且重要的权利和利益"。① 2 月,外相币原又在贵族院强调对华不干涉方针。其后,日本率先承认南京国民政府。

1927 年 4 月,政友会总裁田中义一组阁。首相兼外相的田中转而采取积极介入的新方针,取代币原喜重郎的"不干涉主义"。6 月 27 日至 7 月 7 日,田中在东京举行"东方会议"。内阁全体阁僚,外务省政务次官森恪、驻华公使芳泽谦吉、驻奉天总领事吉田茂、驻上海总领事矢田七太郎、驻汉口总领事高尾亨,陆相白川义则及陆军省、海军省次官和参谋本部次长南次郎、松井石根,军务局长阿部信行、关东军司令武藤信义、关东厅长官儿玉秀雄等与会。会议讨论了蒋介石发动"四一二"政变后中国的政治形势、对华经济政策、山东撤军、禁止武器输出、抵制日货对策、对华文化事业、对苏俄外交等问题。其中,如何应对的"满蒙问题"是全体会议和特别委员会会议讨论的核心问题。在 7 月 1 日的特别委员会会议上,与会者达成一致意见,即"满洲与日本有特殊关系",因此"需要对满蒙确立固定不变的政策,同时保持满洲的政治稳定,使之免于兵乱不停的中国之错综复杂的政治影响。"②言下之意,即肢解中国东三省。

会议制定的《对华政策纲领》强调了以下两个方面,其一,宣称"确保远东和平与实现日中共荣是日本对华政策的根基";其二,"至于其实施方法,则鉴于日本在远东的特殊地位,必须对中国本土和满蒙采取不同方针"。在 8 条的具体方针中,前 5 条分别谈论中国问题,强调"中国国内的政情稳定和恢复秩序"、日本与"中国稳健分子自觉的合作"、"与稳健政权适度接洽"、"对各政权的态度完全持平"、支持蒋政权"对不逞分子加以镇压及恢复秩序"等,摆出干涉中国内政的强硬姿态。后 3 条集中表述日本的"满蒙政策",强调"满蒙,特别是东三省对国防和国民生存

---

① 外务省编『日本外交年表並主要文書下卷』、91 頁。
② 山浦貫一『森恪』、高山書院、1941 年、588 頁。

具有重大的利害关系"，"必须加以特殊的考量"。其中,不予公开发表的包括:鼓励"满蒙"独立,即"等待东三省人自身努力为最好的策略";武力防护在"满蒙"的"特殊地位"和"权益"。① 在夺取中国东三省的既定目标上,田中内阁和军部的基本立场完全一致。

1927 年 8 月,在外务省次官森恪的主持下,关东军司令武藤信义、关东军参谋长斋藤恒、关东厅长官儿玉秀雄、驻华公使芳泽谦吉和副武官本庄繁、驻沈阳总领事吉田茂、张作霖的军事顾问松井七夫少将等,在旅顺关东厅长官官邸举行了研讨"满蒙问题"的高官会议,史称"大连会议"或"第二次东方会议"、"旅顺会议"。会议进一步研讨了中国北伐的形势,确定奉军若败退至山海关一线,将就地解除其武装,防止北伐军开进东三省,阻止中国政府在东三省修筑铁路等,将肢解东三省的计划具体化。

11 月,在外务省和驻华公使芳泽谦吉的支持下,"满铁"总裁山本条太郎与中国交通部交涉有关"满蒙五铁路"条约,无果而归。同月,"全满日本人大会"通过决议,声称"满蒙"土地辽阔、物产丰富且日本已取得"特殊地位",强调中国东北地区"为国防上及民族生存上之所以必须行动自由之地域"。决议攻击奉天军阀"野望横暴",滥发不兑换纸币"奉天票",增加税收、禁止金银交易,破坏了日本"既得利益之基础";指责政党内阁的对华外交的"不干涉主义"导致"今日之萎缩",要求政府果断推行"满蒙"积极政策。② 12 月,拓殖大学教授长野朗在《外交时报》上著文,强调铁路问题为"满蒙问题之中心",要求日本政府当局"无须左顾右盼",直接采取行动。③ "满蒙"强硬论充斥媒体,官民学趋于一致。

1928 年 4 月,南京国民政府再度北伐,兵锋直抵山东、河南、河北,奉系军阀节节败退。1927 年 5 月,日本第一次出兵山东,4 000 余名关东军侵入青岛,向南京政府施加压力。1828 年 4 月,日本第二次出兵山东,第

① 歴史科学協議会等編『史料日本近現代史Ⅱ』、108—109 頁。
②《"九一八"事变档案史料精编》,辽宁人民出版社,1991 年,第 10、11、12、13 页。
③《"九一八"事变档案史料精编》,第 3、8 页。

6 师团侵犯济南,擅自构筑工事,恣意杀害中国军民。5 月 3 日,特派交涉员蔡公时被日军残忍杀害,翌日济南城被日机狂轰滥炸,数千中国军民伤亡,史称"济南惨案"。5 月,日本第三次出兵山东,第 3 师团赶来增援并占领济南城。北伐军被迫绕道北上,6 月 9 日进入北平。中国行将统一,要求恢复主权独立的呼声响彻全国。日本朝野对中国局势的激变惶恐不安,关东军高级参谋河本大作等铤而走险,策划暗杀"东北王"张作霖。

6 月 2 日,北京政府的陆海军大元帅张作霖发出通电,表示放弃与南京政府的武力对抗,"整率所部退出京师"。① 3 日凌晨 1 时,张作霖乘坐的专列驶离前门东站。河本通过沿途布置的情报人员,掌握了专列出发的时间和路线,择机下手。4 日 5 时 23 分,专车沿京奉线驶入由日本守备队警卫的"满铁"长大线三洞桥下,即将抵达皇姑屯火车站。奉天独立守备大队的中队长东宫铁男等在桥墩 500 米外的瞭望台上看到专列进入事先预设的爆炸地点,摁下了按钮。关东军安装在铁路交叉点桥墩上的黄色炸药猛烈爆炸,专列中间几节客车厢被炸毁,死伤 70 余人,史称"皇姑屯事件"。4 个小时后,身负重伤的张作霖在沈阳官邸不治身亡,为掩盖事件的真相,河本大作事先找人布置了"南京政府便衣队"制造爆炸事件的假现场。12 日,陆军省重演日本侵华伎俩,发表栽赃中国政府的声明,试图再次用谎言挑起战争。

实际上,日本统治集团的高层对肇事凶手为何许人,并非一无所知。就在皇姑屯事件发生的当天,日本报纸报道了"满洲某重大事件"。元老西园寺公望颇感异常,怀疑"陆军之流是元凶"。几天后,首相田中义一密告西园寺,说他"总觉得是陆军干的",但碍于维护帝国、天皇和陆军的体面而装聋作哑。在西园寺的敦促下,田中向天皇裕仁作了报告,表示要进行调查并整肃军纪。随后,陆相白川义则向裕仁报告了事件的大体经过。裕仁指示"要严格维持军纪",但事件真相调查一再拖延,最终不

---

① 《"九一八"事变档案史料精编》,第 15 页。

了了之。军部抵制田中内阁整肃军纪的要求，竟然称赞肇事的元凶"对国家的忠诚"。[①] 19 年后，即 1946 年 7 月，曾是田中内阁海军大臣的冈田启介在远东国际军事法庭上出庭作证，供认张作霖被炸是关东军所为，军部反对整肃军纪是"陆军初次干预政府政策"，[②]真相水落石出。2007 年，一个写历史小说的俄罗斯人普罗霍洛夫对《产经新闻》记者信口开河，宣称苏军情报局制造了皇姑屯事件。日本右翼以为翻案的"证据"在手，亢奋异常。其实，此种为关东军开脱罪责的爆料不过是一场闹剧，徒留笑柄。

皇姑屯事件过后，张学良化装成士兵乘运兵火车赶回沈阳，迅速控制局势。7 月，张学良通电全国，声明不妨碍南北统一。随后，以东三省保安总司令的名义指示驻守热河的汤玉麟部率先易帜。蒋介石作出积极回应，双方围绕奉军驻直鲁部队的撤离、设立东北政治分会、东三省军政人事安排及易帜等问题反复交涉。密切关注事态发展的田中内阁发出多次警告，关东军把司令部从旅顺迁至沈阳。8 月，原日本驻华公使、首相特使林权助与驻奉天总领事林久治郎在张作霖的葬礼上，当面威胁张学良，但效果适得其反。12 月 29 日，集国恨家仇于一身的张学良发出通电，宣告遵守三民主义、拥护国民政府、改悬青天白日旗，史称"东北易帜"。31 日，林久治郎奉田中内阁之命提出抗议，但归于无效，日本力图制造傀儡、控制"满蒙"的图谋落空。1929 年 7 月 2 日，因"皇姑屯事件"而失去天皇裕仁信任的田中内阁总辞职。民政党总裁滨口组阁，币原喜重郎被重新任命为外相，继续推行协调外交。

第三节　社会团体的竞争与方向选择

一、危机袭来与社会动荡

1923 年关东大地震后，为尽快恢复灾区银行信贷业务，山本权兵卫

① 歷史科学協議会等編『史料日本近現代史Ⅱ』、109—110 頁。
②《远东国际军事法庭判决书》，张效林译，群众出版社，1986 年，第 289 页。

内阁指令中央银行——日本银行以震灾票据的再贴现方式,向关东地区普通银行实施特别融资。至 1924 年 3 月,日本银行共发放了 4.36 亿日元的震灾票据,金融支持难以为继。[①] 此后的清浦奎吾内阁、宪政会的加藤高明内阁和若槻礼次郎内阁多次延长震灾票据的结算期限,但直到1926 年 12 月末,仍有近 1/2 的震灾票据无法结算。有关金融恐慌的各种流言不胫而走,银行储户一夕数惊。

1927 年 1 月,为安抚人心,避免储户大量挤兑而造成混乱和恐慌,若槻内阁向议会提出《震灾票据善后处理法案》与《震灾票据损失补偿公债法案》,建议对日本银行因震灾票据贴现而遭受的损失给予 1 亿日元的补偿,其余亏空的票据在事后处理。为解决日本银行可能的损失问题,银行与票据债务人订立 10 年间偿还债务的合同,偿还政府以公债筹集的资金。应该说,两个法案是没有办法的办法,但在野党政友会和政友本党借机对内阁提出不信任案,乘机倒阁。金融问题变成了政府危机。2 月,执政的宪政会为反击政友会,与政友本党结盟,扩大在众议院的优势。3 月 1 日,众议院就震灾票据两法案展开辩论。3 月 4 日,两法案在众议院获得通过,贵族院随即审议并获得通过。消息传开,社会上的恐慌氛围有所缓和。

3 月 14 日,众议院预算总会讨论震灾票据处理问题,藏相片冈直温在回答政友会议员吉植庄一郎的质询时,不慎透露存款额高达3 700万日元的东京渡边银行已经破产,强调没有担当者就无法进行救济。[②] 媒体对片冈的"失言"迅速加以报道,点燃了金融危机的导火索。大批储户连夜在银行门前排起了长队提取存款,挤兑成风。3 月 15 日,渡边银行、赤地储蓄银行先行停业。19 日,中井银行停业。21 日,中泽银行、八十四银行、左右田银行等地方银行倒闭。22 日,村井银行也顶不住储户的挤兑压力倒闭。上述 7 家银行的存款达 2 亿日元,众多储户因银行倒闭、

① 祝曙光:《一句话点燃 1927 日本金融危机》,《英大金融》2013 年 4 月刊。
② 大内力『ファシズムへの道 日本の歴史 24』、中央公論社、1967 年、37 頁。

损失惨重而惊恐万状,金融恐慌蔓延开来。

恰在此时,曾在商业和贸易领域独占鳌头的铃木商店,由于1918年"米骚动"和1923年的关东大地震的沉重打击,经营状况恶化。台湾银行贷给铃木商店的7190万日元成了呆账,面临破产。因离职而心怀不满的台湾银行理事川崎军治,向安田银行总裁结城丰太郎透露了台湾银行即将崩盘的秘密。结城闻讯立即通知安田银行各支行紧急回收台湾银行所欠债务,台湾银行雪上加霜,处境更加艰难。4月13日,若槻内阁试图通过发表紧急敕令,促使日本银行融资2亿日元援救台湾银行,但遭枢密院审查委员会的否决。得不到追加融资的台湾银行停业,铃木商店随之倒闭。若槻内阁也成了这场金融危机的牺牲品,17日总辞职。银行界惊惶失措,纷纷宣布停业。日本社会人心惶惶,再次出现大规模的挤兑风潮,金融危机爆发。22日,新登场的田中义一内阁发布《延期支付令》,允许各银行停止提存三周,由日本银行向地方银行发放贷款救急。至5月,金融危机趋缓,但问题远未解决。

日本金融危机的深层原因,远比关东大地震引发的连锁反应复杂得多。第一次世界大战期间,日本资本主义利用欧美国家陷入混战、无暇东顾而崛起的有利条件,急剧膨胀。随着战争的结束,欧美重返国际经济舞台并展开激烈国际竞争,日本最具国际竞争力的纺织业因银本位制而处境艰难。一战期间向银行举借贷款创办的多家公司,随着投机性经济景气的消失而破产,贷款转为不良债款,呆账、死账越积越多。银行的资不抵债造成日本经济的内伤,危机的爆发只是迟早的问题。一旦风吹草动,以储户挤兑和银行倒闭为主要特征的金融危机难以避免。

1929年10月24日,美国纽约股票市场遭遇"黑色星期四",股值暴跌狂泻,引发了整个资本主义世界的金融危机。世界性的经济大恐慌波及德国、英国、法国,继而席卷日本,将挣扎于1927年金融恐慌的日本经济再次打入谷底。伴随着股值暴跌、中小企业破产、失业激增和物价飞涨,城市动荡不安等乱象出现在30年代初期的日本社会。危机导致社会矛盾尖锐化,工农群众的抗议风潮此起彼伏。

在城市,1918 年以后,各种罢工事件层出不穷,如下表所示:

表 6-1　罢工统计(1918—1928)

年　代	罢工件数	罢工参加人数
大正 7 年(1918)	417	66 457
大正 8 年(1919)	497	63 137
大正 9 年(1920)	282	36 371
大正 10 年(1921)	246	58 225
大正 11 年(1922)	250	41 503
大正 12 年(1923)	270	36 259
大正 13 年(1924)	333	54 526
大正 14 年(1925)	293	40 742
昭和 1 年(1926)	495	67 234
昭和 2 年(1927)	383	46 672
昭和 3 年(1928)	393	43 337

资料来源:中村正则『労働者と農民 日本の歴史 29』、小学館、1976 年、215 頁。

由上表可知,1919 年罢工件数为 497 次,参加罢工人数为63 137人,构成一个高潮,此后趋于缓和;1926 年罢工件数再次上升为 495 次,几乎与 1919 年罢工件数持平,参加罢工人数为 67 234 人,超过 1919 年参加罢工的总人数,形成另一个高潮。两次高潮的出现,与一战后景气消退、劳动力市场由买方主导、关东大地震冲击、金融危机爆发有关。同时,工人阶级与资本家的矛盾加剧,工人运动构成城市生活新的风景线。1919年 4 月,位于长崎县离岛的三井矿山所属的松岛煤矿工人群起袭击贪婪敲诈工人血汗的工头,经新闻报道轰动社会,成为瓦解非人的"纳屋"制度的端绪。

持续不断的罢工,促进了工会的发展。1919 年 8 月 30 日,友爱会改称"大日本劳动总同盟友爱会"。会长公选,采取理事合议制,组织水平明显提高。1920年5月2日,1万余名东京工人在上野公园举行抗议聚会,举行了日本工人运动史上的首次"五一"纪念活动。1921年6月,三菱内燃机神户工厂的工人为争取团结权和提高工资,与资方抗争。7月,三菱、川崎造船所的工人予以响应,罢工人数增长至3万余人,发表了保障劳动权利的《工厂管理宣言》。政府出动军队,镇压此次在第二次世界大战前规模最大的罢工。10月1日,大日本劳动总同盟友爱会改称"日本劳动总同盟"(简称"总同盟")。这一期间,缫丝、纺织工厂的女工也建立了工会,要求自身的正当权益。迅速成长的工人队伍及其力量的显示,成为各种政党或团体关注的对象,争夺工人群众和不间断的分化、对抗也随之而来。

一战结束后,水稻种植和养蚕等农业基础产业陷入困境。寄生地主为确保收益,往往提高地租率和收回出租土地,引发了佃农争议。1922年4月9日,基督教活动家杉山元治郎与贺川丰彦等创立"日本农民组合"(简称"日农"),杉山任组合长。1924年11月香川县太田村伏石的抗租事件、1926年5月新潟县木崎村争议与1921年2月北海道蜂须贺农场的佃农争议并称为大正时期典型的佃农争议,表明在金融危机冲击之前,农村已处于波动状态。

1927—1929年接踵而至的日本金融危机和世界性资本主义经济大恐慌,猛烈冲击日本农业。由于城市居民消费水平急剧下降,大米需求量锐减,米价暴跌,水稻种植受到沉重打击。虽然1930年稻米增收一成,但由于米价持续走低,反倒出现丰收但收入剧减的"丰收饥馑"现象。1929—1931年,稻米价格下降了42.8%,寄生地主收益大减,纷纷采用增收地租和收回出租地等老办法惨淡经营。深受地租重压和失去耕作机会煎熬的贫农和佃农陷入绝境,自耕农也难以为继。养蚕业则随着一战后生丝出口受到打压、缫丝业日见凋零。1929—1931年,蚕茧价格下降57.9%,蚕农的投入打了水漂,处境艰难。

危机期间,农民的收入大幅度减少,负债率大幅度增加。1930年,全国农户平均负债900日元,总负债额高达50亿日元,相当于三年的国家

预算。① 农村中,特别是在 1931 年稻米比往年歉收六成多的东北地区,
食不果腹的农民女儿被迫卖身,弃婴溺婴现象剧增。农村不安,民怨沸
腾。正是在这样的背景下,代表不同利益的各种力量竞相登上舞台,彼
此展开较量。国内矛盾激化和城乡的动荡,构成大正时期与昭和初期党
派和社团活跃化的最大社会背景。

二、日共的发展与挫折

1925 年 1 月,根据共产国际重建日共的指示,德田球一、佐野学等在
上海举行会议并制定了《一月纲领》。纲领批判山川主义"用极端的抽象
观念对待共产主义和无产阶级革命理论","党的活动未能植根于大众的
基础之上,也未将大众运动引导到共产主义的方向","使共产党的运动
本身成了空中飘浮的革命辞藻"。② 与会者决定成立中央局,准备重建日
共。1926 年 12 月,日共在山形县五色温泉举行第三次代表会议,宣布
重建。

在清算山川均取消主义的过程中,1924 年自德国回国的山口高等商
业学校教授福本和夫在《马克思主义》杂志上发表了《必须从扭转山川氏
的方向转变论开始》等多篇论文,批判山川均的取消主义理论,形成"左"
倾关门主义的福本主义。五色温泉重建日共会议通过的《宣言要旨》深
受福本主义的影响,强调:(1)"在世界大战后工人阶级力量急遽发展面
前,资产阶级反动化";日本"资本主义极其落后,正在与没落的世界资本
主义合流",革命形势在发展。(2) 认为山川主义不过是"工团主义和社
会主义意识相混合的所谓折中主义",必须与之开展斗争。(3) 日共的当
务之急,在于开展"理论斗争","揭露工团主义、折中主义的本质,形成整
个无产阶级的政治斗争主义,实现真正马克思主义的结合",从工团主义

---

① 杨宁一:《日本法西斯夺取政权之路》,北京师范大学出版社,2000 年,第 117 页。
② 山辺健太郎編集解説『現代史資料 14 社会主義運動 1』、みすず書房、1964 年、38 頁。

和折中主义意识中"分离"出来。① 福本主义把理论斗争视为建立无产阶级先锋党的前提条件，顺应了党内对解散日共的不满情绪，但其"左"倾关门主义的立场，与右倾的山川主义一样，导致日共内部派系斗争不断和群众运动的分裂。

1927 年 7 月，日共代表渡边政之辅、德田球一、福本和夫、锅山贞亲等前往莫斯科，在共产国际执行委员会的主持下，制定了《关于日本问题的决议》(《二七年纲领》)。8 月，苏共中央机关报《真理报》予以刊载。10 月，译载于《大众》《文艺战线》等日文刊物上。12 月，日共中央扩大会议在日光山中秘密举行，建立了由渡边政之辅、德田球一、锅山贞亲、石川正一、佐野学、国领五一郎、山本玄藏等人组成的新一届中央委员会。会议听取了渡边等人的汇报，决定采纳并执行《二七年纲领》。

《二七年纲领》批判了山川、福本主义，要求建立思想独立、纪律健全、群众性的日本共产党，揭露了左派社会民主主义者的"叛卖行径"。纲领对有关日本革命对象、性质、动力等基本理论问题逐一加以论述，认为日本的国家权力掌握在资本家和地主联盟的手中，因此日本革命的性质为迅速向社会主义革命发展的资产阶级革命；革命的动力是工人、农民和城市小资产阶级，工农联盟是开展革命的基础等，这些认识不乏积极意义。纲领指出，日本已成为"整个亚洲大陆的第一流的帝国主义强国"，"正在为准备即将到来的战争中扮演非常积极的角色"，强调反对日本帝国主义的侵略战争，是日共"迫在眉睫的任务"。在国际方面，其行动纲领提出了反对帝国主义战争和干涉中国革命、拥护苏联、争取殖民地完全独立等鲜明的反战主张。在国内方面，行动纲领提出了废除君主制、实行 18 岁以上男女国民的普选权、八小时工作制、实施失业保险、废除镇压工人运动的法律、没收大地主的土地等要求。②《二七年纲领》摆脱了"左"右倾机会主义的干扰，有利于统一日共内部的思想认识，但践

---

① 山辺健太郎編集解説『现代史資料 14 社会主義運動 1』、63—64 頁。
② 山辺健太郎編集解説『现代史資料 14 社会主義運動 1』、84、85、94 頁。

行纲领的国内环境却极为险恶。

1928年2月,日共半月刊的机关报《赤旗》创刊,油印并秘密发行。日共党员以劳动农民党员的名义参加"普选法"实施后的第一次众议院的选举,依据《二七年纲领》,提出废除君主制、建立民主共和制、实现普选、八小时工作制、没收大地主土地、反对帝国主义战争等竞选口号。日共的传单公开出现在街头,引起军警当局的注意。2月,参加大选的德田球一被捕。3月15日,田中内阁指令军警当局在全国各地同时展开大搜捕,逮捕日共党员及同情者1500余人,包括野坂参三、志贺义雄、杉浦启一、唐泽清八、水野成夫等多名日共领导人,起诉488人。[①] 史称"三一五事件"。4月,又下令解散了日共领导下的劳动组合评议会、劳农党和无产青年同盟等左翼合法三团体,日共再次受到重大打击。

"三一五事件"之后,躲过了军警搜捕的渡边政之辅、市川正一等领导人重建日共中央。4月,日共恢复全国联络,重新印发《赤旗》。5月,与中共发表联合声明,号召反对共同的敌人日本帝国主义。7月,日共组织反战同盟,反对田中内阁出兵山东、阻挠北伐,侵略中国。1929年3月,日共中央部事务局主任间庭末吉被捕,军警当局搜出日共党员名册和《赤旗》的全国发行地址。4月16日,军警再次在全国各地展开大搜捕,990名日共党员和同情者被逮捕并受到起诉,史称"四一六事件"。不久,日共中央委员市川正一、佐野学、锅山贞亲等先后被捕,对日共造成毁灭性的打击。"三一五事件""四一六事件"合称"第二次共产党事件"。日共一再遭到政党内阁的镇压,使日本在历史转折关头失去了唯一坚定反战的政党。在反共的旗号下,法西斯势力日益猖獗,把日本拖入侵略战争的深渊。

三、群众党团的分化与抉择

随着政党争夺群众的日益加剧,工会运动分化为左右两翼,冲突不

---

① 歴史科学協議会等編『史料日本近現代史Ⅱ』、104、105頁。

断。1924 年 1 月,"总同盟"大会宣布转变行动方针,即从热衷政治斗争转而关注现实问题。12 月,关东劳动同盟会开除的 5 个左翼工会组成关东地方评议会,发行《劳动新闻》,工会运动分裂。

1925 年 3 月,受日共政治路线影响的印刷工会联合等 30 多个左翼工会团体不满"总同盟"中央委员会独断专行和方针转向,在东京成立了关东地方劳动组合协议会,提出防止失业、反对《治安维持法》等口号。"总同盟"中央委员会劝说分立的左翼工会回归无效,决定解散其组织,停止发行《劳动新闻》。

4 月,左翼工会实行联合,组成日本劳动总同盟革新同盟,挑战"总同盟"中央委员会的权威。5 月 16 日,"总同盟"中央委员会将参加革新同盟的 23 个团体除名。24 日,参加革新同盟的 32 个左翼工会团体在神户举行代表大会,宣布退出"总同盟",另建日本劳动组合评议会("评议会")。其成立宣言强调"为工人阶级的完全解放与公正合理的社会生产而斗争",①野田律太当选为委员长,多名日共党员进入领导岗位。在组织方法上,"评议会"主张按产业别,即按行业的分类建立工会组织。"评议会"的成立,造成"总同盟"的第一次分裂。

8 月,成立刚两个月的政治研究会举行无产政党筹建恳谈会,计划以日本农民组合("日农")为中心,联络"总同盟"等工会团体,建立全国统一的无产政党。因内部政治立场的不同,在建党前夕的 11 月 29 日,"总同盟"宣布退出恳谈会。12 月 1 日,"日农"等团体组建了农民劳动党,书记长为浅沼稻次郎。建党《宣言》欢呼"民众的时代到来了,民众自身确立政治之秋到来了",认为普选能在政治上直接反映无产大众的意愿,"组织自身的政党,具有独立的政治纲领,经常在政治上真诚地实现自身的阶级意愿。"《宣言》号召 800 余万无产阶级的工人和农民,"排除一切障碍,结成完整的无产阶级阵营。"②然而,在建党当天晚 8 时,内务大臣

---

① 国史大辞典編集委員会編『国史大辞典 11』、247 頁。
② 歴史科学協議会等編『史料日本近現代史Ⅱ』、94 頁。

若槻礼次郎援用《治安警察法》第 8 条第 2 款的规定,宣布予以查禁。

　　农民劳动党被查禁后,1926 年 2 月,无产政党筹建恳谈会决定排除日本劳动组合评议会、政治研究会、无产青年同盟和水平社青年同盟等左翼四团体,以"日农"、"总同盟"等团体为核心,另建合法政党。3 月 5 日,劳动农民党("劳农党")在大阪创建,委员长杉山元治郎、庄原达、三轮寿壮先后担任书记长。"劳农党"虽未遭到政府查禁,但内部纷争不断。围绕是否接纳左翼团体,"总同盟"与"日农"产生严重分歧,削弱了自身的力量。10 月,"总同盟"会长铃木文治和政治部长西尾末广等发表声明,指责"日农"违反了创立之初"必须抑制共产系势力的约定",也背离了 7 月"劳农党"第 3 次中央委员会关于"排除共产系四团体势力"的决议,与属于左翼四团体的分子组织党支部。10 月 21 日,"日农"扩大的中央委员会决定对左翼四团体门户开放,"总同盟"斥之为"缺乏排除共产系的诚意",宣布退出"劳农党"。① 其他右翼团体也随即脱离"劳农党","日农"、制陶劳动同盟等两团体留在党内。12 月,新建立的日本劳动组合同盟("组合同盟")脱离了"总同盟",拉走了近 1.3 万名会员,"总同盟"第二次分裂。经过两次分裂,"总同盟"的会员人数锐减了一半,余为 2 万余人。

　　"总同盟"等右翼五团体退出后,"劳农党"的新任委员长大山郁夫、书记长细迫兼光接纳日本劳动组合评议会、水平社青年同盟等左翼团体入党,力量迅速增强,成为日共领导下的第一大左翼政党。1926 年 12 月 13 日,"劳农党"举行第一次代表大会,会议《宣言》强调:"单纯的经济斗争对于无产阶级的解放来说,不过是一种空想","无产阶级绝对需要向着资本家阶级的牙城开展全线的政治斗争"。《宣言》说,党要"真正以舆论和牢固的团结为武器,通过普通的日常大众,实现整个无产阶级政治的、经济的社会解放"。为此,将矛头指向"暗中与资本家勾结或与地主握手的似是而非的无产政党",强调"我们纯真的阶级良心决不能容许群

---

① 歴史科学協議会等編『史料日本近現代史Ⅱ』、95 頁。

小政党的存在,我们遵从良心的命令,坚决对之宣战",为建立"全国单一的无产政党"而"勇往直前"。① 《宣言》突出对其他无产政党的斗争,显示了福本主义的影响,对党的发展有害而无利。

"劳农党"成立后,领导了解散议会请愿运动、不干涉中国运动和各府县会的竞选,充满了活力。在 1928 年 2 月实施"普选法"后的第一次众议院大选中,"劳农党"推出包括德田球一、山本悬藏、杉浦启一等 11 名日共党员在内的 40 名候选人参加竞选。结果,山本宣治、水谷长三郎等日共党员当选。在所有无产政党获得的 49 万张选票中,"劳农党"得票 19 万张,成为无产政党中的第一大党。② 但由于"三一五事件"的随即到来,日共的领导人被捕。1928 年 4 月 10 日,"劳农党"被解散。

1926 年 10 月,"日农"的右翼势力组建日本农民党,平野力三为干事长。该党强调"从占据国民大多数的农民立场出发,建设合理的新社会"。在 1927 年 9 月举行的第一次府县议会议员的选举中,赢得 4 个议席。在 1928 年 2 月的众议院议员总选举中,该党候选人无一人当选。12 月,与日本劳农党等七党合并为日本大众党。

1926 年 12 月,经安部矶雄、吉野作造、堀江归一与铃木文治、西尾末广、宫崎龙介等多次磋商,以"总同盟"、日本海员组合、独立劳动协会等右翼团体为基本力量,建立社会民众党,安部矶雄任中央执行委员会议长,片山哲为书记长。社会民众党主张"排除激进主义政党",用"合理的手段"对日本资本主义进行"改革"。③ 在 1928、1930、1932 年的众议院大选中,社会民众党获得数名席位。1932 年 7 月,经过分裂而实力受损的社会民众党与中间派全国劳农大众党合并为社会大众党,委员长安部矶雄。该党宣称反对资本主义、共产主义和法西斯主义,在九一八事变以后,支持政府的立场。

1926 年 12 月,三轮寿壮、麻生久等创建标榜"中间派正道论"的日本

---

① 歴史科学協議会等編『史料日本近現代史Ⅱ』、95、96 頁。
② 国史大辞典編集委員会編『国史大辞典 14』、776 頁。
③ 国史大辞典編集委員会編『国史大辞典 7』、吉川弘文館、1994 年、196 頁。

劳农党,在无产政党左右两派的内争中保持中立。1927 年 9 月参加府县议会议员选举,有 3 名候选人当选。在 1928 年 2 月的众议院议员选举中,赢得 19 万张选票,2 名候选人当选。该党与社会民众党等无产政党组成议会对策共同委员会,在众议院正副议长选举、通过对内相的不信任案等议会合法斗争中,发挥了作用。同时,呼吁各党采取联合行动,反对日本政府向中国山东出兵,强烈要求实现无产政党的统一。1928 年 12 月,与其他六党合并为日本大众党。[①]

1929 年 9 月,社会民众党左右两翼的斗争因"总同盟"的第三次分裂而激化。12 月,号召反对社会民众党反动化的中央委员宫崎龙介脱党。1930 年 1 月,宫崎出面建立了中间派无产政党全国民众党,赞成无产政党的统一。

1930 年 2 月,无产政党在第二次普通选举中落败,各党强烈要求合并。然而,日本劳农党的左派和社会民众党的右派坚持各自的立场,毫不妥协。4 月,由日本大众党合同特别委员会呼吁全国民众党、无产政党战线统一全国协议会等团体实行合并。7 月,无产政党合并派成立中间派无产政党全国大众党,麻久生担任中央委员会议长,三轮寿壮担任书记长,建党大会提出反对解雇、救济农村等口号,赢得群众的支持。

1930 年 12 月,全国大众党的第二次代表大会呼吁无产政党联合为一个政党。日本劳农党予以响应,但社会民众党反对联合,引起党内的纠纷,分裂成合并派和反合并派。1931 年 2 月,社会民众党合并派公开脱党,建立实现三党合并同盟。7 月,组成持中间派立场的全国劳农大众党,麻久生担任书记长。在同年举行的府县议会选举中,赢得 13 个议席,显示了合并的力量。九一八事变后,党内国家主义势力抬头并急遽右翼化。1932 年 2 月,全国劳农大众党在众议院议员总选举中惨败,党势颓落。

在上述无产政党中,左翼政党"劳农党"生存未及两年,即被政府镇

---

① 国史大辞典編集委員会編『国史大辞典 11』、249 頁。

压。社会民众党、日本农民党等右翼政党迎合政府,日本劳农党、全国大众党、全国劳农大众党等中间派政党在摇摆多年之后,最终屈服于政府。实际上,无产政党不过是政治要求类同的社会团体组合,缺乏严密的组织,内部成分复杂,无力影响日本的国家发展方向。

政党政治时期,妇女争取选举权运动的风起云涌。1924 年 12 月,妇女参政权获得期成同盟会建立。1925 年 4 月,期成同盟会改称妇女选举权获得同盟(翌年改称妇选获得同盟),宣布成立该团体的目的是"仅限于进行旨在获得和行使妇女参政权的政治教育",在政治上"保持绝对中立的立场",将争取普选权的运动推向新高潮。妇选获得同盟遵循成立《宣言》持大同团结立场,呼吁"妇女将感情、宗教和思想的差别搁置起来,唯以女性的名义,并共同以获得参政权为唯一目的",[①]开展了多次要求普选权的情愿活动。

1927 年,妇选获得同盟与妇女参政三派联合会、女子参政协会等团体合并为妇女团体联合会,扩大了运动的规模。1928 年 3 月,上述妇女团体与"劳农党"系统的关东妇女同盟、全国妇女同盟、社会妇女同盟等妇女团体组成妇选获得共同委员会,开展争取妇女选举权的联合行动。在妇选获得共同委员会的动员下,在东京举行了争取妇女参政权的演说集会,产生了较大的社会影响。

1930 年 4 月,在妇选获得同盟的主持下,日本妇女参政权协会、无产妇女同盟、基督教女子青年会、佛教女子同盟、全国小学教师联合会等妇女团体在东京举行了第一届全日本妇选大会,掀起更大规模的请愿活动。5 月,众议院通过决议,在市制和町村制的法律修改中,承认妇女的公民权,即在市町村一级的选举中,25 岁以上的妇女,其中已婚者必须在丈夫允许的情况下,拥有选举权和被选举权;都道府县一级的选举,依然与妇女无缘。即使如此,贵族院仍以"保护家庭"为借口,否决了众议院的议案。妇选运动持续坚持斗争,直到侵华战争的爆发,才被政府压制下去。

---

① 歴史学研究会編『日本史史料』(4)近代、369 頁。

　　1929 年,"总同盟"第三次分裂。起因是"总同盟"大阪联合会的内部围绕实现全国工会的大联合问题,派别斗争激化。左翼力量响应"组合同盟"实现大联合的倡议,右翼坚决抵制,两派僵持不下。9 月,"总同盟"中央委员会将大阪联合会的左翼工会开除,左翼力量另建劳动组合全国同盟(简称"全国联合")。经过这次分裂,属于"总同盟"系统的大阪联合会只余下了 5 300 名会员,元气大伤。

　　工会的力量本来就有限,由于多次分裂,实力不断削弱。"评议会"成立之初,拥有 30 余个工会,会员 1.3 万余名。1925—1927 年,"评议会"以左翼工会团体的鲜明立场,广泛开展活动。1925 年中国"五卅"运动期间,"评议会"派出代表来华给予声援。9 月,邀请苏俄金属行业工会主席列布赛访日。1926 年 1 月,在"评议会"的领导下,东京小石川共同印刷会社的 2 000 名职工,为抗议资方变相减薪,宣布罢工。罢工工人组织基层活动小组,坚持 60 余日。由于政府的镇压和资方的收买,罢工虽告失败,但也迫使资方支付部分补偿,15 天内重新雇佣 200 名参加罢工工人。作家德永直以此为题材,创作了著名小说《没有太阳的街》。4 月,"评议会"旗下的滨松日本乐器厂劳动组合领导工人举行罢工,要求改善劳动条件、发放退职金。资方雇用的右翼暴力团与警察联手镇压,"评议会"建立罢工指挥部,发行《争议日报》,积极争取其他工会和市民的支持,鼓舞罢工工人坚持斗争。8 月,在指挥部遭到破坏一个月后,罢工结束,多名工人被捕或被解雇。

　　1927 年 6 月,在"评议会"北海道小樽合同组合的领导下,2 000 余名码头工人举行罢工,码头全面瘫痪。罢工坚持 25 天,迫使资方接受改善劳动条件、增加工资等主要要求后,7 月初复工。9 月,"评议会"发起制订或修改《失业津贴法》《最低工资法》《八小时劳动法》《女工青少年工人保护法》等事关工人切身利益法律的运动,举行限时罢工和示威游行。"评议会"屡挫屡斗,在工人中提高了领导威信,会员由创立之初的 1 万余人,增加到解散前的 4 万余人。"评议会"也付出了代价,多名领导人被捕。在福本主义的"左"倾关门主义的影响下,"评议会"屡犯宗派主义的错误,陷入内耗和分裂的困境。1928 年 4 月,"评议会"被政府强令解散。

1928 年 12 月,左翼工会力量再次聚合,秘密创建了日本劳动组合全国协议会(简称"全协"),《劳动新闻》复刊。由于右翼工会团体的排斥和中间派工会的旁观,处于孤立状态的"全协"中央指导部门内部极"左"思潮泛滥,主张举行铤而走险的武装起义。对此持不同意见的力量形成刷新同盟,"全协"面临分裂。1930 年 8 月,在莫斯科举行的第五次工会国际代表大会,纠正"全协"的"左"倾冒险方针,要求在坚持革命工会立场的同时,开展广泛的群众秘密活动。运动方针的及时转换,使"全协"免于崩溃,但在政府镇压下处境困难。

1931 年 4 月,51 个左翼工会团体重新集结,成立了新的工会联合体日本劳动组合总评议会(简称"总评")。"总评"接受劳农党的领导,主张放弃"评议会"时期机械的秘密斗争方式,坚持工会运动的左翼立场,开展合法斗争。"总评"在京都、大阪、神户和北海道等地建立了地方评议会,开展反法西斯斗争。10 月,成立关东劳动组合统一协议会,力图扩大合法的左翼工会运动的规模。随着法西斯势力的日益抬头,工会运动的生存环境愈加险恶,左翼工会的影响力急剧衰落。

1931 年 6 月,日本劳动总同盟、日本海员组合、海员协会、官业劳动总同盟、海军劳动组合联盟等 5 个右翼工会,与日本劳动组合总联合、全国劳动组合同盟、日本劳动总联盟等 3 个中间偏右工会,联合组成右翼工会组织日本劳动俱乐部,对抗日共影响下的进步工会组织。1932 年 9 月,日本劳动俱乐部改称日本劳动组合会议,会员 28 万人,占加入工会组织工人总数的 74%。[①] 大多数有组织的日本工人被右翼的国家主义绑架,卷入法西斯化的浊流。

无产政党的左中右三派的分化,也对"日农"产生影响。1928 年 5 月,"日农"与全日本组合合并为全国农民组合(简称"全农"),委员长杉山元治郎,会员 10 万余人。7 月,改称全日本农民组合(简称"全日农"),

――――――――――
① 国史大辞典編集委員会編『国史大辞典 11』、244 頁。

持中间偏左立场,支持日本劳农党。"全日农"领导农民开展要求减轻地租,反对地主夺佃,以及降低化肥价格、电费,减轻税收,保障农产品价格的斗争,成为农民运动的主流。1931 年 8 月,"全日农"围绕党派选择问题发生分歧,左翼力量另立全农改革全国会议派("全农全会派"),委员长上田音市,机关刊物《农民新闻》。"全农全会派"支持日共,主张在无产阶级领导下,以贫农为中心,反对垄断资本主义剥削制度。在大阪、秋田、兵库、鹿儿岛等府县的 36 个联合会,建立农民委员会,开展减免佃租、反对垄断日用品价格等斗争,会员发展到 2 万余人。面对政府的残酷镇压,各地方联合会要求开展合法斗争,削弱了组织的凝聚力。1934年,"全农全会派"重返"全日农",左翼农民团体不复存在。

在帝国宪法的框架下,党派和群众团体的"合法"空间极其狭窄,彼此间展开激烈分化和竞争。结果是:左翼力量被瓦解和摧残;右翼力量在发展并日益靠拢政府,极右势力越来越嚣张;中间力量成了右翼力量的追随者。以军人为核心的极右翼法西斯势力凭借其组织能力、社会影响和天皇制的庇护,逐渐成为引导社会思潮的主力。从民主走向法西斯专制,成为"大正德谟克拉西"之后的历史选择。①

四、法西斯团体渐成气候

1921 年 10 月,驻瑞士的武官永田铁山、驻苏俄武官小畑敏四郎与奉命考察欧美的冈村宁次、东条英机等少壮派军官在德国巴登-符腾堡州的疗养胜地巴登巴登聚会,讨论时局、军事现代化和总体战等问题,形成法西斯少壮派军官核心集团,即"巴登巴登集团"。

1922 年,永田铁山、小畑敏田郎、冈村宁次、东条英机、板垣征四郎、河本大作、土肥原贤二、矶谷廉介、山下奉文、山冈重厚等陆军士官学校第 15 至 18 届毕业生,经常在东京的法国餐馆二叶亭聚会,组成军内的首个法西斯集团"二叶会"。其基本成员均为昭和新兴军阀和法西斯派

---

① "大正德谟克拉西",是日语"大正デモクラシー"的汉语音译,意为"大正民主运动"。

阀的骨干、鼓吹扩大侵略的战争狂人。

1925 年 2 月,大川周明与满川龟太郎等另建法西斯团体"行地社",成员多为陆军的少壮派军官和小学教师。"行地社"纲领共有七条,即:"建设维新日本"、"确立国民之理想"、"实现精神生活的自由"、"实现政治生活的平等"、"实现经济生活的友爱"、"解放有色民族"、"道义统一世界"。① 所谓"建设维新日本",即大川鼓吹的"昭和维新"、"第二次维新"。大川周明宣称,大正时代的"阔佬大名"如同德川时代的"土地大名",阻隔了天皇与国民的联系,成为君民一体体制的障碍。因此,要推行昭和维新,以扫除障碍,恢复以天皇为中心的国家本来面目。② 对外,在鼓吹"解放有色民族"的旗号下,征服世界。"行地社"的机关刊物为《月刊日本》,最高发行量多达 3 500 份,使"昭和维新论"植根于少壮派军人和青年学生的头脑之中。

1927 年陆军参谋本部的幕僚军官石原莞尔、武藤章、根本博、土桥勇逸等,仿效"二叶会",在东京九段的偕行社聚会,研讨总体战、国防方针和对外发动战争的步骤,形成少壮派军官的法西斯团体"木曜会"。两个法西斯团体的成员相互交叉,永田铁山、冈村宁次、东条英机、铃木贞一、山冈道武等也加入了"木曜会"。

1929 年 5 月,"二叶会"与"木曜会"合并为"一夕会",基本成员达 40 余人,成为军内法西斯的骨干团体。其行动纲领有三条:"刷新陆军人事,强有力地推进各项政策";"以解决满蒙问题为重点";"拥护荒木贞夫、真崎甚三郎、林铣十郎三位将军,重建纯正的陆军"。③ 其中,刷新人事和拥护荒木、真崎和林铣大将等三个法西斯头目,为展开军内争斗预做了铺垫;重点侵占中国东北地区,则为关东军制造九一八事变,确定了目标。

军内法西斯势力逐渐集结成集团力量,在夺取"满蒙"、推翻政党内

① 野島嘉晌『大川周明』、新人物往来社、1972 年、110 頁。
② 野島嘉晌『大川周明』、112 頁。
③ 高橋正衛『昭和の軍閥』、中央公論社、1969 年、68 頁。

阁等问题上互通声气。1930 年 9 月，参谋本部炮兵中佐桥本欣五郎、陆军省步兵中佐坂田义郎和警备司令部参谋步兵中佐樋口季一郎等发起创建"樱会"。其成立《宗旨书》对"帝国之现状"表示强烈不满，攻击政党内阁"惟徒然热衷政权、物质的私欲，上蔽圣明，下欺国民"，指责政党的"毒刃指向军部，目睹伦敦的条约问题则一目了然"。《宗旨书》呼吁国民"应具备一扫政界的暗云，剪除邦家的祸根的勇气和决断"，"建立以天皇为中心的有生机的明朗国政"，宣称"以国家改造为最终目的，为此不惜行使武力。"[①]"樱会"成员 150 余名，多为军部和陆军省的佐官、尉官，力图影响军界决策，与大川周明等民间法西斯团体沆瀣一气，制造各种恐怖事件。

　　至 1931 年九一八事变之前，日本军队和民间法西斯团体多达一百数十个。难以割舍"满蒙情结"，是所有法西斯团体的共同特点。1931 年 3 月，关东军高级参谋板垣征四郎在陆军步兵学校发表了题为《关于从军事上观察满蒙》的讲话。板垣鼓吹对外采取强硬立场，宣称日本帝国的生死存亡皆系于"满蒙"。因为"满蒙"年产大豆、高粱、粟、玉蜀黍、小麦多达 1.5 万担，拥有稻米 1 500 万石、250 万马匹、900 亿立方尺木材、总储存量 30 亿吨的煤和 4.7 亿吨的铁以及 50 亿吨的油母页岩。这里"有着作为国防资源所必需的所有的资源，是帝国自给自足所绝对必需的地区。"[②]因此，板垣强调"满蒙对帝国的国防和国民的经济生活有很深的特殊关系"，"在这里形成了帝国国防的第一线"，因为"在对俄作战上，满蒙是主要战场；在对美作战上，满蒙是补给的源泉。从而，实际上，满蒙在对美、俄、中的作战上都有重大的关系"。[③]

　　4 月，关东军高级参谋石原莞尔印制了小册子《现在及将来的日本国防》，主要观点包括：(1) 西方文化集中在美国，日本集东方文化之大成，

---

① 歴史科学協議会等編『史料日本近現代史Ⅱ』、173、174 頁。

② 孔令闻等主编：《还在争论的若干抗战史问题研究》，北京航空航天大学出版社，1989 年，第 17—20 页。

③ 孔令闻等主编：《还在争论的若干抗战史问题研究》，第 14、16、23 页。

日美之间的"东西方大战争"不可避免,最终将统一人类文明。(2)只有日本能够产生、保有、培育和溶解、聚合所有文明中的合理成分,以日本国体综合世界所有的文明,赋予人类绝对和平乃日本的使命和"天业"。(3)日美战争即"世界的最终战争",是以飞机为中心的歼灭战。(4)日本生存的唯一道路在"满蒙"。石原妄言"满蒙并非汉族领土,与日本关系密切",鼓吹"亲近大和民族的满、蒙两民族"应实施"民族自决"。(5)全力研制最重要的攻击武器飞机,通过提高国民自觉、集体训练和研制耐火木材来增强防御力量。[①]上述主张被称为"石原构想",直接成为日本军部发动侵华战争的决策理论、总体战的战略依据和太平洋战争的思想动员。

5月,石原莞尔完成了研究报告《满蒙问题之我见》,强调"解决满蒙问题,是至今第一大急务"。石原断定"满蒙正是日本国运最重要的战略据点",只有"将满蒙置于日本势力之下,对朝鲜的统治才能稳定";断言"显示日本以实力解决满蒙问题的决心,才能取得对中国本部的领导地位,促进其统一和稳定,确保东洋和平"。在经济上,石原主张夺取"满蒙"的三点理由是:(1)"满蒙的农产品足以解决我国民的粮食问题";(2)"鞍山的铁、抚顺的煤足以确保眼下我国重工业的基础";(3)"满蒙的各种企业可以救助我国现时有知识的失业者并冲破萧条。总之,满蒙的资源足以使我成为东洋的优胜者,完全打造出挽救当前危急和实现大飞跃的根基"。石原认为,"使满蒙成为我领土是正义"的信念和"我国拥有践行的实力"是决策的两个必要条件,强调"国内改造为第一要务",在1936年实现改造目标。石原要求陆军完成急务三条:(1)"彻底确信满蒙问题的解决是使之成为我领土";(2)"政府与军部合作制订战争计划";(3)"仰仗皇族殿下之力"以"形成核心力量"等;此外还要"政治稳定"、"执行积极的方针"、"民心沸腾团结"、"在戒严令下实行各种改革"

---

① 猪木正道『軍国日本の興亡』、170—172頁。

等。① 石原的上述报告以日美必战为出发点，对外鼓吹侵占"满蒙"，对内实施"改造"。于是，夺取"满蒙"就与颠覆政党内阁产生了联系。其实，侵占"满蒙"是政党内阁和军部的共同目标，双方只是在策略上有所分歧而已。

1931 年 1 月，政友会代表松冈洋右在第 59 届国会的发言中，从国防和经济双重意义上强调"满蒙是我们国民的生命线"，"是我的生命线"，赢得不分党派的在场议员的热烈掌声。② 出于在野党政争的需要，松冈洋右在发言时也对民政党内阁"软弱的"币原外交加以指责和攻击。实际上，凡政友会执政，日本政府的外交方针往往趋于强硬。早在 1921 年 5 月 13 日，政友会原敬内阁通过《对满蒙政策》，宣称"满蒙与我国领土接壤，在我国国防和国民的经济生存上，具有莫大的紧密关系"，必须确保"我国在满蒙具有特殊的地位和利权"。③ 5 月 17 日，原敬内阁通过《对张作霖之态度》，强调对张作霖军事援助的目的在于"确保我国在满蒙的特殊地位"。为此，以合资方式推行经济援助，租借土地，经营矿山、森林，"共存共荣"、"经济提携"，借机向中东路、京奉线扩张势力，获取在南北"满洲"的政治、经济、军事上的利益。④ 维护日本在"满蒙"的"特殊"地位和权益，是政友会内阁的传统政策。1927 年田中义一举行"东方会议"，制定肢解"满蒙"的《对华政策纲领》，三次出兵山东阻挠中国统一，同样是政友会内阁所为。

日本军政当局之所以急欲武力解决"满蒙"问题，源自对中国要求修改不平等条约正当要求的惊恐不安。1928 年 7 月，国民政府外交部部长王正廷照会日本驻华公使芳泽谦吉，告知 1896 年签订的《中日通商航海条约》及其《附属议定书》和 1903 年的《追加通商航海条约》已经在 1926

---

① 歴史科学協議会等編『史料日本近現代史Ⅱ』、121、123 頁。
② 歴史科学協議会等編『史料日本近現代史Ⅱ』、124 頁。
③ 外務省編『日本外交年表並主要文書上巻』、523、524 頁。
④ 外務省編『日本外交年表並主要文書上巻』、524、525 頁。

年 10 月期满无效,要求日本"以平等及相互尊重主权的精神,缔结新条约"。① 芳泽立即致函王正廷,指责国民政府废除不平等条约乃"蔑视国际信义之暴举",威胁日本"将有不得已出于认为适当之处置"。② 11 月,"二叶会"欢迎一手制造了皇姑屯事件的元凶河本大作归来,叫嚣"看来只能依靠我们的团结来占领满洲",武力解决问题。③ 同月,民间国家主义团体"满洲青年联盟"成立,并大肆开展活动。但行动最为有力的,依然是军部势力。1929 年 5 月,"一夕会"一致通过了决议,将解决"满蒙"问题作为最大的当务之急。7 月,关东军将轰击北大营的大口径重炮秘密运抵沈阳。至 11 月,军部和关东军频频派出参谋人员前往"北满"、"南满"和辽西,实施侦察并制定了作战计划。政党已经不能控制日本的国家取向,听任法西斯势力使用武力。

第四节　大正时期的社会

一、部落民的处境与抗争

　　江户时代的贱民因 1871 年明治政府发布"秽多解放令",获得"新平民"的称谓,他们继续从事屠宰、制革或拾荒、乞讨的老行当,"解放令"多半仅具纸面意义。即使转为佃农,他们也得缴纳比平民身份的佃农高得多的地租,继续受到歧视和压迫剥削。在日常生活中,他们聚居于都市町镇划分出来的特定社区"部落"里,是一群被社会隔离、生活在另一个世界里的赤贫日本人,故称"部落民"。在自由民权运动等民主运动中,除中江兆民、岛田三郎等少数进步知识分子关注部落民问题,并给以同情和呼吁之外,自由党、立宪改进党标榜的平等权利均与"部落民"无缘。

　　1902 年,社会活动家三好伊平次在冈山县成立了首个部落民团体

---

① 外务省编『日本外交年表並主要文書下卷』、第 117 頁。
②《中华民国外交史资料选编(1919—1931)》,北京大学出版社,1985 年,第 463、464 頁。
③ 黒田秀俊『昭和軍閥』、図書出版社、1979 年、35 頁。

"备作平民会",以"改善风教"、"自主独立"为宗旨,努力消除社会的歧视。[1] 1903 年 7 月,由三好发起,在大阪成立了关西地区的部落民团体"大日本同胞融和会"。其立会宗旨强调"修养道德"、"矫正风俗"、"奖励教育"、"注意卫生"、"培育人才"、"勤俭储蓄"、"振兴产业"等,[2]鼓吹社会改良。部落民问题开始进入官方的视野,政府派员展开调查,把握部落民改善运动的动向。据内务省的统计,1909 年全国部落数为 4 324—5 532 个;总人口为 799 434 人,[3]主要聚居于兵库、京都、福冈、爱媛、广岛等关西地区。

进入大正时期,部落民团体大量涌现。1912 年,即成立"大和同志会"(奈良)、"镇西公明会"(福冈)、"福岛町一致协会"(广岛)、"冈山县同志会"、"出云会"(岛根)等多个部落民团体。11 月,内务省召开第一次细民部落改善协议会,加强对部落民团体的监管。1914 年 6 月,社会名流大江卓倡议成立"帝国公道会",板垣退助任会长。9 月,发行机关杂志《会报》,鼓吹上报"皇恩",下行"人道"的官方立场,提出改善部落民待遇的主张,但实际效果甚微。社会歧视到处存在,军队行军入村投宿、特别避免入住部落民家中,或者村中小学校拒不接受部落民子女,引起部落民前往村公所群起抗议。据统计,1912—1918 年,在冈山县真庭郡小学毕业生当中,平民家庭出身的毕业生占全体毕业生的 50.74%,部落民家庭出身的毕业生仅为 16.03%,而久米郡的寻常科毕业生中相关的比率分别为 35.04% 和 5.28%。[4]

1918 年"米骚动"期间,广岛等地的部落民率先行动,富山、京都、大阪、神户、长崎、和歌山、东京等地的部落民也予以响应。在这场"以暴挫富"的运动中,部落民发现了自身的力量。9 月 14 日,《纪伊每日新闻》发

---

① 井上清等:《日本部落解放运动史》,吕永清译,生活·读书·新知三联书店,1965 年,第 25 页。

② 井上清等:《日本部落解放运动史》,第 29 页。

③ 井上清等:《日本部落解放运动史》,第 41 页。

④ 井上清等:《日本部落解放运动史》,第 59 页,第 4 表。

表了题为《俺们是秽多》的匿名来稿,坦然承认"俺们的伙伴成了这次米骚动的急先锋,举行了暴动",表示"俺们对有的伙伴抢劫、放火、掠夺等野蛮行为感到极不道德和遗憾"。来稿指出,部落民投身运动的原因在于"被社会摈弃和迫害而积怨于骨髓的愤怒",公道会的社会改良家的慈善行动虽令人心存感激,但解决不了实际问题。部落民只能挺身而出,"向社会要求人格平等的生存权,必须把以前被夺走的,再夺回来! 如果不允许暴动,就请倾听俺们提出的其他正当方法,接受正当方法之下的要求。"①来稿表明了部落民的新觉醒,即不再依靠社会慈善家的同情和政府的恩赐,自主要求"人格平等的生存权"。部落民的新动向引起舆论的关注。1919 年 7 月,《民族与历史》发行了特集《特殊部落研究号》,专门对部落民问题展开探讨。1921 年 7 月,左翼社会活动家佐野学在黎明会的机关刊物《解放》上发表文章《特殊部落民解放论》,主张将部落民问题与工人阶级的解放联系在一起考虑,通过阶级斗争,赢得部落民的社会解放。

据内务省《全国部落概况》的统计,1921 年部落总数为 4 890 个,共154 287 户,总人口 829 674 人。其中,从事农业劳动者为 74 872 户,占总户数的 49%;从事清洁、土木、搬运工作等体力劳动者为23 092 户,为总户数的 15%;从事编织、制革、染色等工作的杂业者20 574 户,为总户数的 13%;从事草竹制品、旧物贩卖等商业者18 765 户,为总户数的12%;务工者为12 768 户,为总户数的 8%;从事渔业劳动者 4 402 户,为总户数的 3%。② 统计数据表明,近一半的部落民为租佃寄生地主土地的佃农,其中大多数部落民的佃租地面积在 2 段(约 3 市亩)左右,地租额高达七成以上,缺少山林用益权,饥寒交迫。其他部落民则主要是打零工、从事各种行当、做小买卖、充当脏累危险重体力工作的苦力等,社会地位低下,构成大正时代的社会问题。

---

① 歴史学研究会編『日本史史料』(4)近代、351—352 頁。
② 井上清等:《日本部落解放运动史》,第 56、57 页,第 2、第 3 表。

1922 年 3 月 3 日，在奈良县西光万吉、阪本清一郎、驹田喜作等部落民活动家的组织下，来自京都、大阪、和歌山、三重、冈山、兵库和东京的 2 000 余名部落民代表在京都冈崎公园公会堂举行大会。会场前高悬写有"三百万人的彻底解放·特殊部落民大同团结·全国水平社创立大会"字样的横幅，南梅吉主持会议。[①] 会议发表了全国水平社的《宣言》《纲领》和《决议》。《宣言》呼吁团结，在反思"过去半个世纪间，种种方法和许多人为我们开展的运动，并未收到任何值得感激的效果"之后，主张采取"志在自我解放人们组成的集体行动"。《宣言》回顾历史，说："我们的祖先是自由平等的渴望者和实行者，是卑劣的阶级政策的牺牲者和男子汉产业的殉道者"；现在"牺牲者掷还牺牲者烙印的时代降临了，殉道者以荆冠得到祝福的时代降临了，我等以秽多自豪的时代降临了！"[②] 全国水平社正式成立，西光万吉、平野小剑、栗须七郎等当选中央执行委员，南梅吉担任执行委员长。

水平社的《纲领》共三条，即"我等特殊部落民依靠自身的行动，争取彻底的解放"；"坚决向社会要求并期待获得经济自由和职业自由"；"我等已觉醒于人性的原理，向着人类最高理想突击前进"。大会通过的《决议》提出三点要求，即彻底纠正对部落民有意识的侮辱言行；为促进团结，发行全国水平社的月刊杂志《水平》；听取东、西本愿寺对部落民运动的坦率批评，"采取适当的行动"。[③] 水平社取耶稣的荆冠象征殉道者、牺牲者之意，以黑色荆冠旗为会旗，聚集全国部落民团体的力量，开展困难重重但充满活力的活动。

1922 年 12 月，政府以"融合"手段应对蓬勃发展的部落民运动，从国库拨款 21 万日元，用于"部落改善"。1923 年，国库拨款增加到 49.1 万元，用于普及同胞相爱观念，设置融和机关、育英事业等。为强调融和，

---

① 小林茂『部落「解放令」の研究』、解放出版社、1979 年、231 頁。
② 歴史学研究会編『日本史史料』(4)近代、364 頁。
③ 歴史学研究会編『日本史史料』(4)近代、363—364 頁。

避免刺激部落民,拨款的名目也改称为"地方改善"。① 3 月,全国水平社第二次大会在冈崎公园举行,与会者 3 000 余人。大会决议继续要求彻底纠正包括政府在内的对部落民的歧视,号召抵制本愿寺的敛财活动,全国水平社的影响力进一步增强。

1923 年 4 月,来自东京和群马县的 700 余名会员响应西上州水平社大会的号召,在群马县明治村有乐座举行讨论全国水平社《宣言》《纲领》的大会。群马县警察署出动百余名佩刀警察前往会场警戒、监视,与会者群起抗议,与警察发生冲突。"满场杀气高涨,千钧一发"。后来警方妥协,除现场指挥的署长佩刀外,其他警察一律摘刀,令舆论大为惊讶。② 6 月,神户番町水平社举行夏季大会,大批会员赶来参加。与会者情绪激昂,不断向讲演者发出热烈的掌声和欢呼声。一名部落民少女上台控诉遭遇的虐待,全场为之动容。栗须七郎代表总部发表慷慨激昂的演说,全场亢奋,"气焰万丈"。8 月,神户水平社在凑川劝业馆举行大会,与会者爆满。神户水平社代表前田的致辞谈到"日本只承认武力,能够加入世界五大国,但不擅长武力和斗殴的我等同人却长期遭受虐待";番町水平社代表大本在发言中呼吁"尊重人格,给予爱和自由",体现了日益高涨的社会参与意识。③ 1924 年 3 月,全国水平社召开第三次大会。会议通过名为《取消小学差别待遇》的决议。5 月,冈山县的财田小学发生歧视事件。水平社号召部落民小学生罢课,迫使校长道歉。经媒体报道,产生了广泛的影响,卷入斗争的部落民越来越多。

1923 年 11 月,接受日本共产党影响的青年活动家高桥贞树、松田喜一等成立激进的"全国水平社青年同盟",引发部落民运动内部的派别斗争。1924 年 5 月,高桥贞树出版新著《特殊部落一千年史》,呼吁部落民觉醒,通过抗争赢得社会尊重和权利,被当局禁止发行。10 月,改用《特殊部落史》的新书名刊行。1925 年 5 月,高桥等向全国水平社第四次大

---

① 部落問題研究所編『部落の歴史と解放運動』、部落問題研究所、1954 年、230 頁。
② 小林茂『部落「解放令」の研究』、234、235 頁。
③ 小林茂『部落「解放令」の研究』、235、236、237 頁。

会提出《宣言》草案,主张"断然改革全国水平社的组织,采取斗争的大众新战术",全国水平社"必须成为完全代表大众意志的真正集中战斗力的组织,扫除一切不纯分子及其党羽,指导全国部落民奔向真正解放的目标"。草案强调"被压迫阶级及民族解放运动的结果,取决于对资本的直接斗争",断言"这个斗争若将工人阶级对资本的斗争置之度外则不可能展开。因此,必须向政治战线即无产阶级的政治运动发展,否则就不可能获得真正的解放"。[1]　全国大会拒绝接受上述《宣言》草案,健全了各级组织系统,但内部争斗在进一步加剧。

1925 年 9 月,"全国水平社青年同盟"改称"全国水平社无产者同盟",声明"继续进行针对水平社内部的反动主义、机会主义的顽强的斗争,进而积极地领导无产部落民对于资本家在政治方面和经济方面的全面斗争,激烈地进行部落内部的阶级斗争,使无产部落民的解放运动与一般无产者的阶级斗争合而为一。"[2]全国水平社无产者同盟观察部落民问题的阶级理论具有透视力,但将部落民要求取消社会歧视、争取平等的生存权的运动,与工人阶级的政治运动等同起来的结果,势必脱离群众,孤立了自己。10 月,平野小剑将全国水平社内部的无政府主义派组成"青年联盟",强调人类的完善和自治,与无产者同盟展开对抗。警视厅、特高科密切关注全国水平社的动向,派遣密探、奸细潜入水平社,制造纠纷,力图分化瓦解水平社。平野即接受警视厅密探远岛哲男的贿赂,出卖水平社机密而受到处分。全国水平社的处境日趋复杂,派别摩擦进一步加剧。

1926 年 5 月,全国水平社第五次大会在福冈举行。掌握中央委员会领导权的无产者同盟再次提出将运动政治化、无产阶级化的纲领修改草案,在大会引起激烈争论,最后被否决。会后,平野派组成"全国水平社解放联盟",宣传无政府主义立场。无产者同盟组成"全国水平社支持劳

---

① 歴史科学協議会等編『史料日本近現代史Ⅱ』、85—86 頁。
② 井上清等:《日本部落解放运动史》,第 125、126 页。

农党联盟",强调阶级斗争方针。右翼南梅吉顺应政府的"融合"政策,成立"日本水平社"。至此,全国水平社分裂。

在社会上,歧视部落民的心理根深蒂固,纠纷事件经常发生。据统计,1922 年因歧视部落民而受到水平社成员追究,肇事者在报纸上公开道歉或者将道歉信印成传单送交水平社的件数为 69 件。1923 年同类事件上升为 1 182 件,1924 年略减为 1 046 件,1925 年为 1 025 件,连续 3 年均在千件以上。① 政府继续采取两手政策,一方面推行将部落民运动纳入改良主义的"融和"方针之中。1925 年 2 月,同爱会的创立者、众议院议员有马赖宁成立了"全国融入联盟"。11 月,有内务省背景的"中央融和事业协会"成立,展开对全国水平社右翼的工作,钝化水平社的运动锋芒。另一方面,出动军警镇压水平社会员的抗议行动。1923 年 6 月,在群马县碓冰郡发生歧视事件冲突。当地警察偏袒肇事者,逮捕了两名情绪激动的部落民。当地部落民赶来要求释放却被拒,整个群马县的水平社会员群起响应,事态急剧升级。当局出动 200 余名警察和宪兵马队赶来镇压,千名抗议者包围法院。当局请求第 14 师团驻军出动,才平息了事态。1925 年 5 月,小山检察总长在全国警察部长会议上,声称部落民的抗议行动"紊乱了秩序,是绝不能允许的行为。若各位认定为不法行为,应迅速抓捕,防止其祸端蔓延"。实际上,警察镇压行动从未停止。据内务省警保局统计,1913 年处理相关事件 75 件,逮捕 329 人;1914 年处理 75 件,逮捕 157 人;1925 年处理 75 件,逮捕 276 人;1926 年处理 30 件,逮捕 97 人。② 内有派别争斗和不间断的分裂,外有政府的分化瓦解和军警宪的联手镇压,部落民寻求人格尊严与社会地位平等之路崎岖不平。

二、城市居民与生活

大正时期的日本相对繁荣,城市人口迅速增加,生活多元化。特别

---

① 部落問題研究所編『部落の歴史と解放運動』、236 頁。
② 部落問題研究所編『部落の歴史と解放運動』、242 頁。

是电力的全面开发,使得生产与生活体现了"电气时代"迅捷、廉价、清洁等特色。

1914年3月20日,东京大正博览会在上野公园开幕,博览会内设置工业、矿山、机械、运输、林业、农业、拓殖、水产、园艺、染织、外国、朝鲜、台湾等20多个展馆,挤满了观众。为接待8 000多名来宾,麒麟啤酒、桂月冠清酒、汽水、柠檬水、小豆汤等各类饮料和三明治、寿司、甜点等小吃摆上馆内80多家小店的案头,600多名艺妓担任各馆的接待员,营造欢乐气氛。[①] 安装在博览会里的第一部付费自动扶梯,引起参观者极大的兴趣。至7月31日闭馆,前来参观的国内外观众的总人数达7 462 906人,[②]创下游园会的新纪录。

以轻纺业为中心的工业化快速发展,带来一系列的变化。至1913年,日本提供了美国所需生丝的1/2,世界所需棉纱的1/4。[③] 日本人口随之发生转折性的变化:第一产业的农业人口下降,农家的次男、三男和女儿离开农村,进入第二产业制造业或第三产业服务业,城市人口逐年增长。1880年日本本土总人口为3 664.9万人,至1920年增加52.7%,达到5 596.3万人;1920年有薪就业人口为2 726.1万人。[④] 一般来说,有薪就业人口主要是指脱离农业劳动的城市就业者。据统计,1898—1920年,东京人口由144万人增加到335万人,大阪人口由82万人增加到176万人,京都人口由35万人增加到70万人,神户人口由21万人增加到64万,名古屋人口由24万人增加到61万人,横滨人口由19万人增加到57万人。[⑤] 除以上人口翻番的六大城市外,人口超过5万人或10万人的城市也大量出现。纺织、缫丝、造船、钢铁、矿山、印刷等轻重工业部门吸引了数以百万计的劳动者,促使人口从农村向城市成规模的流动。

---

① 竹村民部:《大正文化》,欧阳晓译,上海三联书店,2015年,第26页。
② 岩波書店編集部編『近代日本総合年表第2版』,218頁。
③ 竹村民部:《大正文化》,第29页。
④ 矢野恒太紀念會編『日本100年』,第2、3、19頁。
⑤ 竹村民部:《大正文化》,第29、32页。

　　伴随着人口的大量增加,城市的大型化逐渐加快步伐,东京的城市面貌变化最具典型性。明治初年"文明开化"时期"炼瓦街"水平的城市建设,已经不能满足工业革命后,特别是经过一战期间国力大幅度攀升对东京扩容的需要。1920年,曾任"台湾总督府"民政长官、"满铁"首任总裁的后藤新平就任东京市长,设立东京市政研究所,规划东京的市政建设。

　　电能的不断开发,为东京市的扩张提供了基本动力。1914年,发电规模居世界第三的福岛县猪苗代水力发电所建成。1915年,开始向228千米开外的东京长距离送电。随着其他水电站的陆续建立和并网发电,自1912年大正元年开始,水力发电量开始超过火力发电量,日本进入水电时代。至1917年,1/2以上的工厂动力实现了电动化。1921年2月,大阪送电、日本水力、木曾电气兴业等三家发电厂合并为大同电力株式会社。1922年6月,关西电气、九州电灯铁道合并为东邦电力株式会社,形成与大同电力并肩而立,成为支撑西日本"电气时代"的两大电力公司。社团法人日本电气协会也随之成立。

　　得益于"电气时代"的到来,市民的日常生活条件趋向良性化。1877年,工部省开始在宫内和省厅安装电话。1890年,东京、横滨开通市内和两市之间的电话,联络便捷的电话受到欢迎。1903年,设置电话局以管理日益增加的电话业务。1917年,公布《电话事业公债法》,募集社会资金,加快普及速度。电灯的使用改善了夜晚照明的条件,市民夜间生活的质量得到提高。1878年,电灯最早出现在电信中央局的开业典礼上。1885年,开始推广白炽灯,翌年东京电灯株式会社挂牌营业。1890年,东京电灯的使用量约为1万盏;1907年,达25万盏;1914年,增加为142万盏;1920年,猛增为243万盏,平均每户使用5盏电灯。[①] 油灯、瓦斯灯退出市民的日常生活。

　　生活节奏的加快,促进交通的发达与便捷化。1914年,仿造荷兰阿姆斯特丹中央车站的东京车站竣工。这座采用红砖瓦、展示文艺复兴时期的

---

① 竹村民部:《大正文化》,第46、47页。

巴洛克风格的建筑庄重典雅,起到铁路运输的中央交通枢纽作用。自 1895年日本最早的有轨电车在京都开业以后,东京市内很快敷设有轨电车线。1913 年 4 月,笹冢至调布区间的有轨电车线开通,电车线网络开始向东京郊区伸展。1925 年,东京山手线有轨电车线贯通,提供了便捷的代步工具。1927 年,开通上野至浅草区间的地铁,东京的交通网络开始走向立体化。1914 年快进社汽车工厂研制的 DAT—1 号乘用车摆上了东京大正博览会的展台,启动了汽车国产化的步伐。1923 年,小汽车保护协会首次举办"自动车大竞走"赛车会,2 万余观众前来观赏。私驾小汽车走向富裕阶层,使用率稳步提高。一般市民的代步工具则多为自行车。

大正时期高等教育快速发展,私立大学纷纷创立。1922 年 3 月,新潟、冈山的原医科学校升格为医科大学;4 月,新设立的大阪外国语学校、东京高等工艺学校开学;文部省发表公告,认可了立命馆大学、关西大学、东洋协会大学(拓殖大学)等私立大学的办学资格。1924 年 4 月,新创立的横滨高等商业学校、首家公立高中富山高中开学;5 月,文部省批准设置私立大学立正大学。1925 年 3 月,文部省批准设立私立大学驹泽大学。立正、驹泽大学均具有佛教的背景,宗教力量创办大学,构成高等教育发展的特点。

适应市民的强劲文化需求,小说和五花八门的杂志为城市居民提供了丰富的精神食粮。大正时期,近代日本文学活跃发展,文学大家并立,异彩纷呈。仅在 1914 年 1 月,就有德田秋声的《强暴》、夏目漱石的《玻璃人家》、森鸥外的《诸国物语》等文学作品同时出版。1914 年 5 月至 1918 年 6 月,岛崎藤村的《樱桃熟了的时候》在《文章世界》上连载 4 年有余,忠实的读者不乏其人。

1913—1916 年,再次出现办杂志的热潮。1913 年 9 月,《生活与艺术》杂志创刊;10 月,娱乐杂志《自我》、文艺杂志《白桦》、电影杂志《胶片记录》等创刊。1915 年 3 月,杂志《海红》《石楠》同时创刊。1916 年 2 月杂志《新思潮》第四次创刊,3 月杂志《新演艺》创刊,4 月杂志《文明》创刊,5 月杂志《文章俱乐部》创刊,6 月杂志《感情》创刊,9 月杂志《托尔斯泰研究》创刊，10 月杂志《生命之河》创刊。

1918—1920 年，新创刊的杂志日益贴近读者界。例如，1918 年 1 月创刊的杂志《民众》、5 月创刊的《花月》、7 月创刊的《赤鸟》，1919 年 3 月创刊的杂志《黑烟》、11 月创刊的杂志《人间》《十三人》等。1920—1926 年，创刊的杂志稳定增加，专业性越来越强。1920 年创刊《美术摄影画报》。1922 年 4 月，童话杂志《金鸟》创刊；6 月，杂志《戏剧与评论》创刊；11 月杂志《新兴文学》创刊。1923 年 1 月，综合杂志《文艺春秋》《讲座》创刊；4 月《科学画报》、12 月《国民美术》等杂志先后创刊。1924 年 1 月《演剧新潮》、2 月《音乐新潮》等杂志先后创刊，4 月，杂志《日光》创刊，10 月，杂志《文艺时代》创刊。1924 年 1 月，《大阪每日新闻》《大阪朝日新闻》的发行量均超过 100 万份。

大正时期，戏剧和歌剧活跃发展。1913 年 5 月，有乐座上演易卜生的戏剧《野鸭》。这一年，帝国剧院好戏连台。6 月，首次上演莫扎特的歌剧《魔笛》；10 月，演出公众剧团的《制茶之家》；12 月，推出由名演员松井须磨子、泽田正二郎等主演的王尔德剧作《莎乐美》。1914 年 2 月，狂言座在帝国剧院首场演出坪内逍遥的新作《新曲浦岛》；4 月，宝冢少女养成会首次公演北村季晴作曲的歌剧《冬布拉克》；艺术剧场举行首场公演，剧目为有乐座排演的秋田雨雀的《被埋没的春天》。除了欧美的名剧之外，日本传统舞蹈和戏剧也开始受到欢迎。1925 年 10 月，日本青年馆挂牌营业，上演乡土舞蹈和民谣。此后，这家剧场成为专门演出日本乡土歌舞的场所之一。1926 年 1 月，日本交响乐协会在青年馆举行首场演奏会，近卫秀麿指挥，曲目《英雄》。

上述演出的观众，多为可轻松购买入场券的城市的富裕阶层。一般市民也可以通过其他途径，自娱自乐。1912 年（大正元年），日本人创制一种采用打字机键盘的乐器"大正琴"（"凤凰琴"）。这种家庭乐器构造简单，演奏便捷，左手按键盘，右手弹拨，可以演奏各种歌曲、乐曲，给演奏者带来快乐和满足。大正琴一时风行日本，形成多种演奏流派，发挥了娱乐一般市民的作用。

1913 年 3 月,森鸥外、黑田清辉等发起,创立了国民美术协会;5 月,日本美术协会举办第 50 次展览;6 月举行第一届水彩画展;10 月,生活社在维纳斯俱乐部举办第一届油画展,光太郎的《烧岳》《秋山》受到欢迎。1914 年 9 月,日本美术院重建,今村紫红、横山大观、小山未醒等著名画家赶来站台助兴。在整个大正时期,画展经常举办,档次不断提高。1926 年 2 月,国画创作协会举办第五次画展,展出了麦迁的《罂粟》、华岳的《松山烟云》、梅原的《江之浦》、川岛理一郎的《儿童节》等。春阳会举行第四次画展,展品中有山本鼎的《台湾少女》、中川一政的《记忆之日》、足利源一郎的《裸妇》等新一代画家的作品。

适应观众的喜好,日本电影在探索中发展。1896 年 11 月,神户的里奈尔商会引进两台爱迪生发明的“西洋镜”式电影放映机和 10 种胶片,此为电影初涉日本。《神户又新日报》以《小松宫活动写真御览》为题,对播映进行了报道,“活动写真”成了电影的最初日语表述。1899 年 9 月,柴田常吉摄制了首部纪实短片《捕捉闪电强盗》,开日本人拍摄纪录片的先河。1907 年,吉泽商行在东京目黑创建了首家制片公司,由牧野省三执导了首部无声故事影片《本能寺会战》。1913 年 4 月,吉野二郎执导了首部彩色影片《义经千株樱》。1914 年 7 月,有乐座首次使用有声电影放映机放映电影《本朝二十四孝》。至此为止,日本人摄制的影片多取材于歌舞伎的传统剧目,与现实保持着距离。

1911 年,曾创建剧团明治座的白井松次郎、大谷竹次郎从其名字中各取一个字,建立了松竹合名社,从事歌舞伎演出。1920 年 2 月,松竹电影合名社创立。5 月,帝国电影演艺株式会社在大阪成立。6 月,松竹在蒲田建成摄影厂,11 月完成第一部现实主义的故事影片《岛女》的摄制。1923 年 4 月,“日本电影之父”牧野省三、演员阪东妻三郎等创立电影公司牧野映画制作所;12 月,东亚电影公司创立。1924 年 6 月,牧野、东亚两家公司合并。《电影旬报》首次举办优秀电影评奖,美国艺术电影《巴黎女人》的好评度位列第一,美国娱乐电影《幌马车》位列第二,日本电影尚排不上名次。1925 年 3 月,法国影片《叹息的比埃罗》和 12 月美国影片《黄金狂时代》受到日本观众的喜爱,场场爆满。5月,杂志《电影评论》创刊。电影的出现,更加丰富了大正时期普通市民的业余生活。

三、史学与史观

大正时期,日本完成了明治维新孜孜以求的国家目标,崛起为世界级大国。第一次世界大战前后,特别是昭和初期以来,世界、东亚和中国的局势愈加动荡,日本国内的方向选择也日益复杂化。适应形势的需要,新史观层出不穷。

(一)东洋史学

东洋史学以中国、朝鲜、印度等国的历史为主要研究对象,强调"学术报国",学术性和国策性兼具。奠基者为东京高等师范学校教授那珂通世,主要领军人物首推东京帝国大学教授白鸟库吉以及京都大学教授内藤湖南、桑原骘藏等。从1894年发表《檀君考》以来,白鸟涉足中国北方诸游牧民族、中国东北史、西域史、朝鲜史、中日韩语言学、欧洲史等多个领域的研究,硕果累累。1938年,白鸟监修的多卷本《东洋文化史大系》出版。从实证研究的角度来看,这套图文并茂、考证详尽的文化史大系不无可取之处,但其史观则不出"国体论"和政府的国策半径,与单纯的学术无缘。其观点主要有以下三点:

其一,批判"欧洲本位论"。白鸟反对孤立地看待欧洲和严格区分欧亚两大洲,认为迄今为止的世界史"往往以欧洲为主体,在这种视角的范围内,将亚洲作为地区史的一部分并附加于欧洲史为能事。应该说,此种以西洋人为本位的思维方式,完全是偏见。"作为自然地理和历史发展的进程,"将欧亚的历史视为一体",欧洲"是亚洲大陆的半岛","欧洲的英国与位于远东的日本在许多方面存在着相似点"。其二,突出"日本的特异性",为政府国策服务。这些特异性表现为:(1)兼采各种文化的精华的"优秀性"。白鸟说,古代日本摄取了"亚洲大陆南方文化中的宗教、道德"和"北方民族所特有的武勇"精神,强化了"尚武气象";近代"摄入欧洲文化之长",即"讲究自然科学的精华",掌握"近代科学的本质,巧妙地加以运用",体现"日本民族的优秀性。"(2) 吸收外来文化的"独特性"。即"所有的外来文化一旦进入我们日本,就不再是原封不动的外国事物,而成为日本独有之物";称"此种消化力"即"日本精神",以日本国情为基础,有所取舍并"在此基础上对其进行日本式的融合。"其三,鼓吹日本应称霸东亚和世界。白鸟说,"我国文武兼备,不仅要称霸东洋","而且应左右世界史",此乃"皇威"与臣民的"忠君爱国"使然。从历史的发展趋势来看,"在历史上称霸亚洲的诸民族,已悉数出场并已终场,惟我日本还留在舞台上。我国以东洋盟主为己任,确保东洋乃至世界和平之键,舍我其谁!"①

　　说到底,白鸟批判"欧洲本位论"、强调日本民族"特异性"等基本观点,均源出于"皇国史观"。白鸟强调,日本民族之所以能够养成"优秀的国民性",最根本的原因是国民"拥戴至上的现人神天皇"。白鸟强调,天皇"在历史时代已经作为我国国民的宗主,俨然君临此大八洲",历代天皇的姿容不同,"但作为神的本质永远不变"。白鸟宣称,"天皇是精神上和道德上至高无上的绝对存在","日本教"即"天皇教","教主天皇万世一系,自神代远古以来,世代作为人间的神,生生不息"。②

　　与白鸟库吉齐名的另一位东洋史学泰斗,即京都学派的领军人物内藤湖南。1899—1917 年,内藤 8 次访问中国,结识严复、罗振玉、胡适等学者,搜集《满文老档》等第一手资料,以《清朝史通论》《支那上古史》《中国近世史》《中国中古文化》等 4 部论著,确立了在日本东洋史学研究中的学术地位。1921—1922 年,内藤在京都大学讲授《支那上古史》,提出内力与外力互动的"文化波动说"。他认为,"上古某时代的支那某地方产生的文化逐渐向四周扩展,如同石块投入水池,波涛向四周扩散"。中国文化"不断促进了附近野蛮种族新的觉醒","如同波涛抵达水池四周边岸而产生反作用","对支那的政治及其内部状态给予显著的影响",构

---

① 白鳥庫吉監修『東洋文化史大系古代支那とインド』、誠文堂新光社、1938 年、2—21 頁。
② 白鳥庫吉『白鳥庫吉全集 10』、岩波書店、1971 年、419、421、422、430 頁。

成"历史上世界性波动的巨大交往","在文化上形成时代特色,构成时代划分的依据。"①"文化波动说"构成其东洋文化史的理论体系。内藤在中国古代史研究中新论迭出,如"唐宋变革论"认为,从唐宋之际,中国的贵族政治向君主独裁转换,平民势力有所抬头,孕育了新的发展可能。

　　1922年,内藤湖南发表《支那人的支那未来观及对其的批评》,用"文化中心转移说"论证了日本文化主导权。内藤认为,在古代,日本"受到支那文化的刺激形成了自己的文化";至近代,"日本已将古老的支那文化与西洋文化融合成日本文化"。内藤断言,"若把整个东亚当作一个整体,日本文化必将成为其中心。"②。近代日本因其融汇东西方文化的综合优势,对中朝等邻国均产生影响。由于日本军国主义的不断侵略,迫使其邻国展开包括抵制日本的文化侵略在内的民族抵抗。至少在内藤的有生之年,既未看到东亚在日本主导下形成一个整体,也未看到近代日本文化成为东亚文化的中心。

　　1893年,在东京帝大理科大学人类学教研室任职的鸟居龙藏开始从事研究工作和田野调查。其足迹遍及日本列岛、中国大陆、朝鲜半岛、蒙古草原等东北亚各地区,研究各民族的宗教、风俗、体形、语言、居所、社会组织等诸多方面。1924—1925年,鸟居先后出版《从人类学视角观察北东亚》《从人类学视角观察我国上代的文化》等著作,运用人类学研究方法分析东西伯利亚民族原始时代,最早使用"北东亚"、"东北方亚细亚"等词汇。③ 鸟居的东北亚概念,包括中国、日本、朝鲜、蒙古、远东俄罗斯等国家和地区。通过对东北亚地区的古代文化进行了多层次的分析,形成若干学术观点。鸟居认为神道是祭天的宗教;日本人祖先的高天原、人世间和黄泉国等三阶式宗教观,与库里雅克人、蒙古人、突厥人等东北亚民族相似,均源起萨满教宗教观;从日本、通古斯、蒙古、突厥人古

---

① 小川環樹責任編集『日本の名著41内藤湖南』,中央公論者,1971年、262—265頁。
② 内藤虎次郎『内藤湖南全集8』,筑摩書房、1969年、163頁。
③ 鳥居竜藏『人類学上より見たる我が上代の文化』,叢文閣、1929年、8、11、41、128、129、179、191頁。

墓中出土的铜镜,并非日常的化妆用具,而是宗教用的道具。古代日本的刀剑甲胄、农业用具则受到来自中国和朝鲜半岛的影响,等等。[1]

在《史前的日本》中,鸟居通过研究考古资料,认为"固有的日本人遗迹"遍及北海道、桦太(库页岛)和俄罗斯的远东沿海州。在研究日本民族形成的过程中,鸟居认为史前日本的先住民虾夷人、固有日本人、印尼人、印支民族构成了古日本民族,他们聚居于"岛帝国",并"以连绵不断的同一个系统的帝室为中心",构成日本,"结出无比美好的果实"。[2] 可见,学术研究和帝国膨胀的需求并非无缘。1919 年,鸟居前往被日军占领下的东西伯利亚,展开半年多的考察和资料搜集。1924 年,出版《从人类学视角观察北东亚》,认为"与我国一衣带水的东西伯利亚,在政治、经济及其他方面,应该成为我国民特别关注的地方。"[3]随着 20 世纪 30 年代日本国内外形势的变化,侵华战争不断升级,年近古稀的鸟居厌恶日本军部的蛮横,转向反战。1939 年,应司徒雷登聘请任燕京大学教授,讲授人类学、考古学,其深厚的学术造诣、国际视野和反战立场受到中国学生的尊敬。

(二)社会经济史学

代表人物为庆应大学教授福田德三、京都帝国大学教授内田银藏、京都帝国大学教授和大阪商科大学校长本庄荣治郎等经济史学者。代表著作主要有福田的《日本经济史论》(1900),内田的《日本经济史总论》(1912)和《日本经济史》(1921),本庄的《日本社会经济史》(1928)等。社会经济史学派的名教授与名著双璧生辉,兼采社会史和经济史的研究方法,从经济角度切入,对一战后日本经济发展、社会动荡等问题,作出了有说服力的新解释。社会经济史学在二三十年代风靡史学界,吸引了大批研究者和读者,气势压倒实证史学。

作为新兴的史学流派,社会经济史的主要特点包括:(1) 学派的奠基

---

[1] 鳥居竜蔵『人類学上より見たる我が上代の文化』、128、129、162、179、323 頁。

[2] 鳥居竜蔵『鳥居竜蔵全集 1』、朝日新聞社、1975 年、380、381、382、386、390 頁。

[3] 鳥居竜蔵『人類学及人種学上より見たる北東亜細亜』、岡書院、1924 年、1 頁。

人均为海外留学的归国者,视野开阔。其中,福田留学德国,师事国民经济学家卡尔·毕歇尔、经济学家鲁吉奥·布伦坦诺等,深受德国古典学派的影响,也翻译了《资本论》,编辑《马克思全集》,关注马克思经济学的方法理论,堪称日本经济学的开拓者。内田也曾留学德国,本庄则留学美国、英国和法国,均学成而归,在日本开创经济理论、经济史等新学科。内田和本庄同样不等程度地受到马克思主义学说的影响,在史学界掀起挑战传统史学的新学潮。

　　(2) 运用比较史学方法和欧洲经济学理论,研究日本经济史的发展过程,提出诸多研究框架、方法理论,影响广泛。福田借鉴欧洲经济学的分期方法,重新划分日本历史的发展阶段,即原始时代(上古—644年)、帝权扩张时代(645—930年)、封建时代(931—1602年)、专制警察国家时代(1603—1667年),论证日本经济发展和欧洲经济发展的一致性。[1]内田将日本史进程分为大化改新之前的"上古"、大化改新至平安时代的"中古"、镰仓时代至织丰时代的"近古"、江户时代的"近世"和明治以后的"近代"等五个发展阶段,[2]至今仍对日本史的分期存在着影响。

　　(3) 从日本与欧洲历史进程的比较中,寻求历史发展的共性和规律性。本庄荣治郎认同马克思主义的阶级斗争学说,认为"在政治上,有治者阶级和被治者阶级;在经济上则有役使劳动的阶级和劳动阶级";认为"在有的场合是公开的阶级斗争,在另外的场合则是隐蔽的阶级斗争。总之,无论在什么意义上,对立的阶级之间的斗争,在日本历史上也在所难免"。在肯定日本历史进程与欧洲一样,存在阶级斗争共性的同时,本庄也强调日本历史发展的个性,认为明治维新后出现的日本社会问题,不过是"经济阶级之间的贫富之争",否认社会问题的政治内容。[3] 内田对机械照搬欧洲经济史理论方法的现象不乏警觉,认为"人们往往容易抓住外表上相似的事实而随意联系,以便轻率地引出符合主观愿望的结

① 沈仁安:《日本史研究序说》,香港社会科学出版社,2001年版,第345页。
② 内田銀蔵『日本経済史概要』,創元社,1940年、1—2頁。
③ 本庄荣治郎『日本社会史』,改造社、1942年、265、267、263頁。

论”，认为此种研究方法不可取。①

　　社会经济史学既是一战前后日本资本主义快速发展的时代产物，也是日本史学者接受欧美研究理论和方法的学术成果。其理论视野开阔，对社会问题具有强烈的参与意识，资料丰富扎实，因而深受欢迎，学术生命力持久。

---

① 内田銀蔵『日本経済史の研究』、同文館、1921 年、486 頁。

第七章　军国癫狂

第一节　政党内阁的倾覆

一、蓄谋已久的九一八事变

　　东北易帜后,日本频繁制造事端。1929 年 3 月,田中义一内阁拨出专款,支持"满铁"总裁山本条太郎成立"满洲移民农业会社",加紧武装移民。10 月,"满铁"守备队士兵在柳条湖南村残杀中国居民。11 月,驻华公使佐分利贞男前往奉天总领事馆,召集领事及各机关、团体头面人物开会,布置迅速调查各管界矿区、土地,监视反日宣传,寻衅滋事。①

　　1930 年 1 月,滨口雄幸内阁阁僚与"满铁"总裁仙石贡等举行会议,讨论"满洲"开发计划,图谋攫取阜新煤矿、敷设铁路。4 月,关东厅邀集驻辽各处领事、民政支署长、关东军参谋长、"满铁"高官等,在旅顺举行形势讨论会,策划扩张行动。7 月,关东军司令官菱刈隆和朝鲜总督府的军政高官等频繁前往辽吉"视察"。8 月,日军在沈阳周边展开长达 40 天的大演习。9 月,在平壤设置航空队基地,日本军机频频飞临中朝国境

-----

① 辽宁省档案馆编:《"九一八"事变档案史料精编》,辽宁人民出版社,1991 年,第 21—29 页。

线。驻铁岭的日本宪兵酗酒闹事,酿成抓捕、凌辱中国警察和无辜居民的"铁岭事件"。10月,日本军警又在延边地区制造中日军警流血冲突,挑拨当地中朝居民对立。驻朝日军乘机在朝鲜会宁举行大规模军事演习,实施武力威胁。11月,驻大石桥守备队进行战斗演习,驻鞍山的守备队紧急调防增援。[①]

1930年4月,坚持"协调外交"立场的滨口雄幸内阁与美英法意等国政府妥协,签署了《伦敦海军裁军条约》。5月,《日华关税协定》签订,在日本继续享有最惠国待遇、百余种日货暂不加税的条件下,中国得到了并不完整的对日贸易关税自主权。10月,滨口内阁作出决议,将对中国的称呼由"支那共和国"改为"中华民国"。滨口内阁的上述举动引起极端势力的仇恨。11月14日,滨口雄幸前往冈山县观看陆军大演习,在东京火车站突遭法西斯团体"爱国社"成员佐乡屋留雄的枪击,重伤入院抢救,9个月后不治身亡。政党首相在光天化日之下惨遭戕害,叫嚷"昭和维新"的法西斯分子愈加嚣张。

1931年1月,外相币原喜重郎在国会上发言,主张日中两国"共存共荣",引发军部及民间法西斯势力的强烈不满。以中佐桥本欣五郎为首的"樱会"等法西斯团体,加紧策划政变。桥本等策划的步骤是先策动社会民主党、劳农党、全国大众党弹劾滨口内阁,借机在日比谷公园举行大会,煽动与会者袭击警视厅;大川周明等率万余名示威者与第1师团包围国会,冲进国会迫使内阁总辞职;最后由天皇发表诏书,委任陆相宇垣一成组阁。[②] 2月11日,大川向宇垣汇报趁乱夺权的政变计划,得到默许。桥本、大川着手准备爆响炮弹,筹集经费。不久,政变的消息泄露,第1师团长真崎甚三郎等表示反对。3月4日,宇垣授意陆军省整备局长小矶国昭中止了行动。

这场通称"三月事件"的政变图谋虽中途流产,却是日本法西斯化的

① 辽宁省档案馆编:《"九一八"事变档案史料精编》,第34、37、40—47、63、65、76—82页。
② 安部博純『日本ファシズム論』,影書房、1996年、166—167頁。

进程中的分界点,军内法西斯势力出现意见分歧,分为激进、渐进两派。激进派力主"先内后外"的方针,加紧策划侵华战争。4月,关东军司令部将其作战主任参谋石原莞尔的《现在及将来的日本国防》印成小册子,分发给各部队,加紧强占"满蒙"的战前精神动员。同月,在驻长春日本领事馆的授意下,汉奸郝永德骗取长春县万宝山姜家窝堡中国农民的500垧土地,转租给朝鲜侨民。日本驻长春领事田代重德找来朝鲜亲日分子李升熏等人成立三星堡水稻农场,派出日本警察武装掩护朝鲜侨民在中国农民的农田上开渠筑坝。7月初,在多次交涉无果后,中国农民群起填埋沟渠,日本警察施暴,制造了"万宝山事件"。朝鲜总督府控制下的《朝鲜日报》《东亚日报》连篇累牍地大肆炒作,在平壤、元山、济物浦、仁川、汉城、釜山等处发生流血的排华事件,仅在汉城一地,华商被捣毁500余家,受伤的华侨男女老少500余人,被害者216人,财产损失千万元以上。[①] 日本国内媒体乘机炒作,鼓吹武力侵华。

8月初,"万宝山事件"尚未结束,驻沈阳的领事林久治郎又就"中村大尉事件",向东北长官公署提出了抗议。是年5月间,参谋本部大尉中村震太郎等4人私闯吉林省兴安屯垦区,搜集军事情报。当地驻军将其捕获并秘密处决。3个月后,日本政府得知消息,提出"道歉"、"处罚肇事者"、"赔偿一切损失"等要求,态度强硬。[②] 关东军策划出动步兵1个大队前往洮南,伺机占领洮索铁路。日本国内媒体大肆抹黑中国,煽动战争狂热情绪。

8月,陆军高官会议就解决"满蒙"问题和建立"国防国家"统一了意见。在内阁会议上,陆相南次郎的"实力行动论"和外相币原喜重郎的"外交协同论"激烈对立。军部任命力主动武的陆军大将本庄繁为关东军司令官,决心甩开内阁,单独行动。石原莞尔、板垣征四郎等策划在9月28日采取行动,以爆炸铁路为信号,用架设在步兵第29联队兵营里

① 孙邦主编:《"九一八"事变》,吉林人民出版社,1993年,第215页。
② 孙邦主编:《"九一八"事变》,第228页。

的 240 毫米口径的要塞巨炮轰击沈阳北大营。9 月 15 日,桥本欣五郎从东京打来急电,通报"计划暴露,决定派遣建川前来,为避免麻烦,尽早动手。"其实,桥本的急电恰恰来自准备前来调查的参谋本部第一部长建川美次的授意。[①] 得到桥本密报后,16 日下午,板垣征四郎、石原莞尔、花谷正等关东军参谋在奉天特务机关二层的会议室中,密谋行动的细节。17 日,花谷和张学良军事顾问的副官今田新太郎决定在 18 日夜采取冒险行动。

　　9 月 18 日夜晚 10 时 20 分,独立守备大队的中尉河本末守率领几名士兵,以巡查铁路为名来到距离北大营西南方不过 700 米远的柳条湖,按照事先计算好的用量引爆了炸药,还在现场附近摆放了 3 具套上东北军军服的囚犯尸体,制造假现场。以爆炸声为信号,独立守备大队率先对北大营展开攻击。关东军高级参谋板垣下令第 29 联队投入战斗。在日军 240 毫米要塞大炮的轰击声中,沈阳北大营东北军官兵从睡梦中惊醒,慌乱中仅作轻微抵抗。关东军参谋部急令驻扎在辽阳的第 2 师团出动,赶往奉天增援。午夜零点,关东军司令官本庄繁下达了"全线出动,攻击奉天"的命令。[②] 至天明,北大营的枪声沉寂下来。日军战报称,9 月 18 日攻击北大营历时 7 个小时,东北军阵亡 300 人,日军战死 2 人、受伤 32 人。[③] 沈阳城一夜沦陷,关东军大佐土肥原贤二自任临时市长。

　　东北军主力部署在热河、山海关,但在关外仍驻扎约有 20 万人的部队。因奉命"不抵抗",竟使万余人的日军第 2 师团如入无人之境,虏获各式飞机 262 架,迫击炮、山炮、加农炮 3 091 门,战车 26 辆,机枪 5 864 挺、长短枪 118 206 枝。[④] 19 日,第 2 师团连续攻陷长春、营口、鞍山、铁岭、丹东、本溪、抚顺等城镇,驻守长春南岭大营的东北军第 671 团守军展开激烈抵抗。当天,陆相南次郎命令驻朝鲜的日军司令林铣十郎出动

① 歴史科学協議会編『史料日本近現代史Ⅱ』,三省堂、1985 年、126 頁。
② 島田俊彦『近代の戦争 4』,人物往来社、1966 年、258—259 頁。
③ 袁旭等编著:《第二次中日战争纪事(1931.9—1945.9)》,档案出版社,1988 年,第 26 页。
④ 步平、荣维木:《中华民族抗日战争全史》,中国青年出版社,2012 年,第 56、57 页。

第 20 师团的第 39 混成旅、飞行第 6 联队的 2 个中队,越境增援关东军。
21 日,日军占领吉林,痴迷复辟清朝的吉林省军署参谋长爱新觉罗·熙
洽率军政官员投降。当日,第 39 旅团经义州闯进中国境内,与关东军汇
合。参谋本部启动"帷幄上奏权",得到天皇的认可,关东军的军事冒险
得逞。

9 月 19 日至 23 日,国民政府提出三次严重抗议,要求恢复中国东北
事变爆发前的状态;驻国际联盟的中国代表施肇基也奉命向国联大会控
告日本,要求举行临时会议讨论制裁行动。蒋介石固执于"攘外必先安
内"方针,将精锐部队用于剿灭红军,寄希望于国联的干涉以平息事态。
9 月 19 日、20 日,中共满洲省委和中共中央先后发表宣言,号召武装抵
抗。20 日,中共中央发表《中国共产党为日本帝国主义强暴占领东三省
事件宣言》。宣言虽然揭露了日本企图"使中国完全变成它的殖民地",
提升日本帝国主义"实行第二次世界大战"等观点不乏前瞻性;但是由于
当时受王明"左"倾错误领导的影响,强调"反苏战争是主要的危险",号
召"武装拥护苏联"、"变帝国主义战争为国内战争"等主张[1]存在片面性,
脱离民族矛盾上升为主要矛盾的实际。

9 月 19 日上午,首相若槻礼次郎举行内阁紧急会议,讨论九一八事
变的善后问题,外相币原喜重郎以奉天总领事林久治郎的报告为据,认
为是关东军肇事,令掩盖事实的陆相南次郎狼狈不堪。内阁通过"不扩
大"方针,要求关东军撤回驻地。20 日,军部首脑经过紧急磋商,坚持继
续扩大事态,宣称"倘若政府万一不同意军部的方案,即使因此而使政府
倒台也在所不惜"。[2] 22 日,首相若槻面奏天皇,请求支持。24 日,若槻
内阁发表有关九一八事变的第一次政府声明,一面重复栽赃东北军"破
坏"铁路、"袭击"日本守备队的谎言,一面表明"不使事态进一步扩大"的

---

[1] 中央档案馆编:《中共中央文件选集》第 7 册(1931),中共中央党校出版社,1983 年,第 445、
427、429、449、452、447 页。
[2] 关宽治等:《满洲事变》,王振锁等译,上海译文出版社,1983 年,第 257 页。

方针,声称"帝国政府在满洲没有任何领土欲望",愿意"和中国真诚合作"。① 若槻内阁的"不扩大"方针,令军部势力恼怒不已。10 月 8 日,石原莞尔参加关东军的轰炸机群轰炸锦州的行动,蓄意挑战"不扩大"方针。

二、五一五事件与政党内阁的倾覆

在九一八事变的刺激下,麇聚在东京的法西斯势力加紧策划颠覆内阁的阴谋。10 月初,在"三月事件"中十分活跃的桥本欣五郎等少壮派军官与民间法西斯团体合谋,联络十多个中队的步兵,准备携带 60 挺机关枪及毒瓦斯和炸弹,在 10 月 20 日至 24 日的某日,发动推翻政党内阁的血腥政变。袭击的目标包括元老、宫内相、阁僚、政党领袖、实业家,并在戒严令下,建立以陆军教育总监部本部长、中将荒木贞夫为首相兼陆相的军人内阁。② 政变以天皇"锦旗"为号召,亦称"锦旗革命"。谋划期间,桥本的同伙根本博向陆军省人事局局长冈村宁次告密,冈村急报陆军省次官杉山元,政变计划败露。10 月 17 日,桥本等人被宪兵保护性的拘禁,史称"十月事件"。如同"三月事件"后免于追究一样,"十月事件"的策划人桥本等也戴上"忧国愤世"的桂冠而逍遥法外。

政变虽然流产,却促使若槻内阁愈加贴近军部。10 月 26 日,若槻内阁发表有关九一八事变的第二次政府声明,提出中日交涉的"协商大纲"。一方面,按照军部的调门,把事变说成是"中国军事当局的挑衅行动",断言日军"全部撤回南满铁路附属地内,则更会使事态恶化,并使帝国臣民的安全濒于危险";另一方面,奢谈反对"相互侵略的政策和行动"、"尊重中国的领土完整"、"尊重条约上规定的帝国在满洲的权益"等。③ 若槻内阁的立场,无法满足军部和关东军的要求。11 月 4 日,关

① 复旦大学历史系日本史组编译:《日本帝国主义对外侵略史料选编(1931—1945)》,上海人民出版社,1975 年,第 40—41 页。
② 安部博純『日本ファシズム論』,170 頁。
③《日本帝国主义对外侵略史料选编(1931—1945)》,第 42、43 页。

东军继续北进,若槻内阁决定增兵。18 日,黑龙江省军事总指挥马占山率部在嫩江洮昂线铁路大桥抗击来犯的关东军,毙敌 167 人、击伤 600 余人,①振奋了全国的抗战士气。19 日,关东军进占齐齐哈尔。在关内,11 月 9 日、26 日,日军中国驻屯军滋事挑衅,制造了两次"天津事件",掩护关东军对东三省的侵略。

10 月 24 日,国际联盟理事会发表声明,劝告日本从东三省撤军。消息传来,日本国内举国狂热地谴责国际社会"凌辱"日本,民族沙文主义思潮泛滥,竞相表态支持战争、慰问战场上的侵略军官兵。据统计,自九一八事变发生后,处于经济萧条困苦中的日本国民节衣缩食,每天平均向陆军省恤兵部捐赠 1 500—1 600 日元,11 月 16 日当天增加为 3 800 日元,慰问袋日均达 3 万个。② 大学与专科学校紧急成立"爱国学生联盟",为军国主义侵略呐喊助威。

曾经在"大正德谟克拉西"运动中走在前列的日本妇女团体,除了无产妇女同盟还在坚持反战立场外,其他妇女团体大都成了军国主义的追随者。1931 年 3 月,大阪国防妇女会应运而生,鼓吹"坚固的国防需要后方的妇女与男子并肩合作",号召妇女们"为保卫国家,从厨房和家庭中挺身而起!"③4 月,各大报刊竞相报道大阪国防妇女会盛情款待从东北回国修整的第 2 师团所属新发田、会津若松联队的消息,提高了其知名度。10 月,大日本国防妇女会成立,宣称"妇女承担国防也是我国建国三千年的历史,在神圣御德之下凝结的日本精神结晶",号召日本妇女"发挥举世无双的日本传统妇德,在后方做好国防的基础"。④ 此外,1931 年1 月成立的大日本联合妇女会、1901 年 2 月创立的爱国妇女会等官办妇女团体,也在九一八事变之后活跃起来,将"妇女报国"的运动推向好战的歇斯底里。政党内阁的"软弱外交"成了众矢之的,陷入困境。

① 孙邦主编:《九·一八事变》,第 432 页。
② 歴史科学協議会等編『史料日本近現代史Ⅱ』,138 頁。
③ 『大阪朝日新聞』,1932 年 3 月 19 日。
④ 千野陽一編集『愛国国防婦人運動資料集』5、日本図書センター、1996 年、30 頁。

12 月 1 日,陆军省中央部发表声明,无视民政党内阁的"协调外交"方针,拒绝国联的劝告。12 月 11 日,陷入困境的若槻内阁总辞职。12 月 13 日,政友会总裁犬养毅奉命组阁。顺应军内外法西斯势力的要求,荒木贞夫入阁出任陆相,对外强硬的森恪担任内阁书记官长,配合军部和关东军的行动。

1932 年 1 月 1 日,汉奸张景惠宣布黑龙江省"独立"。3 日,关东军进占锦州,成立傀儡政权的把戏随即展开。6 日,陆军省中央部将《中国问题处理方针要纲》下达给关东军参谋板垣征四郎,令其放手推进"满洲独立"。8 日,昭和天皇裕仁颁发敕语,对关东军"果断神速,以寡制众","扫荡各地蜂起的匪贼","宣扬皇军武威于中外"等侵略行径大加褒奖。[①] 18 日,在板垣授意下,驻沪总领事馆武官助理田中隆吉与川岛芳子(金璧辉)合谋,制造杀伤日本日莲宗僧侣的事件。19 日深夜,田中隆吉又指使暴徒纵火三友实业社,蓄意挑衅。旅沪日侨团体集会,要求出兵上海。21 日,驻沪总领事村井苍松无端指责中方,要求"解散抗日团体"。第一外遣舰队司令盐泽幸一发表声明,宣称"决心采取认为适当的手段"。[②] 犬养内阁向上海紧急增派军舰和海军陆战队,躁动的海军将领急于在淞沪施展手脚,与关东军南北呼应。27 日,盐泽和村井向上海市市长吴铁城发出最后通牒;28 日夜 20 时,盐泽要求驻扎在上海的十九路军拆除工事、退出闸北,总指挥蒋光鼐、军长蔡廷锴予以断然拒绝。

1 月 28 日夜 21 时 30 分,日本海军陆战队进攻闸北,淞沪抗战爆发。29 日,"能登吕号"、"加贺号"、"凤翔号"等航母上的舰载机轰炸上海,中日空军首次交战。十九路军在上海市民的支援下,奋起抵抗。空袭中,日机蓄意炸毁商务印书馆,46 万册珍贵图书化为灰烬。2 月 5 日,野村吉三郎中将乘旗舰"出云号",指挥第 3 舰队进攻上海。2 月 8 日,犬养内阁发表上海增兵的声明。13 日,植田谦吉率第 9 师团赶来增援。18 日,

---

① 森末義彰、岡山泰四編「歴代詔勅集」、目黒書店、1938 年、966—967 頁。
② 日本防卫厅防卫研究所战史室编:《日本海军在中国作战》,天津市政协编译委员会译,中华书局,1991 年,第 118、119 页。

配合日军发起的新攻势,总领事村井要求中国军队后撤 20 千米并拆毁所有军事设施,遭到拒绝。① 第五军张治中部赶来来增援,与十九路军在闸北、江湾、吴淞多处挫败日军的进攻,战斗进入胶着状态。24 日,前陆相、陆军大将白川义则出任上海派遣军司令官,统一指挥包括 28、29 日新增援的第 11、第 14 师团,发动总攻击。3 月 1 日,攻陷浏河镇。2 日,日军占领上海,中国军队退守嘉定—南翔一线。3 月 24 日,举行首次停战会议。4 月 29 日,韩人爱国团义士尹奉吉用上海兵工厂制造的炸弹毙伤出席虹口公园庆祝会的白川义则、植田谦吉、野村吉三郎、重光葵等多名侵华军政高官,中国军民出了一口恶气。5 月 5 日,《淞沪停战协定》签订,双方军队脱离接触。

配合海军进攻上海,2 月 5 日,关东军占领哈尔滨。17 日,按照关东军司令官本庄繁的授意,成立了以张景惠为首的伪"东北行政委员会",翌日发表东北"独立宣言"。2 月 29 日,李顿调查团抵达东京,犬养内阁虚以应付,加紧扶植傀儡政权伪满洲国。12 日,犬养内阁通过了《处理满蒙问题方针纲要》,对伪满洲国的战略定位是:"使该地在政治、经济、国防、交通、通讯等各种关系上,体现作为帝国生存重要因素的作用";是"作为帝国对俄、对华的国防第一线"。②

虽然犬养内阁对军部势力亦步亦趋,但是痴迷于"国家改造"的法西斯势力却必欲除掉政党内阁而后快,采取了一连串的血腥恐怖行动。1932 年 2 月,民政党选举对策委员长井上准之助被刺杀。3 月,三井合名会社理事长团琢磨又在三井银行的门前被刺杀。法西斯团体血盟团疯狂展开"一人一杀"行动,产生了多重心理效果,东京笼罩在诡异且紧张的氛围之中。

5 月 15 日,以海军中尉古贺清志、中村义雄等少壮派军官为核心的法西斯军人,联络爱乡塾等民间法西斯团体发起流血政变。其目标是推

① 外务省编『日本外交年表並主要文書下卷』、201—202 頁。
② 外务省编『日本外交年表並主要文書下卷』、204、205 頁。

翻政党内阁,组建以荒木贞夫为首相的军部内阁,推行"国家改造"。暴徒们乘坐汽车,分成四路突袭政变计划确定的清洗对象。结果,首相犬养毅被杀死在家中,内大臣牧野伸显的宅院、政友会总部、三菱银行、东京变电所、警视厅等处均遭手榴弹的袭击。法西斯分子还沿途散发《告日本国民檄》,叫嚣"拿起武器,如今拯救国家之道惟有'直接行动'!国民们,在天皇的名义下,杀掉君侧的奸臣!杀光国民之敌现有政党和财阀!膺惩横暴之极的官宪!消灭奸贼和特权阶级!"要求"在陛下的圣明之下,重归建国精神","建设明朗的维新日本!"①铤而走险的政变行动很快被挫败,但在荒木贞夫等军部首脑人物的包庇下,参加政变的法西斯暴徒被描绘成"忧国忧民"的"英雄",法庭成了宣传民族沙文主义、国家主义的场所,群体狂热持续升温。军部顺势而为,把"大正德谟克拉西"的日本推向自我毁灭的不归路。

　　5月16日2时35分,曾任政友会总裁的藏相高桥是清举行担任临时首相的"亲任式"。午前7时,宫内大臣秘书官长木户幸一拜访元老井上馨,井上反对按照"所谓宪政常道"由政党继续组阁,主张"由军部收拾局面"。10时,"阁议决定总辞职,高桥总理参内,捧呈辞职书",此届超短命内阁前后存在不到8小时。午后6时,公爵近卫文麿"听取小畑敏四郎少将对此次事件的意见","此时如果再次建立政党内阁,终究会使荒木陆相也难以统制军部内部"。至此,宫廷势力与军部势力合谋,摧毁了令其头疼的"宪政常道",颠覆了政党轮流坐庄的政党政治。5月17日正午,木户与近卫公爵、井上侯爵、铃木中佐会餐,就此次事件的前后处置和后继内阁问题进行恳谈。午后6时,木户再次与元老西园寺的秘书原田熊雄、近卫文麿共同会见永田铁山少将,听取关于时局的意见;决定"要绝对排斥由现在的政党政治,如果由政党单独组织内阁,在这种场合,恐怕无法派出陆军大臣,结果必然造成组阁困难"。② 经过一番幕后

---

① 歴史科学協議会等編『史料日本近現代史Ⅱ』、177頁。
② 歴史科学協議会等編『史料日本近現代史Ⅱ』、179—180頁。

操作,5 月 26 日,退役海军大将斋藤实出任首相,组成"举国一致"内阁。历时 8 年的政党政治垮台,日本面临侵华战争与法西斯化恶性互动的凶险前景。

1932 年 6 月,关东军参谋部拟订了《指导满洲国纲要》,将伪满洲国定位为"适应我国国策的独立国家"。所谓"独立",不过是"依附"的代名词,因为纲要明确规定"由关东军司令官指导满洲国政府"。这个太上皇式的司令官"兼任驻满全权大使","掌管外交事务","保留关于满洲国日系高级人事的决定权"。纲要规定日本"自行掌管国防任务",管理"属于满洲国的铁路和主要的水路、港湾、航空","委任某公司负责经营","制铁、制钢、炼油、重要煤矿、电力、轻金属、烧碱、硫铵工业以及帝国的农业移民,由关东军加以统制和指导",等等。[①] 在关东军绝对掌控下的伪满洲国,堪称标准的傀儡政权。

9 月 15 日,日本特命"全权大使"、新任关东军司令官武藤信义与伪满洲国"国务总理"郑孝胥签订了《日满议定书》。其中规定:在政治上,伪满洲国对"日本国或日本国臣民在满洲领域内依据以往日中之间的条约、协定以及公私契约所享有的一切权益予以尊重";在军事上,"两国约定共同负担防卫国家,为此需要日本国军队驻扎满洲国境内";在条约的最终解释权上,规定"如果在解释上出现歧义时,以日文原本为准"。[②] 日本在伪满洲国的宗主国地位昭然若揭。

三、自绝于国际社会

1931 年 9 月 19 日,顾维钧请美国驻华公使詹森转告美国国务院,希望根据《九国公约》和巴黎《非战公约》,召集有关国家讨论日军占领沈阳的行动。9 月 20 日,出席国联行政院会议的中国代表施肇基向美国驻日

---

① 小林竜夫[ほか]編集解説編『現代史資料 11 続・満洲事変』、みすず書房、1965 年、640—641 頁。

② 外務省編『日本外交年表並主要文書下巻』、215 頁。

内瓦领事吉尔伯特表示,如果华盛顿能够采取行动,中国宁可不诉诸国联。9 月 21 日,中国驻美公使馆代办容揆奉命照会美国国务院,以美中日三国均为巴黎《非战公约》的签字国为依据,指控日本违背了公约,呼吁美国政府严重关注此事,采取步骤维护远东和平,使和平解决国际纠纷的原则受到尊重。

九一八事变引起美国的不安,在中国的一再敦请下,9 月 22 日,美国国务卿史汀生向日本驻美大使出渊胜次提交一份备忘录,对事变"感到深切的震惊与关注",认为"看来消除现有事态的责任在日本方面","因为日本军队事实上已经控制了南满洲"。史汀生告诉出渊:"满洲局势如不恢复原状,将会在美国产生多么严重的印象。"①要求"恢复满洲原状"、不承认日本独吞中国东北、坚持"门户开放"政策的"史汀生主义",成为美国政府在九一八事变后对日政策的基调。英法等国也对日本表示不满,但均以维护自身利益为限。

1931 年 9 月 22 日,在中国的申诉下,国联理事会会议通过决议,要求日本撤军。30 日,国联再次要求日军在 10 月 13 日之前,撤回"南满"铁路所属区域之内。10 月 16 日,国联理事会以 13 票对 1 票的悬殊比例,通过要求日军撤出中国东北的决议。20 日,日本驻国联代表芳泽谦吉奉命向国联代主席白里安和秘书长德鲁蒙提出撤军的五项条件,即:(1)中日相互担保互不侵犯和领土完整;(2)永远取消中国境内包括抵制日货在内的各种排日活动;(3)保障中国境内日本人生命和财产安全;(4)中国必须支付日本修筑"满洲"各铁路的款项,承认"满洲"修筑铁路的现有条约;(5)中国承认现有条约规定的日本在"满洲"租借地在内的权利。② 21 日,施肇基向白里安提交了备忘录,备忘录重申中国政府的立场,强调解决"满洲"纠纷的谈判必须以日军撤退为基础;中立委员会监督日军撤退;必须承认中国因日军侵犯满洲所受损失有要求赔偿之

① 美国国务院编:《美国外交文件选译·日本·1931—1941》,张玮瑛等译,中国社会科学出版社,1998 年,第 9、8 页。
② 袁旭等编著:《第二次中日战争纪事(1931.9—1945.9)》,第 28 页。

权;设立中日之间调和与公断的永久机关。① 中日两国的诉求差距巨大,12月10日,国联决定派团前往远东现场调查,起草提交供全体大会讨论的报告。

1932年1月,国联行政院任命由5名委员组成的调查团。团长为英国前驻印度代理总督、孟买省省长李顿勋爵,其他成员为法国将军克劳德、美国将军麦考易、意大利外交官马柯迪伯爵、德国殖民政策研究者希尼博士等,中国代表顾维钧和日本代表吉田茂作为顾问同行。

2月29日,李顿调查团抵达东京,会见日本政要,了解情况。日本政府对调查团的欧美委员笑脸相迎,但故意冷落羞辱中国代表。3月14日,调查团抵达上海,调查闸北战区。随后,前往南京、汉口、济南、天津、北平,与中国军政要人蒋介石、汪精卫、张学良等举行了座谈。

在李顿一行滞留东京期间,日本政府为造成事实,直接导演了伪满洲国的"建国"闹剧。1932年3月1日,日本卵翼下的清逊帝溥仪发表"建国"宣言,改长春为伪首都"新京",伪年号"大同"。3月9日,溥仪就任伪满洲国"执政"。按照关东军事先拟定的调子,溥仪宣布"今立吾国",建设关东军一再鼓吹的"王道乐土";任命了"国务总理"郑孝胥、"参议府议长"张景惠、"财政部总长"熙恰等关东军选定的民族败类充当伪政权的官僚,②傀儡政权伪满洲国正式登场。

4月,李顿调查团前往沈阳。5月,抵达长春、哈尔滨等地展开调查。关东军司令官本庄繁等向调查团重复"自卫行动"的谎言,制造伪满洲国是个主权独立"新国家"的假象,美化侵略。大批军警、密探用现场监视、恫吓等手段,阻止顾维钧等与东北同胞接触。5月3日,在关东军参谋长桥本虎之助、高级参谋板垣征四郎的现场监视下,"执政"溥仪称其"是由于满洲民众的推戴才来到满洲的,我的国家完全是自愿自主的"。③ 与此同时,本庄繁坐镇哈尔滨,日军第10、第14师团继续在黑龙江、吉林省对

① 袁旭等编著:《第二次中日战争纪事(1931.9—1945.9)》,第28页。
② 爱新觉罗·溥仪:《我的前半生》,东方出版社,1999年,第312—318页。
③ 爱新觉罗·溥仪:《我的前半生》,第332页。

东北义勇军展开攻击。5月,日军占领佳木斯、梅林等地。[1] 6月,在关东军的操办下,殖民金融机构"满洲中央银行总行"挂牌营业。曾任台湾银行理事的山成乔六担任执掌实权的副总裁,从回收中国东北地方银行券、发行伪币的"统一币制"入手,建立金融殖民统制体制。8月,关东军司令官本庄繁与郑孝胥订立有关铁路、港湾、航路、航空线的管理权和铁路敷设权的协定,作为甲方的"满洲国"拱手将上述权利"委托"给了作为乙方的"满铁"等日本国策公司。在关东军的操纵下,鞍山昭和制钢所、本溪湖煤铁公司和东边道开发株式会社成为三大钢铁生产基地,满洲煤矿株式会社成为煤炭中心生产基地,推行增产计划,展开掠夺性的开发。

1932年8月27日,斋藤内阁通过《从国际关系角度来看时局处理方针案》。内称:"在满洲事变之后,相继发生了上海事件,造成了这样的形势,即必然导致我国国际关系非常恶化,或者大势所趋,从国际联盟或者由各国共同合作对帝国施加重大的实际压力。"即使如此,斋藤内阁仍坚持认为"帝国外交的核心,就是站在帝国独立自主的立场,为实行治理满蒙而迈进"。同时,强调"帝国对中国本部的政策,应和帝国对满蒙的政策分开,以发挥其贸易及工业品市场的作用为主。因此,在不妨碍我国治理满蒙的范围内和各国合作。"[2]"治理满蒙",成了日本政府外交的底线。

9月22日,李顿调查团的报告书送交国联,基本结论是"日本军队未经宣战,将向来毫无疑义属于中国领土之一大部分地面,强夺占领,使其与中国分离并宣布独立"。为解决"恢复原状"和"维持及承认满洲之现时组织"等两个难题,报告书提出10点建议:(1)"适合中日双方之利益";(2)"考虑苏联利益";(3)"遵守现行之多方面条约","任何解决必须遵守《国联盟约》、巴黎《非战公约》及华盛顿《九国公约》之规定;(4)"承认日本在满洲之利益";(5)中日两国"另订新约,将中日两国之

---

[1] 本庄繁『本庄日記』、原書房、1979年、107、109頁。
[2]《日本帝国主义对外侵略史料选编(1931—1945)》,第140、141页。

权利、利益与责任,重加声叙";(6)"切实规定解决将来纠纷之办法";
(7)"在适合中国主权及行政完整之范围内","满洲政府"实施"高度自治
权";(8)"满洲之内部秩序,应以有效的地方宪警维持之","宪警以外之
军队,悉数撤退,并须与关系各国订立互不侵犯条约";(9)"中日两国宜
订新通商条约",将"两国间之商业关系置于公平基础之上,并使其与两
国间业经改善之政治关系相适合";(10)"以国际合作促进中国之建
设"等。①

　　报告书一方面指责日本强行占领中国东北,委婉地拒绝承认关东军
一手制造的伪满洲国;另一方面则小心翼翼地避免激怒日本,将侵略者
日本说成是与中国同等的利益攸关方,损害了中国的权益。国联寄希望
于中日缔结公平的新条约以换取时局的暂时稳定,却阻止不了日本军部
新的侵略行动。1933 年 1 月 3 日,关东军占领山海关。2 月 17 日,斋藤
内阁拒绝国联要求日军退出东三省的劝告。2 月 20 日,斋藤内阁决定若
国联通过对日劝告方案,则不惜退出国联。2 月 22 日,枢密院批准了内
阁的决议。同日,日军与伪满军联合进攻热河。

　　1933 年 2 月 24 日,国联通过了以十九国委员会名义提出的李顿调
查团报告书决议案,强调各会员国及与本事件有关的非会员国对"关于
满洲局势"采取"一致行动",②并以 42 票对 1 票的悬殊比例,通过了以美
国"不承认主义"为基础的《对日劝告案》,要求日军撤离中国东北。同
日,日本代表松冈洋右在国联会议上发表演说,否认中国对东三省的主
权,宣称"南京政府在今天支那本土的十八个省中,仅在不到四个省里执
行地区事务","满洲完全处于支那主权之下的说法,是对事实和历史的
歪曲";强调"满洲"问题"对于日本国民来说,实关生死存亡",决不放弃
"维持满洲国独立"的主张。③ 在大放厥词之后,松冈率领日本代表团扬
长而去。翌日,史汀生电告国联秘书长德卢姆,强调"国联与美国,在确

_____

① 《顾维钧回忆录》2,中华书局,1985 年,第 698—705 页。
② 美国国务院编:《美国外交文件选译·日本·1931—1941》,第 40 页。
③ 外务省编『日本外交年表並主要文書下卷』、264、265 頁。

定不承认原则及对此项原则的态度上,所根据的立场相同",表明美国政府赞同报告书的建议,以此回应日本政府。① 其他国家也纷纷复电表态支持国联的决议,日本在国际社会上陷入孤立。

3月4日,日军占领承德,兵锋直抵长城一线。27日,日本政府发表了《退出国际联盟通告》,指责国联在处理中日事件时,采用了日本"无法适用的方式"和"架空的理论",致使日本"对国联规约和其他条约的解释存在重大的意见分歧"。通告表示日本"确信已无与国联合作的余地",宣告"退出国际联盟。"②当日,外相内田康哉向国联秘书长递交了《退出国际联盟通告》,指责国联通过的报告"臆断日军在'满洲事变'前后的行动并非动用自卫权",诬称报告"忽略支那方面应负的全部责任","无视满洲国成立的真相,否认帝国承认满洲国的立场,破坏了稳定远东事态的基础"等,为退出国联辩护。③ 同日,天皇裕仁发布《退出国联诏书》,奢谈日本尊重伪满洲国的"独立",以"消除东亚之祸根"和"确保世界和平",声称"国联的见解与之背道而驰。朕乃使政府慎重审议,遂采取退出国联之措施",要求官民恪尽职守,使局势转危为安。④

第二节 蚕食华北与法西斯化的加速

一、蚕食华北

中国的东三省变成了伪满洲国,华北和内蒙古地区成为军部的下一个扩张目标。根据《辛丑条约》,北京至山海关铁路沿线地带有日本的"清国驻扎军";1912年清朝灭亡,改称"中国驻屯军"或"华北驻屯军",司令部依旧设置在天津。1933年1月,关东军大举进攻山海关。东北军第9旅何柱国部与日军激战三天,揭开长城抗战的序幕。3月,10万余关东

① 美国国务院编:《美国外交文件选译·日本·1931—1941》,第41页。
② 歴史科学協議会等編『史料日本近現代史Ⅱ』、138頁。
③ 外務省編『日本外交年表並主要文書下巻』、268、269頁。
④ 外務省編『日本外交年表並主要文書下巻』、269頁。

军与伪满洲国军兵分三路,进攻热河。张学良指挥 10 万东北军阻敌西进,但热河省主席汤玉麟弃守南逃,百余名日军骑兵轻取承德,热河全境随即失陷。

蒋介石任命军政部部长何应钦兼代军事委员会北平军分会委员长,调集以第 29 军宋哲元部、第 17 军徐庭瑶部、第 32 军商震部、晋军傅作义部和后撤的东北军各部驻守冷口、喜峰口、古北口、独石口等多处长城关隘拒敌。西北军第 29 军赵登禹部的大刀队和刘汝明部官兵痛击进攻喜峰口的日军两个旅团,双方形成对峙。

在中央军第 17 军关麟征、杜聿明、刘勘部顽强阻击下,进攻古北口的日军第 8 师团进展迟缓。第 32 军黄光华部队抗击进攻冷口的日军第 6 师团,战斗激烈。由于中国军队分兵把口,未能集中兵力在运动战中歼敌,任由日军各个击破而逐渐陷入被动。4 月上旬至 5 月上旬,日军闯过长城,侵入华北地区。5 月 23 日,日军占领冀东各县和北京周边通州、密云、平谷、怀柔等县,形成对北平城的包围。关东军司令部直言不讳,宣称“就巩固与确立满洲国而言,在华北建立亲日满政权,最为必要。”[①]

面对日军的挤压,蒋介石依旧集中主力围剿中央苏区,在华北继续对日退让。5 月 25 日,国民政府军事委员会北平军分会代理委员长何应钦,奉命派出军使前往密云与关东军接洽停战事宜。31 日,关东军副参谋长少将冈村宁次与北平军分会总参议熊斌中将,在塘沽达成《停战协定》(《塘沽协定》)。其中规定:中国军队撤至北平以西、以南地区,撤军由日军飞机空中监视;日军自动撤回到长城一线;长城以南地区划定为冀东非军事区,由中国警察维持治安。[②] 日军不战而侵入华北,愈加骄横。

1934 年 4 月 17 日,日本外务省情报部部长天羽英二会见记者,发表了《关于对中国国际援助问题发表的非正式的谈话》(“天羽声明”)。在

---

① 《日本帝国主义对外侵略史料选编(1931—1945)》,第 151 页。
② 外务省编『日本外交年表並主要文書下卷』、274 頁。

谈话中,天羽重弹独霸中国的老调,声称"日本有责任与东亚各国维护东亚和平及秩序",日本反对"支那采取措施以利用其他国家排斥日本、违反东亚和平,或采用以夷制夷的排外政策";反对欧美国家"坚持与支那采取共同行动,即在名义上给予财政或技术援助"。① 此语既出,立即招致中国和美英等国的抗议,斥之为日本版的"亚洲门罗主义"。4 月 26日,外相广田弘毅通告美英两国驻日大使,谎称"日本并无损害支那的独立性和利益"的"意图",也"没有损害第三国在华任何利益的意向"。他威胁说,"就支那问题而言,任何第三国不顾及上述情况而利用支那来实现本国本位的政策,日本将不能置之不理"。② 天羽声明和广田的通告强词夺理,暴露了将华北变成第二个伪满洲国的图谋。同月,日本支持察哈尔省锡林郭勒盟副盟长、苏尼特右翼旗札萨克郡王德穆楚克栋鲁普("德王")在绥远省百灵庙成立"蒙古地方自治政务委员会"("蒙政会"),自任秘书长,加快实现"蒙独"的节奏。12 月 29 日,驻美国大使斋藤博奉日本政府的训令,通告美国国务卿科德尔·赫尔,日本将自 1936 年 12月 31 日起自行废止《限制海军军备五国条约》,③挑明了颠覆华盛顿体系的强硬立场。

1935 年 5 月,关东军和中国驻屯军借口天津《国权报》社长胡恩溥、《晨报》社长白逾桓等亲日派在日租界被暗杀,以及东北义勇军孙永勤部进入冀东非武装地区,图谋将国民政府的党政军势力挤出平津、河北。5月 29 日,中国驻屯军参谋长酒井隆会见何应钦等,指责中方违反停战协定,要求"放弃对日的两重政策";从华北撤走排日团体和中央军第 2 师、第 25 师;罢免河北省主席于学忠等。6 月 5 日,日本陆军省中央部制定《华北交涉问题处理要纲》,迅即得到海军省和外务省的支持。要纲无理要求中国"驻防平津的东北军第 51 军和中央军撤至保定以南";"禁绝平津地方的国民党党部及蓝衣社和其他秘密团体策动的反满抗日";"支那侧

---

① 外务省编『日本外交年表並主要文書下卷』、284 頁。
② 外务省编『日本外交年表並主要文書下卷』、285、286 頁。
③ 外务省编『日本外交年表並主要文書下卷』、287 頁。

反省排日行为，解散排日各团体"等。中国驻屯军、关东军与第三舰队随即向平津方向调兵遣将，联合施加军事压力。9日，酒井又将提出上述要求的驻屯军司令官梅津美治郎的备忘录递交给何应钦。① 10日，何应钦依据南京国民政府的训令，答复日本驻华公使馆北平辅佐武官高桥坦：即日撤出河北省的国民党党部，自11日起用铁路输送第51军撤出河北；中央军第25师、第2师移驻河北省以外地区；国民政府在全国禁止排日活动等。7月6日，何应钦正式复函梅津美治郎，内称"6月9日酒井参谋长所提各事项均承诺之"，几乎全盘接受了日方的无理要求，此即"何梅协定"。②。

与此同时，关东军借口发生4名日本间谍被捕的"张北事件"，加紧蚕食内蒙古地区。6月23日，关东军奉天特务机关长土肥原贤二向察哈尔省代表主席、第29军副军长秦德纯提出下述要求：将中国部队撤往停战线以西地区；从察哈尔撤出宪兵、党部和蓝衣社，禁止排日行为；在两周内完成上述行动；对"张北事件"谢罪并惩罚责任人等。27日，经国民党中央认可，秦德纯和土肥原达成《察哈尔协定》(《秦德纯·土肥原协定》)，全面接受了日方的要求。在密谈中，土肥原还与秦德纯口头约定：中方"尊重"日方在察哈尔省的"正当行动"，允许日方设置机场及无线电设施；阻止山东、山西省移民进入该省；逐渐使具有苏俄背景的德华银行无法继续其业务；聘请日本人为军事或政治顾问；不阻止日方援助"蒙独"的德王。③ 据此，日军兵不血刃地占领察哈尔省，进而向多伦和西苏尼特方向推进。

7月25日，关东军参谋部制定《对内蒙措施要领》，规定为有利于"对苏作战"和"巩固满洲国的国防"，"设法扩大和加强内蒙的亲日满区域"，

---

① 外务省编『日本外交年表並主要文書下卷』、293頁。
② 防衛庁防衛研修所戦史室編『戦史叢書支那事変陸軍作戦1』、朝雲新聞社、1975年、34—39頁。
③ 外務省編『日本外交年表並主要文書下卷』、294、295頁。

最终"使内蒙脱离中国中央政府而独立"。① 主要举措包括：由关东军统一指导，伪满洲国和"满铁"的相关机构具体实施；在政治上，扶植德王、李守信、卓特巴扎布等傀儡人物，推进"蒙独"；在军事上，"适应关东军的策划"组建军队，由日本提供"武器、弹药、军服和金钱"；在宗教上，关东军提供修复高级喇嘛庙和提高有势力喇嘛的待遇所需经费，以收揽人心；在教育上，以小学教育程度为限，以职业教育为重点，不能"随意接受高等教育"；在经济上，收购当地物产，出售便宜的日本杂货，充分流通"满洲国货币"。②

日本军部在摸清了蒋介石"安内攘外"的底牌后，蚕食华北、肢解中国的野心愈加膨胀。9 月 24 日，即将出任中国驻屯军司令官的多田骏发表声明，强调"逐渐使华北明朗化"是"日满华共存的基础"，决心行使武力，把"国民党和蒋政权"和"反满抗日分子彻底驱逐出华北"，实现"华北经济圈独立"、"华北五省的军事合作"、"组织华北五省联合自治团体"等目标。③ 同月，关东军副参谋长板垣征四郎等加紧活动，撺掇德王尽快建立类同伪满洲国的"伪蒙古国"。

10 月 4 日，冈田启介内阁通过对华新政策《外、陆、海三相关于对华政策的谅解》，推出外相广田弘毅提出的三原则：(1)"使中国方面彻底取缔排日的言论和行动，摆脱依靠欧美的政策，采用对日亲善政策"；(2)"必须使中国正式承认满洲国，在目前使中国事实上默认满洲国的独立，停止其反满政策，使其至少在与满洲国毗连的华北地区，在经济上、文化上与满洲国进行交往和合作"；(3)"鉴于来自外蒙等地赤化势力的威胁已成为日满华三国的共同威胁，应使中国为排除上述威胁，在与外蒙边境地区对我方所要采取的各种措施给予合作。"④军部和内阁加大压力，推进"华北自治"。

---

① 《日本帝国主义对外侵略史料选编(1931—1945)》，第 168 页。
② 《日本帝国主义对外侵略史料选编(1931—1945)》，第 168—176 页。
③ 《日本帝国主义对外侵略史料选编(1931—1945)》，第 176、177 页。
④ 外务省编『日本外交年表並主要文書下卷』，303 页。

　　11 月 13 日,驻伪满洲国"大使"南次郎鉴于南京国民政府进行币制改革并加入英镑集团,建议外相广田弘毅抓住"华北工作的最好时机",加紧"华北自治运动乃至华北分离运动",驻外机构在中央的指导下,完成"东亚百年大业"。① 20 日,首任日本驻华大使有吉明等拜会蒋介石,威胁说"若中央施加压力或武力镇压"日本策动的"华北自治",那么"承担保全满洲国的关东军不能无动于衷"。蒋介石一方面强调中国"不允许违反国家主权完整,有碍统一的自治制度";另一方面,也表示将根据华北事态的发展,对"广田三原则"有条件地给予支持。② 同月,德王应邀来长春,与关东军司令官南次郎、参谋长西尾寿造等会谈,策划日蒙合作,商定先"独立"、后"建国"的路线图。

　　在日本的军事压力下,国民政府步步退让,华北变成第二个伪满洲国的危机日益深重。11 月 25 日,以战区督察专员殷汝耕为委员长的"冀东自治委员会"在通州成立,宣布在外交、军事、司法和经济上脱离南京国民政府,成立伪"冀东防共自治政府",实行"自治"。12 月 18 日,南京国民政府成立以宋哲元为委员长"冀察政务委员会"。在 16 个委员中,亲日的王揖唐、王克敏、齐燮元、周作人等均在其内。③ 对日退让的结果,加快了华北政权的"特殊化"。华北危机,中共领导北平学生发起"一二·九"抗日爱国运动,激起国内外的巨大反响。

　　1936 年 1 月 13 日,冈田启介内阁通过《处理华北纲要》,宣称处理华北问题的主要目标是"完成以华北民众为中心的自治"。为此,划定行动范围,即"自治的区域,以华北五省为目标,不可操之过急地扩大地区","先求逐步完成冀察两省及平津两市的自治,而后使其他三省自然地与之合流";强调"重点"在"财政经济(特别是金融)、军事和对一般民众的指导方面,并抓住大局";强调幕后运作,即"在这一次的指导中,不推行被人认为扶植满洲国之类的国家政策,也不推行被人认为满洲国的延长

---

① 外务省编『日本外交年表並主要文书下卷』、309、310 页。
② 外务省编『日本外交年表並主要文书下卷』、310—312 页。
③《日本帝国主义对外侵略史料选编(1931—1945)》,第 181—190 页。

之类的政策";要求关东军各部门配合行动,并与"外务省、海军省派在当地的官员秘密联系。"①纲要对分离华北进行了多方布置,特别强调利用中国中央政府与地方实力派之间的矛盾,逐步蚕食华北。然而,早已急不可耐的军部法西斯势力无意等待"华北自治"的果实慢慢成熟,在急进与缓进侵华方针的问题上,与政府形成尖锐对立。

二、军部内讧与二二六事件

围绕法西斯化路径问题,"皇道派"与"统制派"严重对立,争斗激烈。以陆军士官学校毕业的校尉级军官为骨干的"皇道派",因其精神领袖荒木贞夫张口不离"皇道"、"皇国"、"皇军"而得名。他们主张"先内后外"的法西斯化方针,要求在陆相荒木贞夫、教育总监真崎甚三郎组阁执政,建立军部独裁统治后,对外扩大侵略。"皇道派"军阶偏低,急欲发动尊王的"昭和维新",执掌权力。其基本特点,一是思维混乱,信奉种族优越论的日本主义、极端反苏反共论、农本主义的反财阀论、皇权主义的反政党政治等;与民间法西斯团体的关系密切,奉北一辉的"国家改造论"为经典。二是行动极端化,为刷新军内人事、创造攀升的机会而不择手段。1931年荒木出任陆相后,提拔真崎甚三郎为参谋次长、柳川平助为陆军省次官、山冈重厚为军务局长、秦真次为宪兵司令官、小畑敏四郎为参谋本部作战课长,形成军部上层权力圈的"皇道派"。1934年荒木辞职后,真崎升格为"皇道派"的掌门人,矶部浅一、安藤辉三、栗原安秀等出身农村的尉官来充当"皇道派"的突击队。在30年代初的日本,表达"皇道派"诉求的法西斯舆论甚嚣尘上。

1932年12月,昭和皇政维新促进同盟抛出《昭和皇政维新国家总动员法案大纲》,主张"依据确立翼赞天皇亲政体制,建设维新日本";"在政治、经济、社会、思想、教育、外交、国防等各部门,基于国体原理,彻底实行重建"。大纲要求"以满蒙问题、裁减军备问题为契机,唤起国防乃至

---

① 《日本帝国主义对外侵略史料选编(1931—1945)》,第 191—193 页。

国家总动员的舆论",在天皇之下设置戒严司令部、国家改造内阁,在地方设置国家改造知事和在乡军人团会议、在乡军人团,国家掌管大资本、限制私人占有土地的数额、城市宅地国营、禁止私人买卖土地等。[①]

1933 年 5 月,黑龙会骨干铃木善一发表《日本主义建设案》。其文主张在思想上清除个人主义、崇洋倾向和赤化趋势,弘扬"皇国意识";在政治上"遵循亿兆一心、一国一家政治大本",推行"辅翼大政"的改革;在经济上,遵循"一君万民、一国一家国体精神",建立"皇国经济组织",限制世袭财产、私有土地,金融国营化,实现"日满"经济一体化;在军事上"拥有执行大陆政策和担当大亚洲同盟盟主任务的实力";在外交上,宣扬"皇道"、伸张"国威和国权","永远拥有指导和保护满洲国的义务",促使中国"建立有统制能力的政治组织",今后绝不与欧美缔结"非对等的裁军条约",向美俄中法英等"大地主国家"要求"公平分配土地和资源"的权力。[②]

6 月,九州帝国大学法学部讲师半田敏治提出《皇国日本重建案大纲》,呼吁"彻底实行天皇政治","向实现皇国历史使命迈进"。为此,半田主张"发扬国体精华,实现君民一致的强有力政治,排除议会中心的政党政治";"彻底纠正金融资本主义",推行"以大亚洲主义为基轴"的外交政策,"国民皆兵"、"完备国防"、"明征国体观念"等。为此,设计了以"发扬国体精华"为依据,具体国家改造的蓝图。[③] 上述法西斯化的观点,颇受北一辉论著的影响,得到"皇道派"中下级青年军官们的追捧。

由将军级高级军官组成的法西斯军人集团"统制派"多半毕业于陆军大学,在陆军中拥有主导地位,主张"以外制内",在现存体制的框架内,借助逐步升级侵华战争的推动,有秩序、渐进式地实现法西斯化,故名"统制派"。其核心人物为曾经四度出任陆相的宇垣一成,主要成员有:林铣十郎、永田铁山、石原莞尔、东条英机、渡边锭太郎、工藤义雄、武

---

① 高橋正衛編集解説『現代史資料 5 国家主義運動 2』、みすず書房、1964 年、541、43 頁。
② 高橋正衛編集解説『現代史資料 5 国家主義運動 2』、104—107 頁。
③ 高橋正衛編集解説『現代史資料 5 国家主義運動 2』、108—112 頁。

藤章、影佐祯昭等将官。1934年1月，林铣十郎接替荒木贞夫出任陆相，3月，委任"统制派"核心人物永田铁山为陆军省军务局长，形成"统制派"新的核心。此举刺激了"皇道派"，双方的争斗愈加激烈。

10月，经林铣十郎和永田铁山的批准，陆军省新闻班出版了宣传小册子《国防本义及其强化的提倡》，围绕"国防力构成要素"、"目前国际形势和我国国防"、"提倡强化国防国策"等问题，系统论述了"统制派"的法西斯理论。其要点包括：(1) 鼓吹"战争至上论"，宣称"战争是创造之父，文化之母"，"发展生命与文化创造的动机和刺激"。(2) 宣扬日本发动战争是为"追求正义"，强调"大和魂"与"皇道"之"合为一体，乃赋予皇国的使命和皇军必须承担的重任"、"国防的使命"。(3) 提出法西斯化的基本要求，即其一，为强化国防诸要素中的"人的要素"，要"确实保持建国理想和皇国使命"；"贯彻尽忠报国精神"，"清除无视国家的国际主义、自由主义和个人主义，真正统一举国一致精神"。其二，扩充包括领土、资源在内的"自然要素"，使中国、印度、南洋等"世界宝库"有利于"皇国将来的经济发展"。其三，增强经济、技术、武力、通讯、情报、宣传等"混合要素"。其四，为应付复杂国际形势，要确立"全体的经济观念"，企业家和学者"必须研究举国一致的对策"，"解决目前在国民生活中最大的农山渔村问题"，形成总体战体制。① 这本小册子印刷了20万册，在军内外广为散发，影响极为恶劣。

在人事安排上，"统制派"利用手中权力，不断削弱"皇道派"。11月，驻旭川第7师团第26联队大队副官村中孝次、东京野战炮兵第1联队的一等主计矶部浅一、陆军士官学校中尉片冈太郎，以及士官学校5名士官候补生图谋发动政变，但迅即被逮捕、开除军籍，史称"士官学校事件"或"十一月事件"。事件过后，"皇道派"与"统制派"的矛盾愈加不可调和，林铣十郎和真崎甚三郎在陆军高层的人事安排上加剧争斗。1935年7月，在参谋总长闲院宫载仁亲王支持下，林铣十郎罢

---

① 高橋正衛編集解説『現代史資料5 国家主義運動2』、266—268、270—278頁。

免了真崎教育总监之职,由渡边锭太郎接替。"皇道派"气急败坏,寻机反击。8月,驻福岛第5师团第41联队的副联队长、中佐相泽三郎在与民间法西斯主义分子、北一辉的信徒西田税等密谋后,径直闯进陆军省军务局长办公室,砍杀了"统制派"的骨干、军务局长永田铁山。陆相林铣十郎因血腥的"相泽事件"引咎辞职,9月,陆军大将、军事参议官川岛义之继任。

"相泽事件"后,"皇道派"愈加不计后果地铤而走险。矶部浅一、栗原安秀等少壮派军官与真崎甚三郎、北一辉、西田税频繁接触,加紧策划政变。风声渐紧,"统制派"采取釜底抽薪策略。1935年12月,"皇道派"骨干、第1师团长柳川平助被调任台湾,师团即将调往中国东北。"皇道派"被逼到墙角,不惜孤注一掷。

1936年2月26日清晨4时30分,第1师团步兵第1、第3联队和近卫师团步兵第3联队约1 400余名士兵,在香田清贞大尉、栗原安秀中尉、安藤辉三大尉和野中四郎大尉等20余名青年军官的指挥下,展开多路袭击。栗原安秀、林八郎等4名尉官率领第1联队的360余名士兵,击毙警卫人员,冲进首相官邸。首相冈田启介躲进女仆房间的壁橱中,侥幸逃脱。坂井直中尉为首的210名乱兵袭击了内大臣宅邸,斋藤实身中47弹,横尸血泊。教育总监渡边锭太郎、藏相高桥是清被乱兵枪击刀砍,当场毙命。宫内侍从长铃木贯太郎重伤,前内大臣牧野伸显在警卫的掩护下,捡了一条命。

5时半许,乱兵占领首相官邸和陆相官邸、陆军省、参谋本部、警视厅等要害部门,在赤坂的山王旅馆设立指挥部。兵变者要求陆相川岛义之向天皇转达其主张和愿望,包括严惩"统制派",推行"国家改造"、"昭和维新",组建以真崎为首相的军人内阁。兵变部队四处散发在北一辉家中定稿、步兵大尉野中四郎带头署名的《蹶起宗旨书》,宣称为建立"万世一系天皇陛下统帅下的举国一致体制"和"八肱一宇的国体",必须清除"元老、重臣、军阀、财阀、官僚、政党"等"破坏国体之元凶";叫嚣"斩除君侧之奸臣军贼,粉碎彼等之中枢",应付与俄中英美矛盾激化的外来危机,实现维新的"宏谟",呼吁围观的东京市民给予支持。①

26日上午,兵变头目香田清贞将《蹶起宗旨书》呈交陆相川岛。下午2时许,川岛在宫中召集军事参议官会议,荒木贞夫、真崎甚三郎、阿部信行、林铣十郎以及杉山元、山下奉文、冈村宁次等各派代表人物出席。为防止"皇军自相残杀",会议拟定了《陆军大臣告示》,由东京警备司令部下达给兵变部队。"告示"通知乱兵:"蹶起的趣旨已送达天皇";"承认诸子的行动基于显现国体之至情";"国体真相之现状(包括弊风)令人不胜恐惧";"各军事参议官也一致认为应遵循上述趣旨而迈进",认可了兵变的合法性。同时,强调"上述各点均有待于天皇的认可"。②

然而,天皇裕仁对兵变恼怒不已,斥责乱兵"杀害朕最为信任的老臣,如同绞杀朕!"表示"要亲率近卫师团",平定叛乱。③ 2月27日凌晨,裕仁命内相后藤文夫代理临时首相,尽快稳定政局。凌晨2时,任命中将香椎浩平为警备司令,准许动用武力平息叛乱。上午10时半,近卫师团和第1师团未卷入兵变的部队在半藏门至日比谷布置了警戒线,控制了局面。2月28日凌晨,以紧急敕令的方式发布戒严令,近卫师团和第1师团组成7 000余人的戒严部队,驻仙台的第2师团和驻宇都宫的第14师团出动6 000余人赶来增援。坦克部队包围了兵变部队占据地区,第1舰队奉命封锁东京湾,炮口指向兵变部队的指挥部。清晨5时零5分,天皇勒令兵变官兵立即返回营房,乱兵军心动摇。2月29日凌晨,通过无线电广播和飞机散发传单《告士官士兵书》,强化心理攻势。下午2时,兵变部队投降,为首的香田清贞、安藤辉三、栗原安秀等20余名"皇道派"青年军官被逮捕。4月28日,军事法庭开庭审判。7月12日,香田为首的15名军官被枪决,其余20余名参与兵变的军官随即服有期徒刑。翌年8月19日,北一辉、西田税、矶部浅一等民间法西斯分子也被处决,整个事件受到追究者超过120余名。

---

① 今井清一[ほか]編集解説『現代史資料4 国家主義運動1』、174頁。
② 歴史学研究会編『日本史史料』(5)現代、岩波書店、1997年、48—49頁。
③ 本庄繁『本庄日記』、274—278頁。

二二六事件过后，"统制派"随即在军内展开整肃：真崎甚三郎一度锒铛入狱，而后无罪释放；大将荒木贞夫、中将香椎浩平和小畑敏四郎等编入后备役，山下奉文转任华北方面军参谋长。"皇道派"被彻底击垮，与财阀"抱合"的"统制派"掌握了法西斯化的主导权。自九一八事变以来，围绕着法西斯化方针而展开的5年血腥争斗，终于尘埃落定。随着"统制派"独揽权力，"先外后内"成为指导日本法西斯化进程的总方针。诸如陆军次官梅津美治郎、关东军宪兵队司令东条英机等策动侵华战争的高级军官，构成核心主导人物。法西斯化进程愈加与侵华战争密不可分。

三、法西斯政权登台

1936年3月9日，有"军部的工具"之称的广田弘毅内阁成立。[①] 广田组阁后，提出"庶政一新"和"广义国防"的执政方针，与军部配合默契。3月24日，内务省通告禁止纪念五一国际劳动节的集会游行，取消了"大正德谟克拉西"仅存的成果。3月25日，广田在东京会见各国记者，表态"对外则积极，对内则缓进"，[②]挑明了贯彻"统制派""以外制内"方针的立场。

4月17日，广田内阁决议将中国驻屯军增至5 000人。5月6日，中国驻屯军与南京国民政府冀察政务委员会订立《华北防共协定》，禁止国民政府的军队进入河北、察哈尔两省。5月18日，重新恢复陆海军大臣、次官的现役武官制，为军部直接操纵政局提供便利。6月8日，军部通过《帝国国防方针》并修订了第三次《帝国军队用兵纲领》，陆海军全面扩军。其计划目标是：陆军保有50个师团，配置142个航空中队；海军保有战舰、航空母舰各12艘，配置65个航空中队。[③] 广田内阁尽最大可能满足军

---

① 重光葵：《日本侵华内幕》，解放军出版社，1987年，第78页。
② 袁旭等编著：《第二次中日战争纪事(1931.9—1945.9)》，第88页。
③ 岩波书店编集部编『近代日本総合年表第2版』、308页。

部的要求。

8月7日，广田内阁设置首相、陆相、海相、外相、藏相的五相会议和首相、陆相、海相、外相的四相会议制度，集中权力，增强军部大臣发言权。五相会议通过的《国策基准》强调"帝国的根本国策"是"外交与国防结合，在确保帝国在欧亚大陆地位的同时，向南方海洋扩张发展"，首次明确了"南进"的指向。对外方针政策，也随之调整为"排除列强在东亚的霸道政策，展现基于真正共存共荣主义、相互幸福的皇道精神"。为此，强调"充实足以确保帝国地位的国防军备"；"期待满洲国的健全发展和日满国防的稳固"；"谋划我民族对南方海洋、特别是南洋方面的经济发展"。为此，"陆军军备以能够对抗苏联在远东使用的兵力为目标"；"海军军备足以确保针对美国的西太平洋制海权所需的兵力"。在国内，"统一指导舆论"，"巩固国民的觉悟"；"振兴推行国策所必需的产业及贸易，为此适当改善行政机构和经济组织"，等等。①

同日，四相会议通过由"一般方针"和"政策纲要"构成的《帝国的外交方针》。前者强调"帝国的生存和发展"、"帝国与满洲国特殊而不可分割的关系日益巩固"、"主动地调整与苏联、中国两国的关系"、"谋划向南洋方面进行和平扩张"等"帝国外交的核心方针"，将"挫败苏联侵略东亚的企图，特别是消除军备威胁和阻止赤化扩张"，列为"当前外交政策的重点"。后者主张在与苏联解决外交悬案，划定苏"满"、蒙"满"国境线的同时，构筑对苏包围圈。为此，"力求实现以共存共荣为基础的日华合作"；将华北建成"防共亲日满的特殊地区"，使中国"反苏依日"；力求增进日美关系，调整日英关系，"以牵制苏联"。四相会议对崛起的纳粹德国情有独钟，认为"德国对苏关系的利害与帝国相同"，"必须增进与德国的友好关系，以取日德提携之实"，启动了东西方法西斯联手的进程。②

8月25日，广田内阁提出以"充实国防"为中心，包括刷新教育、整顿

---

① 外务省编『日本外交年表並主要文書下卷』，344 頁。
② 外务省编『日本外交年表並主要文書下卷』，345—346 頁。

税制、稳定民生、振兴产业、扩大贸易、扶植伪满、整顿行政机构等举措，启动战时体制的建设。在 1937 年度的 30.4 亿日元财政预算中，国防经费高达 6.9 亿日元，占总预算的 22.7%。① 增加军备预算的基本动因，在于广田内阁提出了"北进"、"南进"和"西进"并举的扩张方针。其中，"西进"以侵华为中心，"北进"和"南进"是基于"西进"的再选择。

中国东北是"西进"方针的重中之重。1936 年 2 月，东北人民革命军改编为东北抗日联军，至 1937 年冬，发展为 7 个军约 3 万人，抗日游击战遍及白山黑水。按照关东军司令部、伪满军政部制定的 1936—1939 年《三年治安肃正计划》，1938 年，日伪军出动 2.5 万人，进攻吉东、北满的抗联部队。1939 年，关东军出动 7.5 万余人，给"东满""南满"的抗联各部造成重大伤亡。配合军事进攻，关东军实行"归村并屯"政策，切断了抗联的后方供应，多方诱降、策动叛变，抗联处境日益艰难。1940 年 12 月，抗联部队陆续进入苏联边境地区整编。1942 年 8 月，组建抗联教导旅（亦名"第 88 步兵旅"），寻机再战。

在华北，日本加紧扶植分裂势力。1936 年 2 月，关东军和中国驻屯军指使德王成立蒙古军总司令部。4 月，德王在锡盟乌珠穆沁右旗举行"蒙古建国"会议，妄图建立包括内外蒙古、青海省在内的"大元国"。5 月，由日本提供顾问、教官、军火和经费的傀儡政权伪"蒙古军政府"成立。德王自任总裁，李守信当上了伪参谋部长兼总裁帮办，土匪头子王英拼凑的"大汉义军"也来投靠。8 月，日军掩护伪蒙边防军进攻绥东地区。在京津地区，中国驻屯军强行在丰台建造兵营，蓄意制造冲突事件，挤走中国第 29 军的驻扎部队，日军步兵旅团第 1 联队第 3 大队乘机进驻丰台，为制造"卢沟桥事变"埋下一颗定时炸弹。

8 月 11 日，广田内阁通过《对中国实施的策略》，试图将中国分而治之。其中，对华北五省，"先逐渐专心一意地完成冀察两省的分治，对于其他三省，特别是对于山东省，则努力以防共、亲日和日满华经济合作为

---

① 国史大辞典編集委員会編『国史大辞典 8』、吉川弘文館、1987 年、426 頁。

重点"，使华北成为"防共、亲日满的特殊地带"，"成为实现日满华三国合作互助的基础"。对南京国民政府，"由两国军事专家组成的秘密专门委员会"，以"签订防共军事协定"，"使国民政府聘用日本人担任最高级的政治顾问，参与国民政府的内政、外交等方面的机要工作"，聘用日本人担任"军事顾问和军事教官"，"促进日华经济合作"。对中国地方政权，"采取使这些局部政权推行亲日政策，力求扩大我方的权益"。①

同一天，广田内阁提出第二次《处理华北纲要》，依旧采用"分治"方针，使华北成为"防共亲日满的地带，以利于获得国防资源、扩充交通，以备苏联侵略，奠定日满华三国提携共助之基础"。其步骤是："对该地区政权采取从内部领导的方式"；"使南京政权确实承认华北的特殊性，对华北分治不采取牵制行动；进一步给予华北政权以特殊的而又总括性的自治权限"；同时将"冀东政权"建成"冀察政权的模范"，推进两者的"合流"，实现"华北五省分治"。在经济上，形成以"共同经济利益为基础的日华不可分割的态势，以利于华北无论在平时或战时都能保持亲日态度"，成为铁、煤、盐等资源的供应地和投资场所。② 据此纲要，9月10日，中国驻屯军司令田代皖一郎与宋哲元订立《华北经济开放协定》，取得修筑天津至石家庄的铁路、塘沽港和开采龙烟铁矿、井隆煤矿等权利。

1936年6月至9月，广东陈济棠、广西李宗仁等地方实力派举起抗日救国的旗号，挑战南京国民政府，"两广事变"骤发。利用中国中央政府与地方实力派的对峙，借口8月至9月间，在四川成都和广东北海先后发生导致日本记者及商人死亡的冲突事件，广田内阁向南京国民政府提出一系列要求。9月5日，外相有田八郎训令驻华大使川樾茂与国民政府外交部部长张群展开交涉，解决成都事件及排日等问题。日本驻南京总领事须磨弥吉郎拜会张群，提出共同防共、华北自治、聘用日本顾

---

①《日本帝国主义对外侵略史料选编(1931—1945)》，第201、202、203页。
② 外務省編『日本外交年表並主要文書下卷』、347、348頁。

问、降低关税、开辟航空线、逮捕朝鲜人等六点具体要求。① 23 日,川樾
与张群举行实质性谈判,要求南京国民政府转换国策,提及各项要求。
张群对日方的要求作出一揽子书面回复。其中包括:对成都事件"按
照国际法"处理,道歉、处罚肇事者并赔偿;强调为"积极推进对日感情
的好转,日本应尊重中国主权即行政统一";"协商两国间共同防共",
但实施区域为华北地区;4 个月内降低关税;在相互尊重领空前的前提
下,协商设立福冈至上海的航空线;同意聘请日本技术、科学顾问,军
事顾问推后聘请;日方提供证据,则逮捕"不逞朝鲜人和台湾人";解散
冀东政府。②

　　10 月 4 日,四相会议基于张群的回复,训令川樾茂,强调防共协定的
实施范围为整个中国,以对苏关系为重点;华北问题按照第二次《处理华
北纲要》展开交涉,促使南京政府承认华北的"特殊性",给予诸如五省
"特政会"等"特别组织"以财政、产业、交通上的"特殊权利";福冈至上海
航空线尽快开通;在两三个月内,中方降低关税;立即逮捕并引渡朝鲜
人;聘用顾问问题可满足张群在 9 月 23 日提出的要求;国民党立即取缔
教科书、新闻杂志的"排日"言论,禁绝"排日行动"。③ 训令完全不理睬张
群提出的"日本应尊重中国主权即行政统一"前提,坚持将华北"东北化"
的既定方针,以极其傲慢态度对南京国民政府发号施令。

　　至 12 月 3 日,川樾与张群会谈 7 次,须磨与国民政府外交部亚洲司
司长高宗武会谈 10 余次。双方围绕是否承认冀东政府、"排日"等问题
反复展开交涉。谈判期间,中国的形势不断变化。11 月,蒋介石飞抵太
原敦促阎锡山出动晋绥军反击来犯的伪蒙军。至 12 月上旬,晋绥军傅
作义部在红格尔图击溃伪蒙王英部,收复绥东重镇百灵庙、锡拉木楞庙,
强化了张群谈判的立场。12 月 12 日,西安事变骤发。在中共主导下,事
变和平解决,蒋介石被迫放弃"攘外必先安内"的方针,联共抗日。至此,

① 島田俊彦[ほか]編集解説『現代史資料 8 日中戦争 1』、みすず書房、1964 年、297 頁。
② 島田俊彦[ほか]編集解説『現代史資料 8 日中戦争 1』、290—292 頁。
③ 島田俊彦[ほか]編集解説『現代史資料 8 日中戦争 1』、297—298 頁。

川樾与张群的谈判遂不了了之。

在对欧外交方面,广田内阁决定与纳粹德国结盟。1936 年 11 月 13 日,外相有田八郎在枢密院审查委员会上列举了结盟德国的主要理由,包括苏联通过实施五年计划,"强化了在远东地方的军备";"将赤化工作的主要目标转移到东亚",苏联和共产国际"构成日满两国安全的直接威胁和日本推进东亚政策的最大障碍";纳粹德国"实行激烈的反共政策","在对付苏联和共产国际方面,与帝国的立场一致",双方能够"协调合作"。① 11 月 25 日,驻德大使武者小路公共与纳粹德国外长里宾特洛甫在柏林签订了《反共产国际协定》。协定规定:"相互通报关于共产国际的活动,为采取必要的防卫措施进行协商"与"合作";对"由于共产国际的破坏工作而受到威胁的第三国","使其参加本协定";协定"自签订之日起实施",有效期为 5 年。同日签订的反苏《秘密附属协定》规定:(1)"缔约国一方在非因挑衅而受到苏联攻击或非因挑衅而受到苏联攻击的威胁时,另一方采取有效加重苏联负担的所有措施";(2)"缔约国在本协定存续期间,未经相互同意,不得与苏联缔结与本协定精神相违背的所有政治条约";(3) 有效期同为 5 年。② 1937 年 11 月 6 日,意大利加入协定,欧亚法西斯轴心国集团初步形成。

1937 年 2 月 2 日,林铣十郎组阁,继续推行广田内阁的内外方针。对内,扩充军备,组建"军财抱合"的战时体制;对外,加紧侵华。20 日,林内阁提出第三次《处理华北纲要》,仍然将华北"建成牢固的防共亲日满地带","预防苏联的入侵,奠定实现日满华三国合作互助的基础"视为基本目标。③ 4 月 16 日,林铣内阁的四相会议制定《对华实施的策略》,继续要求国民政府"取缔排日言行"、"招聘日籍顾问"、"降低关税"等。根据形势的变化,也调整了策略,即"不进行谋求华北分治,或者可能造成中国内政紊乱的政治工作",努力消除中国对日本的不安,推进双方在资

---

① 外务省编『日本外交年表並主要文書下卷』、350、351 页。

② 外务省编『日本外交年表並主要文書下卷』、352、353、354 页。

③ 外务省编『日本外交年表並主要文書下卷』、356 页。

源开发、发展交通和文化等方面的合作；与地方政权开展"实质性的合作"、"扩大我方的权益"，"酿成整个中国总的亲日倾向"。[①]

同日，四相会议通过《指导华北的方针》，对"不进行谋求华北分治"进行了解释，即"首先主要力量倾注于以华北民众为对象的经济工作"，"集中精力于以华北民众安居乐业为本旨的文化、经济工作"。理由是：华北地区的"地理特殊性，以前往往使中国和其他国家误解，即帝国企图在停战地区扩张，推进满洲国的国界乃至华北独立。因此，今后在实施华北政策措施时，应严格避免采取造成这种无谓误解的行动"。[②] 林内阁的对华方针用心险恶且高度谋略化，却被军部法西斯势力斥为软弱无能，5月31日内阁总辞职。

6月4日，贵族近卫文麿组阁。在当天举行的内阁会议和记者招待会上，近卫公布了以所谓"社会正义"和"国际正义"为基点的施政纲领。其"国际正义"，即消除"有所持之国"与"无所持之国"的对立，"公平分配世界的领土"。为此，必须实现"获得资源的自由"、"开拓销路的自由"和"劳动力移动的自由"等"三大自由"。近卫认为日本是"无所持之国"，"必须确保我民族自身的生存权，我国的大陆政策是确保这一生存权的必要基础"。[③] 近卫强硬而好战的姿态，得到军部的支持。6月9日，关东军参谋长东条英机向陆军省次官梅津美治郎、参谋本部次长今井清呈送《关东军关于对苏对华战略的意见书》，认为基于"对苏作战"的立场，"首先对南京政权加以一击，除去我背后的威胁，此最为上策"，因为南京政权"对于日本所希望的调整邦交一事，丝毫没有作出反应的意思"。[④] 近卫内阁和军部在对华政策上大幅度靠近，局部侵华战争即将升级为全面侵华战争。

---

① 外务省编『日本外交年表並主要文書下卷』，360、361 頁。
② 外务省编『日本外交年表並主要文書下卷』，361 頁。
③ 矢部贞治『近衛文麿』(上)、弘文堂、1952 年、387—389 頁。
④《日本帝国主义对外侵略史料选编(1931—1945)》，第 228 页。

第三节　全面侵华战争与法西斯化的完成

一、全面侵华战争爆发

1937 年 7 月 7 日下午,驻丰台的中国驻屯军步兵旅团第 1 联队第 3 大队第 8 中队在中队长清水节郎大尉的指挥下,按照"黄昏时接近敌主要阵地"与"拂晓时的攻击"的预定科目,在卢沟桥附近的永定河堤至大瓦窑实施接敌演习。夜里 10 时半左右演习结束,清水接到一名士兵失踪的报告,立即命令搜索并向驻丰台的大队长一木清直报告。驻北平的联队长牟田口廉也随即得到急报。20 分钟后,失踪的志村菊次郎自行归队,但不待弄清真相,牟田口廉也就命令驻丰台的第 3 大队赶赴现场增援,[①]点燃了全面侵华战争的导火索。午夜 12 时,日本驻北平特务机关长松井太久郎已得知志村归队,却提出进入宛平城搜查的无理要求,遭到中方拒绝。

8 日凌晨 2 时许,宛平县长王冷斋等前往北平会见松井以平息事态,第 1 联队的日军径自占领沙岗。自清晨 5 时 30 分开始,日军多次进攻宛平城,中国守军第 29 军第 219 团在团长吉星文的指挥下顽强抗击。下午 6 时 5 分,日军炮轰宛平城。入夜,第 110 旅何基沣部反击,收复了卢沟桥以北的铁路桥和龙王庙。9 日凌晨 2 时,松井太久郎、中国驻屯军参谋长桥本群与国民政府第 29 军副军长秦德纯、第 38 师师长张自忠达成停战协议,双方停止射击;日军撤回丰台,中国军队撤至永定河西岸。至 9 日上午 9 时,宛平城由二三百名中国保安队接防。[②] 乘中国军队换防之机,日军强占宛平城。

7 月 10 日,参谋本部决定出动关东军独立混成第 1、第 11 旅团,以及 6 个飞行中队和驻朝鲜龙山的第 20 师团,同时动员国内的第 5、第 6、第

---

① 《日本帝国主义对外侵略史料选编(1931—1945)》,第 235、236 页。
② 胡德坤:《中日战争史(1931—1945)》,武汉大学出版社,1988 年,第 119 页。

10 师团等 3 个师团,紧急增援华北。① 11 日,近卫内阁作出决议,诬称中国军队"7 月 7 日半夜于卢沟桥附近进行非法射击"导致"冲突的发生",以及 7 月 10 日夜的"非法进攻,造成我军相当伤亡",指责"此次事件完全是中国方面有计划的武力抗日行动",无理要求中方"保证今后不再发生此种非法行为,必须对排日、侮日的行为谢罪",表态支持增兵。②

12 日,新任中国驻屯军司令官香月清司抵达天津,加紧准备攻击。25 日驻朝第 20 师团的日军强占廊坊火车站,26 日派兵硬闯广安门,蓄意制造冲突。26 日,香月向宋哲元发出最后通牒,要求驻北平的第 29 军第 37 师至 28 日中午转移到永定河以西地区,再撤至保定;否则,日军将"采取独立行动","全部责任"则由第 29 军承担,试图不战而屈人之兵。③ 27 日,遭到拒绝的中国驻屯军发表声明,宣称要"动用膺惩之师"。④

7 月 28 日上午 8 时,驻屯军出动飞机、坦克,掩护步兵进攻北平南苑和西苑。第 29 军副军长佟麟阁、第 132 师师长赵登禹阵亡,余部撤往保定,日军占领北平。29 日,日军占领天津,南开大学校园毁于日机的轰炸。参谋本部当日制定《对华作战计划》,命令以中国驻屯军的 4 个师团为主力,攻击平津地区的中国军队。同时分兵"在青岛及上海附近作战",⑤不断扩大事态和战争规模。

海军唯恐落后于陆军。7 月 12 日,海军军令部制定了第一阶段配合陆军在华北作战的方案;第二阶段在陆军配合下,在上海作战,进攻华中和华南地区的作战方案。⑥ 随即,上海特别陆战队与第 3 舰队主管作战的参谋合作,制定了 8 月 15 日至 8 月底的上海地区的作战计划,出动海军陆战队 5 000 人进攻闸北至虹口地区,攻占江湾、龙华、公大机场、吴淞

---

① 今井武夫『中国との戦い』、人物往来社、1966 年、65 頁。
② 外務省編『日本外交年表並主要文書下巻』、365—366 頁。
③ 今井武夫『中国との戦い』、67 頁。
④ 今井武夫『中国との戦い』、68 頁。
⑤《日本帝国主义对外侵略史料选编(1931—1945)》,第 238 页。
⑥ 防衛庁防衛研修所戦史室編『戦史叢書支那事変陸軍作戦 1』、186—187 頁。

炮台。① 8 月 9 日,日本海军陆战队在虹桥机场挑起武力冲突事件。10 日,近卫内阁以此为借口,出兵上海。

8 月 13 日,淞沪会战爆发。14 日,国民政府发表《自卫抗战声明》,调集精锐部队投入战斗。15 日,日本海军航空队机群越洋轰炸南京,造成市民重大伤亡。为模糊国际视听,同日,近卫内阁发表《声明》,将冲突归结为中国政府"排日抗日"、"反日侮日"所致,宣称中国"拒不听取我方劝告","军队北上,威胁我支那驻屯军","在上海炮击我军,轰炸帝国军舰",故"被迫采取断然措施"。② 同日,松井石根大将出任上海派遣军司令官,指挥第 3、第 11 师团进攻上海。日军北占平津,南攻淞沪,全面升级侵华战争。

此前,日本统治集团对战争前景盲目乐观。6 月 20 日,关注京津一带紧张对峙的天皇裕仁,找来陆相杉山元和参谋总长闲院宫载仁亲王,询问"对华意见"。载仁亲王和杉山元向裕仁打了保票:"若在天津加以打击,一个月内就可以收拾局面"。③ 军部首脑如此狂妄并非偶然。自甲午中日战争以来,日军养成"皇军不可战胜"、视中国军队如草芥的傲慢心理至七七事变之前,日本陆军总兵力已达 25 万人,拥有 17 个师团和多个联队以下的部队。④ 在武器配置上,日本一个师团的轻重机枪比中国一个整编师多出 1.1 倍、火炮多 3.1 倍,另外还配置了炮车和辎重车 1 000 余辆、坦克 24 辆。海军拥有 4 个舰队,大型舰艇 290 艘,舰艇数为中国海军的 4.3 倍,总吨位达 118 万吨,是中国海军的 20 倍。日本陆海军共拥有各类军机 1 559 架,是中国空军的 2.6 倍。⑤ 日本的各类兵器均已国产化,中国的军备则依赖进口而受制于人。军备实力对比的悬殊,令痴迷暂时处于绝对优势的军部首脑,误判了中国的抵抗决心和

---

① 日本防衛廳防衛研究所戦史室『戦史叢書日本海軍在中国作战』、第 194 頁。
② 外務省編『日本外交年表並主要文書下卷』、369—370 頁。
③ 寺崎英成、マリコ·テラサキ·ミラー 編『昭和天皇独白録』文芸春秋、1991 年、35—36 頁。
④ 防衛庁防衛研修所戦史室編『戦史叢書支那事変陸軍作戦 1』、109—110 頁。
⑤ 军事科学院军事历史研究部:《中国抗日战争史》中卷,解放军出版社,2005 年,第 5 页。

能力。

在华北,1937 年 8 月 31 日,"中国驻屯军"扩编为"华北方面军",陆军大将寺内寿一出任司令官,指挥 8 个师团和临时航空兵团展开攻击,总兵力近 40 万人。9 月 13 日,大同失守。9 月 24 日,保定失陷。9 月 25 日,八路军第 115 师在平型关口附近的小寨村、乔沟、蔡家峪一带,伏击板垣征四郎所辖第 5 师团第 21 联队辎重部队,歼灭千余人,首战告捷。10 月 11 日,日军第 20 师团进攻娘子关。13 日,日军第 5 师团、第 15 旅团等部进犯忻口,国民政府第 14 集团军总司令卫立煌率部抗击。其间,八路军第 129 师第 769 团夜袭代县阳明堡日军飞机场,击毁击伤日机 24 架,支援国军作战。① 26 日,娘子关陷落。11 月 2 日,第 9 军军长、上将郝梦龄等高级将领阵亡,国军在忻口会战中失利,伤亡数万。日军伤亡 2 万余人,打通了进攻太原道路。② 8 日,太原沦陷。

在华东,9 月 4 日,上海派遣军已增至 5 个师团,松井石根集中近 20 万人的兵力和飞机舰炮,图谋攻占上海,进逼南京。蒋介石先后投入 8 个集团军、15 个独立旅、9 个暂编旅等正规军和中央军校教导总队、税警总团、警察总队约 60 万精锐部队迎敌。上海民众冒着炮火予以支援,国军士气高昂,屡挫日军。战至 9 月底,日军伤亡逾 1.2 万人。③ 上海久攻不下,近卫内阁焦躁不安。

10 月 1 日,首相近卫文麿与外相广田弘毅、陆相杉山元、海相米内光政四相会议制定《处理中国事变纲要》,提出"使中国迅速丧失战斗意志"的军事打击与"适时采取恰当的手段"的诱降外交相并行的方针。④ 11 月 5 日,日本第 10 军所属第 6、第 18、第 114 师团在杭州湾登陆,合围上海的中国军队。7 日,参谋本部下令将上海派遣军和第 10 军共 7 个师团组合为华中方面军,由松井石根统一指挥,会攻上海。9 日,松江沦陷。

① 军事科学院军事历史研究部:《中国抗日战争史》中卷,88—91 页。
② 袁旭等编著:《第二次中日战争纪事(1931.9—1945.9)》,第 123 页。
③ 田中新一『中国事变记录』、東方書店、1997 年、181 頁。
④ 外務省編『日本外交年表並主要文書下卷』、371 頁。

11 日,陷入重围的国军突围。12 日,上海陷落。据守四行仓库的谢晋元部,在国际社会的关注下,进行了悲壮的抵抗。在为期近 3 个月的淞沪会战中,日军伤亡 4 万余人,第 11、第 3 师团的个别联队几近全歼。[①] 中国军队亦伤亡惨重,海空军力量损失殆尽。

近卫内阁在军事打击的同时,加紧推行诱降外交。10 月 22 日,德国外交部应日本要求,电令驻华大使陶德曼出面,与德国驻日大使狄克逊建立中日政府间的秘密外交通道。11 月 6 日,陶德曼向蒋介石转达日方提出的中日议和的条件:所谓中国承认内蒙古独立、在伪满洲国及平津以南地区设立非武装区、扩大上海非武装区、国民政府停止抗日与共同防共等。[②] 蒋介石为加强南京周边防卫并争取国联的介入,实施缓兵之计,对日虚以应付。然而,国军士气低落,国联干预则迟迟不见踪影。

11 月 20 日,日本军部在宫中设置大本营,强化对侵华战争的指挥。同日,中国国民政府宣布迁都重庆,继续坚持抵抗。蒋介石任命主动请缨的陆军上将唐生智为南京卫戍区司令长官,指挥从淞沪战场撤退下来的 14 个师、约 11 万兵力保卫南京。12 月 1 日,日军大本营下达《大陆作战第 8 号命令》,命华中方面军"在海军协同下,攻占敌国首都南京"。[③] 12 日,南京外围阵地尽失,卫戍区司令长官唐生智奉命先行撤离,国军陷入慌乱。日军第 6、第 9、第 13、第 16、第 18、第 114 师团等展开围攻,13 日南京陷落。华中方面军司令官松井石根为使中国军民"丧失战斗意志",纵容所辖官兵施暴。入城日军连续 6 周对南京居民和战俘实施灭绝人性的奸淫烧杀抢掠,30 余万中国人惨遭屠戮,史称"南京大屠杀"。

攻占南京后,近卫内阁以"战胜国"的姿态,策划"日中议和"。12 月 21 日,借助狄克逊—陶德曼通道,向国民政府提出"议和"四原则,即"放弃容共抗日反满政策,对日满两国的防共政策提供合作";"设置非武装地带及其特殊机构";"缔结密切日满华关系的经济协定";"提供帝国要

---

① 秦郁彦『日中战争史』,原书房,1979 年、201—202 页。
②《中华民国史资料丛稿(译稿)》第 1 卷,第 2 分册,中华书局,1981 年,第 133—134 页。
③ 臼井胜美[ほか]編集解说『現代史資料 9 日中戦争 2』、みすず書房、1964 年、216 页。

求的赔偿"等。近卫内阁要求蒋介石立即"向日本指定的地点派遣议和使节",举行包括下列细目的议和谈判,即中国"正式承认满洲国";"制定防共政策",与日满"进行合作";在华北"设立实现日满华三国共存共荣的适当机构";在内蒙古"建立防共自治政府,其国际地位与现在的外蒙古相同";在华中"占领地区设立非武装地带";在上海市区"维持治安、发展经济";"日满华三国缔结有关资源开发、关税、贸易、航空、通讯等所需要的协定",中国赔偿日本等。① 然而,蒋介石对近卫文麿的"议和"如意算盘并不买账。

12月24日,近卫内阁制定新的《处理中国事变纲要》,策划另觅傀儡取代蒋介石。近卫内阁基于国民政府"标榜长期抵抗"、日军"军事行动的进展"和"今后不一定期望与南京政府谈判成功"等判断,提出在华北"建立防共亲日满政权",在上海设立亲日人物出任市长的"特别市"。12月14日,以汉奸王克敏为首的傀儡政权"中华民国临时政府"在北平挂牌,成了"重建新中国的中心势力"。②

1938年1月10日,日军第2舰队掩护海军陆战队侵占青岛。11日,御前会议制定《中国事变处理的根本方针》。该方针宣称"如果中国现中央政府不来求和,则帝国在今后不再期待以其为解决事变的对手,将扶植建立新兴的中国政权",强调"对中国现中央政府,帝国的政策是设法使其溃灭,或者将其收容于新兴中央政权之下。"③16日,近卫内阁发表"不以国民政府为对手"的第一次声明,公然宣布"帝国政府今后不以国民政府为对手,寄希望于真正与帝国提携的中国新兴政权的建立与发展。"18日,在《补充声明》中,声称"基于今后不以国民政府为对手的原则,无须宣战布告"。④ 当日,驻华大使川樾茂奉命回国。20日,中国驻日大使许世英撤馆回国,中日两国断交。3月28日,汉奸梁鸿志在南京

---

① 外务省编『日本外交年表並主要文书下卷』、380—381页。
② 外务省编『日本外交年表並主要文书下卷』、381、382页。
③ 外务省编『日本外交年表並主要文书下卷』、385页。
④ 外务省编『日本外交年表並主要文书下卷』、387页。

成立"中华民国维新政府",出任"行政院院长",又一个取代蒋介石的傀儡登台。

御前会议和近卫内阁的"抹杀"举措适得其反。被逼进墙脚的蒋介石在日记中表明态度:"日本所提条件等于征服并灭亡我国,与其屈服而亡,不如抵抗而亡"。[①] 1月12日,蒋介石拒绝接受日方的"议和"条件,14日下令在香港购置步枪30万枝、重机枪2万挺、3.7厘米口径反坦克炮和德制迫击炮各500门以及大量弹药,补充作战武器。[②] 24日,蒋介石处决一个月前因弃城南逃导致济南沦陷的山东省政府主席、第3集团军总司令韩复榘,杀一儆百。

蒋介石坚持抵抗的立场,不乏民意支持。全面抗战爆发后,爱国人士卢作孚创办的民生公司不计成本,抢运工厂设备,数以千万计的技工、各类抗战物资转至西南大后方。北京故宫博物院的国宝文物启运车队,与北京大学、清华大学、南开大学等50余所华北、华东、华中高等院校的爱国师生辗转西进。在极短的时间内,中国的工业技术、文化教育中心向西南大后方转移,凸显了全民族抗战到底的坚强意志。

1938年1月至2月,日本大本营为打通津浦线、歼灭中国军队主力,调兵进攻徐州。3月10日,板垣征四郎的第5师团进攻鲁南临沂,中国守军庞炳勋部顽强阻击,得到张自忠部的驰援。14日,矶谷廉介的第10师团进攻滕县,川军第122师师长王铭章率部与敌苦战三天,牺牲殆尽,滕县失陷。23日,台儿庄战役打响。第五战区司令长官李宗仁指挥孙连仲、汤恩伯部等,在台儿庄与敌激战。4月7日,中国军队反攻,突入市区的濑谷启所率的第33旅团向峄县、枣庄溃逃。中国军队以伤亡失踪约7500人的代价,歼敌近1万余人,[③]取得台儿庄战役的胜利。4月7日,日本大本营命令华北方面军的第5、第10、第14、第16师团和华中派遣军的第9、第13师团等6个师团出动,南北合击徐州。李宗仁指挥5个

---

① 黄仁宇:《从大历史的角度读〈蒋介石日记〉》,九州出版社,2011年,第182页。
② 黄仁宇:《从大历史的角度读〈蒋介石日记〉》,第180页。
③ 军事科学院军事历史研究部:《中国抗日战争史》中卷,第167页。

兵团 21 个军的约 60 万军队,分兵据守。5 月 9 日,日军动用飞机、坦克和大炮等优势武器装备,轮番展开猛攻。5 月 15 日,国军各部奉命突围。19 日,日军占领徐州,但聚歼中国军队主力的目标落空。

徐州会战后,大本营急欲扩大战果,下令进攻郑州,试图一举打通平汉、津浦和陇海路,突击武汉。6 月 9 日,国民政府机关向陪都重庆转移。同日,河防部队新 8 师奉命爆破郑州北郊 17 千米处的花园口黄河大堤,淹没陇海路东段,但阻敌西进的代价极其惨重。日军放弃沿陇海路西击武汉的计划,转而沿长江两岸展开攻击。6 月 12 日,在江面舰队支援下,波田重一指挥台湾混成旅攻陷安庆,武汉会战的外围作战打响。华中派遣军司令官畑俊六指挥的 7 个师团、中将东久迩宫稔彦王指挥的第 2 军所属 3 个师团、中将冈村宁次指挥的第 11 军所辖 4 个师团和波田支队,总兵力为 40 余万,由海军江面舰队和航空兵团提供掩护,分兵合击武汉。6 月 26 日,波田支队攻占扼守长江要冲的马当要塞,西进九江、武汉的门户洞开。7 月 13 日,国民政府军事委员会制定了武汉会战的作战计划,外围战区与武汉三镇战区互为犄角,总兵力增至 110 余万,蒋介石坐镇指挥。

7 月 31 日,参谋本部制定《以秋季作战为中心的战争指导要点》,强调军事和政治手段并用,"摧毁蒋介石政权最后的统一中枢武汉三镇","构筑徐州作战以来的黄河长江之间的军事压制圈"。其中,军事方针以"夺取武汉三镇",攻占广东,"切断蒋政权的主要补给路线","打击英国的援蒋意志"为目标;政略方针强调迫使中国政府"提出和议",从而"结束战争"。[1] 然而,国民政府迁都重庆,挫败了日本大本营迫使国民政府作城下之盟的图谋。

8 月 22 日,大本营下达《大陆作战第 188 号命令》,日军开始进攻。28 日,第 2 军所属第 10 师团攻占六安。29 日,第 13 师团攻占霍山。9 月 18 日,第 16 师团攻陷商城,与第 13 师团会合,闯入大别山地区。21

---

① 臼井勝美［ほか］編集解説『現代史資料 9 日中戦争 2』、269—270 頁。

日,第 10 师团占罗山;10 月 12 日攻陷信阳。第 16、第 13 师团沿途不断受到中国军队的阻击,在付出战死 1 000 人、3 400 人受伤的代价后,[1]勉强走出大别山地区,25 日,攻陷麻城,与攻陷孝感的第 10 师团、进占应山的第 3 师团在武汉北部构成包围圈。

在长江南岸,8 月 4 日,第 11 军第 106、第 101 师团进攻九江地区。国民政府第 1 兵团总司令薛岳指挥第 4、第 8、第 70 军坚决抗击。日军进攻庐山受挫,第 106 师团伤亡日增。冈村宁次急命第 27 师团、山炮联队、野战重炮联队赶来增援。24 日,第 9 师团攻陷瑞昌。9 月 14 日,波田支队在江面炮舰的火力支援下,攻陷马头镇。9 月 21 日,第 106 师团攻击德安未果,所辖第 136 旅团深入万家岭地区。10 月 9 日,薛岳部发起总攻击,毙敌 3 000 余人,[2]师团长松浦淳六郎仅以身免,中国军队获胜。在赣北会战中,日军的西进受阻。10 月 27 日,日军攻占德安,但第 11 军主力无法投入武汉会战。

在长江北岸,8 月 30 日,日军第 6 师团展开攻击,9 月 6 日、29 日连陷广济、田家镇。10 月 18 日至 24 日,第 6 师团占领蕲春、新洲、黄陂等地,加入对汉口的包围。10 月 26 日,波田支队攻入武昌;27 日,曾经在"攻占南京时犯有暴行罪"的第 6 师团进占汉口、汉阳。[3] 至此,武汉会战结束。日军攻占武汉,但无法实现歼灭中国军队主力、迫使国民政府议和等会战目标。

9 月 19 日,大本营下达《大陆作战第 200 号命令》。日军第 21 军所辖第 5、第 18、第 104 师团等 3 个师团,在第 4 飞行团和海军舰队的掩护下,进攻广东,以切断承担输送 80％援华物资的香港至广州通道。当时,国军精锐部队集中于武汉战区,第 4 战区司令长官余汉谋临战动摇。10 月 12 日,第 18 师团利用夜色掩护,在大亚湾登陆;接连攻陷平山、惠州,21 日占领广州。第 104 师团攻占石龙,向北迂回。29 日,连陷大角岛、

① 军事科学院军事历史研究部:《中国抗日战争史》中卷,第 200 页。
② 军事科学院军事历史研究部:《中国抗日战争史》中卷,第 198 页。
③ 稻叶正夫编:《冈村宁次回忆录》,天津市政协编译委员会译,中华书局,1981 年,第 341 页。

三水的第5师团进入广州。至此，日军占领上海、南京、武汉、广州等大城市，战略进攻到达顶点。战争进程转入日本最不愿看到的持久战阶段。

通过扶植傀儡、实施诱降而企图不战而胜，成了近卫内阁无奈的选择。9月22日，在日本的撮合下，北平王克敏、王揖唐之流的"中华民国临时政府"，与南京梁鸿志、温宗尧之辈的"中华民国维新政府"合并成"中华民国联合委员会"，头把交椅则虚席以待。与此同时，军事压力有增无减。10月4日，18架日机首次轰炸重庆市区，造成47人死伤，重庆市民陷入惊恐情绪中。①

11月3日，近卫发表名曰《"东亚新秩序"政府声明》的第二次声明，宣称建立"东亚新秩序"为"此次征战的终极目的"。声明吹嘘在日军打击下，"国民政府已不过是一个地方政权"；但要建立"东亚新秩序"，"应以日满华三国合作，在政治、经济、文化等方面建立互助连环关系为根本"；强调"若国民政府抛弃已往的指导政策，改善人事构成并取得新生的成果，帝国也不拒绝其参加新秩序的建设。"②近卫内阁"不以国民政府为对手"的方针碰壁，不得不重新以国民政府为对手，兼用军事进攻与政治攻势两种手段，争取国民政府内部的动摇分子。

国民党的第二号人物、亲日投降派首领汪精卫应声而出。11月12日，汪精卫指派高崇武、梅思平为首的谈判代表团赴沪，在重光堂与日本陆军省代表影佐祯夫、今井武夫等多次秘密接触，达成包括双方缔结防共协议、承认伪满洲国、日本放弃赔偿等内容的协议，还商定了汪精卫的出逃计划。③ 12月18日，汪精卫、周佛海等去昆明，19日再奔越南河内，等待来自东京的消息。

12月22日，近卫根据11月30日御前会议决定的《日华新关系调整方针》所提出的"日满华善邻友好"、"防共与共同防卫"、"经济提携"等三

---

① 潘洵等：《抗日战争时期重庆大轰炸研究》，商务印书馆，2013年，第111页。
② 外务省编『日本外交年表並主要文書下卷』、401頁。
③《日本帝国主义对外侵略史料选编(1931—1945)》，第288—293页。

原则,①发表第三次声明,强调"以武力扫荡抗日的国民政府",同时要与中国"同感忧虑的有识之士相互提携,为建设东亚新秩序而迈进"。为此,日本提出"抛弃抗日的蠢举"、"与满洲国建立完全的外交关系"、"签订日华防共协定"、在华北和内蒙古地区的"资源开发利用上,积极地对日本提供便利"等要求。作为回报,日本放弃"赔偿军费"、"尊重中国的主权"、积极考虑"为中国实现独立"而"撤销治外法权和租界"等。② 汪精卫对此心领神会,29 日,在河内发表响应近卫第三次声明的"艳电",公开投敌。

　　1939 年 5 月 6 日,影佐等把汪精卫等弄到上海,加紧筹建汪伪政权。6 月 6 日,五相会议确定了拼凑"新的中央政府"的方针,即:(1)新中央政府要员"由汪精卫、吴佩孚、既有政权及幡然改过的重庆政府"构成。(2)"正式调整日华邦交"。(3)考虑"历史及现实",按照"分治合作主义"原则,以"日华新关系调整方针"为准绳,将占领区设定为:华北应是国际上、经济上日华紧密结合地区("蒙疆"为高度防共自治区域),长江下游地区是日华"经济强度结合"区域,华南沿海岛屿地区与日本确立"特殊关系"。(4)推行"亲日防共主义"。(5)若重庆政府放弃抗日容共政策并表示屈服,可以加入"新的中央政府"。③ 6 月 15 日,汪精卫全盘接受上述方针,表态"绝对严禁抗日排日的思想言论,彻底贯彻亲日的国民教育",率先指定在军事委员会或国防委员会的顾问团中,日本顾问占1/2,其余为德国和意大利顾问;中日合资企业的日资份额为 49% 等。④8 月 8 日,希特勒的劝和密使戈宁来到重庆与蒋介石密谈,但无功而返,日本愈加看重汪精卫。11 月,汪精卫与日本签订《日华新关系调整纲要》等十余个卖国协定,为坐上傀儡政府的头把交椅铺路。12 月,军阀出身的吴佩孚却拒绝与日本合作,以命相抵,保持了晚节。

---

① 外务省编『日本外交年表並主要文书下卷』、405 页。
② 外务省编『日本外交年表並主要文书下卷』、407 页。
③ 外务省编『日本外交年表並主要文书下卷』、412—413 页。
④ 外务省编『日本外交年表並主要文书下卷』、413—415 页。

二、进入战时体制

　　九一八事变以来逐步升级的侵华战争,是一个工业化小国试图征服一个农业大国的长期战争,日本逐渐陷入欲罢不能且难以为继的困境。1936 年 8 月,藏相马场锳一将国防经费占总预算 22.7% 的 1937 年度预算称之为"准战时体制预算"。"战时体制"一词,在各个媒体上不胫而走。

　　1937 年 8 月 14 日,近卫内阁发起统一国民思想的运动,加紧战争动员,构筑精神上的战时体制。24 日,近卫内阁通过《国民精神总动员实施纲要》,宣称"固守举国一致,尽忠报国的精神,无论事态如何发展,战争如何长期化,均须坚忍持久,克服困难";强调"愈益辅翼皇运,官民一体",发起国民精神总动员运动。各级实施机构随即运转起来,情报委员会、内务省、文部省为制订计划的中央主管官厅,地方则以道府县、市町村各级官吏为中心,组成地方实行委员会或团体,开展运动。此外,各公司、银行、工厂、商店以及报纸杂志、文艺、音乐、演艺、电影业者也都被动员起来,投入狂热的"国民精神总动员运动"。[1]

　　9 月,第 72 届临时国会设置了调集战费的临时军费特别会计,通过了《临时资金调整法》《军需工业动员法》《进出口品等临时措置法》,即"战时统制三法",充实军部与财界相结合的战时经济统制体制。10 月,在内相马场锳一和文相安井英二的指导下,成立了国民精神总动员运动中央联盟,海军大将有马良橘出任会长。国民精神总动员运动中央联盟在其《声明》中,公开鼓动对坚持抵抗的中国政府只能"断然纠正其错误,剪除祸根",宣称"这是我皇国的崇高使命";号召后方的国民"以奉公的至诚","体奉圣旨,遵循国体本义,举国一致,坚忍持久,克服时艰,完成

---

[1] 吉田裕[ほか]編集『資料日本現代史 10 日中戦争における国民動員(1)』、大月書店、1984 年、46—47 頁。

皇国的大使命,辅翼皇运。"①一场强化灌输天皇制意识形态,围剿个人主义、自由主义思想,加快鼓吹精神法西斯化的运动铺天盖地。11 月,在东京皇宫内设置大本营,内分陆军部和海军部,协调侵华战争的部署,加快落实组建战时体制的各个环节。

1938 年 4 月 1 日,近卫内阁公布了经第 73 届国会通过的《国家总动员法》。该法案共 50 条,主要内容包括:(1) 将"国家总动员"定义为在战时"为达到国防目的和最有效地发挥国家的全部力量,统制并使用人力及物力资源"。(2)"总动员"的物资包括兵器、舰艇、弹药等军用品,以及被服、粮食、饮料、饲料、药品、医疗器械、船舶、飞机、车辆、马匹、通讯物资、土木建筑物资、照明物资、燃料及电力和敕令所指定的物资;"总动员"的业务包括金融、卫生、教育训练、试验研究、情报或启发宣传、警备和敕令指定的各类业务。(3) 政府可依据敕令,征用臣民和各团体从事总动员业务;防止或禁止劳动争议,规定劳动条件;控制物资的生产和消费乃至持有和转移、掌管输出和输入;限制或禁止新闻和出版物的发行。(4) 规定判刑、罚款等违反该法的各种惩罚。②。在侵华战争背景下,以《国家总动员法》的颁布和实施为标志,日本进入战时统制体制。

7 月 30 日,政府成立推行产业报国运动的中央机构产业报国联盟,将资本、经营者、工人等三要素统一纳入军需生产轨道,满足充实军备的需要。其成立宗旨称,"如今我国面临未曾有的历史转换时期","应以举国一体的国家总力,克服如此非常之难局",推进产业道义化运动,务求"在皇国的产业中不存在劳资对立、各业者之间的抗争",以求"劳资一体、全部产业人一体,以资国运进展"的效果。其纲领强调"遵循国体本义,理解产业的国家使命,依据全产业人的协作,实现产业报国,以完成辅翼皇运的使命",③为巩固总体战的战时体制,政府、军部和企业界配合默契。7 月 31 日,参谋本部制定《以秋季作战为中心的战争指导要点》,

① 歴史科学協議会等編『史料日本近現代史Ⅱ』、236—237 頁。
② 歴史学研究会編『日本史史料』(5)現代、85—87 頁。
③ 歴史科学協議会等編『史料日本近現代史Ⅱ』、239—240 頁。

强调"统一和加强总动员和军需动员,促进国力建设和充实军备",在年内"筹措50亿日元的战费",并将总动员持续到1941年。①

1939年3月,平沼骐一郎内阁增设了国民精神总动员委员会,由法西斯头目荒木贞夫充当委员长。4月,委员会制定《国民精神总动员新展开的基本方针》,承认全面侵华战争以来,"东亚新秩序建设展开,而国际形势举世艰难";"为应对今后重大的新局面,必须进一步强化国民精神总动员运动,推进物心如一的实践运动"。所谓"物",即"积极协助扩充生产力、动员物资、调整物价的经济国策";所谓"心",就是"作为皇国臣民,进一步加强精神团结,振作新东亚建设承担者应当充满的精神力量,涵养卓绝的国民道德",②从精神和物质两个方面,鼓动国民支持侵华战争。

7月8日,平沼内阁援用《国家总动员法》第4条,发布了敕令《国民征用令》。征用令规定军需生产等国家总动员业务者为国民征用对象;若职业介绍所不能满足需要,则依据军部大臣的请求,由厚生大臣向地方官发布征用命令;地方官向被征用者送交载有其居住及就业场所、职业、技术程度、身体状况、希望等内容的征用令书,到指定军火生产部门报到。③ 在发布《国民征用令》的同时,平沼内阁制定并实施了《劳务动员计划》。据统计,仅在当年就征用了国民学校的毕业生46.7万余人,其中女生为20.1万余人。适用总动员法的离职人员10.1万余人,其中女性3.1万余人。农民和农妇25.6万余人,城市未就业者男女13.7万余人,其中女性为4.2万余人。还有从朝鲜强制迁入的男子劳动力8.5万余人,总数达到113.9万人,其中女性为38.1万余人。④ 此后,随着侵略战争的逐步升级,学生和女性成为国民征用的主要来源,朝鲜、中国劳工也被强制押解到日本,从事重体力劳动。这样,从思想的禁锢到人身失

---

① 臼井勝美[ほか]編集解説『現代史資料 9 日中戦争 2』、270 頁。
② 歷史科学協議会等編『史料日本近現代Ⅱ 史Ⅱ』、237 頁。
③ 歷史学研究会編『日本史史料』(5)現代、87—88 頁。
④ 歷史学研究会編『日本史史料』(5)現代、90 頁。

去自由,从和平生活节奏被打断到全国的兵工厂化,侵华战争形成的战时体制,使得日本国民陷入天皇制法西斯统制紧箍咒的层层禁锢之中。

8月8日,平沼内阁设立"兴亚奉公日"。其宗旨是"全体国民回想战场的苦劳,在实际生活中体现自肃自省,共同翼赞兴亚大业,尽一亿一心奉公之诚,建设强大日本"。遵照国民精神总动员委员会制定的《国民生活纲要》,规定自9月开始,每月选定一天为"兴亚奉公日"。届时,全体国民黎明即起,遥拜"皇大神宫",祈祷"皇军昌隆",不忘兴亚大业和建设强大日本的决心。此天,必须向"护国英灵"致谢、为"阵亡勇士"扫墓;向前线寄送慰问信和慰问袋、看望在后方治疗伤病的军人和军属;走路加快脚步;特别紧张的劳动;服装朴素、饮食简单;停止喝酒吸烟;停止娱乐;把当天的零用钱积攒起来,等等。① 在"国民精神总动员"、"一亿一心竭诚奉公"的口号下,把日本列岛变成了精神高度紧张,个人私生活受到严格限制的大兵营,为最终完成法西斯化铺平了道路。

三、占领地区的经济掠夺与抵抗

不断升级的侵华战争,伴随着敲骨吸髓式的经济掠夺。1933年3月,关东军特务部与"满铁"经调会制定《满洲国经济建设纲要》。纲要宣称伪满洲国是个"独立国家",强调关东军司令官"指导满洲国政府",掌管"外交事务"与日籍高级官员的人事决定权;中国东北地区的所有铁路、港湾、航空、工矿、电力、化肥、农业移民等,"由关东关军统制和指导";伪满的"国防"则"由帝国自行接管掌管"。② 纲要的出台,意味着日本全面掠夺与榨取东北地区资源和人力,也不打自招地揭破伪满洲国所谓"独立"的真相。1936年12月,"满洲兴业银行"设立,向工业企业融资,为军火生产提供资金支持。1937年5月,关东军陆军部制定了第一个《重要产业五年计划纲要》,重点发展军械、飞机、汽车、钢铁、燃料、制

---

① 歴史科学協議会等編『史料日本近現代史Ⅱ』、238—239頁。
②《日本帝国主义对外侵略史料选编(1931—1945)》,第94、95页。

铝、造船工业等 13 种与军事关系密切的产业部门,以备"有事之日"。关东军掌控中国东北地区的重工业和交通业的命脉,将东北变成日本扩大侵华战争和对苏战备的基地。

1936 年 5 月,关东军制定了《满洲农业移民百万户计划》,打算在 20 年内分四期,向中国东北移民 100 万户,总数达 500 万人。移民来自日本内地的农村、渔村、山村居民或城市失业者,每户由政府补贴 300 日元,举家西迁中国东北,在政府指定的黑龙江、乌苏江、嫩江流域的三江平原,以及松嫩平原与辽河平原或铁路沿线的 11 个地区落户。移民所需要的 1 000 万町步的土地,由伪满洲国提供,大批中国农民因此失去开垦、耕作的肥沃熟地。移民并非单纯的经济活动,而是"考虑国土开发、国防上的要求,以及交通、治安与耕作物等关系"的国策行为。[①] 集团武装化的农业移民,成为关东军巩固对东北占领的重要补充力量,充当了殖民侵略的尖兵。

1937 年 10 月,关东军司令部制定《满洲国重工业确立纲要》,计划设立由伪满政府和"日满"民间资本各出资其半的"国策公司"。[②] 与军部关系密切的财阀康采恩日产株式会社闻风而动,率先从日本迁到长春。12 月,"日产"改称"满洲重工业开发会社"(简称"满业"),新财阀鲇川义介充当首任总裁,操控产业开发的计划制定与执行。至 1941 年,"满业"的资本金由 1937 年初创的 4.4 亿日元,猛增到 22.14 亿余日元,分布在中国东北的公司为 31 家,日本国内的公司为 63 家,鲇川财阀膨胀为拥有 94 家各类公司的康采恩组织。[③] 三井、三菱、住友等财阀企业也纷至沓来,榨取中国东北的财富和利润。"军财抱合",使财阀成为军事侵略的推动者和受益者。

在华北占领地区,从推行"以战养战"的谋略出发,1936—1937 年,日本政府先后三次制定《处理华北纲要》,加紧对华北占领地区的经济扩张

---

① 小林竜夫[ほか]編集解説『現代史資料 11 続・満洲事変』、949—951 頁。
② 小林竜夫[ほか]編集解説『現代史資料 11 続・満洲事変』、953 頁。
③ 国史大辞典編集委員会編『国史大辞典 13』、吉川弘文館、1992 年、233 頁。

和掠夺。1936 年 1 月,第一次《处理华北纲要》的表述比较简略:渐次推行华北"自治",日方把握方针大计,"细节问题尽量委之于中国方面,使它自己担负实行的责任","对经济部门的扩展,以依靠私人资本自由渗入为宗旨,指导方式须体现共存共荣的原则",强调避免造成在华北制造第二个"满洲国"的印象。① 可谓掩耳盗铃,欲盖弥彰。8 月发表的第二次《处理华北纲要》,将宗旨和指导原则进一步表述为"华北经济开发的目的,依据民间资本自由扩展的宗旨,扩大我方权益,构成以日人、华人经济利益一致为基础的日华不可分离的情况,达到华北在平时和战时均保持亲日态度的目的",将政治意图贯穿于经济扩张之中。同时,强调实现军需目标,即"特别是在国防上必需的军需物资(如铁、媒、盐等)的开发,以及与此相关的交通、电力等设施,应依据我方资本,以图迅速实现之"。② 1937 年 2 月,第三次《处理华北纲要》除重复了第二次纲要宗旨、原则之外,特别强调"必须尊重第三国的既得权益,同这些国家联合经营或利用其资本",③强调避免过早激化与欧美的矛盾。

实际上,早在 1934 年 10 月,"满铁"经济调查会已经与中国驻屯军司令部合作,制定了《华北重要资源经济调查的方针及要点》,试图形成"日满华"在华北的经济集团,掠取华北丰厚的资源,补充军需。1935 年 2 月,"满铁"经济调查会新设的第六部制定了有关占领区的金融、产业、投资政策,全面贯彻执行。

在华中、华南占领区,1938 年 11 月,兴中公司开办华中振兴株式会社,经营水陆运输、电气、水产和矿产,拥有华中铁路、华中轮船、上海内河汽船、华中蚕丝、华中矿业等多家子公司,专司掠夺华东、华中地区资源。在日军占领区,军票成了唯一的流通货币。1939 年 8 月,设置以华中派遣军经理部为中心的"华中军票交换用物资配给组合",控制对棉花、肥皂、毛线、肥料、染料、药品、纸张和砂糖等生活日用品的贩卖,把持

---

① 外務省編『日本外交年表並主要文書下卷』、322—323 頁。
② 外務省編『日本外交年表並主要文書下卷』、348 頁。
③ 外務省編『日本外交年表並主要文書下卷』、356—357 頁。

物流渠道,排挤国民政府发行的法币。此外,根据日本政府兴亚院维持伪政权"维新政府"的决议,1939 年 5 月,设立"华兴商业银行",强行规定该行的银行券与法币同值,控制华中、华南的物流网络。

对华经济掠夺刺激日本侵占更多的中国领土。1939 年 3 月,为防守在长江中下游的交通线,巩固对武汉地区的占领,大本营命令华中派遣军出动第 11 军所辖第 101、第 106 师团主力攻占南昌,第 6 师团阻击增援的中国军队;第 101 师团村井支队切断浙赣铁路,航空兵团和海军第 2 航空队等提供空中支援。薛岳指挥第九战区的第 1 集团军和第三战区的第 32 集团军所属各部顽强抗击,与敌激战。5 月,日军第 11 军进犯随县、枣阳。李宗仁指挥第五战区的 5 个集团军,分成左右两个集团,采取攻势防御作战方针,迎战日军。累经苦战,收复枣阳、桐柏等地,重创第 3、第 13 师团,毙伤日军 1.3 万余人。[1]

1939 年 9 月,日军第 11 军司令官冈村宁次出动第 6、第 33、第 106 师团主力和第 3 师团的上村支队、第 13 师团的奈良支队、第 101 师团佐枝支队等约 10 万兵力,在陆军航空兵团第 3 飞行团和海军舰艇的配合下,试图一举击溃在湘北、赣北的中国军队,歼灭第 15 集团军。薛岳指挥第九战区 6 个集团军的所属 47 个师,分兵据守,展开以第一次长沙会战为中心的攻防战。激战至 10 月,第 11 军主力进攻受挫,撤回新墙河以北的出发地。中国军队以阵亡 4.4 万人的代价,毙伤日军 3 550 人。虽然第 11 军作战课自诩一个日军大队的战斗力可敌中国军队一个师,[2]但赣湘会战表明:日军轻取急进的战略进攻已成为过去,侵华战争正在走向泥沼化。同月,大本营撤销华中派遣军司令部,改设中国派遣军司令部,下辖华北方面军和第 11、第 13、第 21 军,强化集中指挥。

10 月,大本营决定采取行动,切断桂越公路和滇越铁路等国际援华交通线。11 月 13 日,中国派遣军第 21 军所辖第 5 师团、台湾混成旅等 3

---

① 军事科学院军事历史研究部:《中国抗日战争史》中卷,第 493 页。
② 防衛庁研修所戦史室編『戦史叢書支那事変陸軍作戦 2』,朝雲新聞社、1976 年、387 頁。

万步兵与第 5 舰队、海军第 3 联合航空支队组成海陆空立体攻击集群，从三亚出动，攻击广东北海。日军在钦州湾登陆后，直扑南宁。24 日，南宁失陷。12 月 4 日，日军占领邕宾公路要隘昆仑关。为夺回南宁，第四战区司令长官张发奎指挥 14 万兵力，展开反击作战。18 日，第 5 军的荣誉第 1 师率先发起攻击，国军各部赶来增援，步兵、炮兵和坦克兵联合作战。31 日，国军收复昆仑关。此役，日军第 5 师团第 21 旅团包括旅团长中村正雄在内被歼 4 000 余人，第 5 军阵亡约 5 600 人，受伤 1.1 万人。[1] 1940 年 1 月 1 日，第四战区的中国军队对占据粤北翁源、英德等地的日军展开反击。战至 16 日，国军收复英德、从化、花县等地，取得粤北战役的胜利。此后，第四战区的国军为收复南宁，与日军展开苦战。10 月 30 日，收复南宁并将日军逐出桂南地区。

在桂南和粤北战役期间，大本营陆军部、参谋本部直接指挥代号为"桐工作"的日蒋秘密交涉，试图双管齐下，以战逼降，计划至 1940 年秋征服中国。1939 年 12 月 27 日夜，经香港大学教授张治平牵线搭桥，日本驻香港陆军特务机关头目铃木卓尔中佐与西南运输董事长宋子良（实际由军统人员曾广冒充）首次秘密接触。1940 年 1 月至 2 月，铃木同宋子良秘密接触三次，互摸对方的底牌。[2] 3 月 7 日至 10 日，参谋本部谋略课长臼井茂树大佐、今井武夫大佐和铃木卓尔，与宋子良、重庆行营参谋处副处长陈超霖中将、国防最高会议秘书主任章友三等蒋方代表在香港举行首次正式会谈。日方以中方承认伪满洲国、共同防共、华北驻军、经济合作为实现和平的条件。随后，日蒋双方又分别于 5 月在香港、6 月在澳门举行了第二、第三次会谈。摄于国内的压力，蒋介石方面始终未在承认伪满洲国和日军驻扎华北等问题上接受日方的主张，但对蒋介石制造反共摩擦却不无作用。

1940 年 3 月 20 日，秉承日本政府的旨意，汪精卫与王克敏、梁鸿志

---

① 军事科学院军事历史研究部：《中国抗日战争史》中卷，第 501—505 页。
② 防卫厅研修所作战室编『战史丛书支那事变陆军作战 3』，朝云新闻社，1975 年、159—160 页。

等在南京举行会议，策划成立伪"中华民国政府"。30日，汪精卫当上了伪"中央政府"的行政院院长和代主席。"代主席"的头衔，意味着日本政府为蒋介石预留了位置。为加大逼蒋投降力度，5月，侵占信阳、随县、钟祥等地的日军6个师团约20万人攻击枣阳、襄樊和宜昌，试图打开进攻四川的门户。李宗仁指挥第五战区的国军展开阻击作战。5月上旬，日军攻占随县、新野、桐柏、枣阳。国军随即展开反攻，19日克枣阳，23日收复随县，将日军逐出襄东地区。

在华北战场，为粉碎日军封锁抗日根据地的"囚笼"政策，鼓舞大后方的抗战士气，1940年8月20日至1941年1月24日，八路军的105个团在地方武装和民兵的配合下，展开大规模的破袭战，即百团大战。遭此突然打击的华北方面军惊呼八路军"在袭击石太线、同蒲线北段警备队的同时，炸毁和破坏铁路、桥梁及通讯设施，井陉煤矿等设备被彻底毁坏。此次奇袭完全出乎我军预料之外，损失甚大"；日军参谋人员承认"八路军的抗战士气甚为旺盛，共产地区的居民。一齐动手支援八路军，连妇女、儿童也用竹篓帮助运送手榴弹。我方有的部队，往往冷不防被手执大刀的敌人包围而陷入苦战。"①

8月30日，第1军司令官篠冢义男和参谋长田中隆吉指挥独立混成旅团、第9旅团等日军反扑，展开"肃正作战"。华北方面军参谋部从忽视转而关注、搜集并分析有关八路军的情报，制定应对措施。11月28日，中国派遣军第一课高级参谋真田穰一郎赶往东京，汇报战况并建议参谋本部基于占领区的治安状况"以华北最差"的现实，从华中抽调2个师团"增援华北，以期彻底整顿治安"。② 12月26日，陆相东条英机与参谋总长杉山元强调为尽快解决"中国事变"，"不仅要考虑南方问题，尚需确立以中国和北方问题为主的方针"，"彻底肃正华北治安"。③ 至1940

① 日本防卫厅战史室编：《华北治安战》（上），天津市政协编译组译，天津人民出版社，1984年，第296、312页。
② 日本防卫厅战史室编：《华北治安战》（上），第358、359页。
③ 日本防卫厅战史室编：《华北治安战》（上），第359、360页。

年12月,华北的八路军与华中的新四军、华南的游击队抗敌活跃,发展到50余万人,[①]敌后战场的作用日益增强。

1941年4月,多田骏对华北抗日根据地实施"烬灭作战",展开残酷的"大扫荡"。根据地军民顽强抗击,坚持华北抗战。5月至6月,多田骏出动7个师团,对中条山地区发动全面进攻,夺取了国军在华北的最后驻防地。7月,冈村宁次出任华北方面军司令官,对华北抗日根据地实行野蛮的"烧光"、"杀光"、"抢光"的"三光作战",犯下累累罪行。为封锁围困八路军,日军沿用对付东北抗联的招数,暴力驱赶当地居民"集屯并村"。仅在热河省,就有10万余居民被日军杀害,百余万农民被强行编入"人圈部落"。[②] 结果,在长城沿线以及晋冀、晋东北、鲁中地区制造了大量无人区,情景极为凄惨。

在此期间,日本陆、海军的航空队对重庆、昆明、成都、西安、贵阳等大后方的重要城市实施无差别的战略轰炸,造成重大人员伤亡和巨额财产损失。其中,1939—1941年,日本航空队执行"100号"、"101号"、"102号"作战,对重庆轰炸117次,投掷炸弹、燃烧弹23 312枚,炸死30 141人,炸伤9 141人,损毁房屋11 814栋,造成692亿元(折合1945年价值)的财产损失。[③]

中国军民的浴血抗战,牵制了日军的主力。国际社会对日本逐步升级侵华战争的反应和立场却不尽相同。1937年日本发动全面侵华战争,美国仍然采取避免刺激日本的方针。7月16日,中国驻美大使王正廷会见美国国务卿赫尔,请求美国采取行动制止日本侵略。赫尔无意"激怒日本",发表一个不疼不痒的国际政策声明来敷衍了事。[④]南京保卫战期间,12月12日,日本飞机轰炸了停泊在长江上的美国炮舰和油轮,美国政府的对日政策并未因此事件而发生变化。日本通过

① 军事科学院军事历史研究部:《中国抗日战争史》中卷,第486页。
② 田苏苏编著:《"三光政策"与"无人区"》,山东画报出版社,2015年,第4、5页。
③ 潘洵等:《抗日战争时期重庆大轰炸研究》,第335、200、224页。
④ 美国国务院编:《美国外交文件选译·日本·1931—1941选译》,第91页。

特别许可证留出的渠道,进口美国的石油和燃料油。至于克莱尔·李·陈纳德在 1936 年来华担任中国空军顾问,属于个人行为,与美国政府无关。

苏联为牵制日本,最早支援中国。1937 年 8 月 21 日,国民政府外交部部长王宠惠与苏联驻华大使鲍格莫洛夫在南京签订《中苏互不侵犯条约》和《军事技术援助协定》。淞沪会战期间,斯大林应蒋介石的要求,派遣苏联军事专家和志愿航空队来华作战。至 1941 年 6 月苏德战争爆发之前,苏联向中国出售各种飞机 997 架、火炮 1 000 余门、坦克 82 辆、机枪 5 万余挺、汽车 1 000 余辆;建立航空物资供应站、机场和航校,培训中国航空人员。在中国空军顾问、志愿航空队总领队日加列夫将军的指挥下,2 000 余名援华航空志愿队飞行员参加保卫南京、武汉、南昌、成都、重庆、兰州等地的空战,击落日机数百架,炸沉日军各类船舰 70 余艘和多个军事目标。[1] 飞行大队长库里申科等 200 余名苏联飞行员为支援中国抗战,献出了生命。

四、新体制与法西斯体制的完成

1940 年 4 月纳粹德国仅用 1 个月的时间,就接连占领挪威、丹麦、荷兰、比利时、卢森堡,并突破马其诺防线,击败英法联军。6 月 17 日,法国贝当政府向德国投降。在日本,纳粹德国令人炫目的军事胜利,被解释成纳粹法西斯体制强大的结果。如何加以仿效并建立日本版的纳粹法西斯体制,以激发侵华战争的能量,成为决策集团关注的问题。与此同时,1940 年侵华日军在华北投入兵力 25 万人、在华中投入 29.6 万人、在华南投入 16.6 万人,加上定员外的 1.6 万人,总数达 72.8 万人;空军驻华北 8 个中队,华中、华南各 6 个中队,共 20 个中队。[2] 尽管如此,依旧难以爬出侵华战争的泥潭。如何摆脱"中国事变"的困境,成为建构"新

---

① 军事科学院军事历史研究部:《中国抗日战争史》中卷,第 329 页。
② 日本防卫厅战史室编:《华北治安战》(上),第 358 页。

体制"无法回避的问题。

6月24日，枢密院议长近卫文麿发表辞职声明，理由是"为应对国内外未曾有过的变局，必须确立强有力的举国政治体制"，辞职是"为确立这一新体制奉献微薄之力"。同时，对"最近突然活跃起来的所谓新党运动"不感兴趣。[①] 6月4日，近卫文麿在轻井泽别墅会见记者，强调"建立新党的绝对条件肯定是解散现有政党"。[②] 一时间，各种街谈巷议不胫而走，舆论推测近卫将亲任新党的党魁，木户幸一出任副总裁。各政党对近卫的辞职声明反映强烈。政友会的中岛知久平、久原房之助，以及民政党的永井柳太郎、社会大众党的麻生久等组成"贯彻圣战议员同盟"，支持取消所有政党。

7月19日，近卫召集内定的海相吉田善吾、陆相东条英机和外相松冈洋右等在荻洼私宅会谈，讨论并确定了新内阁"对内确立一国一党的制度，对外建设日德意轴心，并推行占领中国的政策"。[③] 22日，近卫奉命第二次组阁。军部支持近卫组建一大政党，在日本建立纳粹式的政治、经济、文化新体制，继续侵华战争。

7月23日，大本营下达了《大陆作战第439号命令》，命令日军"迅速处理中国事变"，"同心协力，迅速摧毁敌人继续抗战的企图，适应形势的变化，加强对第三国的战略。"[④]26日，近卫内阁通过了《基本国策纲要》，宣称世界历史进入"国家群生成发展"新时期，对内要建立"新国民组织"和"新政治体制"，"以确立国防国家的根基"；对外要"建立以皇国为中心，以日满华三国经济自主建设为基础的国防经济的根基"。[⑤] 27日，大本营与政府联席会议通过《伴随世界形势演变的时局处理纲要》，强调为"捕捉有利时机，解决南方问题"，愈加关注"加速解决中国事变"，"集中

---

① 赤木須留喜『近衛新体制と大政翼贊会』、岩波書店、1984年、127頁。
② 赤木須留喜『近衛新体制と大政翼贊会』、130頁。
③ 重光葵：《日本侵华内幕》，第214页。
④ 臼井勝美[ほか]編集解説『現代史資料9日中戦争2』、459頁。
⑤ 外務省編『日本外交年表並主要文書下卷』、436—437頁。

政战两略的综合力量,特别是使用断绝第三国援蒋行为等所有手段,迫使重庆政权尽快屈服"。① 紧锣密鼓中的"新体制"运动,与侵华战争和南进方针产生密切的内在联系。

近卫"新体制"一言既出,各政党为捞取最有利的位置,纷纷加以响应。7月1日,日本革新党宣布解散。6日,社会大众党宣布解散。16日,政友会的久原派宣布解散其所属组织。25日,民政党的永井等国会议员宣布退党。30日,政友会的中岛派宣布解散其派别团体。8月15日,民政党主流派宣布解散组织。《民政党解散宣言》宣称"帝国恰值迅速达成中国事变的目的,进而建设大东亚新秩序,以利于建设世界新秩序的机遇,事关日本民族兴亡。故需对外果决行动,对内不许立异相争,形成一亿一心的整体力量,整备国内体制,统一国论,强化政治力量,以克服时艰。"基于上述理由,宣布"解散民政党,与天下民众共同参加这一大建设的运动"。② 其他政党竞相模仿,一国一党的纳粹式"新体制"呼之欲出。

然而,近卫组建新党的主张,引起宫廷势力和极端右翼的不满,指责在天皇总揽统治权体制之外另设新党是"侵犯天皇大权"。于是,皇权主义者近卫文麿不再热心组建"一大政党",专注于创设新体制。8月23日,近卫内阁阁僚与政界、财界、产业界、新闻界和右翼团体的代表建立"新体制筹备会"。28日,近卫以新体制筹备会的名义发表声明,提出建立"高度国防国家体制"、"新体制"、"国民组织"等环环相扣的目标,践行"大政翼赞的臣道"。近卫宣称"为能顺应世界形势,在完全处理中国事变的同时,进而在建设世界新秩序中发挥指导作用"。为此,必须"高度发挥国家、国民的总力",建立"高度国防国家体制"。近卫强调,"高度国防国家的基础在国内体制,要求在政治、经济、文化等国民生活的所有领域建立新体制"。其目标"首先是增强统帅与国务的调和、政府内部的统合和效率","建立万民协赞的国民组织",即"集结国家国民的总力,使一

---

① 外務省編『日本外交年表並主要文書下卷』、437頁。
② 歴史科学協議会等編『史料日本近現代史Ⅱ』、247頁。

亿同胞如同活生生的整体，以完成大政翼赞的臣道"。① 近卫的"新体制"运动概念混乱，最终归结为"实践臣道"。

1940年9月27日，就在德日意三国在柏林签订法西斯轴心国同盟条约的当天，近卫内阁通过决议，将新体制运动定名为"大政翼赞运动"，设置了"大政翼赞会"，并决定了翼赞会的高层人选。② 10月12日，"新体制"终于浮出了水面。"大政翼赞会"在首相官邸前厅举行成立大会，近卫以总裁资格致辞。近卫强调：所谓"翼赞"，就是"形成一亿一心的合作态势"，"以万邦无比的国体为基础，在此世界无比的理念上，推进大政翼赞运动"。近卫要求政府"奉戴圣旨"，"建成高度国防国家体制"；强调"大政翼赞会"运动，"尽在实践臣道"，即"拥奉天皇一人，站在各自的立场上，每时每刻献出奉公之忠诚。"③

12月14日，近卫文麿主持制定了《大政翼赞会实践纲要》，重申官民合作，建成"高度国防国家体制"。为此，提出：(1)"挺身实践臣道。即信仰显现无上绝对普遍真理的国体，尊奉历代诏敕，竭尽职分奉公之诚，一心显扬惟神之大道"；(2)"为建设大东亚共荣圈尽力"；(3)"致力于翼赞政治体制的建设，即将文化、经济、生活均归结于翼赞精神，努力确立强有力的综合翼赞政治体制"；(4)"协力于翼赞经济体制的建设"，"确立基于翼赞精神的综合计划经济"；(5)"协力于文化新体制的建设"；(6)"协力于生活新体制的建设"，"忠孝一本，国民均作为一个家庭成员，努力建立集结于国家理想的科学生活体制"，等等。④

建立模仿纳粹法西斯体制的"大政翼赞会"，标志着日本法西斯化的最终完成。其主要特色是：

第一，皇权至上。"大政翼赞"标榜"奉戴圣旨"、"实践臣道"，要求全体国民作为"家族国家"的子民，皆须实践效忠最高家长天皇的"臣道"，

---

① 歴史科学協議会等編『史料日本近現代史Ⅱ』、248—249頁。
② 赤木須留喜『近衞新体制と大政翼賛会』、190頁。
③ 歴史学研究会編『日本史史料』(5)現代、92—93頁。
④ 歴史学研究会編『日本史史料』(5)現代、94頁。

建立举国一致体制。各种冠以"报国会"的法西斯组织,均以"辅翼皇运"、"报效皇国"为各自的组织纲领。在某种意义上说,近代日本的政治史、制度史、思想史的主线,无非是天皇制及皇权意识形态的酝酿、发展并渗透于人心的过程。因此,日本法西斯化最终归结为皇权至上的天皇制法西斯体制,是多年思想灌输的必然结果,构成日本法西斯体制的最大特色。

第二,高度集权。"大政翼赞会"由首相担任总裁,下设顾问、总务若干名;中央本部设置事务局,事务局下设议会局、企划局、政策局、组织局、总务局,从事国会两院和政府多数省厅的联络、协调和监察、宣传等事务。事务局置事务总长1人,各局置局长1人。中央本部附设中央协力会议,其议长、议员由总裁指定。在地方,第一级为道府县支部,设立协力会议,负责人由总裁指定,支部长仅对中央协力会议负责,在顾问、参与、理事的协助下,管辖庶务、组织部。第二级为东京、京都、大阪等六大都市支部,设立协力会议,支部长由都道府县支部长推荐,总裁予以认可,发挥类似都道府县支部的作用。第三级为郡支部,支部长的指名,与六大都市支部长相同。第四级为基层的市区町村支部,[①]设立协力会议,由基层官吏充当支部长,通过事务局,管辖部落会和町内会,将村民或市民按邻组编入其中。这样,就形成高度集权,从中央至地方最基层的垂直型国民统合组织。

第三,官僚运营。1941年3月,事务总长有马赖宁和组织局长后藤隆之助辞职后,内务省官僚乘机改组大政翼赞会,由道府县知事兼任支部长,强化行政官僚的控制权。以揽权为职业习惯的官僚一旦介入,官本位就成了运营的最高原则,于是大政翼赞会起初标榜的"上意下达,下意上通",也在"下意"有悖"国体"通则的借口下,修改为"下情上达"。以大政翼赞会为载体的"新体制"迅速演变为内务省控制下的御用机构,丧失了活力。尽管如此,由近卫文麿发起的"新体制"运动,还是从政治、经济、文化、思想等方面,完成了自上而下的法西斯化。

---

① 赤木須留喜『近衛新体制と大政翼賛会』、193—194頁。

第四,继续侵华战争是推进"翼赞体制"的基本动力。在组建"新体制",开展"大政翼赞"运动中,一个突出的现象是相关的头面人物言必称"处理中国事变"、"达成中国事变目的"等政治口头禅,难以摆脱侵华战争的梦魇。在日本决策集团的如意算盘中,武力征服中国是建立轴心国世界新秩序和"大东亚共荣圈"的基本前提。但是,中国军民的持久抗战,致使泥足巨人日本帝国主义陷入难以自拔的窘境。伴随着自我毁灭的侵华战争,法西斯化的日本,难逃侵略与自残的怪圈,直至挑起太平洋战争而最终崩溃。

第四节　昭和初期的日本社会

一、苦斗与"转向"

田中义一内阁在 1928 年 3 月 15 日和 1929 年 4 月 16 日发动的两次全国大搜捕,对日本共产党造成沉重的打击。幸存的日共党员并未屈服,田中清玄、佐野博、佐藤秀一、神山茂夫等重建日共中央委员会。1929 年 9 月,半公开地发行刊物《第二无产者新闻》。此一时期,世界金融危机波及日本,社会矛盾加剧,工农运动兴起,在客观上出现了有利于日共活动的新形势。但田中清玄等认为工农群众的斗争正在走向革命,忽视了群众求生存的经济要求,提出"左"倾冒险主义的主张,策划在1930 年五一国际劳动节举行武装示威,结果造成日共及其影响下的日本劳动组合全国协议会("全协")孤立于群众。1930 年 6 月,佐藤、神山等批判田中等人的"左"倾冒险主义,另组"全协刷新同盟",分裂了"全协",削弱了日共的影响力。不久,赤色工会国际第五次代表大会批判了田中的"左"倾冒险主义,解散了佐藤等人的分裂组织"全协刷新同盟",纠正了日共方针的失误。

1931 年 1 月,风间丈吉、岩田义道、绀野与次郎等重建日共中央委员会,《赤旗》再次复刊。3 月,日共中央派遣因病假释出狱的野坂参三秘密前往莫斯科,担任日共驻共产国际的代表。4月,《赤旗》发表了共产国际为日共制定的《政治纲领草案》(《三一年纲领》)。草案断定日本国家政权的性质为"金融资本专政";日本革命的性质为"广泛地包括资产阶级民主主义任务的无产阶级革命"。[1] 与《二七年纲领》有所不同,《三一年纲领》用社会主义革命代替了资产阶级民主革命,回避了取消天皇制和寄生地主土地所有制等问题。上述超越历史发展阶段的新观点,引起党内思想的混乱。

　　6月,民政党若槻礼次郎内阁以法治的名义,经由法院对拘押在狱中的280多名日共党员进行公开审判。市川正一、德田球一等坚贞不屈,将法庭变成了宣传日共纲领和主张的讲台,慷慨陈述日本共产党建党的理由,开展工农运动的正当性、基本要求和将来的奋斗目标,扩大了日共的社会影响。1932年7月,为纪念建党10周年,日共将市川的陈述整理成《日本共产党斗争小史》,秘密出版发行。[2]

　　在关东军挑起九一八事变的第二天,1931年9月19日,日共发表《告全国工人农民士兵书》,率先反战。这份文件要求日本立即从奉天撤军,提出"决不把一个士兵送上前线! 反对日本帝国主义和中国反动派的一切军事行动! 同帝国主义战争的新的危险进行斗争!"呼吁"保卫革命的中国! 支援红军! 保卫苏维埃联邦! 打倒日本帝国主义! 建立苏维埃日本!"等战斗口号。[3] 9月25日,"全协"的《劳动新闻》发文揭露政府"正当防卫"、"不再扩大战争"等论调,号召举行政治罢工、示威游行来反对侵略战争,拒绝运送士兵和军需品。[4] 上述口号虽不乏"左"倾的影响,但足以表明日共及"全协"作为唯一反战派的坚定立场。

　　九一八事变后,远东形势巨变,国际关系错综复杂。1932年5月,共产国际与日共代表片山潜、山本玄藏、野坂参三等共同制定了《关于日本

---

① 日共中央委员会编:《日本共产党的六十年》上册,第58页。
② 日共中央委员会编:《日本共产党的六十年》上册,第47页。
③ 日共中央委员会编:《日本共产党的六十年》上册,第48页。
④ 日共中央委员会编:《日本共产党的六十年》上册,第48页。

形势和日本共产党任务的纲领》(《三二年纲领》),以共产国际西欧书记局的名义发表。7月,《赤旗》予以全文刊载。

　　与《三一年纲领》脱离日本国情、超阶段地空谈社会主义革命不同,《三二年纲领》指出日本统治制度是绝对主义天皇制、半封建地主土地所有制和垄断资本主义等三种因素的结合;强调天皇制不仅代表了地主阶级和垄断资本的利益,而且保持着相对独立的巨大作用和专制主义性质,利用虚伪的立宪形式加以粉饰。纲领强调,正是这种资产阶级、地主阶级的天皇制,构成日本"国内反动政治和一切封建残余的重要支柱",是"各个剥削阶级实行专政的坚强后盾"。纲领指出日共的任务是推翻天皇制、废除地主土地所有制和实行 7 小时工作制;革命的性质是向社会主义革命强行转化的资产阶级民主革命;革命的动力为无产阶级、贫苦农民和中农。[①]

　　鉴于日本不断扩大侵华战争,《三二年纲领》强调九一八事变后,日本策划新战争的危险在增加。纲领颇具预见性地指出,"由于专制主义的军事封建帝国主义的军事冒险主义,垄断资本主义更加富有侵略性";日本侵华是为了建立进攻苏联的前哨阵地,为称霸太平洋地区进行新的战争准备;在中国开始的战争,使日本与欧美列强发生战争的危险空前加剧;对外侵略战争必将加剧国内矛盾,等等。因此,提出反对帝国主义战争、拥护苏联和中国革命等行动口号。[②]《三二年纲领》纠正了《三一年纲领》的偏差,虽然存在着过高估计日本国内的革命形势、对社会民主主义者采取了宗派主义立场等问题,但还是阐释了日共的发展和日本近代史若干问题,影响深远。

　　1932 年 10 月,警视厅特高科依据卧底线人提供的线索,乘日共在热海举行全国代表大会之机,实施全国大搜捕。多名日共中央委员、党员及共青同盟盟员、"全协"干部等被捕。候补中央委员野吕荣太郎挺身而

---

① 日共中央委员会编:《日本共产党的六十年》上册,第 59 页。
② 日共中央委员会编:《日本共产党的六十年》上册,第 59 页。

出,率先发起日共的重建工作,秘密发行《赤旗》。1933年2月,特高警察在大阪展开大搜捕,绝大多数的日共中央委员被捕入狱。在军警的酷刑拷打之下,日共中央委员上田茂树、岩田义道,九州地方委员会委员长西田信春、著名作家小林多喜二等死于非命。11月,特高警察逮捕日共领导人野吕荣太郎与日共中央委员宫本显治,共青同盟机关报《无产青年》停刊。12月,特高警察查抄共青同盟领导机关,日共的外围组织被取缔。1935年2月,《赤旗》停刊。3月,特高警察逮捕了日共最后一名中央委员袴田里见。虽然此后尚有重建日共中央的秘密行动,但作为一个政党,日共已被当局摧垮。

特高课在厉行镇压的同时,通过日共中央的动摇分子的变节"转向",彻底打击日本的反战运动。1928年"三一五"镇压中被捕的日共中央委员水野成夫等屈服于特高警察,发表声明"支持天皇制",成为第一批"转向"的日共叛徒。特高科有意将其释放,让水野等组成"日共工人派",从事取消主义的派别活动。1930年推行过"左"倾冒险主义的中央委员田中清玄被捕后,经不起考验,发表声明"转向",叛变投敌。

在"转向"的日共叛徒中,影响最大、最恶劣者,当属1929年"四一六"镇压中被捕的佐野学、锅山贞亲。1933年6月,佐野和锅山联名发表《告共同被告同志书》,宣布"决心对我们从来主张和行动做重要的改变",即变节"转向"。理由是:一是,宣称日共和共产国际不堪追随。佐野等宣称,在战争和内部改革的内外形势下,日共"快速地小资产阶级政治机关化",已经不是"劳动阶级的党";作为日共"最高权威"的共产国际"近年来显然已宗派化、官僚化",其"政治原则在具有坚固的民族统一社会特质的日本完全行不通"。二是,膜拜天皇。佐野等认为日共"服从共产国际的指示,提出表面上革命,实际上有害的废除君主制的口号是根本错误的",因为"日本皇室连绵不断的历史存在",保证了"日本民族的独立不羁"而为世所罕见,"在劳动大众心中,存在着视皇室为日本民族统一中心的社会感情"。其三,美化侵略战争。佐野等宣称侵华战争"客观上具有进步意义",对美战争"将迅速从帝国主义战争转变为日本方面发起的国民解放战争",预测"太平洋上的世界战争,将转化为后进的亚洲劳动人民从欧美资本压迫下解放出来的世界史上的进步战争";宣称拥护战争"才是工人阶级应该选择的唯一道路"。① 佐野和锅山号称日共的理论家,其"转向"声明令日本政府如获至宝,影响极为恶劣。至7月,关押在狱中的前日共领导人三田村四郎、高桥贞树、风间丈吉等也相继发表解散日本共产党的声明,变节"转向"。当局通过媒体大肆报道这些"转向"声明,又印成小册子,散发给拘押在狱中的日共党员。7月底,已有31%的被捕日共党员发表声明变节"转向"。②

致使佐野学、锅山贞亲"转向"的原因比较复杂,但其中的两个原因最为重要:一是,难以摆脱天皇"万世一系"统治日本的"国体论"困扰,向天皇制缴械投降。二是,侵略战争刺激了狭隘的民族主义,致使他们舍弃反战立场,转身投入政府的怀抱。在国家和民族的名义下,赞美天皇制和侵略战争并非为日共"转向"者所独有,而是所有"转向"者的共同特点。一时间,"转向"成为30年代日本社会突出的政治现象,事例不胜枚举。

市川房枝可谓个人"转向"的典型人物之一。1919年,市川参与创建新妇人协会,开展进步的妇女运动。1924年,组织"妇人参政权获得期成同盟会",发行杂志《妇选》。1925年,将同盟会改成"妇人选举权获得同盟",力争男女对等的选举权。1930年,召开首次争取妇人参政权大会,扩大了影响。然而,在七七事变爆发后,其立场急剧转变。1937年9月,市川在《女性解放》上载文,强调"站在妇女的立场,以为国家、社会做贡献为目的,与政府与男性齐心合力而奋斗";同时"考虑到将来的幸福生活,有实行转向的责任",③明确表态"转向"。自此以后,市川从抗议政府和国会、争取妇女参政权的民主人士,变成侵略战争国策的拥护者。1940年,"妇人选举权获得同盟"瓦解,并入"妇人时局研究会"。1942年,成立"大日本妇人会",加入"大政翼赞"体制,市川当上了"大日本言

① 歴史学研究会編『日本史史料』(5)現代、63—64頁。
② 歴史学研究会編『日本史史料』(5)現代、64頁。
③ 胡澎:《战时体制下的日本妇女团体(1931—1945)》,吉林大学出版社,2005年,第98、99页。

论报国会"的理事,为"大东亚圣战"摇旗呐喊。为此,二战后初期,市川一度受到"整肃"。

社会大众党可谓团体"转向"的典型之一。1932 年 7 月,社会民众党与全国劳农大众党合并为社会大众党。随着侵华战争的逐步升级,党内国家主义势力抬头并急遽右翼化,从争取工人权利的无产政党"转向"为政府战争政策的拥护者。1934 年,社会大众党标榜"广泛国防论",鼓吹与军部合作、拥护战争来保障国民的社会权利。1937 年 4 月,社会大众党在大选中获得 37 个席位,升格为第三大在野党。党主导部尝到了追随军部方针的甜头,愈加起劲地支持侵华战争。11 月,第六次全国党代会制定的运动方针宣称:"中国事变时日本民族的圣战",有助于"建设日满华三国为轴心的远东新的和平机制,对人类文化发展作出贡献"。党的 1937 年度斗争报告强调"欣然参加政府倡议的举国一致的行动,积极支持为完成日本民族的历史使命而进行的圣战",还要派遣慰问团,"慰劳在北满、华北、上海前线的皇军将士"。[①] 12 月,其干事西尾广末果然跑到中国,慰问侵华日军官兵。

1938 年 7 月,右翼工会组织日本劳动组合会议发表声明,鼓吹"产业报国"运动。社会大众党予以积极响应,参与组织产业报国中央联盟,为侵略战争和法西斯化推波助澜。1940 年 6 月,"圣战贯彻议员联盟"建议各党解散,组建举国一致体制。7 月 6 日,社会大众党带头解散,与"大政翼赞"运动合流。在不断地"转向"过程中,一个无产阶级政党沦落为法西斯的帮凶。

二、"国体明征"

九一八事变之后日本轻易占领中国东北和脱离国联的国际孤立,导致日本右翼势力愈加猖獗。日本政府和军部在制造"华北事变",升级侵略战争的同时,纵容右翼政客、学者展开对自由主义、宪政主义、社会主

---

① 日共中央委员会编:《日本共产党的六十年》上册,第 83 页。

义等大正民主运动进步的思潮的反攻倒算,清除抨击军部侵略政策的
"不稳思想"。在这个过程中,"国体"问题再次成为压制进步思想,推进
国民意识法西斯化的借口,大学教授首当其冲。

　　1933 年 1 月,贵族院议员、男爵菊池武夫与众议院议员宫泽裕等联
名要求文相鸠山一郎采取行动,驱逐大学讲台上"赤色教授"。其所指即
京都帝国大学法学教授泷川幸辰,因为他在课堂上提出了"内乱"是为了
建设更好的社会、通奸罪不追究男方当事人并非公平等看法。于是,泷
川的《刑法讲座》《刑法读本》被查禁,文相鸠山要求京都帝国大学开除泷
川,但遭到拒绝。5 月,鸠山根据《文官分限令》,责令泷川停职。政府践
踏"大学自治"、"学术自由"原则的粗暴行为,激起京都帝大师生的群起
抗议,教授辞职、学生罢课。东京帝大、东北帝大、九州帝大的大学师生
也予以声援。"泷川事件"虽一度闹得沸沸扬扬,但后被政府分化瓦解,
京都帝大更换了校长,校园抗议活动戛然而止。

　　在此背景下,1933 年 3 月,众议院一致通过政友会议员久原房之助等
提出的《关于教育革新的决议》,要求严加管束教师言论。4 月,斋藤实内阁
成立思想对策协议会,与各省厅协调政策,整肃各种"赤化"事件。7 月,协
议会提出对策,宣布实施思想引导与取缔并行的方针,即:一方面是"鉴于
国民中动辄有迷惑于不稳思想者,故需阐明日本精神并彻底普及所有社会
层面,以努力振兴国民精神为根干";另一方面,"严厉取缔不稳思想的人与
物","对不稳思想加以防范和镇压"。同时,进行社会改善,清除产生不稳思
想的政治、行政、经济原因。为此,在内阁首相监督下,由内务省、司法省、文
部省及陆、海军部选定的委员组成思想对策委员会,提出建议,负责实施。

　　首先,在学校和社会突出"日本精神"的教育。其中,要求大学教育
"注重人格教育,防止教育的功利化",师范教育要"讲究提高学生的见识
与道德操行的方法",强调"重视德育",修身、国史教学要突出"日本精
神",教员队伍中彻底排除持有"不稳思想者"。[①] 8 月,委员会提出《思想

---

① 掛川卜ミ子編集解説『現代史資料 42 思想統制』、みすず書房、1976 年、99—100 頁。

指导方策具体方案》并报告内阁,建议在中央设置国民精神文化研究所,内设研究部、事业部,引导研究或指导大中小学教师、研究生开展"日本精神"的研究和宣传;在各都道府县也设立国民精神文化研究所的支所,接受知事的检查指导。为贯彻"日本精神",支持相关书籍出版,奖励在乡军人会、消防组、妇女团体、青少年团体、教化团体的活动。在工人和成人教育中持久开展相关的活动,言论界、企业界给予援助。

其次,委员会要求搞清楚"不稳思想"的本质、产生和传播的原因,"不稳思想"影响下的运动状况及其对国家社会的影响等问题,以"日本精神"的立场批评并克服"不稳思想",指出其理论的实际谬误。至于什么是"日本精神",方案只是简单解释为"国家指导的原理"、"敬神崇祖之美风",①语焉不详。9月,委员会提出《思想取缔方策具体方案》,强调对"变更国体"或"否认私有财产制度"的"犯罪"加重刑罚,"充实强化检查机构和特别高等警察机构","严厉取缔危害国民道德根本的言论和著作"等。② 尽管如此,宣扬"日本精神",肃清"不稳思想"却全面、持久的展开,毒化了社会的氛围,形成围剿进步思想的精神高压氛围。

1935 年 1 月,右翼团体"国体拥护联合会"散发小册子,攻击提出"天皇机关说"的美浓部达吉"紊乱国宪"。2 月 19 日,陆军中将菊池武夫在贵族院议会上以美浓部的著作《逐条宪法精义》为例,指责"天皇机关说"否定了"国体"和"君主",美浓部是"学匪"、"叛逆者"、"谋叛者"。6 天后,美浓部在贵族院回敬了菊池的攻击,指出菊池要么未读过《逐条宪法精义》,要么没有读懂,故其指责缺乏事实依据。美浓部说,宪法关于"国家统治大权属于天皇"的规定,在日本是个常识问题,也是"最重要的基本原则",即"以日本国体为基础的君主主权主义",与"西洋文明传承下来的立宪主义要素"的结合。美浓部重申"天皇机关说"的真谛,即"国家元首"即"国家的最高机关",系指"国家的一切活动,包括立法、行政、司法

---

① 掛川卜ミ子編集解説『現代史資料 42 思想統制』、100—101 頁。
② 掛川卜ミ子編集解説『現代史資料 42 思想統制』、101—102 頁。

等,均来自天皇之最高源泉"的观念。美浓部说,国家"即法律学用语所说的法人,天皇即居于此一法人国家元首的地位,代表国家,总揽国家的一切权力。天皇按照宪法所采取的行为,即具有国家行为的效力"。① 可见,美浓部的"天皇机关说"承认天皇在宪法框架内的至高无上地位,承认天皇总揽国家统治权。

尽管美浓部达吉作出了解释,其抗辩也在贵族院赢得了掌声,但军部和右翼政党照旧不依不饶,愈加起劲地围剿"天皇机关说"。3月,众议院一致通过政友会、民政党、国民同盟联名提出的《国体明征决议案》,宣称"明征国体本意、人心归一乃目前最大的要务";要求"政府必须对我崇高无比国体不相容的言论,应立即采取断然措施"。② 4月,军部就"国体明征"问题表态。教育总监真崎甚三郎向陆军传达《训示》,内称:"上古圣神,建极垂统,列圣相承,君临神国,天祖神敕,烛炳如日月,万世一系之天皇作为现人神乃统治国家之主体,实乃不容置疑之建国大义,我国体崇高无比,傲然崭露,冠绝万邦之所由即在于此";《训示》又说,"我军队有天皇亲自统率,是皇军以天皇的大御心为心,上下一体、脉络一贯,令行禁止于唯一的大命,此乃建军之大义,皇军威武之源泉也"。据此建国、建军的"大义",《训示》要求发扬"军人精神"、"辅翼皇猷的大义","坚持国体尊严、建国本义不动摇"。《训示》指责"以国家为统治的主体,认为天皇乃国家之机关"的"天皇机关说"是"谬误",与军人的"信念和根本立场不相容",要求官兵杜绝其影响。《训示》还要求从事教育者应加强钻研,坚定信念,军民一体,"显扬应传诸万世之国体精华"。③ 民间右翼势力闻风而动,东京都、京都府和大阪府、北海道,以及32个县的国体拥护联合会、皇道会、黑龙会、在乡军人会等140余个民间右翼团体,或举行集会,或散发小册子,向政府施加压力,要求罢免美浓部及其支持者的公职。

① 歴史学研究会編『日本史史料』(5)現代、58—60頁。
② 社会問題資料研究会編『社会問題資料叢書 第1輯』、東洋文化社、1975年、116頁。
③ 歴史科学協議会等編『史料日本近現代史Ⅱ』、187—188頁。

　　"国体明征"运动喧嚣而来,美浓部被告上法庭,其《逐条宪法精义》《宪法撮要》《日本宪法的基本主义》等三部著作遭到查禁。文部省训令各地各级学校开展"国体明征"活动,清除"天皇机关说"的影响。严令之下,京都帝大法学部责令持"天皇机关说"立场的教授渡边宗太郎停止讲授《宪法讲座》。5 月,高等文官考试委员会取消美浓部达吉、渡边宗太郎、野村淳治、宫泽俊义等人的委员资格。田畑忍的《帝国宪法逐条要义》、森口繁治的《帝国宪法论》等 34 部持"天皇机关说"立场的著作被勒令禁止出版,学术界噤若寒蝉。

　　7 月,国会再次出面施压。政友会议员总会发表声明,要求排除"天皇机关说"。8 月,冈田启介内阁发表《政府关于国体明征的声明》。声明宣称:"我国国体依据天孙降临之际下赐之神敕而得以明示,万世一系之天皇统治,宝祚之隆,与天地同兴无穷";强调"宪法第一条明示曰'大日本帝国由万世一系之天皇统治之',大日本帝国统治之大权确属天皇乃是一清二楚"。声明指责美浓部的"天皇机关说""完全违背了我万邦无比之国体本义";重申"政府将愈加效力于国体明征,以期发扬其精华"。[①]在乡军人会等右翼团体愈加活跃,举行有关时局的全国大会,在通过的宣言中,集中攻击"天皇机关说",同时指责政府处理不力。

　　9 月,美浓部达吉辞去贵族院议员,从政界隐退,对其起诉遂延期执行。军部和右翼势力继续施加压力,提出"国体明征"运动的两个政治目标:即一是促使冈田启介内阁总辞职;二是驱逐美浓部的恩师、持国家法人说的枢密院议长一木喜德郎。10 月,备受压力的冈田启介内阁发表第二次《声明》,增强对"天皇机关说"处置力度。《声明》强调"天皇乃我国统治权之主体,乃我国国体之本义,帝国臣民绝对不动摇之信念",但"随意援引外国事例比拟我国国体,以为统治权主体非天皇而是国家,天皇是国家机关等所谓天皇机关说违背了我神圣之国体,其歪曲国体本义无以复加,必须严加芟除。政教及其他百般事项,要基于万邦无比之我国

体本义,并显扬其真髓。"①1936 年 1 月,内阁法制局局长金森德次郎被扣上"天皇机关说"论者的帽子,被迫辞职。2 月,法西斯暴徒小田十壮登门刺伤美浓部达吉,刻意制造恐怖气氛。

1937 年 3 月,文部省教学局向学校和社会教化团体颁发小册子《国体的本义》,首次以政府的名义提出"国体论"的标准释义,对"国体明征"作出总结。这本小册子将所有的"西洋近代思想"一概斥之为"走投无路"的异端邪说,吹嘘"国体论"为"万古不易"的"日本独有的立场",不仅"能够解决今天国民思想纠结、生活动摇和文化混乱",而且"为陷入个人主义困境的世界人类找到出路"。小册子强调:(1)"大日本帝国由万世一系之天皇奉皇祖神敕而永远统治,此乃我万古不变之国体"。(2)"基于此种大义,作为一大家族国家,亿兆一心,奉体圣旨,发挥恪守忠孝的美德,此即我国体的精华"。(3)"臣民拥戴天皇,既非所谓义务,也非服从统治力,而是本心难以抑制的显现,渴仰随顺地以身侍奉至尊。"②5 月,文部省将印制的 20 万部《国体的本义》,散发给各地学校和社会团体,统一国民思想。随着"大正德谟克拉西"理论支柱之一的"天皇机关说"被剿灭,"国体论"、"皇国论"、"家族国家论"等宣扬天皇绝对权威的谬论畅行无阻,军部和右翼团体的舆论影响力倍增,加速思想上的法西斯化进程。

三、史学与史观

昭和初期的日本,国内外局势变化快且难以琢磨。各种矛盾相互交织,史学界的处境复杂且动荡不已,对此一时期的史学和史观产生广泛而深刻的影响。

(一)津田史学

创建者为史学家津田左右吉。1891 年,津田自东京专门学校(早稻

① 歴史科学協議会等編『史料日本近現代史Ⅱ』、188 頁。
② 歴史科学協議会等編『史料日本近現代史Ⅱ』、235—236 頁。

田大学前身)政治科毕业后,入东洋史大家白鸟库吉门下,研修德国实证
史学家利斯编著的《西洋史讲义》,颇受西欧文明史观、文献批判与实证
研究方法的启迪。1908 年,在白鸟创办的"满铁"东京支社内的"满鲜历
史地理调查室"担任研究员,研究朝鲜历史地理,兼顾日本思想史。1918
年,津田在早稻田大学任讲师,1920 年任教授。1939 年,兼任东京帝国
大学讲师,讲授东洋政治思想史。

　　津田治史成果丰硕。在日本国民思想史研究方面,代表性成果主要
有《表现文学中的我国国民思想的研究》(1921)、《上代日本社会和思想》
(1933);在东亚史研究方面,有《朝鲜历史地理》(1913)、《道家思想及其
展开》(1927)、《左传思想史研究》(1935)、《支那思想与日本》(1937)等;
在"记纪"的神代史研究方面,成果有《神代史的新研究》(1913)、《古事记
及日本书纪的新研究》(1919)、《日本上代史研究》(1930)等。津田史学
的学术贡献表现在以下几个点:

　　(1) 提出历史进程的宏观研究框架。津田认为历史是人类生活的过
程,这个过程在政治统一前后分为民族生活与国民生活等两大阶段。民
族生活和国民生活,以文化、政治、社会上,职能、行业和地位均不相同的
人群相互作用为基础,其变化不已的动力来自由理智和生活情绪构成的
内心活动,表现为保守和变革的互动,推进了历史的发展。人类生活过
程连绵不断,不会重复同一状态,因此历史发展不可能有规律,所谓世界
史也不过是思想上的结构而已。[①]

　　(2) 在方法论上,津田史学注重史料的搜集和考订,却并不赞成单纯
的考证主义。津田认为"对史料的作用估计过高,往往会发生一种错觉,
似乎认为如果没有史料,仿佛就不曾有过这件事。它还往往片面地认
为,如果不把历史过程中曾经发生过的所有的事实一一弄清楚,就不能
了解它的过程,而忘记了另一方面,只有把握了这个过程的大致轮廓以

---

① 沈仁安:《日本史研究序说》,第 339 页。

后,才能把其中的每一个事实弄清楚"。① 另外,津田史学强调历史研究并非从现代观点出发,而应返回历史现场,置身于过去的历史中去体验,再现人类生活变化的过程。津田认为史学家应具有蓬勃的精神状态和敏锐的感知能力,具有诗人的本领和哲学家的眼光,发现线索,把握全过程,分析考价值和意义。

(3)津田史学的最大贡献,是通过严密的史料考订,提出一系列挑战"国体论"和"皇国史观"的新观点。津田认为,仲哀天皇以前的天皇系谱"暧昧点甚多",应神天皇之后的记事才有可信度。他还认为"记纪"关于神武天皇东征、神功皇后征伐新罗等记事是虚构而非史实,天照大神的"神敕"至皇极天皇的诏敕均为后世人的编制,天皇的祖先天照大神是后世编造的假神等。② 津田认为神代史并非真实的历史,在上古不存在视天皇为"现人神"的祭祀。天皇"万世一系"统治日本的观念,是长期灌输的结果;崇拜神社的风气纯属宣传,古人并非如此。③ 依据中国的经典史籍,津田认为日本君主在七世纪初期由"大王"改称"天皇",与道教的传入不无关系。其结论是:"'天皇'的称谓之所以被我国采用,是因为它内含着宗教意义","可以毫无疑义地说,天皇的称谓直接来源于道教。"④

昭和初期,当局加紧思想钳制,津田发表的上述观点可谓惊世骇俗。军部、右翼势力对津田史学合力围剿,1940年津田的《〈古事记〉及〈日本书纪〉的研究》《神代史的研究》等四部著作被封禁,津田被迫辞掉早稻田大学教授一职。1941年遭起诉,被判处3个月的有期徒刑。津田不服,一再提出抗诉。

(二)马克思主义史学

马克思主义史学自问世之日起,即具有理论性、现实性和派别性等几个特点。1927年,共产国际为日共制定了《关于日本问题的决议》《二

---

① 芳賀登『批判近代日本史学思想史』、柏書房、1974年、86頁。
② 内川芳美編集『文献昭和史3』、平凡社、1975年、210—212頁。
③ 家永三郎『日本近代思想史研究』、東京大学出版会、1957年、291—294頁。
④ 津田左右吉『津田左右吉全集第3巻』、岩波書店、1986年、490頁。

七年纲领》）。纲领认为日本国家权力掌握在资本家与地主联盟的手中，日本革命的性质是迅速向社会主义革命发展的资产阶级革命。日共中央负责人野吕荣太郎在 1927—1928 年先后推出《日本资本主义发达史讲座》《日本资本主义发展的历史条件》等论著，认为明治维新为资产阶级革命，强调日本社会的资本主义属性和社会主义革命等问题。

1932 年，共产国际为日共制定了新的纲领《关于日本形势和日本共产党任务的纲领》（《三二年纲领》），强调绝对主义天皇制、半封建地主土地所有制和垄断资本主义构成日本的现行统治体制；革命性质是向社会主义革命强行转化的资产阶级民主革命。在九一八事变后日军进占中国东北的背景下，突出了反对帝国主义战争的立场。1932—1933 年，在日共领导人野吕荣太郎的组织和指导下，日共系的马克思主义史学家服部之总、羽仁五郎、平野义太郎、山田盛太郎等撰述并出版了《日本资本主义发展史讲座》，得名"讲座派"。

日本社会党与日本共产党之间存在的政见分歧，引发史学论争。猪俣津南雄、荒畑寒村、向坂逸郎、土屋乔雄、大内兵卫、栉田民藏等社会党系的学者，以 1927 年山川均和堺利彦创办的杂志《劳农》为阵地，组成"劳农派"，与"讲座派"展开争论。1927—1932 年，围绕着日共革命纲领中有关日本社会矛盾、革命对象、革命性质和革命道路等问题，双方展开"战略论争"或"民主革命论争"。1933—1937 年，双方又围绕幕末资本主义萌芽、明治维新的性质、日本资本主义评估等问题，展开"资本主义论争"或"封建论争"。

争论围绕着是否有必要展开以土地问题为核心的资产阶级民主革命展开，主要涉及：（1）对明治维新后土地制度的评估，"讲座派"认为是半封建的寄生地主土地所有制；"劳农派"认为是向资本主义过渡的近代土地制度。（2）对明治维新建立的天皇制的定性，"讲座派"认为是绝对主义君主制，"劳农派"认为是资产阶级君主制。（3）明治维新性质，"讲座派"认为是非资产阶级革命，"劳农派"认为是资产阶级革命。（4）革命性质，基于以上分析，"讲座派"主张当前革命的性质是向社会主义革命转化的资产阶级民主革命，"劳农派"认为未来的革命，应该是伴随着民主革命任务的社会主义革命。① 论争从现实的革命战略问题开始,随着论争的全面展开,逐渐转向学术问题,古代亚细亚生产方式、幕末手工工场发展程度、豪农豪商性质、德川幕府历史定位等问题成为热议的话题。

"讲座派"与"劳农派"的论争,加快了马克思主义史学理论对日本史研究的渗透,涌现了一批有影响的研究著作,如"讲座派"服部之总的《明治维新新史》、羽仁五郎的《封建社会崩溃过程的研究》、山田盛太郎的《日本资本主义分析》、早川二郎的《王朝时代史》、渡部义通的《日本母系时代研究》等。"劳农派"则有猪俣津南雄的《帝国主义研究》、栉田民藏的《唯物史观在马克思学上的位置》、土屋乔雄的《封建社会崩溃过程的研究》等著作,形成马克思主义史学的基本观点,即人类社会是按照马克思指出的多种社会形态有规律地向前发展、经济基础决定上层建筑、上层建筑对经济基础具有反作用、人民群众是历史发展的基本动力等。将史学研究纳入历史唯物主义的认知轨道,构成马克思主义史学的最显著的特色。

在特高警察变本加厉的镇压下,日本马克思主义史学的研究环境急剧恶化。1934 年 2 月,因奸细告密被捕的野吕荣太郎,在品川警察署被拷打至死。1936 年 7 月,平野义太郎、山田盛太郎、小林良正等"讲座派"学者被捕。1937 年 12 月,特高警察实施大搜捕,无产党委员长加藤勘十、书记长铃木茂三郎、干部高津正道,以及社会大众党议员黑田寿男等400 余人被捕,其中包括"劳农派"代表人物山川均、大森义太郎、猪俣津南雄、向坂逸郎等,史称"第一次人民阵线事件"。1938 年 2 月,特高警察又逮捕了大内兵卫、有泽广巳、肋村义太郎,以及被扣上"劳农派"教授帽子的美浓部达吉、阿部勇等 45 人,史称"第二次人民阵线事件"。经过多次搜捕,"讲座派"和"劳农派"均遭镇压。"资本主义论争"戛然而止,皇国史学日益泛滥起来。

(三)皇国史观

皇国史观由来已久。在日本昭和初期国内外矛盾尖锐化、津田史学

---

① 沈仁安:《日本史研究序说》,第 348 页。

和马克思主义史学遭到镇压的过程中，皇国史观急剧膨胀，占据了史学界的主流地位。其理念源自"神国论"，即宣称神创造了日本的国土，由现人神天皇统治，日本人是"天孙民族"，神佑日本，国运昌盛等。由此衍生的"皇国论"将皇权神圣化、绝对化，鼓吹天皇家祖神"天照大神"所赐"神敕"和"三件神器"，为天皇世代统治日本的依据，天皇"万世一系"，天皇即国家，为"金瓯无缺"、"万邦无比"的"皇国"。由此，又演化出天皇世代独揽统治大权的"国体论"。1889 年颁布的《大日本帝国宪法》第一条规定日本"由万世一系之天皇统治之"，将幕末兴起的"国体论"加以法律化。1935 年的"国体明征"运动，将天皇统治日本的"皇国论"、"国体论"原则贯彻到日本社会的每一个角落。除了治史者之外，媒体记者也深受"皇国论"、"国体论"、皇国史观的影响，通过媒体炒作，"皇国论"、"国体论"在更大的范围内宣扬开来。

随着侵略战争的扩大化，助纣为虐的无良学者和研究团体愈加乞灵于皇国史观，欺世惑众。其中，东京帝大的右翼教授平泉澄曾在 1940 年 4 月给溥仪讲授《日本肇国精神的神髓》，其著作的《国史学精髓》(1932) 与日本精神文化研究会编辑的《日本思想的精髓》(1934)、神道家田中义能的《日本思想史概说》(1943) 等，均为皇国史观的代表作。概括起来看，皇国史观的基本观点主要有：

（1）宣扬"日本神国论"、"天皇神君论"，鼓吹日本至上的种族优越论。《日本思想的精髓》宣称，"自神国于东大洋的正中建国，几千年来培育了优美的自然和丰富的天性，发展了独自的文化，展现了今日的盛大。"作者吹嘘"以自太古起流传下来的固有精神为统制原理，以外来文化为构成要素，破邪显正，可容之处容之，该排除之处则排斥之，从单质成长为复质，健康充实，活泼发展"；强调"日本的肇国精神以及构成日本国家发展之心的基调，我们可以在'记纪'传送的内容即日本神话中思考。"[1]国为"神国"，天皇自然成了"神君"，即"天皇乃天照大神的延长，是

---

① 日本精神文化研究会编集「日本思想の精髓」、目黒書店、1934 年、3 頁。

现人神,最高至贵,是至上之神圣。"①

（2）宣扬以天皇统治为中心的"国体论"。皇国史观将建国神话说成是信史,宣传"我国自天孙降临而君臣名分自定,与外国之先有人民而后出君主有天壤之别",强调日本历史就是天皇的家史;"万世一系"的天皇统治日本的"国体",是"金瓯无缺"、"天壤无穷"。② 皇国史观宣扬皇统"是一切秩序统一的源泉",说"侍奉神的祭祀即侍奉天皇之政,天皇已是现人神,政又是祭,即祭政一致即我国固有思想";"日常行事均以皇室为中心,侍奉万世一系的皇统,乃政治、经济、宗教、道德一贯之理想";"对皇室苟有不忠的精神,政治必为恶政,不允许其片刻生存,宗教或道德也将失去其价值"。③

（3）鼓吹尊皇崇神、忠君爱国和自觉充当侵略战争炮灰的愚忠意识。《日本思想史概说》吹嘘日本的"固有思想",宣称国民生活规范即"崇敬现人神、祖先神,尊重其事迹,遵守其遗训,彰显其遗风";日本"国家具有综合家族的特质,因此天皇乃综合家族之家长,天皇即国家,忠君即爱国";强调"我国固有的思想,以无限的发展为理念。因此之故,《大殿祭祝词》的'使天津日嗣万千秋长秋,大八洲丰苇原瑞穗之国,安国平所知食',《祈年祭祝词》亦明示了其宗旨。近时在《教育敕语》中,也明示了必须扶翼天壤无穷之皇运。"④皇国史观为法西斯化和侵略战争服务,戕害读者的心灵,影响恶劣。

---

① 田中義能『日本思想史概説』、明治書院、1943 年、234 頁。
② 歴史教育研究会編集『明治以後に於ける歴史学の発達』、四海書房、1933 年、657 頁。
③ 田中義能『日本思想史概説』、234 頁。
④ 田中義能『日本思想史概説』、233、235 頁。

第八章 战败投降

第一节 日美谈判

一、日美矛盾的加剧

1931 年 9 月 19 日,美国国务卿史汀生通过驻华公使詹森的电报,得知九一八事变发生。21 日,驻日代办内维尔也发来报告。22 日,史汀生约见日本驻美大使出渊胜次并递交了备忘录,"对在满洲发生的事情表示深切的震惊与关注",提醒日本"满洲局势若不恢复原状,将会在美国产生多么严重的印象"。[①] 24 日,出渊送来若槻礼次郎内阁的声明,权作回复。声明将责任归结于中方,诬指中国军队"破坏""南满"铁路、"袭击"守备队,宣称"自卫"的日军"大部分已撤回并集结在铁路附属地",硬说日军占领营口、四平、长春并非事实,"全属误传",因为"帝国政府对于满洲没有任何领土野心",[②]以谎言搪塞史汀生。30 日,国联理事会作出了不问曲直是非的决议,呼吁"当事双方尽力所能,速行恢

[①] 美国国务院编:《美国外交文件选译·日本·1931—1941》,第 7、8 页。
[②] 美国国务院编:《美国外交文件选译·日本·1931—1941》,第 10、11 页。

472

复两国间的正常关系"。① 10 月 8 日,出渊向美国政府转交了日本驻华大使重光葵诬告中国政府导致局势恶化的备忘录。同日,关东军航空队轰炸了锦州。11 日,史汀生命内维尔向日本政府送交备忘录,对日军轰炸锦州、蓄意扩大事态提出抗议,得到的是外务省又一番不得要领的回复。

1932 年 1 月 2 日,日军攻占锦州,控制整个中国东北。7 日,史汀生电令驻日大使福勃斯向日本外务省"从速递交"照会,强调美国"不承认"改变中国东北三省的现状,"不承认"签订任何违反门户开放政策和《九国公约》、巴黎《非战公约》的条约和协定。② 由此,形成抵制日本扩张的"不承认主义"政策,即"史汀生主义"。一·二八事变爆发后,史汀生重申"不承认主义"立场,警告日本不要挑战华盛顿体系,支持国联派出李顿调查团,但措辞温和,避免刺激东京。日本则我行我素,进而侵入中国华北。

1937 年七七卢沟桥事变骤发,日本开始全面侵华战争,美国仍然刻意避免刺激日本。7 月 16 日,国务卿赫尔发表声明,对中日两国提出"五点主张",即"主张维护和平"、"主张在国家间和国际上的自我克制"、"主张各国都要禁止使用武力来达到其政策目的和干涉别国内政"、"主张通过和平协商达到意见一致来解决国际关系问题"、"主张忠实履行国际协议"等。③ 这些对中日各打五十大板貌似"公允"的主张,对蓄意升级侵华战争的日本毫无制约作用。八一三淞沪会战一个月后,9 月 14 日,美国国务院作出表态:"美国政府拥有的商船今后不准向中国或日本运输美国总统于 1937 年 5 月 1 日公告中所列武器、弹药或战争工具,直至另行通知为止",继续隔岸观火。④

具有讽刺意味的是,自诩为"民主国家"的美英等国对中国抗战含糊

---

① 美国国务院编:《美国外交文件选译·日本·1931—1941》,第 12 页。
② 美国国务院编:《美国外交文件选译·日本·1931—1941》,第 31 页。
③ 美国国务院编:《美国外交文件选译·日本·1931—1941》,第 91 页。
④ 美国国务院编:《美国外交文件选译·日本·1931—1941》,第 499 页。

其辞,但纳粹德国,因对中国的钨砂情有独钟,却在认真履行《中德贸易协定》,成为中国军购的主要提供者。至 1938 年 11 月之前,德制火炮、轻重机关枪、钢盔等运抵中国,装备国民政府中央军的德械师和军官教导总队。苏联出于国家安全考虑,提供贷款支持中国购买苏制飞机、大炮、机关枪等武器装备,派遣军事顾问团和苏联志愿航空队援华作战。1938—1940 年,苏联分四批向中国提供年息为 3% 的低息贷款共 4.5 亿美元,向中国出售飞机、坦克、火炮、机枪、汽车等作战物资。[1]

1937 年 10 月 5 日,美国总统罗斯福在芝加哥发表"隔离演说",强调了美国中立的底线,"我们决心不参战,但我们不可能保证不受战争的破坏影响和不被卷入战争"。[2] 在演说中,罗斯福对日本的侵略表示不满,但受制于国内孤立主义和绥靖思潮的流行,只能泛泛而论。10 月 16 日,国联举行会议,谴责日本。11 月 6 日,意大利加入德日的《反共产国际协定》,形成柏林—东京—罗马轴心。日本与德意法西斯国家合流为轴心国集团,彻底与美国主导的华盛顿体系决裂。11 月 15 日,《九国公约》的成员国在布鲁塞尔通过决议,谴责日本违反华盛顿《九国公约》和巴黎《非战公约》,呼吁支援中国。日本近卫文麿内阁立即发表声明,宣称挑起卢沟桥、淞沪事件是为了保护"帝国臣民的生命",反诬中国政府"违反"停战协定、狂热"排日",并把原因归结为"满洲事变时,国联通过了无视东亚现实事态的决议";基于"近来中国受到赤化势力浸润,国内局势变化"等理由,宣布退出《九国公约》。[3] 12 月 12 日,日军围攻南京,日机轰炸停泊在长江上的美国炮舰"帕奈号"和美孚石油公司的 3 艘油轮,造成伤亡。美国舆论哗然,但在日本多次为"误炸"道歉并承诺予以赔偿、保证旅居京沪美国侨民的安全后,"帕奈号事件"也就不了了之。

1938 年 10 月 6 日,在日军占领武汉的前夕,美国驻日大使格鲁致函日本政府,要求保护日军占领地区美国贸易商和企业的权益以及通信自

① 军事科学院军事历史研究部:《中国抗日战争史》中卷,第 328 页。
② 美国国务院编:《美国外交文件选译·日本·1931—1941》,第 124 页。
③ 外务省編「日本外交年表並主要文書下巻」,374、375 頁。

由。11 月 16 日,外相有田八郎对格鲁提出的问题逐一加以解释,强调日本"充分尊重贵国在中国的权益",希望美国对"目前采取的东亚不曾见的大规模军事行动"中出现的问题予以谅解。① 有田之所以如此低姿态,是因为随着侵华战争规模的扩大,自美国输入战争物资的需求急剧增加。据 1939 年 1 月美国国务院远东司的调查报告,日本战争物资的54％来自美国。② 这一期间,美国也先后向中国提供了有条件的"桐油贷款"、"滇锡贷款"、"钨砂借款"、金属借款和平衡资金借款等,总数为 1.7亿美元,但限制中国不得用这些贷款直接购买军火。③

1939 年 7 月 26 日,美国国务卿赫尔通告日本驻美大使堀内谦介,1911 年 2 月 21 日签订的《美日通商航海条约》及其《附属议定书》,将在1940 年 1 月 26 日起失效。此后,随着日军占领大半个中国,美国对日经济制裁和道义谴责的力度有所升级,双方矛盾逐渐升温。12 月 2 日,美国政府发表声明,谴责无差别轰炸,要求"凡制造和出口飞机、航空设备以及制造飞机必不可少的物资的美国厂商,在与明显犯有狂轰滥炸罪行的国家洽谈出口上述各项物资时,需考虑上述事实"。20 日,美国国务院宣布:"为了国家利益,目前不再进一步向某些国家提供制造优质航空汽油所必需的设计图、成套设备、制造权或技术资料。"④这里的"某些国家"意指日本。

1940 年 7 月 2 日,美国总统罗斯福签署《第 2413 号公告》,宣布对"有特别许可证"之外的铝、锑、石棉、氯、飞机零件、高强度玻璃、火力控制设备、冲压成型机械设备等 46 种物品实施禁运,违反者处以一万美元的罚款或两年以下的监禁。⑤ 26 日,罗斯福签署《第 2417 号公告》,宣布除持有"特别许可证"之外,禁止石油产品、四乙铅、废旧钢铁出口。⑥ 通

① 外务省编『日本外交年表並主要文书下卷』,307、309 页。
② 刘世龙:《美日关系 1791—2001》,世界知识出版社,2003 年,第 278 页。
③ 军事科学院军事历史研究部:《中国抗日战争史》中卷,第 329 页。
④ 美国国务院编:《美国外交文件·日本·1931—1941》,第 499—500 页。
⑤ 美国国务院编:《美国外交文件·日本·1931—1941》,第 500—502 页。
⑥ 美国国务院编:《美国外交文件·日本·1931—1941》,第 502—503 页。

过特别许可证留出的渠道,美国继续向日本输出石油和燃料油。1940 年的对日石油出口总量比 1939 年增加了 21％,1940 年下半年出口日本的汽油和发动机燃料高达 230 万捅,约为 1939 年同期的 3.2 倍。[①]

美国政府通过控制供油来延迟日本"南进"的图谋,显然低估了东京的野心。1940 年 6 月,纳粹德国横扫西欧,法国投降。西欧战局的激变,刺激日本将夺取东南亚石油资源提上日程。7 月 27 日,大本营政府联络会议通过《伴随世界形势演变的时局处理纲要》,确定"迅速解决中国事变"和"抓住良机解决南方问题"这两个目标。其一,"用尽所有的手段,断绝第三国的援蒋行为,使重庆政权迅速屈服";其二,"迅速强化与德意的政治联盟",占领法属印度支那、香港、荷属印度尼西亚等地区,"在行使武力时,努力将交战对手只局限于英国,但在此场合,也不回避对美开战。"[②]美国则相向而动,采取新的欧亚政策。在欧洲,9 月 3 日,《美英防御协定》缔结,美国向英国提供 50 艘驱逐舰。在亚洲,则加强援助其作用愈加凸显的中国抗战。

日本对此迅速作出反应。9 月 6 日、16 日,先后举行四相会议和政府大本营联络会议,提出强化日德意轴心的方针。会议主张"建立三国在欧洲和亚洲新秩序,缔结以相互合作为原则的协定";强调"皇国与德意两国确认建立世界新秩序的共同立场,支持确立各自的生存圈,以及相互协调对英、对苏、对美政策的合作"。[③] 19 日,御前会议决定订立德意日三国同盟条约。27 日,《德日意三国条约》在柏林签订。条约共 6 条,主要规定:(1)"日本承认并尊重德国和意大利在建立欧洲新秩序之中的领导地位";(2)"德国及意大利承认并尊重日本在建立大东亚新秩序之中的领导地位";(3)"三缔约国中的任何一国遭到现在尚未参加欧洲战争及日中战争的一国攻击时,三国须采取政治、经济及军事上的各种方法,相互援助";(4)成立实施本条约的专门委员会;(5)该条约上述

---

① 刘世龙:《美日关系 1791—2001》,第 281、279 页。
② 歴史学研究会编『日本史史料』(5)现代、104—105 页。
③ 外务省编『日本外交年表並主要文書下卷』、448—449 页。

条款不影响缔约国的任何一国与苏联之间的政治状态；（6）本条约自签订之日起实施，有效期为 10 年等。[1]　至此，轴心国集团正式形成，日本更加有恃无恐地加快侵略步伐。

　　9 月 22 日，日军进占法属印度支那北部。25 日，美国向中国政府提供了 2 500 万美元的贷款。《德日意三国条约》签订后，严峻的局势凸显中国坚持抗战的意义，美英加强对华援助。11 月 30 日，罗斯福批准向中国追加贷款 5 000 万美元。12 月 2 日，美国国会通过决议，向中国提供 1 亿美元的贷款；10 日，英国也向中国贷款 1 000 万英镑。[2]　12 月 29 日，罗斯福发表"炉边谈话"，加强备战的精神动员。罗斯福认为，由于《德日意三国条约》的签订，美国的文明遇到从未有过的危险，国家安全受到严重威胁。他指出："如果英国失守，轴心国将控制欧洲大陆、亚洲、非洲、澳洲以及各大海洋"，这样西半球将遭到轴心国的攻击，美国人将"生活在炮口之下"。罗斯福批驳各种躲避战争的孤立主义言论，呼吁美国"必须成为民主制度的伟大军火库"。在谈话中，罗斯福特别强调"决心支援英国"，提及"在亚洲的日本人则受到中国人的坚决抵抗"，却并未指明对中国如何给予援助。[3]　较之 1937 年 10 月对日本侵略表示不满的"隔离演说"，此次罗斯福的"炉边谈话"，将包括日本在内的轴心国指斥为侵略者，态度日益鲜明。日美矛盾因日本侵华、执意南进和瓜分世界的野心膨胀而激化，太平洋地区战云密布，风急浪高。

二、日美开战前的谈判

　　日美矛盾在逐步尖锐化，美国推行重点援助英国的"先欧后亚"外援方针，防止美日战争的过早爆发；日本则需要作对美开战的充分准备。双方各有所需，外交谈判提上日程。1940 年 11 月和 12 月，美国天主教

---

[1] 外务省編『日本外交年表並主要文書下卷』、459 頁。
[2] 岩波書店編集部編『近代日本総合年表第 2 版』、325 頁。
[3] 美国国务院编：《美国外交文件选译·日本·1931—1941 年》，第 488—496 页。

传道会总会长沃尔什主教和德劳特神父先后访问日本,与日本产业组合中央金库理事井川忠雄开始试探性的接触,建立了民间沟通渠道。12月14日,德劳特向井川提出解决美日冲突的谅解方案,不惜牺牲中国的权益,确认美日在远东的势力范围。方案的主要内容有:美日相互承认在西半球和远东的霸权地位;日本承认美国占据菲律宾的现状,美国承认伪满洲国独立和日军对华北、华东、华南的占领;日本拥有对东南亚的支配地位;美日缔结新的通商条约或由美国取消对日禁运等。[1] 井川立即将德劳特的方案转呈首相近卫文麿,日本政府加以研讨并提出进一步的谈判方案。同月,罗斯福两次签署公告,继续扩大禁运的品类,逐步加强对日战争物资禁运力度。在此背景下,双方的外交接触逐渐由民间渠道上升为官方正式渠道。

1941年1月2日,外相松冈洋右在国会上提出日美谈判的官方筹码,即"让美国认识到,建立东亚共荣圈对日本具有重大意义,并让美国认可日本在西太平洋地区的主导地位,停止对日本的经济限制"。[2] 同月,沃尔什和德劳特回国,向罗斯福和赫尔汇报访日情况。1月22日,外相松冈训令即将出任日本驻美大使的海军大将野村吉三郎,提出日美官方谈判的要点,包括:日本国策不可变更、日美开战将导致现代文明没落、日本与德意同盟事出有因、日本在中国的行动和建立大东亚共荣圈均体现了"八纮一宇的肇国以来的传统大理想"、美国应对日本开发大东亚表示理解、取消对日的橡胶和锡等物资的禁运等。[3]

3月8日,赫尔会见履新的驻美大使野村,对两个月前松冈提出日本主导东亚经济圈的讲话作出了回应,"我国政府按照自由贸易政策建立世界秩序的努力受到世界许多地区发生的军事征服行动的影响",要求

---

[1] 日本国際政治学会太平洋戦争原因研究部編『太平洋戦争への道:開戦外交史 別卷 資料編』、朝日新聞社、1988年、6—7頁。
[2] 美国国务院编:《美国外交文件选译·日本·1931—1941年》,第532页。
[3] 外務省編『日本外交年表並主要文書下卷』、478—479頁。

日本政府提出"明确的和切实可行的想法",以利谈判。[①] 4 月 11 日,美国国务院远东司政治顾问霍恩贝克等起草谈判方案,美国的官方谈判进度加快推进。16 日,赫尔在与野村举行正式谈判,强调美国方案的基本立场,要求日本政府"放弃武力征服的现行政策"。为此,赫尔提出规定两国关系和举行谈判的四项原则("赫尔四原则"),即:(1)"尊重所有国家的领土完整和主权";(2)"支持不干涉他国内政的原则";(3)"支持均等(包括商业机会均等)的原则";(4)"维持太平洋地区现状,以和平方式改变这种现状除外"。[②] 赫尔告诉野村,若日本政府果真改变政策,各种问题都好解决。

同日,日本政府制定《日美谅解案》,提出日美两国共同主宰太平洋的主张,即"相互承认双方是对等的独立国家,相互邻近的太平洋强国";两国"确保持久和平,开辟基于两国相互尊重的信任与合作的新时代";两国共同稳定太平洋的局势,"不允许欧洲各国将来割让东亚及西南太平洋的领土,或合并现存的国家"。为此,日美协调以下几个问题的立场,包括:(1)对欧洲战争的态度,即日本政府"参加轴心国同盟的目的是防御性的,是为防止未参与欧洲战争的国家扩大军事同盟关系",日本政府"声明无意取消目前日德意三国条约规定的义务";美国政府"声明绝对厌恶战争,因此,对欧洲战争的态度将只取决于维护本国福利和安全的考虑"。(2)在中国事变方面,美国认可日本提出的下述条件,"向蒋政权提出和平劝告"。这些条件包括,"中国独立"、依据日中协议"日本军队撤离中国领土"、"不合并中国领土"、"不赔偿"、"恢复门户开放方针"、"蒋政权与汪政府合流"、日本控制向中国移民、"承认满洲国"等 8 条。(3)有关太平洋的军力配置与海运,日美两国"相互不采用威胁对方"并就此展开协商;若解决中国问题步入正轨,日本"与美国迅速达成把目前服役的日本船舶解除服役的条约"。(4)若日美达成共识,恢复"正常贸

---

① 美国国务院编:《美国外交文件选译·日本·1931—1941 年》,第 532 页。
② 美国国务院编:《美国外交文件选择·日本·1931—1941 年》,第 533 页。

易关系"或"缔结新的通商条约",日本"在西南太平洋的发展保证采用不付诸武力的和平手段",美国则提供"日本所需要的资源石油、橡胶、锡、镍等物资"。(5)两国"共同保证菲律宾群岛的独立";"善意对待在美国和西南太平洋的日本移民,给予与其他国家国民相同的待遇"等。① 《日美谅解案》强调日美两国在处理国际事务平起平坐的对等关系,共同主宰太平洋事务,并以牺牲中国的主权和领土完整为交换条件,解除美国对日本的经济制裁。

　　5月12日,野村奉日本政府的训令,向赫尔提出了日方的正式谈判方案《机密备忘录》。备忘录以上述《日美谅解案》为基础,删去有关两国在太平洋的海军、航空兵力的内容,其他各项的基本内容不变,仅对个别文字略加修改,并附加了对《日美谅解案》各部分的口头说明。其中,有关"中国事变"的说明最详细。内容包括:要求日美达成一项秘密谅解,即"如果蒋介石不接受美国要他进行和谈的建议,美国即停止对其的援助";重申"睦邻友好"、"共同防共"、"经济提携"等"近卫三原则",并把"经济提携"解释为"日本不打算在中国进行经济垄断,也不要求中国限制第三国的利益"。另外,提出解决"中国事变"的五条原则,即"相互尊重主权和领土";"相互尊重对方的特质,睦邻合作,形成有利于世界和平的远东核心";"日本根据中日之间达成的协议撤出在中国领土上的军队";"不割地、不赔款";"'满洲国'独立"等。②

　　5月16日,赫尔约见野村,就日方的《机密备忘录》作出答复并提出美方的建议案,明确表示:"美国对欧洲战争的态度完全取决于进行自我保护和自卫的考虑"。针对日本结束中日战争的条件,美国依据《九国公约》,提出以下主张,即"睦邻友好"、"相互尊重主权和领土"、"日本军队按照双方商定的时间表撤出中国领土"、"不割地"、"不赔款"、"商业机会均等"、"共同采取措施防御来自外部的颠覆活动"、"通过友好谈判解决

---

① 外务省编『日本外交年表並主要文書下巻』、492—495页。
② 美国国务院编:《美国外交文件选译·日本·1931—1941年》,第583—586页。

满洲的未来问题",拒绝承认"满洲国"。① 在欧洲战争和中国事变等两个基本问题上,日美双方分歧严重,谈判毫无进展。同时,由于下述两个原因,谈判迅速走向破裂。由于下述两个原因,日美开战在所难免:

第一个原因,苏德战争刺激日本加快"南进"步伐。1941 年 6 月 22 日苏德战争爆发,国际形势急剧变化。德军在短时期内,占领大片苏联领土,兵临莫斯科城下。纳粹德国的凶焰万丈,强烈刺激了日本政府。当年 4 月访问莫斯科并与莫洛托夫签订《日苏中立条约》的外相松冈洋右,紧急上奏天皇,建议与德国合击苏联,参谋本部随即附议。但是,由于 1938 年驻朝日军第 19 师团在张鼓峰、沙草峰被苏军击败;1939 年,关东军第 23 师团又在诺门坎遭受苏军歼灭性打击,即使石井细菌部队参战,也未能避免惨败。陆军省遂以准备不足为理由,无意轻启北进的战端。海军对南进更有兴趣,首相近卫文麿也反对贸然北进,松冈趁火打劫的北进论被搁置不问。

1941 年 7 月 2 日,御前会议通过《伴随形势发展的帝国国策纲要》,制定了"建设大东亚共荣圈","向处理中国事变迈进","为确立自存自卫基础而向南方迈出扩张步伐"等目标各异的一揽子方针,"准备对英美的战争"提上日程。② 为了安抚急躁北进的陆军强硬派,掩饰南进的战略意图,纲要列入"顺应形势变化而解决北方问题"一条。7 月至 9 月,参谋本部还举行了两次以苏联为假想敌的关东军特别大演习("关特演"),调集了 70 余万军队、600 余架飞机和 14 万匹军马进入朝鲜半岛和中国东北,沿边界地带对苏联展开威压态势。此时的关东军实力最强,仅驻守东宁的一个师团就拥有步兵 3 个联队、炮兵 4 个联队、工兵 2 个联队,坦克和骑兵各 1 个联队,总兵力达 7 万余人,相当于一个军的兵员配备。③

然而,在苏德战场上,苏军顽强抵抗,希特勒叫嚣 6 周内击溃苏联的狂言破产。在这种情况下,参谋本部只得放弃冒险出击苏联的图谋,转

---

① 美国国务院编:《美国外交文件选译·日本·1931—1941 年》,第 590、592、593 页。
② 歴史学研究会編『日本史史料』(5)現代、106—107 頁。
③ 楳本捨三『全史関東軍』、経済往来社、1978 年、270 頁。

而集中兵力南进。作为鼓动南进战争思想动员的一环,媒体狂热炒作有关的"ABCD包围圈",即美国(America)、英国(Britain)、中国(China)、荷兰(Dutch)联手对日本形成包围圈的舆论。南进,被解释成打破包围、"自存自卫"的必然选择。日美矛盾随之急剧升温,谈判的前景黯淡。

7月24日,罗斯福私下约见并告知野村,若日本从法属印度支那撤军,各国保障其中立化,则他将以极大的同情关注日本获得物资的问题。① 野村在当天急报外相丰田贞次郎,但迟迟未收到回复。25日,罗斯福下令冻结了日本在美国的资产。26日、27日,英国与荷兰也采取了同样的措施。28日,日军进占法属印度支那南部。29日,日本与法国维希政府订立共同防御印支的协定,将日军的军事占领条约化。作为回应,8月1日,美国全面禁止对日汽油和润滑油的出口。

8月5日,外相丰田电告野村,提出从法属印度支那撤军的条件,即"中国事变解决";还提出保障菲律宾中立,日本人在该国享有与美国同等的待遇;美国协助日本获得天然资源等要求。② 7日,丰田电告野村,向美国提出两国政府首脑人物会谈的建议。17日,罗斯福告知野村,再次强调法属印度支那中立化和日军撤离该地区的主张。18日,丰田通过美国驻日大使格鲁和驻美大使野村,表示近卫文麿要求与罗斯福会谈。26日,丰田再次向美国提出同样的要求。9月3日,罗斯福在回复中继续强调美国政府所推行的亚太和平原则,近卫口惠而实不至的首脑会谈流产。

美日谈判陷入僵局,强硬派活跃起来。9月6日,御前会议通过《帝国国策实施要领》,内称"帝国为实现自存自卫,决心对美(英荷)不惜一战,决定以10月下旬为期限,完成战争准备"。同时,御前会议开列了若干美国不可能接受的条件,如"美英不介入或妨害帝国对中国事变的处理";"关闭缅甸公路,停止对蒋政权的军事、经济援助";"美英在远东不

① 外务省编『日本外交年表並主要文书下卷』,535—536页。
② 外务省编『日本外交年表並主要文书下卷』,533页。

采取威胁帝国国防的行动";"美英协助帝国获得需要的物资"等,等待美英拒绝,以制造开战的借口。① 天皇裕仁"默许了战争计划",②开战派气焰嚣张。10月5日,大本营命令联合舰队进入临战状态。6日,下令组建南方军战斗序列,准备南方攻略作战。

第二个原因,战争狂人东条英机组阁。10月12日,近卫文麿召集海相、陆相、外相和企划院总裁举行会议,决定对美和战的最终选择。东条坚持主战论,主张和谈的近卫难以与之争锋。16日,近卫内阁总辞职。17日,内大臣木户幸一召集重臣会议,阿部信行、林铣十郎、广田弘毅等前首相一致提名东条为继任首相。木户据此向天皇裕仁举荐并获得批准。18日,现役陆军大将东条组阁。外号"剃刀"的东条信奉只要有闭上眼睛跳高台的勇气,就可以作出非凡的事情。在其走马上任的就职声明中,发誓解决"中国事变",建成"大东亚共荣圈"。选择力主开战的东条就意味着选择了日美战争,天皇批准东条出任首相,就意味着发放了走向太平洋战争的通行证。

11月1日,东条召集政府大本营联席会议,提出解决日美争端的三种选择,即:(1)极力避免战争,卧薪尝胆;(2)确定立即开战方针,并据此制订战略措施;(3)决心开战,加紧完成作战准备,继续开展外交以化解冲突。③ 2日,会议决定采取第三种方案,通过了《帝国国策实施要领》。宣称"建设大东亚新秩序","决心对美英荷开战"。相应措施包括:(1)"动用武力的时间定在12月初,陆海军完成作战准备";(2)"强化与德意的合作";(3)"在使用武力之前,与泰国建立密切的军事关系"等。④

为挑起战争,会议还提出由甲乙两种方案构成的《对美交涉要领》。其中,甲案的要点是:(1)即使实现中日和平,也要在"所需期间"内在"华

① 歴史学研究会編『日本史史料』(5)現代、108 頁。
② 堀田江理:《日本大败局——偷袭珍珠港决策始末》,马文博译,新华出版社,2014 年,第161 頁。
③ 大畑篤四郎『近代の戦争 6』、人物往来社、1966 年、96—97 頁。
④ 歴史学研究会編『日本史史料』(5)現代、109—110 頁。

北及蒙疆的一定地区和海南岛"驻军,其余军队在 2 年内从中国撤离;若美方询问"所需期间"多久,则回答"大概需要 25 年"。(2)"目前派驻法属印度支那的日本军队将在中国事变解决,确立公正的远东和平时立即撤离"。(3)承认在中国无差别的通商待遇。(4)根据日本政府的决定,解释并履行日德意三国条约。(5)对美方的所谓四原则极力回避。乙案的要点包括:(1)"日美双方约定不在法属印度支那以外的东南亚及南太平洋地区武力扩张";(2)"日美两国政府相互合作,保证日本在荷属东印度获得需要的物资";(3)"日美两国政府应相互恢复冻结资产之前的通商关系,美国供应日本所需要的石油";(4)"美国政府不采取妨碍日中两国和平努力的行动"等。①

11 月 5 日,御前会议通过了政府和大本营会议所作出的决定,为继续掩护战争行动的谈判施放烟幕,任命海军大将来栖三郎为特使,前往华盛顿协助野村。同日,大本营对联合舰队下达开战命令。6 日,寺内寿一大将出任南方军总司令官,准备实施"A 号作战",所辖第 14 军在中将本间雅晴指挥下进攻菲律宾,代号"M 作战";第 25 军在中将山下奉文指挥下进攻马来半岛、新加坡,代号"E 作战";第 16 军在中将今村均指挥下进攻荷属东印度,代号"H 作战";第 55 师团和川口支队进攻关岛(代号"G 作战")、英属婆罗洲(代号"B 作战")。② 在磨刀霍霍的同时,日本继续实施欺骗外交。

1941 年 11 月 7 日,野村会见赫尔,提交了日方的甲案。15 日,来栖携带着日美谈判必须在 11 月 29 日达成结果的训令,取道香港,搭乘泛美航空公司的飞机赶往华盛顿。20 日,野村和来栖又向赫尔提交了日方的乙案。26 日,美国拒绝日方的方案,提出最终谈判方案。此份亦称《赫尔笔记》的方案重申四原则,即:(1)"所有国家领土完整和主权不可侵犯原则";(2)"不干涉他国内政原则";(3)"通商机会及待遇平等原则";

---

① 歴史学研究会編『日本史史料』(5)現代、110—111 頁。
② J. 克劳福德:《席卷太平洋》,叶春雷编译,安徽文艺出版社,2011 年,第 3 页。

(4)"国际合作与调停应遵循的原则"。在此基础上,美国建议日本政府与美、中、英、苏、荷、泰等6国订立多边不可侵犯条约;"各国尊重法属印度支那的领土主权";"日本政府从中国和法属印度支那撤出所有的军队和警察";"美日两国政府不在军事、经济上支持除临时首都在重庆的中华民国政府之外的任何在中国的政府";美日两国政府取消《辛丑条约》所规定的领事裁判权等各种权利等。[①] 27日,日方译出美方谈判方案的全文,判明美国的上述要求等于取消了自九一八事变以来业已取得的"成果"。29日,政府与重臣会议拒绝接受美国的方案,决定对美开战。

三、军事工业的膨胀与偷袭计划

侵华战争期间,战时体制无休止的战争动员、军火订单带来的丰厚利润和民族沙文主义高烧不退,国营兵工厂开足了马力,财阀企业竞相投入军火生产。自九一八事变至太平洋战争爆发的10年期间,枪支、火炮、坦克、卡车、光学仪器、军用通信装备、舰船、作战飞机、炸弹等武器,多半是由三菱重工、日立制作、三菱电机、池贝铁工、三菱造船、川崎造船、石川岛造船、芝浦制作等财阀企业生产。据统计,这一期间国营兵工厂完成了35%的武器订单,其余的65%全由财阀企业承担。[②]

军部与财阀联手,将航空母舰、战舰和各类作战飞机作为开发重点,以适应现代化立体战争的需要。1936年1月,日本退出伦敦海军裁军会议,军部与财阀放开手脚,大批量地生产巨舰大炮。1937年,海军吴工厂和三菱川崎造船所分头动工建造排水量均为7万余吨的超级战列舰"大和号"与"武藏号",并尽快下水,编入战斗序列。航空母舰也在大干快上,1922—1933年,"凤翔号"、"赤城号"、"加贺号"、"龙骧号"等4艘航空母舰先后服役,1939—1940年又将400余艘商船或潜水母舰改建为航空母舰、敷雷舰、炮舰、侦察舰等,甚至将大中型渔船也改装为各类舰艇,用

---

① 歷史学研究会編『日本史史料』(5)现代、112—113頁。
② 山崎俊雄『技術史』、オーム書店、1976年、191頁。

来装备海军。①

　　民用船只改装为军用舰艇，为财阀赚取了超额利润。实力雄厚的三菱财阀所属的长崎造船所费时 3 年，将 1939 年动工建造的超级豪华客船"橿原丸"改建为航空母舰"隼鹰号"，将商船"八幡丸"改建成航母"大鹰号"。川崎重工则将"出云丸"改建为航母"飞鹰号"。一时间，先后有 7 艘大型货客船被改建为航空母舰以应急。这样，在太平洋战争爆发之前，日本海军已拥有"凤翔"、"赤城"、"加贺"、"苍龙"、"飞龙"、"瑞凤"、"瑞鹤"、"翔鹤"、"大鹰"等 10 艘航空母舰，以及"长门"、"陆奥"、"雾岛"、"金刚"、"比睿"、"扶桑"、"山城"等 10 艘战列舰和 41 艘巡洋舰，形成由 396 艘主力舰组成的远洋机动攻击集群。② 此种海上攻击集群没有必要用来以大陆为主战场的侵华战争，其矛头直指美国太平洋舰队和英国的远东舰队，力图夺取海上霸权。

　　"军财抱合"共同开发的另一个重要领域，是研制和生产作战飞机。1924 年，陆军设立航空本部，将航空兵列为独立兵种。1925 年，设置航空本部技术部，采取军民分工合作方式，加快研制和生产各类型号的作战飞机。陆军最先采用的军民合作方式，由军事部门负责行政指导、下达任务和验收产品，将作战飞机的具体研制和生产委托给财阀企业。1936 年，陆军航空本部技术部改建为航空技术研究所，结合实战的需求，设计、研制新型作战飞机。侵华战争期间，三菱航空引进英国、德国技术，研制的 93 式轰炸机和陆上攻击机、97 式重型轰炸机装备陆军，用于支援淞沪、南京、武汉会战和远程轰炸重庆、成都和延安等实战，给中国军民造成重大伤亡。1940 年，陆军为继续研制新型作战飞机，设置飞行试验部。1941 年，开办航空工厂。财阀航空企业兴旺发展，成为陆军各类机型作战飞机最大的提供者。

　　海军也采用军民合作方式，但由于海军的技术含量历来高于陆军，

---

① 山崎俊雄『技術史』、200 頁。
② 山崎俊雄『技術史』、200 頁。

从航空技术开发起步时起,即自行研制作战飞机。1916 年,海军建立航空部队。1922 年,横须贺海军兵工厂建成世界上第一艘 9 494 吨的航空母舰"凤翔号",可搭载 31 架作战飞机。① 1926 年,海军创办航空技术研究机构霞浦海军航空研究部,加紧研发新型作战飞机。1927 年,新建立的航空本部统一指导海军兵工厂,研制航空母舰及舰载机。1937 年,在横须贺设置海军航空工厂,形成从设计、研制、试飞到批量生产的完整流程,随后更名为第一海军航空技术工厂。此外,还开办了研发电波、音障、磁场等航空高科技的第二海军航空技术工厂,其科技、生产人员高达3.3 万人。② 爱知航空机公司在研制 94 式、96 式舰载轰炸机的基础上,吸收德国技术,1939 年研制出 99 式舰载轰炸机,对中国沿海地区实施无差别轰炸。

为同苏联援华航空队展开较量夺取制空权,掩护对中国内地轰炸的远程战略轰炸机群,飞行速度快、空中格斗凶狠的新型舰载机的研制加紧进行。1932 年,在海军航空本部技术部长山本五十六的主持下,采用德国的铝合金技术,加紧研制新型战斗机。1939 年 4 月,三菱重工的设计主任堀越二郎研发的新款舰载机在岐阜首飞成功。翌年,为纪念所谓"皇纪"2600 周年,此款舰载机被命名为零式战斗机。其设计理念注重进攻,轻视安全防护。为压缩非战斗载重,采用铝合金制成机体,致使零式战斗机速度快、爬升灵活,适于攻击,但防护单薄、不堪一击。

与此同时,海军也同三菱航空机、中岛飞行机制作所密切合作,开发新机种。1917 年,海军大尉中岛知久平退役后,在三井财阀的资助下,在群马县尾岛市设立飞行机研究所,研制作战飞机。翌年,改称飞行机制作所。1919 年,首次制成民间企业生产的样机"中岛式四型"战斗机,接受陆军省的第一批订单。为摆脱对国外飞机发动机的依赖,中岛飞行机制作所着手开发国产发动机。1929 年,研制成功第一台"寿"型飞机发动

---

① 岩波書店編集部編『近代日本総合年表第 2 版』、252 頁。
② 山崎俊雄『技術史』、202 頁。

机。1931年,中岛飞行机制作所改称中岛飞行机株式会社,陆续开发出"光"、"荣"、"誉"等多种型号的舰载机发动机。作战飞机的开发提高了中岛知久平的知名度,1937年他担任政友会的总裁代理委员。1938年,出任铁路大臣。1939年,出任政友会革新同盟"中岛派"的总裁。1941年,陆军正式采用中岛飞行机研制的1式战斗机,命名为"隼"式战斗机。

1940年,中岛飞行机脱离三井财阀,独立经营并成为军需省下属的最大作战飞机生产厂家,跻身新财阀。1941年,研制中岛系列的1式至4式战斗机、97式战斗机、舰载攻击机等世界级新型机种,包括"隼"式战斗机和"月光"型夜航战斗机。在侵华战争和太平洋战争期间,中岛财阀企业共制造飞机机体25 935架,发动机46 726台,[1]赚足了浸透鲜血的丰厚利润。

三菱重工所属的三菱航空机也毫不示弱,设计并研发出性能优良的96式舰载战斗机和陆上攻击机。1926—1940年为陆海军共生产各类作战飞机5 152架,1941—1945年更开足了马力,为陆海军生产了作战飞机33 734架。[2]其他民间作战飞机制造厂家,如川崎航空机、立川飞行机、日立航空机、川西航空机、九州飞行机、富士飞行机等也看到了制造作战飞机的商机,竞相加入为侵略战争提供杀人武器的行列。

除上述常规武器之外,违反国际公约的生化武器也被秘密地大量生产。1926年,陆军科学研究所设立的第三部开始研究化学武器。1929年5月,大久野岛的毒气工厂正式投产,日产芥子气100千克。此后,又扩建了日产3吨芥子气的新厂。1931年之后,着手大批量生产路易氏剂、氢氰酸、二苯氢等化武。[3]1933年8月,日本陆军在千叶县建立陆军习志野学校,专门培训毒气战军官。自1937年7月28日大本营参谋总长闲院宫载仁

[1] 国史大辞典編集委員会編『国史大辞典10』,吉川弘文館、1989年、592—593頁。
[2] 山崎俊雄『技術史』,204頁。
[3] 步平、高晓燕:《阳光下的罪恶——侵华日军毒气战实录》,黑龙江人民出版社,1999年,第33页。

亲王命令日军在平津地区可动用毒气弹以来,①全面侵华战争期间,日军多次使用毒气弹,残害中国军民。

1932 年 1 月,军医石井四郎少佐在陆军军医学校校长、号称日本"生化战之父"小泉亲彦的支持下,开始研制"石井式细菌培养罐"。4 月,在军医学校防疫部设置的防疫研究室,研制"石井式滤水机"。8 月,石井去中国东北,在五常县开设细菌实验场。1933 年 8 月,在哈尔滨市南岗设置石井细菌研究所,对外称"东乡部队"或"加茂部队"。1936 年 8 月,在哈尔滨以南的平房地区设置"关东军防疫给水部"(1941 年 8 月授番号"满洲第 731 部队"),官升中佐的石井任部队长,故又称"石井部队"。与此同时,在长春孟家屯设置另一个细菌战机构"关东军兽类防疫部"(番号为"满洲第 100 部队")。

随着侵华战争的扩大,又先后设置北支甲 1855 部队(北平)、荣字 1644 部队(南京)、波字 8604 部队(广州)等多个细菌战部队。其下属的支队多达 60 余个,分布在各个日军占领区,实施制造瘟疫、活体实验与解剖等反人类的罪行。其中,仅 731 部队就在 1940 年 7 月至 10 月在浙江宁波、金华、玉山、温州、丽水、衢县等地区,1941 年 11 月在湖南常德等地区散布鼠疫等传染病,②可谓丧心病狂。

侵华战争期间,狂热的民族主义瓦解了日本劳动者的阶级意识和国际意识。以工人罢工为例,自第一次世界大战结束后,劳动争议的件数和参加人数逐年上升。至 1931 年,劳动争议达 2 456 次,参加人数达 154 528 人。③ 然而,九一八事变发生后,持续升温的战争狂热、急遽膨胀的民族沙文主义,以及工会组织集体右倾化和政府加强镇压,致使劳动争议迅速下降。1932 年,劳动争议件数减至 2 217 次,参加人数123 313

---

① 步平、高晓燕:《阳光下的罪恶——侵华日军毒气战实录》,第 139 页。
② 郭长建等主编:《侵华日军关东军七三一细菌部队》,五洲传播出版社,2005 年,第 142、143 页。
③ 社会问题资料研究会「支那事变下に於ける劳働运动」,东洋文化社,1971 年、333 页。

人。① 1935 年发生的总件数比 1931 年减少了约 600 件。1937 年上半年因 1936 年物价暴涨和工资下降,引发了劳动争议的高潮,劳动争议达 1 523 件,参加人数为186 579 人;但下半年的头一个月骤逢七七事变,争议次数锐减为 603 件,参加人数为27 074 人;②1938 年劳动争议件数较 1932 年下降了一倍多,1940 年又较 1938 年减少了近半成。工人罢工次数的下降,与国营、民营军事工业开足马力,生产持续增长形成鲜明对比,这是各种类型杀伤武器大量生产,为侵华日军源源不断供应军事装备的重要原因。

在加紧对美战备的同时,联合舰队司令长官山本五十六亲自督导制定突袭美国太平洋舰队的计划。1919—1921 年,山本就读于哈佛大学。1925—1928 年,出任驻美使馆海军武官,对美国强大的综合国力印象深刻。尽管如此,生性好赌的山本在参加 1930 年伦敦海军裁军会议时,已经在构思如何使用空中打击力量摧毁美国太平洋舰队,迫使美国尊重日本在太平洋的霸权地位。1932 年,山本出任海军航空本部技术部长,更加认定在未来的日美战争中,决定性的打击力量来自空中打击。海军兵工厂和财阀企业遵照山本要求"国产"、"全金属"和"单翼飞机"的设计三原则,开发研制出 96 式陆上攻击机、97 式和零式舰载战斗机。

1941 年 1 月,山本五十六向海相及川古志郎提交了偷袭珍珠港的建议,力主利用航母编队的机动兵力全歼美国的太平洋舰队。同时,授意第 11 航空战队参谋长大西泷治郎少将、第 1 航空战队参谋源田实中佐来制定具体的作战方案。8 月,海军军令部予以批准。9 月,在海军大学举行秘密的作战图上演习。10 月,在联合舰队旗舰"长门号"上再次进行图上演习。11 月初,研制出专门适用于水深仅 12 米的珍珠港海区的浅水鱼雷,飞行员反复演练超低空飞行投掷技术,联合舰队展开实战演习。

11 月 5 日,海军军令部向山本下达《大海令第 1 号》,山本在当天向

---

① 社会問題資料研究会『支那事変下に於ける労働運動』、333 頁。
② 社会問題資料研究会『支那事変下に於ける労働運動』、329 頁。

联合舰队发出绝密 1 号作战命令。20 日,南方军总司令官寺内寿一下达了进攻南方要地的作战命令。22 日,南云忠一指挥的机动部队完成在千岛群岛择提岛单冠湾的秘密集结。26 日,就在赫尔提出美国方案的同一天,山本下达了机动部队驶离择提岛单冠湾的命令。由 3 艘潜水艇前方警戒开路,2 艘战舰、3 艘巡洋舰和 9 艘驱逐舰提供掩护,8 艘补给舰随行,以"赤城号"、"加贺号"、"苍龙号"、"飞龙号"、"瑞鹤号"、"翔鹤号"6 艘航空母舰为主力,分为 3 个航空战斗群的联合舰队实施无线电静默,驶向夏威夷海域。

第二节　太平洋战争的爆发与南侵

一、太平洋战争的爆发

1941 年 12 月 1 日下午 2 时,御前会议在皇宫的东一间举行。在长达两个小时的讨论中,与会者一致赞成东条英机对美英荷开战的意见。天皇裕仁提醒东条在发出最后通牒后再开战,批准参谋总长杉山元和军令部长永野修身下达作战命令的请求,但未规定具体开战的时间。12 月 2 日,大本营下达命令,将开战日确定为 12 月 8 日(东京时间)。与此同时,掩护偷袭行动的外交活动照旧进行。

12 月 6 日上午 11 时(华盛顿时间),日本政府的最后通牒长达 13 页的《备忘录》电报开始发送驻美日本大使馆,美国的电报破译机同时予以接收。当天晚 8 时,破译完毕,立即送交罗斯福总统。对战争即将到来并非一无所知的罗斯福采取了前所未有的举动,直接向天皇裕仁发出和平呼吁。在这份 3 倍加急的电文中,罗斯福几乎点明真相,"我认为现在应该致书阁下,因为影响深远的紧急态势似有即将形成之势。太平洋地区的事态发展有使我们两国和全人类失去我们两国间的长期和平所带来的利益的危险"。罗斯福重申美国的立场,"我们希望日中冲突能够结束";"我们希望太平洋地区能够实现这样的和平:各民族人民和睦相处,不用担心受到入侵,沉重的军备负担得以解除;各国人民在不受到任何歧视的情况下从事商业往来。"罗斯福希望裕仁"考虑一下应付危局、驱散乌云之良策。"①以理想主义者闻名的罗斯福试图借助裕仁的手勒住军国主义的脱缰野马,同时也在等待日本军机炸醒国内孤立主义的迷梦。

当日午后9时,国务卿赫尔急电驻日大使格鲁立即将总统电文送交日本新任外相东乡茂德。当天皇裕仁拿到这份罗斯福的电文时,已经是夏威夷时间上午7时半、东京时间8日凌晨3点。裕仁事后回忆说,"我想对来电作出回复,但东乡说6日'我方2艘潜水艇已进入夏威夷近海,可以不作答复',听了这句话,就停止了回复",予以"抹杀"。②

此时,在西太平洋,南云忠一的机动舰队已驶入夏威夷海域,即将发起对珍珠港的偷袭。在华盛顿,日本驻美大使馆馆员还在磨磨蹭蹭地解读《备忘录》的电文。《备忘录》继续坚持原有立场,宣称日本与德意同盟是为了"恢复和平,防止战祸扩大",进驻印支半岛是基于日法议定书,"共同防卫印支";指责11月26日美国提出的最终方案"是不切实际的理念",表示将排除美英"共同施加经济力压迫";称美国要求日军全面撤军,是"试图推翻帝国在东亚成为稳定势力的地位"等,因此终止"不能达成协议"的谈判。③ 按照指令,12月7日下午华盛顿时间1时50分,在日军已经偷袭珍珠港之后,野村和来栖在来到国务院。在等待了约20分钟后,将等于最后通牒的《备忘录》递交给赫尔。脸色铁青的赫尔勃然大怒,对默然无语的日本大使痛加申斥。

赫尔出离外交礼仪的愤怒,是因为日本的不宣而战。就在1小时50分钟前,在海军的配合下,南方军第18师团步兵第23旅团的佗美支队已在马来半岛的哥打巴鲁登陆;香港、关岛、菲律宾、威克岛随即遭到日军的空袭。50分钟前(夏威夷时间7时53分),联合舰队的51架99式舰载轰炸机、40架97式舰载轰炸机、50架高空轰炸机在43架零式战斗

① 美国国务院编:《美国外交文件选译·日本·1931—1941》,第626、627页。
② 寺崎英成、マリコ·テラサキ·ミラー 編『昭和天皇独白録』,77—78頁。
③ 外務省編『日本外交年表並主要文書下卷』,570—573頁。

机的掩护下,对珍珠港的美国太平洋舰队发起了第一轮空袭。9 时左右,167 架日本军机开始实施第二轮空袭。两轮空袭重创珍珠港基地,到处浓烟滚滚,烈焰冲天。联合舰队以损失 27 架战机和 5 艘微型潜艇的轻微代价,炸沉停泊在军港内的美军战列舰 5 艘,轻巡洋舰、驱逐舰和辅助舰各 3 艘;击毁飞机 188 架,美国官兵 2 335 名被炸死、1 178 名受伤,68 名平民死于偷袭。① 所幸南云心虚,担忧遭到美国航母编队的袭击,两轮空袭后即草草收兵,大型维修厂的船坞、油库、潜艇锚地等基础设施犹在,珍珠港基地尚可迅速恢复运转。太平洋舰队虽损失惨重,但航母"企业号"、"列克星敦号"却在偷袭之前驶离珍珠港,前往中途岛、威克岛运送作战飞机,航母"萨拉托加号"正在加利福尼亚州圣迭戈基地维修,均躲过一劫,仍保有反击的实力。

不出美国总统罗斯福的预估,日本偷袭珍珠港彻底激怒了美国。当天,赫尔发表声明,痛斥日本在大使递交最后声明之前,"对美国背信弃义的进攻就已经开始了。"②12 月 8 日,罗斯福向国会愤慨陈词。他说:"昨天,1941 年 12 月 7 日——一个遗臭万年的日子——美利坚合众国遭到了日本帝国海空军部队的突然和蓄谋的进攻",发誓"我们将永远记住这次对于我们进攻的性质","美国人民都将以自己的正义力量赢得绝对的胜利",要求国会对日宣战。③ 当天下午 4 时 10 分,国会发表对日宣战的声明。同日,英国对德意日宣战。12 月 9 日,中国政府正式对日本宣战。11 日,德意对美英宣战。同盟国与轴心国营垒分明,开始了决定人类命运的大搏战。

东京时间 12 月 8 日上午 6 时过后,东京广播电台播放大本营陆军部宣布日本陆海军与美英军队进入战争状态的新闻。东京的街头并未出现军部预期的欢庆胜利的热闹场面。在诡异的平静中,弥漫着不安、沉

---

① 毕晓普、麦克纳博:《二战每日纪实》,舒丽萍等译,北京联合出版公司,2015 年,第 381—385 页。
② 美国国务院编:《美国外交文件选译·日本·1931—1941》,第 628 页。
③ 美国国务院编:《美国外交文件选译·日本·1931—1941》,第 628—630 页。

重和紧张的氛围。11时45分,天皇裕仁发布《宣战诏书》,声称:美英支援重庆"残存之政权,助长东亚之祸乱";"竟然断绝经济关系,对帝国生存加以重大威胁";"任由其发展,帝国多年稳定东亚的努力将悉归泡影,帝国之存立也濒临危机",宣称"帝国为自存自卫",向美英宣战。① 随后,电台又播放首相东条英机叫嚣"战则必胜"、"一亿一心"战斗到底的《告国民声明》,煽动战争狂热。下午1时,大本营海军部发布偷袭珍珠港、攻击东南亚的"赫赫战果"后,在皇宫前以及明治神宫和靖国神社里,挤满祈祷战胜的人群。

12月8日凌晨,山下奉文指挥日军第25军第5、第18师团和近卫师团的约11万人攻击马来半岛。驻守马来半岛、包括新加坡的英澳联军共3个师、4个旅,兵员约9万人,由总司令为A.E.珀西瓦尔中将指挥。日军第25军所属的第5师团主力和安藤、佗美支队,在南遣舰队46艘舰船和第3飞行集团450架战机的掩护下,分别在泰国的宋卡、北大年和马来半岛的哥打巴鲁登陆。英澳联军仓促应战,迅速丢失了海岸阵地。日军占领登陆地的机场和克拉地峡,沿马来半岛东西两侧海岸向南推进。

英澳联军且战且退,利用隘路、河流和密林来迟滞日军的推进。日军出动海军第22战队和陆军第3飞行集团,轰炸新加坡、关丹等基地和机场,重创驻地英军空军,夺得制空权。12月8日,英国远东舰队司令T.菲利普斯指挥舰队驶离新加坡,北上攻击登陆的日军。9日,日军在关丹登陆,舰队遂调头南下迎敌。10日12时许,从西贡起飞的日军侦察机在关丹海域发现英国远东舰队。1小时后,由25架轰炸机和50架鱼雷攻击机组成的日军突击机群飞临战区,展开轮番轰炸,英国海军3.2万吨的战列巡洋舰"反击号"和3.5万吨的主力战列舰"威尔士亲王号"先后沉没,舰队司令菲利普斯及其800余名官兵阵亡,2 000余名被俘。②

---

① 外务省编『日本外交年表並主要文书下卷』、537页。
② 军科院外军部:《中国军事百科全书·世界战争史分册》(中),军事科学出版社,1995年,第547—548页。

这场海空军激战告别了一个时代:缺乏空中掩护的巨炮大舰不过是漂浮在海上的活靶子,空中打击力量显示了决定海战结局的威力。12 日,东条内阁通过决议,将包括侵华战争在内的军事行动统称大东亚战争。

随着英国远东舰队被歼灭,掌握制海、制空权的日军展开愈加猛烈的攻势。12 月 31 日,攻占关丹。1942 年 1 月 11 日,吉隆坡沦陷,日军加快进攻节奏。1 月 31 日,自马来半岛败退的英澳联军撤至新加坡,试图凭借柔佛海峡的天险,继续抵抗。2 月 8 日夜,日军兵分两路渡过柔佛海峡,在新加坡登陆。9 日,占领廷加机场,切断英澳联军的空中通路。10 日,双方在武吉知马高地展开激战。日军伤亡惨重,第 18 师团长、七七事变的元凶牟田口廉也的左肩被手榴弹炸伤。14 日,日军冲入新加坡市区,包围丧失斗志的英澳联军。15 日,珀西瓦尔率领所部 8 万官兵向骄横的山下奉文投降,马来战役结束。日军以伤亡约 1 万人的代价,占领了马来半岛和新加坡,[①]荷属东印度暴露在日军的兵锋面前。

1941 年 12 月 8 日凌晨 3 时 40 分,参谋本部命令驻广州的第 23 军司令官酒井隆中将率部进攻香港。7 时 20 分,日军机群轰炸启德机场,击毁英军停放在机场的 14 架作战飞机。第 38 师团长佐野忠义指挥所属 3 个联队,在舰队掩护下,进攻修筑了多座炮台和 200 多个碉堡的九龙—香港要塞,驻防香港的约 1 万英印加联军与日军展开激战。9 日,日军突破英军主阵地。12 日,占领九龙半岛。13 日、17 日,日军两次派出军使劝降,均遭香港总督杨慕琦(Sir Mark Aitchison Young)的拒绝。守军凭借坚固的工事,与日军展开拉锯战。25 日,驻港英军司令玛尔特比少将和港督杨慕琦向酒井隆投降。日军以死伤 2 096 人的代价,俘虏英印加守军 9 495 人,缴获各类大小炮 120 门、轻重机枪 1 020 挺、汽车 1 470 辆、飞机 5 架、船舶 110 艘。[②] 1942 年 2 月,肆虐徐州会战的矶谷廉介充当首任港督。

---

① 军科院外军部:《中国军事百科全书·世界战争史分册》(中),第 547 页。
② 日本防卫厅防卫研究所战史室:《香港作战》,天津市政协编译委员会译,中华书局,1985 年,第 83、234、235 页。

在攻击马来半岛、新加坡和香港的同时,本间雅晴中将指挥第 14 军所辖第 16、第 48 师团和第 65 旅团的 5.6 万人,在 40 余艘军舰和 500 余架战机的支援下,进攻菲律宾。美国在菲律宾的克拉克和甲米地设立了亚洲最大的空、海军事基地,麦克阿瑟中将出任远东美军司令官,所辖部队为美军 1.9 万人,菲军包括民兵共 12 万人;飞机 277 架,但具有作战能力的飞机只有 142 架;配置拥有 40 余艘作战舰艇的混合舰队,T. C. 哈特上将为司令官。[①]

12 月 8 日,日机轰炸沃达、碧瑶、伊巴、克拉克等美军机场和基地,击毁包括 B-17 轰炸机等作战飞机约 100 架,夺得了制空权。10 日、11 日,第 48 师团的田中支队和菅野支队分别在吕宋岛北部的阿帕里和维甘登陆。10 日,日军占领关岛。12 日,第 16 师团的木村支队在吕宋岛南部的黎牙实比登陆。登陆中夺占的机场转手成了日军陆军第 5 飞行集团的基地,为登陆作战提供空中掩护。海军第 3 舰队和第 11 航空舰队待机出动,提供支援。17 日,仅存的 17 架美军 B-17 轰炸机撤往澳大利亚,日军掌握了菲律宾战区的制海权和制空权。

1941 年 12 月 22 日,日军第 48 师团主力在吕宋岛西海岸的林加延湾登陆。24 日,第 16 师团在吕宋岛东南部的拉蒙湾登陆,南北夹击马尼拉。26 日,吕宋岛美菲联军撤往巴丹半岛和科雷希多岛要塞。日本大本营急欲攻占马尼拉,扩大宣传效果。1942 年 1 月 2 日,马尼拉陷落。随后,甲米地和八打雁也落入日军之手。鉴于菲律宾战区大局已定,大本营将海军主力和第 48 师团调往荷属东印度,将第 5 飞行集团调往缅甸,由第 14 军继续清剿吕宋岛。1 月 9 日,日军进攻巴丹半岛,双方展开山地战、丛林战和阵地战,日军伤亡颇大,战局处于胶着状态。3 月 12 日,麦克阿瑟将指挥权交给温赖特少将,温赖特后被美国陆军部提拔为中将,任命为全菲律宾美菲联军司令官。17 日,麦克阿瑟乘机飞往澳大利亚,严重挫伤美菲联军的斗志。22 日,日军第 4 师团赶来增援,加强对巴

---

① 军科院外军部:《中国军事百科全书·世界战争史分册》(中),第 545 页。

丹半岛的攻势。4 月 9 日，爱德华·金少将率弹尽粮绝的 7.8 万驻守巴丹半岛的美菲联军投降。10 日，集中在克拉克费尔德机场的美菲联军战俘在日军刺刀的威逼下，被押往邦板牙省的圣费尔南多。在不过 100 千米的路途中，1.5 万战俘死于饥渴、疲劳、疾病或被日军杀害，此即暴露日军残忍本性的"巴丹死亡行军"。在随后的两个月里，又有 2.6 万人死于战俘营的非人折磨。[①]

日军围歼巴丹半岛的美菲联军后，开始攻击 1.5 万美菲联军坚守的科雷希多岛要塞。5 月 5 日，日军在密集炮火的掩护下发起两路进攻。7 日，温赖特中将率部投降，科雷希多岛要塞陷落。10 日，驻守在棉兰老岛和北吕宋山区的美军投降。18 日，驻守在班乃岛的美军投降，菲律宾战役结束。此役，日军伤亡约 1.4 万人，损失飞机 80 余架、舰船 4 艘；击毁美军飞机 250 余架、各种型号的作战舰艇 8 艘、商船 26 艘。日军控制菲律宾全境，为完全占领东南亚创造了条件。[②]

1941 年 12 月 11 日，参谋本部命令驻扎在泰国的第 15 军"切断援蒋路线，清除英军在缅之势力"，出动主力"一举占领仰光"。[③] 22 日，第 15 军司令官饭田祥二郎中将命令所属之第 55、第 33 师团和冲支队自南向北发起攻击。英缅军总司令胡敦中将指挥英缅军第 1 师、英印军第 17 师、英澳军第 63 旅和第 7 装甲旅迎敌。1942 年 1 月 19 日，冲支队从泰国干差那武里（北碧）攻入缅甸土瓦；31 日，第 55 师团在第 33 师团策应下，攻占缅南重镇毛淡棉。2 月 8 日，第 55、第 33 师团渡过萨尔温江，追击英缅军。23 日，日军将 3 300 余名英缅军分割围困在锡唐河西岸的同古（东吁），对仰光形成包围。英国首相丘吉尔临阵换将，任命哈罗德·亚历山大上将指挥仰光保卫战。

缅甸战局岌岌可危，丘吉尔方才同意中国出兵来援。1941 年 12 月

[①] J. 克劳福德：《席卷太平洋》，第 14、15 页。

[②] 军科院外军部：《中国军事百科全书·世界战争史分册》（中），第 545—546 页。

[③] 日本防卫厅防卫研究所战史室：《缅甸作战》上，天津市政协编译委员会译，中华书局，1987 版，第 16 页。

23 日,《中英共同防御滇缅路协议》签订。1942 年 1 月 3 日,蒋介石出任中国战区盟军最高统帅,22 日,美国派遣史迪威中将任参谋长。2 月,远征军第一路司令长官罗卓英命令杜聿明率第 5 军、甘丽初率第 6 军、张轸率第 66 军出征缅甸,总兵力达 10 万余人的中国远征军斗志昂扬,奔赴战场。3 月 8 日,仰光陷落,亚历山大上将下令英缅军北撤。11 日,史迪威入缅指挥远征军,与杜聿明等部署迎击北上日军。20 日,固守同古的戴安澜率第 5 军下辖的第 200 师阻击日军,予敌重创。第 55 师团长饭田感叹第 200 师官兵“战斗意志始终旺盛,尤其是担任撤退收容任务的部队直至最后仍固守阵地拼死抵抗,虽说是敌人也确属十分英勇”。[①] 25 日,日军第 56 师团自仰光出发,赶来增援。激战至 29 日,戴安澜奉命率部突围北撤。30 日,日军占领同古,继续向北推进。

为夺取上缅甸重镇曼德勒,4 月 8 日,日军第 18 师团在马达班湾登陆,北上驰援第 55 师团。第 33 师团迂回推进,7 日,占领阿兰谬,16 日,占领仁安羌,切断英缅军的退路。19 日,中国远征军第 66 军新编第 38 师孙立人部赶来援救,收复仁安羌油田,亚历山大上将及其 7 000 余名英国官兵获救。5 月 1 日,曼德勒陷落。由于英缅军只顾夺路撤退,中国远征军处境日益被动,被迫分路突围。史迪威率远征军孙立人部、新编第 22 师廖耀湘部数千官兵向西撤入印度境内,在兰姆伽整编为新编第 1 军,即中国驻印军,伺机反攻。杜聿明执行蒋介石命令,指挥远征军大部官兵向北穿越胡康河谷野人山的密林返回滇西,数万官兵倒毙在环境凶险的突围途中,师长戴安澜阵亡。日军第 18、第 33、第 55 师团占领缅甸北部,第 56 师团越境侵占中国云南的芒市、龙陵、腾冲、畹町等地。在缅甸战役中,中国远征军和英缅军阵亡 27 454 人,被俘 4 918 人,英军丢弃的 270 辆坦克、134 辆装甲车、104 门火炮、7 383 辆汽车、388 辆机车和 6 000 节车皮落入日军之手。日军以阵亡、病亡共 2 431 人的低代价,[②]占

---

① 日本防卫厅防卫研究所战史室:《缅甸作战》上,第 64 页。
② 日本防卫厅防卫研究所战史室:《缅甸作战》上,第 152、153 页。

领缅甸,切断滇缅公路。美国随即开辟从印度阿萨姆邦飞越喜马拉雅山至昆明的"驼峰航线",继续向中国运输抗战物资。

1942年1月初,美英荷澳组成盟军荷属东印度战区司令部,英国陆军上将韦维尔出任司令,盟军以荷兰军为主力,总兵力9.2万人,配备88艘作战舰艇和300余架飞机。日军今村均中将指挥第16军约10万人,在海军第3舰队、第11航空舰队和陆军第3飞行集团的协同下,发动进攻。1月11日,日军展开外围作战,先后攻占南苏门答腊、英属婆罗洲(加里曼丹)、西里伯斯(苏拉威西)等岛屿。2月14日,日军第1伞兵旅约430人空降巨港,第38师团主力迅速占领油田和机场。19日,日军攻占巴厘岛,对爪哇岛形成夹击态势。2月26日,盟军舰队与日军舰队在苏腊巴亚(泗水)近海激战,遭重创。28日,在巴达维亚(雅加达)近海再次交战,盟军舰队被歼。日机轰炸苏腊巴亚、巴达维亚等地的机场,瘫痪了盟军的空中力量。3月1日,掌握制空、制海权的日军分成三路登陆爪哇岛。5日,日军攻占巴达维亚,8日,攻占苏腊巴亚,9日,攻占万隆,盟军投降。在爪哇战役中,日军伤亡约1万人,俘获盟军8万余人,缴获飞机177架。[①]

日军在1942年1月占领俾斯麦群岛的新不列颠岛后,在拉包尔扩建海空军基地,与新设在加罗林群岛特鲁克岛的联合舰队司令部就近指挥西南太平洋的战事。2月,南云忠一指挥第1航空舰队的4艘航母编队攻击澳大利亚达尔文港、布鲁姆市,击沉包括"海王星号"弹药运输舰在内的各式舰船12艘,摧毁基地设施。3月8日,日军登陆新几内亚北部的莱城、萨拉马瓦。4月1日,南云命令以轻航母"龙骧号"、战列舰"榛名号"、重巡洋舰"利根号"为主力的航母编队,驶离缅甸,向西攻击印度奥里萨邦海域的运输线和英国舰队。5日,攻击锡兰(今斯里兰卡)科伦坡港,击落20余架前来拦击的英国战机,击沉2艘英国重巡洋舰,日军西侵达到最远点。8日,南云舰队攻击在锡兰东北海岸的英国海军基地

---

① 军科院外军部:《中国军事百科全书·世界战争史分册》(中),第550页。

亭可马里港,击沉英军航母"竞技神号",以及 1 艘驱逐舰和 2 艘油轮,英军丧失在印度洋的制空权和制海权。①

在日军逞凶东南亚、盟军败退的一片风声鹤唳之中,只是在中国湖南长沙,传来胜利的消息。在 1939 年 9 月至 10 月、1941 年 9 月至 10 月这前两次长沙保卫战挫败日军第 11 军进攻势头之后,1941 年 12 月至 1942 年 1 月,在薛岳指挥下,第九战区 13 个军的中国军队与日军鏖战湘北,迫使日军退回新墙河以北的出发地,取得第三次长沙保卫战的胜利,为中国的抗战形象增色不少,提振了盟国援华的信心。

1941 年 8 月,陈纳德上校指挥的中国空军美国志愿队成立于缅甸东吁。在建队后 7 个月里,参加在重庆、昆明、成都上空的 50 多次空战,击落日机 299 架、击伤 153 架,赢得"飞虎队"赞誉。② 1942 年 7 月,航空队实行正规军编制,改称美国驻华空军特遣队,陈纳德任准将司令官。1943 年 3 月,特遣队扩编为美国陆军航空兵第 14 航空队,陈纳德任少将司令官,指挥中美联合航空队对日作战。三年之间,陈纳德航空队以损失 500 架飞机的代价,击毁日机 2 600 架、击伤 1 500 架,击沉或重创日舰、运输船多艘。③

二、如此"解放亚洲"

太平洋战争期间完成建构的"大东亚共荣圈",是日本自诩"解放亚洲"的产物。作为国策构思,最早出现在 1936 年 8 月 7 日广田弘毅内阁的五相会议所通过的《国策基准》之中。基准宣称:"帝国在当前应该确立的根本国策,在于外交和国防相互配合,一方面确保帝国在东亚大陆的地位,另一方面向南方海洋发展",大致确定了"大东亚共荣圈"的范围。为此,从"满洲国的健全发展"和"日、满、华三国的紧密合作"起步,

---

① 毕晓普、麦克纳博:《二战每日纪实》,第 386—389 页。
② 陈纳德:《我在中国的那些年 陈纳德回忆录》,李平译,中国工人出版社,2013 年,第 219 页。
③ 陈纳德:《我在中国的那些年 陈纳德回忆录》,第 426 页。

最终"排除列强在东亚的霸道政策",实现"共存共荣主义"等。[①] 1938 年
1 月 11 日,御前会议制订《处理"中国事变"的根本方针》,重申"帝国固定
不变的国策,乃是与满洲国和支那相互提携,形成东洋和平的枢轴";提
出"日满华三国相互友好"、"相互文化提携"、"产业经济互惠"等方针。[②]
12 月 22 日,首相近卫文麿发表声明,提出"建设东亚新秩序"的三原则,
即"善邻友好"、"共同防共"、"经济提携"。[③]

　　1940 年 7 月 26 日,基于欧洲战局的急剧变化,第二届近卫内阁通过
《基本国策纲要》,急欲"基于八纮一宇的肇国大精神","建设大东亚新秩
序",形成"以皇国为中心的日满华三国经济"。[④] 8 月 1 日,外相松冈洋
右发表声明,强调日本"外交政策的直接目标,是按照神道的崇高精神建
立一个伟大的东亚共荣圈"。[⑤] 至此,"东亚新秩序"、"大东亚新秩序"等
日本主导的殖民圈,最终以"大东亚共荣圈"的名义确定下来。1941 年
12 月 12 日,东条英机内阁把包括侵华战争在内的所有战争,统称为"大
东亚战争"。"大东亚圣战"的喧嚣一哄而起。

　　1941 年 11 月 20 日,在日军即将进攻东南亚的前夕,大本营、政府联
席会议制定了《南方占领地区行政实施要点》。其中规定,在对占领区
"实施军政"期间,采取"恢复治安"、"尽速获得重要国防资源"、"确保作
战部队的自给"等 3 项方针。其 10 个要点包括:"获得和开发重要国防
资源";"对日输送物资";"防止石油等特殊重要物资流入敌方";占领军
管理铁路、船舶、港湾、航空、通讯和邮政;占领军取得国防资源给当地民
生造成沉重压力,必须使其忍受;在占领区原则上使用当地原有货币,不
得已时可使用有外币标志的军用票;利用残存的统治机构;避免过早引
发独立运动等。[⑥] 上述要点表明,日本的南进只考虑本国利益,与"亚洲

---

① 外务省编『日本外交年表並主要文书下卷』、344 页。
② 外务省编『日本外交年表並主要文书下卷』、385 页。
③ 外务省编『日本外交年表並主要文书下卷』、407 页。
④ 外务省编『日本外交年表並主要文书下卷』、436—437 页。
⑤ 美国国务院编:《美国外交文件选译·日本·1931—1941》,第 470 页。
⑥ 外务省编『日本外交年表並主要文书下卷』、562 页。

解放"无涉。

1942 年 1 月 21 日,东条英机在国会发表题为《大东亚战争指导要谛》的演说,强调"大东亚共荣圈建设的根本方针,实渊源于肇国之大精神,使大东亚各国及各民族各得其所,确立基于以帝国为核心道义的共存共荣秩序",突出了日本"为核心"的宗主国定位。① 在演说中,东条对占领地区采取不同方针,即直接抢占香港和马来半岛等英国的殖民统治地区,"使之成为防卫大东亚的据点";对菲律宾和缅甸,许诺只有在它们"了解帝国之真意,作为大东亚共荣圈建设之一翼予以合作的场合下",日本欣然给予"独立的荣誉"。对继续抗战的荷属东印度、澳大利亚和中国政府,"将予以彻底粉碎"。② 东条承诺给菲律宾和缅甸的"独立",但必须充当日本的附庸,自我戳穿了"亚洲解放"的谎言。

1942 年 1 月 18 日,轴心国集团在柏林签订《德日意军事协定》,划分三国作战范围和各自的势力范围。日本得到的份额包括"东经 70 度以东至美洲西海岸的海域以及该海域的大陆和岛屿(澳大利亚、荷属东印度、新西兰)",③太平洋成了日本的内湖,还搭上了大洋洲。如何支配如此庞大的帝国"家业",令日本政府颇费了一番心思。

11 月 1 日,东条内阁公布《大东亚省官制》,废止拓殖省、兴亚院等殖民机构,吸纳外务省的部分权限,将侵华战争以来占领地区的所有殖民事务通归于大东亚省,专事管理"大东亚共荣圈"。在新设的 4 个局当中,"总务局"负责"策划有关大东亚地区的重要政策和有关省务综合调整事项"等;"满洲事务局"主管"有关满洲国的对外政策事项",监督"按照特别法令所设立的法人业务事项"、"有关满洲移民殖民及满洲拓殖事业"、"对满文化事业"等。"中国事务局"、"南方事务局"所主管的事项,

---

① 外务省编『日本外交年表並主要文書下卷』、576—577 頁。

② 外务省编『日本外交年表並主要文書下卷』、577 頁。

③ 日本国際政治学会太平洋戦争原因研究部編『太平洋戦争への道:開戦外交史 別卷 資料編』、朝日新聞社、1963 年、616 頁。

与"满洲事务局"大同小异,集中殖民统治的各种权力。① 大东亚省与占领军司令部、宪兵队、警察局配套,构筑日式殖民的恐怖统治。

为给侵略战争披上"解放亚洲"的外衣,1943 年 1 月 9 日,驻汪伪的"大使"重光葵和汪精卫分别代表日本、汪伪政府,签订"交还租借及撤销治外法权等之协定"。美英两国对日本此举的目的心知肚明,11 日,美、英两国分别与中国另签新约,废除了旧的不平等条约。3 月 10 日,大本营、政府联席会议通过的《缅甸独立指导纲要》对缅甸"独立"作出了各种规定。其中最重要的是"按照皇道大义建设新缅甸,使之成为大日本帝国为盟主的大东亚共荣圈的一环";日本人"负领导责任",在政治上建立"领导者国家"、在军事上"与帝国之间完全协调"、在经济上"服从大东亚经济建设计划"和"适应于帝国政策"等。②

5 月 29 日,大本营、政府联席会议通过《大东亚政略指导大纲》,强调"进一步整备并强化以帝国为核心的大东亚各国、各民族相互团结的政治态势,以坚持指导战争的主动性,对应世界形势的变化"。大纲分别对伪满、汪伪、泰国、缅甸、菲律宾以及马来半岛、爪哇等占领地提出不同的政策,准备在东京举行"大东亚会议",宣布建成"大东亚共荣圈"。③

6 月 26 日,大本营、政府联席会议通过《菲律宾独立指导纲要》,强调"必须使菲律宾迅速具备能与帝国和泰国紧密结成一体,完成大东亚战争所需的物质与精神两方面的力量"。④ 7 月 31 日,驻南京的日本"大使"谷正之与汪伪政府"外长"褚民谊签订条约,取消了日本人的关税特权和领事裁判权。8 月 1 日,日本与缅甸签订"同盟条约";10 月 14 日、31 日,先后与菲律宾、汪伪政府签订了类似的条约。10 月 23 日,承认了"自由印度"。可见,服从战争的需要,成了日本恩赐"独立"的首要目的。其前提是必须遵奉日本"八纮一宇"的"皇道大义",接受日本的指导和军

---

① 外务省编『日本外交年表並主要文书下卷』、577—579 页。

②《日本帝国主义对外侵略史料选编(1931—1945)》,第 422—424 页。

③ 外务省编『日本外交年表並主要文书下卷』、583—584 页。

④《日本帝国主义对外侵略史料选编(1931—1945)》,第 435 页。

事占领,与"大东亚战争"共命运。

11月5日,东条英机纠集南京伪国民政府行政院长汪精卫、伪满洲国总理张景惠、泰国总理銮披汶的代表汪·怀塔耶功、菲律宾总统劳雷尔、缅甸元首巴·莫、"自由印度"临时政府的总理鲍斯等傀儡政权的头面人物,在东京举行"大东亚会议",宣布建成"大东亚共荣圈"。6日,会议按照东条事先定下的调门,发表了《大东亚共同宣言》,把日本发动的侵略战争美化成"从美英的桎梏中解放大东亚,实现自存自卫"。宣言还提出"建设共存共荣的秩序"、"确立大东亚亲睦友谊"、"弘扬大东亚文化"、"增进大东亚繁荣"、"贡献于世界的发展"等五条纲领,共同"建设大东亚"。① 尽管宣言标榜"解放大东亚",但如巴·莫所言,与会的各代表团均须接受日本官员的指导,整个会议的日程早由日本人安排妥当,不允许有任何改动。②

为在军事、外交上对日反制,11月22日至26日,美国总统罗斯福、中国国民政府主席蒋介石、英国首相丘吉尔聚会开罗,举行峰会。在起草会议宣言的事务性谈判中,英国代表副外相贾德干对中方宣言草案关于"日本由中国攫取之土地","例如满洲、台湾"等,"当然应归还中国"等措辞十分敏感并表示质疑。③ 中方代表、国防最高委员会秘书长王宠惠坚持宣言必须明确东北和台湾的归属,得到美国代表哈里曼大使的支持。④ 围绕草案"使朝鲜成为一自由与独立之国家"的表述,中方同英方展开争辩并达成妥协。12月1日,《开罗宣言》发表。对争论问题的最终表述是:"使日本所窃取于中国之领土,例如东北四省、台湾、澎湖群岛等,归还中华民国"。同时宣布:"我三大盟国稔知朝鲜人民所受之奴隶待遇,决定在相当时期,使朝鲜自由与独立。"⑤

---

① 外务省编『日本外交年表並主要文書下卷』,594页。
② F.C. 琼斯等:《1942—1946年的远东》(上),上海译文出版社,1995年,第143页。
③《会议公报草案》,台北"国史馆"特种档案第39卷,国际重要会议·开罗会议。
④《王宠惠报告开罗会议经办事项纪要》(1943年11月25日),台北"国史馆"特种档案第39卷第3目,第33、34、35页。
⑤《新华日报》1943年12月3日。

实际上，"大东亚共荣圈"是日本"独荣"的封闭性殖民圈。在"八纮一宇"的名义下，按照确保日本优势地位的原则和继续侵略战争的需要，恣意支配"帝国资源圈"。台湾和朝鲜半岛是提供战争资源、能源和兵源的基地。在台湾，至1934年，建成总督府所属发电厂11所，民营发电厂139所。[1] 1940年总发电量约为27万千瓦，1943年增加到36万千瓦，[2]利用台湾充足的水力、煤炭资源和廉价劳动力，榨取超额利润。南日本化学工业、旭电化工业、台湾水泥株式会社、石油精炼构成的高雄工业地带，与日本制铝、东洋电化、东邦金属冶炼、台湾电化和盐水港制糖株式会社构成的基隆—花莲港工业地带，南北对应，生产军工用品，为日本侵略战争服务。

在朝鲜总督府对日企提供优惠政策，三井、三菱、住友、古河、野口等新老财阀纷至沓来，建立兴南化肥、朝鲜煤炭液化、本宫大豆化学、朝鲜氮素火药、朝鲜石油等株式会社。1937年，朝鲜总督府实施《制铁事业法》，为财阀扩大殖民开发的规模提供资金补助、开设工厂、产权转让等便利。其中，日本制铁株式会社控股的兼二浦制铁所、清津制铁所等企业，构成朝鲜半岛钢铁工业的骨干，生产制造重武器的钢材。同时实施的《朝鲜产金令》将朝鲜人经营的大榆洞、云山等金矿转让给日本产业振兴株式会社，由总督府提供各种优厚补贴，推广机械化采金技术、修建矿山道路，增产侵略战争所急需的黄金。日资金矿普遍存在工资低廉、劳动时间长和劳动保护条件恶劣等问题，矿难事故造成朝鲜矿工的大量伤亡。

军事镇压与精神奴役紧密结合，"皇民化"运动甚嚣尘上。1937年4月，台湾总督府加快实施"皇民化"政策，鼓吹"报国精神"。限制台湾人讲汉语，取消报刊中的汉文栏目，同时，强制推行日语，推广"国语（日语）家庭"并改用日本人姓名等"皇民化"举措陆续出台。1938年8月，设立

---

① 升味準之輔『東アジアと日本』、東京大学出版会、1993年、411頁。
② 小林英夫『「大東亜共栄圏」の形成と崩壊』、御茶水书房、1992年、426、427、429頁。

"国民精神研究所"。1940年4月,组织"勤行报国青年队"。1941年4月,建立"皇民奉公会",其宗旨是"翼赞大政,齐心实践臣道,以确立高度国防国家体制,进而向总力决战迈进";强调该协会"是与总督府表里一致的特殊团体"。[①] 在总督府的支持下,"皇民奉公会"在全岛设置了6.7万个基层组织"奉公班",鼓吹"翼赞台湾一家",将台湾变成"大东亚共荣圈"中不可缺少的重要环节。[②] 22万台湾青壮年被征入伍,到东南亚和中国华南战场充当炮灰,战死者达两万七八千人。[③] 1944年,日本将1901年建立的台湾神社升格为台湾神宫,享受官币神社的待遇。1945年3月,日本在台湾推行征兵制。作为交换,帝国议会在众议院留出5个议席来安排台湾籍议员,林献堂等二人则被敕选为贵族院议员。

早在1925年10月,朝鲜总督府即在汉城修建官币大社"朝鲜神宫",祭祀"天照大神"和明治天皇,加紧精神上的"归化"。1937年4月,总督府召集道知事会议,通过包括"国体明征"、"内鲜一体"在内的"五大政纲",启动"皇国臣民化"运动。7月,总督府在朝鲜设立"爱国日",强制朝鲜人参拜神社,穿用和服、木屐,推进日本人化。10月,颁布《皇国臣民誓词》,强制朝鲜人背诵"我等皇国臣民,将以忠诚报答君国",以及"互相信爱合作,以加强团结","忍苦锻炼,增强体力,以宣扬皇道"等魔咒,[④]彻底泯灭朝鲜人的民族意识。

1940年2月,朝鲜总督南次郎在"皇纪"2600年的"纪元节"发表谈话,宣称通过实施"姓氏共通"、"内鲜通婚"和"内鲜结亲"等措施,实现"在不久的将来,全体半岛民众如同往昔渡航的半岛人,形貌皆得以皇民化"。[⑤] 以"创氏改名"为新噱头的"皇民化"运动由此启动。6月,总督府出版"日鲜同祖论"的《朝鲜史》。10月,勒令使用谚文的《东亚日报》和

① 小林英夫『「大東亜共栄圏」の形成と崩壊』、297—298頁。
② 小林英夫『「大東亜共栄圏」の形成と崩壊』、298頁。
③ 升味準之輔『東アジアと日本』、412頁。
④ 依田憙家:《日本帝国主义和中国(1868—1945)》,北京大学出版社,1989年,第359页。
⑤ 歴史学研究会編『日本史史料』(5)現代、119頁。

《朝鲜日报》停刊；对改用日本姓氏的朝鲜人给予优待，刁难并处罚抵制者。至 8 月，80％的朝鲜人改用了日本姓氏。"创氏改名"，可谓日本殖民主义的一个发明。灭其国，改其史，役其身并夺其心，同化与奴化并行，无所不用其极。

在"皇民化"的名义下，1938 年 2 月，朝鲜总督府发布《朝鲜人陆军特别志愿兵令》，征召朝鲜青年当兵。7 月，总督府策划成立"国民精神总动员联盟"，在"举国一致、坚忍持久、尽忠报国、内鲜一体"的口号下，[1]实施战时总动员。1939 年 10 月，发布《国民征用令》，向日本强行输入朝鲜劳工。太平洋战争期间，日本对朝鲜愈加滥征滥用。1942 年 5 月，推行"米谷 1 000 万石增产计划"，紧急征集军粮；11 月制定《扩充生产力实施纲要》，全面增加劳动强度。1943 年 7 月，实施"海军特别志愿兵制度"；8 月全面推行征兵制，10 月实行学生兵制度，把青年学生驱入侵略战争。1944 年 8 月，公布《全体男子征用令》《女子挺身队劳动令》。实际上，"女子挺身队"不过是日本官方强制推行性奴隶"慰安妇"制度的代名词，朝鲜妇女饱受非人的摧残。

在中国、东南亚占领区，同样推行奴化政策。1940 年 5 月，天皇裕仁邀请伪满"皇帝"溥仪访问东京，带回"神器"，在伪都"新京"伪"皇宫"的东南角建起一座祭祀"天照大神"的"建国神庙"。为此，溥仪还颁发"国本奠定诏书"，宣称祭祀"天照大神"将"世为永典"，"令朕子孙万世祗承，有孚无穷"。[2]　在东南亚，日本对直接统治的新加坡、马来半岛、爪哇等地加紧日式同化。参照东京靖国神社，在改名为"昭南岛"的新加坡的武吉知马山上建起"昭南神社"，享受官币神社的资助和祭祀。大大小小的神社密布前英荷殖民地，每日均召集当地居民，包括小学生遥拜东京皇宫，背诵"臣民誓词"，强制推进"皇民化"。

占领当局还着手建立提供性奴服务的"慰安所"，摧残当地妇女。

① 小林英夫「「大東亜共栄圏」の形成と崩壊」、281 頁。
② 溥仪：《我的前半生》，群众出版社，1964 年，第 367 页。

1938 年 6 月 27 日，华北方面军参谋长冈部直三郎下达《关于军人、军队对居民行为的注意事项通知》，对在各地频繁发生的日军强奸行为导致"危害治安，妨碍军队的作战行动"忧虑重重。冈部警告对此不作为的军官即为"不忠之臣"，要求各地占领军"尽快完善对军人的性的慰安设施"。① 随即，在华北出现大量"慰安所"，数以万计的中国妇女沦为性奴隶"慰安妇"，受害一生。此类情况在中国华东、华南，以及东南亚也屡见不鲜，凸显了日式殖民统治的残忍和野蛮。

以"解放亚洲"的名义，虐待、屠杀当地抗日人士和战俘成了日军建立统治秩序的常用手段。1942 年，在马尼拉攻城战结束后，日军残杀42 076 名军人和市民；在新加坡，为报复华人组成南洋机工队、捐款支援中国抗战和参加义勇队抗击日军登陆，第 25 军司令官山下奉文下令，抓捕数万华人，至少约 5 000 名华侨被害。② 1942 年 11 月至 1943 年 10 月，日军驱使 18 万余缅马泰印尼人、华人和 6 万余英美澳荷等国战俘，不分昼夜地修筑自缅甸丹彪则至泰国北碧府，全长 414 千米的泰缅铁路。由于奴隶式的役使、超强度的劳动、严重营养不足和疾病流行，特别是日军的虐待，在不到一年的施工期间，筑成战俘死亡率高达 23％或41％，死亡 4.2 万或 7.2 万人的"死亡铁路"。③ 在越南，由于日军的野蛮搜刮，加之天候不调，造成 1944—1945 年冬春之间骇人听闻的大饥荒，越南全国 200 余万居民死于饥饿；2 000 余名抗日志士遇害。日据期间，越南人口的 1/7 死于非命。④

三、如此"共存共荣"

"大东亚共荣圈"的各地区，"共存共荣"的口号成了日本实施超经济掠夺和榨取的遮羞布。在中国东北，1936 年 12 月，"满洲兴业银行"设

---

① 歴史学研究会編『日本史史料』(5)現代、124 頁。
② 大畑篤四郎『近代の戦争 7』、26 頁。
③ 吉川利治：《泰缅铁路》，同文馆，1994 年，第 114 頁。
④ 歴史学研究会編『日本史史料』(5)現代、123 頁。

立,向工业企业融资,为军火生产提供资金支持,关东军特务部和"满铁"经济调查会制定《满洲国经济建设纲要》,全面掠夺和榨取东北地区的资源和人力。1937年5月,关东军陆军部制定了第一个《重要产业五年计划纲要》,计划到1941年的期间内,首先发展军械、飞机、汽车、钢铁、燃料、制铝、造船工业等13种与军事关系密切的产业部门,以备"有事之日",[①]将中国东北变为扩大侵华战争和对苏战备的基地。

太平洋战争爆发后,伪满洲国的钢铁、煤炭、谷物等物资源源不断地输往日本。1941年12月,制定的第二个"五年计划",也按照日本侵略战争的需要,进行了紧急调整,确保对日本的战争物资供应。其中,粮食集中输出日本,造成当地中国居民的经常性饥荒,苦涩难咽的"杂合面"成了东北人民日常的口粮。1942年11月,伪满洲国政府公布《国民勤劳奉公法》,驱赶青壮年劳动力从事无偿繁重体力劳动,修筑地下工事或军火工厂,工程竣工后多以保守军事机密为由,残忍杀害施工人员。12月,公布《学生勤劳奉公令》,强迫在读的学生从事各种义务劳动。从物力到人力,将伪满洲国变成日本战争机器的重要组成部分。

在华北、华中、华南等被占领的地区,日军武力推行"以战养战"方针,实行经济掠夺。其举措主要包括:

(1)实施以"统一币制"为中心的金融掠夺。起初,通过接管河北省银行并由日本资本加以控制,以其发行的货币逐渐取代中国中央银行券。七七事变后,随着华北等广大地区的沦陷,"统一货币"的步伐加快。1938年3月,由横滨正金银行、朝鲜银行、"满洲中央银行"出资,成立了"中国联合准备银行"("联行"),日本动用军队的镇压力量,强行发行"国币"联行券。

在华北推行的经济掠夺政策,随着日本军队侵入华中、华南地区而在新占领区推行开来,着重推行掠夺性的金融货币政策。1940年3月,汪伪傀儡政权在南京建立。在确保日本金融资本绝对控制的前提下,

---

① 《日本帝国主义对外侵略史料选编(1931—1945)》,第94、95页。

1941年1月,设立伪央行"中央储备银行"。12月,太平洋战争爆发后,日军接管设立在上海租界的美英系和蒋系银行,转由正金、三井、三菱、住友、台湾、朝鲜银行等日本金融资本经营。日伪当局合作,取缔法币,仅流通军票和汪伪央行的储备券,造成军票和伪币泛滥,金融秩序混乱不堪,埋下了日本战败后中国通货膨胀的祸根。

（2）设立新的国策公司,推行殖民地经济开发。1935年12月,在"满铁"、关东军与中国驻屯军的策划下,以野村系新财阀资本为基础,在大连成立触角遍及华中、华南的"兴中公司"。其业务范围包括充当对华贸易的代理和中介,经营在华各种经济事业及其投资。1938年11月,兴中公司的业务随着侵华战争的升级而急剧扩大,开办华北开发株式会社、华中振兴株式会社等新公司,其下属公司遍及华北、华中、华东等占领地区的大小城市。华北开发株式会社接管并承办煤炭质量适于冶炼钢铁的井陉、正丰、中兴、开滦煤矿,实施掠夺性开采,其子公司华北交通株式会社,垄断京津至晋豫的铁路线,在沿线组织"铁路爱护村",强制当地村民护路,保证军事运输的畅通。华中振兴株式会社以经营水陆运输、电气、水产和矿产为主,拥有华中铁路、华中轮船、上海内河汽船、华中蚕丝、华中矿业等多家子公司,实施对中国华东、华中地区的经济掠夺。住友、三井、三菱等老财阀利用"军财抱合"合作体制,竞相控制上述产业部门的经营权,大发战争财。

（3）执行军事优先的产业方针。1936年2月,中国驻屯军制定《华北产业开发指导纲要》,规定驻屯军司令部接管中国产业,掌握产业的分类和布局,确保日本资本对国防资源部门的绝对控制。1937年7月,全面侵华战争爆发,兴中公司立即制定为军队服务的运营方针:"立足创业的大使命,体会军队的意愿,伴随战局的进展,扩大活动范围,经常追随第一线战斗部队,配合占领地区的经济工作,保护、管理各种经济机构和设施乃至运营","确保战果和维持地方治安"。① 至1939年4月,兴中公

---

① 小林英夫『「大東亜共栄圏」の形成と崩壊』、183頁。

司经营军方所委托的 40 余家公司,涉及煤矿、电气、制铁、铸造、制陶、石灰石等行业。

(4) 将华北地区的劳动力强制输送东北和日本。1938 年 1 月,伪满洲国和"满铁"等共同出资,建立"满洲劳工协会",招收、训练和配置东北与华北占领地区的劳工。1941 年 7 月,又成立日军控制下的"华北劳工协会",将抽调、抓捕来的青壮年,包括部分战俘送入"劳工教习所"。经过一番所谓"培训"后,用火车运往关外,从事采矿、筑路或修建永久性工事等沉重劳动。1937—1942 年,日军在山东、河北等地抓捕并运往东北的青壮年劳动力高达 569 万人。① 中国劳工受尽人身侮辱,加之工资低廉、工头残暴、劳动条件恶劣和工伤事故不断,造成大批伤亡。

另外,由于战争规模不断扩大,日本国内从事重体力的劳动者大量缺乏,中国劳工成了从事奴隶劳动的补充。1943 年 4 月至 1945 年 5 月,从中国各占领地区掳掠劳工,包括战俘共 169 批、41 762 人。押解途中,非正常死亡 2 823 人,运抵日本者 38 939 名。这些中国劳工被押解至各个工厂、矿山,从事重体力劳动。其间,劳动死亡率为 17.5%,加上受伤者,伤亡率高达 36.7%。②

对地域辽阔、物产和资源丰富的东南亚地区,日本早已垂涎三尺。1939 年 10 月,企划院决定"将东亚大陆和南方各地进入我之经济圈";1940 年 7 月,应对即将南进的形势,企划院强调政治、军事要素,即"扩充帝国在东南亚、南方地区的政治经济势力圈",采用"经济力量和武力为基础"的两手政策。③ 1941 年 11 月 15 日,大本营、政府联席会议形成《关于促进结束对美英荷蒋战争的草案》,强调"帝国迅速实行武力战争,击灭美英荷在南太平洋的根据地","占领重要资源地区和交通线",突出武力夺取的方针。20 日,大本营、政府联席会议制定《南方占领地区行政

---

① 中国抗日战争史学会、抗战馆编:《日军侵华暴行实录》(一),北京出版社,1995 年,第 479 页。
② 中国抗日战争史学会、抗战馆编:《日军侵华暴行实录》(一),第 475、476 页。
③ 中村隆英[ほか]編集解説『現代史資料 43 国家総動員 1(経済)』、みすず書房、1970 年、172 頁。

实施要点》,确定"对于占领地区,目前实施军政以有利于恢复治安,迅速获得重要国防资源,确保作战部队的自给"。① 26 日,日本陆军与海军达成协议,陆军占领香港、菲律宾、马来半岛、爪哇、缅甸等地,海军占领摩鹿加群岛、俾斯麦群岛、新几内亚、瓜达尔卡纳尔岛等地,各自实施军政。

1942 年 1 月 20 日,东条内阁通过《关于处理南方经济的文件》,强调对东南亚经济政策的根本方针在于满足战争需要的各种资源。2 月 21 日,大本营、政府联席会议规划了"帝国资源圈"。其中规定"帝国资源圈为日本、满洲、中国即西南太平洋地区";"澳洲、印度等地是它的补给线",目的是使"帝国的战斗力获得划时代的充实扩大"。计划在今后 15 年内,掠夺各种战略资源,具体目标包括铁矿石为 6 000 万吨、焦炭为 1.2 亿吨、煤炭为 2 亿吨、铝为 60 万吨、铝矾土为 260 万吨、石油为 2 000 万吨等;还包括中国东北和关内的大米、澳大利亚的小麦、印度的棉花和澳大利亚的羊毛等。②

在具体执行方面,大本营和东条内阁将泰国和法属印度支那地区列为"乙类地区",而将前美英荷的殖民地菲律宾、马来半岛、缅甸、爪哇等地列为"甲类地区"。两类地区,举措不同。1942 年 9 月 27 日,大本营、政府联席会议制定《对泰国经济措施纲要》,强调"为完成大东亚战争"和"建立有关大东亚经济基础",泰国的经济"均须由帝国给予指导"。在金融上,设立中央银行,确立日本"对泰国金融的指导",促进日本金融、保险业"在泰国进行有统制的积极投资",使之成为"大东亚金融圈的一环"。在交通通讯上,日泰合办的海运公司垄断海运,连接泰国与法属印度支那的铁路。国际交通通讯"原则上均由帝国掌握"。在产业上,其指导"须符合大东亚共荣圈的地区规划";增加泰国农业、林业、畜产、矿产物资的产量,确保和补充"大东亚共荣圈的必需物资",特别要保证"米的供给"。在贸易上,泰国在"大东亚共荣圈"内的贸易,"须依照帝国早已

---

① 外务省编「日本外交年表並主要文书下卷」、560—562 页。
② 《日本帝国主义对外侵略史料选编(1931—1945)》,第 394—396 页。

规定的交流计划,采取措施,保证其实施",圈外的贸易,"须事先取得我方的谅解"等。①

1943 年 6 月 12 日,东条内阁通过《南方甲地区经济对策纲要》。其中对前美英荷殖民地的"甲类地区"作出多种规定,包括:(1) 建立中央集权式殖民开发体制。(2) 战略资源即"南方特产资源"首先"满足大东亚圈内及轴心国需要"。(3) 日本企业家掌管所有农林水畜资源开发的技术指导、加工经营,当地提供人力和物力;(4) 日本掌握经济控制权,"建立以帝国为核心、各地区相互协作为基础的金融圈";"重要物资的交流,以我国物资动员计划为依据,按贸易计划有计划地实行";"对轴心国的物资供应,根据中央的决定"进行,运送物资的船只由陆海军提供。②

在"共存共荣"的名义下,日军强迫中国占领区的农民种植罂粟,生产鸦片,兼谋榨取暴利和摧残中国人身心的双重目的。在东南亚地区,生产水稻的农田改种棉花和黄麻。缅甸的稻田面积在日军占领前为 1 240万英亩,产量达 700 万吨,1943—1944 年水稻的种植面积减少到 720 万英亩,稻米总产量为 300 万吨,造成了缅甸的米荒。③ 在菲律宾,传统的甘蔗田和烟草田,被强行改种棉花和亚麻。惨遭同样处理的还有爪哇、马来半岛的胡椒、椰子、咖啡、茶叶农场。

在上述占领地区,日军按在中国占领区实行过的举措如法炮制,诸如实行特高课的宪兵队严酷管制、接管当地的金融机构并发行军票、实施经济掠夺、扶植傀儡政权等。在菲律宾,占领军司令部找出马尼拉市长巴尔噶斯充当行政长官,在内务、财政、司法、农商、教育等政府各部门,安插掌握实权的日本指导官或辅佐官,成立菲律宾的傀儡政权。在缅甸,占领军司令部留用前殖民地机构人员,并任命巴·莫担任伪政府的元首。在马来半岛和爪哇,则从日本派遣管理人员直接进驻旧殖民统治机构。实际上,"大东亚共荣圈"不过是取代美英荷旧殖

①《日本帝国主义对外侵略史料选编(1931—1945)》,第 398—401 页。
②《日本帝国主义对外侵略史料选编(1931—1945)》,第 402—410 页。
③ 贺圣达:《缅甸史》,人民出版社,1992 年,第 424 页。

民统治的日本式殖民圈,与东京自吹自擂的"解放亚洲"、"共存共荣"风马牛不相及。

第三节　帝国末日

一、日军丧失战场主动权

1942年4月18日,大本营制定作战计划("MO作战"),准备以5月10日为期,夺取新几内亚的莫尔兹比港和所罗门群岛的图吉拉岛,摧毁美军航母舰队,切断澳大利亚海上交通线并将美军逐出南太平洋。第4舰队司令官井上成美中将奉命兵分两路,实施攻击。一路由高木武雄中将率领拥有125架舰载机的"翔鹤号"、"瑞鹤号"航空母舰和3艘重巡洋舰、6艘驱逐舰,自特鲁克岛出发,伺机攻击美国舰队。另一路由原忠一少将指挥轻型航空母舰"祥凤"号及4艘重巡洋舰、1艘驱逐舰驶离拉包尔,掩护攻击莫尔兹比的登陆部队。美军事先破译了日军的作战计划,太平洋战区盟军总司令C. W. 尼米兹海军上将从容部署。美第17特混舰队司令F. J. 弗莱彻少将指挥由"约克城号"、"列克星敦号"等2艘航空母舰和5艘巡洋舰、9艘驱逐舰以及140余架舰载机与英国皇家海军少将克雷斯指挥的第44特混舰队组成的强大机动力量,在珊瑚海水域迎击日军。

5月3日,日军占领图吉拉岛。4日,美军空袭该岛,第17特混舰队前来攻击,击沉日军4艘驱逐舰。井上指挥失当,命令驶往莫尔兹比的原忠一舰队向北回撤,集中力量击溃美国舰队。7日,美军舰载机猛烈攻击北撤的原忠一舰队和登陆船队,击沉航母"祥凤号",击落多架护航的零式战斗机。美国补给舰队受到攻击,损失运油船和驱逐舰各1艘。8日,美日舰队在珊瑚海水域展开海空激战,双方竞相出动舰载机猛攻对方舰队。美军航母"列克星敦号"被炸沉、"约克城号"被炸伤,损失战机66架,水兵543名战死;日军航母"翔鹤号"被直接命中3颗炸弹,飞行甲板被毁,失去战斗能力,加上受伤的"瑞鹤"号,损失战机 77 架,阵亡士兵 1 074 名。① 日军遭到美军拦击,被迫推迟进攻莫尔兹比港,大本营作战意图落空,日军进攻势头受阻。珊瑚海之战,是海战史上首次由舰载机展开对攻的海空大战,显示了海上机动集群的强大威力。

在制定"MO 作战"计划的同一天,4 月 18 日,美国陆军航空队中校 J. 杜立特亲率 16 架 B—25 轰炸机,从航母"大黄蜂号"上起飞,不计代价,突袭东京、名古屋、大阪和神户等 10 个地点,造成伤亡 450 人、烧毁房屋约 300 户。东部军司令部在当天发表的消息,称轰炸只造成"我方轻微的损害",②但日本本土从此不再安全,惊恐氛围悄然扩散开来。

为报复美军空袭,提振士气,消除来自太平洋美军基地的威胁,5 月 5 日,日本大本营下达命令,攻击位于檀香山西北约 2 100 千米的美国海军航空兵基地的中途岛,试图一劳永逸地消除对日本国土防空安全的威胁。按照山本五十六南北呼应的计划,5 月 26 日、28 日,第 2 机动舰队、第 5 舰队执行"ML 作战"计划,先后从大凑海军基地出发,北攻侧翼战场阿留申群岛,吸引美军太平洋舰队北上;5 月 27 日,南云忠一指挥的由"赤城号"、"加贺号"、"飞龙号"、"苍龙号"4 艘航母和 2 艘战舰、3 艘轻重巡洋舰、16 艘驱逐舰、8 艘补给船组成的第 1 航母战队执行"MI 作战"计划,驶离广岛湾的柱岛基地,疾驰中途岛海域,伺机歼灭美军太平洋舰队主力。29 日,山本乘坐"大和号"战列舰,率领包括"凤翔号"航母、"长门号"、"陆奥号"号等 6 艘战列舰和 20 艘驱逐舰、2 艘轻巡洋舰在内的后援舰队,与近藤信竹中将指挥的由"瑞凤号"航母和 2 艘战列舰、10 艘轻重巡洋舰、21 艘驱逐舰、16 艘运输船组成的攻岛机动集群跟进,③准备重现偷袭珍珠港的"奇迹"。实际上,由于山本误判美军航母集群远在南太平洋海域,将攻岛突击集群随意地摆放在远离中途岛主战场的后方,作战

① 迈克尔·哈斯丘等著:《第二次世界大战决定性战役》,西风等译,中国市场出版社,2012 年,第 173—176 页。
② 歴史科学協議会等編『史料日本近現代史Ⅱ』、279 頁。
③ 大畑篤四郎『近代の戦争 6』、人物往来社、1966 年、304 頁。

力量被分散。与事先周密准备、集中攻击珍珠港相比,轻敌与傲慢导致山本等犯下了低级错误,即将吞食自酿的苦果。

相形之下,美军已破译日军密码,掌握其突袭中途岛的情报,占尽交战前的先机。太平洋舰队司令尼米兹调集斯普鲁恩斯少将指挥的由反潜航母"大黄蜂号"、攻击航母"企业号"和6艘巡洋舰、9艘驱逐舰组成的第16特混舰队,与弗莱彻少将指挥的由攻击航母"约克城号"、2艘巡洋舰、5艘驱逐舰组成的第17特混舰队,①在中途岛东北方海域布阵,迎击南云舰队。

6月5日7时,南云舰队4艘航母起飞的轰炸机、战斗机编队对中途岛展开第一波攻击。数十架老式美军作战飞机升空迎战,被零式战斗机击落击伤,但中途岛地面炮火猛烈,击落日军数架轰炸机,第一波攻击效果不佳。南云决定发动第二波攻击,4艘航母的甲板人员卸下将原本挂满的鱼雷,改装地面攻击炸弹。此时,水上侦察机报告发现美军舰群,飞行甲板上陷入忙乱,卸下炸弹,重装鱼雷。从美军"大黄蜂号"、"约克城号"等航母起飞的舰载雷击机和俯冲式轰炸机飞临南云舰队上空,展开轮番攻击,摆放在甲板上的挂弹飞机和炸弹、鱼雷大爆炸,"赤城号"、"加贺号"、"苍龙号"3艘航母先后沉没。航母"飞龙号"勉强反击,出动舰载机重创"约克城号",旋遭24架美机的围攻而沉没。② 在美军战机持续的空中打击下,南云舰队损失全部4艘航母、242架舰载机,多艘巡洋舰、驱逐舰被击沉、击伤,特别是110名有实战经验的飞行员殒命大海,③致使联合舰队元气大伤。远在500海里处指挥作战的山本接到败报,下令撤离。美军赢得中途岛之战的决定性胜利,太平洋战场的主动权发生逆转。

在侧翼战场阿留申群岛,6月4日,日军第2机动集群航母"龙骧

---

① 毕晓普、麦克博纳:《二战每日纪实》,第405页。

② 迈克尔·哈斯丘等著:《第二次世界大战决定性战役》,第182—187页。

③ 乔纳森·帕歇尔等:《断剑——中途岛战役尚不为人知的真相》,蒋民等译,上海世纪出版股份有限公司,2013年,第545页。

号"、"隼鹰号"的舰载轰炸机猛烈空袭美国荷兰港海军基地。7 日,海军陆战队占领无人防守的基斯卡岛。8 日,北海支队占领未设防的阿图岛。随即,岛上的日军成了美军 B—24 轰炸机编队的打击目标,损失惨重。山本南北呼应的图谋彻底破产。

6 月 14 日,大本营命令百武晴吉中将率领的第 17 军攻占新几内亚的莫尔兹比港,封锁美军在西南太平洋的反攻基地澳大利亚,夺回战略主动地位。为此,抢占所罗门群岛的瓜达尔卡纳尔岛(简称"瓜岛"),成为日军构筑拉包尔、图拉吉岛前进基地的关键步骤。6 月 16 日和 7 月 1日,大批日军工兵先后在瓜岛登陆,抢修机场。8 月 7 日至 8 日,美军第 1海军陆战师万余人在炮舰掩护下,经激战攻占图拉吉岛,顺利占领瓜岛,驱散日军工兵,接管即将竣工的机场,命名为亨德森机场。9 日,日军第 8 舰队与美澳联军舰队在萨沃岛展开海战,互有损失。10 日,大本营命令一木清直、川口清健等两个支队赶来增援,务求夺回瓜岛。18 日,只携带轻武器的一木支队主力 6 000 余人在瓜岛的泰武角登陆,试图夺回亨德森机场。21 日至 22 日,一木误以为美军不过 2 000 人,接连发动夜袭,遭到美军交叉火力的迎头痛击。① 因轻敌而屡遭惨败的一木清直大佐自杀,这个挑起卢沟桥事件的凶徒在瓜岛找到了最后的归宿。

大本营为夺回瓜岛,命令南云舰队与第 2、第 3 舰队南下瓜岛,增援瓜岛守军。8 月 24 日,南云舰队在发现美军机动舰群后,未敢决战,派出舰载机炸伤美军航母"萨拉托加号"和"企业号"。美军实施反击,击沉日军航母"龙骧号",南云只得命令舰队北撤。失去空中掩护的川口清健少将冒险率队向瓜岛进发,但运送登陆部队的舰船接连被美军战机击沉、击伤。29 日,川口支队一部夜间登陆瓜岛成功。31 日,川口支队的全部在瓜岛西北部登陆。9 月 3 日,美军飞机大举来袭,川口支队伤亡过半。一木支队的残部、仙台师团步兵第 4 联队第 2 大队和 1 个野炮中队奉命赶来增援。12 日夜晚,川口指挥拼凑起来的 5 个大队日军对美军亨德森

① 毕晓普、麦克纳博:《二战每日纪实》,第 414、418 页。

机场发起第一次攻击,遭到密集火力的痛击而败退。13 日傍晚,川口发起第二次突袭,一部分日军冲进机场并破坏了炮兵阵地,但随即被美军击溃,进攻再次失败。日军只能利用夜色掩护,派出高速驱逐舰掩护运输船队向瓜岛运送兵员和物资,但这些"东京快车"多数被"企业号"航母舰载机炸沉,运送效果有限。

9 月 18 日,美海军陆战队第 17 团的 4 300 人增援瓜岛,各类型号的作战飞机随即登岛。10 月 13 日,麦克阿瑟又调来陆军第 164 团,瓜岛的守备力量持续增强。日军参谋本部依旧试图夺占瓜岛。9 月 24 日,命令第 2、第 38 师团增援第 17 军。10 月 4 日,第 2 师团先期到达。24 日凌晨零时,师团长丸山正男下令夜袭亨德森机场,蜂拥而来的日军被美军猛烈的炮火击溃。丸山又在 25 日、26 日接连发动进攻,损失 3 500 余人,以惨败告终。乘坐 11 艘运输船赶来增援的第 38 师团,受到美军战机猛烈的空中打击,只有 4 艘运输船抵达瓜岛。尚未投入夺岛之战,师团长佐野忠义指挥的兵力损失已近 2/3,余部与丸山师团、川口支队的残兵汇合。至 11 月,登岛美军已达 5.8 万人,占据绝对优势,同时频频出动战机,猛烈轰炸日军阵地,切断海上运输线路。登岛日军丧失后方供应,大量饿毙,士气极其低落。12 月 31 日,御前会议只得决定撤离瓜岛。①

1943 年 2 月 1 日至 7 日,在战死、饿毙近两万人后,1.1 万日军残部在黑夜里撤离瓜岛。美军完全掌握了太平洋战场的主动权,开始了由南向北的战略反攻。环顾整个反法西斯战场,1942 年 11 月,英澳新联军在北非阿拉曼战役击败了纳粹德国隆美尔的非洲军团,美英联军将德意联军逐出阿尔及利亚和突尼斯。1943 年 2 月,苏军赢得斯大林格勒会战的决定性胜利。法西斯轴心国集团接连遭受沉重打击,身陷太平洋和中国战场的日军败局已定。

---

① 毕晓普、麦克纳博:《二战每日纪实》,第 419 页。

二、盟国持续反攻

1943 年 5 月，美国参谋长联席会议制定了"在太平洋展开全面攻势"，"将日军赶出阿留申群岛"，攻占南太平洋诸岛的作战计划，①开始了反攻。在北太平洋，5 月，美军第 7 师在海空军的掩护下，全歼日本守军，收复阿图岛。8 月，美军收复基斯卡岛，将日军逐出阿留申群岛，解除了对美国本土的威胁。

在西南太平洋，4 月，偷袭珍珠港、发动中途岛战役的海军大将山本五十六在前往所罗门群岛的途中，座机被事先侦知其行踪的美军战机击落，当场毙命。日本举国的士气受到沉重打击，东京的山本"国葬"在惶恐与凄惨中收场。6 月，美军第 3 两栖部队和美澳联军同时在新乔治亚群岛、新几内亚发起登陆作战，清除了盘踞在岛上的日军，在西南太平洋建立了向北推进的前进基地。11 月，美新联军对所罗门群岛中的最大岛屿布干维尔岛、吉尔伯特群岛成功实施登陆作战，大量歼灭日军有生力量，为 1943 年美军的进攻作战画上了圆满的句号。

1943 年 8 月，盟国举行魁北克会议，决定加强对轴心国的攻势。为贯彻会议精神，修筑从印度利多至中国昆明的中印公路（"史迪威公路"），重建国际援华西南陆路交通线，中美英军联合发起缅北攻势。1943 年 10 月，中国驻印军新编第 1 军孙立人所部第 38 师攻入缅北，在胡康河谷与据险顽抗的日军第 18 师团展开激战。12 月攻克于邦，廖耀湘率新编第 22 师随即投入战斗。1944 年 1 月，中国驻印军连克大自家、太洛等地。第 18 师团"在长时间连续作战后撤退中，官兵已极度疲劳。上衣破烂，衬衣撕碎，露出脊背；裤子已不成形，大腿、膝盖露在外边"，狼狈不堪；那些"拖着透底的皮鞋的步兵"，"身体瘦如枯柴"，②战斗力急剧下降。

---

① 富永謙吾［ほか］編集解説『現代史資料 39 太平洋戦争 5』(39)、みすず書房、1977 年、794 頁。
② 日本防卫厅防卫研究所战史室：《缅甸作战》下，第 38 页。

美国参谋长联席会议制定 1944 年作战计划,确定"沿新几内亚—荷属东印度—菲律宾轴线展开进攻,占领日本在南洋的委任统治地区;战略轰炸部队进驻关岛、塞班岛和提尼安岛,实施对日本本土的战略轰炸"。[①] 1944 年 2 月,美军全歼马绍尔群岛的日本守军,突破了日本在中太平洋的外围防御圈。3 月,英印军又在印缅交界地区的交通干线枢纽之地英帕尔平原,多次击退日军第 15 军的进攻。战至 6 月,第 15 军"对攻占英帕尔虽已绝望,但仍以坚持到底的精神继续绝望的攻击"。[②] 硬撑到 7 月初,日本南方军不得不命令损失惨重的第 15 军撤离英帕尔战区。

此一期间,中国驻印军与美英军在缅北战役中捷报频传,连克孟关、杰布山,并乘势攻入猛拱河谷,歼灭日军第 18 师团大部。8 月,击溃日军第 56 师团的抵抗,攻克缅北重镇密支那。10 月,中国驻印军修整两个月,孙立人继任新编第 1 军军长,廖耀湘任新编第 2 军军长,展开新一轮进攻。11 月,中国驻印军攻占八莫。1945 年 1 月,攻克南坎、芒友;2 月,攻克贵街、新维;3 月攻克腊戌、南都、西徐等临近中缅边境市镇,夺得缅北战役的胜利。中美工兵部队自印度利多修建的中印公路不断向中国境内延伸,作战物资源源而来。

1944 年 5 月,卫立煌指挥中国远征军发起滇西战役,策应缅北的反攻。第 20、第 11 集团军抢渡怒江,攻入滇西。6 月下旬至 7 月下旬,逐个清除日军在腾冲外围据点。8 月初,在美军第 14 航空队和地面炮火的支持下,第 20 集团军发起多次总攻击。至 9 月中旬,中国远征军收复腾冲,全歼守城日军。6 月,第 11 集团军对龙陵发起攻击。9 月,攻克松山的日军环形工事。11 月,中国远征军收复龙陵和芒市,毙伤日军 1 万余人,俘虏 260 余人,缴获步枪 1 700 余枝、轻重机枪 160 余挺和火炮 16 门。[③] 1945 年 1 月,中国远征军收复碗町,与驻印军会师;3 月,攻占腊戌,并在乔梅与英军会师,打通滇缅公路。至此,缅北滇西战役胜利结

[①] 富永謙吾[ほか]編集解説『現代史資料 39 太平洋戦争 5』、795 页。
[②] 日本防卫厅防卫研究所战史室:《缅甸作战》下,第 115 页。
[③] 军事科学院军事历史研究部:《中国抗日战争史》下卷,解放军出版社,2005 年,第 450 页。

束。中国军队以伤亡约 6.7 万余人的代价,击毙日军第 18 师团20 393 人,击毙第 56 师团17 895人,击毙第 33 师团15 022人,击毙第 55 师团 16 311人,共计击毙日军69 621 人。[①] 装备精良、斗志昂扬的中国军队的单兵作战能力,已等同或略超日军。

然而,在豫湘桂战场,日军却取得重大进展。1944 年 1 月,大本营下达《一号作战纲要》,试图打通大陆交通线,摧毁美军设置在中国的机场,接应被分割在东南亚的南方军,大量歼灭中国军队。华北方面军奉命进攻京汉线的第 1 战区,第 11 军进攻湘桂第 9 战区,歼灭前来增援的第 6、第 4 战区中国军队。为实施此一作战计划,日军动员规模空前,总共出动 51 万人的兵力,军马约 10 万匹、炮 1 551 门、坦克 794 辆、汽车 15 550辆。[②]

4 月,华北方面军展开攻击,连陷新郑、尉氏、荥阳;5 月,攻陷许昌、洛阳等地,经豫中会战,打通京汉线。日军第 11 军随即发动 3 路进攻,攻陷通城等地。6 月,攻陷长沙等地,国军第 10 军在衡阳与日军展开惨烈的拉锯战。7 月,日军攻陷茶陵、耒阳等地。8 月,衡阳失陷,为期四个月的长衡会战结束。同月,日军第 11 军、第 23 军发动柳桂作战。9 月,第 23 军攻陷清远、三水、佛山、梧州等地。11 月,第 11 军攻占桂林、柳州等地;第 23 军攻陷南宁。12 月,与北上的驻越日军会合,打通大陆交通线。豫湘桂会战是日军在整个侵华战争中一次性投入最大兵力的作战,实现了大本营的意图。国军在会战中损失近 60 万人,丢失国土 20 余万平方千米、大小城市 146 座,7 个空军基地和 36 个机场被占领,战灾波及6 000万居民。[③] 国军的大溃败严重削弱中国在盟国阵营中的地位。翌年 2 月,美英苏三国首脑举行商讨对日作战的雅尔塔会议,未邀请中国参加,私相授受中国的领土主权。

---

① 日本防卫厅防卫研究所战史室:《缅甸作战》下,第 216,217 页。
② 日本防卫厅防卫研究所战史室:《一号作战之二 湖南会战》上,天津市政协编译委员会,1984 年,第 6 页。
③ 军事科学院军事历史研究部:《中国抗日战争史》下卷,第 473 页。

　　在中南太平洋战区,美军反攻的速度加快。1944 年 6 月至 8 月,美军突击日军"绝对防御圈"的枢纽之地马里亚纳群岛。6 月 11 日,美军实施海上和空中猛烈打击,摧毁日军机场和岛上表面阵地。15 日,美军第 2、第 4 陆战师在塞班岛西海岸登陆,击退日军反扑,巩固滩头阵地。19 日至 20 日,美军第 5 舰队在马里亚纳海域与日军第 1 机动舰队展开激烈海战,击沉航母"大凤号"、"翔鹤号"、"飞鹰号",击伤其余航母和战舰,迫使日军舰队退出战斗。26 日,美军攻占塞班岛的制高点塔波乔山,日军中太平洋舰队司令官南云忠一、第 43 师团长斋藤义次等见大势已去,拔枪自杀。8 月 3 日,美军攻占提尼安岛。12 日,攻占关岛,马里亚纳群岛的守岛日军的最高军事长官、第 31 军司令官小畑英良自杀。11 月,第 1 陆战师、第 81 步兵师经反复苦战,占领贝劳群岛。至此,美军完全攻占马里亚纳群岛。对日本本土的战略轰炸迅即升级,东京、神户、大阪、名古屋等大都市成为美军 B—29 机群的集中轰炸的目标,街区被炸成废墟,一夕数惊,死伤惨重,人心惶惶。

　　"绝对国防圈"的崩溃,令战争狂人东条英机陷入困境。重臣会议要求追究其责任,准备走马换将。在天皇裕仁的默许下,近卫文麿、木户幸一等天皇侧近人物与伏见宫贞爱亲王、东久迩宫稔彦王、高松宫宣仁亲王等皇族成员联络军部,加紧幕后运作。迷恋权柄的东条密令宪兵对近卫等加紧窃听和跟踪,图谋在改造内阁的名义下,继续保留陆相一职。近卫、高松宫等愈加厌恶东条的"厚颜无耻",7 月 17 日,重臣会议决定让"人心丧尽"的东条内阁下台。18 日,东条内阁总辞职。米内光政、阿部信行、平沼骐一郎、广田弘毅等前首相以各种借口拒绝出马,号称"有手腕、有肚量"的"大信神家"陆军大将小矶国昭被指定为新首相,应对大厦将倾的残局。[①]

　　7 月 24 日,大本营制定《陆海军今后的作战指导大纲》,将菲律宾的决战列为"西南方面的作战重点",下达了与美军决一死战的"捷 1 号"作

---

① 矢部贞治『近衛文麿』(下)、弘文堂、1952 年、507、509、512 頁。

战命令。① 9 月 16 日,美国国务院和参谋长联席会议制定《迫使日本投降的策略》,以"形成海空封锁"、"实施集中轰炸"、"歼灭日本海空及海军兵力"为基本作战方针,"削弱日本的抵抗力和作战意志"。其中,规定了重大战役的完成时间,包括在 1944 年 12 月 20 日攻占莱特岛;1945 年 2 月 20 日攻占马尼拉,5 月占领琉球群岛,10 月攻入南九州,12 月占领关东平原。② 反攻菲律宾为击败日本的开局之战,兼具政治、军事、心理战的多重意义。

1944 年 10 月,在对菲律宾、台湾、冲绳的日军机场实施持续一个月的猛烈轰炸之后,西南太平洋战区总司令麦克阿瑟上将指挥兵力为 28 万的第 6 集团军,在 35 艘航母和 860 余艘各类战舰、运输船、潜水艇以及 2 500 架飞机的掩护下,反攻菲律宾。绰号"马来之虎"的山下奉文大将指挥总兵力为 35 万的日军第 14 方面军,迎战美军。联合舰队司令长官丰田副武率第 2、第 3、第 5 舰队,拥有航母 4 艘、战列舰 9 艘、巡洋舰 21 艘、驱逐舰 35 艘,潜艇 17 艘予以配合,陆军第 4 航空队和海军航空队提供空中支援。③ 双方的海空武器装备的差距明显,决定了战役的结局。

10 月 17 日,美军攻占莱特湾口的外岛,开始了反攻菲律宾的第一阶段作战。20 日,美军第 10、第 24 军的 4 个师在哈尔西上将指挥的第 3、第 7 舰队的火力支援下,在莱特岛东岸抢滩成功,麦克阿瑟率领幕僚涉水登陆,宣布重返菲律宾。按照联合舰队司令长官丰田副武制定的"捷 1 号"作战方案,18 日,日军第 2 舰队从北婆罗洲林邦港北上;20 日第 3 舰队自濑户内海、21 日第 5 舰队自台湾马公南下增援。在美军潜艇和舰载机的不断攻击下,先期到达菲律宾海域的第 2 舰队元气大伤,重巡洋舰"爱宕号"、"摩耶号"先后沉没,"高雄号"丧失战斗力。25 日,美军第 7 舰队与日军第 2、第 5 舰队在莱特湾海域展开激战。美军损失护航航母"冈比亚湾号",驱逐舰"约翰斯顿号"、"赫尔号",击沉号称"永不沉没"的日

① 富永謙吾[ほか]編集解説『現代史資料 39 太平洋戦争 5』、783 頁。
② 富永謙吾[ほか]編集解説『現代史資料 39 太平洋戦争 5』、797 頁。
③ 军科院外军部:《中国军事百科全书·世界战争史分册》(中),第 574、575 页。

军巨型战列舰"武藏号",重创"铃谷号"、"筑摩号"、"鸟海号"等重巡洋舰,击伤超级战列舰"大和号",日军舰队向北败退,驶回日本。在恩加尼奥角海域,美军第3舰队击沉日军第3舰队的航母"千岁号"、"瑞凤号"、"瑞鹤号"、"千代田号"及多艘战舰。至此,日本海军的主力舰丧失殆尽,守岛日军处境狼狈。

在莱特湾海战中,日军编组"神风特别攻击队",推广用人体炸弹飞机撞击美舰的"特攻战法"。10月15日,狂信"精神力量"足以扭转战局的菲律宾克拉克基地航空指挥官有马正文少将,率先率领多架战机对菲律宾东部海上的美军舰队发起自杀式攻击。虽收效甚微,但大本营对其"身为司令官挺身而出"的"殊勋"大加褒奖,①刺激效应强烈。20日,号称"特攻之父"的第一航空舰队司令官大西泷治郎中将编成"敷岛"、"大和"、"朝日"、"山樱"等4个"特攻队",23名甲种第10期飞行预科练习生充当了首批"特攻"队员。② 25日,在4架战斗机掩护下,关行男大尉率"敷岛特攻队"的5架战机,各携带250千克炸弹自吕宋岛的巴拉卡特机场起飞,直扑聚集在莱特湾入海口的美国舰队群,其他各队的20余架"特攻机"随即跟进,作垂死一搏。结果,炸沉美军轻型护航航空母舰"圣罗号",击伤"苏旺尼号"、"桑加蒙号"、"基特昆湾号"等3艘轻型护航航空母舰和1艘轻型巡洋舰"圣菲号"。受此鼓舞的日军"至诚队"、"忠勇队"、"神武队"、"义烈队"、"神兵队"等又接连发起自杀式攻击。在此期间,人体鱼雷"回天"也派上了战场。这种兵器是在大型潜水艇里搭载4至5只长14.7米、直径1米、重8.3吨、战斗部塞满1.6吨炸药的微型潜艇,在接近目标时,由驾驶员操纵,脱离母艇,冲向敌舰并引爆炸药,③但实战效果有限。

战至11月,登上莱特岛的美军增至17.4万人,展开南北对攻。日军第1、第26师团和第68旅团紧急增援,第26师团的运兵船遭美机轰

---

① 大畑篤四郎『近代の戦争 7』、人物往来社、1966 年、211 頁。
② 渡辺大助『特攻絶望の海に出撃せよ』、新人物往来社、2009 年、60—61 頁。
③ 渡辺大助『特攻絶望の海に出撃せよ』、184—185 頁。

炸,近万人葬身鱼腹。登陆日军依托坚固的工事掩体拼死抵抗。美军使用坦克、火炮、火焰喷射器和海空打击力量,消灭顽抗的日军据点,摧毁日军补给船队。12月16日,美军攻占奥尔莫克港,切断了莱特岛日军的补给线。25日,美军以伤亡1.2万人的代价,击毙6.8万名日军,歼灭登岛增援的3个师团。① 美军攻占全岛,赢得第一阶段的胜利。

第二阶段的主战场转为吕宋岛。1945年1月9日,在实施3天的猛烈轰击后,美军第6集团军6.8万人的先遣部队在吕宋岛西北部的林加延湾登陆成功,集团军20万人陆续到达,与从西南方向攻入吕宋岛的美军形成南北夹击之势。驻守吕宋岛的28.7万人日军分成"尚武"、"建武"、"振武"等几个战斗集群,部署在马尼拉北部,实施顽抗。1月23日,美军第16坦克师登陆,摧毁日军重见伊三雄少将指挥的战车队。30日,美第8集团军第11军攻占圣安东尼奥,与南下的美第6集团军合围"建武"集群。2月3日,在菲律宾抗日游击队的协助下,美军第11空降师攻入马尼拉市区。26日,美军完全占领马尼拉。在轰炸机群和地面炮火的支援下,美军第6、第8集团军猛攻在卡拉巴略山脉、三描礼示山脉和马雷德山脉高山的日军阵地,迅速扩大战果。2月16日,美军出动装甲部队攻占巴丹半岛,26日攻占科雷希多要塞,围歼吕宋岛日军。美军随后陆续占领巴拉望、棉兰老、班乃、内格罗斯等菲律宾南部各大岛。7月5日,麦克阿瑟宣布反攻菲律宾作战胜利结束。实际上,躲进高山密林中的6万日本残军仍在顽抗,直到8月日本投降,才放下武器。在菲律宾战役中,数以万计的日军主力被歼,海空力量受到毁灭性打击,日本加快走向败亡。

在展开疯狂"特攻"的同时,1945年1月,陷入兵力、人力荒困境的日本最高战争指导会议通过《决胜非常措施纲要》,决定组成数十个朝鲜人师团投入战场,招收37万"志愿兵"和"学生兵"入伍。6月,发布《国民义勇兵役令》,将15—60岁的朝鲜男子和17—40岁的女子均纳入应征的

① J.克劳福德:《席卷太平洋》,165页。

范围内。1939 年至 1945 年 8 月战败，被强行押往日本的朝鲜劳工累计724 687人。其中，342 620人在煤矿，67 350人在金属矿山，108 644人在土木建筑工地，206 073人被驱往军火、造船等类工厂，在不同部门从事超强度的奴隶劳动。①

2 月 19 日，在对日军表面阵地实施连续 3 天的密集轰击后，美军陆战第 4、第 5 师在海空火力支援下，对小笠原群岛南部的硫磺岛进行登陆作战。美军迅速在东南海岸建立滩头阵地，但进展缓慢。战至日暮，约 3 万美军陆续登陆。日军凭借纵横交错的坚固工事节节抵抗，给美军造成重大杀伤。21 日，美军陆战第 3 师登岛增援。三个陆战师齐头并进，逐次清除躲藏在坑道、洞穴、碉堡等纵横交错掩体中顽抗的日军。23 日，美军将星条旗插上摺钵山顶峰，随即在 382、362 高地与日军进行血腥的争夺战。3 月 7 日，美军发起总攻。9 日，截断日军阵地，分别予以聚歼。28 日凌晨，守岛总指挥栗林忠道中将指挥 350 名残兵发起绝望的"万岁冲锋"失败后，剖腹自杀，美军攻占全岛。此战，日军阵亡 22 305 人，被俘1 083 人；美军阵亡 6 821 人，伤 21 865 人。其中，陆战第 4 师、第 5 师伤亡高达 75％，陆战第 3 师伤亡为 60％，美军伤亡总数超过日军。② 美军攻占硫磺岛的 3 个机场，B—29 轰炸东京的距离缩短到千余千米。

美军占领硫磺岛，冲绳攻防战开战在即。大本营制定代号为"天"的作战计划，命令曾任中国派遣军第 6 师团第 36 旅团长、在南京大屠杀中负有血债累累的牛岛满中将出任守岛司令官，指挥第 32 军 5.6 万人、海军陆战队 1 万人和当地居民的特编团，总兵力达 8 万余人，配备火炮 410门、坦克 40 辆，同时由联合舰队的第 2 舰队和驻九州、台湾的航空兵提供海空支援。美第 5 舰队司令 R. A. 斯普鲁恩斯海军上将担任进攻冲绳的总指挥，地面部队为陆军中将 S. B. 巴克纳指挥的第 10 集团军，下辖陆战第 3 军和陆军第 24 军。为实施登陆作战，配备了包括英国远东航母

_____

① 歴史学研究会編『日本史史料』(5)現代、121 頁。按：原统计 729 787 人的总数，有多算 100 人的误差。

② J. 克劳福德：《席卷太平洋》，第 192、193 页。

编队在内的各类舰船1 500余艘,作战飞机2 000余架,总兵力达54.8万余人。[1]

3月中旬,美军航母和航空兵编队轰炸关西、四国和九州军用机场,英军远东航母编队轰炸台湾的基地,切断日军对冲绳的空中增援。4月1日,在第51、第52航母特混舰队持续两周的猛烈轰击,摧毁日军表面阵地后,约5万美军和大量坦克、火炮在嘉手纳沿岸未遇抵抗,顺利登陆,占领了嘉手纳、读谷机场。牛岛放弃海岸争夺,集中兵力于首里附近的阵地,与登陆美军决一死战。4月5日,自北部向首里推进的美军,遇到日军第62师团的顽强抵抗,双方展开激烈交战。应牛岛满的请求,大本营拿出帝国海军的最后一点家底,派遣以超级战列舰"大和号"为主力舰,巡洋舰"矢矧号"和"冬月号"、"雪风号"、"初霜号"等8艘驱逐舰组成的特遣舰队赶来增援。7日,"大和"舰尚未驶近冲绳海域,就在美军舰载机的轮番轰击下,身中多枚鱼雷和450千克的炸弹,迅即沉没。牛岛坐待的增援化为泡影。

4月6日至6月22日,大本营将冲绳决战的"宝"押在"一机换一舰"的"特攻作战"上。先后发起自杀式"特攻"机第1号至第10号的"菊水作战",出动1 500架次,击沉美军舰船26艘、击伤202艘,被美军击落900余架。[2]"特攻"兵器"樱花"也派上了用场。它全长6米、战斗部塞满1.2吨炸药的火箭悬挂在"一"式陆上攻击机下腹,在接近敌舰时与母机脱离,由驾驶员操纵着直奔轰击目标。4月12日,这种人体炸弹机炸沉、炸伤14艘美国军舰。[3] 由于美军掌握了对付"特攻机"的作战方法,动用雷达监控、预警飞机巡航和战斗机拦截以及舰队组成密集的火力网等多种手段予以回击,"特攻"的效果大打折扣。

"特攻"作战无法拦阻美军的冲绳本岛作战。4月19日,巴克纳调集陆战第1师、第6师增援南线,加紧攻势。24日,美军突破牧港日军阵

---

[1] J. 克劳福德:《席卷太平洋》,第215、216、210页。
[2] J. 克劳福德:《席卷太平洋》,第248页。
[3] 渡辺大助『特攻絶望の海に出撃せよ』、114、168頁。

地。5月4日,牛岛的冒险反攻被美军挫败,人员和弹药损失严重,陷入被动。27日,美军攻占那霸,31日攻占首里。双方在兴那原与小禄之间的南部战场展开决战,战斗异常惨烈。6月18日,巴克纳在真容里阵亡,由海军陆战队第3军军长罗伊·盖格少将接任第10集团军司令官,指挥作战。22日,美军将日军残部合围于冲绳岛最南端的荒崎,予以分割并歼灭。23日凌晨,顽抗到最后一分钟的牛岛与参谋长长勇等自杀,冲绳战役结束。此战,美军伤亡7.5万人,其中阵亡1.3万人,损失飞机763架,被击沉舰船34艘,击伤368艘;日军战死65 908人,冲绳本地居民特编团、军属死亡28 228人,损失飞机3 400架,包括超级战列舰"大和号"在内的舰艇20艘。① 在当地57万人口中,平民死亡约9.4万人,②多半死于日军残杀或被逼自杀,包括被迫集体自裁的高中生女生组成的医护"姫百合部队"。

4月5日,因战局江河日下,苏联明确表态无意继续延长《日苏中立条约》,走投无路的小矶国昭内阁总辞职。海军大将铃木贯太郎奉命组阁。5月8日,纳粹德国向盟国无条件投降,日本尚在垂死挣扎。9日,铃木内阁发表声明,故作镇静地宣称"帝国的战争目的原本就是自存与自卫",不会因"欧洲战局的剧变"而发生"丝毫的变化",③发誓硬撑到底。

6月8日,御前会议通过《今后应实行的战争指导基本大纲》。大纲分析各国态势,认为美英必继续对日作战;美英苏在欧洲的角逐日益表面化,盟国的合作将急剧崩溃;预计苏联可能在夏秋之际行使武力。基于上述判断,大纲强调加紧准备"本土决战",即"以七生尽忠之信念为原动力","维护国体,保卫皇土";组织国民义勇队,实施"适应举国一致的本土决战";对中苏采取分化政策。④ 6月23日,铃木内阁发布《义务兵役法》,规定15岁至60岁以下的男子、17岁至40岁以下的女子均编入

---

① J. 克劳福德:《席卷太平洋》,第266页。
② J. 克劳福德:《席卷太平洋》,第264页。
③ 外务省编『日本外交年表並主要文书下卷』,611页。
④ 外务省编『日本外交年表並主要文书下卷』,612—616页。

国民义勇战斗队，充当炮灰。① 上层集团不顾国民的死活，而要维护天皇制"国体"。

　　早在 1944 年 9 月 28 日，最高战争指导会议通过《关于对苏策略文件》，已确定"努力利用苏联使形势好转"的方针。② 1945 年 2 月 4 日，苏美英三国首脑在雅尔塔举行会议，达成秘密协定。美国以牺牲中国领土主权和千岛群岛划归苏联为条件，换取苏联承诺在德国投降两三个月内对日宣战。苏联出兵在即，但日本上层集团还在幻想利用苏联出面斡旋停战。14 日，近卫文麿上奏天皇裕仁，认为"从维护国体的前提来看，值得忧虑者并非战败，而是伴随战败将发生的共产革命"。③ 6 月 8 日，内大臣木户幸一建议天皇裕仁致信斯大林，促使"苏联尽中介之劳，似乎最为妥当"。④ 9 日，外相东乡茂德在第 87 届议会的秘密会议上，也强调"对苏外交的紧迫性愈加增加"，应充分利用《日苏中立条约》尚有 1 年有效期，敦促苏联出面斡旋，争取最有利的停战条件。⑤

　　7 月 10 日，最高战争指导会议决定派遣特使近卫前往莫斯科，吁请苏联出面斡旋。13 日，驻苏大使佐藤尚武向苏联外长代理罗佐夫斯基转达了上述要求。18 日，美苏英三国首脑在波茨坦赛西林宫的峰会已经开始，佐藤的要求被苏联婉拒。东乡仍不甘心，再令佐藤前往联络。25 日，罗佐夫斯基告知佐藤，苏联政府已获悉日本的要求，但要求说明近卫来访与"结束战争或增强苏日关系"的联系。⑥ 显然，这是在故意闪烁其词，拖延时间。

　　7 月 26 日，美苏英峰会以中美英三国的名义发表《促令日本投降之波茨坦公告》，宣布了盟国"决不更改"的促使日本投降的各项条件，包括"欺骗及错误领导日本人民使其妄欲征服世界者之威权及势力，必须永

---

① 岩波書店編集部編『近代日本総合年表第 2 版』、342 頁。
② 外務省編『日本外交年表並主要文書下巻』、606 頁。
③ 外務省編『日本外交年表並主要文書下巻』、608、609、610 頁。
④ 外務省編『日本外交年表並主要文書下巻』、616、617 頁。
⑤ 外務省編『日本外交年表並主要文書下巻』、619、620 頁。
⑥ 外務省編『日本外交年表並主要文書下巻』、625 頁。

久剔除";"日本领土经盟国之指定,必须占领";"开罗宣言之条件必将实施"等。公告最后重申,"日本政府立即宣布所有日本武装部队无条件投降"。① 通过无线电波,《波茨坦公告》迅疾传遍全世界。

三、日本战败投降

1945 年 7 月 28 日,铃木首相约见记者,声称要"抹杀"《波茨坦公告》,发誓将战争进行到底。实际上,围绕如何对待公告问题,日本统治集团内部一直争论不休。8 月 6 日和 9 日,美国先后向广岛和长崎投放原子弹,瞬间将其夷为平地。8 月 8 日,苏联向日本宣战,在东北抗联教导旅的协助下,150 万苏军击破关东军多年经营的自珲春、东宁、黑河至海拉尔等 17 个要塞防线,攻入东北腹地;6 月以来,国军在湘西会战中击溃日军第 20 军的进攻并转入反攻。8 月 9 日,延安总部号召对日寇最后一战,根据地军民开始了大反攻。

形势骤变,日本帝国摇摇欲坠。8 月 9 日上午 10 时 30 分,最高战争指导会议在皇宫的防空洞里举行。围绕陆相阿南惟几等提出的接受《波茨坦公告》,以"不包括皇室"、"驻外日军自主撤回和复原"、"日本政府处理战犯"、"盟国保证不占领"等四项为投降条件,展开激烈争论。② 外相东乡茂德强调"皇室乃绝对问题——事关将来的民族发展基础,所有要求要集中于此",将"护持国体"视为接受公告的"唯一要求"。海相米内光政等附议,表态"完全赞成"。陆相阿南惟几、参谋总长梅津美治郎、海军军令总长丰田副武等自信"本土作战"尚有胜算可估,顽固坚持前述四项条件,反对东乡的"唯一要求"。③ 两派争吵了近 12 个小时,依然无法妥协。主持会议的首相铃木贯太郎请求天皇裕仁出面作出最后决定。深夜 11 时 30 分,身穿军服的陆海军"大元帅"裕仁出场,召集御前会议,

① 王季平主编:《八一五这一天》,光明日报出版社,1985 年,第 53 页。
② 外务省编『日本外交年表並主要文書下卷』、627 页。
③ 外务省编『日本外交年表並主要文書下卷』、628 页。

听取两派的主张。

8月10日凌晨2时30分,沉默了3个小时的天皇裕仁终于表态。他支持外相东乡的主张,指责阿南惟几等"总在说有获胜的自信,但迄今计划和实施不一致。按照陆军大臣所说,九十九里浜构筑的防御工事在8月中旬完工,但迄今尚未完成;又闻,要组建新师团,却无法配齐武器,以此对抗武力强大的美英军队,毫无胜算的可能。"裕仁在悲叹"不忍心"让军人缴械、引渡战犯之后,表示要仿效"明治天皇决断三国干涉还辽之例",为保全皇室,不变更天皇统治大权,接受《波茨坦公告》,停战投降。① 为了维护天皇制"国体",裕仁不惜抛弃军队和臣僚,确保天皇地位。

裕仁作出了"圣断",联系中美英苏四大盟国的外交通道运转起来。8月10日上午7时15分,外相东乡分别向驻瑞士公使加濑俊一、驻瑞典公使冈本季正发出"联合第648号"紧急电报,要求以"最快的方式"分别通过瑞士或瑞典政府,将日本接受《波茨坦公告》的意愿和要求电告美中英苏四国,并以"最至急回电"报告联系的结果。② 紧急电报中最关键的内容是日本政府表示,"在取得《波茨坦公告》所列举的条件中不包括要求变更天皇统治国家大权的谅解后,将接受公告"。③。同时,启动了东京—莫斯科外交渠道。8月10日上午11时15分,东乡直接约见苏联驻日大使马利克,告知日本政府"在了解《波茨坦公告》所列举的条件中不包括变更天皇作为统治者的大权要求后,将接受公告"。马利克对此反应积极,保证将尽快报告苏联政府。④

当天,为确保盟国能够准确获悉日本乞降的最新动态,日本的官方通讯社同盟社奉命广播了日本政府的乞降照会。内称:"日本政府准备接受7月26日从波次顿(波茨坦)发出的美英中三国领袖,而后由苏联签署的联合宣言所列的各条款,其谅解之点为该宣言并不包含损害天皇

---

① 外務省編『日本外交年表並主要文書下卷』、630、631頁。
② 外務省編『日本外交年表並主要文書下卷』、631頁。
③ 外務省編『日本外交年表並主要文書下卷』、632頁。
④ 外務省編『日本外交年表並主要文書下卷』、633、634頁。

作为主权统治者的任何要求。日本政府真诚地希望这个谅解被认为正当，并希望很快将得到明确的表示。"①危在旦夕的日本统治集团心急火燎，动用所有的方式，确保将决定接受《波茨坦公告》的信息转达给盟国。

在收到 8 月 10 日日本的乞降照会后，反法西斯同盟各国政府举行紧急会议，研讨如何接受日本投降的问题。美英两国政府随即发布声明，证实已收到日本的乞降照会并展开紧急磋商。杜鲁门发表声明，"关于日本投降建议，美国政府正与英苏中三国交换意见"。英国首相官邸发表正式声明，宣布"英国政府关于东京广播投降建议，正与美苏中交换意见"。苏联塔斯社发表了东乡会晤马利克的消息，称日本已向美英中三国发出在保留"天皇大权"的前提下接受《波茨坦公告》的紧急照会。②同日，中国政府也收到由瑞士转交的日本乞降照会，举行会议商讨应对之策，与盟国协调立场。

如何处理"天皇大权"，成了日本接受投降的关键问题。在收到日本的乞降照会后，11 日，杜鲁门召集国务卿伯恩斯、陆军部长史汀生、海军部长福雷斯特尔等，研究如何回复日本。经过一番争论，最后由伯恩斯起草了针对日方提出的"天皇大权"问题的回复。复电称，"在投降之际，天皇及日本政府统治国家的权力将置于盟军最高司令官的限制之下，由其采取实施投降条款的必要措施"；"天皇须授权并保证日本政府和日本大本营签署执行《波茨坦公告》规定项目所必要的投降条款"。复电对天皇制归宿的表述是："依照《波茨坦公告》，由日本人民自由表述的意志决定之。"③华盛顿的答复给东京吃了一颗定心丸，因为"天皇大权"的行使和存续均得到保障，虽然加上了若干限制条件。

在盟国交换意见的过程中，英国的态度与美国最接近，认为让天皇签署投降书并不策略，建议改为日本天皇授权，由日本政府与盟军最高统帅签署投降条款；日本国民决定天皇的去留。苏联和中国支持美国政

---

① 《日寇要求投降盟国》，《解放日报》1945 年 8 月 11 日。
② 《日寇要求投降盟国》，《解放日报》1945 年 8 月 11 日。
③ 外务省编『日本外交年表並主要文書下卷』、635 頁。

府复电的立场。英联邦国家澳大利亚致电英国和美国,表示反对宽恕犯下战争罪行的天皇,强调"天皇制不废除,日本人就不会改变,还将发动对太平洋的侵略,只不过把时间推迟,由后继者来干罢了"。[①] 美国以促降时机紧迫为理由,说服了澳大利亚。经过一番紧急磋商,有限制地保留"天皇大权"成为盟国的一致立场。当天,伯恩斯将复电交由瑞士驻美代理公使克拉斯里,转致日本政府。12 日零时 45 分,旧金山广播电台播放了盟国的答复。

日本统治集团内部对盟国回复的反应并不一致。陆相阿南惟几、参谋总长梅津美治郎、海军军令总长丰田副武等军部势力痴迷于 500 万陆军的战力,继续讨价还价。12 日上午 8 时,梅津和丰田拜见天皇,要求拒绝盟国的回复。东乡外相在会晤首相铃木并确认意见一致之后,11 时参拜天皇,建议立即接受盟国回复。得到天皇裕仁的"嘉许"。下午 3 时,天皇召集皇族会议,寻求支持与协作。与此同时,内阁举行会议,军部大臣要求向盟国再发照会,重议停战条件的意见占了上风。东乡以尚未收到复电为由,建议 13 日再议。

13 日凌晨 2 时 10 分、7 时 40 分,外务省先后收到冈本和加濑两位公使发来的急电,报告盟国复电的内容。8 时 30 分,铃木召集最高战争指导会议,讨论如何应对盟国的复电。阿南拒绝接受复电,断言接受则"危及国体"。梅津和丰田等主张重发照会,在占领和解除武装等问题上追加新要求;铃木、东乡和米内主张接受盟国的复电。双方争吵至下午 3 时,尚无定论。其间,裕仁在宫中先后召见两总长和外相,命梅津和丰田约束军队,对东乡表示支持并命其转告铃木。[②]

约 16 时,内阁举行会议,确认阁僚的态度。除阿南等 3 人继续坚持重发照会、1 人态度不明之外,其余 12 名阁僚均支持东乡。首相铃木贯太郎总结说,"再三、再四阅读复电,感觉美国并无恶意";决定遵循天皇

① 汪淼、汤重南等主编:《日本帝国的兴亡》下卷,世界知识出版社,1996 年,第 1449、1450 页。
② 外務省編纂『終戦史録』,北洋社,1977 年,676、678 頁。

"和平停战"的意志，"再次拜领圣断"。① 内阁会议在 19 时结束后，主战派大肆活动。宪兵司令部、下台首相东条英机向首相官邸派出说客，陆相阿南惟几则游说内大臣木户幸一等宫中集团，试图推翻内阁的决定。

入夜 21 时至 23 时，梅津美治郎、丰田副武再次与东乡激辩。"特攻之父"、军令次长大西泷治郎也来施加压力，要求推迟停战，但东乡坚持立即接受盟国复电的立场。当日深夜，内阁书记官长迫水久常将此前遵照"圣虑"同东亚省次官田尻爱义起草的停战诏书草稿带至首相官邸。在那里，再与汉学家川田瑞穗、安冈正笃等三易其稿，以备急用。

14 日上午 8 时 30 分，木户参拜天皇，担忧前一天美国飞机散发的日本政府乞降传单会导致全国的混乱，请求尽快完成停战程序。10 分钟后，木户又陪同铃木拜见天皇，奏请召开御前会议。10 时 50 分，在皇宫的防空洞里举行最高战争指导会议全体战员及枢密院议长平沼骐一郎等出席的御前会议，迫水等诏书起草人员也列席会议。阿南、梅津、丰田等声泪俱下，声称接受盟国复电则不能"护持国体"，鼓吹以"君辱臣死"的决心继续作战，或可"死中求生"。于是，裕仁再作"圣断"，强调"在充分研讨了世界现状和国内情况后，继续进行战争已无可能"。裕仁对盟国复电关于"国体"问题的表述心领神会，"理解对方抱有相当的善意"。裕仁哀叹"战争若继续下去，我国终将完全化为焦土"，只能"忍所难忍，耐所难耐，同心协力，致力于将来的复兴"。为此，决定"随时站在扩音器前面，以便向国民发出呼吁"。② 天皇一锤定音，会议在一片悲泣声中匆匆结束。

御前会议结束后，迫水等遵照裕仁的再次"圣断"，对诏书加以修订增补，供内阁会议审议。14 日 13 时，内阁会议举行。由于天皇态度明确，诏书文稿的审议过程顺利。其间，仅对陆相阿南质疑的"战势日益对我不利"一句，改为"战局并未好转"；将"存义命之所"改为"时运之所

---

① 外務省編纂『終戦史録』、677 頁。
② 外務省編纂『終戦史録』、700—702 頁。

趋";将"奉神器"改为"护持国体"等,审议即告通过。① 18 时,宫内省总务课员佐野惠作等耗时 60 分钟,将 820 个字的《终战诏书》誊写清楚。20 时 30 分,铃木将诏书呈交宫内省,再由天皇在诏书上署名并用玺。铃木随后与阁僚们依次副署,送交印刷局。23 时,诏书发布。23 时 20 分,天皇裕仁在宫内相石渡庄太郎、侍从长藤田尚德、情报局总裁下村宏等侍奉下,中央放送局的技术人员在宫内省完成裕仁宣读《终战诏书》的录音。

就在发布《终战诏书》的同时,外相东乡向驻瑞士会使加濑发出急电,令其立即转告美英中苏四国政府:日本政府在收到盟国 8 月 11 日的答复后,已作出停战安排,包括天皇将发表接受《波茨坦公告》的诏书,授权政府和大本营签署公告规定的条款,下令日本军队停止战斗、交出武器,服从盟军最高司令官的命令等。② 同样的电文随即也发给了驻瑞典公使冈本。就这样,日本政府正式宣布战败投降。

15 日凌晨,试图发动政变、继续战争的畑中健二、椎崎二郎等法西斯少壮派军官夺取录音磁盘的阴谋失败,事态按照天皇"钦定"的停战方向进展。中午 12 时整,中央放送局大楼电台如期实施"玉音放送",播放裕仁宣读《终战诏书》的录音。裕仁宣布"朕已饬令帝国政府通告美英中苏四国,愿接受其联合公告",原因是与英美"交战以来,已逾四载",结果"战局并未好转,世界大势亦不利于我。加之,敌方最近使用残酷之炸弹",哀叹"如仍继续作战,则不仅导致我民族之灭亡,并将破坏人类之文明",不得已而接受公告、宣布停战。继而,对"始终与帝国同为东亚解放而努力之诸盟邦,不得不深表遗憾";呼吁臣民"确信神州之不灭。念任重而道远,倾全力于将来之建设","誓必发扬国体之精华,勿落后于世界之进化。"③

这份通篇并无"投降"二字的《终战诏书》宣称交战对象为英美两国,

---

① 迫水久常『機関銃下の首相官邸』、筑摩書房、2011 年、321—323 頁.
② 外務省編『日本外交年表並主要文書下巻』、637 頁。
③ 歴史学研究会編『日本史史料』(5)現代、148—149 頁。

战争自 1941 年开始。此种战争观将 1931 年九一八事变以后逐步升级的侵华战争一笔抹杀,割裂了侵华战争激化了日美矛盾,导致太平洋战争爆发的内在逻辑关联。结果,淡化了日本作为侵略战争加害者的真面目,放大了原子弹轰炸的受害者形象,编造了残缺不全、歪曲事实的历史记忆。《终战诏书》宣扬的"帝国自存"、"解放东亚"等论调,以及拒绝反省侵华战争、否认侵略亚洲和殖民统治罪行等谬论构成"终战史观",为战后日本右翼分子歪曲历史、美化侵略提供了依据。

　　1945 年 9 月 2 日上午 9 时,在停泊于东京湾的美国战舰"密苏里号"上,举行了盟国接受日本投降的仪式。日本外相重光葵、参谋总长梅津美治郎分别代表日本政府及大本营,在《投降书》上签字。盟国接受日本投降的签字代表,分别为盟军最高司令官麦克阿瑟、美国代表尼米兹海军上将、中国代表徐永昌上将、英国代表福莱塞海军上将、苏联代表杰列维扬科中将,以及澳大利亚、加拿大、法国、荷兰、新西兰等国的代表。《投降书》宣布:"日本帝国大本营与所有之日本国军队以及日本国支配下任何地带之一切军队,对同盟国无条件投降。"①至此,日本军国主义发动的侵略战争以彻底的失败而告终,"大东亚共荣圈"也随之土崩瓦解。以此为标志,日本近代史落幕,日本现代史开始。

第四节　战时日本社会

一、悲惨的国民

　　1938 年 5 月,中国空军的两架"马丁-139WC"轰炸机飞临长崎、福冈上空,投放 100 多万份传单,表达了中国的抵抗决心,呼吁日本国民制止好战的军阀。除此之外,再无中国战机飞临日本列岛。享受本土安全环境的日本国民衣食无忧,一次次"祝战捷"的提灯游行成了好战民族主义的狂欢节。然而,好景不长。随着战争的长期化、大量物资的损耗和

---

①《国际条约集(1945—1947)》,世界知识出版社,1959 年,第 112 页。

经济上的军需化波及国民生活。1939 年 5 月,政府公布《物价统制大纲》,10 月,颁布《价格统制令》,黑市滋生,物价暴涨。1940 年 4 月 24 日,中央物价委员会决定对大米、大酱、酱油、盐等 10 类商品实施配售制;6 月 5 日,配售品又扩大到砂糖、火柴,国民开始感受到生活必需品的匮乏和凭票供应的紧张。

1941 年太平洋战争爆发,在最初的"战胜"狂欢过后,日本国民开始在日常生活中感受战争带来的苦涩。1942 年,配售物品扩大为 35 种,[1] 习惯以大米为主食的日本人,不得不食用马铃薯、面粉、白薯、东北大豆等代用品。国民营养量逐年下降。据日本政府经济安定本部在战后初期的统计,1941—1945 年,国民人均热量由 2 105 卡路里下降至 1 793 卡路里;1941—1944 年,国民人均蛋白质的摄入量由 64.7 克降至 61.2 克;大米的配给量由 1942 年 11 月的 10.2 合减至 1945 年 8 月的 8.0 合。[2]

国民日常消费水平先升后降。以 1934—1935 年国民人均食料、衣料、燃料为 100,1937 年国民人均主食为 103,副食为 101,包括香烟在内的消费品为 103,纺织品为 168,木柴木炭为 107,各种指标均在上升。至 1941 年,侵华战争的后果开始显现,国民人均主食为 95,副食为 107,包括香烟在内的消费品为 67,纺织品为 65,木柴木炭为 121,主食、消费品和纺织物的人均数量明显下降。至 1945 年,所有统计数字全部下跌:国民人均主食为 78,副食为 60,包括香烟在内的消费品为 29,纺织品为 4,木柴木炭为 73,[3]国民陷入缺衣少食、饥寒交困的悲惨境地。生活的普遍困难,经济犯罪的人数逐年增加。从 1941 年至 1944 年,立案并受到调查的经济犯罪嫌疑人由 58 650 人,增加至 121 986 人,[4]翻了一番多。

1943 年 6 月,东条英机内阁通过《战时衣装简朴化实施纲要》,禁止和服、双排纽扣西服等 600 余种服装的生产和销售。9 月,东京市民被一

---

[1] 歴史科学協議会等編『史料日本近現代史Ⅱ』,298 頁。
[2] 歴史学研究会編『日本史史料』(5)現代,130—131 頁。按:合,容积单位,1 合为1/10升。
[3] 中村隆英『昭和史』,東洋経済新報社,1993 年,357 頁。
[4] 歴史学研究会編『日本史史料』(5)現代,131 頁。

则消息震惊,上野动物园毒杀游客喜爱的狮子、老虎等猛兽。1944 年 3 月,大阪神户一带的居民注意到,佩刀的警察用暴力取缔所有娱乐活动。东京警视厅下令关闭高级酒店、歌舞伎座、宝冢少女歌剧团、京都南座等 19 家大剧场,以及 4 300 家艺妓酒馆、2 000 家酒吧,严控娱乐。① 街头餐饮商因食材缺乏,纷纷收摊回家。

　　1944 年 11 月,美军攻占马里亚纳群岛,在其中的塞班岛、关岛、提尼安岛上建成多处 B-29 轰炸机基地,轰炸效果明显提高。1945 年 3 月,美军攻占硫磺岛后,在关岛设立第 21 轰炸机队司令部,B-29 轰炸机群开始近距离轰炸日本本土。3 月 9 日至 10 日,B-29 轰炸机对东京实施密集的燃烧弹轰炸,1/4 的街区住宅化为灰烬,烧死、烧伤、呛伤者有 10 余万人,百万人流离失所。大阪、名古屋、神户、福冈等其他大中城市,以及沿海的码头、军港、工厂,也在频繁的空袭轰炸中变成废墟,造成大量伤亡。据 1948 年日本政府经济安定本部和 1991 年《朝日新闻》的调查,在 1945 年大轰炸,包括原子弹轰击中,东京、横滨、川崎、静冈、仙台、名古屋、大阪、堺市、冈山、福冈、广岛、高松、北九州、长崎、鹿儿岛等 30 个城市的居民,共死亡259 482 人至 404 843 人之间。② 在美军空袭日本本土期间,98 座城市遭受轰炸,其中 72 座城市中设有重要的军事目标;特别是处于工业地带的京滨地区街区的 56%、名古屋地区的 52%、阪神地区的 56%的化为废墟,烧毁房屋 143 万间。③

　　1944 年 6 月,为准备"本土决战"、减少粮食供应和增强城市防卫力量,东条内阁通过《学童疏散促进要纲》《帝都学童集团疏散实施要领》,先从东京都开始,将三至六年级的小学生集体疏散到周边农村。7 月,东京都长官大达茂雄在国民学校的校长会议上讲话,要求教职员工"点燃一心教育报国的理念,挺身而出",协助解决学童疏散问题,"增强帝都的

---

① 岩波書店編集部編『近代日本総合年表第 2 版』、338 頁。
② 歴史学研究会編『日本史史料』(5)現代、137 頁。
③ 伊藤隆『十五年戦争日本の歴史 30』、小学館、1976 年、383 頁。

战斗力和生产力"。① 不久,横滨、横须贺、川崎、大阪、神户、名古屋、门司、小仓等 12 个城市也参照东京都的做法,开始疏散小学生,累计达到 80 万人。疏散中的学童过着颠沛流离的生活,忍饥挨饿,在纸上描画食物成了学童的"最大乐趣",教学活动无法正常进行。实际上,疏散也未必安全。8 月,从冲绳疏散学童的运送船"对马丸"惨遭美军潜艇的鱼雷攻击,沉没于恶石岛,船上 700 余名小学生葬身鱼腹。②

随着战争规模的不断扩大,大批青壮劳动力被驱入战场。据统计,1937 年有 47 万人入伍,1939 年入伍者为 54.4 万人,1940 年入伍者为 52 万人,1941 年为 63 万人,1942 年为 47 万,1943 年为 96 万人,1944 年为 68 万人,1945 年增加为 115 万人。③ 应征入伍者主要来自农村、工厂,也包括水产、商业、公务、家政等行业的人员,以及学生等无业者,全都被军部政府赶进战场。很快,妇女、老人、未成年的中学生都成了动员对象,从事"铳后"生产。1943 年 9 月,东条内阁即提出《国内态势强化方案》,决定将 14 岁至 25 岁以下妇女在其居住地加入"女子挺身队",1944 年 8 月,小矶内阁发布《女子挺身勤劳令》,宣称根据《国家总动员法》第 5、第 6 条的规定,授予地方当局强制妇女提供"勤劳协力"的权力,征召所在地点妇女顶替男工,从事繁重的劳动,对拒绝服从征召的妇女予以处罚。④

1945 年 3 月,为适应军部在两个月前提出的"本土决战"计划,小矶内阁发布《关于组织国民义勇队的文件》,规定在都道府县设置"国民义勇队"本部,由各地的地方官担任本部长,组织"国民义勇队"。其成员为 14 岁至 65 岁的男子和 14 岁至 45 岁以下的女子,以"护持皇国"的精神,在各自的职场和地域从事防空防卫、物资运送、粮食增产、构筑阵地、运送武器弹药、辅助警防等工作,根据形势的需要,还要进入兵营,充当炮

① 歴史科学協議会編『史料日本近現代史Ⅱ』、308 頁。
② 堀田江理:《日本大败局:偷袭珍珠港决策始末》,马文博译,新华出版社,2014 年,第 262、263 頁。
③ 家永三郎『太平洋戦争』、岩波書店、1987 年、241 頁。
④ 歴史学研究会編『日本史史料』(5)現代、132 頁。

灰。① 6月，内阁召开会议，通过《义勇兵役法》，"国民义勇队"成为"本土决战"的战斗部队。政府鼓动手持竹枪的老人妇女迎战拥有现代化军事装备的美军，视国民的生命如草芥。

陷入人力"荒"的日本政府，还盯上身体尚在发育中的中学生。在500万中学生奉命停课务农、增加粮食生产一年之后，1945年3月，小矶内阁通过《决战教育措施纲要》，提出"为应对目前紧迫的事态，使学生成为国民防卫的一翼"，充当"生产骨干"的行动方针。为此，决定对全体中学生实施总动员，从事"粮食增产、军需生产、防空防卫、重要研究及其他与直接关系决战的要紧业务"。规定除国民学校初等科之外的学校，自4月1日起，停课1年，由教职员带领学生前往工厂、农村劳动，指导其学习和修养等。② 中学生荒废学业，被超负荷的强劳动摧残了身体。

1945年8月7日，124架B-29轰炸机袭击爱知县的丰川海军兵工厂，投下了3 265颗炸弹。在30分钟的轰炸中，摧毁了这个生产舰艇、舰炮、重机枪、军刀的兵工厂和军事设施，造成两千余名在厂内劳动的市民死亡，其中有大量女子挺身队队员、女中学生和50余名小学生。③ 临近海岸的北海道西南部的室兰、岩手县东南部的釜石、茨城县的日立等工业地区也屡遭美军舰队大炮的轰击，普通市民大量伤亡。据统计，广岛原子弹爆炸死亡者约14万人，长崎原子弹爆炸死亡者约7万人。④ 若加上受到核辐射、灼伤等在轰击后死亡的受伤者，其人数还远不止21万。"铳后奉公"的日本平民，无一不沦为军国主义发动侵略战争的牺牲品。

二、抗争与助虐

侵华战争和太平洋战场期间，民间的有良知人士对侵略战争进行过各种方式的抵制和抗争。由于日本国内的政治环境险恶，这些只能在国

---

① 歴史学研究会編『日本史史料』(5)現代、134—136頁。
② 歴史科学協議会編『史料日本近現代史Ⅱ』、309—310頁。
③ 家永三郎『太平洋戦争』、250、251頁。
④ 家永三郎『太平洋戦争』、253頁。

外,特别是在中国开展反战活动。

1937 年 2 月,世界语学者绿川英子(长谷川照子)与丈夫刘仁回到中国,11 月,经广州辗转来到武汉。绿川担任了国民政府广播电台对日广播的播音员,揭露日军暴行,激励中国军民的抗战意志。虽然被日本军警当局扣上"娇声卖国奴"的帽子,家人受到迫害,但绿川英子始终与中国军民站在一起,坚持正义的反战立场。

1937 年 8 月,出狱后流亡上海的日本反战作家鹿地亘夫妇密切关注淞沪会战的进展,支持中国军民的殊死抵抗。1938 年 3 月,鹿地亘来到武汉,担任国民政府军委会政治部第三厅的顾问,从事对日反战宣传。4 月,鹿地亘一边从事说服诱导日俘的工作,一边继续创作反战文学。1939 年 4 月,鹿地亘在国民政府支持下,成立日本人反战同盟。12 月,在桂林成立反战同盟西南支部。其成立宣言呼吁"在华日本人民革命的反战同志团结",强调"中国是日本人民之友",中国抗战"完全和我们日本人民的自由解放之目的相一致",表示"绝对地援助中国的抗战"。[①] 同年,在华北成立日俘组织"觉醒同盟"。

1940 年 1 月,共产国际派遣野坂参三回国,重建日共和反战统一战线。由于在日本国内不可能开展工作,4 月野坂抵达延安后,化名林哲、冈野进,组织日俘反战。5 月,野坂与被俘后加入八路军的吉积清(森健)等创立"在华日本人反战同盟延安支部",随后在新四军中建立日俘反战同盟支部。1941 年 5 月,在延安创办"日本工农学校",对被俘日本官兵开展和平与民主教育。1942 年 8 月,野坂将"觉醒同盟"与延安的"反战同盟"合并,建立"在华日本人反战同盟联合会"。其会员深入前线,通过喊话、阵前聊天、送慰问袋等方式瓦解日军士气。1944 年 2 月,反战同盟联合会扩大为"日本人民解放联盟"。解放联盟以建立民主日本为目标,呼吁打倒军部独裁,实现自由与民主政治,改善人民生活,建立人民政府

---

① 井上桂子:《鹿地亘的反战思想与反战活动》,吉林大学出版社,2008 年,第 126 页。

等,①堪称水平最高的在华日本人反战团体。

自 1914 年即旅居北京的中江兆民之子中江丑吉,以个人抵抗的方式出现在日本良知人士之行列。中江丑吉喜读中国古代典籍,著有《中国古代政治思想史》。不断升级的日本侵华战争,激发了中江对中国、日本、世界形势和前途的深刻思考,提出一系列反对侵华战争的看法,如认为九一八事变是世界战争的前兆;七七事变开始了日中全面战争;日美战争不可避免,②强调日本新生的希望在于中国抗战的胜利等。中江拒绝与北平日军占领当局合作,以其反战言论影响身边的日本人。对中江执弟子礼的左翼浪人牛岛辰熊与津野田知重少佐密谋,准备在 1944 年 7 月的第 3 周刺杀东条英机。虽事败被捕,仍显示中江反战思想的影响。

在美国,旅美的日本良知人士坚信推翻军国主义统治是报国的唯一选择,为此展开各种反战活动。冈繁树在太平洋战争爆发后,希望日本尽快失败,唯独如此,和平运动方能兴起,将损失降到最低。1943 年,冈繁树前往印缅边境,印制反战传单。画家八岛太郎为美军提供反战的连环画《运贺梨三》,用于瓦解日军斗志。1945 年 7 月,八岛前往印度,组织发行《无所属兵士部队新闻》,向前线日军传授投降盟军的具体方法。旅美的芳贺武开始从事救援中国难民的活动,后来参加美军对日秘密情报机构,从事日本本土的反战运作。旅美日本妇女石垣绫子加入美国对外情报机构,通过无线电广播,呼吁日本官兵反战。③

在日本国内,随着侵华日军陷入战争泥沼和美军加紧空袭日本本土,媒体也遭遇前所未有的困境。因纸张供应极为短缺,报纸的夕刊停刊,朝刊仅剩下 2 页,勉强应付场面。失败主义的悲观情绪四处弥漫,士气低落。然而,追随政府的媒体仍陷入非理性的歇斯底里,继续煽动战争狂热;文学作品、电影戏剧等所有传媒手段也坠入群体癫狂的漩涡。凡属"大东亚圣战"、"大东亚共荣圈"、"神风特攻"、"本土决战"等政府和

---

① 日共中央委员会编:《日本共产党六十年》上册,第 91 页。
② 铃江言一［ほか］編集『中江丑吉書簡集』、みすず書房、1964 年,312 頁。
③ 家永三郎『太平洋戦争』、272 頁。

军部的口号,均为传媒竞相报道、炒作的热门话题。

1937 年 8 月,侵华战争全面升级。在政府授意下,日本文艺家协会会长菊池宽邀集十多名作家在内阁情报部举行座谈会,听取军部代表的指示,动员作家去前线采访。9 月,《东京日日新闻》社在日比谷公会堂举行"壮行会",政府和军部代表出面捧场,欢送由 22 名作家组成的"笔部队"乘飞机前往中国。"笔部队"分成海军班和陆军班,至战地开展采访报道。[①] 一个月后,这些从军作家返回日本,在各种报纸杂志上刊载文章,或者应邀发表讲演,吹嘘日军官兵的"英勇顽强",编造日占区的"新气象",欺骗日本国民。日军侵入东南亚之后,"笔部队"故伎重演,奔赴各战场,继续为侵略战争摇旗呐喊。

太平洋战争期间,媒体按照政府和军部统一的口径,靠编造"捷报"度日。1942 年 6 月,日本联合舰队在中途岛惨败,大本营却发表虚假"捷报",宣称日本海军"歼灭"美国的太平洋舰队主力,吹嘘实际上并不存在的"胜利"。《读卖新闻》《朝日新闻》等报刊一拥而上,连篇累牍地炫耀日军的"赫赫战功"。1943 年 2 月,日军在瓜岛惨败,2 万余人被歼,残部狼狈败逃。日本媒体按照军部定的调子起舞,将败逃美化成"转进",宣称日军依旧掌握着南太平洋战线。

1943 年 10 月,美军反攻菲律宾期间,狂想"一机换一舰"的"神风特别攻击队"又成了报刊宣传的重点。《读卖新闻》发表社论,给"特攻"队员戴上"军神"的桂冠,呼吁国民以此为榜样,"精忠报国","在后方的工厂里,贯彻歼灭仇敌的总体战";《朝日新闻》将"特攻"夸大为"舍身救国,崇高至极的作战方法",将其说成是取得战争胜利的"唯一途径",鼓吹全体国民均应发扬"特攻精神",准备"投入决战"。[②]

1945 年 4 月,美军登陆冲绳,日本战败在即,媒体困兽犹斗的叫嚣不绝于耳。《读卖新闻》在社论中妄谈日军掌握冲绳决战的制空权、制海

---

① 孙继强:《侵华战争时期的日本报界研究(1931—1945)》,中央编译出版社,2014 年,第 264、
   265 页。
② 孙继强:《侵华战争时期的日本报界研究(1931—1945)》,第 223、224 页。

权,异想天开地呼吁国民"组成全员特攻队,出动人、船、飞机","全力歼灭敌人";鼓动国民为"决战沙场的神兵"制造"决战兵器"。美军攻占冲绳后,日本本土成为下一个目标。《大阪朝日新闻》赞美"一亿玉碎"的口号,奢谈"大东亚战争已经到了真正的国土防卫的阶段",要求国民遵照"国体护持"和"民族生存"的"至上的命令",[①]顽抗到底。

国民喜读的生活杂志同样堕落为鼓吹战争的工具。1944年6月号的《妇女俱乐部》杂志上,发表了一篇题为《日本绝不会有营养不良的现象》的奇文。作者杉靖三郎是位医学博士,却睁眼不看国民营养严重不良的事实,信口开河地说"自古以来,我国就把减少食物当成是追求健康、追求勤劳的一种方式",进而将"修身"解释成"先从控制食欲做起,这样才能修身养性"。杉靖三郎居然说"无论战争持续到什么时候,日本人都不会担心营养不良,都能够冷静地坚持下去"。[②]

至1945年8月战败投降之前,《妇女之友》杂志的1月号的通栏标题为"胜利的拼命生活",3月号为"胜利的努力生活"、4月号为"一亿总特攻的生活"、7月号为"胜利的特攻生活"等,将毫无希望的"胜利"和灭绝人性的"特攻",与妇女的生活挂钩。《妇女之友》4月号还特意刊登了防卫总司令部参谋矢野常雄夸耀"特攻队"队员母亲、妻子把儿子或丈夫"奉献给国家"的精神;承诺战争结束后,国家设立"特攻族",给以各种好处;呼吁读者以"特攻队"的家属为榜样,抛弃"只为一己一家之力的物欲",心甘情愿地支持侵略战争。[③] 这些沦为政府舆论工具的报纸杂志,完全丧失了社会良知和责任意识。

三、钳制与欺瞒

为确保国民绝对支持战争,取缔任何反战言论、思想,日本政府出动

---

① 孙继强:《侵华战争时期的日本报界研究(1931—1945)》,第224、225页。
② 早川忠典:《"神国日本"荒唐的决战生活》,胡澎译,三联书店,2015年,第112、113页。
③ 早川忠典:《"神国日本"荒唐的决战生活》,第108、109页。

管控思想言论的特别高等警察,厉行镇压,同时,政府豢养的右翼文人为虎作伥,作用恶劣。1939 年,右翼学者、国士馆专门学校教授蓑田胸喜发表《津田左右吉的大逆思想》等论文,给津田的学术研究扣上"恶魔"、"大逆不道"的帽子,并告上法庭。1940 年 2 月,津田左右吉获罪"冒犯皇室尊严",其《〈古事记〉及〈日本书纪〉的新研究》《神代史的新研究》《日本上代史研究》《上代日本的社会及思想》等 4 部著作被封禁,津田被迫辞去早稻田大学教授一职。出版商岩波茂雄也受到牵连,1941 年 11 月,以违反《出版法》为由,与津田一起被起诉。1942 年 5 月,法院分别判处津田 3 个月、岩波 2 个月的徒刑,缓期 2 年执行。"津田事件"给学术研究加上一道紧箍咒,有良知的学者苦闷无比,法西斯右翼学者极其嚣张。

1942 年,大正时期以来的三大杂志之一的《改造》第 8 月、9 月号,连载细川嘉六的论文《世界史的动向和日本》。内阁情报局、陆军报道部诬指细川宣传共产主义,查禁《改造》9 月号。9 月 14 日,横滨特别高等警察逮捕了细川,随即逮捕改造社的编辑人员及其亲友约 60 人。特高警察对被捕人员严刑拷打,致使 4 人死于狱中。此一厉行思想镇压,草菅人命的暴行,史称"横滨事件"。1943 年 5 月,特高警察又以莫须有的罪名,指控《中央公论》杂志的木村亨等 4 人与细川密谋重建日共,加以逮捕和刑讯。1944 年 1 月,特高警察再次抓捕《中央公论》《改造》两个杂志社的编辑人员,11 月波及《日本评论》杂志社。高压之下,媒体噤若寒蝉,媒体人惶惶不可终日。

不仅有良知的媒体人如履薄冰,政府的追随者也会因冒犯当局而受到迫害。1943 年 1 月,法西斯政治团体东方会总裁、杂志《东方时论》主笔的中野正刚,在《朝日新闻》上发表《战时宰相论》。中野以"日本是由世界上独一无二的皇室统治","天皇是最高统帅"立论,主张首相应"尽忠至诚"、"谨慎廉洁"地辅翼天皇,要求内阁首相像诸葛亮那样做好"战时宰相",担负起宣扬国威的责任。[1] 时任首相东条英机因此文而大为光

---

[1] 孙继强:《侵华战争时期的日本报界研究(1931—1945)》,第 179 页。

火,给中野扣上"反政府"的帽子,禁止发售当日刊登了这篇文章的《朝日新闻》。10月,中野被起诉并遭关押,获释后以剖腹自杀来抗议东条英机的专横。政府、军部、特高警察与右翼学者沆瀣一气,战时日本国内的政治生态愈加险恶。

敢于发声的宗教团体,也成为军国主义的迫害对象。1943年7月,特高警察借口违反《治安维持法》和拒绝向神社敬献贡品的"不敬罪",将创价教育学会会长牧口常三郎、理事长户田城圣等21名干部悉数逮捕。牧口信奉日莲正宗,以《法华经》为经典,呼吁启迪人心、改造社会,强调教育并非国家的应急品,倡导应使学生获得幸福的创价教育。在国家神道主宰日本人精神生活的严酷时代,户田等拒绝参拜神社或献纳祭品,也不认同国家神道宣扬的"神国论"、"皇国论"和"国体论",抵制政府和军部的侵略战争精神动员。1944年11月,坚持信仰、年逾古稀的牧口因严寒折磨、营养失调和特高警察的持续刑讯,病死狱中。户田等弟子继承其遗志,拒绝向特高警察的压迫屈服。创价教育学会的抗议活动构成二战时一道异色的风景线,但多数日本人人却难以从"神国论"、"国体论"的精神罗网中自拔。

1944年6月号的"大日本雄辩会讲坛社"的综合杂志《现代》,刊登了出席"神国日本座谈会"的4名神宫皇学馆大学教授、副教授的对谈录。新美忠之教授指责日语的外来语采纳英美词汇,认为"这样做是不可能真正地引导日本国民的"。仓野宪司教授对新美的国粹主义立场表示"完全同意",强调"有必要先探讨一下神国其真正的意义在哪里"。佐藤喜代副教授接过话茬,宣称"首要问题是要将内心沉浸于神国这样一种氛围中"。高桥钧副教授进一步将"神国"具体化为"把狐狸、雷声、蛇等当成神灵来信仰"。① "神国论"鬼迷心窍,"皇国"精英的认知水平的堕落以致于此。

1943年12月,就在太平洋战争日趋吃紧,日军节节败退的当口,神

---

① 早川忠典:《"神国日本"荒唐的决战生活》,第182、183页。

祇园出版发行集中各种"围绕神社的较好的军国美谈"的小册子《战斗的神国》,编造离奇的神话,传播"神国论"的现代迷信。小册子说"神社的护身符"可以"抵挡炮弹的攻击",说一个"在战场上染上风寒发高烧"的陆军中佐,在"梦见了春日神社之后病一下子就痊愈了";说一名海军士兵"到平安神宫祈求航海安全后再出发,遭遇猛烈的炮弹袭击还能毫发无损",等等。[①] 小册子的编造者告诉读者,"以超越生死、从容的态度为永久的大义而生——死后会变为神灵";宣称"只有为皇室国家鞠躬尽瘁的生死观,才是神国的日本所特有的",强调以死"报效君主国家",就能"和神灵一起永存"。[②]

靖国神社同样扮演着助纣为虐的角色。这个由皇室和国家提供经费的别格官币神社,专门收纳对外侵略战争阵亡者的"神灵",享有天皇出面参拜的"殊荣"。战死后能够将姓名记入靖国神社供奉的名册,魂归"靖国神灵"的行列,成了在战场上充当炮灰的日军官兵最大的遗愿,也是家属的精神慰藉。战争期间,靖国神社频频举行祭拜活动。在败色日浓的 1944 年,靖国神社更加频繁地举行"歼灭英美敌寇必胜"的祈祷活动。届时,靖国神社的神官穿上法衣,念叨着禊祓咒语,早晚各一次地沿着着拜殿和回廊走个不停,祈祷臆想中的"胜利",用时一个小时。1945 年 1 月,靖国神社多次举行诅咒"鬼畜美英敌寇"的活动,狂信咒语能击败敌手。5 月 9 日至 16 日,靖国神社遵奉第 284 号敕令,举行"击退敌寇必胜祈祷祭"。极具有讽刺意味的是,5 月 25 日,美军的燃烧弹就落在靖国神社院内,展示"皇军赫赫战功"的"游就馆"和储物仓库被全部烧毁。[③]

1944 年 7 月,法西斯团体大东塾出版发行《忠灵神葬论》。作者影山正治激烈否定日本人庆生在神社、下葬用佛教仪式超度亡灵的习俗。影山宣称,用佛法超度亡灵,是"对这些为忠义而死的灵魂的严重亵渎。"理由是"献上自己的宝贵肉体给天皇,而自己的灵魂不去侍奉

---

① 早川忠典:《"神国日本"荒唐的决战生活》,第 188、189 页。
② 早川忠典:《"神国日本"荒唐的决战生活》,第 189 页。
③ 早川忠典:《"神国日本"荒唐的决战生活》,第 186、187 页。

天皇,却去侍奉佛祖,这哪谈得上是忠诚,这是叛国的重罪。"影山说,战死者"忠义的灵魂仍然听命于天皇","以灵魂的形式永远辅佐皇运,效忠天皇",才是战士的本分。因此,陆海军的葬礼都必须遵循神道的仪式,公葬也必须如此。① 效忠天皇的魔咒渗入国民的日常生活与头脑,导致如此热昏的胡话居然堂而皇之地充斥书肆。

实际上,被愚弄的不仅是军人,作为参加"铳后奉公"活动基本群体的家庭主妇们同样如此。1942 年 1 月,东条内阁将"东亚奉公日"改称"大诏奉戴日",命令全国家庭一体奉行,"实践臣道"。2 月,"大日本国防妇人会"、"大日本爱国妇人会"、"大日本联合妇人会"等合并为"大日本妇人会",会员为 20 岁以上的妇女,会员总数约 2 000 万人,几乎囊括了所有的成年日本女性。大日本妇人会的总裁为东久迩宫稔彦王王妃,东条内阁的外相东乡茂德等多名阁僚及政界头面人物等充任顾问。10 月,发行会刊《日本妇人》,图文并茂地以皇权和军部的战争意图为指引,引导日本女性的思想和心理活动。

1942 年 2 月,东条英机在大日本妇人会举行的日比谷公园"祝捷"集会上发表讲话,宣称:"拜受宣战大诏以来,皇恩浩荡,皇军所向披靡。开战以来,大败英美舰队,连克香港、马尼拉、新加坡"。② 从此形成首相亲自出面,向军属们宣讲"皇军胜利"、煽动战争狂热的惯例。11 月,大日本妇人会召开首次全国大会。与会者首先遥拜皇宫,参拜明治神宫、靖国神社,然后听取头面人物的致辞。东条在致词中宣称前线士兵发挥"战斗力的深层动力"是"母亲的力量",要求大日本妇人会以"崇高的使命感"来动员并发挥日本妇女的力量,为"大东亚圣战"服务。会议通过的宣言强调立会宗旨是"敬神畏诏,为皇国奉公";"修身齐家,发扬日本妇道之光辉",等等。③

---

① 早川忠典:《"神国日本"荒唐的决战生活》,第 186、187 页。
② 李建军:《军国之友——日本女性与"大东亚战争"》,贵州人民出版社,2001 年,第 25 页。
③ 胡澎:《战时体制下的日本妇女团体(1931—1945)》,吉林大学出版社,2005 年,第 136、137、
　　138 页。

1943 年 10 月,日军在西南太平洋战场接连失败之际,大日本妇人会制定《公约》,要求日本成年妇女为制造飞机、舰船尽力;"不遗余力地参加和完成决战生产";"剪断长袖,去实践决战生活".[①] 1945 年 7 月号的《主妇之友》杂志以"胜利的特攻生活"为通栏标题,刊登了《敌军登陆日本本土和妇女的决心》等虚张声势之作。实际上,此时最高战争指导会议的幕后乞降活动已经开始,《妇女之友》却还在鼓动日本妇女"与皇国共同闯过难关",取得"战争生活最后的胜利",用类似梦呓的"始终贯彻大义,毫不畏惧战火和枪林弹雨的献身品德是建国以来日本的妇道"等宣传语句,[②]将欺瞒持续到战败投降前的最后一刻。

---

① 胡澎:《战时体制下的日本妇女团体(1931—1945)》,第 140 页。
② 早川忠典:《"神国日本"荒唐的决战生活》,第 192、193 页。

附　录

一、地图

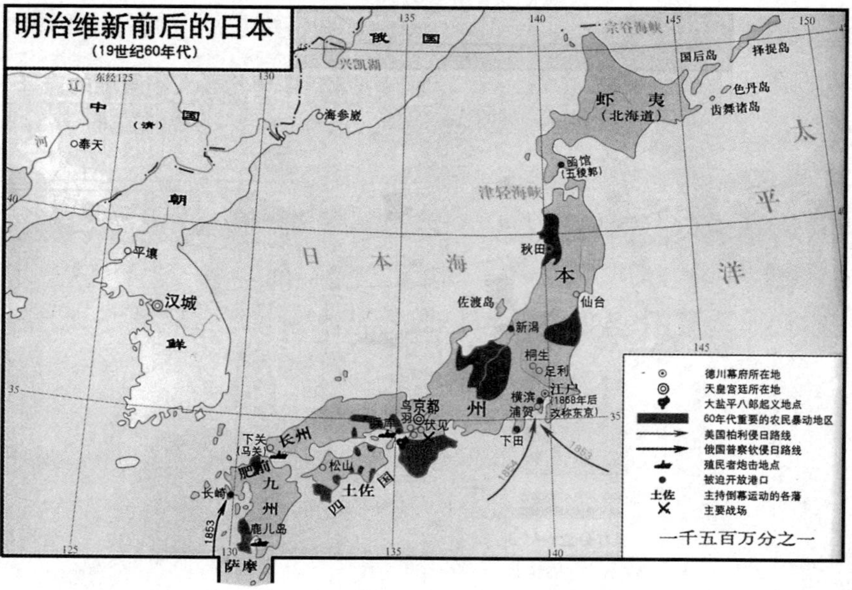

图1　明治维新前后的日本

[选自《世界历史地图集》，中国地图出版社2002年版，审图号：GS(2002)
088号，第118页]

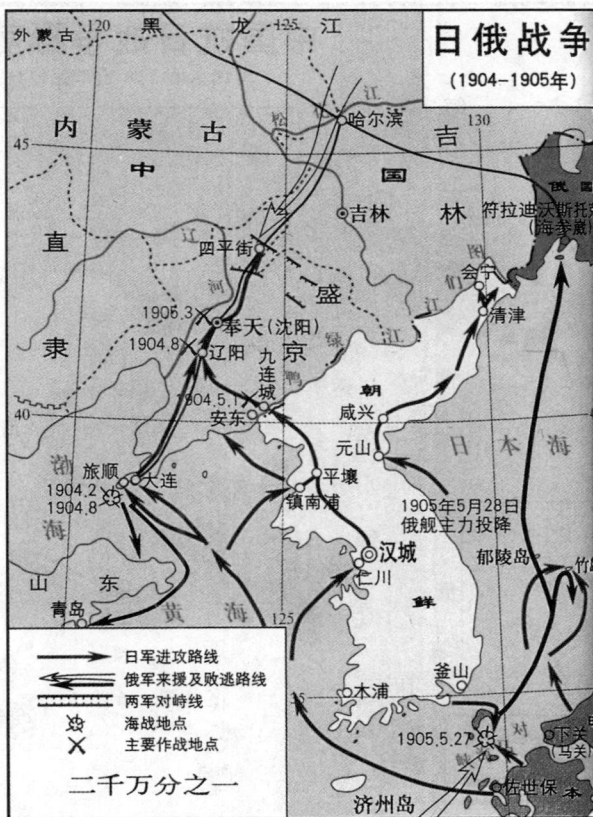

图 2　日俄战争

［选自《世界历史地图集》,中国地图出版社 2002
年版,审图号:GS(2002)088 号,第 130 页］

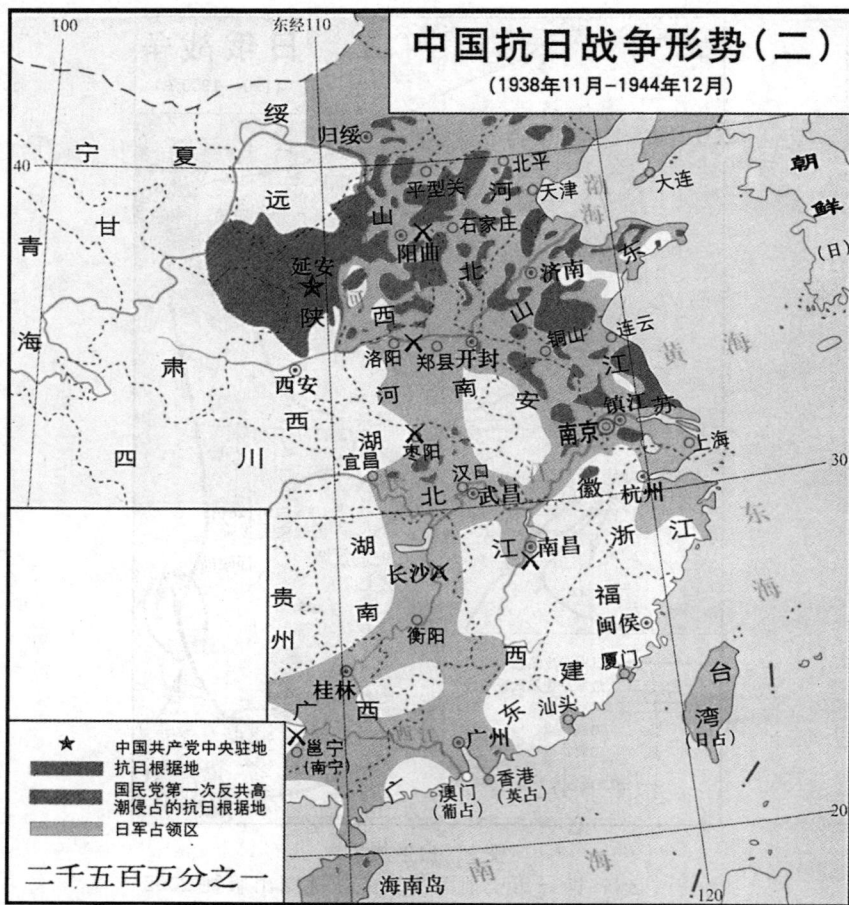

图 3　中国抗日战争形势

[选自《世界历史地图集》,中国地图出版社 2002 年版,审图号:GS(2002)
088 号,第 151 页]

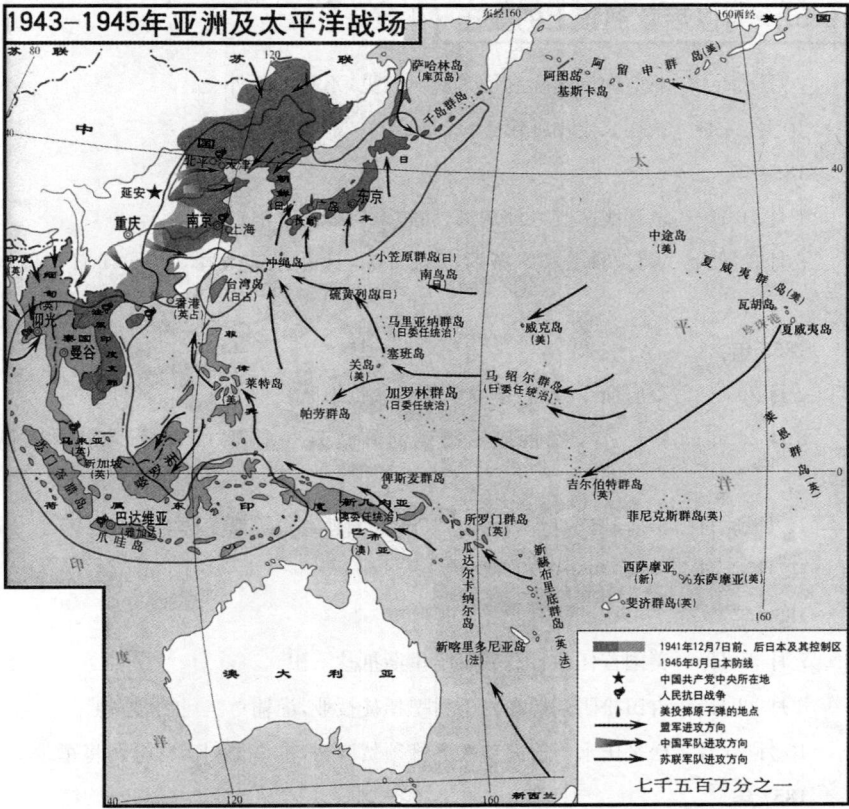

图 4   1943—1945 年亚洲及太平洋战场

［选自《世界历史地图集》，中国地图出版社 2002 年版，审图号：GS(2002) 088 号，第 159 页］

二、大事年表

1853 年

6 月 3 日①   美国培理舰队驶入浦贺,要求日本开港。15 日,幕府奏告京都朝廷。

7 月 1 日   幕府向诸藩大名征求应对意见,不复垄断外交。

10 月 23 日   德川家定出任第 13 代将军。

1854 年

1 月 16 日   培理舰队驶入江户湾,胁迫幕府缔约开港。

3 月 3 日   签订《日美和亲条约》。8 月 23 日幕府与英国,12 月 21 日与俄国缔约。

1855 年

6 月 29 日   幕府命令大名、旗本训练洋式枪炮队。

8 月 25 日   幕府接受荷兰国王赠送的首艘蒸汽军舰"宾森号",后改名"观光丸"。

10 月 24 日   幕府聘请荷兰教官,在长崎培训胜海舟等海军传习生。

12 月 23 日   《日荷和亲条约》签订。

1856 年

7 月 21 日   美国首任驻日总领事哈里斯抵达下田。

8 月 22 日   吉田松阴开始在松下村塾招徒授业,灌输尊王、扩张思想。

10 月 16 日   松平庆永与德岛藩大名蜂须贺齐裕,推举德川庆喜继嗣将军。

1857 年

5 月 26 日   日美签订《下田条约》,美国获得领事裁判权。8 月 9 日幕府又与荷兰,9 月 7 日与俄国签订追加条约,长崎、箱馆开港。

10 月 21 日   哈里斯拜会将军德川家定。26 日,要求幕府缔结通商条约。

1858 年

1 月 12 日   幕府与美国达成缔结日美通商条约的共识。

3 月 20 日   孝明天皇婉拒日美通商条约。

---

① 1872 年 12 月 3 日之前为太阴历计时,此后为太阳历(国际公历)计时。

4月23日　　强硬派彦根藩主井伊直弼出任幕府大老。

6月10日　　《日美修好通商条约》签订。7月10日与荷兰、7月11日与俄国、7月18日与英国、9月3日与法国签约,合称"安政五国条约"。

9月7日　　幕府下令逮捕尊攘派藩士梅田云滨,开始血腥镇压(安政大狱)。

10月25日　　井伊直弼支持的德川家茂出任第14代将军。

1859年

1月10日　　幕府勒令左大臣近卫忠熙等重臣辞官剃发,开始处罚反对派公卿。

2月26日　　幕吏审讯吉田松阴、赖三树三郎等尊攘派志士。后均予处决。

8月27日　　幕府处罚德川齐昭、德川庆喜、川路圣谟等一桥派大名或幕臣。

10月24日　　幕府通告美、法公使,新潟延期开港。

1860年

1月13日　　桅帆蒸汽舰"咸临丸"驶离品川访美。18日,幕府使节新见正兴等乘坐美国军舰前往华盛顿,交换通商条约批准书。

3月3日　　水户藩浪士在樱田门外刺杀井伊直弼(樱田门外事变)。首席老中安藤信正等改行"公武合体"新方针。

9月4日　　幕府撤销对松平庆永、德川庆喜等一桥派大名的处分。

12月1日　　孝明天皇以幕府废约为条件,考量与幕府将军联姻。16日,英、法、荷公使抗议杀伤外国人事件。

1861年

5月15日　　长州藩直目付长井雅乐提出"航海远略策",受到朝廷和幕府的赏识。

10月20日　　皇妹和宫抵达江户,下嫁将军德川家茂,公武合体派弹冠相庆。

1862年

1月15日　　水户藩尊攘派浪士等在坂下门外刺伤老中安藤信正(坂下门外之变)。

4月29日　　幕府贸易船"千岁丸"驶离长崎,首航上海。高杉晋作等同行。

5月9日　　日英达成《伦敦备忘录》,取消贸易限制,开市开港延迟5年。

6月5日　　长州藩召回长井雅乐,改行"尊王攘夷"方针。

8月21日　　萨摩藩岛津久光的扈从武士杀伤英国商人(生麦事件)。

9月11日　　幕府派遣榎本武扬、西周等前往荷兰留学。

1863年

4月20日　　幕府以5月10日为期,实施全国大攘夷。

5月10日　　长州藩炮击通过下关海峡的美国商船。后又炮击法、荷军舰。

6月1日　　　美国军舰炮击长州炮台。5日，法国军舰前来报复，占领炮台。

7月2日　　　英国舰队攻击萨摩藩。激战两日，萨摩损失惨重（萨英战争）。

8月18日　　天皇斥矫诏，三条实美等尊攘派公卿被逐出京都（"八·一八"政变）。

1864 年

7月18日　　长州兵进京都，被佐幕军击败（禁门之变）。24日，第一次征长之役开始。

8月5日　　　英法美荷四国舰队攻击长州。次日，占领炮台。

11月11日　　长州的投降派对幕府表示恭顺，镇压尊攘派。

12月16日　　高杉晋作在下关率奇兵队举义。击垮投降派，推行武力对抗幕府的大割据政策。

1865 年

9月16日　　英法美荷四国联合要求敕许通商条约、兵库开港。

10月1日　　德川家茂奏请天皇接受四国要求。5日，天皇批准条约，拒绝兵库开港。

1866 年

1月21日　　经坂本龙马斡旋，萨长两藩缔结盟约，武力倒幕派实现联合。

5月13日　　幕府与英法美荷四国签订《江户改税约书》，以税率为5％的从价税征收关税。

6月7日　　　幕府军舰炮击长州，第二次讨伐长州。

7月20日　　将军德川家茂病亡。9月2日，幕府与长州达成停战约定，征长失败。

12月5日　　德川庆喜出任征夷大将军，官拜内大臣。25日，孝明天皇骤亡，死因多歧。

1867 年

1月9日　　　睦仁亲王即位，是为第122代天皇。

6月9日　　　坂本龙马提出改革政体的《船中八策》。22日，《萨土盟约书》订立，力促幕府奉还大政。

9月18日　　萨摩藩与长州藩，20日长州藩与安艺藩缔结出兵倒幕盟约。

10 月 13 日　朝廷向萨摩藩秘密下达《讨幕诏书》。翌日下达长州藩。14 日,德川庆喜向朝廷呈交《大政奉还上奏文》。24 日,辞去征夷大将军之职。

11 月 23 日　萨摩军队进入京都。29 日,长州藩兵入京都。

12 月 9 日　《王政复古大号令》发布,明治政府成立,勒令德川庆喜辞官纳地。

1868 年

1 月 3 日　幕府军进攻京都南部的鸟羽、伏见,戊辰战争爆发。

2 月 9 日　炽仁亲王出任东征大总督,与参谋西乡隆盛等指挥东征。

3 月 14 日　明治天皇宣示维新总纲《五条誓文》和安内竞外的《宣扬国威宸翰》。28 日,发布《神佛分离令》,引发废佛毁释风潮。

4 月 11 日　东征军进占江户城。幕府灭亡,残部继续顽抗。27 日,公布《政体书》。

5 月 3 日　东北诸藩建立奥羽越列藩同盟,对抗明治政府。

7 月 17 日　江户改称东京。

8 月 27 日　天皇举行即位大典。9 月 8 日,建元明治,改行一世一元制。

12 月 28 日　欧美列强承认明治政府。

1869 年

1 月 20 日　萨长土肥四藩主联名呈交《版籍奉还上表文》,奉还领地领民。

5 月 18 日　榎本武扬在五棱郭开城投降,戊辰战争结束。

8 月 15 日　虾夷地改称北海道。

1870 年

1 月 3 日　发布神道国教化的《大教宣布诏》。

2 月 22 日　外务省官员佐田白茅至朝鲜釜山草梁公馆,因国书不合规格被拒。

4 月 4 日　政府决定在东京设置海军所,在大阪设置陆军所。

8 月 9 日　外务权大丞柳原前光前往中国,交涉缔约通商。

1871 年

7 月 14 日　《废藩置县诏书》发布,实行府县制。29 日,《中日修好条规》签订。

11 月 12 日　岩仓使节团从横滨出发,访问美欧 12 国。

1872 年

2 月 28 日　废兵部省,改设陆军、海军省。

3 月 12 日　设置东京、大阪、镇西、东北四镇台。

4月25日　　发布僧侣《食肉娶妻解禁令》，削弱佛教的宗教意义。

6月27日　　兵部省设立陆军幼年学校与士官学校。

8月3日　　颁布《学制》。28日，司法省设警寮，掌管全国警察事务。

9月12日　　新桥—横滨区间的第一条铁路开通。14日，强行将琉球国王改称琉球藩王。

11月9日　　改行太阳历，以1872年12月3日为1873年1月1日，12时辰改为24小时。15日，颁布《国立银行条例》。28日，发布《征兵诏书》和《征兵告谕》。

1873 年

1月9日　　增设名古屋、广岛两镇台，共六镇台。

3月7日　　宣布神武天皇的即位日为"纪元节"。

7月28日　　颁布《地税改正条例》，废领主土地所有制，地税率为官定地价的3%。

10月24日　　因"征韩论"政争失败的西乡隆盛等辞职。25日，板垣退助等辞职。

11月10日　　设置内务省，大久保利通出任首届省卿。

12月27日　　太政官发布《秩禄奉还法》，逐步取消士族的家禄特权。

1874 年

1月12日　　板垣退助等组建爱国公党。15日，设置东京警视厅。17日，板垣等向太政官左院提交《设立民选议院建议书》，自由民权运动兴起。

2月18日　　江藤新平率不平士族占领佐贺县厅（佐贺之乱），旋败。

4月10日　　板垣退助等在高知县创建立志社。

5月17日　　西乡从道率兵离开长崎，侵犯中国台湾。

10月31日　　《中日北京专约》签订，清朝政府支付银50万两，承认日军侵台为"保民义举"。

11月2日　　陆军士官学校改由陆军省直辖。

1875 年

2月22日　　民权派成立全国性团体爱国社。

4月14日　　天皇发布《渐次确立立宪政体诏书》；设置元老院、大审院、地方官会议。

5月7日　　日俄签订《库页岛千岛群岛交换条约》。

6月28日　政府公布《谗谤律》《新闻纸条例》,镇压民权运动。

9月20日　日军在江华岛蓄意制造武力冲突的"云扬号事件"。

11月10日　外务卿寺岛宗则建议太政官修改条约,首先要求恢复关税自主。

1876年

2月26日　强制朝鲜签订首个不平等条约《日朝修好条规》(《江华岛条约》)。

3月28日　太政官下令:除穿着大礼服及公务制服的场合外,禁止佩刀(《废刀令》)。

8月5日　政府颁发《金禄公债证书发行条例》,一次性完成对士族秩禄的赎买。

10月24日　熊本不平士族发动"神风连之乱"。27日福冈秋月藩、28日长州的不平士族叛乱,均被镇压。

12月19日　三重县农民举行暴动,波及多地,23日被镇压。

1877年

2月15日　西乡隆盛举行武力叛乱,率兵离开鹿儿岛北进,西南战争爆发。

4月12日　开成学校与东京医学校合并为东京大学。14日,西乡军自熊本城败退。9月24日,西乡隆盛逃回鹿儿岛城山自裁。

1878年

5月14日　内务卿大久保利通遇刺身亡,由伊藤博文继任。

8月23日　近卫炮兵队在竹桥暴动,翌日被镇压。

9月11日　爱国社在大阪举行重建大会,民权运动再掀高潮。

8月　陆军卿山县有朋公布军人训诫,10月12日,配发军队。

12月5日　设立参谋本部。

1879年

4月4日　宣布废琉球藩,设冲绳县。

5月20日　清朝驻日公使何如璋抗议日本吞并琉球。

6月4日　东京招魂社改称靖国神社,为内务、陆军和海军三省管理的别格官币社。

8月　天皇睦仁授意儒学侍讲元田永孚起草《教学大旨》,介入教育。

9月29日　废止《学制》,改行因地制宜的《教育令》。

1880年

3月17日　民权派全国团体国会期成同盟在大阪建立。

4月5日　　政府发布压制民权运动的《集会条例》。17日,提出日清分岛缔约的琉球处理方针。

11月30日　　山县有朋向天皇提出图谋侵华的《邻邦兵备略》。

1881年

2月　　右翼浪人在福冈成立平冈浩太郎任社长的玄洋社。

6月　　元田永孚编成标榜忠孝仁义的修身教科书《幼学纲要》。

7月26日　　北海道开拓使黑田清隆徇私廉价出售国有财产在报刊曝光,舆论哗然。

10月11日　　御前会议决定停售北海道国有财产,罢免参议大隈重信(明治十四年政变)。

10月12日　　天皇颁发《召开国会诏敕》。18日,自由党建立,板垣退助任总理。

11月7日　　井上毅进呈《进大臣》,主张办中学、兴汉学、学德国。

1882年

1月4日　　下达效忠天皇的《军人敕谕》。

3月14日　　伊藤博文等赴欧考察宪法。翌年8月3日返回。

4月16日　　立宪改进党建立,总理为大隈重信。

8月30日　　日本威逼朝鲜签订《济物浦条约》,取得公使馆驻兵权。

10月10日　　日本的中央银行日本银行正式营业。

11月11日　　板垣退助与后藤象二朗出洋考察,自由党分裂。28日,福岛数千居民群起抗议官员横暴。12月1日,河野广中等自由党干部被捕(福岛事件)。

1883年

3月20日　　新潟县中颈城郡高田的自由党人密谋起义(高田事件)。

11月28日　　鹿鸣馆开馆。达官贵人以化装舞会取悦欧美使节,乞求修改条约。

12月26日　　修改《征兵令》,服役年限为现役3年、预备役4年、后备役5年。

1884年

2月8日　　海军省军务局改组为军事部,海军军令机关独立。

3月17日　　伊藤博文与井上毅、德国顾问等起草《宪法》。

5月16日　　群马县自由党人率众袭击高利贷者和警察署(群马事件)。类似事件尚有同年9月的加波山事件、10月的名古屋事件、11月的秩父事件和12月的饭田事件。

7月7日　颁发《华族令》，设置公、侯、伯、子、男等5等爵位，维护皇权。

10月29日　自由党解散。

12月4日　日本驻朝公使竹添进一郎唆使朝鲜亲日开化派发动政变（甲申政变），3天后失败。17日，大隈重信等脱党，立宪改进党瓦解。

1885年

1月9日　日本逼迫朝鲜订立屈辱的《汉城条约》。

3月16日　福泽谕吉在《时事新报》上发表以中朝为敌的《脱亚论》。

4月18日　《天津条约》签订，日本获得与清朝对等的朝鲜出兵权。

12月22日　废止太政官制，改行内阁制。第一次伊藤博文内阁成立。

1886年

3月2日　发布国家主义的《帝国大学令》，东京大学改称东京帝国大学。4月对中小学和师范学校发布国家主义的学校令。

5月10日　文部省公布《教科用图书检定条例》，开始审查中小学和师范学校教科书。

8月15日　长崎警察、暴徒与登陆的清朝北洋水师水兵殴斗，死伤多人（长崎事件）。

11月5日　设置海军陆战队。

1887年

4月22日　外相井上馨做出重大让步，以图取消领事裁判权，引发社会舆论的激烈抨击。7月，改约谈判中止。

10月　民权派提出要求减轻地税、言论集会自由、挽回外交的《三大事件建议书》。

12月26日　政府公布《保安条例》，驱逐民权派骨干。

1888年

4月3日　志贺重昂等组建政教社，发行杂志《日本人》，倡导国粹主义。25日，实施市町村制。30日，黑田清隆组阁。

5月14日　废镇台制，改行师团制。师团长军衔为中将，直属天皇。

11月26日　外相大隈重信重启改约谈判，继续让步，却未取得进展。

1889年

2月11日　颁发《大日本帝国宪法》，明治维新终结。

10 月 18 日　外相大隈重信被玄洋社成员袭击,右腿被炸残。

12 月 24 日　第一次山县有朋内阁成立。

1890 年

2 月 28 日　内阁通告各国公使,不再为修改条约而聘用外国法官、修改法律。

5 月 17 日　公布《府县制》《郡制》。行政区划为北海道厅 1 厅,东京、京都、大阪等 3 府和 43 县。

7 月 1 日　举行首次众议院总选举。10 日,伯爵、子爵、男爵互选贵族院议员。

9 月 15 日　自由党、爱国公党、九州同志会、大同俱乐部合并为立宪自由党。

10 月 30 日　颁发《教育敕语》。11 月 3 日,帝国大学率先举行敕语的奉读仪式。

1891 年

3 月 19 日　立宪自由党大会决定恢复旧称,板垣助退仍任总理。

5 月 6 日　第一次松方正义内阁成立。11 日,访日的俄国皇太子尼古拉遇袭(大津事件)。

8 月 25 日　穗积八束攻击民法典,断言民法出而忠孝亡。

11 月 17 日　文部省令各地学校在奉安所供奉天皇夫妇的照片和《教育敕语》誊本。

12 月 18 日　田中正造向众议院提出有关足尾矿矿毒的质问,首次提出环境污染问题。

1892 年

2 月 15 日　第二次临时总选举。因政府干涉选举,各地殴斗严重,死伤 400 余人。①

6 月 6 日　贵族院与众议院因造舰费发生纠纷。13 日,天皇介入,翌日两院达成妥协。

8 月 8 日　第二次伊藤博文内阁成立。

1893 年

1 月 28 日　海军技师下濑雅允研制的黄色烈性炸药用于装填鱼雷和炮弹。

2 月 10 日　天皇发布"造舰诏书",称内廷在 6 年间每年提供 30 万元,官员贡

---

① 大事记中所有统计数字均来自《近代日本综合年版》第 2 版,岩波书店,1984 年。

献 1/10 的薪俸,以补充造舰费之不足。

5 月 20 日　设立海军军令部,直属天皇。

1894 年

6 月 2 日　伊藤内阁决定向朝鲜出兵 1 个旅团。5 日,在参谋本部建大本营。

7 月 16 日　日英签订取消领事裁判权、关税部分自主的新《通商航海条约》。23 日,日军占朝鲜王宫。25 日,联合舰队在丰岛袭击中国运兵船舰。甲午中日战争爆发。

8 月 1 日　中日相互宣战。8 日,大本营转移至广岛。

9 月 16 日　日军占领平壤。17 日,联合舰队在黄海大东沟重创北洋舰队,夺取制海权。

10 月 24 日　日军登陆辽东半岛。

11 月 21 日　日军占领旅顺口,制造了杀害居民达 3 万余人的旅顺大屠杀。

1895 年

1 月 14 日　伊藤内阁擅自将钓鱼岛划入日本版图。20 日,日军登陆山东半岛。

2 月 2 日　清朝停战交涉官员张荫桓等被逐。11 日,丁汝昌等自杀殉国。北洋海军覆灭。

3 月 19 日　李鸿章抵达马关。20 日,与伊藤博文在春帆楼举行谈判。24 日,李鸿章遭暴徒枪击身负重伤,国际舆论指责日本。27 日,天皇下令停战。

4 月 17 日　《马关条约》订立,中国割地辽东、台澎,赔款 2 亿两白银。23 日,俄法德三国发起干涉,劝告日本归还辽东半岛。

5 月 5 日　陆奥宗光通告俄法德三国公使,日本放弃辽东半岛并索求补偿。

10 月 8 日　日本驻朝公使三浦梧楼指使日本暴徒残杀闵妃(乙未事件)。

11 月 8 日　《辽东半岛收还条约》签订,日本勒索"赎辽费"3 000 万两白银。

1896 年

3 月 1 日　立宪改进党、立宪革新党、中国进步党合并为进步党。16 日,陆军计划由 6 个师团扩充为 12 个师团。30 日,《制铁所官制》公布,筹办国营炼钢厂八幡制铁所。31 日,《台湾总督府条例》公布,"总督"由大将或中将担任。

4 月 14 日　自由党与政府合作,板垣退助出任伊藤内阁的内相。

5 月 14 日　日俄签订《小村—韦贝备忘录》,日俄平分朝鲜驻军权。

6月9日　　《山县—罗拔诺夫协定》签订,规定双方在朝鲜的管控范围和用兵区域。

9月18日　　松方正义第二次组阁。22日,大隈重信入阁任外相,通称松隈内阁。

1897年

3月27日　　公布当年4.8亿日元的预算,扩大战后经营。

4月6日　　高野房太郎等创办工会运动启蒙团体职工义友会。

9月24日　　《海军造船厂条例》公布,规定每个军港均设造船厂。

10月1日　　实行金本位制。

12月1日　　铁工组合成立,杂志《劳动世界》创刊,主笔片山潜。

1898年

1月12日　　第三次伊藤内阁成立。20日,《元帅府条例》公布,山县有朋、大山岩、彰仁亲王、西乡从道获元帅称号。

4月25日　　《西—罗森协定》签订,日俄在朝鲜半岛暂处均势。

6月22日　　自由党与进步党合并为宪政党,在众议院席位过半。30日,"隈板内阁"成立。首相大隈重信兼外相,板垣退助任内相。

10月18日　　社会主义研究会建立。31日,"隈板内阁"崩溃。

11月2日　　东亚会和同文会合并为东亚同文会,近卫笃麿为会长。8日,第2次山县内阁成立。

1899年

3月14日　　《关税法》公布。

6月16日　　实施新《商法》。

12月26日　　外相青木周藏对美国提出备忘录,有条件地承认对华"门户开放"原则。

1900年

3月10日　　公布《治安警察法》,加强镇压反政府势力。

4月27日　　内务省新设神社局和宗教局,神道地位特殊化。

5月19日　　修订陆海军官制,陆海军大臣由大将、中将现役武官担任。

7月6日　　内阁增派1个混成师团侵华。日本出兵2.2万余人,居八国联军之首。

9月15日　　政友会成立，总裁伊藤博文。

10月19日　　第四次伊藤内阁成立。

1901年

2月23日　　内田良平等建立右翼团体黑龙会，顾问头山满。

5月18日　　安部矶雄、片山潜等建立社会民主党，20日，遭警察查禁。

6月2日　　第一次桂内阁成立。

9月7日　　《辛丑条约》签订，日本获得华北驻军权。

12月10日　　元老会议通过了日英同盟条约修改草案。

1902年

1月30日　　第一次《日英同盟条约》在伦敦订立。

6月14日　　北京的列国驻华公使会议签订与中国媾和条件议定书，日本获赔白银3 479.31万两。

12月2日　　公布国势调查的相关法律。自1905年开始，每10年调查1次。

1903年

4月21日　　桂太郎与伊藤博文、山县有朋等举行会议，通过日俄分割殖民权益的"满韩交换论"。

7月5日　　幸德秋水的《社会主义神髓》出版。8日，片山潜的《我的社会主义》出版。

11月15日　　平民社创立，发行周刊《平民新闻》，倡导非战论与社会主义。

12月30日　　参谋本部与海军军令部制定了对俄联合作战计划。

1904年

2月8日　　日军袭击停泊于旅顺口的俄国舰队。10日，日俄相互宣战，日俄战争爆发。

3月13日　　《平民新闻》发表《告俄国社会党同志书》，呼吁联手反对军国主义战争。

4月1日　　公布《非常特别税法》，提高11个税种的税率并新设税种，当年增加税收达12亿6 100余万元。

5月1日　　日本第1军渡过鸭绿江，攻占九连城。5月30日，第2军占领大连。

8月19日　　第3军对旅顺发动第一次总攻击，死伤1.5万人，攻击失败。22

日,第一次《日韩协约》签订,日本加强控制韩国的内政外交。

9月5日　　第1、第2、第4军占领辽阳。

10月10日　沙河会战开始。日军死伤2万余人。

11月16日　查禁社会主义协会。

1905 年

1月1日　　驻旅顺的俄军投降。28日,桂内阁擅自将独岛划入日本版图,命名"竹岛"。

2月22日　奉天会战开始。3月10日,日军占领奉天。俄军全线北撤。

5月27日　日本联合舰队与俄国波罗的海舰队在日本海激战。28日,俄国舰队被击溃。

7月29日　美日《塔夫脱—桂太郎协定》,相互承认各自势力范围,日本承认美国对菲律宾和美国承认日本对朝鲜半岛的支配权。

8月12日　第二次《日英同盟条约》签订。

9月5日　　日俄《朴茨茅斯和约》订立。日比谷公园发生反对媾和的骚乱。

11月17日　订立第二次《日韩协约》(《乙巳保护条约》),韩国沦为日本的保护国。

12月21日　汉城设统监府,统监直属天皇。

1906 年

1月7日　　第一次西园寺内阁成立。

2月1日　　统监府开厅。3月2日,首任统监伊藤博文到任,厉行镇压。24日,日本社会党举行第一次大会,主张在合法范围内实现社会主义。

3月31日　《铁道国有法》公布。至1907年10月1日,完成对所有私有铁路的收购。

8月1日　　《关东都督府官制》公布。9月1日,大岛义昌大将任首任都督。

11月26日　"南满洲"铁道株式会社("满铁")在东京成立,首届总裁为后藤新平。

1907 年

2月17日　日本社会党第二次大会上议会政策派与直接行动派对立。22日,社会党被查禁。

4月19日　元帅府会议通过《帝国国防方针》《帝国军队用兵纲领》。

7月24日　订立第三次《日韩协约》，统监总揽统治权。30日，第一次《日俄协约》签订，划定双方在中国东北的势力范围。

8月1日　解散韩国军队。义兵抗日运动进入高潮。

1908年

6月22日　直接行动派挥舞红旗欢迎党友出狱，同警察发生激烈冲突（赤旗事件）。

7月14日　第二次桂内阁成立。

9月5日　文部省设置教科书调查委员会，审定小学修身、历史、国语等教科书。

10月13日　天皇发布《戊申诏书》，宣扬上下一心、忠实服业、勤俭治产。

11月30日　《高平—鲁特协定》签订，强调各国在华机会均等原则。

1909年

3月30日　外相小村寿太郎提出《合并韩国案》。7月6日，阁议通过。

9月4日　《间岛日清协约》签订，承认图们江为中韩国境线。

10月26日　韩国义士安重根在哈尔滨火车站刺杀伊藤博文。

1910年

3月13日　宪政本党、又新会等合并为立宪国民党。

7月4日　第二次《日俄协约》签订，再次相互确认在中国东北的殖民权益。17日，日本通告英、德、意等10国，至1911年7月，废弃现行的通商条约，幕末以来签订的不平等条约全部废弃。

8月22日　《日韩合并条约》签订，日本吞并韩国。29日，将韩国改称为朝鲜。

9月30日　《朝鲜总督府官制》公布，总督由日本陆海军大将担任，直属天皇。

11月3日　帝国在乡军人会成立。

1911年

1月18日　大审院以谋杀天皇的"大逆罪"，判处幸德秋水等12人死刑（大逆事件）。

2月21日　日美签订新的《航海通商条约》，日本实现关税自主权。

7月13日　第三次《日英同盟条约》签订。

8月21日　警视厅设置特别高等课（"特高课"），强化思想镇压。

8月30日　第二次西园寺内阁成立。

10 月 24 日　内阁通过对华政策,"满洲"维持现状,扶植关内亲日势力。

1912 年

3 月 1 日　美浓部达吉诠释"天皇机关说"的《宪法讲话》出版,引起论争。18 日,日本以保留在"南满"的殖民权益为条件,加入四国借款团。

7 月 8 日　第三次《日俄协约》在圣彼得堡签订,划分日俄在内蒙古的势力范围。30 日,明治天皇睦仁病殁,皇太子嘉仁即位。

8 月 1 日　铃木文治等创建友爱会。

12 月 5 日　西园寺内阁总辞职。19 日,护宪大会在东京举行,第一次护宪运动兴起。21 日,第三次桂内阁成立。

1913 年

1 月 19 日　立宪国民党举行大会,要求弹劾桂内阁,号召打破阀族,拥护宪政。

2 月 7 日　桂太郎宣布创建新党立宪同志会,任创设委员长。11 日,内阁总辞职(大正政变)。20 日,山本权兵卫内阁成立。

6 月 13 日　内阁取消陆海军大臣现役资格的限制。

8 月 1 日　内阁放宽敕任文官的条件。

10 月 6 日　日本政府承认"支那共和国"(即中华民国)。

12 月 23 日　立宪同志会正式成立,加藤高明任总理。

1914 年

1 月 23 日　德国西门子公司贿赂日本海军高官的丑闻曝光(西门子事件)。

3 月 24 日　山本内阁总辞职。4 月 16 日,第二次大隈重信内阁成立。

8 月 23 日　日本对德国宣战。9 月 2 日,日军在中国山东省龙口登陆。25 日,占领胶济线潍县站。

10 月 14 日　日本海军夺取赤道以北的德占南太平洋岛屿。

11 月 7 日　德国总督瓦尔戴克投降,日军占领青岛。

1915 年

1 月 18 日　日本驻华公使日置益奉命向袁世凯政府提出"二十一条"要求。

2 月 2 日　中国政府外交总长陆征祥与日置益举行首轮谈判。

5 月 7 日　日置益提出最后通牒。9 日,袁世凯为首的北洋政府复文接受。5 月 25 日,订立"民四条约"。

6 月 21 日　公布当年追加 5 822 万日元的预算,用于增设两个师团、新造军舰。

7月3日　　　抗日志士余清芳在台南噍吧哖(今玉井)举义,遭日本军警血腥镇压。

1916 年

1月　　　　吉野作造在《中央公论》连载宣传民本主义的论文《论宪政本意及其贯彻之途径》。

7月3日　　　日本与俄国订立第四次协约,防止第三国在政治上控制中国。

10月4日　　大隈重信提出辞呈。9日,陆军大将寺内正毅组阁。

11月3日　　裕仁亲王被立为皇太子。

1917 年

1月20日　　兴业银行等特殊银行团向中国交通银行提供首批贷款500万日元(西原借款)。

2月13日　　英国支持日本保有德国在山东的权益和赤道以北德属岛屿。3月1日法国、5日俄国也同样表态。

11月2日　　《石井—蓝辛协定》签订,确定美日在华利益关系框架。

1918 年

3月12日　　通过当年财政预算,6年内追加2.5亿日元,打造八六舰队。

5月16日　　寺内内阁与段祺瑞政府订立《共同防敌军事协定》。

6月29日　　修订《帝国国防方针》,将中国列为假想敌。

8月2日　　　寺内内阁宣布出兵西伯利亚。3日,富山县中新川郡的渔妇抢砸哄抬米价的米店,迅即波及全国(米骚动)。

9月21日　　首相寺内正毅辞职。29日,原敬内阁成立。

12月23日　　吉野作造、福田地三等建立进步团体黎明会。同月,赤松克麿等建立进步学生团体新人会。

1919 年

1月18日　　巴黎和会召开。元老西园寺公望和内大臣牧野伸显为全权委员。

4月8日　　　陆军省向朝鲜半岛增派6个大队和400名宪兵,血腥镇压"三一"独立运动引发的人民起义。

5月4日　　　中国五四爱国运动爆发,抗议日本侵犯中国主权。

6月28日　　《凡尔赛和约》签署,日本获得中国山东权益和西南太平洋岛屿。

8月1日　　　大川周明等建立首个法西斯团体犹存社。20日,修订总督府官制,允许文官担任总督。

12 月 15 日　关西的 14 个工会团体组建普选期成关西劳动联盟。

1920 年

1 月 10 日　国际联盟成立,日本为 4 个常任理事国之一,成为世界级政治大国。

2 月 11 日　111 个团体在东京举行大规模的普选示威游行。14 日,宪政会、国民党议员联合提出普选法草案。

5 月 2 日　万余名东京工人在上野公园举行首次"五一"纪念活动。

8 月 20 日　约 6 万日军开始撤离西伯利亚。

11 月 4 日　尾崎行雄、犬养毅等组建政界革新普选同盟会。

1921 年

2 月 3 日　宪政会和国民党分头提出的普选法案,被否决。

6 月 25 日　三菱内燃机神户工厂罢工。7 月,波及川崎、三菱造船厂,酿成战前规模最大的罢工。

9 月 27 日　加藤友三郎、币原喜重郎、德川家达被任命为出席华盛顿会议的全权代表。

10 月 1 日　大日本劳动总同盟友爱会改称"日本劳动总同盟"(简称"总同盟")。

11 月 4 日　原敬被右翼暴徒刺杀。5 日,内阁总辞职。13 日,高桥是清内阁成立。

12 月 13 日　美英日法签订《四国条约》,日英同盟即告废止。

1922 年

2 月 4 日　《中日解决山东悬案条约及附约》订立。6 日,美英日法意等国签订《五国海军条约》,日本成为世界级军事大国。

6 月 6 日　高桥内阁总辞职。12 日,加藤友三郎内阁成立。

7 月 15 日　日本共产党建立。16 日,宪政会举行护宪市民大会。

11 月 8 日　犬养毅、尾崎行雄等组建革新俱乐部。

12 月 27 日　横须贺海军兵工厂建成首艘 9 494 吨的航空母舰"凤翔号",载机 31 架。

1923 年

2 月 2 日　妇人参政同盟成立。11 日,东京市民举行要求普选的大规模游行。

9月1日　关东大地震。2日,第2次山本内阁成立。同日,军警虐杀朝侨和华侨。此后,又杀害川合义虎、大杉荣、伊藤野枝等社会活动家。

11月2日　内阁决定撤销选举的纳税资格。

12月27日　难波大助在虎之门袭击摄政裕仁未果。山本内阁总辞职。

1924年

1月7日　清浦奎吾内阁成立。10日,政友会、宪政会和革新俱乐部等护宪三派呼吁倒阁,第二次护宪运动兴起。

5月10日　护宪三派赢得大选。

6月7日　三浦内阁总辞职。11日,第一次加藤高明内阁成立。

10月13日　加藤内阁对华提出不干涉中国内政与维护"满蒙"利权的备忘录。

12月13日　妇人参政权获得期成同盟会建立。

1925年

3月2日　众议院通过《普通选举法》。

4月22日　《治安维持法》公布,对变更国体者可判处死刑。

5月10日　公布修改后的《众议院议员选举法》,成年男子获普选权。24日,"总同盟"分裂。左派另建日本劳动组合评议会("评议会")。

8月2日　第二次加藤内阁成立,宪政会单独组阁。

12月1日　农民劳动党成立,当日遭查禁。

1926年

1月28日　加藤友三郎病故,内阁总辞职。30日,第一次若槻礼次郎内阁成立。

3月5日　劳动农民党组建,委员长杉山元治郎。

4月9日　《劳资争议调停法》公布,政府可对公共企业的劳资争议强制调停。

10月17日　日本农民组合等右派团体组建日本农民党。

12月4日　日本共产党重建。5日,社会民众党建立。25日,大正天皇殁。摄政裕仁即位,改元昭和。

1927年

2月　北一辉与西田税建立法西斯团体士林庄。7月,改称天剑党。

4月17日　若槻内阁总辞职。金融危机爆发。20日,田中义一内阁成立。

5月28日　内阁命关东军第一次出兵中国山东。

6月1日　　民政党成立,总裁滨口雄幸。27日,田中内阁举行东方会议。

7月7日　　东方会议结束,提出夺取中国东北的《对华政策纲领》。

7月　　　共产国际执行委员会制定日共的《二七年纲领》。

1928年

2月1日　　日共机关报《赤旗》创刊。20日,举行"普选法"后的首次众议院大选。

3月15日　军警当局在全国范围搜捕日共党员及同情者("三一五事件")。

4月10日　劳动农民党、"评议会"和无产青年同盟等团体被解散。20日,关东军第二次出兵中国山东。

5月3日　　日军制造济南惨案。5日,第三次出兵山东。11日,日军占领济南。

6月4日　　关东军爆炸张作霖专列(皇姑屯事件)。

7月22日　无产大众党建立。

12月20日　中间派政党日本劳农党建立。28日,新劳动农民党成立,4天后被解散。

1929年

4月16日　军警再次在全国范围搜捕日共党员及同情者("四一六事件")。

5月19日　陆军的"中坚军官"组成法西斯团体一夕会。同月,大久野岛的毒气工厂正式投产。

7月2日　　田中内阁总辞职。民政党滨口雄幸内阁成立。

10月24日　纽约股市暴跌,尚未摆脱金融危机的日本备受打击,陷入"昭和恐慌"。

11月17日　朝鲜总督山梨半造因腐败事件被调查。29日,文相小桥一太因腐败事件辞职。翌年12月被判有罪。

1930年

1月11日　浜口雄幸内阁宣布黄金输出解禁,复归金本位制。

4月22日　《伦敦海军裁军条约》签订。25日,政友会等指责签约侵犯天皇的"统帅权"。

9月下旬　桥本欣五郎等建立法西斯军人团体"樱会"。

10月1日　第三次国势调查表明,日本人口为6 445万人。27日,台湾雾社高山族暴动,日军血腥镇压。29 日,滨口内阁通过决议,将"支那共和国"改称"中华民国"。

11 月 14 日　滨口被法西斯暴徒狙击,身负重伤。翌年 8 月,不治身亡。

1931 年

3 月　　　　樱会与大川周明谋划发动政变(三月事件)。

4 月 14 日　第二次若槻内阁成立。

6 月 28 日　黑龙会等右翼团体组成大日本生产党。

9 月 18 日　关东军袭击奉天(沈阳)北大营,挑起局部侵华战争(九一八事变)。19 日,日本共产党声明反战。28 日,全国劳农大众党反对出兵中国;日本商工会议所声明支持政府。

10 月 8 日　日机轰炸锦州。17 日,桥本欣五郎等少壮派军官与民间法西斯团体计划发动的军事政变流产(锦旗革命事件)。

11 月 18 日　内阁决定向中国东北增兵。

12 月 11 日　若槻内阁总辞职。13 日,犬养毅内阁成立,荒木贞夫入阁出任陆相。

1932 年

1 月 2 日　　关东军攻占锦州。28 日,日本海军陆战队进攻上海(一·二八事变)。

2 月 2 日　　日本决定向上海派遣第 9 师团,师团长为植田谦吉;配置第 3 舰队,司令官为野村吉三郎。5 日,关东军占领哈尔滨。23 日,组成上海派遣军,司令官为白川义则大将。29 日,李顿调查团抵达东京。

3 月 1 日　　傀儡政权伪满洲国出台。5 日,血盟团刺杀三井合名会社理事长团琢磨。

4 月 29 日　韩国义士尹奉吉在虹口公园爆击侵华军政要人。白川义则、植田谦吉等非死即伤。

5 月 5 日　　《淞沪停战协定》签订。15 日,法西斯军人发动流血政变("五一五事件")。26 日,斋藤实内阁成立。

7 月 10 日　《赤旗》刊载日共的《三二年纲领》。24 日,社会大众党成立。

9 月 25 日　右翼工会团体日本劳动俱乐部改称日本劳动组合会议,会员 28 万人,占加入工会组织工人总数的 74%。

12 月 4 日　　132 家新闻社发表共同宣言,支持伪满洲国"独立"。

1933 年

1 月 3 日　　关东军占领山海关,控制中国东北全境。

3 月 4 日　　关东军占领承德。7 日,近抵长城沿线。27 日,日本退出国联。

5 月 7 日　　关东军入侵华北。23 日,占领冀东及通州、密云,包围北平。31 日,冈村宁次与熊斌达成《停战协定》(《塘沽协定》)。

6 月 7 日　　日共领导人佐野学等发表"转向"声明。

11 月 21 日　民政党总裁若槻礼次郎遇袭。

1934 年

4 月 17 日　外务省情报部部长天羽英二发表反对各国援华的声明。

7 月 3 日　　斋藤内阁因官员贪污的"帝人事件"总辞职。8 日,冈田启介内阁成立。

12 月 3 日　内阁决定废除在华盛顿会议订立的条约。

1935 年

2 月 18 日　菊地武夫在贵族院攻击"天皇机关说",揭开"国体明征"运动的序幕。

3 月 4 日　　日共中央委员会被摧毁。

5 月 17 日　中日外交级别由公使升格为大使。

6 月 27 日　秦德纯与土肥原贤二达成《察哈尔协定》,全面接受日方的要求。

7 月 6 日　　何应钦复函梅津美治郎,接受日方 6 月 9 日提出的要求,达成"何梅协定"。

8 月 3 日　　内阁发表《政府关于国体明征的声明》。12 日,"统制派"核心人物陆军省军务局长永田铁山被砍杀(相泽事件)。

10 月 15 日　内阁再次发表《政府关于国体明征的声明》,指责"天皇机关说"违反"国体"。

1936 年

1 月 16 日　日本退出《伦敦海军裁军条约》。

2 月 26 日　"皇道派"青年军官发动血腥政变("二二六事件")。

3 月 9 日　　广田弘毅内阁成立。14 日,禁止"五一"纪念活动。

5 月 12 日　傀儡伪蒙古军政府成立。18 日,恢复陆海军大臣现役武官制。同月,关东军制定《满洲农业移民百万户计划》。

6 月 8 日　　内阁通过第三次《帝国国防方针》和《帝国军队用兵纲领》。以美苏为假想敌,组建陆军 50 个师团、航空中队 142 个;海军拥有战舰和航母各 12 艘、航空中队 65 个。

8 月 7 日　　内阁通过《国策基准》,强调确保日本在东亚大陆的地位,向南方海洋发展。

8 月　　　　石井四郎在哈尔滨以南的平房地区设置"关东军防疫给水部"(1941 年授番号 731 部队),研制细菌武器并实施活体实验。

11 月 25 日　日德在柏林签订《反共产国际协定》。

1937 年

2 月 2 日　　林铣十郎组阁。

4 月 16 日　　四相会议制定《对华实施的策略》等文件,继续向国民政府施加压力。

6 月 4 日　　第一次近卫文麿内阁成立。

7 月 7 日　　日军在卢沟桥附近蓄意制造事端,挑起全面侵华战争(七七事变)。

8 月 10 日　　编成上海派遣军。13 日,淞沪会战爆发(八一三事变)。31 日,中国驻屯军扩编为华北方面军,寺内寿一任司令官。

8 月 23 日　　日本文艺家协会会长菊池宽邀集十多名作家,组成讴歌侵略战争的"笔部队"。

10 月 12 日　国民精神总动员中央联盟成立,会长为前海军大将有马良橘。

11 月 6 日　　意大利加入日德《反共产国际协定》。7 日,上海派遣军、第 10 军合编为华中方面军,司令官为松井石根。12 日,上海陷落。

12 月 13 日　南京陷落,日军开始长达 6 周的大屠杀。21 日,近卫内阁提出"议和"条件。

1938 年

1 月 16 日　　近卫文麿内阁发表今后不以国民政府为交涉对手的第一次声明。

4 月 1 日　　内阁公布《国家总动员法》。6 日,第 10 师团的濑谷支队从台儿庄败退。

5 月 19 日　　日军占领徐州。

7月11日　日军在张鼓峰与苏军冲突。第19师团惨败。8月10日,签订停战协定。

10月21日　日军攻占广州。27日,占领武汉三镇。

11月3日　近卫内阁发表宣称建立"东亚新秩序"的第二次声明。

12月22日　近卫内阁发表诱使国民政府屈服三原则的第三次声明。

1939年

1月4日　近卫内阁总辞职。5日,平沼骐一郎内阁成立。

3月28日　内阁增立国民精神总动员委员会,荒木贞夫任委员长。

4月1日　三菱重工业设计主任堀越二郎研发的海军舰载机在岐阜首次试飞成功。翌年,该型舰载机被命名为"零式战斗机"。

7月1日　关东军第23师团进攻诺门坎。日军遭苏军全歼。9月9日,双方签订停战协定。

8月8日　设立"兴亚奉公日"。28日,平沼内阁总辞职。30日,阿部信行内阁成立。

9月23日　大本营撤销华中派遣军,改设中国派遣军。

12月25日　鹿地亘等在中国桂林成立"日本人反战同盟西南支部"。27日,"桐工作"启动,诱降国民政府。

1940年

1月14日　阿部内阁总辞职。16日,米内光政内阁成立。

3月30日　日本扶植的最大傀儡汪伪政权在南京出台。

4月24日　中央物价委员会决定对米、大酱、酱油、盐等10类生活必需品凭票供应。

7月22日　第二次近卫内阁成立。27日,大本营与政府联席会议通过《伴随世界形势演变的时局处理纲要》,确定武力南进。

8月1日　外相松冈洋右发表建立"东亚共荣圈"的声明。23日,近卫内阁阁僚与政界、财界、产业界、新闻界和右翼团体的代表建立"新体制筹备会"。

9月22日　日军进占法属印度支那北部。27日,德日意三国在柏林签订同盟条约,最终形成法西斯轴心国集团。同日,近卫内阁将新体制运动定名为"大政翼赞运动"。

12月14日　近卫文麿主持制定《大政翼赞会实践纲要》。

1941 年

4 月 13 日　《日苏中立条约》签订。16 日,驻美大使野村吉三郎与赫尔开始谈判。

7 月 2 日　御前会议通过《伴随形势的帝国国策纲要》,重申武力南进方针。16 日,第二次近卫内阁总辞职。18 日,第三次近卫内阁成立。28 日,日军进占法属印度支那南部。

8 月 1 日　美国全面禁止对日汽油和润滑油的出口。

9 月 6 日　御前会议通过《帝国国策实施要领》,借口自存自卫,择机对美、英、荷开战。

10 月 5 日　大本营命令联合舰队进入临战状态。6 日,下令组建南方军。16 日,第三次近卫内阁总辞职。18 日,陆军大将东条英机组阁。

11 月 29 日　政府与重臣会议拒绝接受美国的最终方案,不惜铤而走险。

12 月 8 日(东京时间)　联合舰队偷袭珍珠港;南方军对马来半岛、中国香港和菲律宾展开突袭;日本与美英相互宣战。9 日,中国对日宣战。12 日,东条内阁将战争统称为"大东亚战争"。22 日,日军进攻缅甸。

1942 年

1 月 18 日　《德日意军事协定》在柏林签订,划分作战范围,妄图重新瓜分世界。

2 月 15 日　日军占领新加坡,屠杀华侨。

3 月 5 日　日军攻占巴达维亚(今雅加达)。9 日攻占万隆,屠杀华侨。8 日,日军占领仰光。20 日,中国远征军在缅甸同古与日军激战。

4 月 5 日　日军航母编队攻击锡兰(今斯里兰卡)科伦坡港。9 日,驻守巴丹半岛的美菲联军投降。18 日,美军杜立特航空队空袭东京等地,引起日本国内的恐慌。

5 月 1 日　日军攻占曼德勒。8 日,美日舰队在珊瑚海水域激战,日军攻势受阻。18 日,日军完全占领菲律宾。

6 月 5 日　联合舰队在中途岛的海空战中惨败,太平洋战场出现重大转折。

8 月 7 日　美军攻占图拉吉岛和瓜达尔卡纳尔岛,日军节节败退。

11 月 1 日　东条内阁撤销拓殖省、兴亚院,设立统一的殖民机构大东亚省。

1943 年

1 月 9 日　日本与汪伪政权签订交还租界、撤销领事裁判权的"日华协定"。

11 日,美、英两国废除不平等的旧条约,另签新约。

2 月 1 日　　日军残部撤离瓜岛。美军完全掌握太平洋战场的主动权。

6 月 12 日　　东条内阁通过《南方甲地区经济对策纲要》,建立垂直型殖民开发体制。

10 月 20 日　中国驻印军开始缅北战役。

11 月 5 日　　东条内阁召集"大东亚会议"。6 日,发表宣言,声称建成"大东亚共荣圈"。

11 月 23 日　中美英三国首脑举行开罗会议,协商对日作战及战后东亚的安排。至 26 日,会议结束。

12 月 1 日　　美英中三国同时发表《开罗宣言》,宣布剥夺日本从一战爆发后在太平洋上占领的岛屿,日本强占的中国东北地区、台湾和澎湖群岛等归还中国。

1944 年

1 月 24 日　大本营下达《一号作战纲要》。4 月,豫湘桂战役开始。12 月,日军打通大陆交通线。

2 月 22 日　美军攻占马绍尔群岛,突破日本在中太平洋的外围防御圈。

4 月 22 日　美澳联军在新几内亚北部登陆。

5 月 11 日　中国远征军强渡怒江,反攻滇西。

7 月 7 日　　美军攻占塞班岛,完全控制马里亚纳群岛,突破日本的"绝对防御圈"。18 日,东条内阁总辞职。22 日,陆军大将小矶国昭组阁。

8 月 5 日　　大本营政府联络会议改称最高战争指导会议。12 日,美军攻占关岛。

10 月 17 日　美军开始反攻菲律宾。20 日,首批"神风"特别攻击队发起攻击。

1945 年

2 月 3 日　　美军占领马尼拉。4 日,雅尔塔会议举行。18 日,最高战争指导会议鼓吹本土决战。

3 月 30 日　中国驻印军与英军会师,打通滇缅公路。17 日,美军攻占硫磺岛。

4 月 5 日　　小矶内阁总辞职。7 日,海军大将铃木贯太郎组阁。

6 月 23 日　美军攻占冲绳全岛。小矶内阁组织国民义勇队,准备本土决战。

7 月 26 日　《波茨坦公告》发表,敦促日本投降。

　　8月10日　　日本向盟国乞降。14日,正式接受《波茨坦公告》,宣告投降。15日,中央放送大楼电台播放裕仁的《终战诏书》录音。

　　9月2日　　反法西斯盟国在美国战舰"密苏里号"上举行日本投降书签署仪式。至此,近代"大日本帝国"梦碎。

三、参考书目

中文部分

（1）研究资料

《光绪朝中日交涉史料》卷1，故宫博物院文献馆编印，1932年。

陆奥宗光：《蹇蹇录》，商务印书馆，1963年。

复旦大学历史系日本史组编译：《日本帝国主义对外侵略史料选编》（1931—1945），上海人民出版社，1975年。

王芸生编著：《六十年来中国与日本》第1卷，生活·读书·新知三联书店，1979年。

《明治维新基本文献史料选译》，聂长振、马斌译，周一良校，《世界历史》编辑部：《明治维新的再探讨》，中国社会科学出版社，1981年。

稻叶正夫编：《冈村宁次回忆录》，天津市政协编译委员会译，中华书局，1981年。

福泽谕吉：《文明论概略》，商务印书馆，1982年。

《顾维钧回忆录》，中华书局，1982年版。

王铁崖编：《中外旧章约汇编》，生活·读书·新知三联书店，1982年。

日本防卫厅防卫研究所战史室编：《华北治安战》，天津市政协编译组译，天津人民出版社，1984年。

日本防卫厅防卫研究所战史室：《一号作战之二　湖南会战》上，天津市政协编译委员会，1984年。

《中华民国外交史资料选编（1919—1931）》，北京大学出版社，1985年。

日本防卫厅防卫研究所战史室编：《缅甸作战》，天津市政协编译委员会译，中华书局，1987年。

袁旭等编著：《第二次中日战争纪事（1931.9—1945.9）》，档案出版社，1988年。

褚德新等编：《中外章约汇要 1868—1949》，黑龙江人民出版社，1991年。

日本防卫厅防卫研究所战史室编：《日本海军在中国作战》，天津市政协编译委员会译，中华书局，1991年。

辽宁省档案馆编：《"九一八"事变档案史料精编》，辽宁人民出版社，1991年。

戚其章主编：《中日近代史资料丛刊续编 中日战争》，中华书局，1994年。

《李鸿章全集　译署函稿》，海南出版社，1997年。

美国国务院编:《美国外交文件选译·日本·1931—1941》,张玮瑛等译,中国社会科学出版社,1998 年。

黄纪莲编:《中日"二十一条"交涉史料全编(1915—1923)》,安徽大学出版社,2001 年。

《李鸿章全集》,安徽教育出版社,2008 年。

德富苏峰:《中国漫游记 七十八日游记》,刘红译,中华书局,2008 年。

徐勇、臧运祜主编:《日本侵华决策史料丛编》,社科文献出版社,2017 年。

汤重南主编:《日本侵华战争军事密档·最高决策》,线装书局,2020 年。

(2)研究著作

井上清等:《日本部落解放运动史》,吕永清译,生活·读书·新知三联书店,1965 年。

里斯·罗曼诺夫:《俄国在满洲　1892—1906》,商务印书馆,1980 年。

稻叶正夫编:《冈村宁次回忆录》,中华书局,1981 年。

关宽治等:《满洲事变》,王振锁等译,上海译文出版社,1983 年。

万峰:《日本资本主义史研究》,湖南人民出版社,1984 年。

吕万和:《简明日本近代史》,天津人民出版社,1984 年。

日共中央委员会编:《日本共产党的六十年》,人民出版社,1986 年。

伊文成、汤重南等主编:《日本历史人物传》(近现代篇),黑龙江人民出版社,1987 年。

信夫清三郎:《日本政治史》第 1 卷,周启乾译,上海译文出版社,1988 年。

胡德坤:《中日战争史(1931—1945)》,武汉大学出版社,1988 年。

朱庭光主编:《法西斯新论》,重庆出版社,1991 年。

孙邦主编:《"九·一八"事变》,吉林人民出版社,1993 年。

曹中屏:《朝鲜近代史 1863—1919》,东方出版社,1993 年。

军科院外军部:《中国军事百科全书·世界战争史分册》(中),军事科学出版社,1995 年。

中国抗战史学会、抗战馆编:《日军侵华暴行实录》,北京出版社,1995 年。

步平等:《阳光下的罪恶——侵华日军毒气战实录》,黑龙江人民出版社,1999 年。

杨宁一:《日本法西斯夺取政权之路》,北京师范大学出版社,2000 年。

沈仁安:《日本史研究序说》,香港社会科学出版社,2001年。

朱谦之:《日本哲学史》,人民出版社,2002年。

军事科学院:《中国抗日战争史》,解放军出版社,2005年。

刘世龙:《美日关系1791—2001》,世界知识出版社,2003年。

胡澎:《战时体制下的日本妇女团体(1931—1945)》,吉林大学出版社,2005年。

杨栋梁主编:《日本现代化历程研究丛书》,世界知识出版社,2010年。

杨栋梁:《近代以来日本的中国观》第1卷,江苏人民出版社,2012年。

J.克劳福德:《席卷太平洋》,叶春雷编译,安徽文艺出版社,2011年。

黄仁宇:《从大历史的角度读〈蒋介石日记〉》,九州出版社,2011年。

宗泽亚:《清日战争1894—1895》,世界图书出版公司,2012年。

娄贵书:《日本武士兴亡史》,中国社会科学出版社,2013年。

陈纳德:《我在中国的那些年 陈纳德回忆录》,李平译,中国工人出版社,2013年。

潘洵等:《抗日战争期间重庆大轰炸研究》,商务印书馆,2013年。

道格拉斯·福特:《太平洋战争》,刘建波译,北京联合出版公司,2014年。

堀田江理:《日本大败局——偷袭珍珠港决策始末》,马文博译,新华出版社,2014年。

孙继强:《侵华战争时期的日本报界研究(1931—1945)》,中央编译出版社,2014年。

毕晓普等:《二战每日纪实》,舒丽萍等译,北京联合出版公司,2015年。

早川忠典:《"神国日本"荒唐的决战生活》,胡澎译,生活·读书·新知三联书店,2015年。

竹村民部:《大正文化》,欧阳晓译,上海三联书店,2015年。

田苏苏编著:《"三光政策"与"无人区"》,山东画报出版社,2015年。

鹿野政直:《日本近代思想史》,周晓霞译,民主与建设出版社,2022年。

日文部分

(1) 研究资料

『明治文化全集第2卷』、日本評論新社、1897年.

『福沢全集』、時事新報社、1898年.

『青渊先生六十年史』、龍門社、1900 年.

海軍軍令部編『二十七八年海戦史』、春陽堂、1905 年.

参謀本部編『明治二十七八年日清戦史』、東京印刷株式会社、1907 年.

小寺謙吉『大亜細亜主義論』、東京宝文館、1916 年.

高杉晋作『游清五录』、民友社、1916.

三岡丈夫編『由利公正伝』、光融館、1916 年.

『愛山文集』、民友社、1917 年.

竹越与三郎『二千五百年史』、二酉社、1923 年.

『福沢全集』、国民図書、1925—1926 年.

『鼎軒田口卯吉全集』、吉川弘文館、1927—1929 年.

木戸公传记編纂所『松菊木户公伝』、明治書院、1927 年.

『徳富蘇峰集』、改造社、1930 年.

菊池駿助［ほか］校訂『徳川禁令考』、吉川弘文館、1931—1932 年.

『大日本思想全集』、大日本思想全集刊行会、1933 年.

《大隈重信关系文书》,日本史籍协会,1933 年版.

徳富蘇峰編述『公爵山縣有朋伝上中下巻』、山縣有朋公記念事業会、1933 年.

『象山全集』、信濃毎日新聞、1934—1935 年.

『吉田松陰全集』、岩波書店、1934—1935 年.

大川周明『復興亜細亜の諸問題』、明治書房、1936 年.

森末義彰、岡山泰四編『歴代詔勅集』、目黒書店、1938 年.

沢田謙『後藤新平伝』、大日本雄弁会講談社、1943 年.

外務省編『日本外交文書 11—34』、日本国際連合協会、1950—1963 年.

部落問題研究所編『部落の歴史と解放運動』、部落問題研究所、1954 年.

明治文化研究会編『明治文化全集』、日本評論新社、1955 年.

近代日本思想史研究会編『近代日本思想史』、青木書店、1956 年.

鹿島守之助『日米外交史』、鹿島研究所、1958 年.

慶応義塾編『福沢諭吉全集』、岩波書店、1959—1961 年.

樽井藤吉『大東合邦論』、大東塾出版部、1963 年.

今井清一［ほか］『現代史資料』、みすず書房、1963—1965 年.

大山梓編『山県有朋意見書』、原書房、1966 年.

山路愛山『日本人民史』、岩波書店、1966 年.

『本居宣長全集』、筑摩書房、1968 年.

『明治文学全集』、筑摩書房、1968 年.

宮内庁『明治天皇紀』、吉川弘文館、1969 年.

東京大学史料編纂所編纂『明治維新史料選集上幕末編』、東京大学出版会、1970 年.

『日本思想大系』、岩波書店、1970—1978 年.。

春畝公追頌会編『伊藤博文伝』、原書房、1970—1972 年.

社会問題資料研究会『支那事変下に於ける労働運動』、東洋文化社、1971 年.

東京大学史料編纂所編纂『明治維新史料選集下明治編』、東京大学出版会、1972 年.

外務省編『日本外交年表並主要文書』、原書房、1972 年.

明治文化資料叢書刊行会『明治文化資料叢書』、風間書房、1972 年.

鈴木大拙［ほか］編『近代日本思想大系』、筑摩書房、1974—1975 年.

『大杉栄全集 1』、世界文庫、1975 年.

社会問題資料研究会編『社会問題資料叢書』、東洋文化社、1975 年.

板垣退助監修『自由党史』、岩波書店、1973—1976 年.

防衛庁防衛研修所戦史室編『戦史叢書支那事変陸軍作戦』、朝雲新聞社、1975—1976 年.

黒龍会『東亜先覚志士伝』、原書房、1977 年.

本庄繁『本庄日記』、原書房、1979 年.

『日本現代文学全集』、講談社、1980 年.

歴史科学協議会『歴史科学大系 25 労働運動史』、校倉書房、1981 年.

東亜同文会『対支回顧録』、原書房、1981 年.

『明治文学全集 14』、筑摩書房、1983 年.

吉田裕［ほか］編『資料日本現代史』、大月書店、1984—1987 年.

加藤周一［ほか］編『日本近代思想大系』、岩波書店、1985—1992.

歴史科学協議会編『史料日本近現代史』、三省堂、1985 年.

明治新聞編纂委員会編『明治新聞事典』、毎日通信、1985 年.

奥田真丈『教科教育編年史資料篇』、建帛社、1985 年.

『津田左右吉全集』、岩波書店、1986 年.

『石橋湛山全集』、東洋経済新聞社、1987 年.

山住正己校注『教育体系 近代日本思想大系 6』、岩波書店、1990 年.

寺崎英成［ほか］編『昭和天皇独白録』文芸春秋、1991 年

志賀重昂『日本風景論』、岩波書店、1995 年.

松尾尊兊［ほか］編集『吉野作造選集』、岩波書店、1995 年.

千野陽一編『愛国国防婦人運動資料集』、日本図書センター、1996 年.

『大久保利通日記』、北泉社、1997 年版.

歴史学研究会編『日本史史料』(5)現代、岩波書店、1997 年

歴史学研究会編『日本史史料』(4)近代、岩波書店、2002 年.

『西村茂樹全集』、思文閣、2004 年.

竹越与三郎『新日本史』、岩波書店、2005 年.

山室信一，中野目徹(校注)『明六雑誌』、岩波書店、2009 年.

宮内庁『昭和天皇実録』、東京書籍、2015 年.

(2) 研究著作

歴史教育研究会編『明治以後に於ける歴史学の発達』、四海書房、1933 年

日本精神文化研究会編『日本思想の精髄』、目黒書店、1934 年.

土屋喬雄『日本資本主義発達史概説』、有斐閣、1937 年.

尾佐竹猛『日本憲政史大綱』、日本評論社、1939 年.

森喜一『日本工業構成史』、伊藤書店、1943 年.

矢部貞治『近衛文麿』、弘文堂、1952 年

鹿島守之助『日本外交史』、鹿島研究所出版会、1965 年.

井上清『明治維新 日本の歴史 20』、中央公論社、1966 年.

大畑篤四郎『近代の戦争 6 太平洋戦争』、人物往来社、1966 年.

今井清一『:大正デモクラシー　日本の歴史 23』、中央公論社、1966 年.

大内力『ファシズムへの道 日本の歴史 24』、中央公論社、1967 年.

家永三郎他編『近代日本の争点』、毎日新聞社、1967 年.

松下芳男『近代戦争 1 日清戦争』、人物往来社、1967 年.

高橋正衛『昭和の軍閥』、中央公論社、1969 年

青木虹二『百姓一揆総合年表』、三一書房、1971 年.

石井孝『日本開国史』、吉川弘文館、1972年.

海後宗臣『明治初年の教育：その制度と実体』、評論社、1973年.

永井秀夫『自由民権　日本の歴史25』、小学館、1976年.

田中彰『明治維新　日本の歴史24』、小学館、1976年.

鹿野政直『大正デモクラシー　日本の歴史27』、小学館、1976年.

木下半治『日本右翼の研究』、現代評論社、1977年.

外務省編『終戦史録』、北洋社、1977年.

安藤良雄編『近代日本経済史要覧』，東京大学出版会，1978年.

林屋辰三郎編『文明開化の研究』、岩波書店、1979年.

楫西光速『日本資本主義成長論』、日本経済出版社、1979年。

黒田秀俊『昭和軍閥』、図書出版社、1979年

維新史料編纂会編修『維新史』、吉川弘文館、1983年.

岩波書店編集部編集『近代日本総合年表第2版』、岩波書店、1984年.

久米邦武編『特命全権大使米欧回覧実記』、岩波書店、1985年.

升味準之輔『日本政治史』、東京大学出版会、1988年.

赤木須留喜『近衛新体制と大政翼賛会』、岩波書店、1984年

山本義彦『近代日本経済史』、ミネルヴァ書房、1992年.

浜屋雅軌『日米関係の原点：ペリー来航に関する研究』、高文堂、1992年.

中村哲『明治維新』、集英社、1992年.

小林英夫『「大東亜共栄圏」の形成と崩壊』、御茶水書房、1992年.

日本共産党中央委員会著『日本共産党の七十年』、新日本出版社、1994年.

国史大辞典編集委員会『国史大辞典』、吉川弘文館、1995--1997年.

猪木正道『軍国日本の興亡』、中央公論社、1995年

松尾尊兌他編『吉野作造選集3』、岩波書店、1995年

安部博純『日本ファシズム論』、影書房、1996年

外務省調査部編『日英外交史』、クレス出版、1998年.

安岡重明『財閥形成史の研究』、ミネルヴァ書房、1998年.

井出孫六『石橋湛山と小国主義』、岩波書店、2000年.

田中彰『岩倉使節団の歴史的研究』、岩波書店、2002年.

野村實『日本海軍の歴史』、吉川弘文館、2002年.

田崎哲郎『在村の蘭学』、名著出版、2002 年.

桑田優『近代における駐日英国外交官』、敏馬書房、2003 年.

松本健一『大川周明』、岩波書店、2004 年.

原口清『王政復古への道』、岩田書院、2007 年.

藤井忠俊『在郷軍人会』、岩波書店、2009 年.

迫水久常『機関銃下の首相官邸』、筑摩書房、2011 年.

明治維新史学会編『講座明治維新 8（明治維新の経済過程）』、有志舎、2013 年.

半藤一利『「昭和天皇実録」にみる開戦と終戦』、岩波書店、2015 年.

韩文部分

研究资料

亞洲問題研究所等編，《舊韓國外交文書》第 2 卷、《日案》2、高麗大学出版部，1967.

國史編纂委員會編，《高宗時代史》，探求堂，1972.

金玉均，《甲申日録》，亞細亞文化社，1979.

四、索引

后　记

在本书的全部文稿完成后，衷心感谢在撰述过程中提供研究资料的国内外图书馆，即北京大学图书馆、北京日本学研究中心图书馆、中国社科院图书馆、南开大学日本研究院图书馆、复旦大学日本研究中心图书馆、吉林大学图书馆、浙江工商大学图书馆，以及日本新潟大学图书馆、早稻田大学图书馆、东京大学图书馆、国学院大学图书馆、驹泽大学图书馆、关西大学图书馆、高丽大学图书馆等。对长春师范大学的张晓刚教授、吉林大学的戴宇教授、东北师范大学的徐冰教授、复旦大学历史系的商兆琦副教授，以及神户大学的小石佳子讲师协助查找资料，也一并表示感谢。